现代果蔬工业系列丛书

# 现代苹果工业

吴茂玉　主编

中国农业出版社
农村读物出版社
北　京

**图书在版编目（CIP）数据**

现代苹果工业 / 吴茂玉主编. —北京：中国农业
出版社，2022.11
（现代果蔬工业系列丛书）
ISBN 978-7-109-30075-0

Ⅰ. ①现… Ⅱ. ①吴… Ⅲ. ①苹果-产业发展-研
究-中国 Ⅳ. ①F326.13

中国版本图书馆 CIP 数据核字（2022）第 176552 号

中国农业出版社出版
地址：北京市朝阳区麦子店街 18 号楼
邮编：100125
责任编辑：丁瑞华 黄 宇
版式设计：杨 婧 责任校对：吴丽婷
印刷：北京通州皇家印刷厂
版次：2022 年 11 月第 1 版
印次：2022 年 11 月北京第 1 次印刷
发行：新华书店北京发行所
开本：787mm×1092mm 1/16
印张：28.5 插页：6
字数：720 千字
定价：350.00 元

# 作者简介

吴茂玉，博士，研究员，2008 年入选国务院特殊津贴专家，2009 年入选新世纪百千万人才国家级人选，2015 年和 2020 年两次入选泰山产业领军人才，2018 年入选泉城产业领军人才，2019 年获授中共中央、国务院、中央军委颁发的"庆祝中华人民共和国成立 70 周年"纪念章，2021 年获评第十届山东省优秀科技工作者和第三届"影响济南"科技人物。

现任中华全国供销合作总社济南果品研究所所长、党委书记，任中国果蔬贮藏加工技术研究中心主任、国家果蔬贮藏加工技术国际联合研究中心主任、国家果蔬及制品流通与安全控制产业技术创新战略联盟理事长、中国苹果产业协会副会长（法定代表人）、中国果品流通协会监事长等职务。

主要研究领域为果蔬加工、功能成分提取及综合利用，并致力于技术研究与推广工作。先后主持参与包括"十二五"国家科技支撑计划课题"苹果综合加工关键技术研究及产业化示范"、"十三五"国家重点研发计划课题"果蔬采后处理及预冷技术装备研发示范"、泰山产业领军人才项目"山东特色果蔬资源绿色加工产业化与品质提升"和"蔬菜加工废弃物资源梯度利用关键技术研究与产业化"、山东省重点研发计划（重大科技创新工程）"北方代表性水果精深加工关键技术研发与应用"等国家及省部级科研课题 50 余项；获国家及省部级科技奖励 29 项，其中国家科技进步二等奖 1 项（排名第 2 位）、山东省科技进步一、二、三等奖 5 项；在国内外期刊发表学术论文 130 余篇；授权发明专利 10 余项。

E-mail：wmyu1972@163.com。

## 编委会名单

主　　编：吴茂玉

副 主 编：朱风涛　宋　烨　和法涛　赵　岩　杨相政　马　超
　　　　　郑晓冬　张玉刚

参编人员（按姓氏笔画排序）：

马　迪　马艳蕊　马寅斐　王　达　王　丽　王崇队

尤成浩　东莎莎　闫新焕　任紫烟　刘光鹏　刘雪梅

江水泉　孙　芳　孙梦雪　李　根　李继兰　连　欢

宋来庆　初　乐　张　明　张　鑫　张一鸣　张博华

陆奎荣　陈　静　陈修德　范　祺　郁网庆　周大森

孟晓萌　贾连文　高　玲　曹　宁　葛邦国　谭梦男

潘少香　魏雯雯

# 序 一

我国是苹果生产大国，苹果的种植面积和产量均居世界首位，年产量超过世界的50%。苹果产业是富民产业，苹果的种植、销售、加工在我国农业经济和带动农民致富方面发挥了重要作用。但是，当前苹果产业链各个环节之间的衔接仍相对不足，尤其是采收后预冷、商品化处理技术的应用推广、多元化加工原料筛选、质量控制、综合利用技术的产业化还存在短板，加强产后环节的发展，并通过市场反馈来促进产前技术提升，对苹果产业可持续发展具有重要意义。

"十四五"时期是我国全面实现乡村振兴的关键时期，苹果产业进入新发展阶段，必须贯彻新发展理念，坚持以提升效益、维护生态为目标，坚持全产业链协调发展的思维，深度融合苹果产业链的上下游，实现苹果产业链优质、高效、低碳的转型升级。

中华全国供销合作总社济南果品研究所是专业从事果蔬采后工程技术研究的国家级科研机构，成立41年来，一直致力于解决苹果产业采后共性关键技术难题，围绕果蔬贮藏保鲜、冷链物流、初加工、精深加工、综合利用、功能食品开发、质量检测、标准化等方面开展了大量的科学研究和成果转化，创新链条完整，技术与国际接轨，在生产上取得了很大的成果，尤其在苹果贮藏保鲜技术、苹果汁农残脱除技术开展了卓有成效的自主创新，并依托中国果蔬贮藏加工技术研究中心先进的中试示范条件面向行业开展推广，"苹果贮藏保鲜与综合加工关键技术研究及应用"获得国家科技进步二等奖，引领了我国苹果采后产业技术发展。

本书由吴茂玉研究员组织科研团队编写，聚焦我国苹果采后全产业链，对生产、加工、贮藏、运输、销售、品牌、标准化等整个垂直链条作了系统深入的论述，内容丰富，理论联系实际，总结了来自科研院所、高校、企业的先进经验，对拓宽苹果产业垂直理论的深度，带动产业全环节升级、全链条增值，有很高的技术参考价值。

在本书出版之际，作为一名果树科研工作者，很高兴看到如此全面、完整的苹果采后产业科学著作，希望这本书总结的理论和经验能为我国苹果产业健康稳定发展提供理论和技术支撑！

故乐为之序。

中国工程院院士　束怀瑞

2022 年 5 月

苹果是世界四大水果之一，全球 80 多个国家和地区都有种植。中国是世界最大的苹果生产国和消费国，已形成环渤海湾、黄土高原两个优势产区和黄河故道重要产区以及西南冷凉高地、新疆等特色产区，苹果产业作为我国经济社会发展的重要支柱产业，产业链也从先前的育种、栽培，不断向商品化处理、现代物流贮运、精深加工、综合利用、标准化、品牌建设延伸，为农业增效、农民增收做出了巨大贡献。

当前，我国苹果产业正进入由传统转变为现代、由生产大国转变为产业强国的重要历史时期。消费者健康观念的转变和对生活品质的追求，以及对优质苹果及其多元化加工品的旺盛消费需求，为苹果产业转型升级和提质增效带来了巨大机遇。随着苹果一二三产业的深度融合，新品种、新技术、新产品和新装备的创新与应用正推动现代苹果贮藏加工产业的不断发展。

改革开放 40 多年来，我国苹果采后贮藏加工产业取得了长足进步，在生产装备、加工技术、质量体系建设等方面逐步与国际接轨。苹果浓缩汁是仅次于橙汁的世界第二大果汁，我国已成为全球第一的苹果浓缩汁生产和贸易国，但我国苹果加工产业整体水平与美国、德国等苹果工业强国相比，还有较大差距。欧盟约有 70% 的苹果用于深加工，而我国用于深加工的苹果不到 20%，苹果加工产品还较为单一，苹果酒、苹果醋、休闲食品等产品市场份额较低，亟待针对各类消费群体开发多元化产品。另外，苹果加工过程产生的果渣约占 25%，含有大量膳食纤维、多酚等营养物质和功效成分，但综合利用率低，除少量用于燃料、饲料和提取苹果果胶外，其余大部分都被当作垃圾处理；虽然高效高值与综合利用技术已开展了大量研究，但亟待从实验室走向产业化。因此，总结和凝练我国现代苹果工业的发展现状、存在问题和努力方向，对发挥产业基础优势、着力补足产业短板、实施科技成果产业转化，提升产业整体效能具有十分重要的意义。

中华全国供销合作总社济南果品研究所吴茂玉研究员及其团队自"六五"时期以来就致力于苹果采后技术研究与产业化应用，先后承担了"苹果贮藏保鲜与综合加工关键技术研究及应用""新型苹果汁加工关键技术研究及示范""苹果发酵饮品品质升级关键技术及产业化""$CO_2$高透性富士苹果保鲜膜（袋）及使用配套技术示范推广"等系列重大（重点）科技项目，取得了多项处于国际、国内先进水平的研究成果，其中"苹果贮藏保鲜与综合加工关键技术研究及应用"荣获2013年度国家科技进步二等奖。同时，济南果品研究所与国际果汁保护工业协会（SGF）开展了20多年卓有成效的合作，帮助中国浓缩苹果汁企业建立了质量自控体系，为推动中国成为苹果浓缩汁第一大生产国做出了突出贡献。在苹果产业标准化方面，济南果品研究所牵头联合相关优势单位主持制定了鲜苹果、苹果冷链流通、苹果浓缩汁、苹果干等国家标准以及苹果粉、果脯等行业标准，引领产业标准化发展。

本书是作者团队将多年取得的研究成果结合国内外苹果贮藏加工产业发展现状和趋势进行了详实的整理、总结与凝练，并丰富了苹果质量标准和品牌建设的内容，论述详细，兼具科学性和实用性，是一部价值很高的科学论著。非常高兴看到我国现代苹果工业科技的长足进展，也希望这本书能为我国苹果工业的高质量发展、为服务苹果产区乡村振兴提供强有力的科技支撑！

故乐为之序。

中国工程院院士 单杨

2022年5月

# 前　言

　　苹果是世界四大水果之一，主要分布在北温带，包括亚洲、欧洲和北美洲，全世界苹果属植物约有 35 个种，我国原产及自然分布的有 24 个，是世界上最大的苹果种质资源国。2020 年，世界苹果产量达 7 583.40 万 t，我国苹果产量超 4 406.60 万 t，产量和消费量占全世界的 54%，是名副其实的苹果生产大国。

　　我国苹果产区主要集中在渤海湾、西北黄土高原、黄河故道和西南冷凉高地四大产区。2000 年，我国苹果产量 2 043 万 t，采后经过处理的约 20 万 t，仅占总产量的 1%；贮藏能力 400 万 t，约占总产量的 20%；出口量 29.8 万 t，约占总产量的 1.5%。与先进苹果生产国基本实现采后冷链流通（包括运输、贮藏和销售）相比，我国苹果冷链流通几乎为零。2003 年起我国先后实施了两期《苹果优势区域发展规划 2003—2007》，苹果产业结构进一步优化，推动产业链条向产后延伸。尤其是在"十一五"至"十三五"期间，通过国家科技支撑、重点研发等科技计划项目的支持引导，苹果采后智能化分选、产地高效预冷、精准气调贮藏、绿色保鲜包装及全程冷链流通技术与装备快速发展，我国苹果采后贮藏流通产业得到了长足发展，目前我国苹果冷藏能力约 1 700 余万 t，占苹果总产量的 40%；出口量 105.8 万 t，占苹果总产量的 2.4%。

　　世界苹果加工以果汁、果酒、果酱和罐头为主，加工用苹果约占总产量的 25%，很多发达国家超过 50%。我国苹果加工从不到 10% 提升到近 20%，年均消耗原料果约 800 万 t，但是距发达国家还有差距。我国的苹果加工产业始于 20 世纪 80 年代，1984 年，第一条苹果浓缩汁生产线在山东乳山建成，国家自"八五"科技攻关计划开始支持苹果浓缩汁技术创新，先后突破了甲胺磷残留、棒曲霉素超标问题，确定了适宜的苹果制汁品种，开发出脱色脱酸高品质浓缩苹果汁，苹果浓缩汁加工技术不断进步，产品质量不断提升，目前已成为世界上最大的苹果浓缩汁生产国和出口国，苹果浓缩汁出口量占到产量的95％左右，远销全球60多个国家和地区，打开了我国苹果产业走向国际化的道路。我国已形成以浓缩苹果汁加工为主，苹果酒、苹果醋、苹果脆片、果胶等产品为辅的多元化产品体系，苹果加工下脚料的综合利用技术在不断成熟，产品标准化与品牌建设工作也得到高度重视，引领我国苹果产业链向高值、高质、绿色、节能、低碳的方向发展。

本书鉴于我国苹果贮运和加工产业发展需求，查阅了大量文献资料，并总结了自主研发和企业产业化的技术经验，系统阐述了苹果采后贮运加工全产业链技术方法、原理，并介绍了标准化与品牌建设、市场贸易的相关进展。本书共九章，其中第一、二章为概论、品种介绍及选育与栽培，第三、四章介绍了苹果贮藏和冷链流通，第五、六章介绍了苹果加工及综合利用技术，第七、八章为苹果质量安全控制、标准化及品牌建设，第九章为苹果及浓缩苹果汁市场贸易。编写内容力求全面反映我国及世界苹果贮运加工产业发展现状，以期对从事苹果采后贮运加工科研、教学、产业经营、组织管理和生产者有一定的参考价值。

本书作者均为多年从事苹果科研、生产、教学和管理的资深工作者，通过广集资料、审慎取材，完成了《现代苹果工业》一书的编写工作。在本书的编写过程中，得到山东农业大学、青岛农业大学、江苏楷益智能科技有限公司等单位的相关专家和技术人员大力支持。中国工程院束怀瑞院士、单杨院士在百忙之中为本书作序，为本书画龙点睛。在此，向关心支持本书出版的各界专家表示由衷的感谢！

尽管作者在编写中竭尽所能，疏漏和不妥之处在所难免，敬请读者和同行专家不吝赐教。

编　者

2022年4月

# 目 录

现代果蔬工业系列丛书

序一
序二
前言

## 第七章　苹果质量安全控制 …………………………………………………… 261

## 第八章　苹果标准体系与品牌文化建设 ……………………………………… 324

# 第一章　概　论

## 第一节　苹果生产概况

苹果是蔷薇科苹果亚科苹果属的落叶乔木，果实富含矿物质和维生素，是人们最常食用的水果之一。苹果种植区域主要分布在北温带，包括亚洲、欧洲和北美洲。全世界苹果属植物约有 35 个种，我国原产及自然分布的有 24 个，其中原产中亚天山山脉的新疆野苹果（*Malus sieversii*），是现代栽培苹果（*M. domestica*）的祖先种，目前尚存近 6.67 km²，遗传多样性极为丰富（杨易等，2013）。我国是世界上最大的苹果种质资源国，把资源优势有效地转化为育种和品种优势，进而转化为产业优势，对我国苹果产业可持续发展具有重要意义。

### 一、世界苹果生产概况

#### （一）全球苹果种植面积和产量分布

2019/2020 产季，全球苹果种植面积 500 多万 hm²，年产量在 7 583 万 t，位于柑橘之后，是世界第二大水果。目前世界上有一定生产规模的国家和地区有 80 多个，种植面积超过40 万 hm² 的国家有中国、俄罗斯，超过 10 万 hm² 的国家有美国、波兰、澳大利亚、白俄罗斯、土耳其、智利，超过 5 万 hm² 的国家有德国、法国、巴基斯坦、朝鲜、阿塞拜疆、巴西、日本等国；2019/2020 产季年产量超过 100 万 t 的国家和地区依次为中国、欧盟、美国、土耳其、印度、伊朗、俄罗斯、巴西、智利和乌克兰，这些国家和地区的苹果产量总计为 7 000.00 万 t，占到世界苹果产量的 92.31%，这表明全球苹果生产集中程度非常高。其中中国苹果产量居全球第一，占世界苹果产量的 54.07%。

#### （二）世界苹果主产区主栽品种构成

欧洲：主产国包括西欧的法国、意大利、德国、西班牙、荷兰以及东欧的波兰、俄罗斯、乌克兰、罗马尼亚、匈牙利等。金冠是欧洲第一大主栽品种，欧洲是世界上金冠苹果栽培面积最大的区域，产量占欧洲总产量的 40%，其次是嘎拉、乔纳金、元帅系和澳洲青苹等。

北美：主产国包括美国、加拿大和墨西哥等。加拿大目前仍以旭、元帅系、斯巴坦等作为主栽品种。美国以元帅系、金冠和富士作为主栽品种，约占美国国内苹果总产量的一半以上。

南美：主产国包括阿根廷、智利、巴西、秘鲁等。阿根廷和智利的苹果生产趋势与美国华盛顿州相似，元帅系苹果约占 20％，其他品种占 10％，金冠苹果栽植很少。新建园主要以富士和嘎拉为主，勃瑞本和乔纳金也有栽培。

大洋洲：主要包括新西兰和澳大利亚。新西兰苹果总产量中的 60％以上用于外销。主要的栽培品种是嘎拉、勃瑞本、富士和乔纳金等，近年来发展的品种太平洋玫瑰、南方脆产量逐年增加。澳大利亚目前以澳洲青苹、元帅系、嘎拉、金冠等品种为主，近年来积极发展本国培育的粉红女士等苹果新品种。

亚洲：主产国包括中国、土耳其、伊朗、印度、日本、韩国、朝鲜、巴基斯坦等。以日本、韩国品种发展较为先进。日本目前以富士、津轻、王林、乔纳金作为四大主栽品种，约占 87.4％。日本全国富士苹果的总面积和总产量均占全国的 50％，但从近 5 年的情况看，富士比例不再上升，以富士为亲本的新品种及富士优系，不断被选育出来，这些品种都有某些超越富士的特点。富士品系中的早生富士、红将军、弘前富士、昂林等早熟芽变或着色系品种发展较快。品种结构变革的最突出特点是富士系占比从 50％下降到 35％～40％，中熟新品种比例明显上升。韩国目前以富士、津轻作为主栽品种，二者比例占到近 90％，其中富士品种占到 75％以上，其他品种占 10％。

### （三）苹果栽培模式

欧美苹果产业的共同特点是大群体、大苗木、大密度、大行距、大品种、大角度、大授粉、大规模、集约化、区域化、机械化、设施化、标准化、技术简化、安全化、组织化、肥水一体化、高投入、土壤高有机质含量、高光效、高产量、高优率、高效益、矮化性、一致性及早果性，果品质量上乘，代表了当今世界苹果产业发展方向，实现了经济、社会、生态三大效益的共赢（屠煦童等，2012）。亚洲国家以日本为代表的苹果生产模式是精耕细作，人力劳动的时间较长、强度较大，管理精细。除了土壤管理、施肥、喷药使用机械外，修剪、采收、果实管理几乎都用人工操作。在降本增效目标的驱使下，亚洲国家近年来也在省力化栽培上持续投入，不断创新。在果园开沟施肥、除草、喷药、修剪、嫁接、果实采收等作业模式对智能装备研发，进一步降低苹果生产成本，提高生产效益和效率。

### （四）苹果新品种创制的途径

杂交育种或实生选种仍然是果树新品种创制的有效途径，而芽变选种是果树品种改良的有效方法。当今世界果树科研的方向，是以矮化密植栽培为基础，研究和采用一切有效的技术措施，提高单位面积产量和质量。主栽品种越来越集中，对品种的色、味、形的要求更高。

引种、选种是一种收效快、需时短的方法，一直受到各国的重视。欧美各国都设有专门机构，建立大规模的良种圃。通过大量引种、观察、株选以及杂交，选育出适应本国条件的优良品种，对苹果产业发挥了重要作用。

### （五）苹果优质高产措施

**1. 无病毒优质大苗是早果丰产的关键** 意大利和法国等世界苹果生产先进国家采用矮化自根砧，大多数为 M9 系中选育出 T737 等优系，育苗技术先进，育出的苗木质量高，都是 3 年生带有分枝的大苗，一般苗木标准是基部干径在 1.0～1.3 cm，苗高 1.5 m，在合适的分枝部位有 6～9 个分枝，长度 40～50 cm。优质大苗的主根健壮，侧根多，长度大多超过 20 cm；建园普遍采用大苗木、大行距（3～3.5 m）、小株距（0.8～1.2 m）

和大密度（2 385~4 170 株/hm²）（韩明玉等，2008）。为了有效克服矮砧固地性差的缺点，达到立体结果、提高产量的目的，意大利和法国等欧洲国家的苹果园普遍采用立架栽培，高纺锤形整形，"大角度"下垂枝修剪。

苹果主要是异花授粉果树，自花结实率低。海棠与苹果同属于蔷薇科苹果属，欧美国家常用其作为苹果的专用授粉品种栽植，大大节约了苹果生产成本。在欧洲，几乎所有的苹果园都在行间栽植矮化海棠或嫁接一个大枝的海棠作为专用授粉品种（比例为 15：1），充分利用矮化海棠易成花、花量大、花粉多、花期长、花粉亲和力强、寿命长及抗低温等特点，确保了苹果园授粉良好。

**2. 区域化、机械化、设施化是现代苹果产业集约化的重要特征** 区域化规模栽培是发挥地区优势和品种优势的捷径，如美国元帅系主要在华盛顿州生产，华盛顿州苹果占全美总产的一半左右；日本长野、青森两县富士产量占日本富士总产的近 80%。机械化是提高劳动生产率的重要途径，欧洲的育苗、建园、喷药、修剪、灌溉、除草、采收、无损检测、包装、贮藏等方面都不同程度地采用机械化操作，尤其是根据大小、颜色及可溶性固形物含量对苹果进行自动分级，不仅保证了商品的一致性，而且为后续的贮藏保鲜奠定了基础。设施化是防御自然灾害的主要措施之一，在果园配备喷灌和滴灌设施，不仅可以根据土壤墒情和果树需水特性，随时供给水分，还有效减轻花期晚霜冻害，在冰雹危害产区，果园都搭有防雹网等设施。

**3. 标准化、绿色高效生产** 金冠、元帅、富士、嘎拉、布鲁本和粉红女士等苹果品种所采用的树形及修剪方法几乎完全一致，与我国的"因树修剪，随枝造形"等烦琐的整形修剪手法截然不同。并且 99% 以上的果园实施苹果生产综合管理制度（即 IFP 制度），非常重视食品安全。病虫害防治多采用农业防治、物理防治和生物防治等绿色防治手段，只在必要时才因地制宜慎重采用化学防治方法。许多果园都通过采用迷向丝、性引诱剂和设置鸟巢等方法来吸引益鸟控制害虫。

**4. 育种、生产、加工、销售采用一体化运营模式** 比如日本的批发市场与农业协同（简称"农协"）组合、农民结成紧密的一体化联合体，形成以批发市场为龙头、以农协为纽带、联合众多农户的一条龙体系。意大利果农加入当地合作社，合作社拥有技术队伍、分级生产线、包装厂、大型贮藏气调果库和专业销售队伍及果品品牌，这样有效提高了产品价值，增加了会员收入。

**5. 果园有机质含量较高** 一般果园有机质含量在 2%~4%，则果树生长旺盛，病虫害少，产量高且稳定，品质好。在这种肥沃的土壤中定植 3 年生大苗，采用高纺锤形整形及下垂枝修剪技术，使光能利用效率、苹果产量、优级果率及经济效益得到同步提高，一般建园第 2 年每 667 m² 产量 1 113~1 946 kg；第 3 年每 667 m² 产量 2 226~3 612 kg；第 4 年就达到盛果期，每 667 m² 产量 4 000~5 000 kg，优级果率 80% 以上，几乎没有大小年。

**6. 果园果树具有矮化性、一致性、早果性** 全球可耕地面积日渐减少，要在有限的土地上实现苹果生产规模效益的最大化，提高劳动生产效率，全面实行机械化，这就必然要求苹果树的矮化性、一致性、早果性。美国、加拿大、法国、意大利、德国、日本、韩国及新西兰等国家采用的苹果矮化砧最广泛的是 M9 的各类优系矮化自根砧，其矮化性能好，一致性及早果性强，为高产量、高优级果率及高效益奠定了基础。

## 二、中国苹果生产概况

苹果是我国第二大水果，也是我国目前优势农产品之一。苹果种植分布范围广，栽培面积和产量均居世界首位。我国苹果品种构成主要以晚熟品种为主，品种主要是富士系，其面积约占苹果种植面积的60%。其余品种有嘎拉、元帅及其他一些传统品种，加工品种较少。

### （一）我国苹果栽培区域及其名优品种

我国苹果栽培划分四大苹果产区：渤海湾苹果产区、西北黄土高原产区、黄河故道和秦岭北麓产区以及西南冷凉高地产区。

**1. 渤海湾苹果产区** 渤海湾产区包括胶东半岛、山东产区、辽宁产区、河北产区和北京、天津两直辖市，是中国苹果栽培最早、生产水平最高的产区。以山东产区最为著名，出口条件优越，交通运输方便；吸引外资较多，企业发展较快，产业化优势明显；科研、推广技术力量雄厚，果农技术水平较高。

渤海湾产区名优品种有山东烟台红富士苹果，具体产果地区有栖霞、蓬莱、招远等。烟台苹果素以风味香甜、酥脆多汁享誉海内外，历来为国内外市场所欢迎。近年来威海栽培的明月、维纳斯黄金、王林等也深受市场欢迎。

**2. 西北黄土高原产区** 洛川苹果是全国农产品地理标志产品，生长于中国四大苹果产区之一的西北黄土高原产区。陕西洛川有着"苹果之乡"和"陕北粮仓"的美誉，得天独厚的自然环境和气候条件造就了洛川苹果肉质细嫩致密、汁多松脆、酸甜适口的优质品质。该地区纬度较低，大部分属于黄土高原，光照充足，昼夜温差大，黄土层深厚，夏无酷暑、冬无严寒，雨量适中，是苹果优质产区。陕西洛川、白水和甘肃静宁等地区，已经成为我国外销苹果的重要基地。陕北山地是生产有机苹果的绝佳之地。

黄土高原产区包括陕西省礼泉县、洛川县、淳化县、延安市等地，以及甘肃省静宁县、山西省临猗县、万荣县。

甘肃天水花牛苹果是国家地理标志产品，被许多中外专家和营销商认可，与美国蛇果、日本富士齐名。甘肃天水当地气候非常适宜苹果生长，而且远离污染区，空气清新，所产苹果口感松脆，汁液多，风味独特，香气浓郁，口感好。

**3. 黄河故道和秦岭北麓产区** 黄河故道产区包括豫东、鲁西南、苏北和皖北，地势低平，年平均气温13~15℃，年降水量700 mL左右，日照时数2 300~2 500 h，土壤为冲积沙土，土壤有机质少，偏碱，pH 7~8，宜采用海棠做苹果嫁接砧木。黄河故道产区属于苹果生产的次适宜区。

河南灵宝苹果：灵宝市地处河南省豫西地区，属暖温带大陆性半湿润季风型气候，气候温和，四季分明，昼夜温差大，光照充足，紫外线强，雨量适中，海拔高，属于黄土高原丘陵地带，是适宜苹果生长地带之一。因为境内昼夜温差大，特别适宜苹果生长，果品的酸度和甜度也较高，甘甜可口，色泽鲜艳，味道纯正，已出口至俄罗斯、日本等几十个国家和地区。

**4. 西南冷凉高地产区** 西南冷凉高地产区名优苹果主要包括云南昭通苹果等。云南昭通苹果也叫作"丑苹果"，主要品种有金帅、红富士等。云南昭通苹果的外表比较"丑"，不耐看，色泽暗淡无光，纹路和皱褶非常明显，但是口感好，肉紧实，甜度高，非常适宜榨汁，因此也很受市场欢迎。产果地区有云南昭通、丽江等地。

**（二）我国苹果主要栽培省份的面积和产量情况**

中国是苹果生产大国，同时也是消费大国。据国家统计局及中国海关数据显示：2020年，中国苹果产量达 4 406.6 万 t，与 2019 年的 4 242.54 万 t 相比，增量 164.06 万 t，增幅约 3.87%。随着国民经济水平的提高以及健康意识的不断增长，苹果需求量不断增加，2020 年中国苹果需求量达 4 308.37 万 t，较 2019 年的 4 157.89 增加了 150.48 万 t，增幅约 3.62%。中国苹果进口量从 2019 年的 12.52 万 t 减少至 2020 年的 7.57 万 t，减幅约 39.54%，进口金额也随进口量同步变化，从 2019 年的 2.19 亿美元减少至 2020 年的 1.39 亿美元，主要进口来源为新西兰、智利和美国等；中国苹果出口量则从 2019 年的 97.12 万 t 增至 2020 年的 105.8 万 t，增量 8.68 万 t，增幅约 8.94%，出口金额也随之从 2019 年的 12.46 亿美元增至 2020 年的 14.50 亿美元，主要出口销往地为越南、菲律宾、泰国、孟加拉国、印度尼西亚等，主要出口省市为山东、云南、辽宁、甘肃、陕西等。

从主要种植省（自治区、直辖市）来看：无论是苹果种植面积，还是苹果产量，陕西省和山东省均稳居全国前两名。苹果种植面积最大的陕西省，2019 年规模达 61.46 万 hm²，在全国 2019 年苹果总种植面积 197.81 万 hm² 中占比达 31.07%；山东省以 24.66 万 hm² 居其后，在全国占比约 12.47%；甘肃省以 24.11 万 hm² 位列全国第 3，在全国占比约 12.19%。

产量方面：2019 年，陕西省苹果产量以 1 135.58 万 t 居首位，在全国苹果总产量（4 242.54 万 t）中占比高达 26.77%；山东省 2019 年以 950.23 万 t 位列全国第 2，占比约 22.40%；陕西、山东两省 2019 年苹果产量合计约 2 085.81 万 t，占比约 49.16%；其后的山西、河南、甘肃、辽宁、河北、新疆、四川、云南、江苏、宁夏、安徽、内蒙古、贵州、黑龙江、吉林、北京、天津、西藏、湖北、重庆、青海等省（自治区、直辖市）2019 年苹果产量总和占全国总产量的一半左右。

**（三）近年我国苹果育种主要代表性成果**

山东农业大学陈学森教授带领的研究团队创建了"果树多种源品质育种法""易着色苹果品种培育法"及"三选两早一促的苹果育种法"等优质高效育种技术体系，创制了一批新品种及优质种质，建立了新品种配套高产技术体系。

**（四）我国苹果生产存在的问题**

**1. 面积大、总产多，优质果率低，缺乏市场竞争力** 我国苹果生产主要以小农户独立经营方式为主。单个生产单位规模不大，产业化程度较低，单位面积成本投入较高，品种杂、管理水平低，苹果质量出现"多的不好，好的不多"现象。内外销不顺畅，年出口量与年总产量不相配，与日本、欧美等发达国家比较，尚有很大差距。必须调整产业结构，淘汰落后产能；牢固树立质量意识，切实提高苹果质量，走质量效益型道路。苹果产业应向优生区集中，逐步淘汰非优生区苹果。优生区发展的重点应放在规模化经营上，发展的方向以矮化、短枝型为主。加大有机肥投入，逐步减少化肥用量。我国的土壤有机质含量大部分在 1% 左右，有些还不到 1%。日本、欧美等发达国家土壤有机质含量一般都在 3% 以上，高者已达 8%；其苹果质量高，首先得益于土壤有机质含量高，我国的苹果质量低，最主要原因是土壤有机质含量低。

**2. 果园机械落后** 世界苹果栽培正朝着省力、低成本的方向发展。美国、法国、意大利等国家在苹果栽培中均实行"高纺锤形"的简化修剪方式，全面实行果园水肥一体化管理，机械化操作。随着时代的进步，人口老龄化加速，劳动力逐步紧缺，人工成本逐年增加，果农的观念也在转变，为我国苹果产业更新换代、改变操作模式提供了契机。在今后的果园管理中，要逐步推行生态化果园建设，实行果园土壤免耕，肥水一体化管理，日常管理机械化。目前我国在果园管理上，除喷药为半机械化外，其他各种管理如开沟、施肥、除草、修剪、果实采收等机械化还未普及应用，严重影响苹果产业的快速稳定发展。产品附加值低，贸易竞争力不强。

**3. 苹果树龄老化，适用加工品种少**　目前我国的苹果产业已形成面积优势，但产品主要以鲜食为主，产量占90%以上，加工量仅占10%左右；而世界主要苹果生产国鲜食消费与加工产量比例为3∶2左右。世界果汁的年人均消费量为28.4 L；而同期，中国果汁的年人均消费量约10 L，不到世界平均水平的1/2。因此，我国果汁饮料市场潜力巨大。

目前，我国苹果供需已达到平衡，但是栽培制度需要变革，技术需要升级，产业发展已进入调整、优化、提升的新阶段，苹果栽培模式由粗放型到精细型向省力型的趋势发展，由套袋果向生态的无袋果发展。

我国种植的苹果约50%树龄在15年以上，果园的管理成本逐年增加，果品质量逐年降低。15年左右的果园已经到了更新期，对于老劣品种，要因地制宜进行更新。逐步改变品种相对集中、单一的局面，加快优良品种的选育和引进，适当搭配早、中、晚熟品种比例，延长鲜果供应时间，同时，发展适合加工制汁的品种，缓解市场销售压力，稳定果品价格。

采用生态化生产，实现农业的可持续发展已成为各国农业政策的优先选择。目前发达国家充分认识到绿色农业生产的重要性，有机农业生产制度、IPM制度（病虫害综合防治制度）、IFP水果生产制度（果实综合管理技术）等已广泛开展。发达国家近几年等级较高的绿色农业发展很快，我国紧跟步伐，制定了绿色、有机果品生产标准并在逐步实施。因此我国亟须加快绿色生产进程，在苹果产区全面普及生态化生产。

**4. 市场体系建设滞后**　我国应发展苹果生产专业合作社。在日本，所有的果农都加入专业生产合作社，每年交少量的入社费用，合作社为果农提供技术、生产资料、机械、产销渠道等服务。随着日本模式的成功运作，现在欧美等主要苹果生产国都引入了这种生产模式。这种模式在生产过程中抵抗市场风险的能力较强，对苹果的销售具有发言权，果农的收益比较稳定。

**5. 生产质量安全有待进一步提高**　生产质量安全的监管也是苹果产业化的一个重要方面，要建立健全果品质量安全监管体系，引导企业、合作社严格按照国家制定的苹果生产相关标准组织生产，规范使用商标标识。建立严格的农药、化肥、果袋等投入品采购、登记、保管和使用制度；推广果园档案制度，做好生产管理记录；加强果品质量安全监督检测和可溯源，建立产地准出和市场准入制度，推行物联网管理模式，建立苹果产地环境和果品质量安全数据库，对产地环境、果园投入品和果品质量及时提出预警，尽快形成与国内外市场竞争相适应的果品质量安全保障体系；推行统一包装、标识、产地和产品编码，确保果品质量全程可追溯，责任可追究。

**6. 苹果制品消费市场有待拓宽**　苹果汁、苹果脆片营养丰富，运输、贮藏、消费方便，随着经济社会发展，人们生活水平提高，发展中国家的需求量也会不断增加。我国果汁的加工能力较强，目前，国内果汁主要用于出口，国内消费能力不足，今后开拓国内市场、提升苹果产业产值任重道远。

# 第二节 苹果品种特性和化学组成

## 一、苹果品种特性

苹果喜冷凉干燥、光照充足的气候环境，生长期（4—10月）平均气温为12～18 ℃最适于苹果的生长。若夏季平均气温＞26 ℃，会导致花芽分化不良，果实发育快，不耐贮藏。光照充足，则有利于果实正常生长和结果，保证优异品质。不同品种对光照的要求有所差异。通常来说，年日照时数在2 000 h以上，基本能保证苹果生长发育的需要。在土壤方面，苹果适宜生长在土层深厚、排水良好、富含有机质的沙质壤土，其中，以微酸性到中性为宜。从生长习性来看，苹果能够适应大多数的气候。南北纬35°～50°地区是苹果生长的最佳选择。白天暖和，夜晚寒冷，以及尽可能多的光照辐射是保证优质优量的前提。

苹果品种众多，受遗传性因素影响，各品种贮藏特性存在明显差异。按成熟时间的先后可分为早熟、中熟和晚熟品种。典型的早熟品种，于6—7月成熟，有夏红、七月鲜等，正值高温多雨季节，采后呼吸旺盛、内源乙烯产生量大，营养物质消耗快，后熟衰老进程较快，故不耐贮藏，一般做鲜销处理。中熟品种，于8—9月成熟，有新红星、嘎拉、元帅、金冠、乔纳金等，硬度较高，贮藏性优于早熟品种，可做短期贮藏；在常温下可贮藏2周左右，冷藏下可贮藏2个月，气调贮藏效果更佳。晚熟品种，于10月以后成熟，有富士、红玉、维纳斯等，这类果实由于生长周期较长，干物质积累丰富，肉质脆硬，呼吸速率和乙烯释放速率小，因此耐贮性和抗病性最好，可长期贮藏。在冷库或气调库中可实现周年供应。各熟制系列的主要品种、成熟及采收日期和栽培产区见表1-1（刘莉华，2020）。

表1-1 苹果主要品种及熟制结构情况

| 熟制系列 | 主要品种 | 成熟及采收日期 | 品种来源及种植地区 |
|---|---|---|---|
| 早熟 | 发现 | 7月底成熟 | 华北、山东、辽宁、河北等地有种植 |
| | 夏绿 | 7月底成熟 | 华北、山东、辽宁、河北等地有种植 |
| | 七月鲜 | 7月底成熟 | 华北、山东、辽宁、河北等地有种植 |
| | 夏红 | 6月下旬成熟 | 山西运城、临汾地区栽培 |
| | 珊夏 | 7月底成熟 | 山西运城、临汾地区栽培 |
| | 金红 | 7月底成熟 | 吉林、辽宁 |
| | 藤木1号 | 中部地区7月中上旬成熟 | 山东、河南、河北、陕西、山西均有种植 |
| | 信浓红 | 7月中下旬成熟 | 河北、河北产区种植 |
| | K12 | 7月中旬成熟 | 河北、河北产区种植 |

（续）

| 熟制系列 | 主要品种 | 成熟及采收日期 | 品种来源及种植地区 |
|---|---|---|---|
| 早熟 | 富藤1号 | 6月底7月初成熟 | 安徽、甘肃、宁夏、吉林、辽宁、河北等 |
| | 极早蜜 | 6月底8月初成熟 | 山东、河南、河北等 |
| | 七月天仙 | 7月上旬成熟 | 山东、河南、河北等 |
| | 瑞普丽 | 6月上旬成熟 | 山东、河南、河北等 |
| | 鲁丽 | 7月中旬至8月中下旬 | 山东 |
| | 金世纪 | 7月末至8月初成熟 | 陕西蒲城、合阳、澄城、淳化、礼泉、宝鸡及山西运城等 |
| | 秦阳 | 7月中下旬 | 陕西、甘肃、山西等地进行扩大栽培 |
| | 萌 | 7月上旬成熟 | 从日本引进 |
| | 麦露西 | 6月底至7月上旬 | 烟台、威海、安徽、河南、陕西等 |
| | 红丽 | 6月下旬成熟 | 从美国引进 |
| 中熟 | 珊夏 | 8月中下旬 | 山东 |
| | 华美 | 8月中下旬 | 山东 |
| | 超红 | 8月下旬至9月上旬成熟 | 山东、河南、河北 |
| | 美国8号 | 7月底到8月上旬成熟 | 陕西白水、山西运城万荣、河南灵宝 |
| | 新红星 | 8月下旬至11月上旬 | 白水、铜川、运城万荣、辽宁、甘肃 |
| | 皇家嘎拉 | 8月中旬成熟 | 山东、山西、河南、陕西 |
| | 太平洋嘎拉 | 8月上中旬 | 山东、山西 |
| | 嘎拉 | 8月下旬成熟 | 山西运城万荣、河南灵宝、山东烟台 |
| | 红嘎拉 | 8月中下旬成熟 | 山东、山西、河南、陕西 |
| | 丽嘎拉 | 8月中旬成熟 | 山东、山西、河南、陕西 |
| | 蜜谢拉 | 8月上旬成熟 | 新西兰从嘎拉中选育 |
| | 松本锦 | 8月上旬成熟 | 从日本引进 |
| | 华硕 | 8月中旬成熟 | 山东烟台、山西、河南三门峡、河北、云南、新疆伊宁、辽宁营口 |
| | 福早红 | 8月中上旬成熟 | 山东烟台 |
| | 秋口红 | 8月中旬成熟 | 山东烟台海阳县 |
| | 红将军 | 9月中下旬成熟 | 山东烟台 |
| | 锦绣海棠 | 9月下旬左右成熟 | 内蒙古通辽市 |
| | 红露 | 8月底9月初成熟 | 陕西、甘肃、山西等 |
| | 蜜脆 | 8月底至9月上旬成熟 | 陕西渭北 |
| | 福红 | 9月下旬成熟 | 山东聊城冠县 |
| | 福早红 | 8月上中旬成熟 | 山东烟台 |
| | 施娜克 | 8月下旬成熟 | 意大利选育 |
| | 巴克艾 | 8月中旬成熟 | 美国从嘎拉中选育 |
| | 九月奇迹 | 9月上中旬成熟 | 美国从富士中选育 |
| | 元帅 | 9月上中旬成熟 | 山东、陕西、河南、河北、甘肃 |
| | 金冠 | 9月下旬至11月上旬 | 河南灵宝、山东烟台、四川省阿坝藏族羌族自治州小金县 |

（续）

| 熟制系列 | 主要品种 | 成熟及采收日期 | 品种来源及种植地区 |
|---|---|---|---|
| | 早熟富士王 | 9月上旬至10月底 | 由山东烟台引进 |
| | 首红 | 9月中旬成熟 | 从美国引进 |
| | 红玉 | 9月中下旬成熟 | 辽宁、吉林等地 |
| | 王林 | 9月至10月 | 华北、山东、辽宁、河北等地也有种植，日本晚熟11月上中旬 |
| | 米奇拉 | 约8月上旬至9月成熟 | 贵州 |
| | 红星 | 9月下旬至10月 | 陕西、河南 |
| | 红冠 | 9月中旬至10月中旬 | 陕西洛川、铜川 |
| | 红富士 | 9月下旬至10月中下旬 | 各产区均有大面积种植 |
| | 国光 | 9月下旬至10月 | 陕西洛川，河南灵宝，山东日照、聊城 |
| | 红元帅 | 9月下旬至10月 | 陕西洛川，河南灵宝，山东日照、聊城 |
| | 黄元帅 | 9月下旬至10月 | 陕西洛川，河南灵宝，山东日照、聊城 |
| | 秦冠 | 9月下旬至10月中下旬 | 陕西洛川、白水，山西运城临猗；西北地区、华北北部、辽宁西部 |
| | 华冠 | 9月下旬至11月上旬 | 山东 |
| | 乔纳金 | 9月下旬至11月上旬 | 河南灵宝 |
| 中熟 | 新世纪 | 8月下旬至11月上旬 | 陕西白水 |
| | 秦脆 | 9月下旬至10月上旬成熟 | 陕西、甘肃等 |
| | 秦蜜 | 9月下旬左右成熟 | 陕西、甘肃等 |
| | 瑞香红 | 8月下旬至11月上旬 | 陕西白水 |
| | 西施红 | 9月下旬至10月初 | 山东青岛 |
| | 甘红 | 9月下旬成熟 | 从韩国引进 |
| | 红露 | 8月底9月初成熟 | 从韩国引进 |
| | 魔笛 | 9月上中旬成熟 | 从意大利引进 |
| | 蜜脆 | 9月上旬 | 陕西、甘肃、山西产区栽培 |
| | 明月 | 9月中下旬成熟 | 山东烟台、威海、青岛 |
| | 凉香 | 9月上旬成熟 | 日本引进 |
| | 甜哥 | 9月中旬成熟 | 从美国引进 |
| | 秦月 | 8月底至9月中上旬 | 陕西、山西 |
| | 红色之爱 | 9月中下旬成熟 | 从瑞士引进 |
| | 纽约1号 | 9月底成熟 | 从纽约引进 |
| | 华红 | 8月下旬成熟 | 辽宁、吉林等 |
| | 斗南 | 10月上旬成熟 | 日本青森县十和田市选育品种 |
| | 礼泉短富 | 10月下旬成熟 | 陕西 |
| 晚熟 | 2001富士 | 10月下旬成熟 | 烟台 |
| | 粉红女士 | 10月中下旬成熟 | 陕西渭北南部有种植 |

（续）

| 熟制系列 | 主要品种 | 成熟及采收日期 | 品种来源及种植地区 |
|---|---|---|---|
| 晚熟 | 圣女红 | 10月下旬到11月上旬成熟 | 粉红女士优系 |
| | 烟富3号 | 10月下旬成熟 | 山东、河南、河北、江苏、云南、贵州、四川、江苏均有种植 |
| | 长富6号 | 10月中下旬成熟 | 山东、河南、河北、江苏、云南、贵州、四川、江苏均有种植 |
| | 长富2号 | 10月中下旬成熟 | 山东、河南、河北、江苏、云南、贵州、四川、江苏均有种植 |
| | 秋富1号 | 10月中旬成熟 | 山东、河南、河北、江苏、云南、贵州、四川、江苏均有种植 |
| | 瑞阳 | 10月中旬成熟 | 陕西渭北、陕西地区 |
| | 瑞雪 | 10月中旬成熟 | 西北地区 |
| | 太极红 | 10月下旬至11月上旬成熟 | 甘肃秦安、陕西榆林 |
| | 望山红 | 10月中上旬成熟 | 甘肃秦安、陕西榆林 |
| | 红玉 | 10月中旬至11月 | 山东烟台 |
| | 蛇果 | 10月中旬至11月 | 山东烟台 |
| | 黄富士 | 10月中旬至12月 | 山东烟台 |
| | 维纳斯黄金 | 10月下旬成熟 | 山东威海 |
| | 澳洲青苹 | 10月下旬成熟 | 由阿尔巴尼亚引进 |
| | 红宝石甜 | 10月中下旬 | 日本引进 |
| | 绛雪 | 11月中下旬成熟 | 从澳大利亚粉红女士中选育 |
| | 印度青 | 10月中下旬采收 | 印度引进，烟台栽培 |
| | 福艳 | 10月上旬成熟 | 烟台 |
| | NZ Rose | 4—8月 | 新西兰进口 |
| | NZ Beauty | 2—4月上市 | 新西兰进口 |
| | 爱妃 | 10月中下旬成熟 | 新西兰 |
| | 阿珍富士 | 10月上中旬 | 新西兰选育 |
| | 世界一 | 10月下旬（日本） | 日本进口 |
| | 皮诺娃 | 9月下旬成熟，延至10月1日前后风味更佳 | 从德国引进，主要是加工品种 |
| | 信浓黄 | 10月中旬 | 日本引进品种 |
| | 森林的光辉 | 10月中旬 | 日本引进品种 |
| | 奥里濑 | 10月中旬 | 日本引进品种 |
| | 罗红之梦 | 10月下旬至11月上旬 | 日本引进品种 |
| | 辛黄 | 10月下旬至12月上旬 | 日本引进品种 |

　　各省份熟制结构及主栽品种见表1-2（刘莉华等，2020）。由表知，我国苹果主产区熟制结构主要以晚熟品系为主，平均占比70.00%左右，陕西最高达到75.50%，辽宁最低为62.30%；早熟占比平均在11.00%，其中山西最高达到15.20%，甘肃最低为8.40%；中熟占比平均在18.00%左右，其中江苏最高达到20.70%，四川最低为15.40%。

表 1-2 各省份熟制结构及主栽品种

| 序号 | 省份 | 早熟品种/% | 中熟品种/% | 晚熟品种/% | 主要栽培品种 |
|---|---|---|---|---|---|
| 1 | 陕西 | 9.10 | 15.40 | 75.50 | 洛川：红星、红元帅、红冠、红富士、国光、秦冠、黄元帅；白水：红富士、新红星、秦冠、美国 8 号、新世纪、嘎拉、瑞阳、瑞雪、瑞香红<br>铜川：新红星、红冠、红富士<br>2015—2016 年矮化密植新果园种植新品种：玉华早富、秦阳、瑞阳、瑞雪、秦脆、秦蜜等品种分别在 2020 年、2021 年开始挂果生产。主要以晚熟系列为主 |
| 2 | 山东 | 12.40 | 15.20 | 72.40 | 烟台：红富士、嘎拉、红玉、珊夏、金冠、蛇果、黄富士等，其中红富士品种有 2001 富士、烟富 3 号、秋富 1 号、长富 2 号、长富 6 号等<br>威海：红富士、烟富 3 号、河北 3 号、长富 2 号、维纳斯、王林苹果<br>日照、聊城、临沂：金帅、国光、美国 8 号、嘎拉、红将军、红富士 |
| 3 | 河南 | 11.50 | 18.60 | 69.90 | 灵宝：红富士、嘎拉、金冠、红星、华冠、秦冠、美国 8 号、乔纳金、国光 |
| 4 | 甘肃 | 8.40 | 17.60 | 74.00 | 天水：主要以花牛、红富士为主<br>平凉庆阳一代主产：红富士、红将军、嘎拉 |
| 5 | 山西 | 15.20 | 20.50 | 64.30 | 临猗：红富士、嘎拉、秦冠<br>万荣：红富士、嘎拉、新红星、美国 8 号 |
| 6 | 辽宁 | 13.40 | 24.30 | 62.30 | 富士、寒富、国光、金冠、乔纳金、嘎拉、红将军、王林、澳洲青苹 |
| 7 | 河北 | 14.60 | 19.30 | 66.10 | 藤木 1 号、信浓红、嘎拉、山夏、摩里士、澳洲青苹、胜利、国光、贝拉、王林苹果、富士系列烟富 3 号、河北 3 号、长富 2 号 |
| 8 | 新疆 | 8.60 | 18.90 | 72.50 | 嘎拉、富士、糖心富士。产区地理位置特性，高海拔、温差大、采摘时间晚、充分成熟、光照时间长、果芯糖化，形成糖心苹果 |
| 9 | 江苏 | 10.30 | 20.70 | 69.00 | 元帅、嘎拉、秦冠、富士、红富士烟富 3 号、秋富 1 号、长富 2 号、长富 6 号等 |
| 10 | 云南 | 10.10 | 19.20 | 70.70 | 嘎拉、藤木 1 号、美国 8 号及烟台红富士系列 |
| 11 | 贵州 | 9.30 | 17.50 | 73.20 | 嘎拉、藤木 1 号、美国 8 号、烟富 3 号、秋富 1 号、长富 2 号、长富 6 号 |
| 12 | 四川 | 9.50 | 15.40 | 75.10 | 盐源：红将军、嘎拉、红富士<br>阿坝藏族羌族自治州小金县：金冠、红富士条红主要是 2001 和长富 2 号 |

**1. 早熟品种**（以主栽品种为例）

（1）辽伏。果实近圆形，果皮黄绿色，单果重 60～80 g。肉质脆而多汁，风味淡甜，品质中等，适应性强，结果早；6 月下旬采收，是早熟、丰产、不耐贮运的品种。

（2）伏帅。果实呈圆锥形，单果重 120 g，果皮底色绿黄，果肉白色，肉质脆，汁液多，风味甜，品质中上；7 月上旬采收，不耐贮运。

（3）藤木 1 号。美国育成的抗苹果黑星病和白粉病的早熟品种。果实为圆形，平均单果重 190 g，底色黄绿，阳面条红、半红或全红，果肉黄白色，肉质松脆汁多、酸甜适口，有芳香，可溶性固形物含量 11.00%。该品种在 7 月上中旬成熟，早果、丰产、抗病、坐果率高，在普通室温下可贮存 20 d 左右。近年来我国南方各地引种栽培。

**2. 中熟品种**

（1）新津轻。丰产性好，初结果树以长、中果枝结果为主，盛果期以短果枝结果为主。8 月上旬成熟，果实较大，单果重 165 g 左右。果实近圆形，果面光滑，底色黄绿，全面披有红条霞或鲜红色条纹。果肉黄白色，肉质脆，汁液多，可溶性固形物含量 13.00%，甜酸适口，有芳香，品质上等。在常温下可贮藏 30 d 左右。

（2）嘎拉。坐果率高，早果性和丰产性强。果实近圆形或圆锥形，果个中大，平均单果重 180 g。果形整齐美观，果皮稍厚，果面有光泽。果肉乳黄色，肉质松脆，汁液多，味甜微酸，芳香浓郁，可溶性固形物含量 13.80%，品质上等。一般 8 月上中旬成熟，在室温下可贮放 30 d，冷藏可贮藏至翌年 3 月。

（3）夏艳。树势强健，以中、短果枝结果为主，丰产性强。8 月上旬成熟，是品质优良、外形美观、味甜而浓、全面着色的中早熟品种。果实中等大，平均单果重 136 g，最大果重 160 g，扁圆或近圆形，果皮底色黄绿，果面光洁，外形美观。果肉绿白色，肉质细、松脆，味甜微酸，香味浓郁。在常温下可贮放 1 个月左右，贮藏后果面有蜡质。

（4）乔纳金。果实较大，单果重 210 g 左右，底色黄绿至淡黄，果皮彩色鲜红，无果锈。果肉黄白色，细脆多汁，酸甜适度，芳香浓郁，品质上等，耐藏性一般，可溶性固形物含量 15.00%，9 月底或 10 月上旬成熟。

（5）金冠。果实圆锥形或卵圆形，单果重 200 g 左右，果皮薄，金黄色，易生果锈。果肉黄色，果肉细，肉脆多汁，酸甜适口，品质上，耐贮运。一般条件可贮藏翌年年初。我国南方产区在 8 月底至 9 月初采收。

（6）新红星。果实圆锥形，果形端正，果顶有突出的五棱，单果重 200 g。底色黄绿，全面浓红，果面光滑，无果锈。果肉绿白色，肉质细脆，汁液多，风味酸甜，可溶性固形物含量 12.40%，品质中上。9 月中旬采收，不耐贮藏，2 个月左右果肉即沙化，食用价值下降。

（7）早生富士。树势强健，结果早，坐果率高，丰产性强。果实 9 月中下旬成熟，比富士早约 30 d。平均单果重 198 g，最大果重约 365 g。果实近圆形或扁圆形，果面光滑，蜡质较多，底色黄绿，成熟时略有红色条纹。果肉乳黄色，肉质细脆，汁多，风味酸甜，可溶性固形物含量 13.00%～15.00%，品质上等，较耐贮。

**3. 晚熟品种**

（1）富士。果实呈扁圆形或短圆形，顶端微显果棱。果个中、大型，平均单果重 180～300 g，最大单果重可达 400 g 以上。成熟时底色近淡黄色，片状或条纹状着鲜红色。果肉淡黄，细脆汁多，风味甜酸，微有香气，品质上等，可溶性固形物含量 14.00%～18.50%，鲜食品质甚佳。在山东 10 月中下旬至 11 月上旬成熟，极耐贮运。

（2）王林。树势较强，成枝力强，花序坐果率中等，采前落果少，较丰产。果实卵圆形或椭圆形，单果重 180～200 g；全果黄绿色或绿黄色；果面光洁，果皮较薄；果肉乳白色，肉质细脆，汁多，风味香甜，有香气，可溶性固形物含量 12.00%～13.00%，品质上等。辽宁产区于 10 月中旬成熟，黄河故道地区于 9 月中旬成熟，果实耐贮藏。

(3) 秦冠。树势强健，适应性强，丰产稳产。果大、色红、耐贮，果实 10 月中下旬成熟，平均单果重 230 g 以上，短圆锥形，颜色暗红，在海拔 900 m 冷凉地区果实全面鲜红，果皮较厚。果肉细脆、汁多、味甜、风味芳香，可溶性固形物含量 16.50%，品质优于金冠及国光。果实在冷库条件下可贮藏到翌年 5 月，是苹果类贮藏时间最长的品种。

(4) 岳帅。树势强健，结果早，丰产。在辽宁熊岳，果实 10 月上旬成熟，比富士早 14 d。果实大，平均单果重 224 g，近圆形。果皮底色黄绿，着橙红色霞覆鲜红条纹。果肉黄白色，肉质脆、松、中粗，汁多，甜酸适口，有香味，可溶性固形物含量 14.60%，品质上等。可贮藏至翌年 3 月。

(5) 岳红。树冠中大，树势较强，长、中、短果枝均结果，丰产性强。果实 10 月上旬成熟，比富士早半个月。果实大，平均单果重 203 g，近圆形，近似富士。果面光滑，底色黄绿，全面着浓红色霞，比富士和国光的色泽好。初收时果肉青白色，贮藏后逐渐变为淡黄白色，肉质中粗，汁多，味甜少酸，有香味，可溶性固形物含量 14.40%，品质上等。可贮藏至翌年 4 月。

## 二、苹果化学组成

苹果由水和干物质两部分化学成分组成，干物质由碳水化合物（糖、淀粉、纤维素、半纤维素、果胶）、色素、维生素、矿物质、单宁、含氮物质和挥发性芳香物质等组成，这些化学成分构成苹果颜色、香味、风味、质地、营养等。每 100 g 苹果含有 70~80 g 水分、13~15 g 碳水化合物、6.0 g 膳食纤维、1.5 g 蛋白质、1.0 g 脂类、501 mg 矿物质和 90 mg 左右的维生素（范昊安等，2020）。伴随着果实成熟衰老，这些化学物质在体内发生分解、合成、转化等一系列生理生化变化，果实食用品质发生改变。

### （一）水分

苹果中含水分 85% 左右，水分是反映苹果新鲜程度和消费者可接受程度的重要指标。一般以三种状态存在，即游离水、胶体结合水和化合水。

游离水也称自由水，是苹果水分的主要组分，主要存在于组织中的毛细管、细胞间隙和细胞内的液泡中。游离水作为一些物质的溶剂，促进组织内生理生化变化，在贮藏中变化最大。

胶体结合水以氢键与细胞内亲水胶体结合，不能自由移动，不具备溶剂的性质，不易结冰。胶体结合水和游离水可以相互转化，当游离水减少到一定程度时，胶体结合水会有一部分转化为游离水。

化合水以一定的化学键与果实中化学物质紧密结合，这部分水不蒸发、不能析离，失去了流动性和溶解性，是植物体的构成物，在果实贮藏过程中一般没有变化。

### （二）碳水化合物

苹果组织中含有的碳水化合物主要包括糖类、淀粉、纤维素、半纤维素和果胶物质，这些物质不仅是果实组织的重要组成部分，也是人体所需的重要营养物质。

**1. 糖** 糖的种类和含量影响苹果甜度。苹果中的可溶性糖组分主要包括葡萄糖、果糖、蔗糖以及少量山梨醇。其中葡萄糖和果糖为单糖，蔗糖为二糖。可溶性糖中以果糖最甜，其次为葡萄糖和蔗糖。在果实成熟时，各种含碳物质以糖酸等形式通过不同的代谢途径在果实中积累，形成了果实不同的品质风味。果实糖代谢是一个复杂的生理过程（图1-1），主要包括蔗糖代谢、山梨醇代谢、己糖代谢、淀粉代谢（郭志刚，2021）。

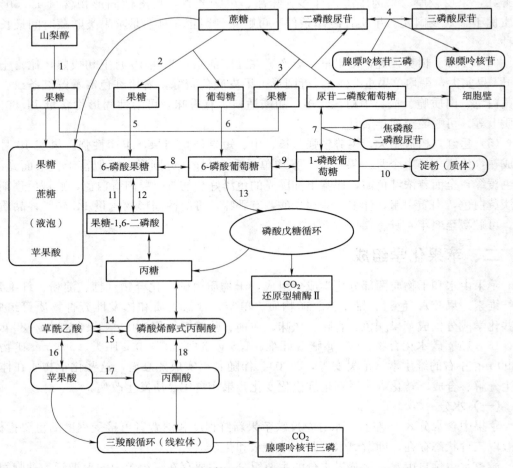

图1-1 果实中糖代谢途径的简图（Beruter et al.，2004）

1. 山梨醇脱氢酶 2. 酸性转化酶 3. 蔗糖合成酶 4. 核苷二磷酸激酶 5. 果糖激酶 6. 己糖激酶
7. 尿苷二磷酸葡萄糖焦磷酸化酶 8. 磷酸葡萄糖磷酸异构酶 9. 葡萄糖磷酸变位酶 10. 腺苷二磷酸葡萄糖焦磷酸化酶
11. 磷酸果糖激酶 12. 焦磷酸果糖磷酸转移酶 13. 磷酸葡萄糖脱氢酶 14. 磷酸烯醇式丙酮酸羧化酶
15. 磷酸烯醇式丙酮酸羧化激酶 16. 苹果酸脱氢酶 17. 苹果酶 18. 丙酮酸激酶

**2. 淀粉** 根据糖在果实中积累的方式，果实可分为三类：糖直接积累型、中间类型及淀粉转化型。苹果为中间类型，苹果在成熟前期积累大量的贮藏淀粉，采后经成熟和衰老，淀粉转化为可溶性糖满足机体生理代谢，果实甜度上升。因此，淀粉含量变化可用来判断苹果成熟度。实际应用中常采用碘液（碘化钾＋结晶碘）进行淀粉含量的测定，通过果心中部横切果实，将果实切面缓慢浸于碘液中，染色1 min后取出果实，将染色切面与标准染色谱图进行对照，按下式计算淀粉指数（$SI$）：

$$SI = \frac{\sum（淀粉染色级数×该级果实数）}{果实总数}$$

苹果淀粉含量影响其采后贮藏效果。如1-MCP处理后的苹果抑制了淀粉的降解，阻止了可溶性糖的增加，从而延长贮藏期。而乙烯处理则加速淀粉降解，表现出相反的效果，故淀粉降解与果实软化之间存在紧密联系。

**3. 纤维素、半纤维素**　纤维素（cellulose）和半纤维素（hemic-cellulose）是组成苹果组织细胞壁的主要组成部分，对植物组织起支撑和保护作用。其含量和结构影响苹果组织质地，组成纤维素的单体为葡萄糖，有 7 000～15 000 个单糖单位组成，无分支；半纤维素作为一种杂聚多糖，常由木糖、甘露糖、半乳糖、鼠李糖、阿拉伯糖等组成，有500～3 000个单糖单位组成，有分支，在酸性条件下易水解。纤维素含量对苹果品质和贮藏性具有重要影响，其有利的方面是在果蔬抗机械损伤和抗病、抗虫害方面具有重要意义。不利的方面在于，伴随着苹果果实成熟衰老，纤维素含量升高，纤维化程度增加，组织变得粗糙。

**4. 果胶物质**　果胶物质（pectin）即多聚半乳糖醛酸（polygalacturonic acid），作为细胞壁的重要组成成分，是影响果实脆度的重要因素之一，也是一类具有共同特征的寡糖和多糖家族，主要由 $D$-半乳糖醛酸以 $\alpha$-1,4-糖苷键连接形成的直链状聚合物，部分 $D$-半乳糖醛酸上的羧基被甲醇酯化而形成甲酯。广泛存在于高等植物的细胞壁中，其连接纤维素和半纤维素，共同形成细胞壁的骨架网络，起到维持细胞结构和功能稳定性的作用，是植物细胞壁的主要成分之一。果胶由"平滑区域"和"毛状区域"两部分结构组成，包括光滑的同型半乳糖醛酸聚糖（Homogalacturonan，HG）、毛状的鼠李糖半乳糖醛酸聚糖-Ⅰ（Rhamnogalacturonan-Ⅰ，RG-Ⅰ）和鼠李糖半乳糖醛酸聚糖-Ⅱ（Rhamnogalacturonan -Ⅱ，RG-Ⅱ）。

苹果硬度与果胶的状态密不可分。果蔬中的果胶物质有三种：原果胶、果胶和果胶酸。不同成熟阶段果胶状态不同，在未成熟果实中，果胶物质与纤维素结合以原果胶的形式存在。原果胶是一种非水溶性的物质，它的存在使果实显得坚实、脆硬。随着果实的成熟，原果胶逐渐被分解为果胶，然后进一步分解为果胶酸，使细胞间的联结变松弛，果实硬度下降。

苹果果胶属于可溶性纤维，进入人体，可以促进肠道的蠕动，能够起到开胃健脾的功效；促进胆固醇代谢，有效降低胆固醇水平，能够软化血管，有效预防动脉粥样硬化；吸附胃肠道内的毒素，促进毒素的排出，起到美容养颜，通便润肠的作用；降低体内血糖的浓度，预防糖尿病。在苹果果汁、果酒的制作过程中，果胶还会影响液体稳定性。

**（三）有机酸**

酸度是影响苹果口感的重要组成部分，苹果酸度取决于果实细胞中有机酸含量，这些有机酸主要存在于液泡中，以游离或酸式盐的形式存在。有机酸的含量和种类是决定果实食用品质和贮藏价值的重要因素之一。有机酸参与自身光合作用、呼吸作用，以及酚类物质、氨基酸、酯类、芳香物质的代谢。苹果中的有机酸主要是苹果酸（占总酸的 84% 左右），其次为琥珀酸（4%）、草酸（5%），以及少量的乙酸、酒石酸和柠檬酸（共占5%）。有机酸通常在未成熟的果实中含量较大，伴随着果实进一步成熟，一部分转变为糖；一部分作为呼吸作用底物（主要是苹果酸）被氧化成 $CO_2$ 和 $H_2O$；一部分被钾离子、钙离子等中和，故果实成熟过程中酸味下降，甜味增加。果实有机酸的代谢也是一个复杂的生理过程（图 1-2）。

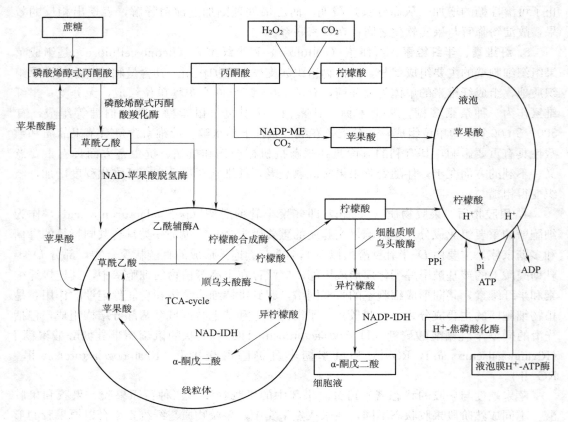

图 1-2 果实中酸代谢途径的简图（陈发兴等，2005）

果实的酸味还与果实细胞中氢离子的离解度（pH）密切相关。有机酸种类不同，其氢离子离解度也存在差异，如酒石酸＞苹果酸＞柠檬酸。此外，苹果组织中的蛋白质、氨基酸等成分对酸度也有一定影响。如果实受热到一定程度，会导致蛋白质变性，导致氢离子离解度增加，pH 降低，酸味增加。

有机酸的种类、含量及糖酸配比是影响苹果风味的重要因素。一般果实中有机酸种类多于可溶性糖类，但有机酸种类多以苹果酸、柠檬酸、酒石酸为主，其余酸类物质含量较少。不同苹果品种或不同生长发育阶段有机酸含量和种类存在明显差异，这也形成了苹果不同的风味。高糖低酸的苹果味感淡薄，高酸低糖的苹果口感过酸，鲜食品质均较差，一般可滴定酸含量为 0.2%～0.5%，固形物含量大于 14.5% 或总糖含量大于 12.5%，苹果酸甜适口，风味浓郁，鲜食品质较好。

有机酸在加工过程中也起着重要作用：①影响某些酶（多酚氧化酶、过氧化物酶）的活性，抑制褐变；②适宜的酸度能降低微生物的耐热性，抑制其生长繁殖；③有机酸与果实中色素物质的稳定性和抗坏血酸的保持有关，酸性条件能减少花色素和抗坏血酸的损失；④加工过程中与铁、锡等金属接触，促进设备和容器的腐蚀，影响制品的风味和色泽。

### （四）含氮物质

苹果中存在的含氮物质主要是蛋白质和氨基酸，其次是酰胺、铵盐和硝酸盐，较其他食品而言，苹果中蛋白质和氨基酸含量较少，但却是形成所谓"浓味"的重要成分。蛋白质遇酸、碱被水解成氨基酸，形成加工过程中的特殊风味，如具有特殊鲜味的谷氨酸、天冬氨酸，带有甜味的甘氨酸，这些氨基酸经转化可生成具有芳香气味的醇类和酯类物质。此外，在加工过程中常见的非酶褐变现象，是由于蛋白质、氨基酸与还原糖反应，氨基酸中的酪氨酸在酪氨酸氧化酶的作用下氧化产生黑色素。含硫蛋白质、氨基酸等在罐藏高温杀菌时受热降解形成硫化物，容易引起内容物的变色和金属罐壁的腐蚀。在果酒和果汁的制作中，蛋白质的存在会引起汁液混浊。

蛋白质是人体中最重要的营养物质，是细胞组成的主要成分，是新陈代谢中各种酶的组成部分。苹果不仅可以为人体提供蛋白质而且可以增进粮食中蛋白质在人体中的吸收率。研究证明，人体对粮食中蛋白质的可消化率是75%，但如果多吃苹果会使粮食中蛋白质的可消化率提高到90%。苹果中含有丰富的氨基酸，不仅可以为人体提供各种氨基酸来维持正常生理状况，同时对调节人体氮平衡起着一定作用。苹果中氨基酸含量如表1-3（徐怀德等，2006）所示。

表 1-3　苹果中氨基酸含量

| 名称 | 含量/g/100 g | 名称 | 含量/g/100 g |
|---|---|---|---|
| 天冬氨酸 | 0.128 | 蛋氨酸 | 0.008 |
| 苏氨酸 | 0.018 | 异亮氨酸 | 0.015 |
| 丝氨酸 | 0.020 | 亮氨酸 | 0.026 |
| 谷氨酸 | 0.052 | 酪氨酸 | 0.009 |
| 脯氨酸 | 0.020 | 苯丙氨酸 | 0.011 |
| 甘氨酸 | 0.041 | 赖氨酸 | 0.016 |
| 丙氨酸 | 0.018 | 精氨酸 | 0.006 |
| 胱氨酸 | 微量 | 组氨酸 | 0.006 |
| 缬氨酸 | 0.15 | 总量 | 0.382 |

### （五）酚类物质

苹果中的多酚主要包括以下五类（图1-3）：①黄烷-3-醇，主要由儿茶素、表儿茶素及它们的聚合物原花青素类等组成；②羟基肉桂酸及其衍生物类，主要由绿原酸、对香豆酸、咖啡酸等组成；③二氢查尔酮类，主要由根皮素及其配糖体组成；④黄酮醇类，主要由槲皮素及其配糖体组成；⑤花色苷类，仅发现其以半乳糖配体的形式存在于一些红色品种中（郝少莉，2008）。

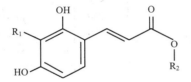

| $R_1$ | $R_2$ | 名称 |
|---|---|---|
| OH | 奎尼酸 | 绿原酸 |
| OH | H | 咖啡酸 |
| $OCH_3$ | H | 阿魏酸 |
| H | H | 对香豆酸 |

羟基肉桂酸类

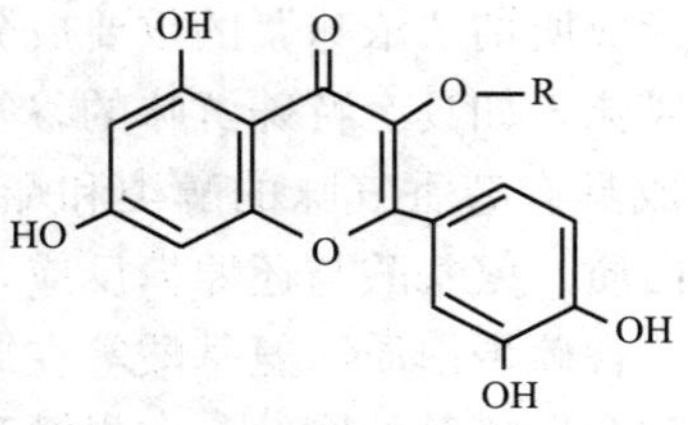

| R | 名称 |
|---|---|
| H | 槲皮素 |
| Rhamnose | 槲皮苷 |
| Glucose | 异槲皮苷 |
| Galactose | 金丝桃苷 |
| Rhamnose-Glucose | 芦丁 |
| Arabinofuranose | 扁蓄苷 |

黄酮醇类

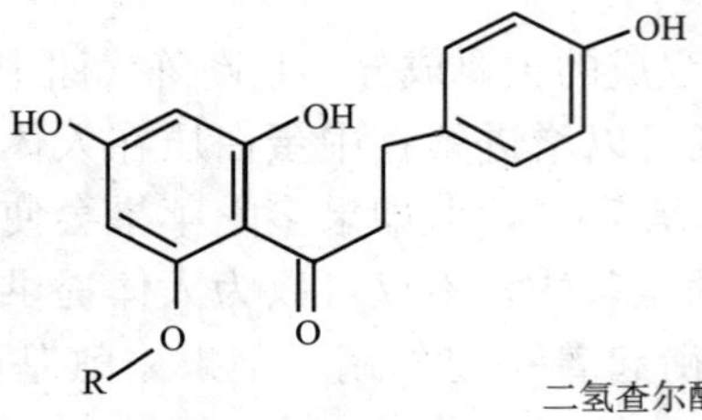

| R | 名称 |
|---|---|
| H | 根皮素 |
| Glucose | 根皮苷 |
| Xyl-Glc | 根皮素-2′-木糖葡萄糖苷 |

二氢查尔酮类

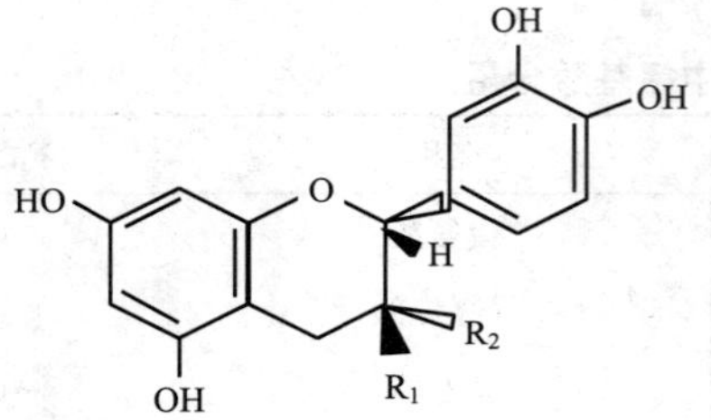

| $R_1$ | $R_2$ | 名称 |
|---|---|---|
| H | OH | （-）-表儿茶素（-） |
| OH | H | （+）-儿茶素（+） |

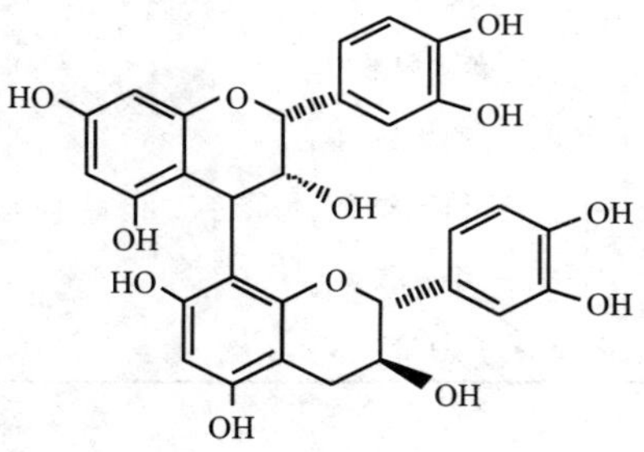

原花青素$B_1$

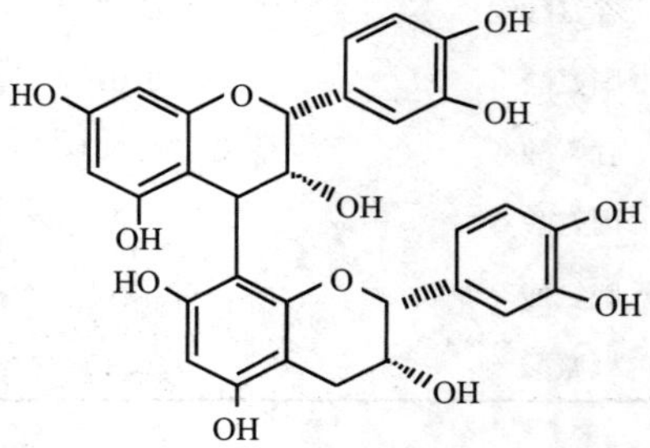

原花青素$B_2$

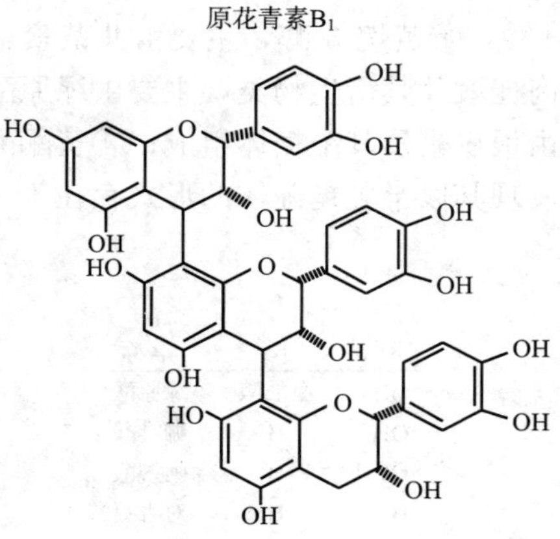

原花青素$C_1$

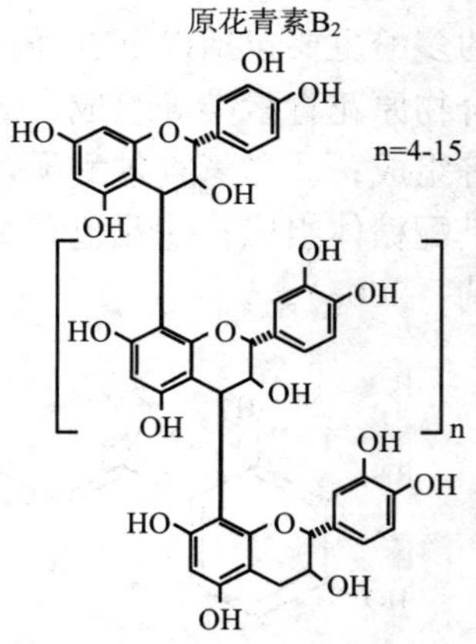

聚黄烷-3-醇

黄烷-3-醇类

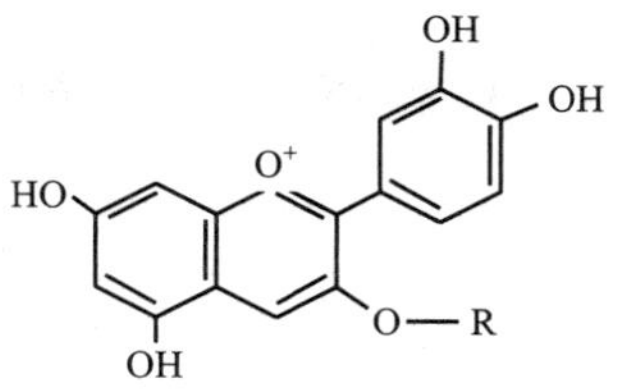

| R | 名称 |
|---|---|
| H | 花青素 |
| Galactose | Ideain |

花色苷类

图 1-3 苹果中多酚物质种类和结构

苹果酚类物质含量受产地、品种、成熟度等因素影响，对于成熟苹果，主要多酚类为绿原酸、儿茶素类以及原花青素等，未成熟苹果中则含有较多的二氢查尔酮类、槲皮素等化合物。不同组织部位其含量也存在较大差异，苹果成熟度越高，果皮、果肉中的总酚和原花青素含量越高，而在成熟苹果果肉中，黄烷醇、羟基肉桂酸含量较低。不同品种、组织部位多酚物质组成和含量存在较大差异（表 1-4）。

表 1-4 不同品种苹果果实多酚物质含量（李鑫，2015）

| 品种 | 总酚/mg CAE/g DW | | 总花青素/mg PB2/g DW | | 绿原酸/mg/g DW | |
|---|---|---|---|---|---|---|
| | 皮 | 肉 | 皮 | 肉 | 皮 | 肉 |
| 维斯塔·贝拉 | 18.71 | 21.27 | 20.44 | 6.07 | 0.61 | 1.21 |
| 藤木1号 | 29.13 | 7.45 | 8.97 | 2.80 | 0.02 | 0.11 |
| 早生旭 | 54.57 | 23.43 | 28.92 | 10.69 | 0.42 | 0.92 |
| 甜伊萨诺娃 | 26.76 | 12.81 | 11.70 | 5.05 | 0.76 | 1.82 |
| 春香 | 38.67 | 17.29 | 16.52 | 4.42 | 1.52 | 2.31 |
| 发现 | 25.49 | 14.04 | 14.21 | 6.92 | 2.05 | 1.96 |
| 松本锦 | 21.86 | 9.09 | 10.86 | 2.80 | 0.49 | 1.08 |
| 巴布斯基诺 | 52.03 | 17.40 | 35.05 | 8.30 | 2.76 | 4.39 |
| 西伯利亚白点 | 64.76 | 58.11 | 38.39 | 25.38 | 0.14 | 0.50 |
| 巴斯美 | 48.60 | 23.43 | 32.71 | 10.46 | 1.89 | 4.38 |
| 红露 | 57.73 | 16.52 | 36.24 | 7.41 | 1.11 | 1.45 |
| 诺达 | 35.08 | 12.07 | 24.37 | 4.99 | 1.43 | 2.33 |
| 波兰8号 | 31.05 | 14.32 | 12.53 | 3.36 | 0.79 | 1.10 |
| 南方脆 | 24.55 | 8.11 | 12.44 | 3.51 | 0.57 | 0.56 |
| 千秋 | 15.60 | 5.30 | 5.42 | 0.60 | 0.50 | 0.39 |
| 红金嘎拉 | 24.00 | 8.67 | 15.23 | 4.35 | 0.34 | 0.49 |
| 赫木特 | 24.27 | 12.78 | 10.01 | 2.75 | 0.41 | 1.09 |
| 西蒙飞 | 22.23 | 9.14 | 6.78 | 3.38 | 0.22 | 0.38 |
| 板田津轻 | 20.19 | 6.15 | 7.22 | 2.94 | 0.05 | 0.07 |
| 迎秋 | 23.39 | 10.07 | 10.42 | 5.09 | 0.82 | 0.92 |
| 满堂红 | 35.46 | 8.28 | 14.65 | 4.34 | 0.45 | 0.78 |
| 秋映 | 29.73 | 7.40 | 11.38 | 4.14 | 0.28 | 0.37 |

（续）

| 品种 | 总酚/mg CAE/g DW | | 总花青素/mg PB2/g DW | | 绿原酸/mg/g DW | |
|---|---|---|---|---|---|---|
| | 皮 | 肉 | 皮 | 肉 | 皮 | 肉 |
| 红富士 | 22.32 | 7.26 | 14.63 | 2.54 | 0.68 | 0.55 |
| 金帅 | 12.97 | 5.14 | — | 1.37 | 0.12 | 0.08 |
| 乔纳金 | 29.53 | 13.93 | 23.33 | 5.12 | 0.22 | 0.40 |
| 静香 | 41.62 | 13.67 | 19.20 | 5.73 | 0.52 | 0.63 |
| 新世界 | 25.38 | 2.39 | 6.40 | 0.61 | 0.34 | 0.51 |
| 丹光 | 33.85 | 10.96 | 17.40 | 5.85 | 0.05 | 0.21 |
| 斗南 | 33.96 | 9.60 | 11.78 | 2.77 | 0.49 | 0.58 |
| 华红 | 27.85 | 9.17 | 10.12 | 3.47 | 0.06 | 0.09 |
| 岳红 | 28.01 | 6.99 | 14.40 | 3.48 | 0.57 | 0.75 |
| 新乔纳金 | 26.59 | 8.34 | 15.97 | 3.59 | 0.33 | 0.37 |
| 日之丸 | 39.64 | 9.30 | 26.86 | 4.95 | 2.21 | 2.70 |
| 寒富 | 19.12 | 3.52 | 12.53 | 3.21 | 0.32 | 0.27 |
| 华冠 | 32.58 | 6.63 | 26.26 | 4.29 | 0.70 | 1.01 |

单宁作为其中一种，分为水解单宁和缩合单宁，水解单宁属于 $C_1$-$C_6$ 型酚类，分子内含有酚键和苷键，在稀酸、碱和单宁酶作用下水解成酚酸和多元醇，可溶于水，有涩味，分子中含有酯键和糖键，具有酯的性质。未成熟的苹果有涩味，是水解单宁的存在所致。

缩合单宁是羟基黄烷类单体组成的聚合物，具有 $C_6$-$C_3$-$C_6$ 的结构特征，分子中的芳香环以 C-C 键相连，不溶于水，在强酸的作用下发生聚合，产生暗红色沉淀。苹果中存在的单宁主要是不溶性单宁，随着果实成熟，水溶性单宁向不溶性单宁转变，涩味逐渐降低。

苹果中存在多种酚类物质，酚类物质容易被氧化，生成黑褐色物质，称为褐变。苹果在采收和采后处理期间因操作不当造成的机械损伤部位变褐变黑、鲜切苹果褐变，就是酚类物质氧化的结果。

**（六）色素物质**

不同的苹果品种呈现不同的颜色，这主要是由于组织中存在不同种类和含量的色素。据对苹果果皮的分析发现，苹果果皮主要由叶绿素、花青苷与类胡萝卜素三种色素组成，三者的相对含量构成苹果的最终色泽。其中，叶绿素和类胡萝卜素属于脂溶性色素，花青素属于水溶性色素。

**1. 叶绿素**　叶绿素使果蔬呈现绿色，包括叶绿素 a（$C_{55}H_{72}O_5N_4Mg$）和叶绿素 b（$C_{55}H_{70}O_6N_4Mg$），主要存在于未成熟的果皮组织中。伴随着果实成熟，叶绿素降解，叶绿体的片层受到破坏，果实褪绿。叶绿素的降解途径如图 1-4（史典义等，2009）所示。此外，环境因素和植物激素也会影响果实褪绿，如乙烯诱导叶绿素的降解，而赤霉素和 2,4-D 可抑制叶绿素的分解。

**2. 类胡萝卜素**　类胡萝卜素包括胡萝卜素、叶黄素、番茄红素等，使果蔬呈现黄、橙、红等颜色，一般存在于叶绿体中。随着果实进一步成熟衰老，苹果逐渐褪绿，显现出

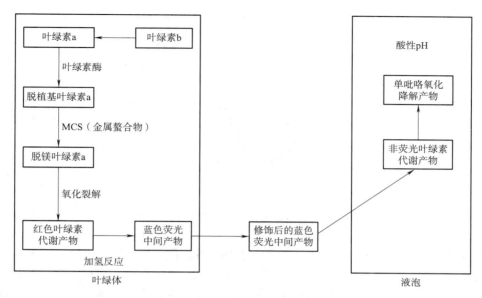

图 1-4 果实中叶绿素分解代谢途径的简图

诱人的黄色、红色等果色，这是由于叶绿素被降解，使得原本存在叶绿体中的类胡萝卜素颜色显现出来。

胡萝卜素（$C_{10}H_{56}$）属于萜烯类化合物，不溶于水，有 $\alpha$、$\beta$、$\gamma$ 等多种异构体，在苹果中 $\beta$-胡萝卜素含量最高，占胡萝卜素总量的 85% 以上，进入人体后被分解成两个等效维生素 A，而 $\alpha$-胡萝卜素、$\gamma$-胡萝卜素仅能形成一个维生素 A。

叶黄素（$C_{10}H_{56}O_6$）作为胡萝卜素的衍生物，在叶绿素分解后表现出原本的黄色，这就是苹果成熟时底色变黄的原因。

番茄红素（$C_{40}H_{56}$）是胡萝卜素的同分异构体，在苹果中含量较少，番茄红素的合成受温度影响较大，19~24 ℃是番茄红素合成的最适温度，30 ℃以上高温可合成 $\beta$-胡萝卜素，但不能合成番茄红素。

**3. 花色素** 花色素可以使苹果果皮呈现红色，一般存在于液泡中，在成熟期大量合成。它可以与单宁、黄酮等酚类物质以及类胡萝卜素等色素相互作用而显色，使果实呈现不同的色泽。花色素在高温、高 pH 环境下易降解，低温、低 pH 则有利于花色素的积累。例如，苹果在 12~13 ℃时着色良好，而在 27 ℃时着色不良或不着色，这是由于高温抑制了花色素的积累，也是导致南方苹果卖相差于北方的原因。此外，光线也是合成花色素苷的重要因素。这也导致树冠外围的苹果通常颜色艳红，而内膛果果面色泽较差或呈现绿色。

果实中的水溶性色素主要是花青素，常呈糖苷状态，称为花青素苷。花青苷是一种广泛存在于植物中的水溶性色素，其基本结构为 $\alpha$-苯基苯丙吡喃阳离子，具有一个基本的 $C_6$（A 环）-$C_3$-$C_6$（B 环）碳骨架结构的类黄酮化合物（图 1-5）。由于在 B 环的 R1 和 R2 位置上发生甲基化、羟基化和酰基化等花青苷常见的取代反应，形成不同类型的花青苷，主要包括天竺葵色素（Pelargonidin，Pg）、矢车菊色素（Cyanidin，Cy）、芍药色素（Peonidin，Pe）、飞燕草色素（Delphinidin，Del）、锦葵色素（Malvidin，Mv）和矮牵牛色素（Petunidin，Pt）六大类，其中矢车菊素是最为常见的。

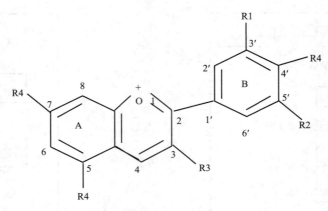

图 1-5　花青苷基本结构图（Kong et al.，2003）

花青苷分子存在高度共轭体系，可溶于水和甲醇；随着酸碱度的不同，花青苷 4 种结构的构象也发生变化。在酸性条件下，花青苷呈红色且比较稳定；在中性或弱酸性条件下，花青苷以无色形式存在，随着 pH 的增大，花青苷的颜色将褪至无色，在 pH 最高时变成紫色或蓝色。且随着环氧正离子和羟基的增加，花青苷的稳定性也会下降。苹果果皮中花青苷的合成途径已十分清楚，见图 1-6（王丽辉，2014）。

**（七）维生素**

维生素是维持人体正常代谢和生理机能所必需的一类化合物，是某些酶和辅酶的重要组成部分。果品、蔬菜中含有丰富的维生素，是人体获得维生素的重要来源。

**1. 维生素 C**　维生素 C 又叫抗坏血酸，是广泛存在于果蔬中的一类维生素，有 $L$-型和 $D$-型两种立体构型，但 $D$-型没有生物活性。极易溶于水，稍溶于丙醇和低级醇，不溶于脂和其他有机溶剂。

维生素 C 性质很不稳定，抗坏血酸氧化酶、光照、热、碱性物质以及微量的重金属离子（如 $Ca^{2+}$、$Cu^{2+}$、$Fe^{3+}$ 等）都会导致维生素 C 结构的破坏。因此，在苹果制品的加工过程中，需要采取相关措施如隔绝空气、避光、降低 pH、抑制抗坏血酸氧化酶活性、避免与金属用具接触等来减少维生素 C 损失。维生素 C 在酸性条件下较稳定，在酸中的稳定性为偏磷酸＞多元磷酸＞无机酸、某些芳香族酸、一价饱和脂肪酸＞羟基及氯代乙酸。

维生素 C 生理功能如下：①作为自由基清除剂，可以清除单线态氧、超氧化物、羟自由基；②作为酶辅助因子，参与生理代谢；③参与生育酚的生成；④参与抗坏血酸-谷胱甘肽循环，消除活性氧。

**2. 维生素 A**　维生素 A 属于脂溶性色素，在植物体内主要以维生素 A 源——胡萝卜素形式存在，在酶的作用下可分解成维生素 A。维生素 A 及维生素 A 源对热烫、高温、碱性、冷冻等均较为稳定，对氧较为敏感，在缺氧条件下，120 ℃处理 12 h 也无损伤，但在有氧的条件下，120 ℃处理 4 h，就完全失去了活性。

维生素 A 在人体内可以预防干眼症、夜盲症，可以提高消化系统和呼吸系统的抵抗能力，可以阻止癌细胞的增长，防治癌症。

**3. 维生素 B₁**　维生素 B₁ 又叫硫胺素，在人体内通常以辅酶的形式参与糖代谢，有保护神经系统、促进肠胃蠕动的作用。人体缺乏维生素 B₁ 会患如脚气病、食欲不振、心脏

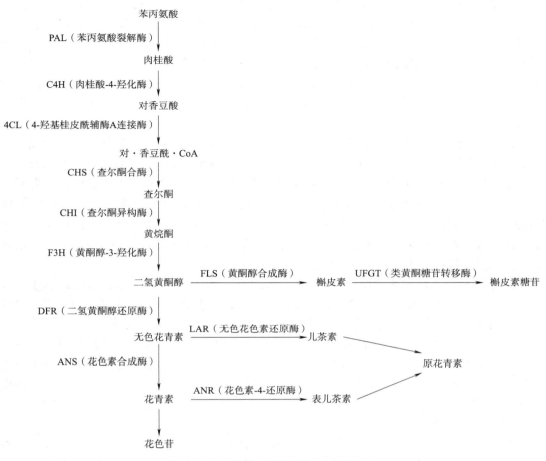

图 1-6　花色苷及类黄酮物质代谢途径

活动失调等疾病，苹果品种不同，其含量有所差异，总体来看，每 100 g 苹果鲜果中维生素 $B_1$ 含量为 0.01～0.03 mg。维生素 $B_1$ 在热、酸等环境下较稳定，在碱性条件下易被破坏，此外，维生素 $B_1$ 遇 $O_2$、氧化剂、紫外线、$\gamma$ 射线时结构被破坏，遇金属离子、亚硫酸根离子被钝化，但这些反应受 pH 影响，在 pH<3 时反应缓慢，pH>5 时反应迅速。

**4. 维生素 $B_2$**　维生素 $B_2$ 又叫核黄素，可溶于水、耐热、耐干燥，在碱性溶液中不稳定，遇到光、空气分解，每 100 g 苹果鲜果中维生素 $B_2$ 含量为 0.01～0.02 mg，含量虽然较少，但对人体健康有重要作用，人体内维生素 $B_2$ 含量有限，需要从食物中获取。维生素 $B_2$ 能在一定程度上治疗结膜炎、舌炎、角膜炎等，当体内缺乏时，会影响机体的生物氧化过程，使代谢受阻。

**（八）矿物质**

构成生物体的元素已知的有 50 多种，除了 C、H、O、N 四种基本元素外，其他元素统称为矿物质，苹果中的矿物质有钙、磷、铁、硫、镁、钾、碘、钠、铜、氯、锌等。其中钙、镁、磷、钾、钠含量较高，为大量元素；铁、铜、锌、碘、硒含量较低，为微量元素，虽然含量较低，但对人体健康至关重要。它们以硫酸盐、磷酸盐、碳酸盐的形式存在，或者以有机化合物的盐类存在，如蛋白质中会有硫、磷，叶绿素中含有镁等。

**1. 钾**  钾是果实品质形成过程中重要的生理调节剂和营养元素，钾可通过提高果树叶片的光合速率，增加同化产物的数量，为果实的生长发育提供物质基础，还有利于蛋白质的合成，提高植物氮的吸收水平，进而增加树体和果实中的蛋白质含量。果实中糖含量和糖分组成是影响果实甜度的主要因素，果实中的钾有利于淀粉向糖的转化，进而提高果实糖含量（郭志刚，2021）。苹果含有丰富的钾，可排除体内多余的钠盐，如每天吃苹果，对维持血压、血脂均有好处，钾还能扩张血管，和果胶共同作用能够预防代谢综合征。

**2. 钙**  钙元素在苹果采前采后均具有重要的生理功能。在果实发育的早期阶段，钙主要参与细胞分裂和代谢。此时，新生细胞数量增加较快，细胞间中胶层的发育以及新生细胞壁的形成需要大量的钙，致使钙在细胞分裂期存在明显的累积高峰；果实发育后期 $Ca^{2+}$ 主要参与细胞与细胞的连接，且此时液泡的迅速增大引起细胞膨大，液泡中大量 $H_2O$-Ca 积累（Hocking et al.，2016）。因此，在果实发育过程中，钙的生理作用主要集中在细胞壁和细胞膜上。钙还会增强果实对环境胁迫的抗逆能力，提高贮藏品质。如缺钙会增强苹果苦痘病、水心病、痘斑病的易感性。

**3. 磷**  磷在人体内含量仅次于钙，位居第六，是构成骨骼、牙齿、软组织的重要成分，在机体代谢中，磷以高能磷酸键的形式存在，调节能量的释放，人体对磷的需求量随着年龄的增加而下降，食物中磷的含量丰富、广泛，因此一般不会缺乏。

**4. 铁**  铁是人体必需微量元素中含量最多的一种，是血红蛋白、肌红蛋白、细胞色素 A 以及某些呼吸酶的成分。缺铁时，血红蛋白合成不足，红细胞寿命缩短，自身溶血增加，造成贫血，铁良好的食物来源是动物性食物，植物性食物铁的含量不高，并且利用率低（在 10% 以下）。

### （九）芳香物质

不同品种的苹果具有不同的香味，这是由于所产生的挥发性物质的成分和含量不同，伴随着苹果的成熟衰老，果实组织内挥发性物质成分和含量也会发生改变。据相关研究发现，苹果芳香物质包含 20 种以上酸类（主要是甲酸、乙酸）、28 种以上醇类（主要是甲醇、乙醇）、71 种酯类（甲酸甲酯、甲酸乙酯）、26 种醛类（甲醛、乙醛），此外还含有多种醚类、醛缩醇类和烃类化合物。苹果的香气成分以酯类为主，其次是醇类、酮类及挥发酸，酯类主要是乙酸异戊酯、己酸异戊酯。不同品种香气成分含量和组分存在差异。苹果香气成分的出现，一般是由较大分子的前体物质经降解或合成转化后形成，前体物质不同，香气合成途径存在差异。苹果不同香气化合物的形成途径如下图 1-7（1）（2）（3）（4）（5）（靳兰，2010）。

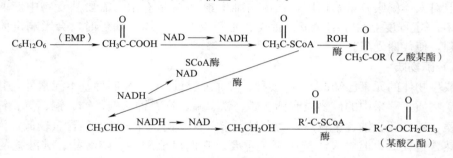

图 1-7（1）  以单糖为前体的酯类化合物生物合成

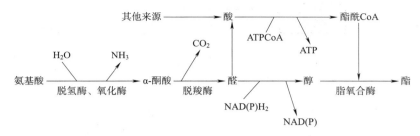

图 1-7（2） 以氨基酸为前体的酯类化合物生物合成

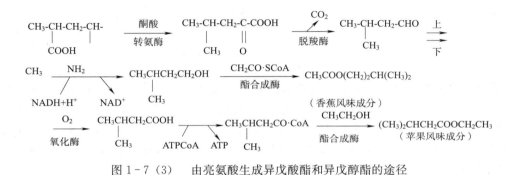

图 1-7（3） 由亮氨酸生成异戊酸酯和异戊醇酯的途径

图 1-7（4） 以脂肪酸为前体生成醛类、醇类和酯类的一般途径

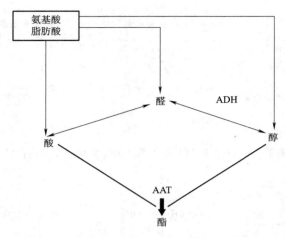

图 1-7 (5)　酯类合成途径

成熟度对苹果香味物质的产生有很大影响。未成熟的苹果特征香气主要是己醛、2-己烯醛，成熟苹果特征香气主要是乙基-2-甲基丁酸盐。一般产生挥发性物质多的品种耐藏性较差，如耐藏的小国光苹果在土窖中可贮藏 210 d，乙醇含量仅为 0.89 mg/100 g，检测不出乙酸乙酯；同期红元帅苹果含量达 14.5 mg/100 g，乙酸乙酯 4.6 mg/100 g。

**（十）酶**

**1. 多酚氧化酶（PPO）和过氧化物酶（POD）**　多酚氧化酶（polyphenoloxidase，PPO）是一种以铜为辅基的酶，在新鲜的苹果中，PPO 几乎全部存在于叶绿体和线粒体中，少量存在于细胞壁中。多酚氧化酶可分为三大类：单酚氧化酶（酪氨酸酶，tyrosinase）、双酚氧化酶（儿茶酚氧化酶 catechol oxidse）和漆酶（laccase）。苹果组织中所说的多酚氧化酶为儿茶酚酶和漆酶。PPO 含量因苹果品种、成熟度、组织部位的不同而有所差异。PPO 具有双重功能。其有利的一面，在加工过程中，PPO 的氧化作用，可以提高果汁、果酒的稳定性，防止混浊；在工业上，PPO 固定化酶可用于处理含酚废水，保护环境；在贮藏保鲜方面，PPO 作为抗性相关酶，通过催化木质素及醌类物质形成，构成保护性屏障，从而使细胞免受病菌的侵害，也可通过形成醌类物质直接发挥抗病作用，如苹果对轮纹病的抗性。其不利的一面，PPO 是存在于果蔬中的重要氧化酶，随着果实成熟衰老，该酶活性上升，果实品质快速下降，在苹果贮藏中，后期果肉、果心褐变均与 PPO 活性密切相关。

过氧化物酶（peroxidase，POD）是果蔬体内普遍存在的一种重要的氧化还原酶。其生理活性如下：①POD 同工酶，有助于清除果实组织中的活性氧（如 $H_2O_2$），延缓衰老进程；②POD 在 $H_2O_2$ 催化下可能会产生过氧化物，参与吲哚乙酸（IAA）的氧化降解，发生过氧化作用，导致蛋白质和核酸等生物大分子与质膜的损伤；③催化对病原菌有毒性的酚类物质发生氧化反应，抑制病原菌的生长繁殖；④参与木质素的合成，促进受损组织发生木质化。

**2. 超氧化物歧化酶（SOD）**　超氧化物歧化酶是含金属辅基的酶，以 Fe-SOD、Mn-SOD 和 Cu/Zn-SOD 的形式存在于细胞质、叶绿体、线粒体和过氧化物酶体内。SOD 能清除超氧自由基（$O_2^{·-}$），它与 CAT、POD 等酶协同作用来防御活性氧或其他过氧化物自由基对细胞膜系统的伤害，减少自由基对有机体的毒害，在抵御细胞的成熟和衰老中起着重要的作用。

过氧化氢酶（CAT）使 $H_2O_2$ 转化为 $H_2O$ 和 $O_2$，CAT 与 POD 一样，都可以使细胞内活性氧降低或清除，在维持细胞内活性氧的正常水平中起着重要作用。因此，在苹果贮藏保鲜方面，采取相关措施抑制 SOD、CAT 活性下降或提高其活性可以延长贮藏期。

**3. 抗坏血酸氧化酶**（APX） 抗坏血酸氧化酶（ascorbate peroxidase，APX）是以抗坏血酸为电子供体的专一性强的过氧化物酶，是植物抗坏血酸-谷胱甘肽（AsA-GSH）氧化还原途径的重要组分。APX 是清除 $H_2O_2$ 的主要酶类，根据其在果实细胞中的定位分为4类：类囊体 APX、基质 APX、微粒体 APX 和细胞质 APX，其催化反应为 $2AsA + H_2O_2 \rightarrow 2MDA$（脱氢抗坏血酸）$+ 2H_2O$，产生的单脱氢抗坏血酸可通过不同途径被还原。APX 在植物体内参与氧化还原反应，二者可以相互转化，可以接受氢和释放氢，起到传递氢的作用。

**4. 果胶酶** 果胶酶是指能协同分解果胶的一组酶的统称，由于果胶分子本身的复杂性和多样性决定了果胶酶种类的丰富多样性。主要包括多聚半乳糖醛酸酶（PG）、果胶甲酯酶（PME）、果胶裂解酶（PL）等，果胶酶的分类见表 1-5（Bonnin et al.，2014）。

表 1-5 果胶酶的分类

| 果胶酶种类 | 果胶酶名称 | 作用底物 | 作用位点 | 作用机制 | 产物 |
|---|---|---|---|---|---|
| 果胶酯酶 | 果胶甲酯酶（PME） | 高甲酯化 HG | HG 中 C-6 位置上甲氧基 | 水解 | 果胶酸、甲醇 |
| | 果胶乙酰酶（PAE） | 高乙酰化 HG | HG 中 O-2 和 C-3 位置上乙酰基 | 水解 | 果胶酸、乙醇 |
| 果胶水解酶 | 内切多聚半乳糖醛酸酶（Endo-PG） | 甲基化和乙酰酯化的 HG 侧链 | 半乳糖醛酸残基间的 $\alpha$-（1→4）糖苷键 | 随机水解 | 半乳糖醛酸单体、饱和寡聚半乳糖醛酸 |
| | 外切多聚半乳糖醛酸酶（Exo-PG） | 含有木糖或乙酰酯化的 HG 侧链 | 半乳糖醛酸残基间的 $\alpha$-（1→4）糖苷键 | 末端水解 | 饱和半乳糖醛酸残基 |
| 果胶裂解酶 | 果胶裂解酶（PNL） | 高甲酯化 HG（致病微生物） | 多聚半乳糖醛酸第 5 位 $\beta$-碳原子 | $\beta$-消除 | 甲基化不饱和寡聚半乳糖醛酸 |
| | 果胶酸裂解酶（PL/PEL） | 去甲酯化 HG | 多聚半乳糖醛酸第 5 位 $\beta$-碳原子 | $\beta$-消除 | 不饱和寡聚半乳糖醛酸 |
| 毛发区降解酶 | $\beta$-半乳糖苷酶（$\beta$-Gal） | RG 侧链、半纤维 | 非还原末端的 $\beta$-D-半乳糖残基 | $\beta$-消除 | 半乳糖醛酸 |
| | $\alpha$-L-阿拉伯呋喃糖苷酶（$\alpha$-L-AF） | RG 侧链、半纤维 | 阿拉伯呋喃糖残基 1-3 或 1-5 糖苷键 | 水解 | 阿拉伯呋喃糖分子 |
| | 鼠李糖半乳糖醛酸酶 RGase A | RG-I 骨架 | Gal A 和 Rha 残基之间的 $\alpha$-1,2-糖苷键 | 水解 | 半乳糖醛酸和鼠李糖的寡聚体 |
| | 鼠李糖半乳糖醛酸裂解酶 RGlyase | RG-I 骨架 | Gal A 和 Rha 残基之间的 $\alpha$-1,4-糖苷键 | $\beta$-消除 | 不饱和半乳糖醛酸 |

此外，纤维素酶（cellulase）对果实软化也起了重要作用，它与果胶酶共同作用水解植物细胞壁（主要成分是纤维素和果胶物质），在纤维素酶的作用下，纤维素可被逐步水

解，最终生成 $\beta$-葡萄糖。其活性在果实完熟期间显著提高，导致果实在后期贮藏中快速软化。

**5. 脂氧合酶（LOX）** 脂氧合酶（LOX）是一种含非血红素铁的蛋白质，专一催化具有顺，顺-1,4-戊二烯结构的脂肪酸氧化反应的细胞膜酶，生成具有共轭双键的过氧化物。脂氧合酶在植物中普遍存在，其作用底物主要为来自细胞质膜的多元不饱和脂肪酸，如亚油酸、甲基亚油酸、亚麻酸及花生四烯酸等，使氧加成到其双键上，形成氢过氧化物。

LOX 与果实后熟衰老进程和抗逆境胁迫、伤胁迫、病原菌侵染密切相关。LOX 主要生理功能有：①参与果实乙烯的生物合成，调控软化进程；②参与膜脂过氧化，产生的活性氧、自由基、过氧化物等物质破坏膜结构，加快软化衰老进程。在苹果生长发育的不同阶段，LOX 活性有不同程度的表达，在幼果期和成熟衰老过程中活性明显高于其他阶段，此外，LOX 与果实品种耐贮藏性密切相关，一般而言，果实越耐贮藏，LOX 活性越低。如富士苹果 LOX 活性低于金冠、嘎拉。因此，LOX 可以作为判断果实贮藏特性的重要因素。LOX 与苹果香气存在密切关系。如用乙烯利处理的苹果 LOX 活性显著提高，促进苹果香气成分的产生；而 1-甲基环丙烯（1-MCP）处理的苹果作用相反。

### （十一）脂肪酸

有研究表明，苹果籽含油率约为 24.3%，且不饱和脂肪酸（油酸、亚油酸）含量高达 90%，其中亚油酸含量显著高于油酸，维生素 E 含量高达 249.0 mg/100 g，因此，可作为一种优质保健食用油开发利用，市场前景广阔（罗仓学等，2007）。这些不饱和脂肪酸在人体内不会产生脂肪积累，容易被人体消化吸收，是人体生长发育不可缺少的脂肪酸。亚油酸作为人体必需脂肪酸，机体自身不能合成，必须依赖食物供应，亚油酸与儿童生长发育密切相关，更有降血脂、防治冠心病等功效。

## ■ 参考文献

陈发兴，刘星辉，陈立松，2005. 果实有机酸代谢研究进展 [J]. 果树学报，22（5）：6.

范昊安，薛淑龙，杜柠，等，2020. 苹果梨的营养价值及加工技术研究进展 [J]. 食品研究与开发，41（22）：205-212.

郭志刚，2021. 钾对黄土高原旱塬区元帅苹果糖酸代谢调控机理研究 [D]. 兰州：甘肃农业大学.

韩明玉，马锋旺，李丙智，等，2008. 意大利法国苹果发展情况 [J]. 西北园艺（果树专刊）（1）：49-50.

郝少莉，2008. 苹果生长期多酚组成变化及 SPE-HPLC 分析测定方法的建立 [D]. 西安：陕西师范大学.

靳兰，2010. 苹果果实不同部位香气成分的动态分析 [D]. 兰州：甘肃农业大学.

李鑫，2015. 不同品种苹果多酚组分分析及其相关生物活性研究 [D]. 杭州：浙江大学.

刘莉华，杨易，吴茂玉，等，2021. 2020 年度中国苹果产业发展报告 [R]. 北京：中国苹果产业协会.

罗仓学，张勇，雷学锋，等，2007. 苹果籽油中维生素 E 含量的测定及提取方法比较 [J]. 粮油加工（1）：55-56.

史典义，刘忠香，金危危，2009. 植物叶绿素合成、分解代谢及信号调控 [J]. 遗传，31（7）：698-704.

屠煦童，黄善峤，戴强，等，2012. 江苏丰县苹果产业现状及发展对策 [J]. 中国农学通报，28（34）：289-295.

王丽辉，2014. 苹果果皮花色苷代谢及相关基因调控的研究 [D]. 北京：中国农业大学.

徐怀德，仇农学，2006. 苹果储藏与加工 ［M］. 北京：化学工业出版社.

杨易，陈瑞剑，2013. 我国苹果生产的空间布局与发展趋势 ［J］. 中国食物与营养，19（4）：23-26.

BERTTER J，2004. Carbohydrate metabolism in two apple genotypes that differ in malate accumulation ［J］. Journal of Plant Physiol，161（9）：1011-1029.

BONNIN E，GARNIER C，RALET M C，2014. Pectin-modifying enzymes and pectin-derived materials：applications and impacts ［J］. Applied Microbiology and Biotechnology，98（2）：519-532.

HOCKING B，TYERMAN S D，BURTON R A，et al.，2016. Fruit calcium：transport and physiology ［J］. Frontiers in Plant Science，7：569.

KONG J M，CHIA L S，GOD N K，et al.，2003. Analysis and biological activities of anthocyanins ［J］. Phytochemistry，64：923-933.

# 第二章 加工用苹果品种的选育与栽培

## 第一节 加工用苹果品种选育

### 一、加工用苹果品种的发展现状

**1. 在苹果品种结构上，发展多元化加工品种成为趋势** 我国是苹果生产大国，2020年全国苹果栽培面积208.8万 hm²，产量4 406万 t，栽培面积和产量均超过全世界的一半以上。同时，我国也是世界浓缩苹果汁生产和出口第一大国，每年浓缩苹果汁出口总量占世界出口总量的50%左右。但是，目前我国的苹果汁生产仍存在一些严重的制约因素，如加工用品种缺乏、深加工关键技术尚需解决等。一是目前我国所栽培的品种绝大部分为鲜食品种，仅少数为鲜食加工兼用型，加工专用型品种则更少，现有品种存在酸度不高和褐变重等问题。国外消费者口味偏酸，生产浓缩苹果汁一般采用高酸制汁品种，果汁酸度高。而我国浓缩苹果汁生产基本上采用鲜食品种的果实为原料，生产的果汁酸度低。我国生产的浓缩苹果汁产品的酸度一般在1.2～1.8之间，而国外产品酸度为2.5～5.0。二是果汁褐变较严重。目前，生产上采用树脂吸附工艺的方法脱色，增加了生产成本。目前我国的苹果原料难以达到这一要求，制约了苹果加工产业的发展，现已有的加工专用型品种还需进一步改良。解决根本问题主要是选择适合做加工果汁的苹果优良品种，因此，选育改良并推广有自主产权的加工专用型或鲜食加工兼用型苹果新品种势在必行。

**2. 在整个产业链上，苹果加工产品产业化成为发展趋势** 在美国有近40%以上的苹果用来加工成果汁、罐头、果酱和果酒等相关产品。随着人们生活水平不断提高，苹果市场消费需求向着多元化、优质化方向发展。除了苹果原汁、浓缩苹果汁、苹果发酵饮料、苹果泥和苹果酱外，苹果酒、非还原性果汁（Not From Concentrate，NFC）苹果汁、苹果脆片、苹果果胶等加工产品越来越受到中国消费者的欢迎。

除了浓缩苹果汁外，苹果汁生产也是逐年增加，由此产生的果渣也是逐渐增加。全国每年产生的果渣100万 t 左右，果渣富含果胶、多酚、多糖和矿物质，有很高的利用价值，可以从苹果中提取多酚物质开发保健食品、利用苹果渣开发膳食纤维保健食品。因此，苹果加工产品产业化应用将是未来发展的趋势。

### 二、加工用苹果品种介绍

目前，生产上有加工专用品种、加工及鲜食兼用品种和功能性加工品种等几种类型。欧洲很多国家有制汁和酿酒专用品种，我国的加工用苹果品种的研究与应用也从引进优良品种和自主创新育种方面取得了显著成效。山东农业大学翟衡团队引进了法国、英国的十几个加工专用品种，如瑞林、瑞丹、酸王等，制汁或酿酒品质优良（宋烨，2006），具有适应性强、管理粗放、产量高的特点。青岛农业大学戴洪义团队，从英国引进柱型苹果资源，通过人工杂交育种技术，培育出了具有自主知识产权的加工专用型苹果鲁加系列品种（祝军等，2004），制汁品质优良。山东农业大学陈学森团队利用新疆野苹果的红色基因育成了鲜食兼用的红肉苹果满红（王楠等，2018），取得了功能性加工品种的新突破。

**（一）加工专用品种**

**1. 鲁加 1 号** 青岛农业大学苹果育种团队以特拉蒙和新红星为亲本杂交育成的高酸制汁加工专用苹果品种（彩图 2-1）。果实近圆形，单果重 185.5 g，果面着深红色。果肉绿白，致密，汁液中多。果实可溶性固形物含量 11.5%，可溶性糖含量 8.12%，原汁酸度 0.79%，浓缩汁（70°Brix）酸度 4.90%。果实原汁和浓缩汁澄清、稳定性好、不褐变，适于果汁加工。果实出汁率 72.7%。果实成熟期为 8 月下旬。树型为柱形，树冠细长圆柱形，着生大量短枝，少有长枝。自然坐果率高，丰产，稳产，对苹果早期落叶病、腐烂病、黄蚜、棉蚜等常见病虫害有较强抗性。

**2. 鲁加 4 号** 青岛农业大学苹果育种团队以特拉蒙和新红星为亲本杂交育成的高酸制汁加工专用苹果品种（彩图 2-2）。果实扁圆形，平均单果重 190.5 g，果形指数 0.74；果实深红色，果肉绿白，肉质疏松稍粗，风味特酸，果实原汁酸度 0.71%，浓缩汁酸度 5.10%；果实硬度 9.65 kg/cm²，可溶性固形物含量 12.01%，总糖 9.14%，果实原汁和浓缩汁澄清、稳定性好、不褐变，适于果汁加工。果实成熟期为 8 月下旬。树型为柱形，丰产，稳产，树体抗病性强。

**3. 鲁加 5 号** 青岛农业大学苹果育种团队以特拉蒙和富士为亲本杂交育成的高酸制汁加工专用苹果品种（彩图 2-3）。果实近圆柱形，单果重 217.6 g，果面绿色，有红晕。果实汁液多，果肉绿白，稍疏松，果实可溶性固形物含量 12.4%，可溶性糖含量 9.60%，原汁酸度 0.81%，浓缩汁酸度 4.50%（富士为 1.82%、国光为 2.48%）。出汁率 79.4%，果实原汁和浓缩汁澄清、稳定性好、不褐变，适于果汁加工。9 月下旬成熟。树体为柱形，树势中庸，树冠细长，着生大量短枝，少有长枝。丰产，稳产，对苹果早期落叶病、腐烂病、黄蚜、棉蚜等常见病虫害有较强抗性。

**4. 鲁加 6 号** 青岛农业大学苹果育种团队以特拉蒙和富士为亲本杂交育成的高酸制汁加工专用苹果品种。果实圆锥形，平均单果重 164.6 g。果面着鲜红色。果肉绿白，稍疏松，汁液多，出汁率 77.1%。果实可溶性固形物含量 12.4%，可溶性糖含量 9.92%，果实原汁酸度 0.64%，浓缩汁（70°Brix）酸度为 4.51%。果汁稳定性好，适于果汁加工。果实成熟期 10 月中旬。树型为柱型，树势中庸，萌芽高，成枝力弱。早实性强，丰产，稳产，对苹果早期落叶病等常见病虫害有较强抗性。

**5. 酸王** 法国加工苹果品种，用于和其他品种勾兑调酸。果实圆或扁圆形，果形指数 0.83。小果型，平均单果重 45.8 g。果面浓红色，有深红色条纹，表面光滑，有较淡的蜡质光泽，与国光外观相似。果点稀、小，圆点状，灰白色；果肉乳白色，风味尖酸，香气淡，可溶性固形物 12.15%，可溶性糖含量 11.53%，可滴定酸含量 1.08%。11 月中旬完全成熟，极耐储存。出汁率 70.7%，果汁含糖量 121 g/L，酒精度 6.7% vol，单宁含量 0.8 g/L。苹果酸含量高达 11.6 g/L，果汁极酸。树势中庸，分枝多，枝软，自然树形圆形，结果早，丰产性强。

**6. 瑞林** 法国昂热农科院果树所以金冠和普利姆为亲本杂交选育而成的加工制汁苹果品种。果实长圆锥形，大小中等，平均单果重 174 g，果实高桩，果形指数 0.91。果实片红，表面 3/4 着色，底色黄绿色，果皮光滑，有光泽，无果锈，少量蜡质；果肉乳白色，果肉质地脆，风味酸甜，略有香气。可溶性固形物含量 13.38%，可溶性糖含量 11.38%，可滴定酸含量 0.51%。8 月中下旬成熟。丰产性强，耐储运。高抗黑星病、火疫病和白粉病，树干轮纹病发生较重，斑点落叶病较轻。果实出汁率 70%～75%，果汁含糖量 102～134 g/L，含酸量 5～7 g/L，制汁性状优良。

**7. 瑞丹** 法国昂热农科院果树所以小皇后和普利姆为亲本杂交选育而成的加工制汁苹果品种。平均单果重 127.52 g，果实扁圆形，果形指数 0.76；果实片红，1/2～3/4 着色，底色黄色，果皮光滑，有光泽，无果锈；果点小。果肉乳白色，质地脆、细；风味酸甜，略有香气。可溶性固形物含量 13.52%，可溶性糖含量 11.31%，可滴定酸含量 0.64%。8 月下旬成熟。树冠圆锥形，树势中庸；连续结果能力强，早实，丰产性强，耐储性好。高抗黑星病和火疫病，较抗白粉病；对轮纹病和斑点落叶病中度敏感，高接易感病毒病。出汁率 70%～75%。果汁含糖量 102～134 g/L，苹果酸含量 7～8 g/L，制汁品质佳。

**8. 瑞星** 法国昂热农科院果树所以艾达红与抗黑星病杂交第一代株系杂交选育而成的制汁品种。果实圆球形，高桩，果形指数 0.91，平均单果重 150.1 g；果实全红色，底色黄绿色，果皮平滑，有光泽，无果锈；有蜡质；果点白色。果肉黄白色，中粗，质地略软，风味甜酸，香气浓。可溶性固形物含量 12.43%，可溶性糖含量 11.64%，可滴定酸含量 0.48%。果实成熟期 9 月上旬。树势中庸，连续结果能力强，采前落果较轻，丰产性强。制汁品质优良。

**9. 瑞拉** 法国昂热农科院果树所从小皇后自然实生苗中选育而成的制汁品种。平均单果重 120.89 g，果实扁球形，不对称，果形指数 0.85；果实底色黄绿色，果面盖色为绿色；着色程度片红；果皮光滑，有光泽；果点多、密。果肉白色，质地脆、细，风味很酸，无香气。可溶性固形物含量 13.38%，可溶性糖含量 11.03%，可滴定酸含量 1.21%。10 月上旬成熟。树姿开张，树势中庸，连续结果能力中等，采前落果重，丰产性强，早实性好。抗病性强，较抗白粉病、黑星病、抗轮纹病和腐烂病。出汁率 60%～70%，果汁含糖量 102～145 g/L，苹果酸含量 9～11 g/L，是优良的制汁品种。

**10. 上林** 法国昂热农科院果树所以小皇后和抗黑星病杂交品系杂交育成的制汁品种。平均单果重 118 g，果实扁球形，不对称，果形指数 0.8；果实底色绿色，果面盖色为黄色；果皮较平滑，有光泽；果肉黄白色，质地脆，风味酸甜，略有香气。可溶性固形物含量 13.53%，可溶性糖含量 12.32%，可滴定酸含量 0.51%。果实成熟期 9 月上旬。树姿半直立，树冠圆锥形，树势强。采前落果程度较重，丰产性中等。高抗黑星病，较抗白粉病，高接易感病毒病。出汁率 70%～75%，果汁含糖量 112～145 g/L，含酸量 6～8 g/L，适于制汁和制果泥。

**（二）加工及鲜食兼用品种**

**1. 赛金** 青岛农业大学苹果育种团队以富士和特拉蒙为亲本杂交育成的鲜食及加工兼用型中熟苹果品种（彩图 2-4）。果实近圆形，果形指数 0.85，单果重 196.8 g；果面光洁、黄绿色，无果锈；果肉黄白色，汁多硬脆，果实可溶性固形物含量13.7%，果实硬度9.3 kg/cm²，可滴定酸含量0.35%；风味酸甜，品质上等。果实出汁率高，储藏稳定性好，褐变轻；适合鲜食及果汁加工兼用。果实发育期135 d左右，在青岛地区9月中旬成熟。树势强，幼树生长旺盛，以短果枝结果为主，果实及树体在田间表现出较好的抗病性，尤其高抗炭疽叶枯病。

**2. 澳洲青苹** 澳大利亚以自然实生选育的晚熟加工鲜食兼用品种。果实圆锥形或短圆锥形，平均单果重174.7 g，最大单果重225 g。果面翠绿色，散布白色较大果点，晕圈灰白色，个别果实阳面有少量红晕。果皮厚韧，果面平滑，有光泽，无锈。果肉绿白色，肉质中粗、紧密、硬脆，果实硬度8.8 kg/cm²，汁多，味酸，可溶性固形物含量11.8%，可滴定酸含量0.57%。10月下旬成熟，果实耐储藏，一般条件下可存放至翌年3—4月。树体适应性较强，但由于果实成熟期晚，可选择在生长季节较长的我国中部苹果产区栽植，秋季降温早的地区不宜发展。

**3. 粉红女士** 澳大利亚以威廉女士和金冠为亲本杂交培育而成的红色晚熟苹果新品种。果实近圆柱形，平均单果重200 g。果面全面鲜红色，果粉多，蜡质层厚，色泽好。果肉乳白色，肉质细、硬，汁多，香气浓，酸味浓。可溶性固形物含量16.65%、可滴定酸含量0.65%，果实硬度9.16 kg/cm²。果实成熟期10月下旬至11月上旬。适于加工果汁产品。该品种结果早，丰产，稳产，果实病害少，抗逆性强。适于在中国黄河故道和黄土高原苹果产区栽植。

**4. 晨阳** 加拿大培育的鲜食、加工兼用型早熟品种，由陕西省果树研究所引入。果实圆锥形，高桩，果个大，平均单果重310 g。果面鲜红色，全红果率达到60%以上，着色面积达75%以上的占90%。果肉细脆，汁液多，甜酸爽口，可溶性固形物含量12%左右，果实6月下旬至7月上旬成熟。该品种树势健壮，萌芽率高，成枝力中等，以中、短果枝结果为主，有腋花芽结果习性，结果早，丰产性好，无采前落果现象，但采收过晚易变绵。

**5. 布瑞本** 新西兰发现的哈密尔顿夫人苹果和澳洲青苹杂交后代的芽变品种。果个中大，果底黄色，果皮颜色橙红至红色，果肉脆，多汁，味甜，有香气。晚熟，耐藏性好，适于鲜食加工兼用。

**6. 舞乐** 又名塔斯坎，是英国东茂林果树试验站于1976年以威赛克旭和绿袖杂交选育出的柱形苹果品种。果实扁圆形，果形不甚端正，果形指数0.8；果个较大，平均单果重219 g；果实底色绿，有轻微果锈，阳面有红色晕；果肉乳白色，肉质脆，果肉很易绵化，汁多，味酸甜，有香气，可溶性固形物含量11.0%，果实硬度8.43 kg/cm²；除生食外可作为加工制汁品种；9月中旬成熟，耐藏性差。

**7. 舞佳** 又名特珍，是英国东茂林果树试验站于1976年以威赛克旭和金冠杂交选育出的柱形苹果品种。果实卵圆形至圆锥形，果形略扁，果形指数0.83；果个中大，平均单果重188 g；果面底色绿黄，着红晕，红绿相间，着色不均匀，果面较平滑；果肉白色，肉质较细、脆、汁多，酸甜，风味浓，略有香气，可溶性固形物含量14.2%；果实硬度11.5 kg/cm²，品质中上；除生食外，可作为加工制汁品种；9月下旬成熟，耐藏性较差。

**8. 邦扎** 澳大利亚品种，系红玉实生选种。果实中大，扁圆，平均单果重150~200 g，最大达350 g。果面光亮，着红色条纹。果肉黄白色，质地硬脆，风味似红玉，酸度较大，有香气，果汁品质优良，适宜鲜食加工兼用。9月下旬成熟。树势壮旺，早实性强，稳产，极丰产。抗病性强。果实耐储藏。

**9. 皮诺娃** 德国培尔尼特苹果育种项目组以克利维亚（欧德伯格和橘萍）与金帅杂交育成。果实圆形，果形指数为 0.82；平均单果重 220 g；果实表面光洁，底色黄绿，着鲜红色条纹；果肉黄白色，甜酸适口，肉质脆，汁液多，香味浓郁，可溶性固形物含量 13%，果实硬度 9.12 kg/m$^2$，维生素 C 含量 3.61 mg/100 g，可滴定酸含量 0.56%；储藏性好于红将军、新红星；是榨汁和鲜食兼用优良品种；成熟期为 9月下旬。不易隔年结果，极抗黑星病、轮纹病和炭疽病。

**10. 陆奥** 日本青森果树试验场以金冠和印度杂交育成鲜食加工兼用型苹果品种。平均单果重 260 g，最大为 320 g；果实近圆形，果形指数 0.85；果点中多，蜡质厚，果面光亮，不套袋果实果面绿色，阳面略带红晕，套袋后着鲜红色；果肉乳白色，肉质脆、汁多，果实去皮硬度 9.3 kg/cm$^2$，风味酸甜适口，可溶性固形物含量 13.2%，可滴定酸含量 0.58%，维生素 C 含量 5.31 mg/100 g，出汁率 66.8%，耐储性强。9月中下旬果实成熟。对苹果轮纹病、苹果腐烂病有较强的抗性。

**（三）功能性加工品种**

**1. 黛红** 青岛农业大学苹果育种团队以贵妃和王林为亲本杂交育成的鲜食加工兼用型大果绿皮红肉苹果品种（彩图 2-5）。果实近圆形，果形指数 0.75。果面成熟时绿色，阳面略带红晕。平均单果重 234 g，果面光滑，果点小而疏。果肉红色，果心处变白，汁液中多，风味甜酸，可溶性固形物含量 15.40%，可滴定酸含量 0.56%，果实硬度 7.8 kg/cm$^2$，果实成熟期为 9月下旬。树型为普通型，树势中庸，树体开张。

**2. 红月** 青岛农业大学苹果育种团队以华硕为母本、QNR-1 红肉大果优系为父本杂交育成的鲜食加工兼用型大果红肉苹果品种（彩图 2-6）。果面红色，底色浅绿色；果实卵圆形，果形指数 0.85，平均单果重 168.3 g；果肉、果心粉红色，皮下鲜红色，汁液多、脆，果肉硬度 9.8 kg/cm$^2$，果实可溶性固形物含量 12.1%，可滴定酸含量 0.174%，甜酸适中，不涩，风味佳，富含类黄酮和花青苷等功能成分，是品质优良的鲜食红肉品种，同时，也可以加工成红肉苹果汁。成熟期 8月中旬。树型为普通型。

**3. 美红** 山东农业大学以嘎拉和高类黄酮含量优异种质 CSR6R6 杂种选育出的加工型高类黄酮红肉苹果品种（彩图 2-7）。平均单果重 78.2 g，果实近圆形，果形指数 0.9；底色黄绿，着色类型片红，全果面鲜红色，果面光洁，果点小。果肉鲜红色，肉质酥脆，酸味略重，果肉硬度 12.1 kg/cm$^2$，可溶性固形物含量 12.6%，可滴定酸含量 0.4%，维生素 C 含量 0.049 mg/g，类黄酮含量 13.9 mg/g，可用于高类黄酮苹果酒、汁的加工。9月上旬果实成熟，果实发育期 160 d 左右。树体健壮，适应性广，抗早期落叶病、白粉病及果实黑红点病等。

**4. 红色之爱** 瑞士水果育种专家马库斯科波特培育的红肉苹果品种。果实圆形，端正，平均单果重 200 g。果面鲜红色，光亮，果点小，光滑，有蜡质。果肉鲜红色，富含花青苷，肉质硬脆，果汁多，风味酸，可溶性固形物含量 15.3%，可滴定酸含量 0.61%，维生素 C 含量 77.4 mg/100 g，适于配餐或加工用。成熟期在 9月下旬到 10月初。因其花色红艳等特点，具观赏价值，同时可以作为观赏树木。

## 三、加工用苹果原料要求与适应性评价

农业行业标准《加工用苹果》（NY/T 1072—2013）规定了制醋用、制干用、制汁用、罐装用、制酒用、制酱用苹果的质量要求，基本要求为成熟，完整，新鲜洁净，无霉烂、异味和病虫害。

**（一）加工用苹果原料要求**

**1. 苹果汁（浆）加工原料** 《果树种质资源描述符-记载项目及评价标准》中共记载苹果品质项目 38 个，其中 8 个理化和感官性状项目与苹果汁的制汁性能和风味、营养有密切联系，其具体又分为参考性指标（可溶性糖、可滴定酸、维生素 C、香气、风味）和必须指标（果肉质地、出汁率、异味）。

制汁（浆）用苹果要求加工过程中无明显褐变现象，出汁率不低于 50%。一般要求果肉松脆、汁液丰富、出汁率高、风味浓重，糖、酸含量高，具有良好香气、可有不明显的涩味、不得有异味，果肉质地应达到松脆或硬脆。制汁（浆）用苹果汁指标：①出汁率。《加工用苹果》（NY/T 1072—2013）规定制汁用苹果出汁率不得低于 60%。②可滴定酸。果汁的酸度越高，维生素 C 等营养成分在加工中的损失就越少。我国苹果的特点是高糖低酸，其浓缩汁酸度一般在 1.2%～1.7%，最高为 2.0%，国外苹果浓缩汁酸度一般为 3.5%～7.0%。③糖酸比。糖酸比是影响苹果风味的重要因子，建议果汁中的糖酸比例最好在 23：12。

**2. 苹果酒加工原料** 酿酒用苹果含糖量高（一般可达 15%），含酸量 0.1%～1.0%，纤维组织结构易于压榨且出汁率高，在储藏期间没有失去本身结构的条件下，几周内成熟且淀粉转变为糖，单宁（多酚）含量较高。世界酒用苹果研究和发展权威机构郎·阿什顿研究站根据苹果酸和单宁含量将酒用苹果分为甜、甜涩、酸涩和酸 4 种类型（表 2-1）。我国将酿酒用苹果分为 5 类：苦涩、甜苦、甜、酸和高酸。制酒用苹果要求肉质紧密，出汁率不低于 60%，单宁和可滴定酸含量见表 2-2。可滴定酸和单宁作为酿酒用苹果的分类和品质指标。出汁率和含糖量仅用于不同品种苹果汁混合以及苹果汁成分调整。

表 2-1 不同类型酿酒用苹果的酸和单宁含量

| 品种类型 | 可滴定酸/% | 单宁/% | 备注 |
|---|---|---|---|
| 甜 | <0.45 | <0.2 | 酸和单宁含量均低 |
| 甜涩 | <0.45 | ≥0.2 | 酸度低，单宁含量高 |
| 酸涩 | ≥0.45 | ≥0.2 | 酸和单宁含量均高 |
| 酸 | ≥0.45 | <0.2 | 酸度高，单宁含量低 |

表 2-2 制酒用苹果单宁和可滴定酸含量要求

| 品种类型 | 单宁/% | 可滴定酸/% |
|---|---|---|
| 苦涩 | >0.3 | — |
| 甜苦 | 0.2～0.3 | <0.3 |
| 甜 | <0.2 | <0.3 |
| 酸 | <0.2 | 0.4～0.6 |
| 高酸 | <0.2 | >0.6 |

**3. 苹果干、苹果脆片加工原料** 干制用苹果原料的一般要求为果实外形规则、完整；表皮薄、色泽统一、无明显褐变；果体中等大小，一般横径不小于 60 mm，果心较小，一般大小不超过 1/3，核小或无核；果肉以黄色为佳，宜选择单宁等褐变物质含量低的品种；果肉肥厚致密，硬度较大，果肉硬度小说明果实成熟以后容易发绵，不适合加工苹果干、苹果脆片产品。苹果干原料应充分成熟且不发绵，糖酸适宜的品种为宜，干物质含量较高，一般不低于 12%。

苹果脆片加工应选择适宜成熟度的晚熟品种，苹果成熟度低，干物质含量少，产品口感差；苹果原料成熟度高，果肉软绵，影响产品质地。单果重≥125 g，横径不小于 60 mm 为宜，果实大，适宜切片，加工产品率高。糖酸比≥33 为宜，达到酸甜适口的要求。

果肉黄值较高，加工成成品后产品的色泽为浅黄色，感官品质较好；相反若果肉偏白色，加工后产品的色泽可能变成灰白色或暗白色，影响产品的感官品质。

**4. 苹果罐头、苹果酱加工原料** 罐装用苹果可选择果形圆整、无畸形果、果心大小不超过 1/3、果肉白色或黄白色、致密、耐煮制、风味浓、褐变率低的苹果品种。果酱加工用苹果可选择果心大小不超过 1/3、褐变低的苹果品种。

**5. 苹果粉** 苹果粉的生产加工对原料要求不高，一般来说所有的苹果原料都可以加工成苹果粉作为添加辅料。从苹果粉加工得率方面来讲，宜选择中大型、果心小的苹果品种作为原料，如富士、元帅和金冠等品种。从利于加工产品色泽保持、长期保藏来说，宜选择单宁等褐变物质、脂肪及蛋白质含量低的品种，如黄元帅和寒富品种；从果粉产品综合品质及辅料添加用途来讲，宜选用黄酮、总糖及纤维含量高的苹果品种，如乔纳金、国光和富士系品种。

## （二）苹果加工适宜性评价

苹果的加工宜与其加工的产品经济价值直接相关，是筛选加工专用型苹果的重要环节。通过对苹果加工性能指标的测定和相关性分析与评价，有利于科学合理地筛选出适宜加工的苹果品种。在标准层面上，现行标准《加工用苹果》（NY/T 1072—2013）规定了加工用苹果的干物质、出汁率、可滴定酸、单宁的分析方法。从研究角度上看，我国苹果品质评价技术还不完善，加工适宜性评价体系也不成熟，未形成苹果加工专用品种及原料专用品种生产基地。

郑丽静等（2015）利用水平分析、回归分析、聚类分析、因子分析等数理统计分析方法，明确了 pH、可溶性固形物、可溶性糖、可滴定酸、固酸比和风味口尝鉴评 6 项风味指标之间的相关性及定量关系，筛选出可滴定酸、可溶性固形物和固酸比 3 项指标，分别代表酸味指标、甜味指标和综合风味指标，用于苹果风味的科学评价和分类。

青岛农业大学戴洪义教授以柱型苹果特拉蒙与新红星、富士为亲本进行杂交得到了加工苹果浓缩汁的专用品种——鲁加系列苹果品种。孙海峰（2008）研究表明，鲁加系列苹果原汁的可滴定酸含量一般高于国光和富士 0.2%～0.4%，绿原酸含量为 3.86～17.05 mg/L，低于国光（49.64 mg/L）和富士苹果（18.76 mg/L）。与国光、富士品种相比，在果汁加工及储藏过程中，鲁加系列苹果的果汁更不容易发生酶促褐变及后混浊现象，稳定性更高。该团队以 16 个苹果品种为原料酿醋，通过对制成的苹果醋进行理化指标（醋酸、单宁、总酚含量）、感官指标（澄清度）等加工特性的系统分析比较，筛选出了适宜制醋的加工品种北海道、鲁加 6 号，酿造所得的醋醋酸味柔和，果味浓郁，醋体澄清透明，较为稳定（陈平，2012）。

中华全国供销合作总社济南果品研究所朱风涛团队对比了不同成熟度及品种的苹果原料基本理化指标（可溶性固形物、总酸、淀粉、果胶）、功能指标（多酚、维生素 C）及香气成分的分析，确定了适宜加工 NFC 果汁的苹果原料以及成熟度（中期），并以富士、维金和国光为原料确定了果汁用比例，为高品质苹果汁产品的开发提供了优质的原料和配方。

中国农业科学院农产品加工研究所毕金峰团队对不同品种苹果加工脆片的适宜性评价进行了系统研究。适宜性评价分 5 大步骤进行：①分析了 180 个品种苹果的感官品质、理化、营养及加工品质特性共 25 个指标，研究了不同品种及不同成熟期对苹果品质特性的影响；②通过采用相同工艺将其加工成苹果脆片，从 18 项指标中通过主成分分析法结合相关分析和描述性统计结果，确定苹果脆片核心评价指标；③应用层次分析法对核心评价指标构建了脆片品质评分模型，并选取 16 个品种苹果脆片进行感官品尝，验证品质评分模型与感官评价结果的一致性；④通过对苹果原料各项指标、脆片核心指标及脆片综合值进行相关分析，建立了苹果脆片品质与原料品质关联模型；⑤通过聚类分析方法最优分割法，将苹果分为非常适宜加工脆片、较适宜加工脆片、适宜加工脆片、基本适宜加工脆片和不适宜加工脆片五类（公立艳等，2014）。

## 四、加工用苹果品种的应用

**1. 加工苹果营养成分及活性物质**　糖、有机酸和酚类物质是决定苹果品质的关键因素（Wu et al.，2007）。加工用苹果品种一般有高糖、高酸、高多酚、高类黄酮等特性，含有糖、酸、类黄酮等诸多营养物质，易被人体吸收，促进人体新陈代谢。

（1）多酚类物质。苹果中的总酚类物质较多，可分为酚酸、羟基酸酯类和黄酮类化合物，多酚类物质有消炎杀菌、抗氧化的作用，有利于提高人体抵抗力。苹果中的多酚物质酚酸主要包含绿原酸（chlorogenic）、咖啡酸（caffeic acid）和香豆酰奎宁酸（coumaroylquinic acid）。已报道的苹果果实中类黄酮达 34 种，分属黄烷醇、黄酮醇、花青苷、二氢查尔酮和二氢黄酮醇 5 类，包括儿茶素、表儿茶素、原花青素 $B_1$、原花青素 $B_2$、根皮苷（phloridzin）、芦丁（rutin）、槲皮素鼠李糖苷（quercetin rhamnoside）等，其中，二氢查尔酮类如根皮苷为苹果所特有。苹果果肉类黄酮含量远低于果皮，仅为果皮的 1.8%～33.2%。Tsao 等（2003）对 8 个苹果品种进行测定，发现果皮中类黄酮含量为 834.2～2 300.3 mg/kg，而果肉中含量为 15～605.6 mg/kg。Kondo 等（2002）发现在富士果实发育过程中绿原酸是最主要的酚类物质，但在 Red field 果实成熟时表儿茶素是最主要的酚类物质。宋烨等（2006）研究了瑞林、瑞丹、酸王等 12 个专用加工品种的多酚类物质及其体外抗氧化活性，发现原花青素、儿茶素与加工苹果果实抗氧化能力有较密切的关系。

（2）花色苷和花青苷。苹果组织的颜色与总酚、类黄酮尤其是花色苷的含量和组成有着密切的关系（Koes et al.，2005），红肉苹果中的总酚、类黄酮、花色苷等物质高于白肉苹果。

花色苷是天然存在的最多的一类水溶性色素，具有很强的抗氧化能力，在预防各种心血管疾病、癌症和糖尿病中起到关键作用。山东农业大学园艺科学与工程学院陈学森团队以新疆红肉苹果挖掘与创新利用为研究重点，育成幸红、福红、美红、满红、紫红1号等高类黄酮红肉苹果品种。紫红1号苹果果肉中花色苷含量为228.3 mg/kg（FW），总酚含量为2 523 mg/kg（FW），类黄酮含量为2 514 mg/kg（FW），其抗氧化能力（ferric reducing antioxidant power，FRAP）为13.39 $\mu$mol/g，经液质联用鉴定出了花色苷的9种主要组分，其中4种分别为矢车菊3-$O$-葡萄糖苷、矢车菊3-$O$-半乳糖苷、矢车菊3-$O$-木糖苷、矢车菊3-$O$-阿拉伯糖苷，其中矢车菊3-$O$-半乳糖苷占73.37%（王燕等，2012）。

花青苷抗氧化作用和清除自由基的能力已得到科学证明（李安林等，2008；项亚等，2016）。花青苷能有效抑制氧自由基，维持机体内的氧自由基平衡，进一步降低由氧化应激造成的氧化损伤（Jiang et al.，1993）。强抗氧化剂可以抑制氧化应激反应，花青苷作为抗氧化剂可以通过保护视网膜上的感光细胞，从而起到保护视力的作用。红肉苹果花青苷提取液能够有效缓解白消安对小鼠精原干细胞的损伤作用（Zhang et al.，2020；Xu et al.，2021）。

（3）糖类和有机酸。苹果果实中的糖类有果糖、葡萄糖、蔗糖和少量山梨醇。苹果可溶性糖含量一般在8%～13%之间。不同品种苹果果实均以果糖含量最高，占糖含量的40%以上，品种间变异系数最小，而品种间蔗糖含量和葡萄糖含量的变异系数要大得多。糖是苹果的甜味物质，甜味能愉悦身心，其中，果糖最甜，蔗糖次之，葡萄糖再次之，三者的比甜度分别为1.5、1.0和0.7。

苹果中含有苹果酸、琥珀酸、酒石酸、柠檬酸、草酸、奎宁酸、苹果酸、乙酸、延胡索酸、马来酸、抗坏血酸等多种有机酸，以苹果酸为主，其他有机酸的含量均不高。有机酸是苹果中的酸味物质，具有消除疲劳、增进食欲、促进消化、软化血管、降低血液胆固醇等作用，苹果酸和柠檬酸还能提高人体对钙的吸收。苹果中含有大量的膳食纤维，可作为提取膳食纤维的最佳原材料，对人体健康起到了重要作用。

（4）其他元素和物质。苹果中还含有各种矿质元素，如钾、磷、钙、镁、硼、锌、锰、铁等，其中含量最多的为钾元素，鲜果中一般含量在60～600 mg/100 g之间；而微量元素含量最多的为铁元素，占微量元素总和的70%。红肉苹果中钙、铁、镁、锌、铜、锰六种矿质元素中钙的含量最高，约为7 611 mg/kg，其中镁和钙的含量分别是红星、金帅、富士三个栽培苹果品种的1.4倍和3.1倍。

果胶是一类复杂的高分子聚合物，广泛存在于绿色植物中，是细胞壁的组成成分，基本结构式是半乳糖醛酸，是天然安全的食品添加剂。苹果果皮和果肉中均含有丰富的果胶，在现代工业中已经可以广泛地从苹果渣中提取果胶用于食品行业，减少苹果渣对环境的污染，同时提高资源利用率。

**2. 苹果加工产品的开发**　随着人们生活水平的提高，对食品色、香、味、形、养的关注度越来越高，苹果也从传统的鲜食方式向多元化产品开发转变，苹果加工产品主要有苹果汁、苹果酒、苹果醋、苹果酱、苹果粉、苹果脆片等。随着现代食品科技的发展，通过选择适宜的加工原料，研究加工关键技术，保持苹果的营养和风味等特征，成为苹果延长产业链、提升附加值的必然趋势。

（1）苹果汁。苹果清汁是以苹果为原料，经过清洗、护色、榨汁、过滤、杀菌、澄清等工艺，去除影响澄清度的果胶、纤维素及其他不可溶性物质所制得的果汁产品。苹果清汁中没有沉淀，颜色清晰透亮，没有果肉感，口感润滑顺畅，容易和其他果汁混合。苹果清汁生产中需要添加澄清剂或者果胶酶对果汁进行酶解，使之变得清澈，多酚类物质、蛋白质和一些膳食纤维被酶解并过滤掉，使得清汁的营养价值并不高（Rajdeo et al.，2016；Bezerra et al.，2015）。目前我国市场上出售的苹果汁主要为经浓缩汁兑水还原后的清汁，控制褐变和澄清是苹果清汁加工工艺的关键环节。姚刚（2015）提出了高维生素 C 苹果清汁的产品工艺要点，包括"主动调控原料品质、精简加工工序构成、造就物料低氧环境、减轻品质高热劣化"为核心内容的品质保障措施。聂继云（2013）评价了 122 个单果重在 100 g 以上的苹果品种加工鲜榨汁的适宜性，筛选出红富士、乔纳金、津轻等 43 个品种适于加工鲜榨汁，澳洲青苹、红玉、金冠等 15 个品种极适于加工鲜榨汁。另外青岛农业大学苹果育种团队选育的鲁加 1 号、4 号、5 号、6 号以出汁率高于 70% 而成为苹果制汁的优良品种。

苹果浊汁是苹果原料经挑选、清洗、破碎、压榨、杀菌、离心、浓缩而成的尚未发酵但可发酵的混浊、黏稠状汁液。苹果浊汁因含有悬浮于果汁体系的细小果肉、蛋白、果胶及多酚等物质，其口感更加饱满柔和，感官状态自然，而体现出比清汁更高的营养价值及纯天然饮料的特点。但浊汁加工工艺相对清汁复杂，色泽稳定性的保持、混浊稳定性的保持、营养素的损耗成为浊汁加工的三大技术难点。浊汁加工中脱气和均质成为浊汁加工的重要环节，脱气减少或避免果汁成分氧化，减少浊汁果汁色泽和风味的变化；而均质则是混浊果汁的独特工艺，可使粗大的悬浮粒受压而破碎，均匀而稳定地分散于果汁中，保持果汁色泽和状态均一稳定。朱丹实等（2022）采用高效液相色谱、荧光光谱法得出绿原酸、没食子酸和表儿茶素为苹果浊汁中 3 种典型特征的酚类化合物。赵光远（2005）研究表明，苹果加工成苹果浊汁，其挥发性成分酯类由 46.94% 减少为 30.26%，醇类和羰基化合物分别由 38.8%、6.7% 增加至 46.16%、13.37%。

苹果浓缩汁是由苹果汁浓缩成高糖度的果汁产品，属于原料至成品之间的中间产品。其优势是处理季节性集中、成本较低、方便储藏和运输。同时，苹果浓缩汁具有高糖的特点，使得果汁在储藏过程中无需额外的防腐手段。但是，浓缩过程会导致果汁中的香气成分蒸发和逸散，同时多次加热使得多酚和维生素等营养成分流失，因此，苹果浓缩汁的口感、香气和营养价值等品质均劣于鲜榨果汁（王昕悦等，2017）。

NFC 果汁是将新鲜的果实清洗后直接压榨出汁，经巴氏杀菌后直接灌装，完全保留了原果汁的风味、营养等。NFC 果汁比 FC 果汁的口感和营养价值都高（苟小菊等，2018），NFC 果汁中保留了多酚物质、纤维素、蛋白质，营养更加丰富，因此保质期相对来说较短。传统的热处理方法需要更长的时间，导致果汁的营养损失和果汁颜色发生不希望的变化（Aghajanzadeh et al.，2018；Ling et al.，2007）。

（2）苹果浆。苹果浆是指新鲜苹果去除果核和果皮后得到的可食用部分经过清洗、破碎、打浆、离心、浓缩而成的保留了苹果所特有的"果肉、果味、果香、果色和果营养"的苹果加工产品。该产品原料利用率高达 95% 左右，采用最少加工工艺生产的鲜榨果浆，保留了水果中原有的风味、色泽以及营养物质，口感醇厚，营养丰富，可不经咀嚼直接吞咽，特别适合婴幼儿、儿童及老年人食用。果浆中富含果肉，能最大限度地保证水果的营养成分以及纤维物质，主要用于生产非浓缩还原汁、100% 鲜榨果浆、果汁饮料及食品配料。优质的苹果原浆经浓缩制成高倍果浆，可用于加工优质果酱或喷雾干燥制成果粉，更是生产果肉型果汁的重要基料，同时可作为牛乳制品、果冻和糖果等的重要配料（胥洪，

2017)。

(3) 苹果醋。苹果醋是以鲜苹果或苹果汁为原料，经酒精发酵和醋酸发酵后得到的一种风味优良且兼有水果和食醋的营养和保健效用的健康饮品。苹果醋中富含维生素、氨基酸、纤维素、果胶、有机酸、矿物质等成分，具有改善血液循环、促进消化、美容护肤、延缓衰老、排除毒素、调节钙质代谢等功效，可以被开发为苹果醋饮料或调味品。以鲜榨苹果汁酿造的苹果醋与苹果浓缩汁酿造的苹果醋相比，具有更高的总酚、总类黄酮以及黄烷醇含量，营养价值更高。刘凤珠等（2010）进行了苹果醋中有机酸成分的 GC-MS 分析，显示苹果醋含 32 种有机酸，具有较高的营养保健功效。马艳蕊等（2021）探究了不同杀菌条件下苹果醋风味、营养及活性成分的变化，乙酸乙酯、乙酸异戊酯、辛酸乙酯、乙酸苯乙酯、正戊醇、苯乙醇、乙酸、仲丁基醚是对苹果醋风味贡献较大的特征香气成分，并得出 100 ℃、30 s 为最佳高温瞬时杀菌条件，该条件下苹果醋中的营养、活性成分及挥发性香气成分含量变化较小。

(4) 苹果酒。苹果酒是一种以苹果原汁为原料，经酒精发酵而得到的低酒精度的饮料酒，其兼具果汁和美酒的双重优点。苹果酒原料季节性不明显，基本可以实现全年生产，价位相对偏低，口感温和，富含多种维生素、氨基酸和微量元素等营养物质，而苹果酒中所特有的有机酸可以调节人体新陈代谢，防止心脑血管疾病的发生。戴洪义等（2016）发明了一种红肉苹果的鲜榨果汁为原料酿制苹果酒的方法，所酿造的苹果酒较白肉苹果酒总酚含量高 1 500 mg/L，富含没食子酸、绿原酸、对香豆酸、槲皮素、芦丁、根皮苷、表儿茶素和儿茶素。酒体色度在 3~5 之间，色调＞1，呈宝石红色，澄清透明，无沉淀物；具有优雅、新鲜的苹果香和协调的酒香，酒体丰满，口感柔和，适饮范围广泛，有很好的保健功能。陈学森等（2017）用高类黄酮红肉苹果为原料，发明了一种干高型高类黄酮苹果酒及其制备方法，研制的干高型高类黄酮苹果酒，既含有类黄酮、酚酸及矿质元素等苹果特有的功能保健成分，又具有较强的刺激性和白酒口感。

苹果白兰地酒是一种以苹果为原材料，经过挑选、破碎榨汁、酒精发酵、二次蒸馏、橡木桶陈酿、勾兑调配而成的一类水果型蒸馏烈酒，其不仅风味独特、香气怡人，酒精度可达 45%~60%（V/V），且又能够适应酿酒业发展的趋势。不同苹果品种（系）间白兰地酒酿酒特性差异明显。其中，鲁加 4 号、赛金、瑞红、7-C-102 表现出良好的酿酒特性，出汁率、糖度和酸度较高，酿造的苹果白兰地酒澄清透明，果香、酒香良好，酒体协调，纯正无杂，风味典型性明显，可作为苹果白兰地酒加工的优良品种。

(5) 苹果酱。苹果酱是一种常见的苹果加工形式，其色泽酱红色或琥珀色，具有苹果原有的良好风味，且甜酸适中，深受人们喜爱。苹果酱的加工过程是果胶、糖、有机酸 3 种成分在一定比例下形成凝胶的过程。这 3 种主要成分的比例是果胶含量 0.6%~1.0%，酸含量 0.6%（pH 2.8~3.3），糖含量 65%~70%，其中转化糖 28%~33%（卢锡纯，2012）。

(6) 苹果罐头。苹果罐头是原料苹果经过预处理、装罐及加罐液、排气、密封、杀菌和冷却等工序加工制成的产品。按照加工方式，可分为糖水类、果酱类、果汁类、果酒类、清汁类等。按加工容器，可分为铁皮罐头、塑料瓶罐头、铝合金皮罐头、软包装罐头等。罐头生产原料好坏是决定成品质量的主要因素。用于生产罐头的苹果要求新鲜饱满，成熟度适中，具有一定的色、香、味，没有虫蛀及各种机械损伤等缺陷。苹果没有罐藏的专用品种，一般以果肉致密、果形整齐、果体小、风味浓、果肉白色、耐煮制、不发绵为宜。果肉绵软、煮制后肉色呈淡红色或黄色的品种不宜制作罐头产品（侯杰，2011）。干装罐头是传统罐头的升级，是近年来水果加工产业迅速发展的深加工产品之一，因其可保持水果的原有风味，且具有即食消费的优势，深受消费者欢迎，但技术难点是果肉易出现褐变。传统的亚硫酸盐溶液可有效保持果肉新鲜的色泽，但若残留过量会对人体健康造成一定伤害。白凤岐等（2014）以王林、黄香蕉、红香蕉、短枝红星、长枝红星、富士6个苹果品种为原料，研究了不同苹果品种加工适宜性，结果表明，富士苹果的可咀嚼性最大、总酸与维生素C含量均最高，加工品质最好，适合加工罐头。

（7）苹果干。苹果干是指脱除一定水分，而将可溶性物质的浓度提高到微生物难以利用的程度，同时保持苹果原有风味的干制产品。用于干制的苹果，要求果实充分成熟且不发绵，以果体中等大小、外形规则、无明显褐变、果肉黄色、肉质肥厚致密、果心小、果皮薄、可溶性固形物含量不低于12%、单宁含量少、含糖量高、甜酸适宜的品种为宜，国光、红玉、倭锦、金帅、胜利、红星、红冠和沙果等皆为干制的好品种（侯杰，2011）。张臻等（2020）对苹果干加工工艺进行优化研究，结果表明，采用2.1%氯化钙、1.2%氯化钠、0.2%抗坏血酸、0.4%柠檬酸护色、硬化4 h，20%糖液糖煮、糖渍后，在温度为60 ℃的鼓风干燥箱下烘制8 h制得的含水量为14.8%的苹果干，其色泽、口感、饱满度效果更好。有研究表明，苹果片在干燥前涂可食性膜液可加快干燥速率，且具有更好的品质（李雯等，2015）。李丹等（2020）研究了不同切片厚度以及涂膜处理的苹果片干燥特性及复水比。结果表明，当切片厚度增加时，干燥时间增长，干燥速率减小；相同厚度下，普鲁兰涂膜苹果片的干燥速率最小；使用复合涂膜液处理的3 mm的样品品质指标最高。

（8）苹果脆片。苹果脆片是在真空状态或负压状态下，通过油炸或其他方法，将苹果内的水分蒸发掉，外形及颜色不发生变化，从而得到含水量在5%左右的制品。它不含色素，无防腐剂，富含纤维，保留了苹果原有的风味和营养价值，含油量远低于其他休闲食品。微波干燥、真空油炸干燥、冷冻干燥、变温压差膨化干燥等技术都可以应用于苹果脆片生产。适合加工脆片的苹果品种主要有红玉、国光、富士等（侯杰，2011）。苹果品种间的差异会明显影响产品品质。毕金峰等（2009）选取国光、富士、红香蕉和黄香蕉4个苹果品种，利用变温压差膨化干燥技术分别进行实验，结果表明膨化产品风味最佳的是国光苹果，品质最佳的是黄香蕉苹果。赵顺玉等（2005）研究结果表明选用红富士苹果作为原料制得的苹果脆片产品品质较好。

# 第二节　加工用苹果品种栽培

## 一、加工用苹果品种育苗

目前生产上推广的加工苹果品种按树体类型可分为柱型和普通型2种，柱型加工品种有鲁加系列、舞乐、舞佳等，普通型有赛金、布瑞本、瑞丹、澳洲青苹等。对于不同树型可采用不同砧木。柱型苹果品种可采用乔化砧木，普通型品种采用矮化中间砧或者矮化自根砧。

**1. 砧木选择**　加工苹果常用的乔化砧木有八棱海棠、平邑甜茶等；常用矮化砧木主要有 M 系的 M9T337、JM 系、CG 系、B 系、SH 系、青砧 1 号等；矮化中间砧一般使用 M26。

**2. 砧木种子层积及苗木管理**　八棱海棠、平邑甜茶、青砧 1 号等一般采用种子繁殖。育苗圃地宜选择无检疫性病虫害和环境污染，交通便利，有灌溉条件，排水良好，土层深厚，土壤肥沃，土质以沙壤土、壤土或轻黏壤土为宜，地下水位在 1.5 m 以下，土壤 pH 6.5 左右最为适宜，育苗圃不要选择重茬地。

实生砧木种子要选择充分成熟，籽粒饱满，无病虫害，纯度和净度均在 95% 以上，发芽率不低于 80% 的种子。砧木种子要进行层积处理，一般采用沙藏层积，砧木种子和湿沙的比例为（1∶3）～（1∶5），层积沙的适宜含水量为 40%～55%，层积温度以 0～5 ℃为宜。待层积的种子萌发后，即可播种。播种前，苗圃地深翻 40～50 cm，施足底肥，整平作畦，畦内开沟并适量灌水，待水下渗后播种。播种方式可选用宽行 50～60 cm、窄行 20～25 cm 的宽窄行双行条播，或者采用行距 40～50 cm 单行条播。播种深度 1～2 cm，播后耙平，覆盖地膜保湿增温。种子播种后，待气温达到 20 ℃后，注意揭膜通风；气温达到 25 ℃后，将薄膜全部撤除。幼苗长出 2～3 片真叶时，按株距 25～30 cm 间苗、移苗和进行断根处理。生长季节加强中耕除草、肥水管理和病虫害防治工作。

**3. M9T 337 等营养系砧木繁育**　M 系和 B 系等矮化砧木一般采用营养系砧木繁育方法，主要包括水平压条、垂直压条、扦插和组织培养等，生产常用的为水平压条法。水平压条母株应无检疫性病虫害；根系完整，侧根粗度大于 1.5 mm；根颈以上 10 cm 处粗度为 5～10 mm，高度不低于 50 cm；枝条充实光滑、粗度均匀、芽眼饱满。母株定植行距 1.6 m 左右，株距 30～50 cm，沿行向使植株与地面呈 30°～45°栽植。每 667 m² 定植株数在 2 500 株左右。定植当年落叶后，将当年生侧枝与母砧主干收拢在一起，顺行向将其压至水平状态于浅沟中固定。按照腐熟锯末、细沙、果园土各占 1/3 的比例配好覆盖物料，翌年春天新梢长至 20 cm 左右时，进行第一次覆盖，厚度为 10 cm 左右，之后侧枝新梢每生长 20 cm 进行覆盖 1 次，可覆盖 3～5 次。落叶后分株，扒开培土，从母株上分段剪下生根的小苗，按行距 50～70 cm、株距 25～35 cm 移栽至苗圃。

**4. 苗木嫁接与管理**　接穗从加工苹果品种采穗圃或生产园中健壮、无检疫性病虫害的母株上采集；秋季嫁接采集芽体饱满的当年生发育枝，春季嫁接采集芽体饱满的一年生枝。当年秋季或翌年春季，采用芽接法或枝接法嫁接。芽接又分 T 形芽接、嵌芽接。枝接又分切接、搭接、腹接、舌接、皮下接和劈接等多种方法。乔化砧苹果苗距地面 10 cm 左右，矮化自根砧苹果苗距地面 15～20 cm 嫁接。矮化中间砧苗采用芽接法或枝接法嫁接。当年秋季或翌年春季在根砧苗根颈以上 10 cm 处嫁接矮化砧；第二年秋季或第三年春季在中间砧上 25～30 cm 处嫁接品种。春季萌芽前在接芽上方 1 cm 处剪砧；及时除萌、中耕除草，加强肥水管理和病虫防治。在秋季土壤结冻前或翌春土壤解冻后嫁接苗木出圃，一般采用机械起苗，机械入土要深度适中，注意保护苗木根系完整，起苗后将收获的苗木进行分级后处理。

# 二、加工用苹果品种建园

**1. 建园要求**　加工苹果园地应选择生态条件良好、远离污染源并具有可持续生产能力的农业生产区域。产地空气环境质量、灌溉水质量、土壤环境质量符合相关标准要求。

地势相对平坦，交通便利，便于产品的运输；土壤要求中性或微酸性，pH 为 6.5 左右；有足够的供水和排水能力，水源水质无污染；大气无烟尘，无有害气体，无污染。选好园地后要进行全面规划，包括栽植小区的划分、道路、排灌系统等；种植大户还要规划办公用房和果品自然储藏场所等；有风害地区，应规划防风林。园地设计好后，应进行土壤深翻、熟化、有机肥改良土壤等工作。平地栽植行向以南北为好，山区坡地栽植行向与等高线相同。

建园时要注意授粉树的合理配置，鲁加系列、澳洲青苹、瑞丹等不同加工品种之间一般可以互相授粉，应注意花期一致。红色之爱等红肉加工苹果一般花期较早，尽量配置同期的其他红肉品种作为授粉树。

**2. 合理栽植密度**  栽植密度应综合考虑多个方面，如立地条件、品种、砧木、管理者水平等。鲁加系列、舞乐、舞佳等柱型加工苹果树体紧凑、分枝少，其栽培密度可以与矮化自根砧苗木一样，采用密植栽培，山区及丘陵株行距（1.5~2）m×3 m，种植密度为每 667 m² 83~148 株；平原（1.5~2）m×3.5 m，种植密度为每 667 m² 95~127 株。乔砧苹果树山区及丘陵株行距为 2 m×4 m，平原 3 m×4 m，种植密度为每 667 m² 55~83 株。在平地、肥沃土壤区域栽植密度应大于山地土壤条件差的区域。

**3. 栽植技术及栽后管理**  加工苹果树栽植以春栽为主，春季栽植时间为土壤结冻后至苗木萌芽前。栽植前要对苗木进行严格的选择，选择根系发达、根系完整的优质一级苗木，栽植前进行分级、根系修剪、充分吸水等工作。挖定植穴，栽植深度以苗木在苗圃的深度为标准，栽后立即浇水，待水下渗后覆盖地膜保墒，春季可提高地温，促进根系生长。栽后定干按苗木质量和整形要求进行定干，一般定干高度为 80~100 cm。在定干后套上一个塑膜筒，既可减少苗木失水，又可防金龟子等昆虫危害，提高苗木成活率。萌芽后及时将塑膜筒撕破，以防烫伤嫩芽、嫩叶。定干较高的苗木，为促发分枝可进行刻芽处理或涂抹发枝素等。当新梢长到 15~20 cm 时，可追施少量速效性氮肥，如尿素等，同时进行叶面喷肥 2~3 次，促进苗木快速生长。苗木成活发芽后，及时抹除基部萌蘖和主干上 60 cm 以下的分枝。对整形带内的分枝，选留顶端直立枝做中心干延长枝，对下部的竞争枝采取拧梢拉枝、摘心等措施，控制其生长势，保证延长枝的生长优势。

## 三、加工用苹果品种肥水管理

做好肥、水综合管理，提高树体自身的抵抗力和自我调节能力，是保障加工苹果优质、丰产、稳产的关键措施。

**1. 果园生草覆草**  加工苹果果园建议实行行间生草制，不提倡果园清耕。通过果园生草、覆草或合理利用果园原有杂草，可以建立良性循环的生态体系、保持水土、培肥地力、改善果树生态条件、提高加工苹果果品产量和质量。果园生草对草的种类有一定要求，其主要标准是要求矮秆或匍匐生，适应性强，耐阴，耐践踏，耗水量较少，与果树无共同的病虫害，能引诱天敌，生育期比较短。目前，草种以黑麦草、鼠茅草、紫花苜蓿、田菁、长柔毛野豌豆等豆科牧草为好，也可自然生草。

**2. 肥料管理**  加工苹果果园施肥以有机肥为主，辅助使用化肥及生物菌肥等。有机肥在秋后落叶前施入，一般每 667 m² 应施入 3 t 左右。萌芽前追肥 1 次，进入结果期在花芽分化前和幼果膨大期各追肥 1 次。生长前期追肥以氮肥为主，生长中期以磷钾肥为主，同时还可以结合喷药进行叶面喷肥。

**3. 水分管理**　加工苹果果园生长季注意适时灌水，灌水方式一般采用滴管或者喷灌，使土壤含水量保持在田间大持水量的 60% 左右。加工苹果春季新梢生长初期，正值坐果和幼果期，是需水临界期，即关键需水期。灌溉的最佳时期，如果一年 2 次，应在落花后坐果期一次，秋末冬初一次（冻水）；如果一年灌溉 3 次，可在第一次灌溉后 4～6 周时加一次。春季花前和花期尽量不灌溉，以免降低地温影响坐果。秋末冬初灌溉之后，应有良好的保墒措施，尽量使这次水维持到春季仍起作用。

**4. 水肥一体化**　水肥一体化也称作灌溉施肥，是将施肥与灌溉相结合的一项农业技术措施。对于加工苹果果园而言，水肥一体化大大提高了水和肥的利用效率，节约了生产成本。灌溉施肥还需注意以下问题：

（1）喷头或滴灌头堵塞是灌溉施肥的一个重要问题，必须施用可溶性肥料。

（2）两种以上的肥料混合施用，必须防止相互间的化学作用，以免生成不溶性的化合物，如硝酸镁与磷、氨肥混用会生成不溶性的磷酸铵镁。

（3）灌溉施肥用水的酸碱度以中性为宜，如碱性强的水能与磷反应生成不溶性的磷酸钙，会降低多种金属元素的有效性，严重影响施用效果。

## 四、加工用苹果品种整形修剪

加工苹果的整形修剪应根据不同加工品种的生长特性、树型类型以及砧木类型采用不同的修剪方法。

**1. 鲁加系列及舞乐等柱型加工苹果果园**　由于其树体柱型，长分枝少，修剪较轻，一般采用疏枝和短截的方法，疏除过密、交叉或者重叠的枝条，对于长势较弱的柱型苹果树，要采取短截的方法，促使其萌发新枝，实现新旧枝的更新。

**2. 普通树型加工苹果矮砧密植果园**　对于瑞丹、澳洲青苹等普通树型矮砧密植果园，一般采用细长纺锤形或者高纺锤形树型。树高 3～3.5 m，中心干上着生 20～25 个主枝，25～30 个分枝，分枝粗度与中心干粗度之比 1:(4～5)，开张角度控制在 110°～120°，水平长度控制在 1 m 左右。修剪以疏枝为主，基本不需要短截。

**3. 普通树型加工苹果乔砧果园**　对于普通树型乔砧果园，根据树龄、株行距大小，要对果园群体、树体结构进行优化改良：一是通过间伐降密，优化果园群体结构；二是运用提干、落头、疏大枝等技术措施，优化果园树体结构，将树形改造成为小冠开心形、大冠开心形或改良纺锤形。

## 五、加工用苹果品种花果管理

为了减少用工，加工苹果果园一般采取化学疏花疏果、壁蜂授粉的方式。加工用苹果对于果实的表光要求不高，生产上一般采用免套袋栽培。

**1. 化学疏花技术**　疏花剂主要有智舒优花、石硫合剂等；智舒优花适宜的喷施浓度为 150～200 倍；熬制石硫合剂浓度为 0.5～1 波美度，商品石硫合剂（45% 晶体）浓度为 150～200 倍。最佳喷施时期为盛花初期（中心花 75%～85% 开放）时喷第 1 遍，盛花期（整株树 75% 的花开放时）喷第 2 遍。

**2. 化学疏果技术**　疏果剂种类有萘乙酸、萘乙酸钠；萘乙酸浓度为 10～20 mg/kg；

萘乙酸钠浓度为 30～40 mg/kg；最佳喷施时期为智舒优花在盛花后 10 d（中心果直径 0.6 cm 左右）喷第 1 遍，盛花后 20 d（中心果直径 0.9～1.1 cm）喷第 2 遍。萘乙酸和萘乙酸钠在盛花后 15 d（中心果直径 0.8 cm 左右）喷第 1 遍，盛花后 25 d（中心果直径 1.2～1.4 cm）喷第 2 遍。

**3. 化学疏花疏果注意事项**　在晴天天气条件下喷施，适宜温度 20～28 ℃，如白天温度连续低于 10 ℃或高于 30 ℃时，不宜进行化学疏花疏果。不同品种对疏除剂的敏感程度不同，反应敏感的加工品种，浓度可适当调低；反应不敏感的加工品种，浓度要适当调高。

**4. 壁蜂授粉**　在苹果开花前 2～3 d，从冰箱取出壁蜂蜂茧，分装在巢管中，每根巢管装入 1 个蜂茧或成蜂，然后将蜂管放入蜂箱，按每株苹果树 1～2 头壁蜂的标准将巢箱放入苹果园中，在 10 d 之内可以完成苹果的授粉，同时完成筑巢产卵。

## 六、加工用苹果品种病虫害防治

加工用苹果品种的病虫害防治应坚持生物防治和化学防治相结合的方式。一是坚持以生物防治为主，适当引进释放天敌，有效控制果园中的有害种群数量，并使用生物农药，选用高效低毒低残留农药为辅助手段。二是有效运用农业防治，加强树保健，增强树体营养，落叶后彻底清园，结合冬季修剪把病枝、落叶、病果等集中销毁，全园喷 1 遍 80 倍的腐必清，以铲除越冬病菌。三是及时实施化学防治。

### （一）主要虫害生态绿色防控技术

鲁加系列及澳洲青苹等加工品种，主要虫害有桃小食心虫（彩图 2-8）、梨小食心虫。

**1. 桃小食心虫防控技术**

（1）果园清理。在桃小食心虫越冬代成虫羽化前，以树干基部为中心，将半径 1 m 以内用宽幅地布覆盖，防止越冬代成虫飞出产卵。幼虫出土和脱果前，清除树盘内的杂草及其他杂物，整平地面；在第 1 代幼虫脱果前，及时摘除虫果，并带出果园集中处理。

（2）性信息素诱杀。首先要进行预测预报，采用性诱芯诱集雄蛾的方法进行预测，诱捕器为水盆式诱捕器，中心悬挂 1 个信息素诱芯。根据每天早上所诱到的蛾数，预测成虫发生高峰期。其次，采用性诱剂诱杀。利用桃小食心虫雌性性诱剂诱杀雄成虫。每 667 m² 果园平均放置 5～6 个，悬挂高度为 2.0～2.5 m 或树体离地 2/3 高度，诱芯每隔 2 月更换 1 次。

（3）药剂防治。根据性诱剂诱集结果，在桃小食心虫越冬代成虫羽化高峰前期和高峰期，常规施药 4 次，轮换使用拟除虫菊酯类杀虫剂（4.5%高效氯氰菊酯和 2.5%高效氯氟氰菊酯，剂型以微乳剂为主）和双酰胺类杀虫剂（氯虫苯甲酰胺水分散粒剂、溴氰虫酰胺可分散油悬浮剂、四唑虫酰胺悬浮剂），施药间隔期为 10～14 d。

**2. 梨小食心虫防控技术**

（1）预测预报。采用性诱芯诱集雄蛾的方法进行预测，诱捕器为水盆式诱捕器，中心悬挂 1 个信息素诱芯。每天早上检查所诱到的蛾数，预测成虫发生高峰期。

（2）性信息素迷向。根据梨小食心虫性诱结果，在梨小食心虫成虫第 1 代或第 2 代，羽化高峰前期（5 月中上旬或 6 月中下旬），释放梨小食心虫性信息素。具体方法是将梨小食心虫迷向丝或迷向胶条吊挂于树体离地 2/3 高处，迷向丝 0.24 g/条或迷向胶条 0.2 g/条，每 667 m² 22～33 条。

（3）药剂防治。根据梨小食心虫性诱剂诱集结果，在梨小食心虫第 3 代和第 4 代成虫羽化高峰期，喷施 35％氯虫苯甲酰胺水分散粒剂、苏云金杆菌悬浮剂、1％甲维盐水剂等。

**（二）主要病害防控技术**

加工苹果品种面临的病害主要有轮纹病、炭疽病、褐斑病等。

**1. 轮纹病防控技术** 症状：主要危害枝干和果实，也可危害叶片。在树枝的皮孔上形成凸起的瘤状物，病部树皮粗糙，呈粗皮状，又称粗皮病；果实成熟期或储藏期陆续发病，发病初期果面出现褐色病斑，逐步扩大成轮纹状软化腐烂（彩图 2-9）。

防治方法：①清除初侵染源。冬季刮除树上粗皮，集中烧毁，并用 90％以上的硫酸铜溶液 100 倍液涂抹消毒；早春果树发芽前喷 3～5 波美度石硫合剂，可铲除树体上的越冬菌源。②喷药保护。一般从苹果落花后开始直到 9 月，结合防治其他病害，每隔 15 d 左右喷药 1 次。常用药剂及浓度为 1∶2∶240 的波尔多液、50％多菌灵可湿性粉剂 800 倍液、70％甲基硫菌灵可湿性粉剂 700 倍液、25％戊唑醇水乳剂 1 500 倍液等。

**2. 炭疽病防控技术** 症状：主要危害果实。6—9 月均可发生，7—8 月为盛发期，近成熟的果实受害重。发病初期，果面出现淡褐色水渍状小圆斑，并迅速扩大（彩图 2-10）。果肉软腐味苦，果心呈漏斗状变褐，表面下陷，呈深浅交替的轮纹，如果环境适宜、迅速腐烂，而不显轮纹。当病斑直径扩大到 1～2 cm 时，在病斑表面下形成许多小粒点，后变黑色，即病菌的分生孢子盘，略呈同心轮纹状排列。

防治方法：①清洁果园，减少菌源。冬季清除树上和树下的病僵果，结合修剪去除枯枝、病虫枝，并刮除病树皮，以减少侵染来源。②喷药保护。从幼果期开始直到 9 月，结合防治其他病害，每隔 15 d 左右喷 1 次药。常用药剂及浓度：1∶2∶200 的波尔多液、25％吡唑醚菌酯悬浮剂 2 000 倍液、80％代森锰锌可湿性粉剂 700 倍液、70％甲基硫菌灵可湿性粉剂 1 000 倍液、90％乙磷铝可湿性粉剂 900 倍液等。

**3. 褐斑病防控技术** 症状：主要危害叶片，也危害果实。叶片上发病时，初期在叶背面产生褐色至深褐色小斑点，直径为 0.2～0.5 cm，边缘不整齐（彩图 2-11）。

防治方法：①加强栽培管理。合理修剪，注意排水，改善园内通风透光条件。②清除菌源。秋、冬季清扫果园内落叶及树上残留的病枝、病叶，深埋或烧毁。③喷药保护。一般 5 月中旬开始喷药，隔 15 d 喷 1 次，共 3～4 次。常用药剂有波尔多液（1∶2∶200）、30％绿得保 500 倍液、77％可杀得 800 倍液、70％甲基硫菌灵可湿性粉剂 800 倍液、70％代森锰锌可湿性粉剂 500 倍液、75％百菌清可湿性粉剂 800 倍液等。

# 七、加工用苹果品种采收

加工苹果采收时间的早晚，对于加工品质有很大的影响。果实采收过早，果实尚未充分发育，果个小，糖分积累不足，不能充分体现品种应有的风味，商品质量低；但采收过晚，易发生果肉发绵、裂果、衰老褐变等生理病害。果实过分成熟，果肉松软发绵、硬度不够，容易发生水心病。因此，正确评估苹果成熟度，适期采收，对加工产品的品质是非常重要的。

根据苹果成熟状况和用途，一般分为 3 个成熟度。一是可采成熟度，此时苹果已完成了生长和化学物质的积累，应有的风味和香气还未表现出来，果实肉质比较紧密，达到可以采收的时期。此时采收的苹果用于长途运输、储藏或加工果脯、罐头或脆片等。二是食用成熟度，此时苹果已成熟，果实无论从形状、大小，还是色、香、味、果肉质地来看，都已达到本品种固有的品质要求，营养价值高，但不耐储运。此期采收的苹果适于制汁、造酒和生产果酱。三是生理成熟度，此时苹果在生理上已充分成熟，种子完全成熟，果实化学物质的水解过程加强，果肉发绵，很快变软，其商品价值已明显降低，此时采收的苹果不宜加工。

# ■ 参考文献

白凤岐，马艳莉，李笑颜，等，2014. 6 个品种苹果品质及加工适宜性研究 [J]. 食品科技，39（9）：66-71.

毕金峰，丁媛媛，王沛，等，2009. 品种和辐照处理对变温压差膨化苹果脆片产品品质的影响 [J]. 核农学报（4）：5-51.

陈平，王玉莹，张玉刚，等，2012. 不同苹果品种（系）制醋适性的评价 [J]. 中国酿造，8（31）：36-40.

公丽艳，2014. 不同品种苹果加工脆片适宜性评价研究 [D]. 沈阳：沈阳农业大学.

侯杰，2011. 苹果加工制品对原料的要求 [J]. 农村百事通（22）：24-25.

李丹，黄译文，2020. 切片厚度和涂膜处理对苹果片干燥特性及品质的影响 [J]. 现代食品（4）：149-152，155.

李雯，王艳颖，杨扬，等，2015. 复合涂膜液的筛选及其对鲜切苹果保鲜效果的影响 [J]. 保鲜与加工，15（1）：23-27.

刘凤珠，牛小明，王颖颖，等，2010. 苹果醋中有机酸成分的 GC-MS 分析 [J]. 中国调味品，35（11）：107-115.

刘美英，于青，宋来庆，等，2013. 鲜食加工兼用型苹果品种在烟台地区的表现 [J]. 山东农业科学，45（6）：104-106.

卢锡纯，2012. 苹果酱加工工艺改进及质量提高 [J]. 农业科技与装备（12）：60-61.

马艳蕊，于红，初乐，等，2021. 不同杀菌条件下苹果醋风味、营养及活性成分的变化 [J]. 中国酿造，40（11）：188-193.

邱强，2013. 果树病虫害诊断与防治 [M]. 北京：中国农业科学技术出版社.

曲昆生，蔡晋，郝亚斌，等，2019. 浓缩苹果清汁加工过程中色值稳定性研究 [J]. 食品工业科技，40（14）：37-41.

芮汉明，钱庆银，张立彦，2013. 微波加热对苹果罐头品质的影响 [J]. 现代食品科技，29（7）：1645-1650.

束怀瑞，2015. 苹果标准化生产技术原理与参数 [M]. 济南：山东科学技术出版社.

宋静，陈平，王玉莹，等，2013. 苹果酒、醋中香气物质分析 [J]. 中国酿造，32（6）：145-149.

宋静，夏玲玲，张玉刚，等，2014. 苹果酒发酵工艺对比研究 [J]. 中国酿造，33（4）：71-74.

宋烨，2006. 苹果加工品种生物学特性研究 [D]. 泰安：山东农业大学.

宋烨，翟衡，杜远鹏，等，2006. 苹果加工品种的多酚成分及抗氧化活性研究 [J]. 果树学报，23（6）：793-797.

宋伊真，张玉刚，祝军，等，2014. 鲁加系列苹果果实发育期酚类和果皮色素含量变化研究 [J]. 北方园艺（24）：28-30.

孙峰，戴洪义，2008. 鲁加系列苹果品种加工适性的评价 [C] //中国园艺学会第八届青年学术讨论会暨现代园艺论坛论文集.

孙晓红，柏素花，侯鸿敏，等，2019. 红肉苹果新品种'黛红'[J]. 园艺学报，46（S2）：2729-2730.

孙晓红，刘源霞，孙欣，等，2017. 红肉苹果果实发育过程中花青苷含量变化及其合成相关基因表达分

析 [J]. 植物生理学报，53 (8)：1507-1514.

王楠，岳璇璇，许海峰，等，2018. 加工型高类黄酮苹果新品种'满红' [J]. 园艺学报，45 (S2)：2703-2704.

王燕，陈学森，刘大亮，等，2012. '紫红 1 号'红肉苹果果肉抗氧化性及花色苷分析 [J]. 园艺学报，39 (10)：1991-1998.

项亚，赵瑞雪，赖方秾，等，2016. 红肉苹果果皮类黄酮组分及抗氧化活性分析 [J]. 植物生理学报，52 (9)：1353-1360.

胥洪，刘涛 张雪丹，等，2017. 高倍苹果果浆加工关键技术研究 [J]. 食品工业，38 (8)：5-9.

徐梦，郭江山，杨天资，等，2021. 苹果非浓缩还原汁加工适性评价及适宜品种筛选 [J]. 青岛农业大学学报，38 (3)：164-175.

薛晓敏，翟浩，王金政，等，2021. 苹果免套袋优质栽培技术 [J]. 落叶果树，53 (5)：66-68.

姚刚，2015. 苹果清汁加工中 VC 的调控技术研究 [D]. 北京：中国农业大学.

翟衡，李富军，左方梅，等，2001. 加工苹果品种简介 [J]. 中国果树 (6)：47-48.

张芳，张永茂，张海燕，等，2013. 干装苹果罐头加工工艺 [J]. 食品与发酵工业，39 (1)：99-102.

张翔，孙晓红，柏素花，等，2018. 4 种红肉苹果提取液花青苷含量及体外抗氧化研究 [J]. 青岛农业大学学报，35 (3)：179-186.

赵光远，王璋，许时婴，等，2005. 浑浊苹果汁加工过程中理化变化的研究 [J]. 食品科学，26 (10)：71-75.

赵培磊，王斌，王莉杰，等，2020. 15 个苹果品种（系）酿酒适性的研究 [J]. 青岛农业大学报，37 (3)：165-171.

赵顺玉，张刚，2005. 低温真空油炸苹果脆片生产工艺 [J]. 天津农业科学，11 (4)：50-51.

朱丹实，张越怡，付浩，等，2022. 苹果浊汁中特征酚类化合物与麦醇溶蛋白的互作规律 [J]. 中国食品学报，2022-03-23.

https：//kns.cnki.net/kcms/detail/detail.aspx? dbcode＝CAPJ＆dbname＝CAPJLAST＆filename＝ZGSP20220321002＆uniplatform＝NZKPT＆v＝wSbCBPAt3 _ d1P-TL61IX31a3tsakwYWah7g4OKAmpW6O9unjkMlNKCPD5LjoN7 _ F.

朱贵义，李丙智，谢宏伟，等，2019. 苹果鲜食加工兼用品种澳洲青苹生长结果情况调查与分析 [J]. 陕西农业科学，65 (5)：42-44.

祝军，戴洪义，2014. 12 个苹果新品种简介 [J]. 中国果树 (6)：2.

左卫芳，2018. 高类黄酮苹果酒的加工及品质研究 [D]. 泰安：山东农业大学.

KONDO S，TSUDA K，MUTO N，et al.，2002. Antioxidative activity of apple skin or flesh extracts associated with fruit development on selected apple cultivars [J]. Scientia Horticulturae，96：177-185.

WANG B，JIANG S H，WANG Y B，et al.，2021. Red-fleshed apple anthocyanin extract reduces furan content in ground coffee，Maillard model system，and Not-From-Concentrate apple juice [J]. Foods，10 (10)：2423.

WANG B，XU J H，JIANG S H，et al.，2022. Combined analysis of gut microbiota and plasma metabolites reveals the effect of red-fleshed apple anthocyanin extract on dysfunction of mice reproductive system induced by busulfan [J]. Frontiers in Nutrition，8：802352.

XU J H，ZHANG X，SUN X H，et al.，2021. Red-fleshed apple anthocyanin extracts attenuate male reproductive system dysfunction caused by busulfan in mice [J]. Frontiers in Nutrition，8：632483.

ZHANG X，XU J H，XU Z B，et al.，2020. Analysis of antioxidant activity and flavonoids metabolites in peel and flesh of red-fleshed apple varieties [J]. Molecules，25：1968.

# 第三章 苹果商品化处理与贮藏保鲜

## 第一节 概　　述

中国是世界上最大的苹果生产和消费国，苹果种植面积和产量均超过世界总量的50%。但是我国苹果贮藏保鲜和商品化处理水平偏低，严重影响我国苹果的商品价值。当今世界苹果生产强国如波兰、美国、意大利、法国、德国、荷兰等国家基本实现了商品果100%采后处理，其中60%～80%的苹果实现气调环境贮藏，我国目前苹果采后商品化处理量仅占苹果产量的1%，贮藏量占苹果产量的20%，其中气调贮藏量占贮藏量的5%，由于实际贮藏过程中操作管理不当，我国苹果实际年损耗率为15%～20%。

我国在苹果贮藏保鲜和采后处理的方法和理论方面进行了大量的研究，取得了很多研究成果，但部分成果对操作技术的要求很高，难以推广应用。目前我国苹果贮藏保鲜方法主要有低温贮藏保鲜、气调贮藏保鲜、化学保鲜、涂膜保鲜等。

低温贮藏是苹果常用的贮藏方法之一，占我国苹果贮藏量的45%。低温不仅能有效地控制微生物的生长繁殖，还能抑制褐变相关酶的活性，从而延缓果实的衰老和腐烂。

气调贮藏是在冷藏的基础上，增加气体调节结构，在维持果实正常呼吸代谢的前提下，尽量降低贮藏环境的 $O_2$ 浓度，并适当提高 $CO_2$ 浓度，以降低果实的呼吸代谢、减少乙烯生成，抑制微生物繁殖，从而减少营养消耗，延缓衰老，延长苹果贮藏期。

化学保鲜是指使用化学保鲜剂来提高苹果的耐贮性，从而延长果实保鲜期的技术。苹果上常用的化学保鲜剂有1-MCP、臭氧等。1-MCP是一种新型高效无残留的乙烯竞争性抑制剂，通过阻碍乙烯与受体的正常结合，抑制其所诱导的大部分与果实衰老有关的生理生化反应，延长果实的贮藏寿命。臭氧具有光谱和高效杀菌作用，可以防止苹果贮藏期间病原菌的繁殖，减少贮藏期间病害的发生。臭氧的强氧化能迅速将乙烯分解为 $CO_2$ 和 $H_2O$，从而抑制乙烯的催熟效应，有效延缓苹果品质下降，延长贮藏期，保持苹果的营养品质和风味。

涂膜保鲜是将保鲜液涂抹在果实的表面，阻隔外界环境中的有害影响，从而抑制果实表面微生物生长和果实的呼吸作用。苹果保鲜过程中常用的涂膜材料是壳聚糖、蛋白质、聚乙烯醇、多糖类蔗糖酯等。壳聚糖是一种天然高分子保鲜剂，在维持苹果的正常品质、品味、营养成分和外观等方面保鲜效果显著，壳聚糖膜层具有通透性、阻水性，加大了对多种气体分子的穿透阻力，形成了一种微气调环境，增加苹果组织内的 $CO_2$ 含量，降低 $O_2$ 含量，有效抑制果实的呼吸代谢和水分散失，延缓果实组织衰老，延迟贮藏期及货架期。

我国苹果贮藏保鲜产业发展的制约因素是单一的贮藏设施和落后的贮藏保鲜技术。机械冷藏和气调贮藏能有效延长贮藏时间，保持苹果品质。在贮藏效果上，气调贮藏明显优于机械冷藏，但机械冷藏仍然是我国苹果的主要贮藏方式。由于动态气调贮藏成本高、运营管理专业化水平高，只能由大型企业和合作社建设和管理。然而，随着我国苹果产业商业化和国际化的发展，气调贮藏由于具有智能化、自动化、贮藏效果好、能耗低等优点，在实际应用中所占的比例将逐渐增加。随着我国苹果贮藏产业的发展，在气调贮藏、机械冷藏等多种贮藏方法的基础上，结合预冷处理、1-MCP 处理、透气膜包装等多种保鲜措施的苹果综合保鲜技术越来越受到重视和推广。

# 第二节　苹果采后生理特性

## 一、呼吸生理

呼吸作用是苹果采收贮运过程中最重要的生理活动之一，不仅是各种有机物质相互转化的枢纽，还能够提供采后生命活动所需的能量。采后呼吸的主要底物是有机物质，如糖、有机酸和脂肪。呼吸作用与苹果的成熟衰老、贮藏寿命、采后品质变化和生理病害密切相关。在苹果贮藏过程中，如果贮藏环境通风性不好，或气调贮藏过程中控制的 $O_2$ 浓度过低，果实易发生无氧呼吸。无氧呼吸对苹果贮藏不利：一方面，无氧呼吸比有氧呼吸产生的能量少，消耗的有机物多，使苹果很快失去活力；另一方面，无氧呼吸会产生乙醛等有害物质，这些物质会在果实细胞中积累并转移到组织的其他部位，造成果实伤害变质导致腐烂。

苹果属于呼吸跃变型果实，呼吸高峰出现的时间与贮藏质量密切相关，呼吸跃变出现的时间和呼吸峰的大小因种类和品种而异。如金冠、乔纳金、津轻等品种的果实会出现明显的呼吸高峰，然而红富士采后呼吸作用水平较低，呼吸强度变化平稳，呼吸高峰出现较晚且峰值小，因而比其他品种耐贮藏。

呼吸作用与苹果贮藏之间存在密切关系，苹果采后仍是活的有机体，生物大分子的转化、细胞结构的维持修复，都需要呼吸作用产生的能量供应，因此呼吸作用是采后生命活动的主导过程。但另一方面，呼吸作用过强会使有机物过多地被消耗，降低果实品质，加快果实衰老，缩短贮藏时间。因此，控制果实采后呼吸强度，成为贮藏的关键技术。在保证果实生理活动正常、无生理病害的前提下，尽量减少呼吸，减少物质消耗，以延缓果实成熟衰老。因此，了解影响呼吸强度的因素有助于苹果的贮藏。

### （一）品种

不同品种苹果的呼吸水平因采收时的状况不同而有很大的差异，一般来说，红富士等晚熟品种呼吸强度低，金冠等早熟品种呼吸强度较高。

### （二）成熟度

未成熟的苹果呼吸强度较大，果实的色泽、风味都不好，易出现失水萎蔫、二氧化碳伤害以及发生虎皮病、苦痘病、霉心病等病害。过熟的苹果在贮藏期间易出现衰老、果肉褐变、发绵，甚至腐烂，出现斑点病、水心病等。如果贮存和运输时间较短，可以采摘成熟度较高的苹果，此时果实的色泽、香气和风味较好；当运输和贮存时间较长时，应在果实完全膨大且养分积累充足、生理上接近跃变期时收获，但未达到成熟阶段，此时果实呼吸强度低，耐贮藏性好。

## （三）温度

在一定范围内，呼吸作用强度与温度成正比。温度越高，苹果呼吸跃变越早，贮藏期和货架期越短。当温度高于 $35\sim45$ ℃时，呼吸强度可能在短时间内增加，但随后由于温度过高，导致酶钝化或失活，呼吸强度急剧下降。适宜的低温能显著降低果实的呼吸强度，延缓呼吸跃变高峰的出现，甚至无呼吸跃变。低温还可以有效抑制苹果虎皮病、苦痘病、衰老等生理病害的发生。温度过高或过低，都不利于苹果的贮藏，如旭、红苹果在 0 ℃长期贮藏常发生褐心病。

## （四）气体成分

贮藏环境中 $O_2$ 和 $CO_2$ 的浓度对果实的呼吸有直接影响。在不干扰组织正常呼吸代谢的前提下，适当降低环境中 $O_2$ 浓度，增加 $CO_2$ 浓度，可以有效抑制果实呼吸强度，延缓呼吸跃变的发生，减少呼吸消耗，更好地保持苹果品质。但 $O_2$ 浓度过低，会出现无氧呼吸，过多的消耗呼吸底物，甚至无氧呼吸产生的乙醛等有害物质导致发生酒精中毒即低氧伤害。同样提高 $CO_2$ 浓度可抑制呼吸作用，但 $CO_2$ 浓度过高会使得苹果出现果肉褐变即高 $CO_2$ 伤害。

## （五）伤害

任何机械损伤都会导致呼吸强度显著增加。由组织损伤引起的呼吸强度异常增加，称为"伤呼吸"。

# 二、蒸腾作用

果实采后失去母体和土壤供给的营养成分，但蒸腾作用仍在进行。如果贮藏环境不适宜，水果会逐渐失去新鲜度，并产生不良反应。因此，采后蒸腾作用也是园艺产品的主要生理特征。

蒸腾作用是指水分从体内释放到体外的现象。蒸腾作用受组织结构和气孔行为的调节，这与一般的蒸发过程不同。

## （一）蒸腾作用对苹果贮藏的影响

**1. 失重与失鲜** 在苹果收获后的贮运过程中，由于蒸腾作用水分逐渐减少，自然损失增加。当水分损失达到 5% 左右时，会出现萎蔫和皱缩，果肉变得松软。水分的流失也会影响苹果的风味和口感。

**2. 代谢机能紊乱** 蒸腾失水会导致果实代谢失衡。果实萎蔫时，水解酶活性增加，呼吸底物的增加将进一步刺激呼吸。严重脱水时，细胞液浓度增加，例如，过高浓度的 $NH_4^+$ 和 $H^+$ 会导致细胞中毒，甚至破坏原生质的胶体结构。采收后苹果中各种营养成分的分解、合成及各种酶的作用、呼吸作用等一系列生理活动，都需要水的参与。在贮藏过程中失水过多，会破坏苹果正常的代谢过程，影响贮藏品质。

**3. 耐贮性和抗病性降低** 蒸腾作用对苹果的耐贮性和抗病性都有不利影响，因为蒸腾作用使得果实失水萎蔫、组织结构变差、降低细胞膨压、破坏正常代谢过程、加快水解过程、加强呼吸作用、改变呼吸基质以及积累有害物质等。

**（二）影响蒸腾作用的因素**

**1. 机械伤害**　机械伤害会加快苹果的蒸腾作用。当苹果表面受到机械损伤时，会破坏表面的保护层，皮下组织暴露在空气中，因此容易失水。

**2. 温度**　温度对空气的饱和湿度有影响，进而影响果实的失水速率。空气的饱和湿度随着温度的升高而增大，提高了空气的持水力，从而加快了产品的失水速率。当环境绝对湿度保持不变，温度升高时，果实与空气之间的水汽饱和差增大，蒸腾作用加快。当温度下降到饱和蒸汽压等于绝对蒸汽压时，产品表面会出现冷凝水。相反，随着温度的降低，饱和差将变小，产品蒸腾失水减缓。一般来说，苹果冷藏库的空气湿度很高，温度波动容易导致苹果表面凝结水珠。当苹果从冷库直接移到高温环境中时，表面很快就会出现水滴，因为当外部高温空气接触低温苹果表面时，就会达到露点而凝结成水滴。当苹果用塑料薄膜密封包装时，由于果蔬的蒸腾作用和呼吸作用使袋内温湿度提高，薄膜成为冷热交界面，内壁上出现水珠。这些水珠沾到苹果表面，有利于微生物的生长繁殖，引起苹果在贮藏期间的腐烂变质。因此，在苹果贮藏期间应尽量避免温度的波动，避免出现结露现象。

温度不仅影响水蒸气的饱和差，还影响水分的蒸腾速率。果实的温度升高，加快了水分子的运动。苹果贮藏初期的降温期间，水分的损失最严重。

**3. 相对湿度**　贮藏环境相对湿度的变化显著影响苹果的生理活性和自然损耗，一般情况下苹果适宜的相对湿度为 $85\%\sim90\%$，如果相对湿度过低，果实失水严重，易出现皱皮发绵现象；相对湿度过高则会加重病害的发生，有时会造成裂果。只要库内相对湿度低于苹果内部湿度，苹果就会失水。

**4. 通风**　苹果的蒸腾作用也与贮藏环境的风速密切相关。流经苹果表面的空气可以带走苹果的热量，但也会增大苹果周围的水蒸气饱和度差，从而增加苹果的水分损失。风速越大，苹果失水越多。因此，在贮藏和运输过程中，应适当控制环境中的通风，以减少苹果的水分损失。

综上，可以通过降低温度、提高湿度、控制空气流动、包装、打蜡或涂膜等方法控制苹果的蒸腾失水。

# 三、苹果贮藏过程中化学成分变化

苹果采收后，由于自身和环境因素的改变，果实内部会发生一系列生理生物化学变化，包括淀粉和可溶性糖的转化、有机酸和叶绿素的降解、硬度降低、挥发性物质的释放等，使果实的色、香、味、质地和营养成分发生变化。

**（一）可溶性糖**

苹果生长发育期，光合产物以蔗糖或山梨醇的形式运输到果实中，一部分用于维持生长与生命活动，另一部分转化为淀粉或其他多糖贮藏在果实内。在苹果的发育阶段积累大量淀粉，果实进入成熟期，在淀粉酶、转化酶、蔗糖合成酶等一系列酶作用下，淀粉逐渐水解为葡萄糖、果糖和蔗糖等可溶性糖类。因此，淀粉转化为可溶性糖也被作为果实成熟的标志，苹果通常采用淀粉指数来衡量果实的成熟度。可溶性糖的增加不仅使苹果成熟后具有甜味，而且促进苹果的着色。苹果采收时，淀粉含量较高，贮藏期间淀粉水解，含糖量增加，但达到最佳食用阶段以后，含糖量因呼吸消耗而下降。

## （二）有机酸

苹果中含有苹果酸、酒石酸、琥珀酸、草酸、乙酸、柠檬酸等多种有机酸，其中苹果酸最多，占总酸的 90%，柠檬酸、琥珀酸等其他酸占 10%。苹果果实中少量的单宁物质，能增强其他有机酸的酸度。果实生长前期，有机酸生成量大，但含量较低。果实迅速膨大期，有机酸生产量和含量达到高峰，而后随着果实的成熟，有机酸含量显著下降。临近成熟时单宁含量明显减少，对降低酸度有重要作用。

## （三）硬度

果实硬度是衡量果实采后品质的重要指标，可直观反映果实的成熟、衰老、软化进程，通常作为确定果实适时采收和贮藏保鲜效果的重要参考指标。果实成熟过程中，由于细胞的生长膨大导致胞间区域分离，果实中果胶和纤维素等物质被水解，细胞壁大量结构消失而变薄，细胞分离膨胀，细胞壁结构松弛、软化，果实硬度下降。果实后熟过程中，果胶大量水解，细胞壁结构消失，胞间层逐渐分离，相邻细胞失去细胞壁的支持出现互相分离，导致细胞间聚合的丧失，引起果实软化。研究认为，当富士苹果的硬度低于 $5.5~\mathrm{kg/cm^2}$ 时，就会失去其品种特有的硬脆属性，口味也会随之变差、果肉松软。

## （四）色泽

色泽是果实重要的表观属性，直接影响果实的商品价值和消费者的购买欲望。苹果的色泽是由叶绿素、花青苷和胡萝卜素等物质决定的。未成熟时以叶绿素为主，果实表现为绿色；随着果实的成熟，叶绿素不断降解，花色苷和类胡萝卜素等合成增加，绿色消失，红色品种因花青苷含量增加而呈现红色，黄色品种以胡萝卜素和叶黄素等花色素增加较多而呈现黄色。

## （五）挥发性物质

随着果实的成熟，果实中的脂肪酸、氨基酸、碳水化合物等前体物质在一系列酶的作用下，逐渐形成挥发性香气物质。典型的苹果挥发性物质包括醇类、醛类、酯类、酮类和醚类等 300 多种，但仅有乙醛、2-己烯醛、己醛、丁醇、己醇、2-乙烯醇、乙酸丁酯、乙酸戊酯、乙酸己酯、2-甲基乙酸丁酯、丁酸乙酯、2-甲基丁酸乙酯、4-甲氧基烯丙基苯、2-甲基丁酸甲酯、2-甲基丁酸丙酯、2-甲基丁酸丁酯、2-甲基丁酸己酯、己酸丁酯、丙酸己酯、丁酸丁酯、丙酸丁酯、丁酸己酯和己酸己酯等 20 多种特征性香气成分决定果实的香味。大多数研究发现，2-己烯醛、2-甲基丁酸乙酯、丁酸乙酯、2-己烯醇、乙酸己酯等成分含量非常少，但由于其具有较低的阈值，对果实的风味影响很大。

果实的成熟度影响挥发性物质的含量和种类，未成熟无香气果实的挥发性物质以己醛、2-己烯醛为主；成熟有香气果实的挥发性物质以酯类和醇类为主。有研究发现，采收过早富士醛类物质含量最高，2-己烯醛含量达 64.52%，延迟采收的果实，乙醇大幅度增加，适时采收时富士苹果中具有典型苹果香味的乙酸-2-甲基丁酯含量最高。

# 四、成熟衰老

## （一）成熟衰老相关的激素

植物激素对组织成熟和衰老过程的调控是一个复杂的过程。这一过程不仅取决于激素的消长及绝对浓度的变化，还取决于内源性激素之间的相互平衡和协同作用，同时，它还与不同种类果实组织对植物激素的敏感性有关。

**1. 乙烯**（ETH） 乙烯作为一种成熟和衰老激素，在调节果蔬采后的成熟和衰老中起着重要作用。它影响酸代谢、酶活性、激素水平和呼吸速率等生理过程，从而导致果实软化和颜色变化。应用乙烯合成抑制剂（AOA、AVG、DNP、$Ni^{2+}$等）及作用抑制剂（$Ag^+$、$CO_2$、NBD、1-MCP等）均可抑制果实成熟衰老。苹果属于呼吸跃变型果实，要想延缓苹果的成熟，需在果实内源乙烯的浓度达到启动成熟浓度之前采取相应的措施。

**2. 脱落酸**（ABA） 与乙烯相比，脱落酸在调节水果和蔬菜成熟过程中起着更重要的作用。脱落酸水平的增加，诱导成熟开始，果实成熟衰老的调控方式是直接促进水解酶活性的增加，或通过促进乙烯的产生间接影响果实成熟衰老。

**3. 生长素**（IAA） 生长素失活是果实成熟的必要条件。生长素是器官成熟和衰老的抑制剂，内源生长素可以延缓跃变型果实的后熟过程，外源生长素处理能降低内源脱落酸水平，延缓内源脱落酸峰值，促进内源生长素积累，延缓果实后熟软化过程。

**4. 赤霉素**（$GA_3$） 外源$GA_3$可延缓果实的着色和完熟，$GA_3$与乙烯和脱落酸具有相反的作用。

**（二）苹果成熟衰老的控制**

**1. 降低温度** 温度与苹果的呼吸强度、蒸腾作用以及乙烯的产生和作用等密切相关。适当的低温是苹果贮藏和运输保鲜的基本要求。当温度在16~21℃时，乙烯的影响最大。因此，苹果收获后应尽快进行预冷，尽可能控制适宜的贮藏和运输温度，以抑制乙烯的产生和作用，延缓苹果的成熟衰老。

**2. 降低$O_2$浓度和提高$CO_2$浓度** 降低贮藏环境中的$O_2$浓度，增加$CO_2$浓度，不仅可以降低呼吸强度，还可以显著抑制乙烯的产生和效应，从而延缓苹果的成熟和衰老。乙烯的合成需要氧气的参与，在缺氧条件下，ACC（1-氨基环丙烷-1-羧酸）不能转化为乙烯，长期缺氧处理不仅会钝化或破坏ACC转化为乙烯的酶系统，还会降低果蔬组织对乙烯的敏感性。由于$CO_2$可以抑制ACC氧化酶和竞争性乙烯受体蛋白，因此收获后短期高浓度$CO_2$处理可以抑制乙烯的产生及其生理作用。

**3. 使用乙烯受体抑制剂1-MCP** 1-MCP通过与乙烯受体结合抑制内源性和外源性乙烯的作用。在0~3℃的贮藏环境中，1-MCP对乙烯的抑制作用大多是不可逆的，但如果果蔬在室温下贮藏或冷藏后在室温下催熟一段时间，乙烯会再次发生反应。呼吸峰前后经1-MCP处理的苹果可在0℃下贮藏6个月，在20~24℃下可贮藏60 d。1-MCP处理降低了果实的呼吸强度和乙烯生成量，抑制了果实的软化和可滴定酸含量的降低，延长果实的贮藏和货架期。

**4. 利用臭氧**（$O_3$）**和其他氧化剂** 臭氧是大气中的氧通过放电或紫外线照射产生的，它是一种清除乙烯的氧化剂。建立一个利用紫外线产生$O_3$的装置，将含有乙烯的空气通过该装置，乙烯被氧化。这种小型商用设备已在国外使用，但尚未在工业上得到广泛应用。

# 第三节　影响苹果贮藏寿命的主要因素

影响苹果贮藏寿命和品质的因素包括自身遗传因素、采前因素和采后贮藏环境等。

# 一、采前因素

## （一）苹果自身因素

**1. 品种** 苹果按照采收时间不同，可分为早熟品种、中熟品种和晚熟品种，不同品种，其耐贮性不同。一般来说，早熟品种生育期短，糖分积累少，肉质疏松，且采收季节正值高温时节，呼吸代谢旺盛，营养物质消耗快，易遭受病原菌侵染，故不耐贮藏，如藤木1号、鲁丽、嘎拉、秦阳、美国8号等；中熟品种较耐贮藏，可贮藏至翌年3—5月，如元帅系、红玉、乔纳金、金冠、红星等品种；晚熟品种生育期长，成熟期间昼夜温差大，糖分积累多，果皮厚，组织结构致密，呼吸强度低，抗微生物侵染的能力强，最耐贮藏，如富士、秦冠、王林等品种冷藏期可达6～9个月，气调贮藏甚至能实现周年供应。

苹果品种不同，其贮藏期病害发生情况也不同。金冠由于皮薄、皮孔大，容易失水皱缩和腐烂；元帅系品种果肉易发绵，同时由于萼片和子房柱头开张角度大，易感染霉心病；国光、富士和青香蕉等易发生苦痘病。

**2. 成熟度** 成熟度影响果实的贮藏期和品质，采收过早或过晚，都会影响其品质和贮藏寿命。采收过早，苹果个头小，硬度大，未能形成果实固有的风味及品质，且贮藏期间容易失水皱缩，影响果实的外观品质及销售。采收过晚，果实接近或越过呼吸跃变高峰，贮藏寿命变短。

果实的成熟度分为可采成熟度、食用成熟度和生理成熟度。可采成熟度是指果实各种化学物质积累已经完成，达到固有的大小和质量，在适宜条件下可以完成后熟过程，此时的果实耐贮藏，适合加工和远距离运输销售。食用成熟度是指苹果已具有该品种固有的色、香、味和外观，营养价值较高，适用于鲜食或就近销售，不耐贮运。生理成熟度是指苹果在生理上已达到充分成熟，果肉松软，风味变淡，已失去鲜食价值。因此，苹果应在可采成熟度后，根据其不同品种采后生物学特性、采后用途、销售距离、贮运条件等因素适时采收。

**3. 果实大小** 一般来说，果实个头中等，果皮组织紧密、气孔小而稀的果实较耐贮藏。果实个头小，多发育不良，风味淡，且贮运过程中易失水。个头过大，易发生机械损伤，硬度及可溶性固形物含量下降快，易发生生理病害，不耐贮藏。其次，大果更易发生苦痘病、虎皮病、冷害等生理病害。因此，长期贮藏苹果应选择中等大小的果实。

**4. 机械损伤和病虫伤** 机械损伤和病虫伤会刺激果实产生伤呼吸和乙烯，加速果实内部代谢反应，使其品质发生劣变；其次，还会破坏果实的组织结构，导致果实蒸腾作用加强，且病原菌易从伤口处入侵，不利于果实贮藏。

## （二）生态因素

生态环境如温度、光照、降水、土壤等都会影响苹果的生长发育、品质和耐贮性。

**1. 温度** 一般认为，苹果发育期平均气温在18～24℃，绝对最高气温低于35.9℃。昼夜温差大于10℃的气候条件，最适合苹果果实的发育和着色，如我国陕西渭北及陕北的许多地区生产的苹果，果实着色好，含糖量高，风味浓郁，硬度大，耐贮存。若果实生长发育期温度过高，果实生长发育过快，组织脆嫩，营养物质积累少，甚至产生高温伤害。成熟期温度过高，则果实果形指数变小，着色不良，果肉易发绵，成熟一致性差，香气、风味和耐贮性亦不佳。温度过低，果实个头小、味酸、色泽差、不耐贮藏。

**2. 光照** 苹果属于喜光果树，日照的长短、强弱对苹果果实的着色及品质都有直接的影响。一般年日照在 2 200～2 700 h 之间有利于苹果的花芽分化和果实发育。光照不足，果实糖和酸积累不足，产量下降，抗性减弱，耐贮性下降，如树冠内堂的果实因光照不足易发生虎皮病，果肉易粉质化，衰老劣变快。光照过强会导致日灼，苹果贮藏品质下降。

**3. 降雨** 降雨与苹果的耐贮性密切相关，苹果生长后期要求雨水适中。雨水过多，光照不足，果实着色差，含糖量低，品质下降，不耐贮藏，贮运期间易发生苦痘病、虎皮病、轮纹病和炭疽病等病害。接近果实成熟期，阴雨过多或久旱忽降大雨，易造成富士、国光等品种严重裂果。若生长期干旱少雨，果实生长发育受阻，个头小，着色不佳，成熟期提前，易发生苦痘病。生态环境对苹果贮藏寿命的影响见表 3-1。

表 3-1  生态环境对苹果贮藏寿命的影响

| 在 1 ℃环境下平均贮藏寿命/d | 采前 4 周的气候条件 | | |
|---|---|---|---|
| | 平均气温/ ℃ | 总降水量/mm | 晴天/每日小时数 |
| 280 | 13.2 | 38 | 3.7 |
| 310 | 14.8 | 18 | 6.0 |
| 150 | 9.3 | 28 | 4.4 |
| 200 | 12.7 | 61 | 5.6 |
| 140 | 10.7 | 99 | 3.5 |
| 150 | 13.8 | 66 | 3.7 |
| 150 | 10.7 | 51 | 2.6 |

**4. 地理条件** 苹果生长地区的纬度和海拔高度，与生长发育期的温度、光照、降水量和空气相对湿度等都是相互关联的，进而影响果实的生长发育、品质和耐贮性。一般来说，同一品种生长在高纬度比低纬度的果实耐贮性要好，如生长在辽中、山西、甘肃、陕北的苹果较山东、河北生长的苹果耐贮性强。海拔高度对果实品质和耐贮性的影响十分明显，海拔高的地区，日照强、昼夜温差大，有利于糖分的积累和花青苷的形成，果实的色泽、风味和耐贮性都好。

**5. 土壤** 土壤的理化性状、营养状况、地下水位高低等直接影响苹果的营养成分、组织结构，进而影响果实的贮藏特性。一般在土质疏松、酸碱适中、施肥合理、适度含水量的土壤中生产的果实具有良好的质量和贮藏性。若土壤中的钙、磷含量不足，果实采后贮藏过程中易发生苦痘病、水心病和低温伤害。

**（三）农艺措施因素**

**1. 施肥** 合理的施肥既能增产又能提升苹果的耐贮性。在苹果生长发育过程中，除了适量施用氮肥外，还应注意增施有机肥和复合肥，特别是适当增施磷、钾、钙、硼、锰、锌肥等，这一点对于长期贮藏的果实尤为重要。

氮肥是苹果生长发育中需求量较大的营养元素之一，施用过量或不足，都会对果实的贮藏性产生不利影响。氮素不足，影响果实的正常生长发育；氮肥过多，会引起枝叶徒长，坐果率降低，而且果实着色不佳，质地疏松，贮藏性差，易患苦痘病、红玉斑点病、果锈等生理性病害。

钾肥能促进碳水化合物合成、干物质积累及向果实中运输，提高果肉中的含糖量，预防苦痘病。钾浓度过低时，番茄红素的合成受阻，果实着色差，贮藏中果皮易皱缩，品质下降，而过量施用钾肥，又容易产生生理病害。

钙和磷具有保护细胞磷酸酯膜稳定性和完整性的作用，也能抑制果实的呼吸代谢和乙烯的合成，提高果实的耐贮性。果实缺钙易发生苦痘病，缺磷果实含糖量降低，贮藏过程中易发生果肉褐变或烂心。

硼肥可减少因缺钙引起的生理病害，若果实缺硼，果实硬度低，易发生虎皮病、果肉褐变或水心病，不耐贮藏。

**2. 灌溉** 土壤水分供给是影响苹果的生长、发育、品质及耐贮性的重要因素之一。灌水不足会使果实的生长发育受阻，产量下降，也会降低苹果的耐贮性。研究表明，苦痘病、软木斑和红玉斑点病等都与土壤中的水分状况有一定联系。灌水太多则会延长果实的生长期，风味淡，着色差，采后容易腐烂，不耐贮藏。采前大量灌水，则会导致采收后果实的含水量高，干物质含量低，易遭受机械损伤，对苹果的贮藏极为不利。只有适时合理灌溉，才能既保证果实的产量和质量，又利于提高果实的耐贮性。

**3. 修剪和疏花疏果** 合理的修剪可维持正常的叶果比，使树体的营养积累和果实消耗达到相对平衡，减轻或克服大小年现象。修剪还可以增加树冠透光面积和结果部位，促进果实营养积累，进而增加果实的耐贮性。但若修剪过重，枝叶生长旺盛，叶果比大，树冠郁闭，果实着色差，含糖量低，易发生虎皮病、苦痘病、水心病等生理病害；修剪过轻，果树生殖生长旺盛，果实生长发育不良，品质差，也不利于贮藏。

合理疏花疏果可影响果实细胞数量、大小，进而影响果实的大小和化学成分，提高果实的耐贮性。

# 二、采后因素

影响苹果贮藏品质的采后因素主要是指贮藏环境条件，包括温度、湿度和气体，俗称"贮藏三要素"。

## （一）温度

温度是影响苹果贮藏寿命的关键因素，主要体现在呼吸、蒸腾、成熟衰老等生理代谢方面。在一定温度范围内，随着温度的升高，果实的生理代谢增强，对贮藏产生不利影响。不同品种苹果贮藏温度见表3-2（引自《GB/T 8559—2008 苹果冷藏技术》）。大多数苹果品种的适宜贮藏温度为-1~0 ℃，但红玉、旭等品种对低温比较敏感，建议贮藏温度为2~4 ℃。气调贮藏温度应比冷藏温度高0.5~1 ℃，这有助于减少气体伤害。低温也可抑制果实的蒸腾作用和微生物侵染。

表3-2 不同品种苹果贮藏温度

| 品种 | 贮藏温度/℃ | 预期贮藏寿命/d |
| --- | --- | --- |
| 元帅 | -1~0 | 180 |

（续）

| 品种 | 贮藏温度/℃ | 预期贮藏寿命/d |
|------|-----------|---------------|
| 红星 | $-1\sim0$ | 180 |
| 红冠 | $-1\sim0$ | 180 |
| 金冠 | $-1\sim0$ | 180 |
| 华冠 | $-0.5\sim0$ | 180 |
| 大国光 | $0\sim2$ | 210 |
| 秦冠 | $0\sim1$ | 180 |
| 甜香蕉 | $-1\sim1$ | $180\sim210$ |
| 寒富 | $-1\sim-0.5$ | $180\sim210$ |
| 富士 | $-1\sim-0.5$ | $180\sim210$ |
| 乔纳金 | $-1\sim0$ | 180 |
| 澳洲青苹 | $0$ | $180\sim240$ |
| 旭 | $0\sim1$ | $120\sim150$ |
| 嘎拉 | $0\sim1$ | $120\sim150$ |
| 津轻 | $1\sim3$ | $60\sim90$ |
| 粉红佳人 | $0$ | $180\sim210$ |
| 陆奥 | $0\sim2$ | $120\sim150$ |
| 藤木1号 | $0\sim1$ | $120\sim150$ |
| 红将军 | $0\sim1$ | $120\sim150$ |
| 珊夏 | $0\sim1$ | $120\sim150$ |
| 王林 | $0\sim1$ | $180\sim210$ |

## （二）湿度

贮藏环境的相对湿度影响果实的生理代谢和自然损耗，控制适宜的湿度可减轻果实萎蔫，保持果实的耐贮性。一般认为，大多数品种贮藏的适宜相对湿度为85%～95%。湿度过低，果实水分损耗大，易发生果皮皱皮、果肉发绵等状况。湿度过高，则会加重贮藏病害的发生，有时还会造成裂果。因此，果实贮藏期间，要维持适宜而稳定的空气湿度。此外，要结合贮藏温度确定适宜的相对湿度，在实际生产中，贮藏温度较低时，其湿度反而较高；贮藏温度较高时，相对湿度反而较低。气调贮藏时，由于低 $O_2$ 和高 $CO_2$ 对微生物有抑制作用，可适当提高空气相对湿度。

## （三）气体

适当提高 $CO_2$ 浓度、降低 $O_2$ 浓度，可有效抑制果实的呼吸代谢，延迟果实呼吸跃变的出现，并能显著抑制微生物的侵染和虎皮病等生理病害的发生，延长果实的贮藏期。目前，多数苹果气调贮藏适宜的温度为0℃，$CO_2$ 浓度2%～3%，$O_2$ 浓度2%～3%，但贮藏量最大的红富士苹果适宜的贮藏环境 $CO_2$ 浓度应低于1%。另外，不同贮藏阶段的苹果，对 $O_2$ 和 $CO_2$ 的适应性有所不同。贮藏前期的苹果，大多数对高 $CO_2$ 和低 $O_2$ 耐性强，可采取短期高 $CO_2$ 和低 $O_2$ 处理，提高其耐贮性，加强气调的保鲜效果。

苹果贮藏过程中释放乙烯，环境中积累的乙烯会加快果实的成熟衰老进程，及时通风换气脱除乙烯，有利于苹果的贮藏。不同品种苹果气调贮藏条件及贮藏寿命见表3-3（引自《GB/T 40960—2021苹果冷链流通技术规程》）。

表3-3 不同品种苹果气调贮藏条件及贮藏寿命

| 品种 | 温度/℃ | 相对湿度/% | O₂/% | CO₂/% | 预期贮藏寿命/月 |
|---|---|---|---|---|---|
| 富士 | $-1\sim-0.5$ | 90~95 | 2~3 | <1 | 8~10 |
| 元帅 | $-1\sim0$ | 90~95 | 2~3 | 2~3 | 6~7 |
| 金冠 | $-1\sim0$ | 90~95 | 2~3 | 2~3 | 6~7 |
| 红星 | $-1\sim0$ | 90~95 | 3~4 | 5 | 7~8 |
| 秦冠 | 0~1 | 90~95 | 3~4 | 3~4 | 6~7 |
| 澳洲青苹 | 0 | 90~95 | 2~5 | 2~3 | 6~8 |
| 乔纳金 | $-1\sim0$ | 90~95 | 2~3 | 2~3 | 6~8 |
| 嘎拉 | 0~1 | 90~95 | 1.5~2 | 1.5~2.5 | 5~8 |
| 红将军 | 0~1 | 90~95 | 2~3 | <1 | 6~8 |

## 三、苹果贮期主要病害

苹果采后在贮藏、运输和销售过程中发生的病害称为采后病害。采后病害主要分为两类：一类是由病原微生物侵染引起的侵染性病害；另一类是由非生物因素造成的生理性病害。

### （一）侵染性病害

侵染性病害是引起苹果采后损失的主要因素，它是由病原菌侵染引起的果实品质劣变，主要包括真菌和细菌两大类，真菌危害最严重，其次是细菌。苹果主要侵染性病害及病原菌见表3-4。

表3-4 苹果采后侵染性病害及病原菌种类

| 病害名称 | 病原菌 |
|---|---|
| 青霉病、绿霉病 | 扩展青霉 |
| 轮纹病 | 葡萄座腔菌和粗皮葡萄座腔菌 |
| 褐腐病 | 果生链核盘菌 |
| 炭疽病 | 盘长孢刺盘孢 |
| 心腐病 | 交链孢菌 |

**1. 褐腐病**（彩图3-1） 引起苹果采后褐腐病的重要病原菌是链核盘菌，在果实损伤初期，病变部位呈浅棕色软腐状小斑点，迅速扩展，几天内整个果实被覆盖，果肉很软，灰褐色绒状菌丝长在病斑表面，产生棕色或灰白色孢子，呈同心圆排列。这种病菌在0℃的低温下也能迅速生长，腐烂的水果可以通过接触感染。

**2. 霉心病（心腐病）**（彩图3-1） 苹果的霉心病是由交链孢菌引起的。它在采前潜伏侵染，直到果实成熟或组织衰老时发病。病斑可以出现在果实的任何部位，表面覆盖着橄榄绿孢子。病变部位为褐色圆点，稍凹，外有浅褐色晕环，逐渐扩大变黑。病斑有黑褐色霉状物，果肉变黑，坏死，呈海绵状。

**3. 炭疽病**（彩图 3-1） 苹果炭疽病主要是由刺盘孢菌属病原菌侵染造成的。病原菌在田间侵入成熟或即将成熟的果实，在贮藏和运输过程中病害加重。发病初期，果实表面出现浅褐色圆形小斑点，然后迅速扩展，呈深褐色，稍凹起皱，病斑呈同心圆状。当湿度较高时，粉红色黏液会溢出。一旦水果有炭疽斑点，腐烂就会迅速扩大。

**4. 轮纹病**（彩图 3-1） 引起苹果轮纹病的病原菌主要为葡萄座腔菌和粗皮葡萄座腔菌。果实发病初期以皮孔为中心发生水渍状褐色斑点，渐次扩大，表面呈暗红褐色，有清晰的同心轮纹。自病斑中心起，表皮下逐渐产生散生的黑色点粒。病果往往迅速软化腐败，流出茶褐色汁液，但果皮不凹陷、果形不变，这是与炭疽病的区别之点。

**5. 青霉病、绿霉病**（彩图 3-1） 苹果青霉病和绿霉病的重要病原菌是扩展青霉，引起苹果果实采后腐烂。在感染初期，果皮组织呈水渍状并迅速发育，发病部位先有白色菌丝，然后其上面长出绿色孢子。绿霉病菌的孢子层和菌丝体边缘有宽的白色菌丝带，边缘不规则，而青霉的孢子层和菌丝体边缘只有 2 mm 宽，边缘清晰。

### （二）生理性病害

大多数生理病害的症状是凹陷、褐变、异味以及无法正常成熟等，主要原因是由采后贮运环境中不适宜的温度、湿度和气体环境条件造成。

**1. 苦痘病**（彩图 3-2） 又称苦陷病、斑点病，是苹果成熟期、贮藏期常发的一种缺钙生理病害。发病果实果皮向内凹陷，并呈灰褐色或绿褐色圆形病斑，表皮及皮层下浅病部果肉棉絮状褐色坏死；病斑大小不一，形状各异，主要发生于果萼至胴部。贮藏初期 1～2 个月发病严重。

**2. 虎皮病**（彩图 3-2） 虎皮病是贮藏后期发生的最严重的生理病害，主要病因是苹果果实的采收过早、运输和贮存前期的过度呼吸，以及苹果表面蜡质层中的 $\alpha$-法尼烯含量高，破坏果皮细胞，导致虎皮病。其症状是发病部位果肉褐变，且呈不规则的微凹陷状，多发生在不着色的背阴面，严重时病斑连成大片如烫伤状，果肉变得柔软，有酒精味，容易腐烂。

**3. 水心病**（彩图 3-2） 水心病又叫"糖蜜病"。在果实接近成熟、贮藏期间均会发生。主要是由于苹果果实中山梨糖醇、钙和氮的失衡，正常代谢紊乱造成的。其症状是靠近果核的果肉糖化、半透明状、甜中略含酒精味。

**4. 气体伤害** 可分为二氧化碳伤害和缺氧伤害（彩图 3-2）。二氧化碳伤害分为果实外部伤害和内部伤害两种。外部伤害发生在贮藏前期，病变组织界限分明，呈黄褐色，下陷起皱。内部伤害果肉果心局部组织出现褪色小斑块，最后病变部分果肉失水成干褐色空腔，食之味苦，整果风味变淡，并伴有轻微发酵味，二者相同处是受害果硬度均不减。苹果低氧的外部损伤是果皮上有明显的褐斑，由小条带发展到整个果面。内部损害是形成褐色软木斑和空洞，位置通常与外部损伤相邻，并发生腐烂。此外，低氧伤害症状包括酒精损伤，有时果皮上会出现白色或紫色斑块。

**5. 低温伤害** 贮藏温度过低而引起的伤害，症状主要为果实表皮发生局部组织坏死和变色，严重的情况下，果实内部会发生褐变，或者组织呈水渍状。低温伤害会降低果实硬度和缩短贮藏寿命。高浓度 $CO_2$ 和高湿度都会加重低温伤害。低温伤害与低温和低温时间两个因素有关，短期低温并不引起伤害。现防治此病的有效方法是控制贮藏温度在 2～4 ℃。

# 第四节　苹果商品化处理

采后处理是将苹果由初级产品转变为商品的过程，主要包括采收、分级、清洗、打蜡、分级、包装等。

## 一、采收

采收是影响苹果贮藏效果和品质的关键环节。采收过早，果实硬度大，可溶性固形物含量低，风味淡，采收过晚，果实已过呼吸跃变高峰启动衰老进程，不耐贮藏，只有适时采收才能获得质量好、耐贮藏的产品。例如，红玉苹果提前 15 d 收获，产量下降了 16.6%。早采 10~15 d，中熟品种含糖量减少 0.5%~1%，晚熟品种则减少 2%~3%，因为在生理成熟之前，苹果质量每天持续增加 1%~1.5%。同时，早采的果实容易失水皱缩，由于表皮革质化程度不够，蜡质分泌较少。采收过晚果肉很容易发绵，口感变差，在贮存期间易腐烂。有些品种，比如元帅系苹果，甚至在收获前会出现落果。因此，及时收获是非常重要的。

### （一）采收成熟度

采收成熟度和采收时间根据产品种类和用途确定。贮藏苹果的最佳采收期应为达到食用成熟度标准前 7~10 d。此时，果实处于呼吸跃变的早期阶段，乙烯的生成量非常小。低温贮藏可以延缓后熟和衰老，提高贮藏品质。食用成熟度是果实基本达到该品种的固有特性，具有良好的色泽、香气和营养价值，处于最佳食用状态。此时，收获的水果无法长期运输和贮存，判断苹果成熟度通常基于产品的大小、形状、颜色、硬度和营养成分。

**1. 苹果表面色泽**　当苹果成熟时大多表现出表皮绿色逐渐褪色，显示出果实固有的颜色。通常，人们认为最直观、最容易判断的颜色作为成熟的重要标志。红星、富士、乔纳金、秦冠等苹果成熟时果面为红色，而澳洲青苹、王林、金冠等苹果成熟时果面仍为绿色。然而，如果苹果用于长期贮存，最好在果实底色为绿色时收获。用于加工的苹果通常在果皮颜色从绿色变为黄色或红色后收获。

**2. 果实硬度**　硬度通常表示发育状态，也是表示成熟度的重要指标。未成熟的果实较硬，当达到一定的成熟度时会变得柔软多汁。用于贮藏的苹果应具有一定硬度要求，如金帅和元帅的适宜采收期硬度一般为 7.7~8.6 $kg/cm^2$，国光为 9.5 $kg/cm^2$。对于加工苹果，应根据加工产品确定。

**3. 生长期和成熟特征**　苹果从开花到成熟都有一定的生长期，根据当地气候条件和多年经验，可以得出适合苹果收获的平均生长期。用于贮藏的苹果，早熟品种在开花 100 d 后收获；中熟品种在开花 100~140 d 内收获；晚熟品种在开花 140~175 d 内收获。

**4. 主要化学物质的含量**　苹果在生长成熟过程中，糖、淀粉、有机酸和可溶性固形物等主要化学物质的含量不断变化。可溶性固形物与总酸的比率称为固酸比，它不仅可以衡量果实的风味，还可以判断水果的成熟度。当苹果糖酸比为 30：1 时，果实品质和风味好。通常，随着苹果的成熟，体内的淀粉不断转化为糖，但有些产品的变化正好相反，因此，通过掌握各种产品在成熟过程中糖和淀粉的变化规律，测量其糖和淀粉含量，可以推断产品的成熟度。

表 3-5　苹果主要品种的理化指标

| 品种 | 果实硬度/kg/cm$^2$ | 可溶性固形物/% |
|---|---|---|
| 富士系 | 7.0 | 13 |
| 嘎拉系 | 6.5 | 12 |
| 藤木 1 号 | 5.5 | 11 |
| 元帅系 | 6.8 | 11.5 |
| 华夏 | 6.0 | 11.5 |
| 粉红佳人 | 7.5 | 13 |
| 澳洲青苹 | 7.0 | 12 |
| 乔纳金 | 6.5 | 13 |
| 秦冠 | 7.0 | 13 |
| 国光 | 7.0 | 13 |
| 华冠 | 6.5 | 13 |
| 红将军 | 6.5 | 13 |
| 珊夏 | 6.0 | 12 |
| 金冠系 | 7.0 | 13 |
| 王林 | 6.5 | 13 |

注：未列入的其他品种，可根据品种特性参照表内近似品种的规定掌握。

### （二）采收方法

除了掌握适当的收获时间，还应该注意采收方法。苹果有两种采收方法，人工和机械采收。目前，苹果仍以人工采摘为主。虽然人工采摘需要大量劳动力，但收获的果实机械损伤小，便于运输和长期贮存。此外，由于田间果实成熟度不一致，人工采摘可以根据不同目的准确识别成熟度，从而进行分期采摘。

当苹果成熟时，果茎和果枝之间有分离，因此可以机械采收，通常用强风压机械或强力机械迫使果实脱落。与人工采摘相比，机械采摘省时、省力、高效，但需要果实成熟度基本一致。

## 二、果实分级

苹果收获后，应按照不同销售市场要求的分级标准进行分级。分级后产品质量提高，贮运过程中的损失减少，便于包装、运输和市场的规范化管理。

我国苹果分级标准是在满足果实形状、新鲜度、色泽、品质、病虫害和机械损伤等要求的基础上，还要根据果实最大横径分级。例如，对于我国用于出口的红星苹果，山东省和河北省的分类标准是将直径为 65～90 mm 的苹果分为 5 个等级，每个等级相差 5 mm。

表 3-6　鲜苹果质量等级要求

| 项目 | 等级 | | |
|---|---|---|---|
| | 优等品 | 一等品 | 二等品 |
| 果形 | 具有本品种应有的特征 | 允许果形有轻微缺点 | 果形有缺点，但仍保持本品本特征，不得有畸形果 |

（续）

| 项目 | | 等级 | | |
|---|---|---|---|---|
| | | 优等品 | 一等品 | 二等品 |
| 色泽 | | | 应具有本品种成熟时应有的色泽 | |
| 果梗 | | 果梗完整（不包括商品化处理造成的果梗缺省） | 果梗完整（不包括商品化处理造成的果梗缺省） | 允许果梗轻微损伤 |
| 果面缺陷 | | 无缺陷 | 无缺陷 | 允许下列对果肉无重大伤害的果皮损伤不超过4项 |
| 刺伤（包括破皮划伤） | | 无 | 无 | 无 |
| 碰压伤 | | 无 | 无 | 允许轻微碰压伤，总面积不超过1.0 cm²，其中最大处面积不得超过0.3 cm²，伤处不得变褐，对果肉无明显伤害 |
| 磨伤（枝磨、叶磨） | | 无 | 无 | 允许不严重影响果实外观的磨伤，面积不超过1.0 cm² |
| 日灼 | | 无 | 无 | 允许浅褐色或褐色，面积不超过1.0 cm² |
| 药害 | | 无 | 无 | 允许果皮浅层伤害，总面积不超过1.0 cm² |
| 雹伤 | | 无 | 无 | 允许果皮愈合良好的轻微雹伤，总面积不超过1.0 cm² |
| 裂果 | | 无 | 无 | 无 |
| 裂纹 | | 无 | 允许梗洼或萼洼内有微小裂纹 | 允许有不超出梗洼或萼洼的微小裂纹 |
| 病虫果 | | 无 | 无 | 无 |
| 虫伤 | | 无 | 允许不超过2处0.1 cm²的虫伤 | 允许干枯虫伤，总面积不超过1.0 cm² |
| 其他小疵点 | | 无 | 允许不超过5个 | 允许不超过10个 |
| 果锈 | 褐色片锈 | 无 | 不超过梗洼的轻微锈斑 | 轻微超过梗洼或萼洼之外的锈斑 |
| | 网状浅层锈斑 | 允许轻微而分离的平滑网状不明显锈痕，总面积不超过果面的1/20 | 允许平滑网状薄层，总面积不超过果面的1/10 | 允许轻度粗糙的网状果锈，总面积不超过果面的1/5 |
| 果径（最大横切面直径）/mm | 大型果 | ≥70 | | ≥65 |
| | 中小型果 | ≥60 | | ≥55 |

注：摘自《鲜苹果》（GB/T 10651—2008）。

世界上使用最广泛的自动分选设备是质量和形状（尺寸）分拣机。近年来，颜色分拣设备开始进入市场。

**1. 质量分选装置** 根据产品质量进行分选，分选装置有机械秤型和电子秤式两个类型（彩图3-3）。机械秤型主要由固定在输送带上的可旋转托盘和不同质量等级的分接头上的固定秤组成，当秤上水果的质量达到固定秤的设定质量时，托盘翻转水果落下。电子秤式可以对各个质量等级的产品进行分类，设备精度也得到了提高，但缺点是容易造成产品损坏，噪声较大。

**2. 形状分选装置** 根据所选果实的形状和大小分选，有机械型和光电型。机械型更常用，机械型分选设备主要根据间隙或筛孔的大小对产品进行分类。光电形状分选装置有产品通过光电系统时使用阴影来测量其外径或尺寸，并根据测量参数与设定的标准值进行分类。较先进的装置则是利用摄像机拍摄，经电子计算机进行图像处理，求出果实的面积、直径、高度等，当它们通过检测装置时，安装在传送带上方的黑白摄像头会拍摄果实的图像，快速获得长度、粗糙度和弯曲度，从而实现尺寸和质量的同步分级。光电型分选装置克服了机械分选装置容易损坏产品的缺陷，但是目前光电形状分选装置在发达国家应用也较少。

**3. 颜色分选装置** 根据果实的颜色进行分类（彩图3-4）。当果实沿着传送带通过检测装置时，传送带两侧的摄像头会对其进行拍照，根据测量装置测量的红光和绿光在水果表面反射的相对强度来判断水果的成熟度。表面损伤的判断是将图像分成几个小单元，根据分割单元反射光的强度计算损伤面积，对于直径为 0.2~0.3 mm 的损伤面，可以进行最准确的识别。例如，由彩色摄像机和计算机处理的 RG（红色和绿色）双色装置用于对西红柿、橙子和柿子进行分类，并同时区分颜色、大小和表皮损伤。RGB（红、绿、蓝）三色机可用于对颜色更复杂的苹果进行分选。

## 三、清洗打蜡

苹果清洗、打蜡和包装是苹果收获后商品化的重要组成部分，可以提高产品外观质量，增加附加值，减少运输和贮存过程中的病虫危害。

### （一）清洗

清洗可以去除水果表面的灰尘、沉淀物、虫卵、大量微生物和农药，保证产品的清洁度。清洗用水水质要求不严格，水温略低，清洗时必须使用流动水，并使用振动或摩擦装置来提高清洗效果。对于一些表面较脏的苹果，可以先用一些清洗剂浸泡，然后用清水清洗。常用的水果清洗剂和清洗方法是用1％稀盐酸和1％石油醚浸泡1~3 min，或用200~500 μL/L 高锰酸钾溶液浸泡 2~10 min。去除果实表面的锈迹可以用 200 μL/L 漂白粉浸泡。也可在果实清洗过程中加入杀菌剂进行杀菌处理，常用的杀菌剂有 500 μL/L 甲基硫菌灵或者多菌灵。

常用的水果清洗设备有 4 种：水槽式、振动式、滚动式和刷喷式水果清洗机（彩图3-5）。

**1. 水槽式** 水槽式水果清洗机的清洗水箱由不锈钢制成，一般为矩形。每个水箱都有固定长度，可以单独使用，也可以根据需要连接多个水箱。这种设备简单，但清洗效果不好。

**2. 振动式** 振动喷雾清洗机工作时，水果被送入筛板，筛板与水平面形成倾斜角度（可调）。在振动力的作用下，筛板以一定的频率振动，水果沿着斜坡滑动和转动，由高压水射流从喷管中冲洗，污水从筛孔排出，达到清洗水果的目的。

**3. 滚动式** 滚动式喷洗机的主体是一条由辊子组成的输送链，其上部装有几根喷管。当滚筒向前移动时，它也会旋转，两个相邻滚筒之间的水果也会旋转，这是通过从喷洒管中喷洒的水来清洁的。生产率高，但耗水量大。

**4. 刷喷式** 刷喷式水果清洗机是目前广泛使用的一种水果清洗机。水果通过传送带运输，滚筒的旋转带动刷子通过装有软刷的滚筒旋转，同时在多条生产线的上部安装喷淋水，以清洁水沟。

（二）打蜡

打蜡是将蜡液或胶体材料涂在水果表面以保持果面的新鲜光滑（图3-1）。打蜡后苹果表面会形成一层薄薄的蜡质层，这不会改善外观，但可以抑制贮运过程中的水分蒸发。苹果表面形成气调环境，减少果实呼吸，抑制底物消耗，保持果实新鲜，减少腐烂，延长货架期。

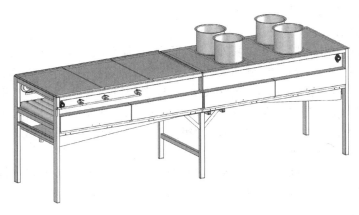

图3-1 打蜡烘干机

**1. 蜡层原料** 大多数商用涂层剂是以石蜡和棕榈蜡为基础的。石蜡可以很好地控制水分蒸发，而棕榈蜡可以使水果产生诱人的光泽。近年来，添加聚乙烯、合成树脂、防腐剂、乳化剂和润湿剂的涂料剂逐渐得到应用，并取得了良好的效果。

目前，苹果涂膜剂有很多种。研究表明，金冠苹果和红星苹果在收获后48 h内用0.5%~1.0%的高碳脂肪酸蔗糖酯涂膜剂处理，晾干保存，可在室温下放置3~4个月。吗啉脂肪酸盐果蜡是一种水溶性果蜡，在苹果采后商品化中使用具有良好的效果。美国戴科公司生产的食用涂膜防腐剂，不仅可以改善产品处理后的外观质量，还可以防止绿色霉菌引起的腐烂。此外，一些西方国家开发的涂膜剂在水果保鲜方面也取得了良好的效果。

**2. 打蜡的方法**

（1）浸涂法是将涂膜剂按一定比例配制成溶液，将待涂膜水果浸泡在溶液中，取出自然干燥或用冷空气干燥。这种涂层方法简单易行，无须设备。缺点是需要大量的涂膜剂，涂膜厚度不易掌握，而且在整个果实上形成的涂膜厚度不同。

（2）刷涂法是用软刷蘸涂液，在水果表面均匀刷一层涂膜剂。

（3）喷雾法是用涂膜机在水果表面喷洒一层薄薄均匀的液体，经空气干燥后即可成膜。

# 四、包装

包装具有包容产品、保护产品和宣传产品的作用，是将产品转化为商品的重要组成部分，包装因产品的特性而不同。包装可以使苹果在运输过程中保持良好状态，减少相互摩擦、碰撞和挤压造成的机械损伤，减少病害传播和水分蒸发，避免苹果因分散加热而腐烂变质，在苹果流通过程中保持良好的稳定性，提高商品率和卫生质量。

**（一）对包装容器的要求**

（1）具有足够的机械强度，以保护产品在运输、装卸和堆放过程中免受机械损伤。

（2）具有一定的渗透性。因为果实在收获后仍然有呼吸和正常的生命代谢，需要不断与外界进行气体交换，并将产生的热量释放出去。

（3）具有一定的防潮或保湿功能，同时，包装容器还要求清洁美观、无有害化学品、无异味、表面光滑、重量轻、成本低、易回收。外包装还应标识产品名称、商标、等级、质量、产地、包装日期和注意事项等。

**（二）包装材料**（彩图 3-6）

在苹果包装过程中，除了外包装外，高档商品还需要将每个水果包裹起来，并在包装盒内垫上一些填充物，以减轻运输和装卸过程中的划伤或碰伤。

**1. 包果纸** 包果纸可以减少运输和装卸过程中的机械损伤，避免水果之间的摩擦和碰撞造成的损坏，特别是含有防腐剂和杀菌剂的保鲜纸，可以增强水果在长途运输和贮存过程中的抗病能力，延长贮藏时间。研究表明，用保鲜纸包装苹果，能有效抑制真菌的生长，延缓果实的成熟和衰老。

柔软、干净、无味的薄白纸用于外贸出口的单个苹果果实的包装，包装纸的尺寸是12、16、20、24、30开，分别对横径大于85 mm、76～85 mm、66～75 mm、56～65 mm和小于65 mm的果实进行包装。

**2. 衬垫物** 使用竹筐、纸箱等容器包装苹果时，可在容器内垫上塑料薄膜、牛皮纸等柔软清洁的衬垫，以防苹果与竹筐、纸箱直接接触造成损坏。

**3. 抗压托盘** 抗压托盘上有一定数量的凹坑，凹坑的大小根据苹果的大小进行调整和设计。每个坑里放一个苹果，苹果的上下层由托盘隔开，可以有效减少伤害。

# 第五节　苹果贮藏保鲜

## 一、简易贮藏

**（一）堆藏**

堆藏是果园的一种临时贮藏方法，即将采收的果实直接堆放在果树行间的地面上或浅沟中，根据气温变化分次加厚覆盖物以遮阴或防寒。常用的覆盖物有草帘、苇席、作物秸秆等。堆藏只适用于秋冬的短期贮藏。

**（二）沟藏**

沟藏适于较大量的产地贮藏，在华北地区采用此法贮存，可将苹果贮存到第2年的2—3月，质量损失仅2%左右。选择地下水位低、背风向阳的平坦地段挖沟，沟深1 m、宽1～1.5 m，沟底铺一层6～7 cm厚的细沙。果实不能带任何包装，整齐堆码在沟内，厚度为60～80 cm。气温接近0 ℃时，开始在果面上盖草，随温度的下降，不断加厚覆盖物，最后覆草厚度30～60 cm，在沟顶的草上用苇席搭成屋脊状。第2年春季气温回升后，立即出沟。

### （三）通风库贮藏

通风库因贮藏前期温度偏高，中期又较低，一般只适宜贮藏晚熟苹果。入库时分品种、分等级码垛堆放，垛底要垫放枕木（或条石），垛底离地 10～20 cm，在各层筐或几层纸箱间应用木板、竹篱笆等衬垫，垛顶距库顶 50 cm 以上，垛距门和通风口（道）1.5 m 以上，以便通风、防冻。贮藏前期，多利用夜间低温来通风降温。贮藏中期，减少通风，库内应在垛顶、四周适当覆盖，以免受冻。贮藏后期，需每天观测记录库内温度、湿度，并经常检查苹果质量。

## 二、机械冷藏

机械冷藏指利用制冷剂的相变特性，通过制冷机械实现循环产生冷量，并将其引入隔热效果好的库房来贮存果蔬的一种方法。根据不同存贮产品的要求，将温度和湿度条件控制在合理水平，并适当通风。机械式冷库的主要组成包括具有保温性能的库房以及制冷、检测、加湿设备等。

机械制冷通过控制环境和产品温度，使苹果的代谢强度降低，物质转化变慢，水分蒸发慢，成熟和衰老延迟，病害减少，从而有效地保持产品质量，减少损失，延长贮藏时间。

### （一）苹果冷藏的条件

苹果冷藏的适宜温度因品种的不同而不同，大多数苹果适宜温度为 -1～0 ℃。红玉、旭等对低温比较敏感的品种建议贮藏温度为 2～4 ℃，因为它们在 0 ℃下贮藏易发生生理紊乱。库内的相对湿度应保持在 90%～95%。

### （二）苹果冷库的管理

苹果入库前，应仔细彻底清洁和消毒仓库和用具，并做好库房防虫和防鼠工作。器具（包括垫板、贮物架、周转箱等）应仔细清洁、晾干并存放。常用的库房消毒方法有用硫黄熏蒸（10 g/m³，12～24 h）、福尔马林熏蒸（36%甲醛 12～15 mL/m³，12～24 h）、过氧乙酸熏蒸（26%过氧乙酸 5～10 mL/m³，8～24 h）等，上述处理对害虫也有良好的防治作用，对鼠类也有良好的驱避作用。

果实运输后可直接入库预冷、贮存，根据所需的贮存温度，启动制冷机以调节和维持贮存温度。苹果采后应尽快入库，要求收获后 2 d 内完成入库。果实在 21 ℃下延迟 1 d，会使在 0 ℃下贮藏时间缩短 10～20 d。因此，应在入库 3～5 d 将果堆中心的果实温度迅速冷却至 0～1 ℃。

入库贮藏的苹果应是适时采收，并进行挑选、分级和处理的无病虫伤的果实。应用纸箱、木箱、塑料箱等进行包装，不同类型、品种、等级和产地的苹果要分开码垛，堆垛应牢固、整齐，底部垫托盘或枕木。堆放时，充分利用仓库的空间，堆垛顶部和仓库顶部之间必须留有 60～70 cm 的间隙，垛与垛、垛与墙壁之间应留约 30 cm 的空间，为气体循环留下通道，堆放产品时必须防止倒塌。操作和管理通道应不小于 1.5 m。

冷库的温度和湿度应由专人管理，温度和湿度计应放置在有代表性的位置，并每天定期定时检查记录，以调整温度和湿度。

苹果的贮藏要求较高的相对湿度。贮藏前应保证库房较高的相对湿度。苹果入库后，应及时补充湿度，可采用加湿器加湿、将消毒灭菌的湿锯末（或湿麦麸、米糠和稻壳）放在地面上等方法。

### （三）苹果冷藏应注意的几个问题

中长期冷藏的苹果应选择中、晚熟苹果品种。贮藏前的预冷时间应控制在 7 d 左右。贮藏期间，保持冷库清洁，及时清理垃圾。应及时除霜，因为冷库管道系统结霜会影响导热能力。

通风是苹果冷库管理的重要环节。新鲜苹果在贮藏期间，各种生命活动仍在进行，需要消耗氧气，产生二氧化碳和其他气体，其中乙烯和乙醇等气体对苹果的贮藏不利。如果在冷库中长期积累，会缩短苹果的贮藏寿命，甚至导致苹果发生虎皮病、果肉褐变病等生理病害，因此，应及时从贮存环境中去除这些气体，简单易行的方法是通风。通风的频率和持续时间取决于贮存产品的数量和类型以及贮藏时间的长短。例如，贮藏初期通风时间间隔可为 10～15 d；当温度稳定后，可每月进行 1 次通风。通风时间的选择应考虑外界环境的温度和湿度，可在一天中外部温度与库内温度最接近时进行，尽可能减少库内外温差对产品产生的不利影响。

## 三、苹果气调贮藏

### （一）气调贮藏的原理、特点及生理作用

气调贮藏是在适宜的低温条件下，将果蔬贮藏在封闭的容器或仓库中，自然或人为地降低空气中的氧气浓度，提高浓度 $CO_2$ 浓度，从而降低生物组织细胞的氧化活性，抑制乙烯的产生，延缓果蔬的成熟和衰老过程，延长果蔬的贮藏寿命。

气调贮藏可以降低果蔬的呼吸强度，减少营养物质的消耗，有利于果蔬的营养品质的保持；抑制果实内源激素乙烯的产生，延缓果实后熟和衰老过程，有利于贮藏；控制果蔬贮藏过程中致病菌的产生和活动，减少腐烂消耗；低 $O_2$ 高 $CO_2$ 贮藏环境能有效控制呼吸作用和病原微生物的生长，大大延长果蔬的贮藏期。

### （二）苹果的气调贮藏效果

苹果是中国最早也是最常见的使用气调库贮藏的水果，经气调贮藏的苹果贮藏期明显延长，如旭苹果不耐贮藏，但通过气调贮藏，其贮藏期可达到 13 个月，约为冷藏的 2 倍。一是气调贮藏抑制了病原微生物的活性，降低果实的蒸腾作用，贮藏后的苹果仍然新鲜饱满，基本保持了原品种的颜色、硬度和风味。二是红玉斑点病、虎皮病、衰老褐变病等生理性病害的发病率较低。三是货架期延长，例如，旭苹果贮存到翌年 5 月时，普通冷藏的货架期只有几天，而气调贮藏的货架期可以维持 20～30 d。

### （三）苹果气调贮藏的方法

气调贮藏的实施主要包括封闭和调气两部分。调气是创造并维持产品所要求的气体组成，封闭则是杜绝外界空气对所创造的气体环境的干扰破坏。目前国内外的气调贮藏方法，按其封闭的设施不同可分为两类：一类是气调贮藏库（简称气调库）贮藏法，另一类是塑料薄膜气调贮藏法。

**1. 气调库贮藏**　气调贮藏库是指在机械冷藏的基础上增加气调设备，以调节贮存环境中的气体。除冷库组成外，气调库还需增加气调设备、观察窗、平衡阀、平衡气囊、气调门等设备设施，库体要进行气密性处理。

在每个贮存季节到来之前，必须做好冷藏和气调贮存的前期准备工作，主要包括设备维护、库房检查、库房消毒、人员培训等。

气调储藏一般储藏期为 6～12 个月。采用气调储藏的苹果应适时采收，收获前的管理、收获、预冷处理和包装与常规制冷相同。对于建设专用预冷间的气调储藏库，苹果应先在预冷室中预冷，然后转移到气调间进行正常储藏。

**2. 塑料薄膜封闭气调贮藏**

（1）塑料薄膜袋保鲜苹果。这种方法是基于果实本身的呼吸作用减少 $O_2$ 和增加 $CO_2$ 的浓度，并利用塑料薄膜对气体的选择渗透性来改变贮藏环境中的气体成分，以实现自发气调。贮果袋采用厚度为 0.04～0.07 mm 的薄膜热合而成。采用冷藏与塑料薄膜袋贮藏相结合的方法，苹果可以贮藏到翌年 5—6 月。

应仔细挑选用于贮存的苹果，以防止疾病、昆虫和受伤的果实混入。然后进行预冷、防腐处理、装袋和仓储。贮存前，应对苹果贮存场所进行消毒和灭菌。贮藏过程中做好温度、湿度和气体成分的检测调控等管理。

①温度管理：11 月下旬至 12 月上旬果实温度保持在 0 ℃左右，12 月底至翌年 2 月底果实温度保持在 0～1 ℃，3 月≤3 ℃，5 月≤6 ℃。

②气体调节：贮存前几天，袋中的气体成分变化很大，每天检测 1～2 次。袋中气体成分稳定后，应每 7 d 检测 1 次，12 月后每半月检测 1 次。

③定期检查：贮藏期间，在冷库中选择代表点，定期随机取样，检查苹果的贮存质量，及时处理问题。出库时间由水果硬度或贮存温度决定。一般来说，当果实硬度低于 5.5 kg/cm² 时应出库。

（2）苹果的硅窗帐、袋贮藏。塑料薄膜帐贮藏：一般采用厚度为 0.1～0.23 mm 的聚乙烯塑料薄膜热合成一定体积的大帐，罩在苹果垛上，形成一个封闭的贮存区域。每帐 1 000～2 500 kg，果实的贮藏量受果实体积和贮藏温度的影响，一般来说，当温度较高时，水果的贮藏量应适当减少。密封后，根据不同品种的要求，通过快速降氧、自然降氧气调等方式，将账中的 $O_2$ 和 $CO_2$ 浓度调整到合适的比例。

硅窗帐（袋）是一种在塑料帐或塑料袋上镶嵌一定面积的硅橡胶膜，通过硅橡胶膜对气体分子的选择渗透性，可以自动调节塑料帐（袋）中的气体成分比例。由于硅橡胶膜的型号和帐（袋）中苹果数量的不同，在使用硅窗帐（袋）贮藏苹果时，必须通过实验和计算确定其镶嵌硅橡胶膜的面积。

硅窗帐（袋）可以在冷库、自然通风库或洞穴中贮存苹果。在 0～10 ℃的温度范围内，可贮存 5～8 个月，温度越高，贮存期越短。用该方法贮藏的苹果鲜肉脆、风味好、储藏损耗低，这是一种简单有效的辅助存储方法。

**（四）苹果贮藏中的技术要点**

苹果的贮藏应做好采前、采收、采后等各个环节的工作，任何一个环节出现问题，都会影响其贮藏效果。要做好苹果的安全贮藏，要从以下几方面进行把关。

**1. 选择耐藏且商品性好的品种** 苹果品种丰富，通常晚熟品种如富士系、秦冠、国光、印度等较耐贮藏；乔纳金、嘎拉等中熟品种次之。另外，应根据所选品种确定适宜贮藏期，避免因贮藏期长导致成熟衰老而出现果肉发绵，果肉组织褐变等。

**2. 适时无伤采收**　根据品种特性、贮藏条件、贮藏期长短而确定适宜的采收期。常温贮藏或计划贮藏期较长时，应适当早采，低温或气调贮藏；计划贮藏期较短时，可适当晚采，在满足贮藏品质的前提下，让消费者吃到风味、口感等更好的苹果。采收时还应尽量避免机械损伤，并严格剔除有病虫、冰雹、日灼等伤害的果实，避免苹果在贮藏期间发生侵染性病害。

**3. 产品处理**　严格按照市场要求的质量标准进行分级，出口苹果必须按照国际标准或者协议标准分级。包装采用木箱、塑料箱、瓦楞纸箱包装，每箱装 10 kg 左右。一般纸箱包装高度 <2 m，否则长期静压会使下层果实产生压伤。堆垛时要堆码稳固整齐，并留有一定的空隙通风散热，以免苹果发生虎皮病等生理病害。

**4. 贮藏管理**

（1）温度的调控。温度是苹果贮藏的基本条件。对于大多数品种来说，在不发生冻害的温度范围内，整个贮藏期间温度越低保鲜效果越好，并注意库温不宜波动太大。另外，如果出库后常温运输或销售应在果实出库前 7~10 d 应缓慢升温，出库时温差越大，货架期越短。出库前的升温锻炼能调节各类酶的代谢，减轻虎皮病的发生，延缓果肉褐变。

（2）湿度的调控。贮藏期间库内相对湿度以保持在 90%~95% 较好。湿度不足时，可以通过加湿器加湿、喷雾、挂布条等办法增加环境湿度。

（3）气体成分的调控。采用简易气调贮藏的苹果，后期袋（帐）内的 $CO_2$ 浓度应小于 6%，富士苹果的 $CO_2$ 浓度应小于 2%，国光苹果的 $CO_2$ 浓度应小于 5%，以免产生 $CO_2$ 伤害。$O_2$ 浓度不能小于 3%，并要进行增氧锻炼，防止虎皮病突发。采用气调库贮藏的苹果，应严格监控库内的 $O_2$、$CO_2$ 浓度（根据品种有所不同）。

## 参考文献

杜玉宽，杨德兴，2000. 水果　蔬菜　花卉气调储藏及采后技术 [M]. 北京：中国农业大学出版社.
冷怀琼，曹若彬，1991. 果品储藏的病害防治及保鲜技术 [M]. 成都：四川科学技术出版社.
李明珠，2013. 农产品产后处理技术 [J]. 现代农业科技（12）：257-258.
罗云波，生吉萍，2010. 园艺产品储藏加工学　储藏篇 [M]. 2版. 北京：中国农业出版社.
吕维成，申江，孙学良，等，2016. 果蔬储藏技术 [M]. 南京：江苏凤凰科学技术出版社.
王向斌，周会玲，张晓晓，等，2015. 苹果果实品质形成及影响因素 [J]. 北方园艺（13）：186-189.
徐怀德，仇农学，2006. 苹果储藏与加工 [M]. 北京：化学工业出版社.
于学军，张国治，2007. 冷冻、冷藏食品的储藏与运输 [M]. 北京：化学工业出版社.

# 第四章　苹果冷链物流技术装备

## 第一节　概　　述

我国现代苹果冷链起步于20世纪80年代，基于国家重点支持鲜活农产品冷链物流体系建设的大环境，苹果采后贮藏流通产业得到了长足发展，但与发达国家相比，现代冷链装备发展较晚，差距显著，目前造成苹果采后腐损率高的主要原因是冷链基础设施不足、适用性差、能耗高，因此科技驱动苹果采后冷链技术及装备创新任重道远。

在预冷贮藏传热机理方面，国外已经建立了比较完善的预冷时间、能耗、失重和品质货架期预测理论模型，形成了一套较为完整的果蔬预冷理论体系。北京大学张信荣团队提出超级冷链技术，开展基于微观尺度下的能量传递规律研究，开展冷链环境因子与品质控制的耦合效应研究（王冠邦，2020）。针对预冷的研究已经从参数优化转变为"以品质控制核心、以环境调控为手段"的基于工艺、能耗、品质的多目标耦合研究（陈昆松，2021）。

在预冷装备方面，国外装备机械化、自动化和智能化程度高，且建立了完整的标准化体系。我国预冷装备能耗高、效率低、适用性差、信息智能技术与装备融合程度低（杨天阳，2021），产地移动式预冷设备、可利用冷库冷源的模块化预冷通风装置、基于工艺数据库识别的智能预冷设备是下一步主要的发展应用方向。苹果气调设备方面，国内的气调设备厂家都是针对大型气调冷库。现有的气调实验装置大都以进口为主，造价高，售后服务体系不健全，出现故障时配件更换时间缓慢，较大地影响了其使用效率。研发多参数、高精度的气调实验装置是下一步的发展方向。

在苹果贮藏冷库装备方面，国内目前主要是开展基于自然工质（氨和二氧化碳）制冷装备开发。自动化信息化程度高的立体库是苹果冷库的发展趋势，其可实现集约化、高效化冷链物流管理。

综上所述，目前我国苹果采后冷链装备距离国外还有一定的差距，随着冷链物流行业规模的不断扩大，苹果采后冷链装备应朝着高适应性、智能化、绿色化、低碳化的方向发展。

## 第二节　苹果采后预冷

苹果采后预冷就是将采摘的苹果从初始温度快速冷却到一定温度（一般在0～5 ℃）的过程，是苹果冷藏运输或者低温贮藏之前的冷却工序。适合于苹果预冷的方法主要有冷库预冷、压差预冷、冷水预冷等。

## 一、冷库预冷技术及装备

冷库预冷是利用风机强制冷空气在果蔬包装箱之间循环流动，产品在冷空气的作用下进行冷却。冷库预冷是最普遍的预冷方式，预冷装置比较简单，但应保证冷风机有足够的风量和风压。同时，产品在循环风流场内的水分蒸发量很大，必要时需要给产品洒水，以保持表面一定的湿度。系统原理如图 4-1 所示。

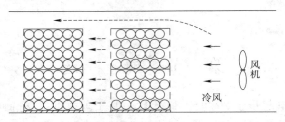

图 4-1　冷库预冷系统原理图

冷库预冷的优点：投资较少，操作方便；缺点：冷却时间长，容易产生不均匀现象，背风面易出现死角；适合对象：几乎所有种类的果蔬，不同种类还可以混合冷却。

预冷库不同于常规的冷藏库，预冷库主要采用强制循环冷风对果蔬进行冷却；冷藏库主要是自然对流换热，缓慢降温。预冷库制冷系统的制冷能力是冷藏库的 5～10 倍；预冷库具有用 2～10 h 将 25～30 ℃果蔬温度冷却到 3～5 ℃所需的制冷能力；冷藏库是保持预冷后的果蔬品温和库体传入的热负荷等所需的制冷能力。

目前我国大多数的苹果预冷方式都采用冷库预冷，部分还存在操作误区，将贮藏库当作预冷库使用，导致预冷时间十分缓慢。贮藏冷库是维持库内产品的温度，其制冷负荷较小，而预冷库用于产品快速降温，去除果蔬田间热，因此预冷库和贮藏库在制冷能力、功能用途、内部设置都有很大的不同。因此在产地进行冷链物流设施建设时，要建设专用的产地预冷库。近些年，为了更好地补齐城乡冷链短板，产地预冷库倾向于小型化、可拆卸。图 4-2 展示了可拆卸产地预冷库的结构图。可拆卸产地预冷库采用一体式制冷机组和活动式库板连接装置，预先将库板在产地进行拼接，然后和机组进行快速组合，具有灵活、可移动、造价低等特点（图 4-2）。

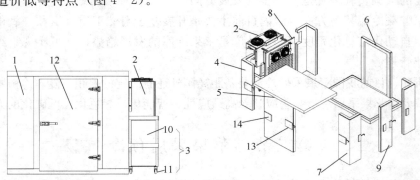

图 4-2　可拆卸产地预冷库

1. 拼接式库板　2. 一体式制冷机　3. 移动式机组支架　4. 第一 L 形板　5. 第一 T 形板　6. 第二 T 形板
7. 第二 L 形板　8. 第一竖板　9. 第二竖板　10. 安装框架　11. 车轮　12. 挡门　13. 挂钩板　14. 挂钩座

## 二、压差预冷技术及装备

压差预冷是通过对两侧带有通风孔的外包装箱进行特殊码垛，利用压差风机在外包装箱的两侧造成压力差，使冷空气强制从外包装箱内部通过，直接与箱内果蔬接触的强制对流换热冷却方式。压差预冷几乎适用于所有种类的果蔬，且设备投资较低，是目前果蔬采后普遍使用的预冷方式，其原理图见图4-3。

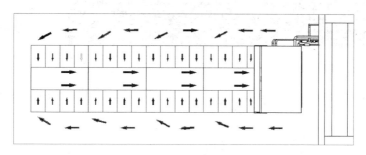

图4-3 压差通风预冷原理图

优点：①比强制通风预冷速度快，冷却时间通常为冷库预冷的1/4；②产品冷却比较均匀，无死角；③隧道式差压通风预冷通常在差压室安装传送装置，产品的输送可以自动完成，在一定时间内可以进行大批量的产品预冷。

缺点：①初期投资比强制通风预冷略高，需要加设差压风机等设备，但比真空预冷低；②有些产品略出现枯萎现象，需要加湿装置，增加空气的相对湿度。

适合对象：几乎适合所有的果蔬类食品，包括根菜、果菜和叶菜类。

压差预冷具有降温速度快、冷却均匀、效率高、成本低、易实现自动化操作，尤其适用于块状果蔬冷却等其他预冷方式无法比拟的特点。目前压差预冷装备可分为单元式压差预冷装备、移动式压差预冷装备、固定式压差冷库，用户可以根据需求进行选择。

压差预冷设备按照是否可移动分为移动式预冷设备和固定式预冷设备。按照是否自带冷源分为基于产地冷源的单元式压差预冷装置和自带制冷机组的压差预冷装置。

移动式预冷设备（图4-4）通常采用集装箱结构的预冷箱体，可通过产地间的移动实现果蔬等预冷对象的共享使用。以北方为例，果蔬的采摘季在5—10月，可移动预冷设备可在樱桃、芦笋、桃、冬枣、葡萄等果蔬产品产地间共享使用，每年预冷时间可达180 d。

单元式压差预冷装置（图4-5）是利用现有产地冷库中的冷源实现压差预冷，解决现有冷库预冷中预冷不均匀、速度慢的问题，通过压差风机和特定的码垛及包装形式，形成局部的压差通风，实现节能高效的预冷。

## 三、冷水预冷技术及装备

冷水预冷方式是采用0~3 ℃冷水喷淋或浸渍的方法进行冷却，使其快速降温。系统原理如图4-6所示。冷水冷却装置多为隧道式，苹果依靠传送带或冷却水的流速来移动，连续式冷水预冷装置结构如图4-7所示。水温由制冷系统控制或者采用加冰块的方法。为提高冷却水的利用率，可设置水处理装置，对冷却水进行循环利用。

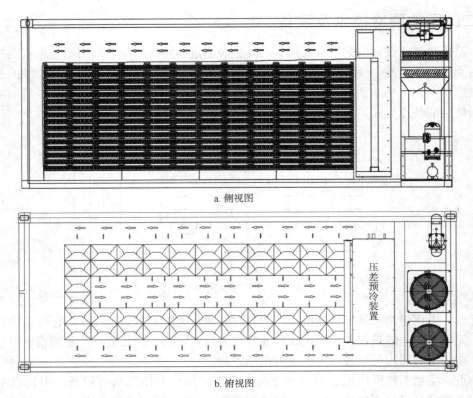

a. 侧视图

b. 俯视图

图 4-4 移动式预冷设备图

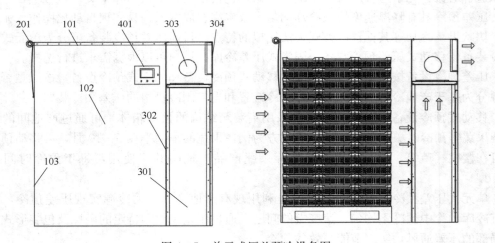

图 4-5 单元式压差预冷设备图

101. 标准单元式箱体 102. 货物放置区 103. 密封条 201. 卷帘装置 301. 静压箱
302. 多孔板 303. 压力生成装置 304. 格栅出口 401. 控制系统

由于产品携带的田间热会使水温上升，所以冷却水的温度在不至于使产品受到伤害的情况下要尽量低一些，冷却水是循环使用的，常会有腐败微生物在其中累积，使冷却产品受到污染，因此，水中要加一些化学药剂，水冷却不仅可以使产品快速降温，而且同时将

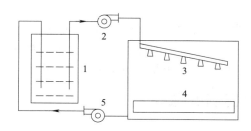

图 4-6 冷水预冷系统原理图

1. 冰水槽 2. 冷水泵 3. 喷头 4. 搁物台 5. 循环泵

产品清洗干净，产品包装后也可以进行水冷却，但包装容器要具有防水性能。水冷却后要用冷风将产品或包装吹干。

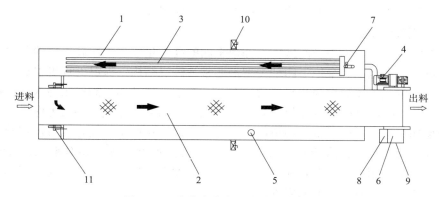

图 4-7 连续式冷水预冷装置结构图

1. 维护结构 2. 水冷槽 3. 蒸发器 4. 水泵 5. 测试孔 6. 传送控制装置
7. 节流阀 8. 传送电机 9. 水处理装置 10. 排污 11. 阀门

苹果冷水预冷的最佳参数采用 0~1 ℃的水，流速 0.2~0.5 m/s，冷却时间在 30 min以内，在实际的生产过程中，一般将冷水预冷和苹果的分选线进行结合，形成完整的苹果清洗、预冷、分选、包装流水线。

# 第三节　苹果贮藏库

苹果贮藏库作为苹果采后品质保持的主要设施之一，在建设之初应当根据使用要求、工艺流程进行优化设计，做到功能清晰、布置合理、提高土地利用率。根据冷库性质不同主要分为简易贮藏/常温贮藏库、通风库和土窑洞贮藏库、机械冷藏库等。

## 一、简易贮藏/常温贮藏库

### （一）田间贮藏设施

在果园里选择地势较高、通风良好的半阴坡或平坦地，作南北向的畦，畦宽约 1.5 m，长随贮果量而定。铲平地面，畦面高出地面 10 cm，中间略高些，畦面上铺 3~5 cm 厚的洁净细河沙，沙上泼洒清水，水量以果畦两边有水渗出为宜，用箔覆盖，接缝处需搭接严密。

### (二)沟藏设施

选择适宜场地，沿东西方向挖沟，宽约1.5 m、深约1 m，长度随贮藏量和地形而定，沟底要平整，在沟底铺3～7 cm厚的湿沙，入贮完成应当在上面增设覆盖物，覆盖物上加盖塑料薄膜或者用席搭成屋脊形棚盖，防止雨雪落入沟里。

## 二、通风库和土窑洞贮藏库

### (一)通风库

通风库（彩图4-1）是自然冷源充沛地区，采用较好的保温隔热建筑措施和通风方式，通过适当通风换气降温的贮藏设施。通风库主要有土建式、组装式两种形式。另外，根据屋顶形状可分为拱形屋面、平顶屋面和坡屋面三种。通风库的优点是降温比贮藏窖快，投资及运行成本比冷藏库低。缺点是温度易受外界气候影响，昼夜温差明显，管理较为复杂，全年利用率相对较低，适用区域有一定的局限性。

### (二)土窑洞贮藏库

土窑洞贮藏库指室内地平面低于室外地平面的高度超过室内净高1/3的贮藏设施。贮藏窖窖体可分为半地下和全地下两种类型，通常为砖混结构，保温处理可根据需要选择覆土或贴保温材料。窖顶分拱顶和平顶两种形式。对于平顶结构，需使用防水材料把冷凝水引到地面，防止贮藏物因浸湿导致腐烂。窖内地面宜用素土夯实。窖门为保温门，严寒地区可适当增加保温板厚度或采用两道门，如遭遇多天极端低温气候，也可加挂棉门帘。贮藏窖优点是利用自然冷源和土地的保温特性，使窖内温度、湿度相对平稳，日常管理简单、不耗电、不占用土地资源，缺点是前期降温速度慢、贮藏周期短，与冷库相比贮藏期损耗较大，适用区域有一定的局限性。

土窑洞贮藏库建设应当选择土质良好、交通便利的果园附近，窖宽需控制在3 m以内，窖高不宜高于3 m，长度可根据需要控制在30 m以内，窑洞上方需保持5 m厚土层为宜，并在窑洞的后壁增设通风孔，通气孔的上端安装排气设备，注意防雨，以便进行通风降温。

## 三、机械冷藏库

机械冷藏库是指以机械方法进行制冷的库房。库房的主要组成部分包括库体结构部分、制冷部分、保温部分、检测部分、加湿部分等。

### (一)库体结构部分

根据库房的建筑结构形式可分为土建式和组合式。土建式是以砖混结构为主体，形成具有一定贮藏空间的建筑物，结构需要具有较大的强度和刚度，可承受一定的应力，避免产生缝隙，破坏保温层，形成冷桥，该结构形式建设周期长、投资相对较高。组合式是以钢架结构为主体，形成具有一定贮藏空间的建筑物，其要求与土建式结构相似，该形式具有结构简单、建设周期短、安装方便、拆除性强等特点。

### (二)制冷部分

制冷是指通过人工方式改变制冷剂热力状态，吸收周围环境热量，降低物体温度的方法。制冷系统一般由压缩机、冷凝器、节流阀、蒸发器四大部分组成，通过不断改变制冷剂的形态实现热量交换。常见的制冷方式有氨制冷、氟制冷和二氧化碳制冷。

## （三）保温部分

保温是一种节能措施，能减缓热量传导速度，主要通过保温材料来实现。冷库是指具有恒温特性的建筑体，温度波动的大小直接影响产品贮藏质量、能量消耗和结构寿命，因此对隔热保温材料的选取需要从以下几个方面进行充分考虑。

**1. 导热系数** 衡量保温材料导热性能的主要指标，不同的材料具有不同的导热系数。

**2. 吸水率** 影响保温效果的重要指标，吸水率越大，保温效果越差。

**3. 抗压强度** 根据隔热保温层所处的位置不同，需设计不同的抗压强度。

**4. 防火性能** 按照国家标准要求，防火等级应为 B1 级以上。

**5. 稳定性** 选取尺寸结构稳定的材质，减少材质变形、变脆、粉化，延长使用寿命。

**6. 环保型** 生产过程中需添加发泡剂，受其挥发性能的影响，应采用环保无毒型。

**7. 施工难易度** 选取对保温效果影响小，施工工艺简单的原料。

目前冷库常见的保温材料为聚氨酯、挤塑聚苯板，常见的施工方式为聚氨酯现场发泡或板材拼接。由于冷库内外温差较大，空气中的水蒸气分压不同，会引起水蒸气的渗透，因此应当在保温材料的两侧增设隔气防潮层，阻止外界水蒸气与隔热保温层接触，施工过程中应当注意接缝处理，避免热胀冷缩产生裂缝，形成冷桥，引起热量散失。

## （四）温湿度监控部分

温度作为果品采后品质控制的主要因素之一，对品质保持贡献率达到 70% 以上，温湿度检测布置点应根据冷库大小在不同位置按照标准要求进行多点布置，温度控制应采取小温差设置，实验证明，温度的波动范围越小，越有利于品质保持。随着数字化时代的到来，温湿度控制也进入数值时代，实现了远程监控，达到精准控制效果。目前已建有成熟云仓，可与手机 APP 相连，对多个参数进行自动调节与控制，避免由于误操作引起损失。实现温湿度、气体、耗能等多类别大数据的云存储。

## （五）加湿部分

加湿是保障冷藏库内恒定湿度的装置，对苹果失水起到关键作用，冷库的贮藏温度较低，水蒸气在低温情况下容易结露成冰，因此应当注意对加湿设备进行防冻处理，目前主要采用超声波加湿器，将加湿设备放置于库外，通过管道连接利用制冷设备风机实现库内加湿效果。湿度的控制采用定时加湿或湿度检测控制，加湿时应当做到风机运转，但不制冷。

# 第四节 气调库原理及设计

## 一、气调库原理

气调库是在冷藏库的基础上通过增设气调设备、气密层、气调门、安全装置等使其空间达到一定气密性要求，并能利用气调设备调节库内微环境气体指标的设施。气调库作为冷藏库发展的新一代设施，除具有冷藏库的制冷系统外，还主要包括制氮机（脱氧机）、二氧化碳脱除机、乙烯脱除机、平衡阀、安全气囊等气调系统装置。其系统构成如图 4-8 所示。

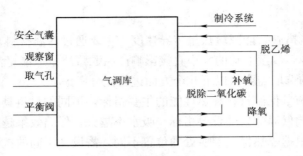

图 4-8　气调库的系统构成

## （一）制氮机（脱氧机）

制氮机是实现贮藏环境内氧气减少的装置，根据工作原理不同主要分为变压吸附制氮机、中空纤维膜制氮机、脱氧机。

**1. 变压吸附制氮机**　利用具有 0.3～1 nm 微孔碳分子筛的吸附原理，将空气中氧分子吸附于分子筛表面制取氮气的装置，该装置一般是由两个装有碳分子筛的独立罐体组成，双罐在不同压力下轮流工作，实现碳分子筛的吸附与解吸。变压吸附制氮机的工艺流程如图 4-9 所示。

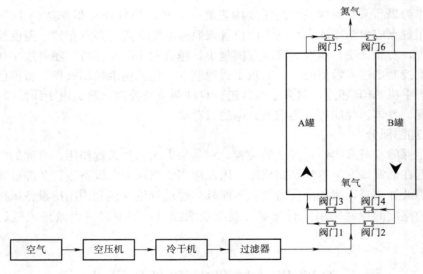

图 4-9　变压吸附制氮机的工艺流程

经过空压机将空气压力提高到 0.7～0.8 MPa，并经冷干机、过滤器将其干燥、过滤成无油压缩空气，然后通过带有控制阀门的管道流向装有分子筛的 A 罐，当空气与分子筛接触时，在一定的压力下氧分子碰撞到分子筛表面，被具有表面引力场的分子筛吸附，在罐体另一端流出具有含氧量很少的空气，随着时间延长，吸附于表面的氧分子逐渐增多，以致表面被氧分子覆盖，分子筛失去吸附能力，达到吸附平衡，此时根据设定时间控制阀门进行切换，压缩空气进入 B 罐，B 罐开始工作制取氮气，同时与 A 罐连接的出气阀门关闭，与大气连接的排气阀门打开，吸附饱和的分子筛在瞬间失压的状况下，氧分子从分子筛表面脱离，排入大气，A 罐中的分子筛又重新获得吸附能力，当 B 罐吸附饱和时根据设定时间转为 A 罐工作，B 罐解析，如此循环，可源源不断地制取一定浓度的氮气，氮气浓度可以通过调节出气口气体流量来控制，其氮气纯度随着流量的减少而逐步提高，甚至可达 99.99% 以上。

**2. 中空纤维膜制氮机** 利用不同气体在中空纤维膜中渗透速率不同的特性，将空气中氧气与氮气进行分离的装置，该装置为数十万根具有相同内外径纤维组成的膜管。中空纤维膜制氮机的工艺流程如图 4-10 所示。

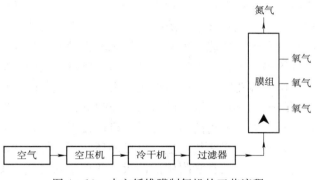

图 4-10 中空纤维膜制氮机的工艺流程

经过滤的干净、干燥、无油压缩空气（1.1～1.3 MPa）通过带有控温装置的设备，再经管道、控制阀门流向装有中空纤维膜的膜组，在该压力条件下，空气中的氧气和氮气在中空纤维膜中的渗透速率不同，氧气渗透速率远远大于氮气，因此当空气通过膜组时，氧气被富集在低压侧，而氮气则被富集在高压侧，从而实现气体的分离，获取一定浓度的氮气，膜组工作可实现连续制取氮气，氮气浓度的高低通过出气口气体流量大小来调节。

**3. 脱氧机** 利用具有微孔的分子筛吸附原理，将氧分子吸附于分子筛内降低氧气含量的装置。该装置一般是由两个装有分子筛的罐体组成，轮流工作实现气体的吸附与解吸。其工作原理如变压吸附制氮机，不同之处为该设备的工作压力较低，一般控制在 30 kPa 以下，分子筛的解析依靠真空泵将罐体内抽成一定负压实现，脱氧机的降氧过程为闭路循环，而制氮机的降氧过程为开路循环。工艺流程如图 4-11 所示。

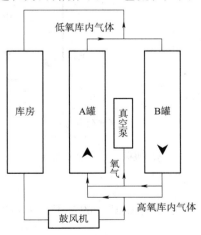

图 4-11 脱氧机的工艺流程

## （二）二氧化碳脱除机

二氧化碳脱除机是可实现气调库中二氧化碳浓度降低的一种设备。根据其工作原理不同可分为化学反应法和物理吸附法。

化学反应法是利用二氧化碳与碱性吸附剂发生化学反应来降低气调库内二氧化碳含量的方法，具体操作为将库内气体通过管道将风机、吸附容器连在一起，风机将库内气体引入盛放碱液的容器中，依靠碱液和二氧化碳的化学反应消耗气体中的二氧化碳，实现二氧化碳浓度的降低，这种方式价格低廉，但操作非常麻烦、污染严重，而且具有较大危险性。

物理吸附法指利用与二氧化碳分子孔隙一致的活性炭吸附气体中二氧化碳，使其浓度降低的方法。该活性炭具有再生功能，可通过二氧化碳含量低的气体对其进行吹洗，使其再次获取吸附能力。具体操作为将库内气体通过管道将风机、吸附容器连在一起，风机将库内气体引入装满活性炭的容器中，利用活性炭吸附剂对二氧化碳进行吸附，使其从混合气体中分离出来，达到降低二氧化碳浓度的目的。吸附剂在吸附一定时间后，孔隙被二氧化碳分子填满，达到饱和，失去吸附能力，此时风机连接不同管道的阀门切换，吸入新鲜空气对吸附剂进行洗涤，使活性炭获得再生，以便循环使用。二氧化碳脱除机一般是由两个独立罐体组成，每个罐体内均装有吸附用活性炭，并连接独立高压旋涡风机，一个罐体活性炭吸附二氧化碳时，另一个罐体活性炭通入新鲜空气获得再生功能，两个罐体的工作按程序设定时间相互转换，实现库内二氧化碳连续脱除。二氧化碳脱除机在吸气管道上设有连接新鲜空气或氧气容器的连接管，管上设有补氧阀门，当库内氧气浓度低于设定值时，通过打开二氧化碳脱除机管道上补氧阀门，开动风机，在脱除二氧化碳的同时对库内氧气进行补充，因此二氧化碳脱除机还承担库内补氧任务。物理吸附法二氧化碳脱除机工艺流程如图 4-12 所示。

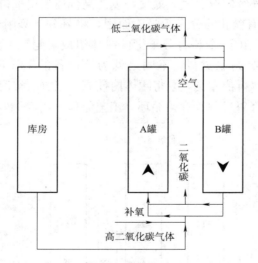

图 4-12　物理吸附法二氧化碳脱除机工艺流程

## （三）乙烯脱除机

乙烯脱除机是实现气调库中乙烯浓度减少的专用设备，根据其不同工作原理主要有高锰酸钾氧化法和高温催化氧化法。

高锰酸钾氧化法是指利用高锰酸钾的强氧化性将库内的乙烯气体进行氧化，达到降低乙烯浓度的目的。具体操作为将库内气体通过管道将风机、吸附容器连在一起，通过风机将库内气体引入装有高锰酸钾吸附材料的容器中，待库内乙烯气体与高锰酸钾接触时，发生化学反应，将乙烯氧化分解为二氧化碳和水，高锰酸钾吸附材料通过具有吸附功能的多孔材料浸泡高锰酸钾溶液获得，该方法吸附能力受外界环境影响较大，腐蚀性强，污染严重，需经常更换载体，目前主要用于小型气调贮藏保鲜设施中。

高温催化氧化法是利用高温环境将库内的乙烯进行氧化分解，达到降低乙烯浓度的目的。具体操作为库内气体通过管道将风机、高温催化氧化室连在一起，通过风机将库内气体引入装有催化剂的高温氧化室内，在高温环境中（260 ℃）采用催化剂将乙烯氧化分解为二氧化碳和水，达到降低其浓度的目的。乙烯脱除装置的设计充分考虑了库内温度的波动，设计结构先进，进出风交替冷却，实现出风口温度略高于库温的工艺要求，降低库温波动，减少能耗，该装置在脱除乙烯时还可脱除部分芳香气体和杀灭部分细菌。其工艺流程如图 4 - 13 所示。

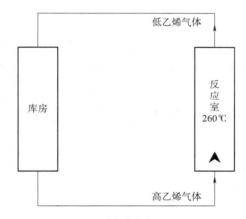

图 4 - 13 乙烯脱除装置工艺流程

### （四）监控系统

气调库气调微环境调控的核心控制单元，为果蔬的气调贮藏提供可靠的微环境，并实现数据的分析。其主要组成包括微电脑控制单元、氧气传感器、二氧化碳传感器、乙烯传感器、气体分配站、阀门等。

气调库气体采样通过取样管在蠕动泵的作用下送到装有氧气传感器、二氧化碳传感器、乙烯传感器的装置内，传感器将所检测气体浓度信号送到微电脑控制中心，微电脑检测的数据通过与气体浓度设定值进行比对，根据设定条件控制不同设备启停，实现不同气调库气体微环境调控。

### （五）观察窗

气调库检测或取样通道，主要设置在库体风机安装处和气调门中，方便观察果品贮藏质量和维修人员进出，其大小需满足工作人员携带防护装备进出，观察窗的设计除具有透明特性外，还应当做到保温和气密，否则容易形成冷桥在窗的外侧结露。

### （六）平衡阀

库体结构安全的保护装置，平衡库内外压力差，在气调库内外压力过大时打开与大气联通的管道，避免引起库体结构不安全、围护结构及其气密层遭破坏，根据其工作原理不同主要分为干式平衡阀和湿式平衡阀两种，平衡压力宜控制在约 5 cm 水柱范围，对于湿式安全阀冬季应当考虑保温阻止结冰现象发生。平衡阀需安装在易于观察、方便管理的地方。

### （七）平衡气囊

是在库内外压力微小变化时，对库内微环境气体成分进行保护的装置。气调库在运行期间受温度和果蔬呼吸的影响，库内会出现微小压力失衡，平衡气囊的作用就是当出现微小压力失衡时对其进行消除或缓解，平衡气囊的容积需按气调间公称容积的 0.5%～1% 来确定，应选用柔性密封耐氧化材质，安装位置宜选择在库顶或库体一侧，并进行悬挂。

### （八）气调门

作为果品进出的主要通道，其设计及安装具有特殊要求，除具有保温性能外，还应具有良好的气密性，气调门上一般设有观察窗用于样品取样及工作人员进出，其侧面应设有锁紧装置用于气调门气密橡胶锁紧，内部应设有应急安全旋钮，方便库门打开。

### （九）气密处理

是保证气调库气密性的重要举措，对库内气体成分稳定具有保障作用，对于土建式冷库气密层通常为基层表面喷涂气密胶，将库体六个面连成一体，而组合式气调库地面需要铺设隔气层，库板的接缝处及库板与地面的连接处应采用三胶两布（密封胶和无纺布）的工艺进行气密处理，进出气调库的所有管道都应当做气密处理，做完气密处理后需对库体的密封性进行气密性实验，以不低于国家标准为宜，我国气调冷藏库设计规范 SBJ 16-2009 规定：空库检验初始压力 196 Pa（20 mm $H_2O$），检验压降时间 20 min，检验结束压力≥78 Pa（8 mm $H_2O$）为合格。在检验开始和结束记录中库内有温度变化时，会引起库内气体压力偏差，检验结束压力应以计算修正值为准。

## 二、气调库设计

气调库的建设应综合考虑建库类型，并进行选址、投资、建设规模、贮藏品种等总体规划，一般用来长期贮藏的水果宜在果蔬主产区建设气调库，并按工艺及使用要求进行规划设计。

### （一）气调库建筑平面设计

气调库建筑平面设计是气调库应用是否合理的关键步骤之一，其设计除应从因地制宜、优化投资、提高工作效率等多方面综合考虑外，必须结合贮藏工艺要求对库房进行合理布置，减少能耗、降低碳排放。

气调库库房的平面设计应按照果品的入库、预冷、分选、包装、出库等工艺流程设计，对于中大型冷库（大于 5 000 t）附属实施的面积与气调库的面积之比应大于 1，对于苹果可按照每吨货物占库容 4.5～5 m³ 计算。

气调库宜设置二层技术走廊，将制冷设备、气调设备、监控系统放置于此，制冷系统、气调系统的管线以小于 80 m 为宜，技术穿堂的宽度不应小于 6 m，观察窗宜设置于二层技术穿堂之处。

气调库的平面布置形式宜采用"非"字形结构，库间不宜过大，以每间150～200 t为宜。

### （二）气调库结构设计

气调库由于具有保温和气密的特性，在其结构设计时必须考虑传热、隔气和耗能，恒定的库温和稳定的气调环境是果品贮藏品质保持的必要条件，也是气调库使用寿命长短的关键因素之一。

建筑围护是气调库贮藏空间形成的结构体，对耗能、隔气起到至关重要的作用，因此在隔热、隔气材料的选取上应当满足冷库、气调库设计标准要求。由于隔热材料多为易燃材质，在防火等级上必须满足消防要求。

制冷系统是气调库低温贮藏环境的创制者，主要包括制冷压缩机、冷凝器、节流装置、蒸发器等设备，压缩机制冷负荷可根据库容大小按下表计算热量（表4-1）。

表4-1 库容大小分类标准

| 分类 | 总贮藏量/Q/t | 压缩机冷负荷/W/t |
|---|---|---|
| 大型库 | Q≥10 000 | 110～130 |
| 中型库 | 3 000≤Q<10 000 | 130～150 |
| 小型库 | 1 000≤Q<3 000 | 150～180 |
| 微型库 | 200≤Q<1 000 | 180～230 |

气调系统是气调库微环境的调节主体，主要包括监控系统、制氮（脱氧）机、二氧化碳脱除机、乙烯脱除机等。

制氮机选型：按照气调库单间库体容积计算，在制氮机氮气出口浓度为95％时，72 h内共制取的氮气体积不低于气调库单间库容的2倍为宜，每套设备工作范围不宜多于8间气调库。

脱氧机选型：按照脱氧机的脱氧能力与气调库单间的库容作为参考来选取，一般选取与单间库容体积相当能力的脱除设备，脱氧机脱氧能力一般按照100 $m^3$空间在25 ℃环境下可在48 h内将氧气浓度从20.9％降至5％为标准。

二氧化碳脱除机选型：其脱除能力是在二氧化碳浓度恒定在3％温度为0 ℃的条件下24 h脱除二氧化碳的能力。其选型根据贮藏品种的呼吸强度和库容量来计算，如贮藏苹果时其呼吸强度约为7 mg $CO_2$/（kg·h），脱除量应为库容量×呼吸强度×24 h。

乙烯脱除机：乙烯脱除能力多以流过设备的气体流量来标识，设计中通常采用一间或两间库配置一台乙烯脱除设备，型号较为单一多为150 $m^3$/h和300 $m^3$/h两种。

### （三）设计示例

**1 000 t经济型标准气调库方案说明：**本气调库采用组合式结构，库体的设计容量为1 000 t，分为8个贮藏间，每间库体尺寸为（长）12 m×（宽）8 m×（高）6 m（如图4-14所示），每库的容积为576 $m^3$，贮藏量约为125 t。

本气调库还需设有月台和预冷间，其具体的尺寸与位置，应根据用户的要求而设计。气调库技术走廊设在二层，具体位置应当在冷库门以上，二层的高度一般为3～4 m，技术走廊宽度一般为4～8 m，所需制冷设备和气调设备均应放在技术走廊上。

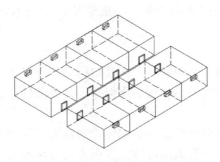

图 4-14　1 000 t 气调库示意图

**1. 制冷部分**　根据设计需求制冷系统可采用单库单机或并联机组（表 4-2）。

表 4-2　制冷部分

| 名称 | 氟利昂风冷机组（并联机组） | 蒸发冷凝器（并联机组用） | 风机 | 截止阀 | 膨胀阀 | 管道 | 配电 | 计算机自动控制 |
|------|------|------|------|------|------|------|------|------|
| 数量 | 8 台（3～5 机头并联） | 1 台 | 8 台 | 8 件 | 8 件 | 8 套 | 8 套 | 8 套 |

**2. 保温部分**　冷库保温采用阻燃等级为 B1 级聚氨酯双面彩钢板，其保温效果好、施工方便、使用寿命长，库体接缝处采用两面三胶气密处理工艺。

**3. 气调部分**　采用制氮机、二氧化碳脱除机与乙烯脱除机等气调装备，对冷库中的气体进行集中控制，先进的检测设备可以精确测量冷库内气体指标，以保证果蔬贮藏指标要求（表 4-3）。

表 4-3　气调部分

| 名称 | 20 m³ 制氮机 | 160 型二氧化碳脱除机 | 150 乙烯脱除机 | 气动阀门 | 普通蝶阀 | 无油空气压缩机 | 小空压机 | 冷干机 | 平衡阀 | 气囊 | 观察窗 | 气调门 | 加湿器 | 控制器 | 计算机控制系统 | 管道及其他 |
|------|------|------|------|------|------|------|------|------|------|------|------|------|------|------|------|------|
| 数量 | 1 台 | 1 台 | 4 台 | 18 个 | 32 个 | 1 台 | 1 台 | 1 台 | 8 个 | 8 个 | 8 个 | 8 套 | 8 台 | 8 套 | 1 套 | 1 组 |

# 第五节　冷库气调库贮藏管理

贮前管理：在每个贮藏季来临之前需要对冷库、气调库进行贮前准备工作，主要包括设备检修、库房检测、库房消毒、人员培训等。

贮藏管理：所谓贮藏管理主要是指在整个贮藏过程中调节控制好库内的温度、相对湿度、气体成分含量，并做好果蔬的质量监测工作。

## 一、温度管理

温度对果蔬贮藏的影响是诸多因素中最重要的一个，也是其他因素无法替代的。由于温度直接影响果蔬的呼吸强度、酶活性和微生物生存，温度越高呼吸作用越旺盛、酶活性越强、微生物繁殖越快，造成果蔬各种生理生化过程进行得越快，贮藏寿命越短。因此，在苹果采收之后，必须适时降温，抑制呼吸，减少消耗。入库前 5～7 d 应开机梯度降温，至鲜果入贮之前使库温稳定保持在 0 ℃左右，为贮藏作好准备。果品在入库前应先预冷，以散去田间热。入贮封库后的 2～3 d 内应将库温降至最佳贮温范围内，并始终保持这一温度，避免产生温度波动。

温度管理应当注意冷风机的蒸发温度，设计温差应当控制在 8 ℃ 以内，根据库体大小是否需要设置风道，让库内送风均匀，风机应当安装在靠近门口处，以便通风换气及维修方便。

预冷是将刚采收的果蔬产品在运输和贮藏之前通过专用预冷设备迅速除去田间热和降低果温的过程。及时适宜的预冷不仅可以减少腐烂损失、抑制酶活性和微生物生长，而且还可减少失水和乙烯释放量，最大限度地保持果蔬产品品质。

## 二、湿度管理

冷库中的相对湿度直接影响产品质量和新鲜度，大部分水果、蔬菜在相对湿度过低时都会很快萎蔫。要保持库内适当的相对湿度，必须做到以下几点：①必须有良好的隔热层，避免渗漏。②换热器（冷风机）必须有足够的冷却面积，使蒸发器与产品之间的温差尽可能缩小。③在贮藏过程中设置加湿器加湿。④根据需求增加外包装。

## 三、气体管理

主要指对果蔬贮藏质量影响较大 $O_2$、$CO_2$ 和 $C_2H_4$ 含量的控制。当果蔬入库结束、库温基本稳定之后，即应迅速开启制氮设备降 $O_2$，库内 $O_2$ 降至设定值上限时，再利用水果自身的呼吸作用继续降低库内 $O_2$ 含量，根据果蔬呼吸作用的原理，在消耗 $O_2$ 的同时 $CO_2$ 浓度会提高，直至达到设定的 $O_2$、$CO_2$ 比例，这一过程需 7～10 d 的时间，而后库内气调微环境基本稳定，主要依靠 $CO_2$ 脱除器脱除 $CO_2$ 和补 $O_2$ 的办法，维持库内 $O_2$ 和 $CO_2$ 稳定在贮藏技术要求的范围之内，同时根据贮藏技术要求监控库内乙烯的含量，按要求开启相应设备，使乙烯含量处于设定的范围之内，直到贮藏结束。

## 四、入库管理

在果蔬贮藏品种和地域确定之后，采前管理的好坏将对产品的质量起决定作用。要尽量避免采收磕碰伤、破损、腐烂和变质的果蔬。磕碰伤和其他机械损伤不仅影响产品的外观，而且也为微生物的侵袭创造了适宜条件，引起果蔬的腐烂变质。用于贮藏的果蔬产品必须适时采收，产品成熟度不足或成熟度过高，都会影响果蔬的产量和质量，同样会缩短果蔬的贮藏周期。

果蔬质量监测对贮藏质量极为重要，应定期对鲜果的外部感官性状、硬度、可溶性固形物含量等多项指标进行检测，并对测定结果进行分析，以指导下一步贮藏。

在同一间贮藏室内应入贮相同品种、相同成熟度的果蔬。如果一个品种的果蔬不能入满贮藏室，要以其他品种补足时，也应入贮相同采收期和对贮藏条件有相同要求的品种。

果蔬入库时宜分批入库，每次入库量不应超过设计入库量的数值，一般为库容总量的15%，对已经通过预冷装置预冷处理后的果蔬，可以酌情增加每次的入库数量。

## 五、堆码和气体循环

果蔬降温速度与产品的堆码方式有着密切的关系，它直接影响果蔬降温速度、调气速度和库温的均匀性。若堆码不当，气流就会局部受阻形成死角，使温度上升，影响贮藏质量。堆码时应做到产品与墙壁、产品与地坪间留出 20～30 cm 的气流通道，库顶与产品之间所留距离一般应在 50 cm 以上（视库容大小和结构而定），产品的垛与垛之间也应留出一定的间隙，利于通风降温。

采用贮藏箱堆码时，要求箱体堆放整齐、规格一致，垛的大小也要适宜，过大会影响通风，造成库内温度不均匀，垛太小将降低冷库贮藏量，提高单位面积贮藏成本。气调库贮藏时堆码除留出必要的通风和检修通道之外，应尽可能地将库内装满，减少库内气体的自由空间，从而加快调气速度，缩短调气时间，使苹果进入气调贮藏状态的时间尽可能缩短。

## 六、气密性管理

气调库必须具有良好的气密性，气密性不达标，就难以形成稳定的气调环境。每年果蔬贮藏之前，皆应对气密性进行全面检测，发现泄漏应及时修补，并且达到气密要求。气调库与冷藏库的最大区别在于前者改变了库内气体成分的浓度值，该环境下无法满足人类生存，所以一旦封库，人不得入库工作，即使带上氧气呼吸器，也只能在非常情况下短时间入库工作，进入库内人员需系有安全绳，工作范围需在外部工作人员的视线范围内。

## 七、安全管理

安全管理包括生产安全管理、水电安全管理、消防安全管理、库体安全管理和人身安全管理等诸多方面，在此特别强调库体安全、人身安全和消防安全。气调库操作是一种综合技术强、危险性较高的工艺操作，气调库工作人员必须参加有关安全培训学习，切实掌握安全操作技术。

### （一）库体安全

气调库是一种对气密性有特殊要求的建筑物，当库内、外温度发生变化以及在气调过程中气体的输入输出，都可能引起使围护结构两侧压力不一致，产生压差，虽然在气调库建设过程中考虑了设置安全阀、储气袋等安全装置，但若不加强管理，出现问题仍可能会影响气调库的正常使用，甚至可能造成围护结构的破坏。在气调库的运行过程中，若采用湿式安全阀，其阀内应始终保持一定水柱的液面，考虑到冬季运行时库外温度会降到 0 ℃以下，应采取防冻措施，可在水中加入盐类物质或采用防冻液避免安全阀内的水冻结成冰。除防水、防冻、防火之外，更要做好温度骤变时的防护措施，在库体进行降温试运转期间绝对不允许关门封库，因为过早封库后，当库内温度骤降时必然增大内外压差，当这种压差达到极限之后将会导致库体开裂，甚至崩塌。正确的做法为开始降温时库门需留有缝隙，阶梯降温，当库温稳定在额定范围之后再封闭库门，按照果蔬贮藏要求进行正常的气调操作。

### （二）人身安全

人身安全是指工作人员出入气调库时的安全操作。工作人员必须了解气调库内的气体指标不能维持人类的正常生命。当工作人员进入气调库工作时，会发生窒息而死。因此当需要进入气调库检查贮藏质量或维修设备时，至少需要配备两人一组。进入气调库前应将库门和观察窗的门锁打开，带上呼吸装置，一人拴好安全绳进入库内，另一人守候在气调门外紧握安全绳的另一端，并一直注意入库人员的动态。一旦入库人员有意外发生，应采取急救措施。若维修工作量较大，短时间内不能完成，应开启气调库库门，启动风机，待库内气体恢复到空气状态时再入库检修，工作完成后迅速封门调气。

### （三）消防安全

加强消防安全管理，气调库作为特殊建筑结构，在发生火灾时与一般火灾不同，保温材料的燃烧会产生浓烟及有害气体，而制冷系统采用的制冷工质一般为氨或氟利昂，若产生外泄将会产生毒气或爆炸，造成极大损害。因此，应加强安全防范措施，增加消防设施，加强防火安全管理，禁止吸烟，杜绝一切可能引起火灾的隐患。

## 八、气调库运行操作

气调库作为果蔬贮藏品质保持的先进设施之一，可极大地延长果蔬的贮藏期，调节果蔬采后供需不平衡，稳定市场及价格。气调库结构复杂，设备繁多，气调库不仅在建筑结构、设备配置以及果蔬贮藏条件等方面不同于普通果蔬冷库，而且在管理方面也有独特的工艺要求，比普通冷库严格得多。要想获得较好的贮藏质量，必须做到对气调库相应设施装备的熟练操作，以确保果蔬气调贮藏质量，满足人民生活需求，提高企业经济效益。

### （一）速制氮降氧运行

在入库果蔬达到设计贮藏量且冷却至最适贮藏温度后，应迅速封库制氮降氧，使果蔬尽早进入气调贮藏状态。若库内形成设定的气调工况所用时间加长，会影响果蔬贮藏期。考虑到在降氧的同时也应使二氧化碳的浓度尽快达到所设定浓度，所以在封库降氧时，通常将库内空气的氧含量从 21% 快速降到比所设定的氧浓度高出 2%～3%，再利用果蔬的呼吸来消耗这部分过量的氧气，同时做好运行记录。利用气调设备快速降氧时，应根据果蔬入库的先后顺序，降好一间再降另一间，不必等到所有库房全部装完后再降，否则会引起入库早的果蔬降氧延误，影响果蔬贮藏质量。

### （二）二氧化碳浓度控制

当库内二氧化碳气体的检测浓度高出设定值时，应采用二氧化碳脱除机对库内二氧化碳进行吸附处理，使库内二氧化碳浓度降至所需求的范围。若库内二氧化碳浓度低于设定值，应根据要求向气调库内通入二氧化碳气体，以提高库内二氧化碳气体的浓度。

### （三）补氧

在气调库中贮藏的果蔬，由于果蔬自身的呼吸会消耗氧气，使密闭空间内的氧浓度降低。当库内氧气浓度低于设定范围的下限时，应利用气调系统中的补氧系统向库内补氧，直至达到设定要求。

### （四）稳定运行

气调库内形成设定的气调微环境后，便可认为进入了稳定状态。但由于库内果蔬的呼吸、库房的气密性等因素的影响，库内形成的气调微环境不可能绝对地保持稳定，这个阶段的主要任务就是使气调库的微环境在允许的范围内相对处于稳定状态。按照果蔬气调贮藏技术的要求，温度波动的范围应控制在设定值±0.5℃以内，氧气、二氧化碳的浓度各自维持在设定值±1%的允许波动范围内，乙烯浓度控制在设定值以下，相对湿度应保持在设定值±5%之内。

**（五）气体成分分析和校正**

每个气调间都应设有两处取样口，一处供日常测试取样，另一处供校核纠正取样。由于气调库的气调微环境时刻发生变化，要做到对气调库中的气体成分每天至少应检测一次，每星期至少应校正一次，每年对气调系统所有管线至少要做一次压力测试，以确保检测气调指标的准确性。

**（六）气调贮藏期间果蔬的质量检测**

从果蔬入库到出库，始终做好贮藏果蔬质量检测是非常重要的。在气调贮藏期，需经常从气调门上和技术穿堂上的观察窗用肉眼观察果蔬发生的变化，并从气调门上的取样窗取出样品检测，还应定期进库检查。在气调库贮藏的初期，每月进库检查一次；取样检查时，应将果蔬切开，以便了解果蔬内部品质的变化。并将一部分果蔬样品放置于常温条件下了解果蔬的变化情况。在气调库贮藏的中后期应做到每半月进库检查一次。

## 九、出库处理

根据市场需求及果蔬贮藏的质量变化情况，制定出库计划并通知操作人员，以便做好出库前的准备工作。

在果蔬出库之前，对于气调库首先要解除库内的气调环境，打开气调库密封门交换库内外的空气，待库内含氧量回升到 18%～20% 时，工作人员方可进库操作。贮藏的果蔬最好一次性尽快出库，如果不能一次完成出库，也应快速分批出库。在果蔬销售期间必须保持冷藏要求的低温高湿度条件，直至货物出库完毕才能停机。

# 第六节　苹果冷链流通技术要点

## 一、苹果冷链流通技术要点

苹果采后冷链流通主要是包括预冷、贮藏、包装、出库、包装、运输、销售等流通环节技术。温度苹果品质影响是巨大的。适当的温度管理对于延缓农产品的腐烂极为重要，也是最为简便的措施。苹果冷链运输温度与其贮藏温度保持一致，温度波动≤0.5 ℃。大多数品种的苹果含有 80%～95% 的水分，这使其外观饱满且口感清脆。由于蒸腾作用，水分的蒸发流失非常快。当流通环境被设定在推荐温度和湿度时，蒸腾速度可以较好地得到控制。相对湿度是最常见的用来表示空气湿度的参数。随着温度的升高，空气的含水能力也增加。因此，在同等相对湿度的情况下，高温条件的失水率更高。对每个产品而言，相对湿度的推荐值可以减缓水分的流失，也可以抑制微生物的过快滋长。苹果冷链流通各环节温湿度及相关技术要点如下：

**1. 预冷环节**　应在采后 24 h 内进行预冷，适合苹果的预冷方式为冷风预冷和水预冷，建议预冷至适宜苹果贮运温度，产地贮藏预冷至 2 ℃，直销销售的预冷运输环境温度。

**2. 贮藏环节**　根据贮藏时间选择合适的贮藏方式。中短期贮藏（4～6 个月）可采用冷藏；长期贮藏（6 个月以上）应采用气调贮藏。冷藏温度一般控制在 −1～0.5 ℃ 之间，温度波动≤±0.5 ℃，湿度 90%～95%；包装采用内衬 PE 袋，厚度为（0.03±0.005）mm；

外包装应采用平滑的纸箱、木箱、塑料筐等；可采用 1-MCP 保鲜剂熏蒸处理抑制后熟代谢，熏蒸浓度为 500~1 000 nL/L、熏蒸 24 h；保证库内气体充分循环，温度均匀，环境乙烯浓度应控制在 10 μL/L 以内；预期贮藏寿命为 180~210 d。

气调贮藏温度一般控制在 -1~0 ℃ 之间，温度波动≤±0.5 ℃；湿度 90%~95%，气体控制为 $O_2$ 浓度 2%~3%、$CO_2$ 浓度<1%，包装应采用透气带孔的木箱、塑料筐等；保证库内气体充分循环，温度均匀；利用乙烯脱除装置或乙烯脱除剂脱除库内乙烯，环境乙烯浓度应控制在 10 μL/L 以内；预期贮藏寿命为 240~300 d。

**3. 出库环节** 贮藏期以不影响商品质量为宜，根据预期贮藏寿命及时出库，具体要求按《苹果冷藏技术》（GB/T 8559—2008）有关规定执行。出库硬度应≥6.0 kg/cm²，可溶性固形物≥13.0%。

**4. 包装环节** 库后分选包装宜在 3~5 ℃ 的环境中进行。

**5. 运输环节** 应采用冷藏运输，短途运输也可采用保温运输，装运工具应清洁、干燥、无毒、便于通风，不能与有毒、有害物质混装混运；运输过程中应监测温度、相对湿度和气体成分变化；运输过程应保持行车平稳，减少振动，适量装载，轻装轻卸，快装快运；冷藏运输时，货物堆码不应直接接触车的底板和壁板，货件与车底板及壁板之间须有间隙，使每件货物均可接触到冷空气，保证车内温度均匀。

运输过程中，应保证适当的低温，以 3~5 ℃ 为宜；运输时间短，可不采取保湿措施，远洋运输时果实需采取保湿或增湿措施；长途或远洋运输应采用通风的办法防止有害气体累积造成果实伤害。

**6. 批发环节** 周转温度宜控制在 3~5 ℃，批发场所应干净、卫生，不得与有毒、有异味物品混放。

**7. 零售环节** 环境温度宜控制在 5 ℃ 以内。

## 二、苹果冷链流通过程管理

随着苹果冷链运输行业的不断发展，为及时处理产品与服务信息、优化配送流程，实现存取选择自动化和物流管理智能化，需要冷链运输信息化技术作为支持。信息技术的应用是提高运作效率、降低供应链成本的重要因素。一些关键信息技术包括电子数据交换（Electronic Data Interchange，EDI）、自动识别技术（条形码技术、RFID 技术）、GPS（全球定位系统）、GIS（地理信息系统）、互联网技术，以及各种运输管理信息系统等。而数字低温仓库、可视化技术等新技术在物流运输领域的应用也逐渐被广泛接受。

**（一）温度监控**

温度监视和跟踪能够让用户知道易腐货物在冷链流通中所处的条件和位置。监控设备监视冷藏/冷冻设备（比如冷藏卡车、低温仓库）的运行性能，以及易腐货物在运输过程中不同环境下的温度。监视跟踪易腐货物能够获得产品的整个温度历史记录，包括在产品中转和在途运输。监视冷藏/冷冻设备的一个附加好处是能够及时发现冷藏/冷冻设备的运行问题，比如储存空间温度偏离设定值并及时进行解决。下面介绍用于冷链温度监视、跟踪和控制的各种设备：

**1. 手持温度检测器** 这种手持仪器是冷链中应用最多的基本设备。它们具有各种各样的形式，包括使用热电偶的无线探测器和一些新型电子温度计。它们需要手工操作来获取数据，包括将探头插入货物中或者手工打开电子温度计。这些设备具有准确、易用、相对便宜、购买方便等特点。

**2. 电子温度记录器**　　在冷链中使用最广泛的是货物温度记录器。这些记录器很小，由电池提供能量，可以跟随货物记录温度。它们具有多种存储容量，根据具体需求进行选择。可实施频率的记录和警报数据界限的更改。用户在货物装载出发的时候，将温度记录器装在运输空间或者和货物包装在一起。在运输过程中超出温度设置时，警报器会发出警报。温度记录器的时间/温度数据可以通过数据接口和桌面软件下载到计算机中。还可以用一些网络软件对数据进行处理以适应多种站点的应用。温度记录器的准确度较高：冷藏时误差是 0.6 ℃；冷冻时误差为 1.1 ℃。大多数设备使用的不是一次性电池，而电池寿命取决于具体使用情况（例如记录和下载频率），一般在 1 年左右。一些制造商销售一些一次性产品，这些产品的电池是不可更换的，使用完毕后，由厂家提供回收服务。

**3. 产品温度记录的射频识别标志**　　射频识别标志和条形码技术比较相似。它由连接在微处理器上的天线构成，里面包含了唯一的产品识别码。当用户激活标志的感应天线时，标志将返回一个识别码。与条形码不同的是，射频识别可以容纳更多的数据，不需要可见的瞄准线（line-of-sight visibility）即可读取数据，并允许写入电脑。使用射频识别标志的最大问题是成本，每个射频识别标志大概需要 5 美分。也有一些新的制造技术，例如 Alien Technology 公司的 FSA（液体自动分布式）封装工艺，能够在很大程度上降低成本，射频识别技术还面临着可读性的挑战。含有金属和水的产品会减弱射频波，导致数据不可识别。2.4 GHz 波段的射频识别标志不适合在水分较多的环境里使用。因为水分子在 2.4 GHz 的时候发生共振，并且吸收能量，导致信号减弱。大多数射频识别是简单的被动标志。因为射频识别标志的主要目的是产品管理和跟踪，所以并不需要能量去操作温度传感器或者进行远程通信。

**（二）信息实时追溯技术**

当今客户越来越希望知道产品原料的来源、能量值、贮存温度、生产和销售日期。有些食品加工企业已经建立了"全流程追溯体系"，所有产品来源可追溯、去向可查询、责任可追究。目前，在果蔬等种植业产品上，主要运用条码技术。

条码技术：条码技术在当今自动识别技术中占有重要的地位。条码技术属于自动识别技术范畴。自动识别技术提供了快速、准确地进行数据采集输入的有效手段。条码是由一组宽度不同、反射率不同的条和空按规定的编码规则组合起来，用以表示一组数据和符号。包括一维条码如 EAN、UPC、39 码，交插 25 码和 EAN128 码等。其共同的缺点是信息容量小、需要与数据库相连，防伪性和纠错能力较差。二维条码是矩阵代码和点代码、包含重叠的或多行条码。条码功能强大，输入方式具有速度快、准确率高、可靠性强等特点，在我国物流业得以广泛地应用。打上条码的产品经光笔扫描，可以自动计价，并同时做好销售记录。相关部门可利用这些记录做统计分析、预测未来需求和制订进货计划。在这种情况下，一般会配套使用销售时点系统 POS 机（销售终端，point of sale）。POS 系统在物流中的应用通过以下流程实现：先将店内销售的商品贴有表示该商品信息的条形码（可能是 BarCode，也可能是内部码）。然后在顾客结账时，收银机通过扫描仪自动读取商品条形码，通过店铺内的计算机确认商品的单价，计算顾客购买总金额，收银机打印出小票。随后各个店铺的销售信息通过在线连接方式传送给总部或物流中心。最后总部、物流中心和店铺利用销售信息来进行库存调整、配送管理、商品订货等作业。条形码与 POS 系统应用实例如图 4-15 所示。

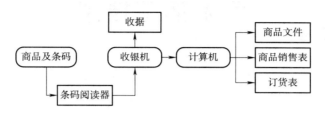

图 4-15　条形码与 POS 系统应用实例

## 参考文献

陈昆松，徐昌杰，等，2021. 生鲜食用农产品物流环境适应性及品质控制机制 [M]. 浙江大学出版社.

林坤林，2021. 智能物流系统中的新技术应用 [J]. 电子世界 （17）：178-179. DOI：10.19353/ j. cnki. dzsj.

覃丽萍，2022. 易腐果蔬动态保质期评估和库存管理策略探讨——基于集成射频识别技术 [J]. 技术与市场，29（8）：83-86.

王冠邦，张信荣，2020. 压差预冷多尺度热力学特性实验研究 [J]. 工程热物理学报，41（7）：1565-1572.

杨天阳，田长青，刘树森，2021. 生鲜农产品冷链储运技术装备发展研究 [J]. 中国工程科学，23（4）：37-44.

# 第五章  苹果加工技术

## 第一节  苹果制汁技术

### 一、概况

苹果是我国大宗果品之一，除鲜食外，加工用苹果不足总产量的 20%，加工产品包括果汁、脱水制品、罐头和果酒等，其中浓缩苹果汁是苹果加工的主要产品。近年来，随着中国苹果汁产业持续发展，中国已经成为世界最大的浓缩苹果汁生产国。目前国内浓缩苹果汁生产线已超过 70 条，总加工能力超过 2 500 t/h，每年最多可加工苹果 800 万 t 左右，主要生产省份为陕西、山东、河南、辽宁、甘肃、山西等，其中陕西已是我国最大的浓缩苹果汁生产基地。我国浓缩苹果汁绝大部分用于出口，是最大的浓缩苹果汁出口国，远销全球 60 多个国家和地区，主要销往美国、日本、荷兰、德国、澳大利亚、加拿大、俄罗斯等地，占出口量的 80% 以上。

#### (一) 苹果汁产业发展

自"八五"时期以来，我国一直重视苹果汁产业的发展，持续加强对苹果汁产业的支持与科研投入，从理论研究、技术开发和产业应用三个层面开展工作，针对浓缩苹果汁集成应用生物酶解、有机膜超滤、树脂吸附等系列技术攻克了传统取汁工艺的后浑浊、农残超标等难题，工艺逐渐趋于成熟稳定，加工技术不断进步，产品质量不断提升，国际竞争力不断增强，支撑我国成为浓缩苹果汁出口第一大国，带动 1 000 万果农年均增收近 40 亿元。同时，在多元化产品开发方面，开展了苹果浆、苹果浊汁及 NFC 苹果汁加工技术研究，突破了褐变、新型杀菌以及最少加工等关键技术，开发出新型、营养型系列产品，助力苹果汁产业可持续、健康发展。

**1. 苹果汁发展初始阶段**  中国苹果汁产业的发展要追溯到 20 世纪 90 年代，1983 年山东中鲁公司开始进口浓缩苹果汁的生产加工设备。到 90 年代中期，浓缩苹果汁生产主要在山东，年产量不超过 2 000 t，后来逐渐发展到陕西、河南、山西和辽宁。这一阶段浓缩苹果汁加工由于原料品种混杂，易造成褐变、二次浑浊及农残、棒曲霉素、耐热菌超标。1990 年之前，全国浓缩苹果汁的产量在 3 000 t 以下徘徊，到 1992 年产量也只有3 200 t。由于产量小，我国浓缩苹果汁加工业基本上对国际市场行情没有影响。

**2. 苹果汁发展成熟阶段**  我国从"八五"攻关计划开始，针对苹果品种混杂、生产规模小、质量参差不齐等问题，开展了对浓缩苹果汁加工、综合利用等集成创新研究，突破了加工关键技术，构建了适合我国浓缩苹果汁加工的技术体系，大幅提升了产品质量和安全水平，推动我国成为世界苹果汁出口第一大国。

此外，酶制剂开始引入中国，由中华全国供销合作总社济南果品研究所组织行业技术培训，通过培训提升了国内苹果汁加工企业技术骨干的整体技术水平。筛选适宜的生物酶品种，明确作用靶点及机理，优化酶解工艺，实现出汁率、稳定性、功能成分、黏度等的定向解决，解决了果汁得率低、成本高等问题。

"九五"期间，我国浓缩苹果汁行业呈加速度发展状态，企业数量大幅增加、投入规模不断扩大、生产能力持续提高。随着中国浓缩苹果汁产业的发展，在国际贸易中逐渐建立了竞争优势，欧美、日本、等国家和地区提高了相关技术贸易壁垒标准。针对浓缩苹果汁中甲胺磷残留、棒曲霉素超标问题，济南果品研究所开发了原料表面洁净和树脂吸附技术及装备，应用1~2 mg/L臭氧水处理 20 min，苹果表面甲胺磷降解 50％以上；研制了HD-2专用吸附树脂，甲胺磷、棒曲霉素脱除率分别达到78％和84％，填补了国内空白，使产品质量达到国际高端客户要求，成为企业出口创汇的支柱产业。苹果吸附树脂生产线在汇源食品饮料公司、河南灵宝阿姆斯汁公司等企业转化应用。

"十五"期间，我国浓缩苹果汁加工业开始步入成熟阶段，浓缩苹果汁加工业的行业规范程度不断提高、产业组织日趋合理，产业技术设备水平达到世界先进水平。国家"十五"科技支撑计划课题"农产品深加工标准体系研究与构建"选择环渤海湾、黄河故道和黄土高原三个苹果主产区 20 个品种，对与苹果汁品质相关的有机酸、糖类、酚类、芳香成分等物质进行了系统分析，确定了澳洲青苹、国光、金帅、王林是适宜的制汁品种。在此基础上，建立了代表我国苹果汁品质特征的数学模型，为苹果汁质量控制和评价提供了新方法，制定了国家标准《加工用苹果分级》（GB/T 23616—2009）。同时中华全国供销合作总社济南果品研究所积极引进 SGF 工业自控体系，推动浓缩苹果汁质量与国际标准对接，国内浓缩苹果汁行业的规范程度不断增强，产品质量稳步提高，设备水平达到世界一流，中国作为全球浓缩苹果汁行业主导国的地位进一步巩固。

"十一五""十二五"期间，浓缩苹果汁加工技术体系已形成，并制定了国家标准《浓缩苹果汁》（GB/T 18963—2012）。针对苹果汁加工产生的废渣及多元化产品开发，"十一五"科技支撑计划"苹果果胶系列产品与优质苹果汁开发及产业化示范""十二五"科技支撑计划"苹果综合加工关键技术研究及产业化示范"，开发出苹果浆、果胶、苹果脆片及苹果粉等新产品，突破了高品质苹果浆高效制浆、褐变调控、货架期保持、果胶微波提取、苹果脆片低温气流干燥、苹果粉联合干燥等关键技术，形成高质苹果浆、脱水苹果制品低碳加工技术体系，相关技术在烟台苹果加工企业实现了转化应用。

**3. 苹果汁产业新发展** 我国苹果加工产品主要为浓缩苹果汁。尽管苹果产量逐年增加，但我国浓缩苹果汁自 2009 年后出口持续下降，2015—2017 年出口数量有所回升，但整体呈下降趋势，浓缩苹果汁行业处于艰难前行的状态。原料价格上涨、成本增加、出口贸易壁垒等是主要原因。另外，近年来，消费者生活节奏不断加快，在人们消费水平上升的同时，对食品生产的需求也已从单纯追求口感风味逐渐转向营养健康，更加强调消费的便捷性与休闲化。NFC 果汁，中文为"非浓缩还原果汁"，即为非浓缩汁加水还原而成的果汁，是水果经压榨后直接杀菌包装的产品。针对 NFC 苹果汁多采用敞开式加工，工艺过程长，产品风味与内在营养损失大以及缺乏维护市场公平竞争的鉴伪技术等问题，国家

"十三五"重点研发计划课题"新型苹果汁加工关键技术研究及示范"开展技术攻关，通过四年的研究，筛选了适宜加工 NFC 果汁和益生菌发酵汁的苹果品种；研制出连续化果汁低温低氧加工装备系统，开发了 NFC 苹果汁低温低氧加工技术，产品褐变度和根皮苷损失率降低 40% 以上；研发了基于同位素比率、多酚指纹图谱及 18 sDNA 序列的 NFC 与 FC 果汁的鉴伪技术，相关技术已在河北、山东、江苏、浙江等地转化应用，为高品质 NFC 苹果汁产业提供了有力的科技支撑。

### （二）果汁加工技术发展趋势

近年来，随着国家对环境保护提出了新的要求，煤改气造成了生产的能源成本上升（400～600 元/t），污水排放要求也日渐提高，浓缩苹果汁加工企业的生产成本也一直居高不下，产品竞争力减弱，因此，对于浓缩苹果汁重点是开发提质增效和绿色节能加工技术体系，目前一系列新技术开始逐步被探索应用，如反渗透浓缩与传统多效蒸发浓缩技术组合可节省 200～400 元/t 的加工成本，已在浓缩果汁生产工厂进行了生产应用，成本节省显著。

对于 NFC 苹果汁，其特点主要是香气风味典型、营养价值高，作为新型果汁产品类型市场增长迅速，对于这类果汁的技术重点是如何在加工过程中减少其风味和营养的损失。低温加工技术，是指从原料到加工环境整个系统在低温条件下进行操作，其主要目的是降低水果微生物和酶活性，从而抑制褐变及微生物的滋生，可提高产品色泽、降低后续杀菌强度。目前，我国国内已有企业开始应用该项技术。真空榨汁技术，是指在真空条件下对果蔬原料进行高效榨汁，可保护对人体有益的植物营养素和维生素，确保新鲜口味，并避免多酚等功效成分被空气氧化。盖森海姆大学对草莓果泥试验表明，采用真空榨汁技术可有效减少浆果中的酶促褐变。德国 GEA 公司生产的真空榨汁系统由一个即用型可移动模块组成，其生产能力从 1 t/h 到 3 t/h，根据原材料和所需产品特性，匹配合适的筛网尺寸，但要注意的是后端加工环节也需在低氧条件下，否则果汁会迅速褐变。超高压二氧化碳技术，是利用二氧化碳作为高压介质进行压力处理（压强不超过 500 MPa），通过高压、高酸、厌氧和爆炸效应达到杀死微生物和钝化酶的效果。与超高压技术相比，该技术所用压强低、成本低、节约能源、安全性能高。近年来，各个国家广泛开展该技术的应用研究，同时相关设备的开发及该技术的商业化应用也是目前的研究热点。欧姆杀菌技术，是利用物料的导电特性对其进行加热的方法，具有物料升温快、加热均匀、热能利用率高等优点，近年来逐渐引起国内外食品加工及研究者的关注。欧姆杀菌尤其适用于处理黏度较高的液体物料，同时可带有一些颗粒如果肉等。仇农学等（2006）研究发现欧姆加热可以有效地杀灭苹果汁中的酸土脂环芽孢杆菌，并保持了良好的果汁质量。高品质 NFC 果汁的加工不是单一技术的突破，而需要从原料到加工、储藏、运输等全链条进行设计与配套，从而实现真正意义上的鲜榨果汁。

## 二、果汁加工过程中的化学成分变化

苹果汁加工过程中，由于不同工艺段存在高温、高压等状况，果汁会发生一系列的生化反应，包括酶促褐变、维生素 C 的降解、挥发性成分损失等，使果汁的品质和营养成分发生变化。

### （一）可溶性固形物

可溶性固形物是指液体或流体食品中所有溶解于水的化合物总称，包括糖、酸、维生素、矿物质等。在苹果汁中可溶性固形物代表的主要是蔗糖、葡萄糖和果糖等糖类成分，其中果糖的浓度最高，其次是葡萄糖、蔗糖。苹果汁中可溶性固形物一般情况下变化不大，但通常热加工可以提高果汁（浆）中可溶性固形物的含量，此外在浓缩汁（浆）生产中由于蒸发果汁中更多的水分，使可溶性固形物显著提高。

在苹果汁中可溶性固形物的改变意味着果汁糖度及组成发生改变，尤其对于浓缩汁（浆）。在浓缩过程中随着可溶性固形物的增加，果汁的褐变度也缓慢增加，研究表明当可溶性固形物接近 29°Brix 时，再继续浓缩可溶性固形物快速提升，褐变度也急剧增加，这说明苹果汁在高糖条件下更易发生非酶褐变。在 0～29°Brix 范围内，非酶褐变程度与可溶性固形物有极显著正相关性，褐变速度与浓度成正比。一般而言，果汁的褐变程度随可溶性固形物的增加而加重。除此之外，在浓缩汁（浆）高温浓缩和杀菌过程中葡萄糖或果糖在酸性条件下脱水分解形成 5-HMF，它是美拉德反应、焦糖化反应及抗坏血酸氧化分解反应共同的中间产物（Córdova et al.，2019）。一般在储存 70 d 后浓缩汁中的 5-HMF 的含量就开始出现缓慢增长趋势，当 5-HMF 积累到一定量时，5-HMF 会参与 Maillard 反应的后阶段生成褐色物质，造成果汁颜色变暗（梁亚男等，2018）。

在 NFC 苹果汁加工过程因没有持续高温加热，可溶性固形物变化较小（潘俨等，2020）。研究发现榨汁后果汁与原料相比，葡萄糖、山梨醇含量出现显著升高，分别升高了 49.12%、20.59%，可能是因为榨汁使得更多的氧气溶解在果汁中且果汁与氧气的接触面积增大，使葡萄糖和山梨醇的合成途径加快；蔗糖含量降低了 12.95%，这是在榨汁过程中因为氧气的加入使得蔗糖的代谢加快，转化为葡萄糖导致的。热处理（灭酶）工段比榨汁工段果汁的果糖和葡萄糖含量出现显著升高，分别升高了 17.45%、15.09%，是因为高温使得葡萄糖和果糖的合成途径加快。

### （二）有机酸

苹果汁 pH 在加工过程中保持相对稳定，苹果汁中有机酸主要为苹果酸（8 843.44～9 056.14 mg/L）、柠檬酸（63.73～81.81 mg/L）、半乳糖醛酸（218.71～263.97 mg/L）、奎宁酸（378.88～409.73 mg/L）、琥珀酸（1 738.66～2 267.54 mg/L）和富马酸（6.50～8.40 mg/L）。

苹果酸作为主要的有机酸，在榨汁阶段的含量显著升高，一方面是因为其主要存在于液泡中，细胞受到榨汁环节的机械损伤，进而可能使得测得的苹果酸含量增加，另一方面可能是因为榨汁的操作促进了苹果酸的合成，随着三羧酸循环途径由中间代谢产物柠檬酸转为苹果酸；在灭酶环节含量减少，由于高温导致苹果酸的代谢反应加快，之后加工环节的果汁样品则因为灭酶的高温处理，抑制了苹果酸合成和代谢酶的活性，使得苹果酸没有显著变化（李晓磊等，2022）。

### （三）维生素 C

每 100 g 苹果中维生素 C 含量为 4～10 mg，热加工工艺是导致苹果汁中维生素 C 损失的主要因素之一。维生素 C 包括还原型维生素 C（ascorbic acid，AA）和氧化型维生素 C（dehydroascorbic acid，DHA）两种形式，在不同水果中这两种维生素 C 所占比例有较大差异，且 AA 与 DHA 能可逆转化。浓缩汁（浆）由于传统浓缩过程会对维生素 C 造成严重损失，NFC 苹果汁在非热技术和设备控制下能较好地降低维生素 C 损失。

姚刚等（2015）研究了人为调控低温胁迫技术对苹果鲜榨汁的营养和风味成分的影响，结果表明，低温胁迫后鲜榨汁中还原性抗坏血酸、氧化型抗坏血酸分别比胁迫前提高了 18.05%～31.26%。也有研究发现，超高压 100～800 MPa 常温处理下，维生素 C 的保留率随着处理压力的增大先降后升，即使在 600 MPa 损失最多时，还原型维生素 C 含量也仅损失 7.9%，而对总维生素 C 含量基本没有影响。

### （四）酚类物质

苹果汁中主要的酚类化合物是绿原酸、咖啡酸、对香豆酸、阿魏酸、儿茶素、表儿茶素、原花青素（$B_1$、$B_2$、三聚物 $C_1$）、芦丁和根皮苷等（宋烨等，2007）。酚类物质在果汁苦味和涩味、褐变色素的形成以及悬浮和沉淀等品质特征方面都起着重要作用。在果汁加工和储藏过程中酚类物质除了参加酶促褐变外，还发生自身缩合反应形成有色物质，同时在浑浊苹果汁中活性多酚与活性蛋白相遇后会形成复合物，直接影响果汁的色泽、风味和状态。

鲜果破碎后，无法检测到没食子酸、表儿茶素、芦丁和槲皮素。预浓缩后，多酚浓度均有不同程度的提高，酶澄清后儿茶素、香兰素、表儿茶素和槲皮素的浓度均显著增加，而其他多酚则无明显变化。在树脂脱色阶段，由于树脂对多酚的吸附，大多数测得的多酚浓度显著降低。其中，儿茶素、香兰素酸、表儿茶素、根皮苷、对香豆酸、肉桂酸、阿魏酸、槲皮素含量大幅度下降，导致加工后低于检测限。经五倍效应浓缩处理后，成品中只检出没食子酸、咖啡酸、绿原酸、芦丁四种多酚。总的来说，苹果汁浓缩加工对多酚成分的影响和破坏很大，这是由于加工过程中多酚容易被氧化或吸附（李佩艳等，2005）。

低温加工能最大程度减少多酚氧化，保持果汁颜色，国外研究学者考察了冷冻浓缩对苹果汁多酚含量的影响。结果发现，酚类物质水平随冷冻浓度循环的增加而显著升高。在此过程中，酚类物质的浓度在第一、第二和第三步平均增加了 1.9、2.9、3.8 倍。通过自由基清除活性和还原能力评价其与酚类化合物的抗氧化能力，随着低温浓度的增加而增加。酚类物质对体外抗氧化活性有显著的影响（Eskew et al.，1952）。

### （五）氨基酸

氨基酸是苹果汁中的关键营养素，是美拉德反应的关键参与者。在苹果汁加工过程中主要游离氨基酸包括天冬氨酸、谷氨酸、天冬酰胺、丝氨酸、组氨酸、甘氨酸、苏氨酸、精氨酸、丙氨酸、酪氨酸、半胱氨酸、缬氨酸、蛋氨酸、异亮氨酸、苯丙氨酸、赖氨酸、亮氨酸和脯氨酸（吴少雄等，2008）。

破碎后苹果汁中游离氨基酸含量与生苹果成分最接近。破碎后，天冬酰胺的含量为 3 677.75 mg/L，远远超过其他 17 种氨基酸的浓度。在第一破碎阶段检测到的其他氨基酸是丙氨酸（102.29 mg/L）、丝氨酸（91.99 mg/L）、谷氨酸（70.76 mg/L）、亮氨酸（29.97 mg/L）和苏氨酸（29.21 mg/L），其余氨基酸含量很低。天冬酰胺和天冬氨酸是主要的两种氨基酸。酶促澄清对大多数氨基酸的影响不明显，但苏氨酸、精氨酸、异亮氨酸、缬氨酸、苯丙氨酸和赖氨酸含量显著增加。超滤和树脂脱色后，谷氨酸、天冬酰胺、苏氨酸、蛋氨酸和脯氨酸浓度显著升高，而酪氨酸含量显著降低，但其余 12 种氨基酸不受超滤和树脂脱色处理的影响。总氨基酸含量在预浓缩阶段由于蛋白质酶解而增加，但这也是美拉德反应发生的阶段，导致消耗和总氨基酸含量下降。除组氨酸、精氨酸和赖氨酸外，所有测定的氨基酸浓度在预浓缩阶段后均有不同程度的增加（梁亚男等，2019）。

### （六）香气成分

苹果的挥发性风味物质是构成其风味和品质的重要特征之一，目前已知的组分超过了300种，主要包括醇类、酯类、醛类、烯类等，但只有20～40种主要挥发性风味物质直接影响苹果香味特性，是构成苹果、苹果汁特征香气最重要的组分。其中正己醇、反-2-己烯醛和乙酸丁酯是公认在苹果产品风味中占有重要地位的风味物质。加工过程中温度、压力等条件以及酶解、超滤等工序均会导致一些挥发性风味物质浓度发生变化甚至消失，同时加工过程还会通过化学反应生成新的风味物质，从而影响果汁风味。水果中的芳香物质大多为挥发性的油状物质，分布于果实的各个部位，由于其具有挥发性，因此在果汁的加工过程中极易损失，近年来果汁加工中多采用"芳香物质回收"技术和设备，来收集加工过程中挥发的芳香物质，再通过"反加入"的方式来提高果汁的香气（柴鹏飞等，2020）。

苹果浓缩汁的生产包括一系列的单元操作，有榨汁、过滤、酶解、超滤、浓缩、杀菌等，许多芳香物质会在加工过程中逐渐损失或转化，与原汁相比，损失数量高达50%以上（不同的操作单元对芳香物质的影响也不尽相同）。苹果的酶促褐变不仅能影响果汁的颜色，其副产物也可能会与芳香物质作用抑制香气的产生，降低其感官品质；酶解处理过程中由于果胶酶作用，导致C-6类醛包括己醛和反-2-己烯醛含量降低。超滤工艺后，8种香气物质有不同程度的减少（Rao et al.，1987），6种特定的香气物质在苹果汁微滤试验后均有所增加，这是因为微滤过程中渗透和蒸发会产生一些轻微的集聚效应，也可能是因为加热而激活了芳香物质前体，或者因为加热使芳香物质从细胞膜中释放出来（Su et al.，2006）；蔡同一等（1994）研究了超滤工艺中不同超滤膜对苹果汁香气物质的影响，结果表明截留相对分子质量为10 000的聚砜膜PS-10在具有良好澄清效果的同时，对苹果汁芳香物质的保留效果较好，回收到的芳香物质含量较高；对苹果汁芳香物质的研究表明，通过三效蒸发浓缩工艺和精馏工艺，有相当部分的芳香物质在分离和回收过程中被损耗了，其回收率仅有1/3左右。这主要取决于芳香物质的冷凝回收体系，醇类物质可以经过表面冷凝器凝结下来，而大部分的酯和醛则要经过气体冷却器或真空泵循环系统沉降下来（张建军，1995）。

一些非热加工技术能更好保持苹果汁的香气成分。如高压脉冲电场可在不引起温度剧烈变化时，杀灭苹果汁中的腐败菌并使酶失活。比较高压脉冲电场与高温短时灭菌处理对苹果汁香气成分的影响，二者都会引起乙酸、己醛、己酸丁酯、乙酸乙酯、丁酸乙酯、丁酸甲酯和乙酸己酯不同程度的损失，前者使乙酸乙酯损失更显著，后者使乙酸损失100%。超高压处理前后苹果浊汁气味没有发生明显改变，50 ℃协同320 MPa高压处理后酯类、酸类物质含量增加，而醛类、醇类物质含量却下降，酮类物质没有明显变化，各香气成分物质的变化在0.28%～6.16%范围内，这是因为超高压使酶发生钝化，协同温度温和，与传统热加工相比，有效保留了果汁中的香气成分。

## 三、苹果果汁主要加工技术与设备

### （一）清洗技术与设备

苹果原料的清洗步骤是苹果汁生产的重要工序之一，清洗的干净程度及腐烂果、杂质的混入，直接增加后续过滤、杀菌的难度，进一步影响苹果汁的产品质量与安全。清洗主要是采用生产用自来水，并辅助以毛刷、喷淋等外部机械力量将苹果表面的泥土等污染物、部分微生物及可能残留的农药物质去除。有研究表明，通过正确的清洗方式，可将水果原料的微生物降低至清洗前的 2.5%～5%（仇农学等，2006）。

通常采用的清洗方法有物理方法、化学方法和超声波法。物理方法清洗是最主要的清洗手段，常用的清洗方法有洗果槽浸泡清洗、摩擦清洗、喷淋刷洗清洗、桨叶搅拌清洗等。这些方法既可单独清洗，也可组合使用。

**1. 物理清洗**

（1）浸泡清洗。浸泡清洗是水果清洗最基本、常用的方法，通常将水果放入水槽中，通过浸泡一段时间，将水果表面的污染物剥离，漂浮在水上，进而通过更换清洗水清洗干净。浸泡清洗时为了提高清洗效率和效果，会与化学清洗方法结合，在水槽中加入一定浓度的消毒剂如含氯消毒剂、臭氧等，浸泡一定时间后，清洗干净。

（2）摩擦清洗。是在浸泡过程中采用搅拌器与水果接触摩擦，同时也使水果互相接触摩擦，使得水果表面的污染物脱落，然后被浸洗的水带走，完成清洗过程。这种方法适用于漂浮在水面上的水果，如苹果、柑橘等。

（3）喷淋清洗。喷淋清洗一般与浸泡结合使用，在浸泡之后进行。当传送带上的水果通过时，喷头在水果物料上方进行喷淋（也可采用上下方向同时对水果喷淋，效果更优），进一步将水果表面的污染物冲洗干净。喷淋清洗的效果与水的压力、喷头的数量、喷头与物料的距离、用水量有直接的关系，通常高压小水量效果更好。

（4）刷洗。主要是采用毛刷对水果表面的污染物直接进行刷洗，适用于各种水果及块根类蔬菜的清洗。刷毛材料选择时要求抗压、弹性好，但不能擦伤物料，通常采用食品级毛刷清洗，利用旋转刷配合喷淋，清洗效果更佳。

**2. 清洗用消毒剂**　水是清洗中使用量最大、最广泛的介质，仅采用生产用水进行清洗，对去除水果中的泥土等污染物的效果较好，但是对微生物的清除效果不明显。为了清除水果表面的微生物，通常在清洗中会使用高效的杀菌消毒剂如次氯酸钠、过氧乙酸、臭氧等，这些杀菌剂若不能按照要求正确使用，也不会达到良好的效果。

（1）含氯消毒剂。含氯消毒剂是指溶于水后产生具有杀灭微生物活性的次氯酸类消毒剂，其杀灭微生物有效成分常以有效氯表示。次氯酸相对分子质量小，易扩散到细菌表面并穿透细胞膜进入菌体内，使菌体蛋白氧化导致细菌死亡。含氯消毒剂是一种广泛应用的水果清洗杀菌剂，可杀灭各种微生物，包括细菌繁殖体、病毒、真菌、结核杆菌和抗力最强的细菌芽孢。含氯消毒剂包括无机氯化合物（如次氯酸钠、次氯酸钙）、有机氯化合物（如二氯异氰尿酸钠、三氯异氰尿酸等）。在水果中应用时，先将水果原料清洗干净，再用有效氯浓度为 100～200 mg/L 的消毒液浸泡作用 5～10 min 后，用清水将残留的消毒剂冲洗干净（齐正等，2006）。

（2）过氧乙酸。过氧乙酸属于过氧化物类，是一种高效消毒剂，对大肠杆菌、金黄色葡萄球菌、白色念珠菌、白色葡萄球菌等各种微生物有高效的灭杀效果，其主要依靠强大的氧化能力破坏菌体蛋白质而杀灭微生物，其杀菌作用显著强于同浓度的过氧化氨。过氧乙酸还具有使用安全、价格低廉等特性，此外，过氧乙酸的最终分解产物是乙酸、水、氧气，因此无任何毒副作用残留。水果清洗消毒时，可采用 0.1%～0.5% 的过氧乙酸溶液浸泡 1~5 min，浸泡时消毒液要漫过物料，然后用流动的清水冲洗净。

（3）臭氧。臭氧作为一种强氧化剂，是一种有效的广谱微生物控制物质，用臭氧水清洗水果不仅能减少水果表面的微生物负荷，而且能破坏水果表面的细菌，有效降低水果表面的微生物数量。臭氧浓度较低时就可以达到清洁效果，而且在水果表面没有残留，是比较安全的清洗方式。作为氧化杀菌剂，它的杀菌效果是含氯杀菌剂的 1.5 倍，并且无任何化学残留。

**3. 超声波清洗** 超声波对浸入液体中的物体表面的清洗作用主要是通过超声波的"空化"作用来实现的（庞斌等，2010）。由于这种空化作用容易在固体与液体的交界处产生大量微小气泡和空泡，因而有较强的清洗作用。除了对水果表面的污染物的清除作用外，超声波的"空化"效应还可以引起农药的变化，实现有效降解有机农药。清洗效果和超声波在液体中产生的"空化"强度有密切关系。超声波清洗安全、环保，因为在清洗过程中不需要加酸或碱，清洗后的废液可直接排放无污染；同时超声波对形状不规则的水果清洗效果明显，克服了传统清洗方法如喷淋清洗、毛刷清洗的缺陷，并且对水果原料的损伤小。

**4. 清洗设备** 清洗设备的选择主要是根据水果原料的形状、比重、果皮和果肉的坚硬程度以及抗机械负荷能力等因素。其中苹果清洗常用的是充气摩擦和桨叶搅拌，对应的设备为鼓风清洗机和桨叶搅拌清洗机。

（1）鼓风清洗机。鼓风清洗机是现代果汁加工中常用的清洗水果设备，主要结构由机架、洗果槽、鼓风机及鼓泡管、水喷淋装置、输送驱动装置等部分组成。其中输送装置由压轮、链条、物料承载体、驱动装置等部分组成。物料承载体结构可根据加工物料进行选择，苹果常采用刮板输送式。鼓风清洗机结构如图 5-1 所示。

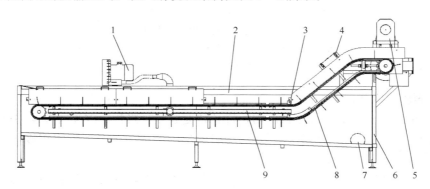

图 5-1 鼓风清洗机结构图

1. 鼓风机 2. 洗果槽 3. 压轮 4. 喷水装置 5. 驱动机构 6. 机架 7. 排水管 8. 链条 9. 鼓泡管

清洗过程：在原料清洗时，洗果槽内原料由承载体承载沿工作轨道从进料端向出料端移动，经斜面刮板提升在出料口处移出脱离洗果槽。物料在洗果槽期间，由鼓风机引入压力为 0.2~0.3 MPa 的高压空气，通过鼓泡排管均匀分布的供气孔释放，带压空气剧烈运动搅动洗果槽中的清洗水呈沸腾状态，原料受到清洗水的冲击不断地翻滚、擦磨、撞击，产生强化清洗的作用，使得黏附在物料表面的污物脱离果实表面，达到原料清洗的目的。同时，原料在刮板提升段，也会经过喷淋水的再次喷淋冲洗，最终完成原料清洗。同时，由于原料是在水中完成的翻滚，能够有效地减少物料之间、物料与设备之间的硬碰撞，从而减少物料的硬损伤，因此这类清洗机适用于组织软嫩的水果、蔬菜。

（2）桨叶搅拌清洗机。桨叶搅拌清洗机是由机架、洗果槽、桨叶、多孔筛底、传动装置等部分组成。在原料进入清洗槽后，原料在浸泡的同时又不断地受到桨叶翻转的搅拌，原料在水中始终处于上、下交替运动和水平运动之间，使物料与物料之间、物料与洗槽壁及桨叶之间相互擦摩，在上述各种机械力的作用下，附着在原料表面污物附着力减弱，最后脱离原料表面。洗脱的污物通过多孔筛筛落到洗槽底部，通过定期打开排污口闸门排出污物。由于桨叶呈螺旋形排列，在桨叶翻动原料的同时推动原料向前运动，使清洗机内原料从进料口向卸料槽口方向移动，最后从卸料口排出。桨叶搅拌清洗机结构如图5-2所示。

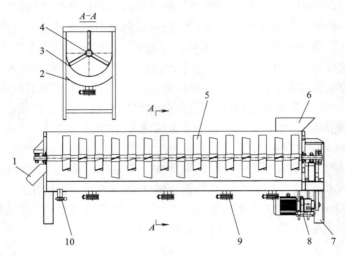

图5-2　桨叶搅拌清洗机结构图

1.卸料槽　2.洗果槽　3.多孔筛底　4.轴　5.桨叶　6.装料斗

7.机架　8.传动装置　9.舱口　10.闸门

**（二）破碎技术与设备**

破碎是依靠机械力对水果原料作用，将其转变成颗粒浆料。破碎所涉及的机械力包括挤压力、冲击力、剪切力等综合作用，以克服固体内部凝聚力，实现组织破裂以及破碎。破碎效果直接影响到果汁出汁率的高低。

破碎原理主要有三个方面：一是挤压力，即利用速度较低的钝工作面挤压水果形体使其组织形态变形，直至破裂或破碎。这种方式得到的破碎粒度不均，但操作过程的功耗低、噪声小，适合于硬度较高的原料的破碎，也可以用作水果的粗破碎。二是剪切力，即利用速度差的作用使原料碎裂。采用该种方法破碎能够得到尺寸均匀、断面整齐的碎粒物料，具有操作噪声低的特点，适用于纤维性含水量较高的韧性或低强度脆性原料的破碎。三是冲击力，即利用原料与工作部件或原料之间的高速相对运动所产生的冲击，使原料内部产生的拉应力超过原料的强度而破碎。其破碎时采用的破碎机破碎速度与物料的性质、破碎的粒度有关。这种方法所得到的破碎物料粒径分布范围宽，该类型设备具有结构简单、通用性广等特点，适用于脆性物料破碎。

破碎时，果肉组织被破坏，果肉脱离果皮的保护而暴露于空气中，果肉中的多酚等物质在氧气及多酚氧化酶的催化下迅速反应，导致苹果在破碎后颜色迅速由浅色变为深褐色，这种颜色变化主要因素是酶促褐变，主要发生在苹果破碎过程；非酶褐变变化缓慢，是苹果汁在储藏期发生颜色变化的主要原因。国内外研究多集中在控制酶促褐变技术方面，主要方法有添加化学抑制剂降低酶促程度、通过技术装备降低多酚氧化酶活性等方式。在化学抑制剂方面，多采用盐类（亚硫酸钠、偏重亚硫酸钠等）、有机酸（柠檬酸、维生素C等），对破碎过程中酶促褐变有较好的控制作用。但是在实际产业化中，各化学抑制剂的使用首先要遵守国家法律法规的要求、范围及添加量，要严格执行相关国家标准，其次要考虑化学抑制剂的使用对苹果汁口感、风味的影响。

除化学抑制剂外，新的防褐变技术与装备也成为研究热点。高温蒸汽灭酶技术是把高温蒸汽提前通入苹果浆破碎机器，并在持续的蒸汽环境中对苹果进行破碎。赵光远等（2007）研究了在苹果破碎时通入蒸汽处理，发现通过蒸汽使果浆温度达到92℃以上，多酚氧化酶发生热失活，苹果汁的色泽可得到有效改善并且增加了果汁的浑浊稳定性。

微波处理技术：在微波条件下对苹果原料进行处理，通过微波热效应使多酚氧化酶失活，研究发现微波处理鲜切苹果，不仅可以提高出汁率，还能有效抑制多酚氧化酶的活性，减少苹果汁的褐变。虽然从理论上来讲，这些技术可以有效控制褐变，但是在装备与效率方面离产业化应用仍存在一定的差距，未来还需要广泛深入的研究。

苹果等仁果类原料破碎操作主要应用的破碎机有冷破碎机、锤式破碎机、鼠笼式破碎机和刀盘式破碎机等类型。

（1）冷破碎机。直接将果肉与果皮、果籽分离，将清洗、拣选后的水果由进料关风机进入并均匀地输送至打浆转子上，转子前面的短刀首先切割原料，由于打浆转子高速旋转，使转子镶嵌的固定浆板与筛网相对运动，可完成果汁果肉的提取，并使果皮、梗和籽与果肉有效分离（冷提取）。同时，水果原料可进行低温处理以降低多酚氧化酶的活性，在冷破碎设备中可增加氮气、二氧化碳等惰性气体的保护，进一步降低果肉的酶促褐变，提高鲜榨汁的品质，因此，冷破碎机在鲜榨汁加工中是重要的加工设备如图5-3所示。此过程不需要破碎机破碎这一工序，得到的果浆可直接送入高效果浆预热器中进行灭酶处理。

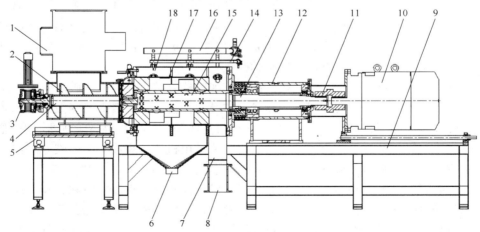

图5-3 冷破碎机结构图

1.进料关风机 2.喂料螺旋 3.进料电机 4.进料壳体 5.进料支架 6.出浆口
7.出渣口 8.出料关风机 9.支架 10.主电机 11.联轴器 12.动力箱体 13.动力轴
14.加辅料口 15.打浆辊 16.喷淋口 17.筛网 18.打浆筒

（2）锤式破碎机。利用高速旋转的锤片，对物料施加作用力而进行破碎的一种设备。由于破碎存在强烈摩擦、擦撕与剪切作用，不仅适合脆性物料破碎，同时对韧性物料甚至纤维性物料也能进行粉碎，所以又称为万能破碎机。锤式破碎机结构包括壳体、进料口和出料口、电机、转子、锤片、筛板等几个部分。

①壳体。是物料破碎的空间场所，所有的破碎均是在破碎机的壳体内完成的；同时也是破碎机构成的支架，它将破碎机的各个部件，包括转子、筛板、进料口和出料口有机整合形成整体。

②锤片。锤片是锤式破碎机的主要部件，常用的锤片形状有多种，其中最常用的是矩形锤片。矩形锤片上、下两端有对称销孔。一端销孔铰接在与转动主轴固接在一起的圆盘或三角盘上，锤片在圆盘或三角盘上由轴套间隔定位分布，以上零件组合称为转子组件。锤片完成安装后，在使用前需要对装好的部件进行动、静平衡试验。

③筛板。在破碎机的底部装有出料筛板，以采用不锈钢托架固定。筛板的孔径规格可根据生产工艺需要来确定，筛板孔径大小直接决定着物料破碎粒度的大小。若需要调整破碎物料粒径规格，可根据需要更换相对应孔径的筛板。通常，筛板的孔径为 10～20 mm，锤片与筛板的径向间隙为 5～10 mm。锤片磨损间隙变大会导致物料粒径变粗，此时可调整托架两端的偏心轴进行校正。

锤式破碎机特点是生产率高，遇刚性杂物（如石头等）可被推起而不易损坏设备。锤式破碎机的破碎过程是没有选择性的，对果浆颗粒的大小是无法控制，因此果浆的破碎程度主要取决于筛板的孔径。锤式破碎机结构如彩图 5-1 所示。

在电动机的驱动下破碎机体内的转子高速旋转，因离心力的作用将锤片甩起，方向同转子转动方向一致。原料由喂料口进入破碎机后受到转子上若干锤片的打击，然后在打击力、挤压和摩擦力的共同作用下完成破碎。当破碎的浆料粒度小于筛板孔径时，浆料通过破碎机底部的筛板网孔落入到果浆料罐中；而大颗粒物料不能通过筛板网孔则在破碎机体内继续破碎，直至破碎颗粒通过筛板网孔落入到果浆料罐中。

（3）鼠笼式破碎机。由破碎机机体和作回转运动的人字形三叶旋浆破碎器、螺旋喂料器、鼠笼筛筒、传动装置等构件组成。在鼠笼筛筒的下部位置的筛筒壁上轴向平行安装齿形刀片，刀片安装位置约占圆形筛筒圆周的一半（180°），数量约十几支。在刀片与刀片之间平行分布出料槽，相当于普通破碎机的筛板孔。

当苹果进入破碎机机体后，由电机带动螺旋喂料器旋转将原料推进破碎腔内。高速旋转的叶轮将原料抛向带有锯齿形刀片的筒壁，在叶轮推动下，物料沿筒壁做圆周运动。叶轮与鼠笼筛筒内破碎刀齿相对运动产生撞击及切割作用，将物料破碎至所要求的规格尺寸。破碎的果浆颗粒通过刀片与刀片之间的排料槽排出机体，完成苹果的破碎。粒径规格大于排料槽缝隙的浆料被拦截继续破碎，直至浆料能够通过排料槽间隙从破碎机中排出。这种破碎机破碎的颗粒大小均匀，可获得较优质的榨汁浆料。由于推料和破碎迅速，果浆物料与空气接触时间短，特别适合于苹果的破碎。鼠笼式破碎机结构如图 5-4 所示。

（4）刀盘式破碎机。破碎机是由进料螺旋、快速旋转破碎刀盘、粒度调节装置、主控电机、螺旋过载保护装置、机架等部分组成。苹果原料由进料口进入破碎腔内，在送料螺旋的作用下，物料沿输送螺旋轴向被送至破碎区。在破碎区内由于破碎盘的高速旋转，苹果被装在破碎盘上的锯齿状刀片撞击、摩擦、剪切而破碎。破碎过程可通过粒度调节装置

图 5-4 鼠笼式破碎机结构图

1.破碎机机体 2.螺旋喂料器 3.三叶旋浆破碎器 4.鼠笼筛筒

改变排料出口处的排料间隙，控制物料破碎粒度。采用刀盘式破碎机破碎原料，影响破碎效果的主要因素有：破碎盘转速、排料槽间隙宽窄、破碎刀片的锯齿尺寸，可根据具体破碎原料的特性和生产工艺要求进行调整。刀盘式破碎机结构如图 5-5 所示。

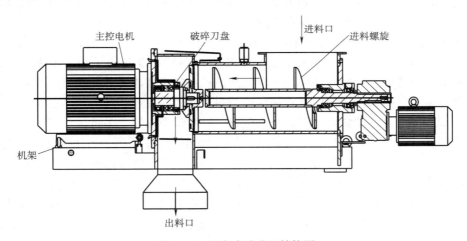

图 5-5 刀盘式破碎机结构图

需要注意的是，由于破碎机均属于高速运转设备，为降低设备启动负荷，要求所有破碎机设备在开机前确认破碎机体内不得有原料存放，待设备运行正常数分钟后则开始进料，预防因物料堵塞造成破碎机负荷过大，甚至损坏设备。破碎机在停机前先停止供料，在确认苹果原料破碎全部结束后再停机，以减少原料浪费，同时便于后续卫生清洁。

**（三）榨汁技术与设备**

榨汁是采用机械方式，通过挤压力将果汁从果块中分离出来的工艺。榨汁工艺直接影响苹果汁的出汁率及生产成本，在浓缩汁发展的前期阶段，研究人员付出大量的精力关注如何提高果汁的出汁率，包括改进设备、酶解果浆、二次榨汁等方式，目前苹果汁的出汁率已达到90%以上（含二次榨汁）。

**1. 榨汁技术** 根据压榨前果浆是否进行加热处理情况，榨汁工艺可分为热压榨和冷压榨两种形式。

热压榨技术是将物料破碎后果浆加热，然后再进行榨汁工序。热处理的作用主要有：钝化酶的活性，并抑制微生物的生长繁殖，提高产品质量，有利于稳定果浆色香味；针对组织结构密实原料，热处理可以改善物料黏度和质构，改善榨汁过程中汁液的释放，便于获取更高的出汁率；热处理还能避免产品后续浆液分层现象；果浆经过加热后，可添加合适的果浆酶制剂以便于酶解作用提高出汁率。通常，破碎后果浆经管式加热器将温度提升至 30～40 ℃，在果浆中加入适量的果浆酶进行酶解处理。果浆酶一般为果胶酶、纤维素酶和半纤维素酶的复合酶制剂，可降解细胞壁，水解水溶性果胶、纤维素和半纤维素，降低果浆黏度，有利于果汁的流出，研究表明，增加果浆酶解工艺，可使苹果自流汁的出汁率提高 5%～10%。

冷压榨技术是相对于热压榨而言的，冷压榨是指原料破碎后不经加热处理，在常温或低于常温条件下进行榨汁的一种操作方式。一般在加工初始阶段将果皮、果柄、果籽等影响果汁产品品质的不良成分分离出去。在设备中可增加氮气保护装置以防止氧化。冷压榨可以降低果浆中多酚氧化酶、过氧化酶等的活性，果皮中这些酶的活性是果肉中的几倍以上，冷压榨技术可有效去除这些酶类，从而减少酶促褐变程度。同时，可以避免果皮、果柄、果籽等含有的不良风味进入到果浆中。因此，在加工果浆类、浊汁类及鲜榨汁产品时可采用该技术，以便获得更好的颜色以及风味。

**2. 榨汁设备** 榨汁设备与工艺的选择，对果汁质量、原料的消耗、榨汁作业进度、单位时间劳动效率等经济技术指标有着重要影响。在榨汁设备选择和采用榨汁工艺方案时，首先应充分考虑到原料特性以及果汁（浆）产品技术要求等相关条件的满足程度。常用的榨汁设备有带式榨汁机、间歇式液压榨汁机及螺旋榨汁机。

（1）带式榨汁机。主要由机架、驱动电机、L 型转动辊筒、多组压榨辊、布料辊、压滤带张紧装置、加压装置、自动纠偏装置、果汁收集槽构件等几个部分组成。带式榨汁机压榨作业是连续的，因此也称连续榨汁机。这类榨汁机早期由德国福乐伟（Flottweg）、贝尔玛（Bellmer）公司生产。随着国产化进程的加快，江苏楷益智能科技有限公司等多家国内企业均可制造带式榨汁机，并且在结构上和性能方面也有良好的表现。榨汁机的辅助设备有滤带、滤带清洗系统、果汁收集容器和输送系统等。带式榨汁机结构如图 5-6 所示。

①滤带。每台榨汁机上都装配两条合成纤维（聚酯）压滤带，压滤带是最重要的汁液分离元件，同时又是果汁过滤和果浆（渣）输送的载体。值得注意的是：带式榨汁机上、下两条压滤带的长度是不同的，且不可相互替换；应按运行方向标示正确安装，切不可错误地将压滤带的正反面颠倒使用，不正确的安装将会导致滤带清洗不干净，甚至造成严重的果汁损失。

②滤带清洗系统。在果浆压榨过程中，压榨机上、下压滤带每进行一次压榨循环都会粘有果渣，残渣会堵塞履带网孔而影响果汁流出，造成果汁流失。所以，压滤带在每一次压榨完成后都要进行一次清洗。滤带清洗系统是由高压清洗泵、清洗水过滤筛、高压清洗刷及清洗刷旋转手柄等部件组成。这些部件由管线、管件连接构成了压滤带清洗装置和清洗水循环系统。

滤带清洗过程：在榨汁机上、下压滤带的适当位置各自横向安装一组高压清洗刷，清

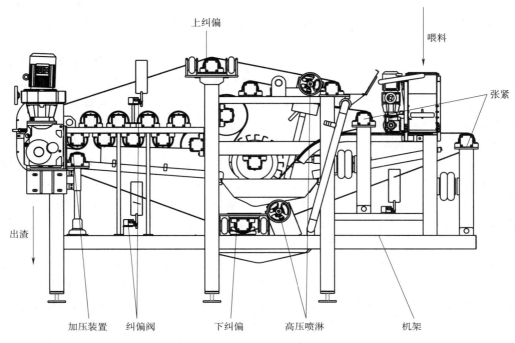

图 5-6  带式榨汁机结构图

洗刷带有特制的高压喷嘴，喷射出强力的雾状水柱穿透压滤带，将压滤带缝隙中的果渣带走，保持滤带清洁。通过旋转清洗刷旋转手柄，改变冲洗水喷射旋转钢丝刷角度，清除高压清洗喷嘴堵塞物，以此保证高压喷嘴保持较高的清洗压力。清洗工艺要求清洗刷喷嘴喷出的水柱呈扇面状分布，清洗喷嘴沿清洗刷长度方向排布，分布间距为 70~80 mm，清洗水泵保持清洗水压在 1.8 MPa 以上。

③压辊及传动系统。压辊传动系统是由电机、减速机、主动辊和若干从动辊等组成。所有辊轮安装在榨汁机的机架上，在电机及减速机的带动下，主动辊以适当的速度转动，并带动环状压滤带向前运行。上、下两条压榨滤带运行带动其他从动辊运转。保持榨汁机上、下压滤带同步移动是榨汁机能够正常运行的重点，即两条压滤带的线速度必须高度保持一致。否则上、下压滤带出现差速运动，在上、下压滤带之间产生相对运动，压滤带之间巨大摩擦力将导致压滤带损坏，甚至损坏设备。

为了保证榨汁机上、下压滤带能够同步运行，榨汁机在设计上采用了专用的蜗杆减速箱，该减速箱是在主动轴上设有两个旋向相反，其他参数一致的蜗杆，两个蜗杆分别啮合两个蜗轮，每个蜗轮带动一个输出轴。减速箱由一根主动轴输入，经减速后产生两个旋向相反、旋转速度一致的输出轴，从而带动两个主动辊，两个主动辊再分别带动上、下两条压滤带同步运动。

④张紧装置。带式榨汁机的张紧装置，是利用压缩空气为动力，由张紧气囊、张紧辊和张紧摇臂构成。在榨汁作业时，张紧气囊充气并保持 0.5 MPa 左右压力，摇臂张开使张紧辊将滤带张紧，对上、下两条滤带之间的物料施加适当的压力，保证榨汁作业的连贯运行。滤带的张紧程度，在压滤带和榨汁机强度允许的条件下，张紧度越大果浆的出汁率

就越高。在榨汁作业结束时排除气囊中的气体，摇臂收缩，压滤带恢复作业前松弛状态。

⑤自动纠偏装置。压滤带在运行过程中不可避免出现偏离中轴线的情形，在一定幅度范围内是允许的。但是，如果偏离幅度超出其限定范围就会导致压滤带张力不均，甚至会导致产生故障。因此，在榨汁机上、下滤带适当位置的边缘处分别配置纠偏装置，防止滤带跑偏。纠偏装置是由限位挡板、纠偏气囊组成。当滤带出现偏离时，滤带边缘就会触碰到纠偏挡板，纠偏挡板受力出现一定角度的倾斜，使挡板末端带有与压缩空气相通的进气调节装置发生位移，带动调整纠偏气囊进气孔开启，使得压缩空气进气量的大小和气压发生变化。由气压变化使调偏辊向前或向后移动位置，以达到滤带纠偏的目的。

⑥加压装置。所说的加压装置，实质是在榨汁机机架后端安装两个上、下相对的加压榨辊；在榨汁机两侧机架上安装气囊，一般气囊加压压力 0.4 MPa 左右，在气囊的上面安装竖立的一根不锈钢顶柱，在气囊加压时，气囊张开推动下榨辊向上施加挤压力；由于上面的榨辊升降位置是固定的，如此使上下对应的压榨辊之间形成加压运行区，以获得更高的出汁率。

榨汁工艺。带式榨汁主要依次经过预排汁区、弧形榨汁区、挤压区、加压区 4 个加工区。具体过程为通过螺杆泵和布料辊将果浆料均匀地分布在榨汁机的下压滤带上，随着压滤带的向前运动，下压滤带与上压滤带重合，并将果浆物料夹持在可透过汁液的上、下压滤带之间。由于压滤带张紧力的作用，部分果汁透过压滤带开始自流，此阶段称为预排汁区。当物料进入到弧形压榨区时，L 型压辊对果浆物料施加压力，使得果汁迅速透过压滤带流出，此阶段称为弧形榨汁区。而后随一系列压辊的直径递减，压力和剪切力不断增加，继续对果浆物料施加压力同时获得更多地汁液，此阶段称为挤压区。最后，经过 2 个加压辊（上下方向加压）挤榨，完成榨汁过程，此阶段称加压区。从压榨开始到结束所产生的全部果汁，通过下压滤带下方斜面收集盘收集，最后流入果汁收集槽中，然后通过物料泵输送到下道工序。以带式榨汁机压榨苹果汁为例，在各压榨阶段获得的果汁比率为：在预排汁阶段获得果汁量 20% 左右，在弧形榨汁区获得果汁量 30% 左右，在挤压区阶段获得果汁量 40% 左右，在加压区获得果汁量 10% 左右。而在上、下压滤带之间的浆料随着压榨的进行，大量果汁缓缓被榨出而逐渐形成渣饼，最后从榨汁机末端被塑料刮板从滤带上刮下，落入收渣槽，通过螺旋输送机送出进行二次提汁或排出室外另作他用。

二次浸提。利用第一次压榨后的果渣进行浸提后再次进行榨汁的工艺。但并不是所有的原料都采用二次榨汁工艺，对于出汁状态比较理想的原料，仅经过一道压榨就能够获得大部分有效成分，压榨后的皮渣直接排放。二次榨汁的主要工艺过程是将一榨的果渣在80 ℃以下热水中按照料液（1:1）～（1:2）比例复水后，浸提 20～40 min，然后再进行二次压榨，一般二次压榨出汁率可达 5%～10%。二次压榨要求浸提后溶液的可溶性固形物含量不低于 4°～5°Brix，否则会大大增加后续浓缩成本，且影响产品风味。

（2）间歇式液压榨汁机。最初由瑞士布赫（BUCHER）公司制造，通常称为布赫榨汁机。可用于仁果类、核果类、浆果类水果以及热带水果、某些蔬菜类等多种原料的榨汁。卧式液压榨汁机最有代表性的机型是 HPX5005i，以苹果为原料，最大加工能力为8～10 t/h，出汁率为 82%～84%，设备功率 24.7 kW，活塞行程 1 480 mm，是国内外榨汁常用机型之一。

间歇式压榨汁机主要是由静压盘、动压盘、带油缸支架、压榨筒、压榨筒转动油缸、导柱、凹槽型尼龙排汁元件以及附属的自动控制等部分组成。布赫榨汁机的关键部件是用尼龙材料制造的凹槽型果汁过滤滤芯。这种滤芯是由滤绳和滤网构成的，其中滤绳是由强度很高且柔性很强的多股尼龙线搓捻而成，沿其长度方向带有许多贯通的凹形沟槽，在滤绳表面套有滤网，形成果汁流动通道，滤芯的特殊结构具有过滤果汁的作用，可保证获得低浑浊度的天然纯果汁。滤绳两端分别固定在榨汁机静压圆盘和动压圆盘上。间歇式液压榨汁机结构如图 5-7 所示。

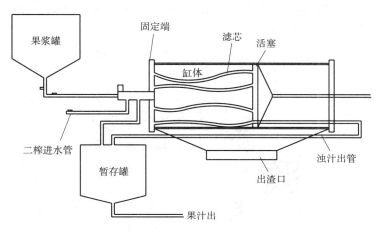

图 5-7 间歇式液压榨汁机结构图

该榨汁机的优点：一是自动化程度高，可根据原料情况调整压榨工艺参数设置；二是系统性能可靠，布赫（BUCHER）榨机采用抗磨液压油，利用液压泵调整高、中、低压，推动主活塞前进，并且装料和排渣操作可以一次或多次完成，根据生产情况优化选择，操作灵活；三是反复挤压果浆可获得最佳的出汁率，以压榨苹果汁为例一次性压榨出汁率高达 80%～85%，采用鲜水果榨汁可高达 87%；四是作业环境清洁卫生，压榨过程是在密闭条件下进行，保持系统清洁卫生，降低微生物的污染；五是适用性较广，可用于仁果类、核果类、浆果类水果、某些热带水果和某些蔬菜类等多种原料的榨汁。

与带式连续榨汁机相比，布赫榨汁机存在的缺点：一是设备购置费用高；二是由于果浆在间歇式榨汁筒（腔）内挤压时间长，果汁颜色变化比较大；三是布赫榨机要求配套能力大的破碎机。

榨汁过程。当破碎的果浆料进入压榨筒内后，榨汁系统启动自动控制程序，并控制榨机运行。活塞推动动压盘可向前、向后往复移动，同时相对于压榨筒做 5 次往复旋转，物料在压榨过程中既受到动压板挤压力的作用，同时又受到尼龙排汁元件的缠绞压力作用使果汁与果浆分离，压榨出的汁液透过滤网过滤后进入滤芯凹槽中，沿滤芯凹形沟槽流入静压板集汁腔，最后由排汁管排出。在压榨操作过程中，每次挤压完成后动压盘复位，滤绳由弯曲状态逐渐重新拉直，由于滤绳的运动使渣浆饼状态松动、破碎，然后进行下一次的压榨，反复数次，直到按预定程序结束榨汁过程。经过数次挤压后可使压榨筒内苹果渣含水率达 70%左右，出汁率达 80%～85%，获得极佳的榨汁效果。当完成最后一次压榨后，果渣由集渣口排出。

（3）螺旋榨汁机。工作原理是启动螺旋榨汁机，螺旋轴转动，具体结构见图 5-8。

当破碎后的果肉、果汁及果皮混合物通过进料斗 3 进入螺旋榨汁机，螺旋轴 5 的底径随物料运动方向由小逐渐变大，而螺距则相应地逐渐由大变小。当物料被螺旋推进时，因螺旋腔容积的逐渐缩小，从而形成对物料的递进压榨。果汁通过过滤网 6 汇集到集汁斗 8 内，较粗的纤维颗粒则通过螺旋轴 5 末端与调压头 9 锥形部分形成的环状空隙排至出渣斗 14。转动手轮轴承座 13，即可改变调压头与螺旋锥面间隙的大小。调整此处的间隙，可改变出汁率。如果间隙过小，在强力挤压下，部分果渣的颗粒会和果汁一起通过过滤网被挤出，尽管增加了出汁量，但果汁的品质会相应下降。所以，此间隙的大小应根据客户的具体工艺要求来调整如图 5-8 所示。

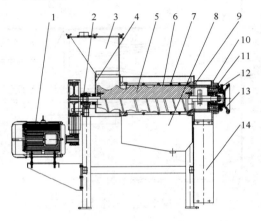

图 5-8　螺旋榨汁机

1. 电机　2. 轴承座　3. 进料斗　4. 前支座　5. 螺旋轴　6. 过滤网　7. 骨架
8. 集汁斗　9. 调压头　10. 后支座　11. 压紧座　12. 制动销　13. 手轮轴承座　14. 出渣斗

### （四）酶解、澄清技术

在苹果汁加工技术中，生物酶具有非常重要的作用。目前，生物酶解技术在苹果汁生产中普遍应用，以实现提高出汁率、果汁澄清等目的。20 世纪 80 年代初，诺维信公司率先生产出果浆酶，并应用于破碎后的果浆中，显著提高了出汁率和榨汁效率，这是生物酶制剂在果汁加工产业规模化应用的标志（仇农学等，2006）。20 世纪 90 年代，中华全国供销合作总社济南果品研究所将诺维信酶制剂及酶解技术引入中国，开展相关应用技术培训及产业应用，拉开了我国生物酶解技术发展的序幕。

**1. 常用的生物酶**　在果汁加工中常用的生物酶种类有果浆酶、果胶酶、淀粉酶。

（1）果浆酶。顾名思义，专门用于果浆处理的酶制剂。果浆酶是一种复合酶，除果胶酶外，还含有纤维素酶、半纤维素酶等其他酶。其作用是通过分解果胶，改善果浆的压榨性能，从而提高果浆出汁率。通过应用果浆酶酶解，可有效降解水果的细胞壁结构，缩短压榨时间，提高设备生产效能，提高自流汁比例，方便压榨，果渣含水率更低，便于运输，降低果汁中果胶含量，有利于果汁澄清与过滤，提高储藏稳定性。

目前，常用的进口果浆酶主要为诺维信、英联酶制剂公司、帝斯曼等公司生产的果浆酶制剂。重点介绍诺维信公司生产的 YieldMash 果浆酶，不但含有三种主要的果胶酶活性，还含有一定的半纤维素酶（鼠李聚半乳糖醛酸酶、木聚糖酶等），除分解果胶主链条外，还能水解果胶链条上的甲基半乳糖酸，更多地裂解细胞壁，便于果汁的释放。同时，该果浆酶的适用范围较广，在 20～60 ℃ 范围内均具有良好的生物酶活性，这样就减少了破碎后果浆的加热，降低了加工能耗，且作用时间短，一般作用 30 min 即可。其添加量在万分之一到万分之五，根据原料特性不同需进行酶添加量的小试试验以确定合适的添加量。总体来说，果浆酶制剂成本投入低，使用方便，出汁率提高效果明显，在清汁的加工中为必不可少的步骤。

（2）果胶酶。果汁中通常含有 0.2%～0.5% 的果胶物质。果胶酶是专门分解果胶物质的一种酶制剂。果胶酶广泛分布于高等植物和微生物中，根据其作用底物的不同，可以分为两类，一类能催化果胶解聚，另一类能催化果胶分子中的酯水解。其中催化果胶物质解聚的酶分为作用于果胶的酶（聚甲基半乳糖、醛酸酶、醛酸裂解酶或者果胶裂解酶）和作用于果胶酸的酶（聚半乳糖醛酸酶、聚半乳糖醛酸裂解酶或者果胶酸裂解酶）。催化果胶分子中酯水解的酶有果胶酯酶和果胶酰基水解酶（王小明，2013）。

果胶酶是水果加工中最重要的酶，应用果胶酶处理破碎果实，可加速果汁过滤，促进澄清等。果胶酶作用于果胶中 D-半乳糖醛酸残基之间的糖苷键，可以打破果胶分子，软化果肉组织中的果胶质，使高分子的半乳糖醛酸降解为半乳糖醛酸和果胶酸小分子物质，并且果胶的多糖链也被降解，果胶的连续降解使果汁黏度下降，原来存在果汁中的固形物失去依托而沉降下来，增强了澄清效果，提高和加快了果汁的可滤性和过滤速度。

水果本身在果实成熟过程中也会产生果胶分解酶，或者在发酵过程中由酵母菌得到，但这些酶反应过程较为缓慢，不能完全达到生产的预期目标，因此在生产中需要额外添加果胶酶制剂。通常，工业生产用的果胶酶制剂不仅含有一种生物酶，而是多种酶的复合，如果胶酯酶（PE）、聚半乳糖醛酸酶（PG）和果胶裂解酶（PL）的混合物。在应用酶制剂时，酶制剂的添加量、作用时间、作用温度、果汁 pH 等这些因素直接影响酶解作用效果。

果胶酶的作用温度一般为 10～55 ℃，在此范围内每增加 10 ℃，其活性增加 1 倍。当温度超过 80 ℃ 以上时，果胶酶容易失去活性，其最佳温度一般在 40～50 ℃。

在果浆、果汁正常 pH 范围内果胶酶制剂无影响，而当 pH 小于 2 时，应试验提高酶剂量。果胶酶的添加量应视不同的生产厂家、不同的原料特性，通过小试试验而定。用于破碎提高出汁率，通常添加 1～2 mg/kg；用于降低黏度，通常添加 0.1～0.5 mg/kg。作用时间方面，果胶酶的作用时间取决于酶的添加量和反应温度，如果果胶酶的用量减半，则反应时间须加倍。果胶酶的作用效果均随作用时间的增加而增加，但并不等于作用时间越长越好，生产时还要考虑作用温度的高低、设备的连续化程度等因素。

（3）淀粉酶。除果胶外，在压榨过程中和压榨后，淀粉会从果浆和细胞碎片进入果汁中，并在加热过程中不溶性淀粉粒转变为胶溶状态，直接影响过滤速度，同时在储藏过程中，淀粉会重新出现，造成果汁发生后混浊。特别是在未成熟的苹果中，淀粉含量高达15%，淀粉在高温下发生糊化，糊化后的淀粉可能会发生回生造成沉淀，无论如何再次加热与处理，沉淀都无法被分解。因此，需要用淀粉酶将淀粉降解为葡萄糖等小分子物质。淀粉酶是继果浆酶和果胶酶后，在苹果汁生产中很重要的一种酶制剂。

淀粉酶属于水解酶的一种，是淀粉水解的生物催化剂。按降解方式分为 $\alpha$-淀粉酶、$\beta$-淀粉酶、葡萄糖淀粉酶（糖化酶）、异淀粉酶和环糊精生成酶。在果汁生产中，常用的淀粉酶为 $\alpha$-淀粉酶和糖化酶，这两种酶制剂将苹果中的淀粉转化为葡萄糖和小分子的糖类物质，避免后续发生聚合反应而产生沉淀。

$\alpha$-淀粉酶可将淀粉长链分子水解成短链分子，以无规则的方式切断淀粉大分子内部的 $\alpha$-1,4 糖苷键而使淀粉生成糊精、低聚糖等，因产物的末端葡萄糖残基中碳原子为 $\alpha$-构形，故称为 $\alpha$-淀粉酶。使用 $\alpha$-淀粉酶水解淀粉时，要注意水解条件，影响其活性的主要因素有 pH、温度和金属离子。葡萄糖淀粉酶，又称糖化酶，是以黑曲霉变异菌株经发酵制得的高效生物催化剂。糖化酶能在常温条件下将淀粉分子的 $\alpha$-1,4 和 1,6 糖苷键切开，而使淀粉转化为葡萄糖。糖化酶作用的最适 pH 为 4～5，最适温度为 50～60 ℃。此外，由于不同时期原料果中淀粉含量不同，应通过小试试验来确定其合适的用量。通常，生产初期，原料成熟度较低，原料中的淀粉含量较高，淀粉酶的添加量相应提高；后期随着原料的成熟，原料中的淀粉降解，含量逐渐降低，淀粉酶的添加量可相应减少。

果汁中的果胶和淀粉物质具有强烈的水合能力，它们与蛋白、多酚等物质形成的络合物是果汁后浑浊、沉淀的主要原因。在生产澄清果汁时，除了离心、过滤技术外，还需要采取更加有效的措施去除果汁中蛋白、多酚及其聚合物等易混浊沉淀的物质，避免清汁在储藏期内发生后混浊、后沉淀，直接影响清汁品质。在清汁生产过程中，在离心、过滤前一般采用澄清技术即加入澄清剂，促进果汁中的浑浊物絮凝和沉淀，然后通过离心、过滤，得到澄清度和透亮度较高的清汁产品。在果汁生产中，通常使用果胶酶和淀粉酶分解果汁中的果胶和淀粉，以获得澄清、稳定的清汁（张海燕等，2022）。除了酶法澄清技术外，传统的物理澄清方法如膨润土、明胶、硅溶胶等也常用于清汁生产中，这些方法可单独使用也可组合使用。

**2. 酶法澄清**  通常果胶物质可以通过强烈的水合作用把细胞壁碎片带入有悬浮能力的浑浊物胶粒中，使细胞碎块与果汁的相对密度相适应，整个浑浊物胶粒与果汁的相对密度相等，胶粒的沉降速度为零，果汁就成了粒子悬浮液，形成稳定的胶体系统。果胶酶可以直接作用于果胶分子链条，降解果胶，使得胶体系统瓦解，同时一部分带正电荷的蛋白质暴露出来，随着混浊粒子之间的静电排斥力降低，会聚合在一起形成大颗粒物质并最终沉降下来。此外，还可添加带正电荷的澄清剂如明胶，加速大分子物质的絮凝（陈娟等，2006）。

果汁中除果胶、淀粉外，还含有蛋白质、多酚等物质。在苹果原汁（pH 为 3.2～3.5）中，蛋白质呈正电性，因而能够与呈负电性的果胶物质聚合，形成悬浮状态的浑浊物。研究证明，水果原汁中蛋白质的相对分子质量比较低，为 16 000～24 000 Da，等电点比较高，在 pH 5.2～8.0 之间。多酚化合物在氧化后形成聚合物而沉淀出来。苹果原汁中的多酚物质含量较高，多酚物质不仅自身通过氧化聚合形成浑浊物，而且还能通过与不稳定的蛋白质发生复合反应而产生沉淀物。有时为了提高苹果汁色值稳定性，可以在榨汁工段利用多酚氧化酶促进多酚的氧化聚合，再进一步通过澄清、过滤等脱除。

应用生物酶澄清苹果汁，其澄清过程分为三个阶段：第一阶段是果胶水解，部分不溶于水的原果胶在酶的作用下转变为可溶性果胶，随着原果胶数量的降低以及水溶性果胶数量的增加，最后水溶性果胶被分解，使得果汁的黏度下降，原来果汁的浑浊体系失去了稳定性。第二阶段是自澄清，即浑浊物与颗粒物带负电荷，这些负电荷是由果胶和其他多糖提供的。在果胶等构成的保护层里面则是带正电的蛋白质，果胶水解后使带正电的蛋白质暴露出来与其他带负电荷的粒子相互碰撞，产生絮凝现象。当果汁黏度降到一定数值时悬浮胶体发生絮凝，果汁原来的浑浊状态骤然被破坏。第三阶段是悬浮胶体发生絮凝后沉淀，最终实现果汁的澄清。果胶和淀粉是否酶解完全，可采用《浓缩苹果汁》（GB/T 18963—2012）中果胶和淀粉的检测方法来进行判断，以碘试剂做淀粉检测、酸化酒精做果胶检测，均显阴性时，表示澄清过程结束。果胶和淀粉分解完全后，需要对果胶酶和淀粉酶进行灭活处理即加热处理，避免后续沉淀的产生。需要注意的是：为保持生物酶制剂的有效活性，要求稀释后的酶溶液应在 6 h 内使用完。

影响生物酶澄清效果的因素包括酶添加量、澄清温度及澄清时间。不同的加酶量或不同的温度，澄清作用时间不同。以 12.0°Brix 苹果汁为例，通常果胶酶、淀粉酶的添加量分别为 1.0～2.0 mL/t，50 ℃条件下作用时间 2 h 左右。在特定的情况下，生物酶的添加量加倍，澄清作用时间减半也可获得同样的澄清效果。

**3. 物理澄清**

（1）明胶。明胶是动物胶原蛋白经部分水解衍生的相对分子质量为 10 000～70 000 的水溶性蛋白质（非均匀的多肽混合物）。当制明胶时，可用酸性或碱性溶液处理原料，所以可分为酸性明胶和碱性明胶。对于果汁的处理，一般选用酸性明胶，在低 pH 下酸性明胶溶液带有较高正电荷，可与果汁中带负电荷的多酚、单宁等物质形成絮状沉淀物，使果汁中的悬浮颗粒被缠绕而随之下降，果汁达到澄清的效果。明胶的用量因果汁和明胶的种类不同而不同，故对不同的果汁需要在使用前进行澄清试验，然后确定其使用量。明胶用量要适当，用量过多，不仅妨碍凝聚过程，反而能保护和稳定胶体，影响果汁的透明度。

（2）硅溶胶。硅溶胶是二氧化硅的透明溶液，其固形物含量在 15%～30%，在果汁中，带负电荷的硅溶胶与正电荷的明胶反应，从而达到絮凝和澄清的目的。一般硅溶胶不需要前处理就可直接加入果汁中，其加入量要依据明胶需要量而定。当硅溶胶浓度为 15%时，需要添加明胶用量的 5～10 倍；浓度为 30%时，则需要 3～5 倍的明胶用量，最适添加量需试验确定。

（3）膨润土。也称皂土，是天然膨润土精制而成的无机矿物凝胶，其主要成分是蒙脱土，一种水合硅酸盐。早在 20 世纪 30 年代初，膨润土已应用在葡萄酒的澄清剂中。直到 60 年代初，膨润土才与明胶结合使用。除沉淀蛋白质外，膨润土还可以去除果汁中的单宁。

为了提高沉降速率和澄清效果，在苹果清汁生产中，酶解澄清和传统澄清技术通常结合使用，苹果汁中加入适量果胶酶和淀粉酶进行酶解澄清作用，待果胶和淀粉酶解完成后，添加复合澄清剂如明胶、硅溶胶、膨润土等进一步将苹果汁的大颗粒物质进行吸附沉降，以提高果汁的澄清度及过滤速率。但随着过滤技术及装备的提升，物理澄清工段可以省略，避免大量加工助剂的使用及污水的处理。但也有研究表明，传统的物理澄清技术可以提高苹果汁储藏期间色值的稳定性。因此，在工艺的选择中，厂家可根据实际的产品需求和设备投资预算，进行加工工艺与技术参数的筛选。

（4）壳聚糖。壳聚糖是氨基葡萄糖的直链多聚糖，是由甲壳素脱去乙酰基得到，脱乙酰程度不同导致壳聚糖性质差异显著。壳聚糖是一种高分子碱性多糖，可结合酸或酸性化合物的氢原子（与其所含有的氨基上氮原子上有一自由电子对导致），最终变成带正电荷电解质，这种电解质可中和果汁中带有负电荷的多酚、果胶等大分子等物质，使其絮凝最终沉降。由于甲壳素是自然界最丰富的有机化合物之一，近 20 年来，甲壳素和壳聚糖的研究广泛，壳聚糖用于苹果汁的澄清，可使总酚含量由 138～153 mg/L 降至 84～89 mg/L，蛋白

111

质含量由 0.782~1.423 g/L 降至 0.447~0.796 g/L，果胶由 0.87~1.25 g/L 降至微量，使苹果汁的透明度大为增加。

影响果汁澄清效果的因素很多，如果汁温度、黏度、pH、处理步骤、搅拌器、混合时间等。应注意为了确定不同条件下的澄清剂用量，必须预先进行实验。为了便于观察和计算，一般取 10 支盛有一定量果汁的量筒，加入不同量的澄清剂，充分搅拌后，静置 48 h 即可判断澄清效果。为了避免澄清加入过量，不是选取澄清最快为标准，而是选取澄清剂加入量最少且效果好为标准。在实际生产中，要选择合适的澄清剂与澄清工艺，可以几种澄清剂结合使用。但只有操作简单，周期短，费用低，才能在实际生产中广泛应用。

**（五）分离技术与设备**

在果汁及其饮料加工中，对于果肉型果汁（果浆、浊汁及鲜榨汁）的加工，需要通过离心分离去除部分果肉，以调节果汁中的果肉（不溶性固形物）含量，提高其储藏期的稳定性。在澄清果汁加工中，可以通过离心分离进一步去除果汁中的悬浮颗粒、残渣和部分果肉、凝聚沉淀物等微小固体颗粒。另外，在加工副产品回收方面，例如柑橘皮精油回收操作，离心分离是不可缺少的工艺步骤。

常见的分离设备有卧式离心机、碟片式离心机等。两种离心机对果浆中果肉含量要求不同，一般卧式离心机处理的果浆中果肉含量较高，而碟片离心机则在果肉含量小于 5% 时处理效果更佳，因此可根据进料果肉含量选择不同的离心方式。

（1）卧式离心机。主要是利用离心沉降原理分离果肉与果汁的设备，物料经加速后进入转鼓，在离心力场的作用下，较重的固相沉积在鼓壁上形成沉渣，较轻的液相则由排液口排出。具体工作原理如彩图 5-2 所示。

悬浮液经进料管和螺旋出料口进入转鼓，在高速旋转产生的离心力作用下，比重较大的固相颗粒沉积在转鼓内壁上，与转鼓作相对运行的螺旋叶片不断地将沉积在转鼓内壁上的固相颗粒刮下并推出排渣口，分离后的清液经液层调节板开口流出转鼓。螺旋与转鼓之间的相对运动，是通过差速器来实现的，其大小由副电机来控制。

（2）碟片离心机。具有分离效率高、处理能力高、连续化作业、自动化程度高等优点。碟片式离心机剖面如图 5-9 所示。碟片式离心机除用于去除果汁中的微小固体颗粒分离外，还可用于澄清后的果汁进一步去除凝聚沉淀物质的分离，有利于超滤。

碟片离心机是由转鼓、碟片组、机盖、传动系统、控制系统、机座等部分构成。在机座内安装的电动机，通过离心离合器、水平轴、一对螺旋齿轮及主轴带动转鼓转动。机壳大部分为圆筒形或圆锥形结构，机壳下部固定在机座上，上部装有悬浮液进料管和分离液排出管。转鼓是离心分离机的核心部件，转鼓直径为 350~550 mm。在转鼓内装有采用不锈钢材料制造的厚度 0.2~0.6 mm 的碟片组；碟片锥顶角度为 60°~100°，碟片间距为 0.5~1.2 mm，碟片呈倒锥形安装；各碟片形状相同，碟片组的碟片数量一般为 50~180 个，碟片的数量越多分离机分离能力越大；在碟片上有开孔，开孔均匀分布在两个不同半径的同心圆上，叠摞起来的碟片开孔能上下串通，形成若干垂直通道，成为原料进入碟片空间的通道。

碟片离心机分离过程如下：驱动装置带动转鼓高速旋转，当料液从分离机顶部主轴旁侧进液管进入转鼓并到达转鼓底部，料液由最下方碟片的开孔处折向上方流动，并分配到各碟片空间。料液随转鼓带动高速旋转，在离心力的作用下，物料在碟片间隙狭小通道内

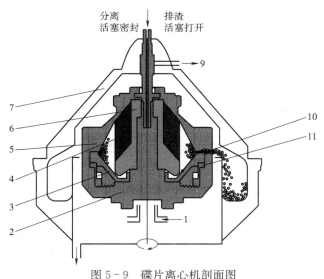

图 5-9 碟片离心机剖面图

1. 操作水  2. 转鼓  3. 大活塞  4. 碟片  5. 密封环  6. 碟片架
7. 机盖  8. 进料  9. 澄清液  10. 渣  11. 活塞环

形成薄层分离，同时形成流动方向相反的两种液流，即物料组分中密度较小的轻液（澄清料液）通过碟片向转鼓中心方向移动，汇集在加料管周围的环隙空间，最后在分离机上方的出料管排出；物料组分中密度较大的重液通过碟片向转鼓外缘方向移动，然后集中在转鼓的上部位置，最后在分离机上出料管中排出；分离液中的颗粒物沉降到碟片表面上，然后向碟片边缘滑动进入分离机排渣腔，最后经排渣口排出。

### （六）过滤技术与设备

过滤是一种机械过程，通过使液体流经多孔屏障去除不溶性固体来进行澄清。压榨得到的果汁或经酶解处理后的果汁中仍含有多种固体颗粒，包括果肉碎屑、多酚、蛋白质、果胶等，在后续的储藏中会发生聚合沉淀而影响产品品质，因此为得到更加稳定的清汁产品，在酶解和澄清工段后，过滤是非常必要的。常用的过滤方法有压力过滤、真空转鼓过滤、振动分离以及超滤。

**1. 压力过滤**  其优点是所获得的滤渣水分含量低，可以通过再循环滤液或通过预涂来产生干净的滤液。压力过滤时需要使用助滤剂和预涂层。当果汁中果肉含量较多或较为混浊，带有难以过滤的细小颗粒时，可以使用助滤剂。另一方面，预涂层是在滤板上形成具有已知渗透率的厚介质，形成过滤屏障截留固体颗粒。食品工业中常用的助滤剂和预涂层材料是硅藻土、珍珠岩、纤维素等，常用设备有硅藻土过滤机、纸板过滤机。

**2. 纸板过滤**  常与硅藻土过滤机配套使用。经过硅藻土过滤后在过滤液中残留的悬浮固体物已经不多，所以不需要容纳大量滤饼的滤框。滤板的正反两面均铣有沟纹用于导流汁液，在两板之间夹持滤纸片。滤纸一般厚 2～3 mm，通常是用纸浆纤维和石棉纤维混合物制成，兼有筛分和吸附两种作用。纸板过滤机过滤通常是串联在硅藻土过滤机之后，料液进入进料通道，然后流入过滤板进料侧，在纸板的截留、深度效应和吸附作用下，各类悬浮物或固形物沉积在纸板上，澄清液则透过纸板由出口通道流出。为确保能精密过滤，纸板两边的压力差不应超过 0.15 MPa，以免过滤纸板结构发生变化而影响过滤质量。纸板过滤机单位面积过滤能力为 0.1～0.16 m³/（m²·h）。

**3. 真空转鼓过滤** 可以连续运行，且易于控制操作参数，比如滤渣厚度。当苹果清汁需要非常高的透明度时，可以增加此过滤。在过滤前，需要在滚筒板上预涂适当的助滤剂如珍珠岩、硅藻土。刮刀朝着滚筒缓慢移动，并刮掉一层含分离固体的预涂层材料。这种操作使分离出的不溶物质持续地被清理，干净的预涂层使得过滤可以连续运转。在预涂层过滤器中，整个鼓面都处于真空状态。

真空转鼓过滤机由转鼓、气源分配阀、传动控制等几个部分组成。转鼓是一水平的旋转圆筒，其主体直径 0.3～4.5 m、长度 3～6 m。圆筒的外表面为多孔筛板，在筛板外面覆盖一层滤布。在转鼓内部沿转鼓长度方向焊接扇形格板（筋板），将转鼓径向分隔成若干（10～30 个）扇形格室。每个扇形格室有单独孔道与空心轴内的孔道相同。而空心轴内的孔道则沿轴向通往位于转鼓轴端并随转动轴旋转的转动盘上。转动盘和固定盘端面紧密分配，构成一种特殊结构的气源分配阀，也称气源分配头。气源分配阀的固定盘上分成若干个弧形空隙，分别与减压管、洗液储槽以及压缩空气管路相通。当过滤机转鼓旋转时，借助气源分配阀动作，依据每个扇形格室传动时所处不同位置进行真空和加压气源切换，使得过滤机转鼓持续地吸滤、洗涤、脱水、卸料循环操作。

转鼓转速控制系统采用二级齿轮减速装置，为实现稳定过滤由交流变频器无级调速控制转鼓转速，通常转鼓转速为 0.1～2 r/min，以此获得稳定的真空过滤效果。在转鼓的整个过滤面上，过滤区约占圆周的 1/3、洗渣和吸干区占 1/2、卸渣区占 1/6，各区之间有过渡段。

**4. 振动分离** 利用筛网的震动来进行筛分，多用于筛分细碎物料。在果汁中悬浮物含量较高，通常采用振动筛来进行粗果肉的分离。苹果汁粗分离用振动筛的振动次数一般为 900～1 500 次/min，最高达到 3 000 次/min。振幅范围为 0.5～12 mm，筛面的倾斜角度为 0°～12°。振动筛优点是筛分效率可高达 80%～95%，筛分原料粒度范围大，单位面积产量大，筛网孔隙堵塞较少。缺陷是需要专门配置振动设备，动力噪声大。

振动筛过滤，多数选择 80、120 目不锈钢过滤筛网。果汁在筛网面上作错流流动，透过筛网进入果汁槽中被输送到下道工序。过滤筛网面在设计上具有一定的倾斜角度，被过滤筛网拦截的悬浮物在过滤机配置的振动板的振动作用下沿筛网的倾斜角度向前移动、积聚，滑落在截留物收集槽中，最后由螺杆泵输出排放到皮渣中。在振动筛分离过程中，由于振动筛的振动作用对筛网截留物实现自清理，因此在过滤过程中不会出现滤饼层。通常，振动筛分离物料的能力以及分离效果主要取决于振动筛设备的型号、过滤筛网规格的选择。几种过滤筛外形结构如图 5-10 所示。

曲面分离筛

圆筒回转筛

圆形振动过滤筛

图 5-10　几种过滤筛外形结构图

**5. 超滤** 以膜两侧的压力差为驱动力，当分离介质流经超滤膜表面时，在压力的作用下超滤膜允许水、无机盐及小分子物质通过，截留分离液中悬浮物、胶体、蛋白质和微生物、大分子有机物等成分，以达到溶液的分离、净化、浓缩的目的。所谓超滤是介于微滤和纳滤之间的一种膜过滤方式，超滤膜孔径为 1~50 nm 之间。但在实际应用中一般不以孔径表征超滤膜分离特性，而是用截留分子量来表征，用于表征超滤膜的切割分子量一般介于 1 000~100 000 D 之间（任建新，2003）。

（1）超滤技术。随着近年来膜孔材料的发展，超滤技术在果汁生产中基本成为必需工艺。膜由多种材料制成，包括烧结金属、陶瓷和聚合物。为了排除小于 0.1 mm 的物质，使用聚合物膜是迄今为止果汁加工行业中最流行的过滤方法。每单位膜面积上有数百万个小孔，可使水和低分子物质通过，而大颗粒物质则被阻隔。

超滤膜的物理结构可以看作是由两层过滤层和一层支撑层组成的。过滤层其中的一层是超薄、具有一定孔径的膜活性过滤层，膜孔径为 1~50 nm，在传质中具有选择性的筛分特性，对溶液的分离起主要作用；而另一层是相对较厚具有海绵状过滤层（孔径约 0.4 μm）；最外层为支撑层，起到活性层的载体作用，基本上不影响膜的分离性能。在超滤过程中，有时会发现某些粒径小于表层平均孔径的小颗粒也能被截留下来，这是因为超滤膜的分离机制是膜表层孔径的机械筛分和膜表面的化学特性引起的筛分同时作用的结果。也由此说明，超滤膜孔结构是截留分离物的重要因素，但这并不是唯一的因素。在膜的选择时应注意材质、强度、透水及截留性能等技术特性。要求水和小分子透过速度快，膜的机械强度好，膜的截留性能敏锐，抗溶剂溶解及抗侵蚀能力强，对被截留物质的吸附性极小。在膜材料选择时应充分考虑膜的亲疏水性、荷电性、膜的截留率以及膜组件构型等对膜产生的污染及影响程度等因素。

目前，在果汁制取清汁生产中使用的膜多是管式膜，管式膜组件因料液通道截面大，无须严格的前处理就可直接分离固形物含量较高的果汁。膜组件材料为聚砜或聚偏氟乙烯，膜的规格为：单管内径 12.5 mm、长 3 050 mm 或 3 500 mm，每支组件由 19 根膜管组成，膜面积 2.25~2.5 m²。美国 Koch 公司的一种膜组件管内径仍然是 12.5 mm，膜组件有 19 根膜管和 37 根膜管两种形式，由 37 根膜管组成的组件单支膜面积 5.21 m²。聚砜或聚偏氟乙烯膜组件可在 pH 1.5~10.5、温度 1~55 ℃、压力 0.62 MPa 条件下工作。目前用于苹果制取清汁的超滤装置过滤面积最大可达 500~600 m²。

（2）超滤装置。管式膜超滤装置包括由机架、膜组件构成的分离系统；由循环泵、产品泵以及相应管路构成的物料输送系统；由物料循环罐、清汁储罐、清汁平衡罐等构成的存储容器；由软化水罐、清洗罐以及清洗泵构成的 CIP 系统；由热交换、动力设备构成的附属系统；由压力、温度、动力、自动保护、程序控制构成的控制系统等若干单元。

为了保证超滤设备的正常运行，首先需要在物流输送系统中，要求与超滤系统连接的循环罐出料管的位置必须高于循环罐底 1.0~1.2 m，以此避免每次开机时高浓度不溶性固形物进入到超滤系统中；其次在循环管道上还需要增设一条旁通管道，在超滤作业之前先进行循环罐内的物料自循环，同样为了避免高浓度罐底物料直接进入超滤装置；最后在物料进入超滤循环罐前端还需要设置管道过滤器，作用是拦截金属、机械碎屑等硬物，预防上述各类硬物进入膜分离系统，对超滤膜管造成伤害。

超滤膜组件水平安放在超滤装置上，并且膜组件与分离液的流向是平行的。通常，在超滤装置前配备一个容积约为 20 m³ 或 30 m³ 的物料循环罐，储备待处理料液。在果汁超滤操作中，原果汁在泵的作用下进入超滤装置。由于料液在膜组件内流动产生压力差，下膜管内料液在压力推动下，料液中的小分子溶质、汁液、糖分、有机酸等透过膜与原果汁分离进入超滤膜管外侧管壳中，随后被收集形成过滤果汁流，澄清果汁由产品泵输送到清汁储罐中。而料液中大分子或微粒物质被超滤膜截留形成浓溶液，如此，使得原果汁分离成超滤膜透过液和截留液两部分。超滤膜截留液在循环泵的压力作用下仍作高速连续流动，最后从超滤装置中移出返回到原汁储罐（也称循环罐）中。超滤工艺过程如图 5-11 所示。

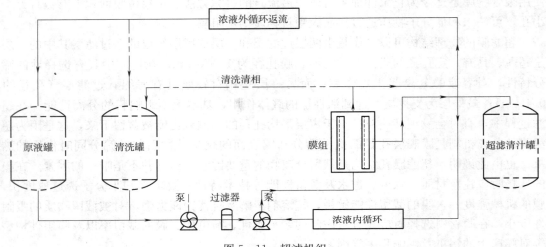

图 5-11　超滤机组

超滤工艺需要控制的工艺参数：①操作温度。综合考虑超滤效果和物料中组分的保留，一般果汁料液，超滤温度应在 50～55 ℃之间，最高不超过 60 ℃。②操作压力与料液流速。膜通量一般受膜与料液接触的边界层性质的控制。提高料液流速可防止浓差极化、提高设备处理能力。但是，当料液中溶质浓度上升或料液流速提高时会影响压力增加，使工艺过程能耗增加。因此，对于溶质浓度一定时，要选择合适压力与料液流速，避免形成"凝胶层"，以得到最佳膜透过率。③溶液与膜接触时间。当超滤运行一段时间后就需要进行清洗，此阶段运行时间称为作业周期，作业周期的变化不但与清洗效果有关，在一定时期内还与分离的物料特性变化有关，例如原料成熟度变化、胶体物质含量等。在实际生产中，若能将酶解后的澄清液取出进行超滤分离，而将凝聚的悬浮物移出超滤系统外单独进行处理，这样操作将会使超滤工艺的优势发挥得相当出色，同时又可获得极高品质的澄清果汁。④稀释提糖。为改善循环罐物料的浓度与黏度特性以维持超滤的连续运行，在超滤作业中要不断地向循环罐中补充原果汁稀释截留液浓度，以维持超滤作业持续进行。当循环罐中的截留物浓度达到一定限值时，为避免膜表面出现严重污染现象，当超滤循环液固形物含量达到 30%～50%时（一般不高于 40%），向循环罐中注入截留液体积 2.5～3.5 倍软化水稀释罐底物，然后经过超滤再次分离回收循环罐截留物中残存糖分。在罐底物糖度低于 3%时，将循环罐内的截留物全部排放，冲洗循环罐，重新开始下一批次的超滤作业。

为了减少超滤膜的膜污染和膜劣化，首先，需要正确选择超滤膜，例如选择亲水性膜，选择荷电性相同的膜，选择膜孔径或截留分子量适当的膜，选择不对称膜结构；其次，在选择膜组件时，根据分离溶液情况及工艺目的，例如用超滤分离制取清汁，则应选择过滤面积更大一些的膜组件。若截留物是产物，且要高倍浓缩，则不宜采用带隔网作料液流道的组件，应选用管式与薄层流式组件设计，这样可以使料液高速流动，剪切力较大，有利于减少微粒或大分子溶质在膜面沉积，减少浓差极化或凝胶层形成；最后，在对超滤原料进行预处理时，如果原料是果汁，那么在超滤前首先采用80～120目筛网粗过滤分离果汁中悬浮物；通过巴氏杀菌处理，防止料液中微生物对超滤膜构成的生物性劣化；果汁料液必须是经过充分的酶解处理，以提高物料的流动性和提高膜的渗透通量。另外也可以通过添加物提高超滤效果，例如活性炭吸附与超滤相结合工艺。

超滤膜的使用需要清洗和养护。一般清洗可采用物理清洗、化学剂清洗和生物酶清洗。在养护方面，一般短时间停机时采取定期换水的方式抑制微生物繁殖，换水频次为夏季每2～3 d 1次，冬季每4～5 d 1次；若长时间停机，可采用焦亚硫酸钠溶液进行防护，更换周期为每月1次。

### （七）树脂吸附技术

为了提高苹果浓缩清汁在储藏期色值等品质的稳定性，吸附和离子交换技术在果汁加工业中应用日益广泛。目前，在澄清果汁尤其是苹果汁生产中普遍使用活性炭吸附。活性炭可吸附果汁中多酚、单宁和蛋白质等引起果汁浑浊的物质，从而达到提高果汁透光率、降低果汁浊度的目的。此外，活性炭还可吸附果汁中的色素，提高果汁色值。活性炭价格较低，对吸附介质无特异性，但是在使用时操作烦琐，劳动强度大，且为一次性使用、不能回收利用等。因此，树脂吸附技术逐渐成为研究重点，并逐渐在行业中推广应用。

用于果汁吸附的树脂是一种专用的树脂，树脂是一种化学惰性高、多孔、球形状体，具有很大的比表面积，一般每克干树脂比表面积可达560～700 $m^2$，具有很好的吸附和再生性能。树脂吸附多酚类化合物是纯粹的物理现象，对果汁的风味没有明显影响。果汁中的疏水性化合物如多酚物质及色素化合物，通过范德华力的作用被物理吸附并保持在树脂的骨架上，在树脂结构上多酚类物质不断积累，使果汁中原有的多酚物质含量不断下降，由此可去除果汁中的多酚物质，提高果汁的色值。随着吸附作业时间延长，树脂吸附多酚物质不断增加，当达到一个作业周期时吸附能力下降，果汁的色值逐渐变小，则需要进行再生处理。树脂的再生是通过提高树脂周围环境的pH，增加疏水性化合物的溶解度，多酚物质与树脂分离，通过水洗使多酚物质从树脂柱内移出，树脂的吸附能力通过再生处理得到恢复。

树脂吸附除了可以提高果汁的色值及稳定性（王思新等，2001；易建华，2001；张建新等，2008），还可以脱除果汁中的棒曲霉素、农药残留等（刘华峰，2010）。中华全国供销合作总社济南果品研究所朱凤涛研究团队研制出HD-2专用吸附树脂，探讨了苹果汁中甲胺磷、棒曲霉素和褐变成分在吸附树脂上的静态平衡吸附和吸附动力学特性，经吸附处理后，苹果汁中的甲胺磷未检出，棒曲霉毒素含量低于国际水平（<0.05 mg/kg），生产的苹果浓缩清汁达到了国际贸易要求（周元炘等，2006）。

根据是否含有离子交换功能团，可将树脂分为大孔吸附树脂和离子交换树脂。

**1. 大孔吸附树脂** 大孔吸附树脂是在离子交换吸附剂的基础上发展而来的，与离子交换剂不同的是，其在合成过程中没有引入离子交换功能团，只有多孔的骨架，其性质和活性炭、硅胶等吸附剂相似，所以简称大孔吸附树脂或吸附树脂。

　　大孔吸附树脂是以苯乙烯和丙酸酯为单体，加入乙烯苯为交联剂，甲苯、二甲苯为致孔剂，它们相互交联聚合形成了多孔骨架结构。它的理化性质稳定，不溶于酸、碱及有机溶剂，不受无机盐类及强离子低分子化合物的影响。大孔吸附树脂的吸附量与比表面积成正比，比表面积增大，表面张力加大，吸附量随之增大。孔径越大，越有助于样品中被吸附物在孔隙中的扩散速率，以充分发挥比表面积的功能。若平均孔径较小，则扩散速度慢，达不到理想的杂质分离效果。同时，大孔树脂的吸附能力还与温度相关。因大孔吸附树脂含有孔状结构，比表面积大，温度过高或过低均可改变树脂结构，降低有机物的吸附分离效果。同时吸附过程是一个释放部分热量的过程，实际应用中需要控制操作温度，以使大孔吸附树脂在最佳的温度条件下解吸和吸附。

　　大孔吸附树脂的应用范围比离子交换树脂广，主要表现在：许多生物活性物质对 pH 较为敏感，易受酸碱作用而失去活性，限制了离子交换法的应用，而采用大孔吸附树脂既能选择性吸附，又便于溶剂洗脱，且能保持整个过程 pH 不变。此外，大孔树脂稳定性高、机械强度好，经久耐用，同时其对有机物的选择性良好、分离效能高，且脱色能力强，效果与活性炭吸附效果相当。同时，大孔吸附树脂易再生，一般采用水、稀酸/碱或有机溶剂如低浓度乙醇对树脂进行反复清洗后即可再生。吸附树脂一般直径在 0.2～0.8 mm 之间，不污染环境，使用方便。不足之处在于吸附树脂与活性炭相比价格高，吸附效果容易受流速和溶质浓度等因素影响。

　　在苹果清汁生产中，通常采用吸附技术与超滤技术相结合，可有效提高果汁的澄清度和稳定性。苹果汁经过超滤处理后，再进入装有吸附树脂的树脂塔，吸附树脂可以针对性地去除果汁中残留的多酚、单宁等物质，进一步提高苹果汁的透光率、色值和浊度，达到产品品质要求。同时，吸附树脂对苹果汁的糖、酸及 pH、香气物质等没有明显影响。

　　除应用于澄清型果汁加工中，目前大孔树脂已广泛应用于工业废水处理、天然产物提取及医药生产等行业。许月卿等（2003）利用大孔吸附树脂处理含磺胺废水，实验发现DRHⅢ大孔吸附树脂对磺胺良好的吸附效果，且树脂可连续多次进行使用，仍可以达到良好的吸附解吸性能，成本相对较低，可用于大规模生产使用。同样，在辣椒素的富集生产中，大孔吸附树脂的应用效果也较好。董新荣等（2007）采用大孔吸附树脂富集辣椒素，从多种树脂中筛选出 D01 作为吸附树脂，D01 对辣椒素吸附容量可达 26.8 mg/g。

　　**2. 离子交换树脂**　　离子交换树脂是一种在聚合物骨架上含有离子交换基团的功能高分子材料。树脂骨架上所带的离子基团可以与不同的反离子通过静电引力发生作用。

　　离子交换树脂作为吸附剂，可以将溶液中的物质依靠库仑力吸附在树脂上，然后用合适的洗脱剂将吸附质从树脂上洗脱下来，达到分离、浓缩、提纯的目的。带电粒子与离子交换树脂间的作用力是静电力，它们结合是可逆的，即在一定的条件下能够结合，条件改变后也可释放出来。

　　离子交换树脂的结构主要包括两部分，一部分为高分子骨架，高分子骨架的作用是担载离子交换基团和为离子交换过程提供必要的动力学条件。制备离子交换树脂的原料非常广泛，常用的聚合物骨架包括聚苯乙烯、聚丙烯酸衍生物、酚醛树脂、环氧树脂等。为了保证树脂在使用时不被溶解，这些骨架多数情况下经过一定程度的交联。结构的另外一部分为交换基团，通常为在介质中具有一定解离常数的酸性或碱性基团（即可交换离子，如 $H^+$、$OH^-$），离子交换基团的性质决定了离子交换能力和吸附选择性。

离子交换树脂的主要功能是对相应的离子进行离子交换，交换次序依据离子交换基团对被交换离子的亲和能力差异。这些差异往往取决于多种因素，其中最重要的是离子半径、价态、化学组成和立体结构。

离子交换树脂的选择要根据分离目的和分离物质性质而确定。若分离物具有较强的酸性或碱性时，建议采用弱碱性或弱酸性的树脂材料，这样有利于提高选择性，便于洗脱。若分离物是弱酸性或弱碱性物质时，则宜采用强碱或强酸树脂处理，比如苹果汁中的果酸（主要为苹果酸、柠檬酸）可选用弱碱树脂，有利于洗脱。

在离子交换树脂中含有少量有机低聚物和未参加反应的单体以及铁、铝、铜等一些无机杂质，在使用初期这些无机杂质会逐渐被溶解释放，影响产品质量。因此，新树脂在使用前必须进行预处理，具体操作方式是采用 8～10 倍的 1 mol/L 的盐酸或氢氧化钠溶液交替浸泡，最后用清水洗至中性后方可使用。树脂因品种、用途不同，其预处理方法也有区别，因此需根据树脂品种及要求选择合适的预处理方法。

离子交换树脂在果汁中可用于果糖的生产（高振鹏，2008）。利用果汁生产果糖，需要分离出果汁中的果酸。在生产中交换时可选择弱碱阴离子交换树脂。果汁以 2～5 $m^3$/（$m^3$·h）的流速流入阴离子交换柱中，开始流出液的 pH 较高，当 pH 降至 5.0 左右时，停止吸附交换。流出液用强酸阳离子交换树脂处理后，除去流出液中的氨基酸、蛋白质等含氮化合物以及 $OH^-$ 阴离子，然后将流出液浓缩、杀菌、灌装，得到苹果果糖。

**3. 树脂吸附装置** 树脂吸附装置是采用不锈钢材料制造的两个并联的圆柱体，柱体内充填 2/3 的树脂，树脂柱的大小设计一般是根据单位时间处理的果汁量来确定的。在吸附作业时一组柱体吸附，另一组柱体再生，两组交替作业保证吸附持续进行。

### （八）浓缩技术与设备

原果汁的含水量很高，通常在 80% 以上。为了降低果汁包装、储存与运输成本，通常采用浓缩技术将果汁中的大部分水分去除，保留其可溶性物质，缩小体积和质量，通过浓缩后果汁的化学稳定性和微生物稳定性也显著提高。通过苹果浓缩清汁的可溶性固形物为 70°Brix 以上，浓缩苹果浊汁的可溶性固形物在 40°Brix 以上，浓缩倍数分别 7～10 倍、4～5 倍。

在蒸发浓缩过程所消耗的热量可以利用一次或多次，根据二次蒸汽再利用的次数，蒸发器分为双效、三效或多效蒸发器。关于蒸发器的选型，对于水分蒸发能力 2 000 kg/h 的小型蒸发系统，选择带有热压缩的二级降膜蒸发器是最佳的方案。此类型蒸发器的蒸汽消耗量大约是水分蒸发量 35%，投资费用相对较小。对于水分蒸发量大，而且蒸发器每年工作时间比较长的情况，可以考虑选择三至六效降膜蒸发器。选择这种类型的蒸发器虽然建设投资较大，但是，所增加的投资与节约的蒸汽和冷凝水带来的运行费用相对下降相比较是值得的。对于蒸发量大于 10 000 kg/h 的蒸发器，最佳的选择是配置机械式蒸汽压缩器的二效或三效蒸发器，该选择可比同样条件下五效蒸发器节约能耗成本最高达 55%。对于黏滞性小的物料浓缩，可以选择薄膜型的升膜式或降膜式蒸发器；对于果汁中含有果胶成分蒸发浓缩比较困难的黏滞性的物料浓缩，应选择强制循环型管式或板式蒸发器；对于高黏度物料的浓缩，适合选择薄膜型的刮板式蒸发器。对于热敏性物料浓缩，必须充分考虑到如何保证浓缩汁品质的稳定性问题，要求稀释的果汁或果汁饮料仍能保持与原果汁有相近的色泽、口味、感官、营养及风味。对于易起泡物料的浓缩，常采用升膜式、强制循环式蒸发器。因为升膜式高速的二次蒸汽和强制循环式较大的物料循环速度，具有破坏泡沫的作用。降膜式蒸发器的汽-液界面较大，也不宜起泡。对于易起泡的物料，除选择适宜的蒸发器类型外，有效的汽-液分离器时不可缺少的。

果汁的浓缩方法主要有低温真空蒸发浓缩、膜分离浓缩、冷冻浓缩和机械式蒸汽压缩等方式，其中低温真空蒸发浓缩是应用最广泛的一种方式。常用的低温真空浓缩装置主要有四种类型：管式真空蒸发器（包括升、降膜蒸发器）、板式蒸发器、离心薄膜蒸发器和刮板式薄膜蒸发器。

**1. 低温真空蒸发浓缩**

（1）管式真空蒸发器。分为升膜蒸发和降膜蒸发两种类型。管式蒸发主要特点是膜管管束长，一般为 6～8 m，膜管截面积小，传热效率高，热交换充分。在真空状态下低温连续蒸发，料液沿管壁成膜状流动，物料受到热作用时间短，仅数秒至十几秒，蒸发器热作用对果汁品质产生的影响很小。

①管式升膜蒸发器。管式升膜蒸发器具体结构如图 5-12 所示。在减压情况下二次蒸汽流速为 80～200 m/s，所以蒸发时间很短仅为数秒至十余秒，适用于热敏性溶液的浓缩；由于二次蒸汽流速快，具有良好的破坏泡沫作用，因此升膜式蒸发器适合用于易产生泡沫物料的蒸发；在二次蒸汽高速上升时，要使料液被拉成膜状上升就必须克服它的重力和它与膜壁之间的摩擦力，因而升膜式蒸发器不适用于黏度较大料液的浓缩。另外，由于传热温差较大，一般在 20～30 ℃，液膜侧传热分系数大，单位传热面积上料液占有量很小，因而容易在膜管内造成结晶、结垢。在传热温差过大，而加热管长径比（L/d）较大时，两种因素叠加有可能发生焦化现象。因此，升膜式蒸发器不宜用于有结晶或有易结垢倾向料液的蒸发。

在蒸发浓缩操作时果汁料液从管束下部进入蒸发器，当料液进入加热管后受热沸腾迅速汽化，生成的二次蒸汽在加热膜管内迅速上升，料液则被上升的气流沿膜管内壁撕拉成薄膜状由下向上运动，由此得名升膜式。膜液继续蒸发与蒸汽形成汽-液混合物，当这种汽-液混合物继续上升进入离心分离器内时，在离心力作用下进行汽-液分离，浓缩液从分离器底部排出即为产品，而二次蒸汽从分离器顶端排出冷凝或作为下一级蒸发浓缩效体的热源。

②降膜式蒸发器系统。由蒸汽加热控制系统及热压泵、预热器、降膜式蒸发器、汽-液分离器、冷凝器及冷凝水泵、真空系统等多单元组成，具体结构如图 5-13 所示。在果汁加工中，常用降膜蒸发器有双效、三效、五效、七效等。为保证料液能在膜管中沿内壁呈膜状态均匀分布和均匀向下流动，多数蒸发器采用多孔式料液分配器分布物料。

降膜式蒸发器浓缩过程：当物料从蒸发器上端进入蒸发器中，由料液分配器将料液均匀地分布到每支膜管中，料液呈膜状沿膜管内壁向下流动。液膜受到管壁外加热后蒸发汽化。降膜蒸发器的有效传导温差比较小，料液的汽化不在下降液膜内部，也不在加热管内壁面，而是在强烈扰动的下降膜液的外表面进行，即所谓表面蒸发，因而加热管内壁面不易结垢。产生的二次蒸汽与降膜并流向下运动，对液膜产生撕裂作用，因此更有利于蒸发。由于汽化比表面积较大，蒸汽中雾沫夹带量较少，下降液膜不必克服重力，反而可利用重力，因而对黏度较大的（0.5～4 Pa·s）溶液的蒸发也是适用的。降膜蒸发器加热管长径比一般为 100～200，亦是单流程蒸发器，所以物料在蒸发器内停留时间极短，同时适于多效蒸发及二次蒸汽再压缩利用的蒸发。

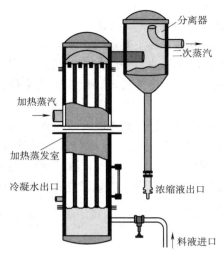

图 5-12 管式升膜蒸发器结构图

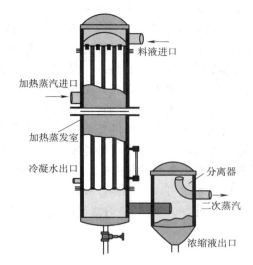

图 5-13 降膜式蒸发器结构图

（2）板式蒸发器。是一种由板式加热蒸发器和汽-液分离器组成的薄膜式蒸发器。果汁浓缩使用的板式蒸发器有双效、三效、五效蒸发器。板式蒸发器的优点是结构紧凑、占地面积小、占用空间高度有限、便于安装；物料停留时间短、传热系数高；可实现全自动化作业。板式蒸发器存在的缺陷是：加热器板片密封周边长，设备在拆卸时容易损坏密封垫圈，并且由于板片密封周边长，设备工作压力也会受到限制。板式蒸发器属于单流型蒸发器，对操作条件的稳定性控制非常重要，若是出现真空波动、供料不足、板片堵塞等情况，均易造成板片结垢。

（3）离心式薄膜蒸发器。是综合蒸发和离心分离工程原理而设计出的一种特殊浓缩蒸发设备。离心式薄膜蒸发器在蒸发浓缩料液时，在离心力的作用下，传热面上的料液薄膜层仅有 0.1 mm 厚，另外，由于转鼓的离心力作用，在蒸发器体内不存在冷凝水液膜，降低了传热阻力，使得其传热系数可达到 4 500 W/（m² · K），最高可达 8 000 W/（m² · K）。如此，物料停留时间极短仅 1 s，蒸发温度≤50 ℃，能够确保浓缩产品的色泽、风味和成分损失极小，几乎达到接近于原料液的程度，特别适合果汁以及其他热敏性液体食品的浓缩。再有，由于离心力的作用使得浓缩液与二次蒸汽分离彻底，不需要附加汽-液分离器，可溶性固形物损失小于其他类型的蒸发器。此类蒸发器不适合黏度大、易结晶、易结垢的物料浓缩。离心式薄膜蒸发器结构存在复杂，造价高；传动系统密封容易泄露而影响真空度降低；料液处理能力低等缺陷。因此，在规模化生产中应用受到限制。

（4）刮板式薄膜蒸发器。由圆筒形加热夹套、转动轴、刮板、分离器、蒸室等部分组成。蒸发器带有夹层圆形加热筒分上、下两部分，上部加热介质为高压蒸汽，下部因果汁浓度较高通常为低压蒸汽。蒸汽加热后形成的冷凝水从加热器的下端排出。当果汁由蒸发器上方进入，由圆盘形液体分布器借以离心力作用将料液抛落在蒸发室圆筒内壁上，沿筒壁依靠重力作用下流，并被紧贴筒壁的刮板刮成 1～2 mm 的薄膜。其间料液不断受到刮板的推动、剪切与挤压，形成表面不断更新、高度湍动的液膜。同时，料液在加热区受热作用水分被液化、蒸发、脱离料液，使得料液逐渐被浓缩，最后浓缩液汇集至蒸发器底部排出。被分离的二次蒸汽从蒸发器上端分离器处引出。

**2. 膜分离浓缩**　也是一种常用的浓缩设备,例如反渗透浓缩设备。反渗透通常用于果汁的预浓缩,单一的反渗透是不可完全取代蒸发浓缩的。其主要原因:一是果汁的渗透压随浓度增加而迅速升高;二是随着果汁浓度的增高,膜的浓差极化加剧,透过速率急剧下降;三是当浓度较高时,某些反渗透膜对风味物保持的选择性较低。因此需要采用特殊方法才可以将果汁浓缩到较高的浓度。

目前,市场上销售的反渗透膜一般耐压 6~7 MPa,仅用反渗透进行果汁浓缩时,以实际果汁的溶质浓度表达的浓缩极限约为 30%。用反渗透膜与纳滤膜组合进行果汁浓缩,反渗透膜和纳滤膜的操作压力均为 7 MPa 时,能得到渗透压 10.2 MPa,浓度 40% 的浓缩液。这一系统可以保证果汁在浓缩过程中颜色、香气、口味不发生明显变化,同时又可节省大量的能源。反渗透-纳滤串联组成的浓缩系统如图 5-14 所示。

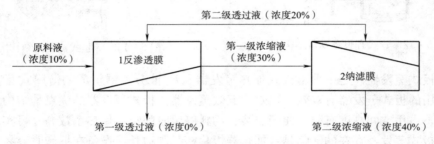

图 5-14　反渗透-纳滤串联组成的浓缩系统

反渗透膜是由三层有机材料复合制成的,因此常称为复合有机膜。表层是一层聚酰胺材料超薄致密层(0.1~1.0 $\mu$m),即为脱盐层或称活性层,活性层基本决定着膜的分离性能。在活性层下部为高透水性微孔聚砜多孔支撑层,厚度为 100~200 $\mu$m。支撑层只是起着活性层的承载体作用,基本不影响膜的分离性能。最外层为增强无纺布,它具有坚强、无松散纤维的光滑表面,无纺布提供膜的支撑强度。反渗透常用的膜主要包括醋酸纤维素膜(CA 膜)、芳香族聚酰胺膜、复合膜等几种类型。

**3. 冷冻浓缩**　通过冷冻的方式将溶液中的部分水分以冰的形式析出,再将生成的冰晶从液相中分离出来,被处理料液部分脱水而得到浓缩产品的一种方法。冷冻浓缩除去水分是依靠从液体到晶体的相转变,而不是像蒸发器那样依靠加热器液化来实现水分蒸发的。因此,能够避免挥发性芳香物质的损失,可以将液体食品中的芳香物质全部保留在产品中,特别适合易挥发性热敏液体食品或其附加值比较高的液体食品的浓缩。另外,冷冻浓缩一般是在温度 -7~-3 ℃ 条件下操作,完全可以忽略热作用、生物化学分解反应。如果在结晶器中能够有效控制温度,防止局部过冷,那么所获得的冰晶是非常纯净的,可溶性固体物损失可通过冰晶浓缩液分离技术来控制的。实践证明,对于含芳香物的液体食品,采用冷冻浓缩方法所得到的浓缩产物产品质量优于真空蒸发浓缩和膜浓缩制品。采用冷冻技术浓缩果汁,因为溶液浓度它不能超过溶液的低共熔浓度,所以最终获得溶液的浓度是有限的。果汁冷冻浓缩设备,可分为单级浓缩或多级浓缩设备两种类型。采用洗涤塔分离方式的单级冷冻浓缩设备,是由刮板式结晶罐、混合罐、洗涤塔、融冰装置、料液平衡罐、物料输送泵等部分组成。冷冻浓缩工艺图如图 5-15 所示。

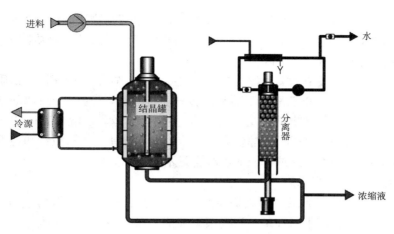

图 5-15　冷冻浓缩

　　双级冷冻浓缩是指将上一级浓缩得到的浓缩液作为下一级的原料，进行再次浓缩的工艺过程。双级冷冻浓缩系统是由料液平衡罐、结晶罐、分离机、料液输送泵、流量调节阀、相应的管路连接管与控制等部分组成。

　　**4. 机械式蒸汽压缩（MVR）**　其原理是利用高能效蒸汽压缩机压缩蒸发产生的二次蒸汽，提高二次蒸汽的压力和温度，被提高热能的二次蒸汽打入加热器对原液再进行加热，受热的原液继续蒸发产生二次蒸汽，从而实现持续的蒸发状态。由于蒸发是一个非常耗能的过程，因此能源的可用性和相对成本决定了蒸发设备的设计，越来越多的蒸发设备设计来尽可能高效地利用能源，MVR 蒸发器应运而生。由于本系统循环利用二次蒸汽已有的热能，从而可以不需要外部蒸汽，大大节省了蒸发系统的能耗。从理论上来看，使用 MVR 蒸发器比传蒸发器节省 60% 以上的能源，节省 95% 以上的冷却水，减少 50% 以上的占地面积。

　　**5. 果汁芳香物质回收**　果汁在浓缩蒸发过程中产生的水蒸气中含有果汁的芳香物质，随着蒸发的进行，这部分芳香物质会随着水蒸气的冷凝进入冷凝水中。芳香物质是果汁的特有典型物质，需对其进行回收，进行回填或作为天然香精使用。芳香物质回收过程：果汁通过加热器预热后进入蒸发器，由蒸汽加热、闪蒸，产生有挥发香气的二次蒸汽。二次蒸汽由挡板导向进入冷凝器，通过与换热器中冷却水交换冷凝成香液。香液相继进入二级、三级芳香物回收器，通过再蒸发、再冷凝提取，由此获得高浓度的香液。提香过后的果汁和冷凝水分别从芳香回收器的下部排出，果汁送往蒸发器进行浓缩。

　　带芳香物质回收装置的多效真空浓缩蒸发系统是由洗涤塔、精馏塔、蒸发器、热压泵、冷凝器、冷凝水泵、果汁泵、无香水泵、冷却分离器、芳香液泵等部分组成。在苹果汁、柑橘汁、梨汁加工中，通常采用带芳香物质回收装置的多效真空浓缩系统回收果汁中的芳香物质，这是一项非常成熟的技术，此装置设备造价低且回收芳香物质效果理想，因此，应用比较普遍。关于芳香物质提取浓缩倍数，通常是指浓缩原果汁质量与获得的香液质量的比例。在现代芳香物质回收设备中，如每 100～200 L 水果原汁可以回收 1～2 L 芳香物质浓缩液，香精浓缩倍数 100～200 倍。

　　苹果汁中芳香物质回收过程：苹果汁经预热器加热，然后进入到芳香物质回收装置。在芳香物质回收装置中，一部分苹果汁水分蒸发，芳香物质在水分蒸发过程中随水蒸气一同逸出。在芳香物质回收时以水分蒸发量为 15%，苹果芳香物质浓缩液浓度为 1：150 为最佳。有时也取水分蒸发量为 10%～12%，水分蒸发量过大或芳香物质浓缩液浓度过大，都会导致芳香物质浓缩液质量下降。

苹果芳香物质浓缩液中酯类和醇类物质为主要成分。在苹果汁挥发性物质中，低分子酯类物质占 78%～92%，以乙酸、丁酸和己酸分别与乙醇、丁醇和己醇所形成的酯为主。苹果中的醇类物质占总挥发物质的 6%～12%，主要为丁醇和己醇，其他的挥发性芳香物质还有少量的酮类和醛类物质。乙醇含量在一定程度上是评定原料质量和芳香物质质量的一个标准参数，优质芳香物质浓缩液的乙醇含量不大于 2.5%。

### （九）杀菌技术与设备

杀菌工段也是苹果汁加工中的关键控制点之一，果汁在杀菌前经过长时间的加工过程，暴露于空气中，会产生腐败菌、致病菌等细菌，同时果汁中的酶也持续在作用，因此果汁杀菌效果直接影响果汁的保质期限和保质期内的果汁品质。果汁杀菌目的是杀死果汁中的致病菌、产毒菌和腐败菌，并钝化果汁中酶的活性，使果汁在加工过程以及储藏期内不发生生物性腐败变质。理想的杀菌方法应该保证大多数微生物被杀灭，不允许有致病菌和产毒菌的存在。同时要求杀菌过程应能够最大限度地保存果汁原有的颜色、芳香、口味、营养成分和组织形态。在传统果汁加工中，主要有间接加热杀菌和直接加热杀菌两种方式。其中间接杀菌物料或产品不直接接触杀菌介质，间接杀菌设备按其结构形式分为板式杀菌器、管式换热器和刮板式换热器三种类型；而直接加热杀菌是向果汁或果浆物料中喷射热蒸汽介质，热蒸汽介质与产品直接接触实现杀菌。

因为加热杀菌技术会造成苹果汁营养、香气等的损失，因此，近年来新型非热杀菌技术一直是研究热点。常见的非热杀菌技术有超高压（HPP）、脉冲电场（PEF）、紫外线（UV）和二氧化碳（$CO_2$）等。超高压灭菌法是通过高压下微生物细胞膜通透性改变而造成其死亡。肉、鱼和农产品等食品中的细菌、酵母和霉菌通过 400～600 MPa 的高压处理进行灭菌。橙汁在 300～400 MPa 下加压 10 min 足以对营养性微生物细胞进行灭菌，但芽孢杆菌的芽孢没有被杀死。加压处理可保留风味，味道和天然营养，但不会杀死细菌孢子。因此，这些食物需要冷藏运输。脉冲电场法是在高压脉冲作用下，果汁中微生物穿透膜电位增大，当大于 1 V 后，微生物的细胞壁分离而死亡，达到杀菌的效果。由于目前非热杀菌设备与使用成本较高，因此还未广泛应用于推广。

**1. 板式杀菌器**　主体由热交换板片、密封垫片和压紧装置三个部分组成（图 5-16）。在板式交换器体导杆上，前端是固定端板，后端是压紧端板，在两端板之间悬挂若干数量的热交换板片，通过旋紧后支架上的压紧螺杆将固定端板、热交换板片以及压紧端板叠合在一起。板片与板片之间依靠周边的橡胶垫圈密封，并使两板片之间保持适当的空隙便于液体的流动。通过调节垫圈的厚度可改变板片间通道间隙的大小。每块板片的四角位置各开 1 个圆孔，借圆环垫圈的密封作用，使冷流体与热流体分别在薄板的两侧逆向流动进行热交换。在热交换器中，交器的能力取决于金属板片面和液体流动形式。金属板片面积越大，厚度越薄、液体流动的液层越薄，其热交换效果就会越好。

热交换板片的波纹结构形式对热交换器的换热效果有一定程度的影响。板片波纹结构形式有水平直波纹形、人字形波纹、倾斜波纹形等几种。板式杀菌器热交换板结构如图 5-17 所示。

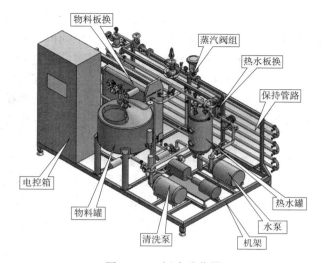

图 5-16 板式杀菌器

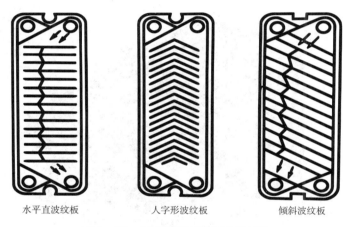

水平直波纹板　　　　　人字形波纹板　　　　　倾斜波纹板

图 5-17 板式杀菌器热交换板结构

在杀菌操作过程中，若出现物料温度未能达到杀菌要求时，由自动控制系统控制物料转向阀转换，使物料进入自动循环状态，在温度恢复正常后重新开启作业；在杀菌器中加热器水分损失是由自动蓄水器补充的；物料和热水的输送由泵、阀、管线和自动控制系统完成；当遇到突发停机状况时，为避免在加热段物料长时间处于高温状态引起焦灼，可用自来水对高温区域进行局部冷却降温。在设备操作中保持加热介质与物料同步进入换热器系统，防止单项进入在热交换系统中形成压差，造成热交换板片变形（单杨，2013）。

**2. 管式杀菌器** 一种以管壁为热交换传导面进行热交换的设备。由于物料通道宽松，特别适用于低黏度和中等黏度的均质产品的热交换处理，多用于浑浊果汁、果浆、浓缩果汁的杀菌、灭酶等加热与冷却，浓缩果汁（浆）的预热、杀菌。

管式杀菌器采用不锈钢套管代替板式杀菌器的不锈钢板片，与板式热交换器不同的是物料在套管的内层管中流动，热交换介质在内、外管之间的夹套中流动。管式杀菌器其他附属设备配置，包括水加热器、物料输送泵、阀、管路、恒温保持管、杀菌温度自动控制、加热器、自动（补水）蓄水器等，虽然管式杀菌器设备构造与板式杀菌器设备构造不同，但设备杀菌原理是一致的，所以附属配套设备、设施相接近。一般采用两根直径不同的同心圆套制成，再将多段套管连接起来构成管束，将其中的排布相同位置的组或段，称为一程。各程的内管用 U 形管相连接，而外部套管则用圆形管连接形成加热介质通道。这种换热器的程数较多，一般都是将上、下排列固定于支架上。若所需换热面积较大，则可将套管加热器组成数排上、下平行排管组，各分支排套管与总管连接。

管式杀菌器每程的长度不能过长，否则套管容易向下弯曲，并引起环隙层中的流体分布不均。通常采用的长度为 4～6 m。在安装时，每程套管向上应有一定的倾斜度，产品从杀菌器下排层进入，由下排层流向上排层，通过各程套管，杀菌后的物料设计成从上排层流出，其目的是以避免由产品带入的气泡在套管内积聚而影响传热效果。最新设计的套管式换热器有三层同心套管，在这种杀菌器中形成三个通道，其中内、外两层通入加热介质，而中间层通道通入产品，优点是产品两面都能受到加热，扩大了热交换传热面积。图 5-18 为管式杀菌机。

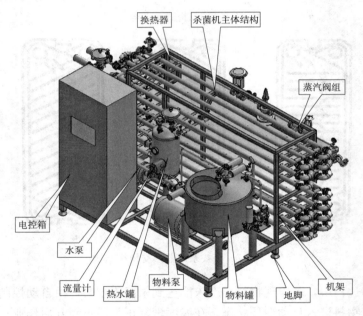

图 5-18　管式杀菌器

管式杀菌器杀菌操作：以两层（共 8 支热交换管）、四段（每 2 支管为一段）管式换热器用于苹果浊汁为例，其杀菌操作步骤：①预热，物料进入换热器下排层的两支套管内管中，在此阶段中，刚进入杀菌器的冷物料与套管外已完成杀菌的物料进行热交换完成预热，同时对于已完成杀菌的物料而言，在此阶段通过热交换实现杀菌后的物料冷却。②加热与杀菌，当物料进入到上排层的两支套管时，利用完成杀菌的热水介质对物料进行加热，加热后的热水从加热套管末端排到热水回收罐中再用蒸汽加热及循环。当物料进入换热器上排层的另外套管时，再与热水介质进行热交换进行杀菌（热水升温是由蒸汽加热器完成的），杀菌温度为 88～96 ℃、时间 30 s。③保温杀菌，杀菌后的物料进入热交换器附加的高温保持管中，持续杀菌 15～20 s。④冷却，从保持管排出物料进入到换热器下排层套管与新进入的冷物料进行热交换预冷却，最后再进入下排层的另外两支套管中，在这两支套管中通入冷却水，物料温度冷却至 12～15 ℃，最后输送出杀菌系统。

**3. 刮板式杀菌设备** 实质是一种带刮板的热交换器。刮板式杀菌设备是由带有刮板的内转筒、内面抛光的中间圆筒和外圆筒构成。在杀菌设备的内转筒与中间圆筒内面之间的狭窄环形空间，即为被处理料液的通道。在中间圆筒外部与外圆筒内面形成夹套，构成加热介质流动通道。拟杀菌料液从杀菌器一端进入，从另一端排出，在流动的过程中与夹套中流动的加热介质进行热交换，完成物料杀菌。有时为降低热能损耗，在外圆筒外侧用隔热材料进行保温防护。由金属或塑料材料制成的刮刀以松动连接方式固定于内转筒上，即为刮板。刮板由内转筒的转动带动其转动，刮磨物料使其呈膜的状态，有利于提高物料的热交换效率。

杀菌过程：料液从杀菌设备的一端进入，在杀菌器中，在刮板的作用下物料由进入端向另一端移动，物料在流动期间，电动装置驱动内转筒以 500 r/min 的转速转动，安装在转筒上的刮刀在离心力作用下紧贴中间圆筒内表面，持续清洁传热面以提高杀菌器热交换效率，在物料完成杀菌后从杀菌设备的另一端排出。刮板的作用不仅仅可以提高杀菌设备的热传导系数，同时还具有一定的乳化、混合等功能。在用于处理热敏性强、黏度高的食品时，既不会发生表面焦煳，也不会出现过度受热现象，在国外已广泛用在带肉果汁及柑橘酱生产中。

**4. 蒸汽直接加热杀菌** 是指在液体冷产品中直接喷入加热介质，通过冷、热两种液体混合进行热交换，使液体产品温度迅速上升以达到杀菌的目的。直接式热交换与间接式热交换的主要区别是直接式加热时在热交换的同时还发生物质交换。由于直接式热交换省去了传热间壁（层），因此直接式热交换器结构简单，热效率高，操作成本低（图 5 - 19）。但是，这种设备只限于用在允许两种流体混合的场合。

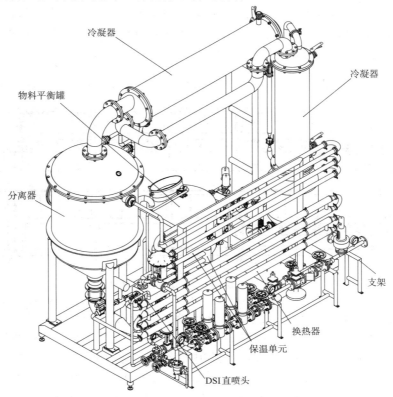

图 5 - 19 蒸汽直接加热杀菌装置

蒸汽直接加热杀菌，尽管在蒸汽和液体食品之间有很大的温差，但这类设备的加热仍是温和的。原因是加热时间很短，仅需几分之一秒；更重要的原因是在蒸汽和食品之间立即形成一层很薄的冷凝液膜，这层液膜起到保护食品免受高温的影响作用。因此，蒸汽直接加热方式允许有很高的温度梯度，这是任何间接式换热器无法做到的，所以直接蒸汽加热产品感官指标的变化很小，大大降低间接加热通常遇到的结垢或产品焦灼现象出现的可能性。蒸汽直接加热杀菌装置是由料液平衡槽、物料输送泵、预热器、冷凝器、高压离心泵、蒸汽喷射器、保温管、换向阀、真空罐、无菌泵、均质机等部分组成。

由于设备性能和保证产品质量的需要，蒸汽直接杀菌对加热蒸汽质量有严格的要求，要求所用的蒸汽必须不含不凝结气体，因为不凝结气体会影响蒸汽冷凝，并影响热交换效果。关于汽源的质量要求，应符合国家饮用水的质量标准。蒸汽或锅炉用水不应含有影响果汁产品风味的物质；在生产用水制取过程中，不得使用超出国家规定范围之外的水处理添加剂。根据生产要求，有时由蒸汽带入的水分需要除去以保持产品的浓度不变。

**5. 微波杀菌**　采用频率在300～300 000 MHz的超高频电磁波（其波长为1～1 000 mm的电磁波）对食品进行杀菌。因其频率很高，所以又称微波为超高频。波杀菌本质是热力杀菌，同时也包括非热效应杀菌部分。微波杀菌装置包括隧道式连续杀菌装置和液体食品微波杀菌装置两种类型。隧道式连续杀菌装置既可用于食品的杀菌，也广泛用于植物以及茶叶的烘干处理。隧道式连续杀菌装置主要是由微波谐振腔体（隧道主体）和输送带构成。根据需要，微波谐振腔体可组成若干立式隔室，每隔室中的介质温度、压力是各不相同的。固体食品由塑料输送带送入预热室后进入加热杀菌室，再经保温、冷却处理后移出杀菌装置，完成杀菌全过程。在这个过程中，由于热效应和微波磁场的非热效应综合作用而达到杀菌的目的（许学勤等，2008）。连续式多频振微波加热器如图5-20所示。

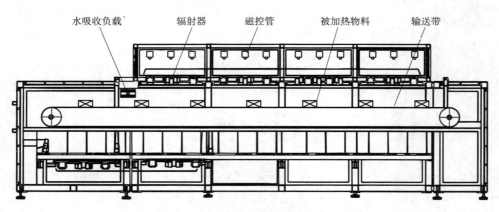

图5-20　连续式多频振微波加热器

**6. 超高压杀菌技术**　原理是把防水且软包装好的食品置于不锈钢压力容器内（以水为介质），然后通过增压器加压，施以100～600 MPa的压力并保持几秒到几分钟，破坏细胞膜、抑制酶的活性等，从而实现杀死其中的细菌、霉菌和酵母菌，起到杀菌、保鲜、延长保质期的作用。一般来说细菌、霉菌、酵母在300 MPa压力下可被杀死，酶的钝化需要400 MPa以上的压力，600 MPa以上的压力可使带芽孢细菌死亡。超高压设备的压力介质一般为水，当压力超过 600 MPa 以上时需要采用油性压媒（米璐等，2022；刘兴静等，2012；高婧昕，2020）。

　　超高压技术是一种非热杀菌技术，由于在杀菌过程中物料没有温度的剧烈变化，不会破坏共价键，对小分子物质影响较小，能较好地保持食品原有的色、香、味以及功能和营养成分。因此，近年来作为新型杀菌技术，在国际科学领域研究热点较高。在设备研发方面，国外超高压食品处理设备的研究开发较早，国际上知名的超高压加工设备制造企业有美国 Avure、瑞典 Quintus 和西班牙 NC Hyperbaric 公司。我国这几年在超高压设备的研究上也投入大量的研究力量，目前国内已有厂家可生产试验及生产用超高压设备。但目前由于超高压设备整体造价高，且一次加工产品量有限，因此在实际产业应用中还存在一定限制，仍需改进与探索（廖小军等，2021）。

　　超高压装置是由承压容器、加压装置以及附属装置等部分构成。超高压通常要求采用的压力达到数百兆帕，所以压力容器制造是超高压装置核心。通常压力容器为高强度不锈钢板制作成的圆筒形，为达到必需的耐压强度，容器的器壁增厚，这样使得整套装置结构庞大、形体笨重。新的改进工艺是在高压容器外部加装线圈进行结构强化。这与原来的单层器壁结构相比，不仅增强了设备的安全可靠性，也实现了超高压装置结构轻量化。

　　承压容器按安装形式以及占据空间划分，可分为立式和卧式两种类型。立式的占地面积小，但物料的装卸需专门装置。卧式的高压处理装置物料进出方便，但占地面积大。超高压杀菌装置如图 5-21 所示。

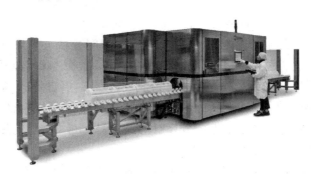

图 5-21　超高压杀菌装置示意图

　　高压装置按加压方式划分，可分直接加压式和间接加压式两种类型。直接加压式超高压装置，高压容器与加压装置是分离的，先用增压机产生高压水，然后再通过高压配管将高压水送至高压容器，使物料受到高压处理。间接加压式超高压装置，高压容器与加压气缸呈上下配置，在加压气缸向上冲程运动中，活塞将容器内的压力介质进行压缩产生高压，使物料受到高压处理。

　　超高压杀菌装置附属装置包括气缸、油压泵、循环水恒温槽、温度及压力测试装置与记录装置、计算机、TV 监控器等。为提高加压杀菌效果，高压装置通常采用高压与热共同作用实现物料杀菌处理的。这样该装置就需要配置恒温控制系统；需要安装温度、压力测量及传感以及自动记录仪装置，实现工艺过程的参数检测，并将各种测得数据输入计算机实现自动控制。还可设置电视摄像系统，以便直接观察加工过程中物料的组织状态以及颜色变化情况；物料输送装置包括输送带、提升机、机械手等，上述的物料输送设备相互配合完成物料的输入和输出。

### （十）灌装技术与设备

果汁的灌装方法有热灌装、冷灌装和无菌罐储藏等。热灌装是将果汁加热杀菌后立即灌入清洗过的容器内，密封后将瓶子倒置 10～30 min，对瓶盖进行杀菌，然后迅速冷却至室温。使用玻璃瓶时要注意对瓶子进行预热。若灌装后杀菌，则先将果汁灌入瓶内后密封，再放入杀菌釜内在 90 ℃的温度下杀菌 10～15 min。冷灌装是指将果汁冷却后，再进行灌装。热灌装比较简单，但由于灌装过程中长时间高温条件，对果汁的维生素 C、风味物质及色泽影响较大。无菌灌装可使产品达到商业无菌的目的。无菌灌装的条件是果汁和包装容器要彻底杀菌，灌装要在无菌的环境下进行，灌装后的容器应密封好，防止再次污染。

包装材料可选用直接热成型的无菌袋或无菌盒，也可在灌装过程中采用化学、物理方法如过氧化氢、紫外线等方法对包装容器进行杀菌，后者可有利于节约包装材料和能耗。包装形式可分为大包装和小包装，大包装用于储藏或工业配料用原料，常用塑料、金属桶或无菌大袋包装，小包装可直接用于商超零售，一般用玻璃瓶、塑料瓶和纸-铝箔复合材料等容器包装。

**1. 果汁热灌装**  指将脱气均质的果汁饮料通过热交换器或冷热缸迅速加热至规定的温度完成杀菌，物料在保温状态下进行灌装的一种包装方式。热灌装果汁所载有的热量应足以满足以下三个条件：一是对果汁饮料进行杀菌，使产品达到商业无菌要求。果汁饮料属于低酸或酸性食品，一般 pH 在 4.5 以下，使饮料中的菌孢难以生长。因此果汁饮料均采用常压加热杀菌，一般杀菌温度 90～95 ℃，保温时间数秒至十几秒。二是在灌装过程中整个灌装系统保持巴氏杀菌温度，防止来自物料罐、管道、阀门以及灌装设备等处的微生物对果汁饮料造成二次污染。三是包装材料或包装容器（包括盖）单独进行杀菌。根据以上要求，果汁饮料的热灌装温度应该在 85 ℃以上。待饮料灌装密封后应将容器倒置 3～5 min，使容器顶隙部分和盖能够充分接触高温物料，利用饮料的热量对容器内灌装顶隙部位及盖进行杀菌，然后进行再冷却。

热灌装具备以下特点：采用热灌装在果汁中氧气残存量低，有益于保持果汁色泽、防止维生素 C 分解、减缓保藏期间产品褐变；在热灌装时灌装容器顶隙要比冷灌装的小，在冷却后饮料包装体积收缩，既保证一定的顶隙度，又在容器内形成适当的真空，有利于果汁的保存；在热灌装过程中果汁中的酶体系活性被钝化，并采用热灌装方式，可使包装的果汁长期保持无菌状态，产品密封冷却至 25～30 ℃后可以在自然环境中储存。但是，在热灌装时由于果汁饮料处于高温状态下，与脱气、杀菌过程一样，挥发性芳香成分会有一定程度的损失。

**2. 无菌罐储藏**  是一种将经过杀菌的具有流动性的浆状果汁或果浆，在无菌条件下灌注到密闭的无菌罐中，保持一定气体内压以防止罐体泄露而被微生物污染，并控制在一定温度条件下储藏，从而实现保藏果汁的一种方法。无菌罐一次性投资较大，但对于需要再调配的果汁产品，储藏的安全性更高，其综合成本还是比较经济的。所以在一些大型的果汁加工厂中，常用此方法保藏需要再加工用的原料制品，例如，浓缩或非浓缩橙汁、苹果汁、番茄酱等产品。

无菌储罐系统是由储罐以及附属设施、巴氏杀菌系统、保护气体提供设施等三个部分组成。无菌储罐一般采用不锈钢制作或用普通碳钢材料制作，采用普通碳钢材料制作罐体内需要涂抗酸树脂涂料。一般储罐容积在 30 m³ 左右，大的可达 100 m³ 以上。当然，储罐容积一般设计较小，主要是从产品安全角度考虑，一旦出现食品安全问题所造成的经济损失会小些，这也需要根据工厂的实际情况来确定。目前，国内的一些工厂制作 300 m³ 或以上不锈钢罐储藏果汁，若其不具备无菌储藏条件，只是一种果汁储藏容器而已，则不能称为无菌储罐储藏。

无菌罐顶部有连接三通的通气管，可通入蒸汽或压缩空气，用于罐体的杀菌和冷却，以及在产品取样时向罐内加入压缩气体；在储罐的一端有进料阀，用于产品的输入；在罐体中下部适当位置安装人孔，用于操作人员进入储罐内清洗和检修；在罐底部位有底阀，用于排出罐内产品和杀菌时罐内的冷凝水；罐体内配有 CIP 清洗器，用于物料储罐体内部清洗。

无菌储罐结构分为立式和卧式两种，立式储罐较易使黏度高的产品排除，但内表面修补和清洗比较困难，卧式储罐物料卸空比较困难。

对无菌储罐的结构要求：具有一定的耐压性能，适合于蒸汽加压清洗；具有耐腐蚀性，适合酸性果汁物料的长时间存储；具有良好的密封性，能够隔绝外界的空气进入到储罐中引入微生物；具有良好的罐内清洗设施，以保持 CIP 能够达到工艺卫生要求。

**3. 果汁无菌包装** 是指经过杀菌处理过的果汁快速冷却后，然后在无菌环境条件下，将无菌的产品充填到无菌容器中并进行有效的密封。对于热敏性的果汁饮料，无菌包装是最有效的方式。无菌包装需要满足三个条件：一是果汁必须采用无菌处理；二是包装环境必须无菌；三是包装容器必须无菌。果汁无菌包装通常是由无菌灌装系统来完成的，通过该系统可完成对灌装环境和包装容器的消毒以满足无菌的要求。果汁无菌包装常用的包材有无菌袋、PET 瓶、无菌纸盒、盒中袋等，下面分别介绍这几种包装形式的无菌灌装要求。

（1）无菌袋。材料为铝塑复合无菌袋，容量一般在 10～1 000 L，通常浓缩苹果清汁、浊汁采用 250 L 的无菌袋、双头无菌灌装机进行无菌灌装。通过电脑程序控制，在无菌灌装室内由机械手完成自动换袋动作。在灌装工作时只需将无菌袋放入无菌室内的指定位置，由机械手自动完成夹紧、杀菌、开盖、灌装、封盖、送出等各项动作。由于整个灌装过程都是在密封的无菌室中完成，能够保证整个灌装过程无微生物污染。在无菌灌装或包装过程中，果汁杀菌作业与无菌灌装进度保持相对平衡，灌装物料输送流量大于灌装流量，剩余的流量回到无菌平衡罐中进行循环。在灌装过程中一旦出现杀菌蒸汽下降或杀菌温度低于设定参数，灌装系统会自动停止灌装作业，无法启动二次灌装。无菌灌装使用的无菌包装袋在出厂之前均进行了杀菌处理，能够保证包装达到无菌要求。浓缩果汁双头无菌灌装机如图 5-22 所示。

无菌包装袋的开盖、灌装以及扣盖动作，均是在无菌室中进行的，确保无菌灌装室能达到无菌状态；产品灌装量是通过质量流量计来测定和控制的。气动系统通过气缸驱动灌装头精确运动；在电控柜内装有控制盘和可编程序控制器、气动、电气和电子元件；由PLC 和触摸屏控制操作模式，具有自动化程度高和操作方便的特点。具有完备的自诊断和自我检测、自动记录等功能。

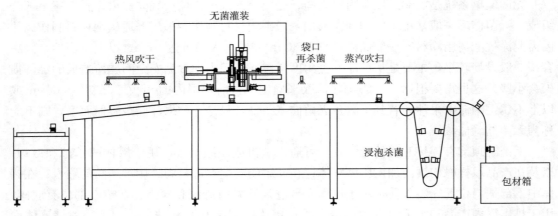

图 5-22 双头无菌灌装机

（2）PET 瓶。PET 瓶无菌冷灌装优势：与热灌装相比较整个过程物料受热时间短，灌装操作均在无菌环境下进行，灌装设备和灌装区也都经过严格消毒处理，产品的安全性能够得到保证；采用超高温瞬时杀菌技术（UHT），对物料的热处理时间不超过 30 s，最大限度地保证了产品的口感和色泽，并最大限度地保护了物料中的营养素以及维生素（热敏性物质）免遭损失；灌装操作均在无菌、常温环境下进行，产品中不需要添加防腐剂，从而保证了产品的安全性；提高了生产能力，同时大幅度降低包装材料和能耗成本。

（3）无菌纸盒。采用纸、塑料薄膜和铝箔等 7～8 层复合材料制作的。在灌装机上可一次性完成包装材料的成型、杀菌、灌装、封口和切断等操作。在灌装作业时，整卷的包装材料安装在卷纸支架上，纸带经过一系列滚轮传送到灌装机顶部；采用过氧化氢（$H_2O_2$）对包装材料与内容物接触面喷淋或浸渍杀菌，通过挤压轮挤压去除纸带表面的过氧化氢；纸带在经过封条和拉舌器时在其一侧边缘纵向粘贴封条（用于纸带制成圆筒时搭接纸带的黏合），随后包装机将平面纸带制成圆筒形状，同时采用清洁热空气喷入纸筒内吹干过氧化氢；纵向热封器沿纸筒纵向封合纸筒；随后果汁通过浮动不锈钢进料管进入到纸筒内，此时进料管位于纸筒中心部位；在果汁灌装至一定的水平位置后进料管移出，横向热封器横向热封包装容器，使容器内充满果汁不留空隙。最后，在两水平密封缝隙之间切断纸带，经过制方成形后便成为独立的长方体纸盒包装产品。这种包装形式节省材料，占用空间小方便储存和运输。

在果汁加工中，除上述一些基本包装形式之外，还有一些其他类型的包装形式，例如液体袋包装用制袋-灌装一体机、无菌包装盒中袋包装机、复合纸盒/箱包装机等，使果汁产品的包装形式多元化。

（4）盒中袋。盒中袋是液体或半液体食品既经济又安全的一种包装形式。无菌包装盒中袋包装主要由三个部分构成：一是软性的内包装袋为复合无菌包装袋；二是密封盖和管嘴，用于产品灌装和产品取出；三是硬质的防护外盒。内衬袋的铝箔层具有阻光、隔氧的作用。包装产品可承受 140 ℃蒸汽短时杀菌，经过杀菌处理过的无菌包装产品在常温下可储存半年，产品品质与低温冷藏相当，与低温及冷冻储藏相比可节省大量储运费用。

## 四、苹果汁加工工艺

根据《果蔬汁类及其饮料》（GB/T 31121—2014）分类要求，果汁主要包括果汁（浆）、浓缩果汁（浆）、果汁（浆）类饮料这几类产品。目前市场上份额较大、较受欢迎的苹果汁产品主要包括以下 5 大类：

**1. 浓缩苹果汁** 浓缩苹果汁是以苹果为原料，采用机械方式获取的可以发酵但未发酵，经物理方法去除一定比例的水分获得的浓缩液，在加工过程中不得添加食糖、果葡糖浆、梨汁或其他果汁等原料。目前已有《浓缩苹果汁》（GB/T 18963—2012）国家标准产品质量规范。浓缩苹果汁包括浓缩苹果清汁和浓缩苹果浊汁两种产品类型。果汁浓缩后不仅可以减小果汁的体积，降低运输成本；同时，浓缩苹果汁自身极高的糖度使得它不需要额外的防腐手段就可以达到长期保存的目的。因此，浓缩苹果汁在国际果汁贸易市场中需求量很大。

**2. 苹果浊汁** 近年来，随着人们对健康的不断关注，浊汁的市场价值和销量也在不断攀升。不同于清汁，浊汁含有悬浮于果汁体系的细小果肉颗粒。此外，浊汁因富含果胶、蛋白质和纤维素等营养物质而体现出比清汁更高的营养价值。

**3. 苹果浆** 苹果浆是指去除苹果的果核和果皮后得到的果浆经过进一步精制打浆后灭菌的产品，该产品原料利用率高达 95% 左右。鲜榨苹果浆，保留了苹果中原有的风味、色泽以及营养物质，且富含果肉，能最大限度地保证水果的营养成分以及纤维物质。苹果浆主要用于生产非浓缩还原汁、100% 鲜榨果浆、果汁饮料及食品配料。

**4. NFC 苹果汁** NFC 果汁，中文为"非浓缩汁还原果汁"，意思为非浓缩汁加水还原而成的果汁，是水果经压榨后直接经杀菌进行包装的产品。随着消费者对营养、健康食品的需求增加，传统的浓缩还原型苹果汁已经不能再继续满足人们的消费需求，而具有新鲜水果色泽、质构和风味的 NFC 果汁则越来越受到市场的认可。

**5. 苹果汁饮料** 苹果汁饮料是以上述的浓缩苹果汁、苹果浊汁、苹果浆其中的一种或几种为原料，添加或不添加其他果汁和（或）食品添加剂，经加工制成的制品。浓缩苹果汁可直接加适量的水还原为苹果清汁或苹果浊汁产品。由于苹果风味较柔和，易于与大多数水果果汁复配而生产苹果复合汁饮料产品。

根据苹果汁不同产品的质量要求，需要选择适宜的加工技术和装备。这里简要介绍几种苹果汁产品的加工工艺流程及操作要点，供生产、试验参考。

### （一）苹果浓缩清汁加工工艺流程及要点

**1. 苹果浓缩清汁加工工艺流程**（图 5 - 23）

**2. 苹果浓缩清汁加工操作要点**

（1）原料果接收。质检员按照《加工用苹果分级》（GB/T 23616—2009）标准对原料果进行验收，同时定期对原料进行农药残留检测。检验合格的原料果收入果槽，不合格的原料果实行出厂分拣至合格再行收购或拒收。将合格的原料果按果槽号卸入果槽，并进行记录。车间生产时，按照果槽进货的先后顺序，遵循先进先出的原则正确使用果槽中的苹果。装卸工负责果槽及周边环境卫生，每天必须冲洗果槽，并保持全天干净卫生，当班苹果质检员负责落实。

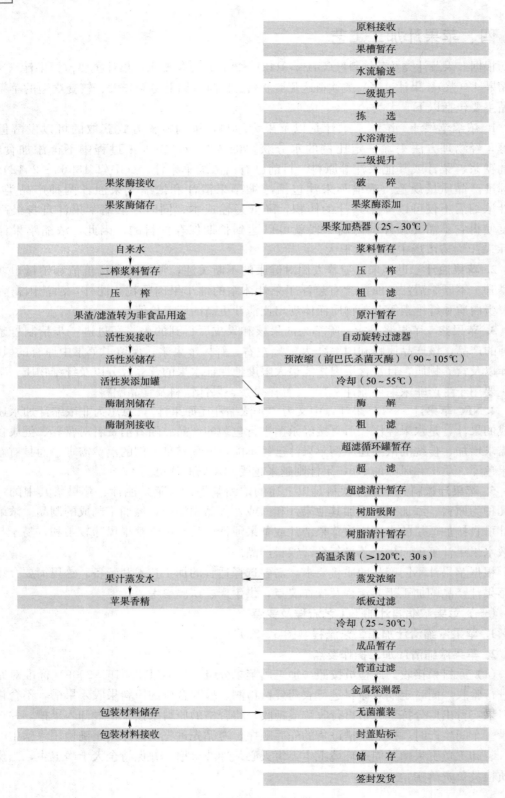

图 5 - 23　苹果浓缩清汁工艺流程图

（2）循环水输送清洗。使用自来水将原料果从果槽冲入果道，在这个流通过程中苹果得到充分的浸泡，通过苹果与苹果之间的摩擦，使其各个面都得到充分清洗，同时比重大的一些杂质（泥沙、石块、金属等）沉入沉降坑中，经过格栅，将水和苹果分离，苹果由绞龙提升机提升到地上水渠，水由泵打入地上水池，经过除草旋转筛后打入果池进行循环。

（3）拣选。在拣选台上将腐烂果、病虫害果、杂质拣选挑出，保证拣选之后烂果率控制在 2% 以下为宜。

（4）水浴清洗。通过毛刷、鼓泡、搅拌等方式使拣选后的苹果进一步得到充分清洗。清洗用水定期进行更换（一般 4~8 h 更换 1 次）。

（5）破碎。将原料果用破碎机破碎为 3~6 mm（根据原料果成熟度选择不同刀片和间距）的果浆。

（6）果浆酶解。在果浆输送至果浆罐过程中定量添加果浆酶，添加量在 50 g/t 左右（需要根据不同型号酶活试验），保证果浆酶的酶解时间不少于 1 h，同时要保证果浆在果浆罐的存放时间不要多于 2 h。

（7）压榨过滤。使用带式榨汁机或布赫榨机等对果浆罐中的果浆进行压榨，压榨后果汁进入一级过滤工序，果渣加水后进入二榨压榨工序。

（8）二次压榨。一级压榨后的果渣添加软水或纯水，进入二次压榨工序，压榨后果汁进入一级过滤工序，果渣由螺旋输送机送出车间排放。

（9）一级过滤。一次压榨和二次压榨的果汁经孔径为 60 目的管道过滤器除去较大颗粒的果肉、果渣，然后进入浊汁罐。旋筛每天自动清洗一次，每周打开检查两次。

（10）前巴杀。浊汁在前巴杀装置，然后经 95~102 ℃ 保温管保持 30 s。前巴杀可以杀灭浊汁中的细菌，果汁进入冷却板片迅速降温至 50~55 ℃ 后经管道送至酶解澄清罐。

（11）酶解澄清。在果胶酶和淀粉酶的作用下，果汁中的果胶和淀粉分解为小分子物质，以便于过滤，酶化温度和时间一般为 50~55 ℃ 和 60~120 min，酶解后的果汁通过管道过滤装置后输送至超滤。

（12）粗过滤。采用酶解罐至超滤之间孔径为 60~80 目的管道过滤器对酶解后的果汁再次进行过滤，除去可能的果肉大颗粒或其他杂质。

（13）超滤。超滤膜的孔径为 0.02 $\mu$m，经过超滤除去果汁中水不溶性物质和分子大于 0.02 $\mu$m 的物质。若超滤设备停留时间超过 3 h，必须进行化学清洗，不到 3 h 要进行漂洗。

清汁罐：清汁存放时间不超过 2 h，如超过 2 h，应检测浊度，若浊度>1 NTU，必须重新进行超滤。

（14）树脂吸附。通过树脂吸附除去果汁中的色素等物质。吸附柱一组生产，一组用于再生，另一组备用。树脂罐吸附连续运行时间不得超过 20 h。吸附后清汁指标为透光率>97%、色值>80%、浊度<0.5 NTU。

（15）蒸发浓缩。采用多效板式或降膜蒸发装置，将果汁中的水分进行蒸发分离，使果汁糖度由 9°Brix 浓缩至 70°~72°Brix。浓缩后的果汁在冷却板片中迅速降温至 25~30 ℃ 后输送至批次罐。

（16）纸板过滤。蒸发器三效出来的浓缩汁经纸板过滤器过滤后进行冷却，经管道进入批次罐。

（17）成品暂存。果汁在批次罐内搅拌均匀后形成一个批次，品管部对此果汁进行全指标分析，合格后方可进入巴氏杀菌工序或降温工序。

（18）巴氏杀菌。开启杀菌机，向平衡罐加入纯水，进行 SIP 杀菌，杀菌温度 120 ℃，杀菌时长 20 min，杀菌完成后，开始降温，管路温度降至 90 ℃，待杀菌机降温完毕后，开启杀菌机进料阀门，并启动螺杆泵开始进行果汁输送，同时开启冷水塔及冰水机，对杀菌机冷却段进行循环降温。苹果汁泵入杀菌机后进行巴氏杀菌，杀菌温度为 93～97 ℃，杀菌时间 30～60 s。

（19）管道过滤。采用安装在批次罐出料管道上的 120 目不锈钢网过滤器，以除去金属碎片和管道部件老化脱落物。

（20）无菌灌装。浓缩苹果汁经无菌灌装机灌入无菌袋中，在灌装前后利用灌装头腔室的高温灭菌条件对无菌袋灌装口进行消毒。

（21）储存。将包装好的成品进行批次标记并记录，统一运送至 4 ℃冷藏库中进行存放。

### （二）浓缩苹果浊汁加工工艺流程及要点

#### 1. 浓缩苹果浊汁加工工艺流程

原料接收→果槽暂存→水流输送→一级提升→拣选→水浴清洗→二级提升→破碎→榨汁→粗滤→原汁暂存→预浓缩→冷却→碟式分离→蒸发浓缩→高温杀菌→冷却→成品暂存→管道过滤→金属探测器→无菌灌装→封盖贴标→储存→签封发货

#### 2. 浓缩苹果浊汁加工操作要点

（1）原料果接收。苹果质检员按照《加工用苹果分级》（GB/T 23616—2009）标准对原料果进行验收，同时定期对原料进行农药残留检测。检验合格的原料果收入果槽，不合格的原料果实行出厂分拣至合格再行收购或拒收。将合格的原料果按果槽号卸入果槽，并进行记录。车间生产时，按照果槽进货的先后顺序，遵循先进先出的原则正确使用果槽中的苹果。果槽及周边环境卫生由装卸工负责，每天必须冲洗果槽，并保持全天干净卫生，当班苹果质检负责落实。

（2）循环水输送清洗。使用自来水将原料果从果槽冲入果道，在这个流通过程中苹果得到充分的浸泡，通过苹果与苹果之间的摩擦，使其各个面都得到充分清洗，同时比重大的一些杂质（泥沙、石块、金属等）沉入沉降坑中，经过格栅，将水和苹果分离，苹果由绞龙提升机提升到地上水渠，水由泵打入地上水池，经过除草旋转筛后打入果池进行循环。建议循环水 4 h 更换 1 次。

（3）拣选。在拣选台上将腐烂果、病虫害果、杂质拣选挑出，保证拣选之后烂果率控制在 2%以内。

（4）水浴清洗。通过毛刷、鼓泡、搅拌等方式使拣选后的苹果进一步得到充分清洗。清洗用水定期进行更换。

（5）破碎。将原料果用破碎机破碎为 3～6 mm（根据原料果成熟度选择不同刀片和间距）的果浆。

（6）榨汁。使用带式榨汁机或布赫榨机等对果浆罐中的果浆进行压榨，压榨后果汁进行粗过滤。

（7）粗过滤。压榨的果汁经孔径为 0.5 mm 的振动筛除去较大颗粒的果肉、果渣，然后进入原汁暂存罐。

（8）前巴杀。浊汁在前巴杀装置，然后经 95～102 ℃保温管保持 30 s。前巴杀可以杀灭浊汁中的细菌，果汁进入冷却板片迅速降温至 50～55 ℃后经管道送至缓冲罐准备离心。

（9）碟式离心。将前巴杀后的果汁泵入碟片离心机进行离心，碟片离心机的参数一般为 7 300～7 500 r/min，分离后的浊汁不溶性固形物约在 1% 左右。可根据客户需求，对离心转速、离心装备及不溶性固形物进行调整。

（10）蒸发浓缩。采用多效降膜蒸发装置，将果汁中的水分进行蒸发分离，使果汁糖度由 10°Brix 左右浓缩至 40°Brix 左右。浓缩后的果汁在冷却板片中迅速降温至 25～30 ℃后输送至批次罐。

（11）成品暂存。果汁在批次罐内搅拌均匀后形成一个批次，品管部对此果汁进行全指标分析，合格后方可进入巴氏杀菌工序或降温工序。

（12）巴氏杀菌。开启杀菌机，向平衡罐加入纯水，进行 SIP 杀菌，杀菌温度 120 ℃，杀菌时长 20 min，杀菌完成后，开始降温，管路温度降至 90 ℃，待杀菌机降温完毕后，开启杀菌机进料阀门，并启动螺杆泵开始进行果汁输送，同时开启冷水塔及冰水机，对杀菌机冷却段进行循环降温。苹果汁泵入杀菌机后进行巴氏杀菌，杀菌温度为 90～93 ℃，杀菌时间 60～90 s。

（13）管道过滤。采用安装在批次罐出料管道上的 40～80 目的不锈钢网过滤器，以除去金属碎片和管道部件老化脱落物。

（14）无菌灌装。浓缩苹果浊汁经无菌灌装机灌入无菌袋中，在灌装前后利用灌装头腔室的高温灭菌条件对无菌袋灌装口进行消毒。

（15）储存。将包装好的成品进行批次标记并记录，统一运送至 −18 ℃冷冻库中进行冷冻存放。

### （三）苹果浆加工工艺流程及要点

**1. 苹果浆加工工艺流程**

原料接收→果槽暂存→水流输送→一级提升→拣选→清洗→二级提升→二级清洗→冷打浆→精制机打浆→果汁暂存→巴氏杀菌→冷却→无菌灌装→封盖贴标→储存

**2. 苹果浆加工操作要点**

（1）原料果接收。由品管部负责对原料进行验收，品管部实验室采样后进行原料验收检测，检验苹果的可溶性固形物、总酸、腐烂率等基础指标并记录，要求腐烂率≤2%。当基础指标符合原料接收指标后，方可验收倒入果槽。不合格的原料果拒收。检验合格的原料果果槽存放时间不超过 24 h。

（2）清洗、上料。打开自动洗果机清洗水进水阀，待清洗水注满至溢水口后，关闭阀门至 1/2 流量。开启自动洗果上料机，将冷库出库后的原料果投入皮带传送机，并进行投料量记录，遵循先进先出的原则正确投料。使用自来水通过冲浪清洗方式将原料果充分浸泡、清洗，清洗池水面需没过原料，以保证原料果得到充分清洗，同时去除比重大的一些杂质（泥沙、石块、金属等）；清洗完成后由提升机传送至拣选平台。车间生产时，洗果机及周边环境卫生和空筐的整理堆放由装卸工负责，以保证洗果区环境干净卫生；清洗水每 4～8 h 更换 1 次，当班生产负责人落实。

（3）拣选。拣选台两侧工位不低于 2 个，需将腐烂果、病虫害果、杂质等拣选挑出，保证拣选之后烂果、病虫害果率为零，且无明显肉眼可见的杂质。

（4）提升。由提升机将清洗、拣选后的原料果提升至冷打浆机室，提升过程开启纯水喷淋阀进行原料清洗，保证原料进一步清洗干净。

（5）冷打浆。将清洗后的原料果经提升机提升至冷打浆机进行冷打浆处理，得到苹果原浆，破碎时可添加抗坏血酸或 D-异抗坏血酸钠等，减少褐变，添加量为 0.05%～0.2%。此外，如果条件允许可采用氮气、二氧化碳等惰性气体、低温处理，可降低破碎时原料酶促褐变的程度，提高产品品质。

（6）精制机打浆。开启精制打浆机，待转速稳定后，开始对冷打的苹果果浆进行精制打浆，精制打浆机筛网的孔径可根据对产品的细度要求选择。

（7）巴氏杀菌。开启杀菌机，向平衡罐加入纯水，进行 SIP 杀菌，杀菌温度 120 ℃，杀菌时长 20 min，杀菌完成后，开始降温，管路温度降至 90 ℃，待杀菌机降温完毕后，开启杀菌机进料阀门，并启动螺杆泵开始进行果汁输送，同时开启冷水塔及冰水机，对杀菌机冷却段进行循环降温。苹果浆泵入杀菌机后进行巴氏杀菌，杀菌温度建议大于 90 ℃，杀菌时间 30～60 s，果汁经冷却段后，出口温度不高于 30 ℃。

（8）无菌灌装。开启灌装机、灌装室的蒸汽杀菌，待灌装室温度达到 98 ℃后，开始准备灌装，冷却后的苹果浆经无菌灌装机全自动拔盖灌装灌入无菌袋中，在灌装前后利用灌装头腔室的高温蒸汽喷洒对无菌袋灌装口进行消毒。根据包装规格调整灌装质量。灌装后的果酱需及时进行外包装、打码生产日期后，进行低温存放。

（9）储存。将包装好的成品进行批次标记并记录，统一运送至冷藏库中进行存放。

## （四）NFC 苹果汁加工工艺流程及要点

### 1. NFC 苹果汁加工工艺流程

原料接收→果槽暂存→水流输送→一级提升→拣选→清洗→二级提升→二级清洗→冷打浆→螺旋压榨→果汁暂存→巴氏杀菌→冷却→管道过滤→无菌灌装→封盖贴标→储存

### 2. NFC 苹果汁加工操作要点

（1）原料果接收。由品管部负责对原料进行验收，品管部实验室采样后进行原料验收检测，检验苹果的可溶性固形物、总酸、腐烂率等基础指标并记录，要求可溶性固形物≥11°Brix、总酸≥0.1%、腐烂率≤0.5%。当基础指标符合原料接收指标后，方可验收入冷库。不合格的原料果拒收。检验合格的原料果收入冷库进行存放降温，存放时间不低于 24 h，果温≤4 ℃后，方可出库加工。

（2）清洗、上料。打开自动洗果机清洗水进水阀，待清洗水注满至溢水口后，关闭阀门至 1/2 流量。开启自动洗果上料机，将冷库出库后的原料果投入皮带传送机，并进行投料量记录，遵循先进先出的原则正确投料。使用自来水通过冲浪清洗将原料果充分浸泡、清洗，清洗池水面需没过原料，以保证原料果得到充分清洗，同时去除比重大的一些杂质（泥沙、石块、金属等）；清洗完成后由提升机传送至拣选平台。车间生产时，洗果机及周边环境卫生和空筐的整理堆放由装卸工负责，以保证洗果区环境干净卫生；清洗水每 4～8 h 更换一次，当班生产负责人落实。

（3）拣选。拣选台两侧工位不低于 2 人，需将腐烂果、病虫害果、杂质等拣选挑出，保证拣选之后烂果、病虫害果率为零，且无明显肉眼可见的杂质。

（4）提升。由提升机将清洗、拣选后的原料果提升至冷打浆机室，提升过程开启纯水喷淋阀进行原料清洗，保证原料进一步清洗干净。

（5）冷打浆。将清洗后的原料果经提升机提升至冷打浆机进行冷打浆处理，得到苹果原浆，在打浆时可采用氮气、二氧化碳等惰性气体、低温处理，可降低破碎时原料酶促褐变的程度，提高产品品质。

（6）压榨。开启螺旋榨汁机，待转速稳定后，开始对苹果果浆进行螺旋榨汁，果汁经螺旋榨机下部的暂存罐储存后，经螺杆泵泵出，果渣由收集槽收集后，由出渣口运出。

（7）巴氏杀菌。开启杀菌机，向平衡罐加入纯水，进行 SIP 杀菌，杀菌温度 120 ℃，杀菌时长 20 min，杀菌完成后，开始降温，管路温度降至 80 ℃，待杀菌机降温完毕后，开启杀菌机进料阀门，并启动螺杆泵开始进行果汁输送，同时开启冷水塔及冰水机，对杀菌机冷却段进行循环降温。苹果汁泵入杀菌机后进行巴氏杀菌，杀菌温度为 80～88 ℃，杀菌时间 15～30 s，果汁经冷却段后，出口温度不高于 10 ℃。

（8）无菌灌装。为保证 NFC 果汁的口感与风味，建议采用无菌冷灌装。包装材料可选用 PET 瓶、无菌纸盒、无菌袋、玻璃瓶等，在进行灌装室前需保证包装材料已清洗消毒完成，达到无菌要求。在灌装前后灌装头腔室的高温蒸汽喷洒对灌装口进行消毒，冷却后的 NFC 苹果汁经无菌灌装机全自动灌装灌入袋/瓶中。灌装后的果汁需及时进行外包装、打码生产日期。

（9）储存。将包装好的 NFC 苹果汁成品进行批次标记并记录，统一运送至冷藏库中进行存放。

### （五）苹果汁饮料加工工艺流程及要点

**1. 苹果汁饮料加工工艺流程**

原料接收→原料验收→调配→ $\left\{\begin{array}{l}清汁→管道过滤 \\ 浊汁→均质→脱气\end{array}\right\}$ →果汁暂存→杀菌→灌装→

封盖贴标→储存

**2. 苹果汁饮料加工操作要点**

（1）原料验收。苹果汁饮料加工多以浓缩苹果汁、苹果浆或其他水果果汁的一种或几种为原料，其中浓缩果汁产品质量要符合《食品安全国家标准 食品工业用浓缩液（汁、浆）》（GB/T 17325—2015）要求、其他果汁要符合《果蔬汁类及其饮料》（GB/T 31121—2014）。质检部门按照标准要求对原料质量指标进行检验，各项指标符合要求后方可使用。

（2）调配。原辅材料准备好后，在调配罐中开始调配。调配工序是果汁饮料的关键工序，需要按照配方表准备进行称量，一般以可溶性固形物、pH 等作为配料是否满足要求的指标，若指标满足要求则调配完成。通常，清汁调配时将几种原料混合后加入合适比例的加工用水充分搅拌均匀后，采用孔径为 200 目的管道过滤后即可进入后续的杀菌灌装。由于浊汁中含有部分果肉，为了保持其稳定性，需进行均质、脱气等工序。

（3）均质。带果肉的浊汁饮料需要使用均质机进行均质处理，均质压力一般为 100～150 bar，通常均质次数为 2 次。若果汁温度太低（≤10 ℃），需要对果汁进行加热处理，加热至 40～55 ℃，均质效果较好。

（4）脱气。采用脱气设备尽量减少果汁中的空气，如采用真空方式脱气，一般脱气压力－0.10～－0.05 MPa。

（5）杀菌。根据果汁饮料的 pH 选择适宜的杀菌强度。采用加热杀菌，一般杀菌温度 75～100 ℃，杀菌时间 5～300 s。对于高端、热敏性果汁也可采用超高压杀菌方法。

（6）灌装。杀菌完成后果汁可选用热灌装、无菌冷灌装等灌装方式灌装到包装材料中，如 PET 瓶、玻璃瓶、利乐包等。包装完成的果汁储存在避光环境后，若条件允许，尽量使用冷库储藏，降低果汁褐变等发生。

# 第二节　苹果发酵技术

## 一、概况

当前，我国苹果加工行业以苹果汁、苹果罐头和休闲食品为主，苹果醋、益生菌发酵苹果汁、苹果酒等发酵产品正处于初步发展阶段。

### （一）苹果酒

**1. 苹果酒的发展历史**　苹果酒是利用新鲜的苹果为原料，经过破碎压榨、取汁发酵、陈酿、调配多个步骤酿制成的一种度数较低的果酒（张少云，2018）。苹果酒最早发现于公元 1 世纪的地中海地区，于公元 3 世纪前后流行到欧洲，到公元 8 世纪时在西班牙巴斯克地区、法国布列塔尼及诺曼底地区才真正盛行起来。公元 1066 年，英国才出现苹果酒酿造的记录。11—12 世纪，欧洲的苹果酒酿造开始产业化，并逐步受到重视；17、18 世纪时达到鼎盛时期，在当时可以与法国的葡萄酒相媲美。当前，苹果酒在美洲、欧洲等传统葡萄酒生产国已经十分普及，成为继葡萄酒之后的世界第二大果酒品种。

苹果酒是国际酒类市场上一种重要的果酒，其生产和消费覆盖了世界上大部分地区。在欧洲，苹果酒生产国主要有西班牙、法国、英国等，而澳大利亚、美洲等国家和地区的苹果酒酿造技术是由欧洲的移民引入。目前，世界第一大苹果酒生产国是英国，其用来酿制苹果酒的苹果约占苹果总产量的 40%（徐怀德等，2006）。英国苹果酒产业的集约化和工业化程度很高，两家大规模苹果酒公司——Matthew Clark 和 HP Bulmer 占领了约 90% 的市场份额。当前世界第一大苹果酒酿造公司是 HP Bulmer，其不仅以鲜榨苹果原汁和传统工艺来酿造高品质的苹果酒，还以进口浓缩汁为原料，以工业化技术来酿造苹果酒（马兆瑞等，2004）。

法国是仅次于英国与南非的世界第三大苹果酒生产国，年产量大约为 30 万 t，最著名的是其生产的传统法国苹果酒，如法国北部产的苹果白兰地——卡巴度斯（Calvados）。卡巴度斯是以"留糖法"技术酿造而成，同时在发酵过程中通过多种工艺来调控发酵速度，以使得作为产品中 $CO_2$ 和甜味来源的部分糖分不被消耗掉。传统法国苹果酒储藏在香槟风格瓶子中，起泡且具有清淡香气（张秀玲等，2015）。

在 20 世纪初，美国曾一度禁止生产和售卖苹果酒，这使得苹果酒的生产量降为零，禁令也使得 cider 的词意改变，从此在北美人观念中，cider 指未经过发酵的苹果汁，而 hard cider 才是苹果酒。直到现在，苹果酒仍占据美国市场极小的份额，而苹果醋和苹果汁因具有一定的保健作用而备受青睐。

西班牙是苹果酒起源国家之一。西班牙最闻名的是传统苹果酒，其采用多种苹果品种进行混合发酵，从而生产出多种不同复合风味的苹果酒，并在传统风格的果酒瓶中储藏

（徐怀德等，2006）。

新中国成立后，我国的苹果酒产业开始起步，最初起于辽宁，随后山东、山西、陕西、河南、甘肃、四川、北京等地也陆续出现产业化的苹果酒。目前，我国的苹果酒企业已有 20 多家，总年产量约为 10 000 t。

**2. 苹果酒的保健作用**　苹果酒是由苹果发酵酿造而成，酿制流程与葡萄酒相似。优质的苹果酒感官上比果汁更加刺激，比啤酒更加清醇，比碳酸饮料更富有营养。

苹果酒中具有鲜苹果和微生物发酵后生成的多重营养。苹果酒中包含 25 种氨基酸，其中包括人体自身不能生成的 8 种必需氨基酸；包含以苹果酸为主的多种有机酸成分，能够帮助人体清除引起动脉硬化等多种疾病的多余盐类物质，有利于身体新陈代谢，保持体内平衡；此外还包含多种维生素、矿物质及微量元素，如肌醇、维生素 $B_2$、维生素 C、钙、镁等，能够预防疾病和促进人体发育，维持人体内的酸碱平衡，帮助人体消化吸收；此外，苹果酒中还含有脂肪燃烧剂——丙酮酸，能够消耗脂肪（王家东等，2014），使人体达到供需平衡，保持胖瘦适宜的状态。

苹果酒具有降低血脂，软化血管，开胃促进消化，预防心血管疾病发生等功效，是一种具有丰富营养成分的保健型果酒。苹果酒对痛风、风湿病、维生素 C 缺乏病等疾病还具有治疗作用。研究表明，苹果酒有较强的抗氧化能力，能够帮助提高免疫力和延缓衰老。詹姆斯·库克在从新西兰到塔希提的航海探险途中，就曾携带苹果酒来预防维生素 C 缺乏病。

**3. 苹果酒的种类**　苹果酒种类繁多、营养丰富，包括从 0.5%～70% 的多种不同酒精含量；根据苹果酒含糖量的不同，可将其划分成甜型、半甜型、干型、半干型四种品类，甜型苹果酒的密度为 1.020～1.025 g/L，干型苹果酒的密度为 1.000～1.005 g/L。按照加工方法及产品特点的不同可以将苹果酒划分为汽酒、露酒、发酵苹果酒等，发酵苹果酒是苹果汁经酵母菌发酵酿造而成；汽酒是指含有 $CO_2$ 的苹果酒，又叫作起泡酒；而露酒是指用食用酒精与果汁调配而成的配制酒。根据颜色划分，可分为自然色泽苹果酒、白苹果酒和淡色苹果酒（杜金华等，2010）。当前国际上主要将苹果酒分成以下几种：

（1）静苹果酒。新鲜苹果经洗涤、破碎、压榨、接种发酵、储藏、澄清、过滤、灌装等工序酿制的不含有 $CO_2$ 的苹果酒，为静苹果酒。一般欧洲苹果酒的酒度为 6%～7%，美国苹果酒的酒度低于 13%，加拿大苹果酒的酒度为 10%～13%，而我国苹果酒的酒度通常为 11%～12%（王淑贞，2009）。

（2）起泡苹果酒。依据苹果酒中 $CO_2$ 的来源，可以将其划分为人工起泡苹果酒和天然起泡苹果酒两种。人工起泡苹果酒又可以称为苹果汽酒，是指在静苹果酒中添加 $CO_2$ 制成；天然起泡苹果酒是指保留了发酵时生成的部分或全部 $CO_2$ 的苹果酒。按照酿造技术不同又可分为香槟型起泡苹果酒（champagne type cider）、甜起泡苹果酒（sweet sparkling cider）、法国苹果酒（French cider）及起泡苹果酒（sparkling cider）（张建才等，2016）。

（3）苹果蒸馏酒。苹果汁发酵结束后，经过蒸馏获得的高度酒叫作苹果白兰地。苹果白兰地是将苹果发酵原酒进行蒸馏，获得酒精度为 50%～70% 的高度酒，之后通过勾兑、储藏后获得的蒸馏酒产品。苹果白兰地又可以分为苹果白兰地、苹果皮渣白兰地以及美国苹果白兰地等多种类型。其中，法国的卡巴度斯（Calvados）是当前世界上最有名的苹果白兰地，卡巴度斯按照传统工艺将苹果破碎后发酵一个月以上，通过蒸馏使酒精含量约为 75%，之后再勾兑到 40%～50%，最后在橡木桶中储藏一年以上（徐怀德等，2006）。

（4）冰苹果酒。冰苹果酒（Applejack）起源于新英格兰北部的严寒地区。冰苹果酒是在苹果汁中加入糖浆、糖或其他可发酵糖进行发酵。发酵后，在冬季（1月至2月）将其放置在户外，使得酒中部分水结冰，以此来提升酒精含量。因为各地区冬季气温存在差异，苹果酒中水的结晶程度不同，最终得到的冰苹果酒的酒精含量也存在差异，一般为18%～33%（徐怀德等，2006）。用这种方法酿造的苹果酒酒精含量高，浸出物含量高，口感丰满浓郁。然而，其中也存在许多酯类、杂醇、醛类等让饮酒者头晕的物质。冰苹果酒的度数越高，这些物质的含量就越高，饮用后的不适感越强。

**4. 苹果酒产业现状及问题**　苹果酒作为世界第二大果酒，是国外苹果深加工产业中十分重要的产品之一，也是世界饮料酒市场中重要的产业。尽管我国在苹果酒领域起步较晚，但随着我国近些年经济的发展和人民消费水平的提高，该领域已经引起相关科研院所和企业的高度关注，并积极加大投入，取得了一定成果。

经过十几年的追赶，我国的苹果酒产业获得了质的跨越。首先从原材料来说，我国的苹果种植面积和产量常年保持世界第一。我国的苹果种植不仅产量巨大，而且品种多样，产区分布广泛，价格便宜，这些优势为我国苹果酒产业的深远发展提供了强有力的保障。其次，经过相关机构和企业多年的不懈努力，我国逐步掌握了苹果酒产业有关的关键工艺和生产装备，基本实现了自给自足。再次，随着我国国民经济的不断发展，人民的消费水平也在逐步提高，消费理念也越来越理性科学，人们渐渐认识到苹果酒是一种具有保健功能的健康饮品，符合现代化的健康消费理念。此外，我国政府也一直十分重视苹果精深加工产业的发展，并在政策上对低度酒和非粮食酒产业给予扶持。苹果酒产业的发展符合我国提出的关于酒行业"四个转变"政策，即白酒向果酒转变、高度酒向低度酒转变、蒸馏酒向发酵酒转变、低品质酒向高品质酒转变（曹铭，2015）。一种低糖低酒精度、口感清新、营养丰富的苹果酒具有广阔的市场前景。

当前，我国的苹果酒生产企业规模都较小，各企业都跃跃欲试随时准备抢占市场，但与此同时，我国苹果酒产业发展面临的一些困境和难题也随之展现出来。

（1）专用于苹果酒酿造的品种较缺乏。虽然我国苹果产量很大，品种也比较丰富，但大多为鲜食品种，酸度、糖度、单宁还有香气物质含量都不能满足酿造高品质苹果酒所需的条件。国内高酸度苹果的零售价与残次果相当，经济效益低，制约了果农种植的积极性。而苹果原料是决定苹果酒品质的直接因素，好的原料、好的品种自然会酿造出好品质的苹果酒。国际上，欧美等西方国家种植的主要是专门用来酿制苹果酒的苹果品种，这些苹果果形圆润、果体小、果皮颜色鲜亮、香气突出，单宁含量、糖度、酸度等都能达到酿酒要求（李国薇，2013）。由于我国当前没有种植适用于酿酒的苹果品种，短时间内又难以引进和广泛种植海外优秀的酿酒苹果品种，因此酿酒用苹果原料缺乏这一难题将持续对我国苹果酒产业造成困扰和制约。

（2）苹果酒中的功能性成分研究不完善。苹果酒中具有鲜苹果和微生物发酵后生成的多重营养，能够起到抗衰老、抗氧化等作用。近几年研究表明，苹果多酚的生理活性是苹果酒保健功能的主要来源，因此苹果多酚成为近年来的研究热点。当前，苹果多酚的研究主要集中在两方面：一是研究苹果多酚的主要生理功能即抗氧化活性，二是研究苹果多酚的物质结构、化学性质、组成、种类和代谢途径。目前有关苹果多酚在发酵过程中连续性变化的研究还不够系统和完善，苹果多酚在实际生产过程中的开发和应用还缺乏充足的理论依据（曹铭，2015）。依据苹果多酚的功效开发出相应的具有保健功能的苹果酒产品，不但能丰富苹果酒的产品种类，给消费者更多的选择性，还能增大苹果酒的市场规模，但目前有关苹果多酚的苹果酒保健产品的开发还远远不足，有待相关企业继续深入开发利用。

（3）苹果加工产业链较低端，精深加工产品单一。我国的苹果年产量达 4 000 t 以上，但大多数用于鲜食，用于精深加工的苹果数量不足五分之一，重要加工产品为苹果浓缩汁，用来酿造苹果酒的苹果原料少之又少。苹果浓缩汁主要是供给饮料企业用以加工各种果汁或饮料，大部分作为工业产品出口，属于产业链低端。虽然苹果酒具有不错的产业前景及广阔的市场空间，但由于市场认知度不足和技术体系不完善等多方面的问题，发展动力欠缺。

### （二）苹果醋

近年来，苹果加工产业出现众多新的品类，苹果醋因具有良好的口感风味和保健功能而走进大众视野，获得消费者的广泛关注。与苹果酒相比，苹果醋不仅是一次全新的产品升级，而且是工业链的延续，调配后的苹果醋爽净怡人，酸甜可口，且兼具醋和苹果的双重营养，适宜各类人群饮用。然而目前苹果醋的市场认可度有待提高，在新产品开发和提高产能等方面也还有广阔的发展空间，苹果醋产业将是未来苹果产业发展的重点之一。

**1. 苹果醋的发展历史** 果醋最早源于我国，早在夏朝时期，人们就采用自然发酵的方式来酿制果醋与果酒，虽然在时间线上，果醋的酿制技术出现的比果酒稍晚，但基本属于同一时期。在国外，果醋酿造技术最早出现在法国。公元 10 世纪时，果醋已经在食品烹饪中得到应用，到 17 世纪之后，果醋的应用基本覆盖了欧洲各国。自 20 世纪 80 年代起，果醋在欧美等国家逐步进入大规模产业化阶段，其中以葡萄醋和苹果醋产业规模最大。到 20 世纪 90 年代，英国苹果醋产量约占其食醋总产量的 10%，达到每年 10 000 t，而美国每年的苹果醋产量约占其食醋总产量的 16.7%。而我国第一项与果醋相关的专利于 1989 年才获得授权，规模较大的产业化生产起步于 21 世纪初期，主要产区分布在河南、广东和山东（王亚东等，2012），因此我国的苹果醋产业无论是技术还是产量都与国外有着明显差距。

**2. 苹果醋的保健作用** 苹果醋的生产既很好地解决了苹果原料过剩的问题，又充分发挥了苹果及醋饮的双重营养功效，大众接受程度高，且生产技术并不复杂，能够较为容易地实现工业化生产。苹果醋具有多种用途，既能够作为烹饪中的调味品用来调节酸度、增加食欲，又能够调配作饮料供日常饮用，另外，苹果醋营养成分丰富，有良好的保健功效，除具有抗菌防腐、开胃增进食欲作用外，还具有抗氧化、维持体内酸碱平衡、促进新陈代谢等功效（李华敏等，2018）。可以说苹果醋既是调味品，更是一种高性价比的保健饮品。

苹果醋虽然带有酸味，但实际是一种碱性食物，有碱性食物的保健功能。酸性和碱性食品指的是某种物质经过体内代谢后产生的代谢物给周边环境 pH 带来的影响，使环境 pH 呈碱性的即为碱性食品，呈酸性的即为酸性食品。苹果醋中有机酸含量及种类丰富，含有苹果酸、乙酸、柠檬酸、酒石酸、葡萄糖酸等各种有机酸。这些有机酸除了能给苹果醋带来醇厚圆润的口感，还能够在人体中被氧化，为机体提供能量，同时形成多种弱酸盐和 $CO_2$，产生的弱酸盐经过水解之后能够使体液呈碱性。因为苹果醋中有机酸含量丰富，因此其作为碱性食品的性能远高于粮食醋。我们日常生活中的很多食物，例如鸡蛋、鱼、面条、肉类等，其中都含有钾、钙、镁、钠、铁等多种金属元素。这些金属元素经过新陈代谢后会产生金属离子，因此就需要大量的负离子来使电位平衡。由于 $OH^-$ 离子是最容易被结合的阴离子，所以会造成溶液中 $H^+$ 的浓度提升，从而显酸性。血液 pH 为 7.3～7.4，pH 只有在这一范围内，体内各种酶的活性和生化反应才可以顺利进行，若 pH 超过或低于这一范围，就会发生病变。由于生活中大多数食物都是酸性食物，所以血液中的 pH 会伴随着年纪的增长而逐渐降低。苹果醋作为一种碱性食品，可以中和酸性食品带来的影响，从而使体液中的 pH 维持在正常范围内，所以苹果醋具有碱性食品的保健功能（揾榜琴等，2012）。

**3. 苹果醋的分类** 苹果醋有多种苹果醋系列产品。根据发酵原料的不同，苹果醋可分为四种：①鲜果醋：直接利用新鲜水果发酵，具有酿造方便、酸度高、成本低的优点，适合酿造风味醋饮。②果汁制醋：直接采用果汁来发酵，具有酸度高、生产效率高的优点，适合用来酿造调味醋。③浸泡鲜果制醋：指将新鲜水果在一定浓度的食醋或酒精溶液中进行浸泡，从而使新鲜水果中的有机酸、香气成分以及大部分营养成分溶出至溶液，然后开始进行醋酸发酵。这种方法酿造的果醋具有浓郁的果香气味，且酸度高，适合用来酿造风味醋饮或调味醋。④用酒酿醋：即采用成品苹果酒进行醋酸发酵，获得苹果醋产品，制备过程具有良好的连续性。

根据发酵工艺的不同，苹果醋可分为三类：①固态发酵法，是将苹果皮渣或有缺陷的残次果混合到麸皮、小麦等粮食加工原料中，接种酵母和醋酸菌进行传统固态发酵。②液体发酵法，该法有两种方式，即静态表面发酵和液体深层发酵。苹果汁经过酒精发酵和醋酸发酵后酿制成苹果醋。③前液后固法，即苹果压榨取汁后先接入酵母菌进行液态酒精发酵。在酒精发酵完成后再加入麸皮、稻壳等谷物原料，继续进行传统固态醋酸发酵，将前述两种工艺进行巧妙结合（曹铭，2015）。

**4. 苹果醋产业现状**

①国外苹果醋产业现状。在国外，尤其是欧美、日本等发达国家，有多种用途广泛的果醋调味品、果醋保健品等产品，产品有强劲的竞争力和较大的市场份额。美国 H. J. Heinz 公司生产的 HEINE 苹果醋已遍布全球市场。2004 年意大利 PONTI 葡萄酒醋公司年产量达 3 400 万 t，在意大利市场占主导地位，市场份额超过 56%。意大利 OLITALIA 奥尼果醋系列和 VARVELLO（瓦尔维罗公司）的苹果醋在欧洲市场有很大的影响力（张霁红等，2014）。

20 世纪 90 年代，果醋就已经在欧洲、美国、日本等发达国家广受欢迎，其市场前景也引起了人们的关注。目前，果醋品种多样，如苹果、葡萄、山楂、柿子、猕猴桃、杏、梨、柑橘、西瓜、红枣等都研发出了果醋产品。其中，由于苹果醋原料丰富、生产技术简单、应用广泛、效果显著，其年产量和市场份额正逐年增加，成为果醋产业中十分重要的一员。在 20 世纪 90 年代，英国、美国、加拿大等欧美国家的苹果醋产量就已经占据本国醋产量的 10% 以上，仅北美的苹果醋产量每年就达到 2.6 亿 t。在 20 世纪 70 年代末，苹果醋就已经被日本纳入到了国家标准之中，当时日本的苹果醋产业就已达到相当大的规模。比利时、法国、德国等国家的年人均食醋消费量大部分超过了 2 L。意大利是欧洲食醋消费水平最低的国家之一，年人均食醋消费水平仅为 1 L 左右，但目前正以每年 1% 的比例缓慢增长。苹果醋保健品、高档苹果醋调味品等果醋产品在欧美、日本等发达国家有着广阔的市场（孙倩倩等，2018）。

日本、美国、奥地利、意大利、西班牙等发达国家拥有先进的生产设备和技术，自动化水平高，综合利用率高，苹果醋的自动化生产已达到世界领先水平。酶工程、自动控制技术、发酵工程技术和无菌包装技术在苹果醋生产中得到了充分应用，极大地提高了苹果醋加工业的技术含量，实现了规模化生产。

②国内苹果醋产业现状。据不完全统计，当前中国有1 000多家苹果醋生产企业，主要分布在山东、河南、陕西、河北等地区。然而我国大多数苹果醋企业规模小，品牌效应差，市场格局亟待调整，大规模、知名的领军企业将成为新的发展方向。随着人们对营养和健康认识的提高，营养、健康、高价值的饮料越来越受到社会的重视。近十年来，饮料的消费需求逐年增加，我国软饮料产业获得良好发展，生产规模逐年扩大，增长率一直保持在20%上下，其中苹果醋饮料的增长率高达31%。

许多企业积极引进海外先进的技术和设备，进行发酵设备的改进和引进及配套工艺研究，并基本实现了产业化。近几年来，我国有关苹果醋菌种筛选、发酵工艺的研究已趋于成熟。随着质谱、色谱、指纹图谱、核磁共振等分析检测技术的发展，苹果醋中风味物质、主要营养成分和品质调控的研究进入了新的发展阶段（张霁红等，2014）。

## 二、发酵过程中的营养成分变化

### （一）苹果酒

与苹果汁的加工相比，苹果酒对口感中的醇厚度有一定要求，所以在苹果选料时会更加看重原料中的酚类组分含量，原料中酚类组分含量越高，制得的苹果酒口感越醇厚。因此苹果酒加工产业需要对苹果原料进行筛选，并结合苹果酒加工企业的实际需要和软硬件条件，明确苹果酒加工专用品种，建立专用品种原料种植基地，才能维持长久发展。

不同苹果品种的香气成分和营养物质含量不同，酿制的苹果酒自然也不同。苹果原料的品种特性、成熟度和配比是决定苹果酒品质的关键。酿制苹果酒所用苹果原料应具备以下条件：糖含量高（通常达15%），酸度为0.1%～1.0%，易压榨，出汁率高；在储存过程中不失去自身结构的前提下，能够在几周内成熟，同时将淀粉转化成糖；单宁含量较高，但在成熟后含量大幅下降（孙倩倩等，2018）。

**1. 生物化学变化** 在苹果酒的酿造过程中最主要的生物化学变化就是发酵，它包含两个方面：一个是酒精的发酵，一个是苹果酸-乳酸的发酵。酒精发酵能将苹果汁中的糖分转化为乙醇和二氧化碳；苹果酸乳酸的发酵则不仅能降低酸度，还能改善生酒的口感，使生青味、苦涩感降低，品起来更加柔和圆润。结合这两方面在苹果酒的酿造中最主要的任务就是加快酒精发酵速度，使其发酵彻底，且能够在酒精发酵后立即进行苹果酸-乳酸的发酵，使醋酸发酵同时得到控制。但需注意的是这两方面不能交叉进行，乳酸菌除了能分解苹果酸外，还能分解糖，使其形成乳酸、醋酸及甘露醇，从而造成乳酸病。

（1）酒精发酵。酒精发酵，苹果酒酿造中最主要的生物化学变化过程，它是酵母菌在厌氧的环境中使苹果汁的糖分发酵产生乙醇和二氧化碳，在这个过程中，芳香物质也同时形成，约为酒精量的1%，这对香气的形成起到了至关重要的作用。

酒精发酵的化学反应式可以简化为：$C_6H_{12}O_6 \longrightarrow 2C_2H_5OH + 2CO_2 + 2ATP$

　　酒精发酵的生化过程可以分为两个阶段：第一个阶段是己糖经过糖酵解后形成丙酮酸，第二个阶段是丙酮酸在脱羧酶的催化下形成乙醛及二氧化碳，乙醛则在乙醇脱氢酶的催化下被 NADH 再还原成乙醇。酒精发酵是个非常复杂的过程，需要在一系列相关酶的参与下才能完成，前前后后经过的连续化学反应达到三十多个，会生成诸多代谢产物，如异戊醇、高级醇、琥珀酸、甘油及酯类和醛类等。琥珀酸味略苦略咸，少量保留会使苹果酒有爽口感；甘油则能给苹果酒带来甜的味感；异戊醇大多是氨基酸形成的，有极其特别的臭味，会造成辣喉感；高级醇和酯类是芳香的主要成分，会赋予苹果酒特殊的芳香。在酒精发酵过程中要特别注意甲醇的产生，甲醇对人体危害极大，水果中的果胶水解后会产生较多的甲醇。从理论上讲，1 mol 葡萄糖会分解产生 2 mol 酒精和 2 mol 二氧化碳，酒精得率在 47% 左右，但由于酵母菌自身生长要消耗 1%～2% 的葡萄糖，此外葡萄糖的化学反应代谢物中还有其他有机酸、甘油、酯、醛及醇油等，这使得酒精得率远不及理论值。

　　(2) 苹果酸-乳酸发酵。苹果酸-乳酸发酵为苹果酒酒精发酵后的次级发酵，传统的苹果酒大多数都要进行这一发酵，它的进程主要由乳酸菌引起，当前的乳酸菌只限于明串珠菌属 (Leuconostoc)、足球菌属 (Pediococcus) 和乳杆菌属 (Lactobacillus)。它们中既有球菌又有杆菌，属于兼性厌氧菌，近乎全部产物均为乳酸 (韩舜愈等，2003)。

　　乳酸菌可以分为两种类型：有益乳酸菌和有害乳酸菌。有益乳酸菌能够分解糖和苹果酸，却分解不了甘油和酒石酸。有益乳酸菌在苹果酒中广泛存在，正是由于有益乳酸菌才形成了苹果酸-乳酸的正常发酵。有害乳酸菌主要在酸度较低的条件下活动，它们能分解甘油、酒石酸、戊糖和苹果酸等，这会造成挥发酸明显升高。虽然有害乳酸菌并不普遍存在，但危害极大，会造成苹果酒的病害化，使酒变质，因此要保证生产环境足够清洁，以防有害乳酸菌的产生。

　　苹果酸-乳酸发酵对苹果酒的作用：①经过苹果酸-乳酸发酵一般能使苹果酒的酸度降低 0.1%～0.3%；②经过苹果酸-乳酸发酵后会提高苹果酒的稳定性，降低苹果酸含量，封装后一般不会再浑浊变质；③经过苹果酸-乳酸发酵后，苹果酸由带两个羧基变为带一个羧基的乳酸，使苹果酒变得更柔和圆润，且发酵的副产物会使酒的香气增加，从而改善口感和风味。

　　**2. 化学变化**　在苹果酒的发酵和储存中，会发生许多化学变化，这里面主要是酯化反应和氧化反应。酯化反应指的是在后续发酵和储存中，酒中的醇和有机酸发生化学反应生成酯类物质，这类酯类物质是酒的芳香成分的主要来源。苹果酒中含有大量的有机酸和各种醇，它们大都能相互化合，生成相应的酯类物质。氧化反应是指糖苷和酚类被氧化并聚合，使沉淀加速，降低苹果酒的苦涩口感，更能使颜色越来越深，增加苹果酒颜色的厚重感。

　　**3. 物理变化**　苹果酒中含有诸多成分，如果胶、蛋白质等，这些杂质沉淀会使酒液慢慢变得稳定澄清，苹果酒中的酒精分子与水分子之间，有机酸、醇与水分子之间，有机酸分子本身之间会相互缔合，增加酒的柔和度，提高酒的口感舒适度。

　　上述各种化学变化和物理变化，在自然环境下发生变化的速度是非常缓慢的，需要一段相当长的陈酿期，但可以通过改变控制条件等手段，大大加速各种变化进程。

### （二）苹果醋

苹果醋中的挥发性香气物质是赋予苹果醋独特风味的关键物质。对苹果醋中的挥发性香气物质进行分析有助于明确常规发酵工艺参数和特征物质间的联系，为苹果醋工业化生产提供一定的理论指导，提升苹果醋的品质。苹果醋中的香气成分主要为芳香类物质和酸类物质，包括酯、醇、醛、内酯和酚类物质。这些物质间相互作用，构成苹果醋独有的风味和品质特征。这些特征也能够作为检验产品真假的重要指标。

苹果醋的酿造主要是依靠微生物进行生物化学反应实现的。主要包括酒精发酵阶段和醋酸发酵阶段。

（1）酒精发酵阶段。酒精发酵，是指可发酵糖在酵母细胞中经过一系列酶的作用，产生酒精及 $CO_2$，并同时释放热量的反应过程。在苹果汁的发酵工艺中，正常的发酵醪中酵母细胞个数为 1 亿～1.5 亿个/mL，酵母细胞的总表面积达到 7 $m^2$/L。由此可见，发酵中参加代谢过程的细胞表面积如此庞大，其发酵作用是非常剧烈的（金凤燮，2003）。

在酒精发酵中又分为三个不同阶段，主要通过糖酵解（EMP）途径进行。

①发酵前期。苹果汁接入酿酒酵母后，发酵醪中的初始酵母数量较少，酵母主要依靠醪液中的少量溶解氧和糖分快速繁殖，并根据醪液体积达到一定数量。从外部看，发酵效果不强，发酵醪表面相对平静，糖分消耗相对缓慢。前发酵阶段时间与酵母接种量密切相关（徐怀德等，2006）。酵母接种量越大，前发酵阶段时间越短，反之亦然。同时，由于前发酵阶段酵母数量少，发酵弱，产品温度上升缓慢，接种温度在接种时为 26～28 ℃最为适宜。如果温度太高，会造成酵母早期衰老，发生自溶现象对苹果汁的风味造成不良影响。在发酵初期，应注意防止杂菌污染，因为在这个阶段酵母量少，不会成为发酵醪中的优势菌群，容易受到杂菌污染，抑制酵母生长。因此，应加强车间的污染预防措施及卫生管理。

②主发酵期。在此阶段，发酵醪中的氧气几乎耗尽，酵母基本停止繁殖，因此主要以无氧呼吸进行酒精发酵。在此阶段，酵母数量达到最高值，细胞数量可达到 $1×10^8$ CFU/mL。在主发酵期间，由于酵母的厌氧呼吸，醪液中的含糖量快速大幅下降，同时产生大量酒精和 $CO_2$。在此期间，发酵醪温度以较快速度上升，在产业化中需要加强对此阶段温度的调控。特别在实际生产中，应当依据不同酵母的发酵性能，将主发酵温度控制在 20～25 ℃之间，防止酵母产生老化自溶现象。此外，较高的发酵温度容易产生杂菌污染。主发酵期的时间主要由发酵醪中的营养成分决定，若糖含量较高发酵周期就会比较长，否则周期较短（刘明华等，2011）。

③后发酵期。伴随着酒精的蓄积和糖含量的降低，酵母代谢活动和发酵能力逐渐减弱，进入后发酵期。在这一时期，大部分糖被酵母消耗掉，发酵过程也十分缓慢，发酵接近尾声。这时，产品温度逐渐降低，温度应控制在 26～28 ℃。

上述三个阶段并不能完全划分，一般来说，当接种温度与发酵温度较高时，发酵时间短。当然，发酵时间还受酵母菌性能、接种量等因素影响。连续发酵比分批发酵所需时间短，因为连续发酵在开始时便处于主发酵状态，所以制醋产业可以考虑应用连续发酵的方式。

不同酵母菌种具有不同的耐酒精能力。一般来说，当酒精浓度为 8.5%（体积分数）时，会显著阻碍酵母的繁殖能力，而 10% 的酒精则会使酵母繁殖完全停止。在液体中，酵母种类、温度、糖含量等条件不同，酒精的产量也不同。

（2）醋酸发酵阶段，即酒精发酵成醋酸的氧化作用。在醋酸发酵阶段，理论上，1分子酒精能够产生1.304分子醋酸，但实际上，1分子酒精只能产生1分子醋酸并释放481.5 J热量，实际值往往低于理论值。减少的原因是在生产过程中部分醋酸挥发；部分乙酸由于在氧化而转化为 $CO_2$ 和水；另一部分作为碳源被醋酸菌消耗掉（吴志显等，2009）；此外，一小部分酒精同有机酸结合生成酯。所以，若是进一步深入掌握生产规律，提高产量，还有很大的潜力有待挖掘。酒精氧化生成醋酸是苹果醋生产过程中的主要环节，会直接影响食醋的产量和口感。

①蛋白质分解为氨基酸的水解作用。苹果中有少量蛋白，通常与糖类结合形成糖蛋白，经过酒精发酵和醋酸发酵后，使糖蛋白分解，逐步分解为各类氨基酸（马齐等，2005），丰富苹果的风味与营养，也是形成某些色素的基础。同时，糖蛋白的分解会减少其与酚类物质的互作，有利于苹果醋的澄清。

②有机酸与醇类物质结合形成芳香物质的酯化作用。酯类物质是食醋中主要的挥发性香气之一。由于原料、发酵工艺及菌种的差异，各类醋中酯类物质的种类及含量也有所不同，芳香酯在醋的生产中占据重要地位。在苹果醋发酵中，醋酸菌也能氧化葡萄糖酸，将谷氨酸分解为琥珀酸。这些有机酸和醇反应产生的芳香酯使苹果醋具有特殊香味。此外，醋酸菌可以氧化甘油生成酮，而酮具有甜味，这使得醋的味道更浓。

③陈酿苹果醋的后熟作用。苹果醋的品质好坏主要由色、香、味三要素决定，这三者的形成非常复杂，除了在发酵中产生的风味物质，很大比例也与醋的陈酿和后熟有关。例如，山西老醋虽然在刚发酵结束时味道不佳，但经过夏季晒、冬季冰的长时间陈酿后，其品质得到很大的提升（上海市酿造科学研究所，1999），质地厚实，色泽黑紫，酸味醇厚，醋味独特。固体麸曲醋也是如此，经过1～3个月的储藏和陈化，产品的风味显著改善。

# 三、发酵技术

## （一）苹果酒发酵技术

### 1. 苹果酒发酵的一般工艺

（1）苹果汁的制备。本书中对苹果汁制备方式进行了较为详细的介绍，苹果酒发酵用苹果汁的制备方式与先前章节介绍的苹果汁制备的方式、设备大同小异，下面仅对苹果酒用果汁制备的细节做介绍。

在苹果酒用果汁的制备中，为了防止苹果酒中无机离子含量过高，引起苹果酒酒体的不稳定，苹果的二次清洗应使用无菌去离子水；且在破碎苹果时，不能破碎苹果的果核，否则会给苹果汁和苹果酒带来不良风味，更为关键的是容易导致苹果酒的氢氰酸含量超标，导致产品不合格；另外，要避免把苹果破碎的过于破碎而形成像果浆一样的极细混合物，致使取汁效果差，出汁率低（杨官荣，1999）。在苹果破碎取汁时，应添加一定量的亚硫酸盐，以抑制杂菌的生长，防止果汁和酒的氧化，保持酒的新鲜感。此外，苹果汁的成分还需进行以下调整。

1）糖度调整。根据实际生产经验，约1.7%的糖生成1% vol酒精。若苹果汁的含糖量为170 g/L，发酵后可产生10% vol的苹果酒，为了达到成品要求的酒精度，一般通过补加糖的方式实现，补加的糖量进行根据所生产苹果酒的目标酒精度来计算。进行糖分的调整，首先要测定苹果汁的含糖量，如果糖分含量低于 20％，在发酵苹果酒前就要补加一定量的糖，这样发酵后的酒精度才会在 10％ vol 以上，才能实现苹果酒的安全保存（李维平，2010）。

2）酸度和 pH 调整。苹果汁内含总酸过高或过低，对苹果酒的发酵和质量都不利。苹果汁的总酸含量一般为 8～12 g/L（以酒石酸计）。最适宜酿造苹果酒的 pH 为 5.5，此时酵母比较适应，且能赋予果酒浓厚的风味。在苹果汁的总酸过高时，可通过添加酒石酸钾和酸度较低的苹果汁来进行调整。在苹果汁的酸度较低时，可通过添加柠檬酸、酒石酸、苹果酸或较高含酸量的苹果汁来调整。如果用酒石酸调整总酸，若一次性添加，会导致大量酒石酸盐在酒脚中沉淀，若选择使用柠檬酸来提高发酵酒的酸度，柠檬酸的添加量一般不宜超过 0.5‰。柠檬酸能够增加果酒的新鲜、清凉味感，柠檬酸能够与发酵酒中的铁生成盐类物质，在一定程度上防止铁的磷酸盐与单宁盐的形成，进而避免了由铁引起的苹果酒浑浊问题（王洪军等，2004）。

3）氮源的调整。酵母的生长和繁殖需要一定的氮源，如果苹果汁的含氮量在千分之一以上，则不需调整氮源水平；若苹果汁的含氮量较低，应在发酵前添加 0.05％～0.1％的硫酸铵或磷酸铵，以促进酵母的正常生长（中国农业百科全书总委员会农业工程卷委员会，1994）。

4）脱色和降低褐变潜力。苹果汁很容易发生褐变，在酿制苹果酒时若选用的工艺不恰当，苹果酒色泽可能会较深。在苹果酒的实际生产中，去除苹果酒颜色或预防褐变的实验方法是使用漆酶。漆酶是一种由真菌产生的多酚氧化酶，但由于漆酶并不是被允许使用的食品添加剂，当前主要研究使用固定化漆酶。另外，减少苹果酒褐变的方法还有低温取汁、添加二氧化硫和隔氧压榨等。苹果酒酿造使用的苹果品种和澄清技术的类型决定了氧化对苹果酒风味造成的影响。

5）添加二氧化硫。在发酵苹果酒的过程中添加二氧化硫有抑制杂菌的生长、抗氧化、澄清、使单宁物质溶出和延长果酒的储藏期等作用。液体二氧化硫、气体二氧化硫及固体亚硫酸盐是经常使用的二氧化硫，气体二氧化硫可通过管道直接通入，液体二氧化硫和固体亚硫酸盐则需用水溶解后添加。

二氧化硫的使用量一般在 60～100 mg/L。果汁含糖量较高时，会增加二氧化硫的结合机会，需略增加二氧化硫的使用量；苹果汁的酸度较高时，游离二氧化硫含量高，应该减少二氧化硫的使用量；苹果汁的温度高时，二氧化硫易被结合且易挥发，用量略增加（李凤玉，2011）。

6）其他调整。添加氮（通常是铵盐）和维生素通常没有必要，但可以改进腐化或者高度澄清苹果汁的发酵性。定期地分次添加比发酵开始时一次性添加似乎更有效。酵母萃取物作为营养剂能够促进苹果酸-乳酸发酵，一般在发酵末期添加。

（2）发酵。酒精发酵是苹果酒发酵的主要阶段，该阶段主要是酒精的生成。苹果酒的工厂化生产大多采用人工接种活性干酵母进行苹果酒的发酵。

主发酵：酒精发酵的方式有密闭式发酵和开放式发酵，为了更好地保留芳香物质，苹果酒的发酵大都选择密闭式发酵的方式，密闭式发酵的进程及发酵期管理与开放式发酵基本相同。将制备好的苹果汁及 0.01％～0.03％活化好的活性干酵母一起送入密闭式发酵罐，装入量一般为发酵罐容积的 80％。发酵罐需具备呼吸阀，保证发酵产生的 $CO_2$ 能通过呼吸阀逸出，而对外界的空气起到隔绝作用。发酵通常采用低温发酵，一般控制温度在 15～20 ℃之间。苹果酒的发酵时间较长，酿制的苹果酒色泽浅，果香浓郁。低温缓慢发酵不但可以最大程度的保留苹果中原有的香气成分，而且可以确保酵母产香作用的发挥，进而最大程度上提高产品的风味品质（丁立孝等，2008）。主发酵时间一般为 10～14 d，在主发酵结束后，应将苹果酒中游离的 $SO_2$ 控制在 20～30 mg/L 范围内，于 10～12 ℃条件下密闭储藏。

后发酵：主发酵完成后，应及时倒罐，将底部大量的酒脚与汁液分离，以避免酒脚中的不良物质在酒中过多的溶解，进而影响酒的风味。分离时应先取澄清酒，然后再通过离心机离心将酒脚中的不溶性固形物分离出来。分离出来的酒液会含有一定的残糖，需做进一步发酵以降低苹果酒中残糖量，这一过程被称为后酵或后发酵。倒罐使酒中混入了一定量的空气，能够使休眠的酵母重新活跃起来，后发酵强度较微弱，宜在 20 ℃左右的温度下进行。发酵 3～4 周后几乎不再有 $CO_2$ 放出，含糖量降至 0.1% 左右，可以用其他罐中发酵结束的苹果酒或陈酿好的苹果酒将容器添满，严密封口（王毕妮等，2012）。

（3）苹果酒的陈酿。新酿制的苹果酒辛辣、粗糙、浑浊，不适宜饮用，须经过一段时间的储存陈酿，以消除酵母味、苦涩味、生酒味以及 $CO_2$ 刺激味等，使酒质清晰透明、醇厚和芳香，这一过程即为果酒的陈酿。果酒的陈酿一般在较低的温度（12～15 ℃）条件下进行，相对湿度应在 70%～85% 之间。在陈酿过程中，应进行定期的添桶和换桶，储藏时间至少 6 个月（华景清，2009）。陈酿过程包括三个阶段，分别为成熟阶段、老化阶段和衰老阶段。

（4）苹果酒的澄清与过滤。

①澄清。苹果酒经过一定时间的存储和倒罐，基本达到澄清，但为了去除苹果酒中的某些成分，以保证苹果酒在长期储存过程中物理和化学性质的稳定，达到商品苹果酒所要求的澄清度，在陈酿彻底结束后要进行澄清操作（张有林等，2020）。

苹果酒中由于含有单宁、果胶、酒石酸、蛋白质等物质，在长期储存中会产生混浊，采用自然澄清很难达到要求。目前采用人工的方法实现苹果酒的澄清，常用的加速果酒澄清的方法是用明胶、硅溶胶等下胶剂进行处理（徐怀德等，2006）。

②过滤。苹果酒经过下胶操作后澄清度大大提升，但是还会有一些非常小的悬浮微粒存在，因此必须在装瓶前进行过滤，即通过过滤介质的孔径和吸附来截留微粒和杂质使固相和液相物质分离。常用的过滤方法有滤板过滤、硅藻土过滤、错流过滤、薄膜过滤等。为了得到澄清、透明、稳定的苹果酒，有时需要采用多次过滤的方式（解灵芝，2005）。

（5）调配、罐装和杀菌。苹果酒发酵完成后，如何将苹果酒转化成能够上市的苹果酒销售产品非常重要。通常要将不同批次、不同成熟度以及由不同品种苹果原料酿造的苹果酒进行勾调，纠正产品的某些缺陷和维持产品的稳定性。同时对苹果酒甜度、酒精含量、颜色、酸度和 $CO_2$ 含量进行调整，在经过包装、杀菌后，形成均匀一致、符合质量标准的苹果酒产品（马兆瑞等，2004）。

①勾调。勾调是将两种或两种以上的苹果酒进行混合以实现产品品质提升和稳定，可以在主发酵完成后第一次倒酒时进行，也可在陈酿后灌装前进行。无论何时进行，都要首先勾兑小样，再将勾兑方案精确扩大到 10 L 以上进行"结合和稳定性试验"。商品酒勾兑的结合期一般为 3 周，3 周后对其风味和稳定性进行测试检验和评价，如果没有问题可进行批量勾兑。勾兑可以参照理化指标进行，也可以依照感官评价进行。勾兑前要确切知道

每一种苹果酒的质量，首先用蔗糖将各种苹果酒调整到所需要的糖度，然后关注酸度和单宁含量的调整。将单宁含量较高的苹果酒与单宁含量较低的苹果酒进行混合，不断调整混合比例，直到单宁风味达到平衡，然后再用相同的方法对酸进行调整。如果酒精含量过高，可以用水或者苹果汁进行稀释（徐怀德等，2006）。

②杀菌。苹果酒经过澄清和勾兑后，就进入最后的杀菌阶段。杀菌有快速巴氏杀菌和瓶内杀菌，快速巴氏杀菌是利用板式或管式热交换器在很短的时间内加热到杀菌温度，又在很短的时间内快速冷却的杀菌方式。快速巴氏杀菌在极短的时间内完成，因此得到的苹果酒口感新鲜、风味良好。快速巴氏杀菌是在灌装前进行，在灌装过程中有可能引入新的微生物，因此必须结合无菌灌装工艺。

瓶内巴氏杀菌是将苹果酒灌入酒瓶内，然后在水浴或隧道式杀菌机中对整个包装进行热处理杀菌，适合于铝罐包装和玻璃瓶装的苹果酒杀菌，在 63 ℃下保持 20 min 就可以完全防止腐败微生物的生长和苹果酒的二次发酵，该方法无须使用价格昂贵的无菌灌装设备，投资少，操作简单，产品安全，适合于小规模的酿酒厂（马兆瑞等，2004）。

**2. 不同种类苹果酒的发酵技术**

（1）干型苹果酒。干型苹果酒是一种完全发酵的苹果酒。干型苹果酒是由优质苹果经榨汁、澄清、发酵、陈酿等工序制成的。该酒色泽金黄，带有清新宜人的苹果香气和优雅的果酒香气，口感纯净、优雅、清淡，其含有多种营养成分，如有机酸、维生素、氨基酸和微量元素等。干型苹果酒的原料通常是脆性苹果（如富士苹果），酿造用的苹果需要选用高成熟度、无腐烂、无杂物、酸含量超过 0.45% 的优质苹果。辅料主要包括白糖、酿酒酵母、酶、亚硫酸盐等。干型苹果酒生产设备主要包括破碎机、榨汁机、种子活化罐、发酵罐、储酒罐、过滤装置、灌装机等。

①工艺流程。苹果→清洗→破碎→榨汁→成分调整→添加酵母→主酵→后酵→存储→粗过滤→冷冻→精过滤→灌装→成品。

②操作要点。

1）苹果的二次清洗。使用无菌去离子水，以防止苹果酒中的无机离子含量过高，导致苹果酒不稳定。

2）苹果破碎。首先，果核不能破碎，否则会给果汁带来杂味，并且更容易导致果酒中氢氰酸含量超标；其次，避免过碎而形成像果浆一样的极细混合物，影响榨汁效果和果汁产量。在榨取苹果汁时，需要加入适量的亚硫酸盐以抑制细菌，防止果酒氧化，从而保持果酒的新鲜感。

3）活性酵母的接种量应适当。接种量过大，发酵速度快，产品温度上升快，酵母繁殖快，整个发酵周期大大缩短，不利于生产优质原酒；接种量太少，情况与上述相反，发酵缓慢，易发生杂菌感染。酵母用量一般为 0.01%～0.03%。总酸度一般在每 100 mL 0.45 g 以上时无须调整。发酵刚结束时，原酒非常浑浊。此时，应使用凝聚澄清剂加速澄清。在发酵后期和陈酿过程中调整成分时，建议加入适量的维生素 C，不仅能起到调酸作用，还能有效防止氧化引起的浑浊和过氧化。

发酵温度是果酒质量控制的重要因素，干型苹果酒应使用低温发酵。苹果中含有许多挥发性物质，构成了苹果固有的微妙而优雅的香气，应最大限度地溶解在苹果酒中。因此，有必要在低温下平稳发酵，延长发酵周期，以在原酒中产生足够的乙醇。这三者相辅相成，缺一不可。理想的发酵温度为 15～22 ℃，此温度下有利于减少氧化，苹酒口感柔和纯净，果香与酒香协调。酒精含量为 12% vol 的苹果酒发酵时间一般为 12～20 d（徐怀德等，2006）。

4）主发酵结束后，首先要进行倒酒操作，将清澈透明的苹果酒与发酵过程中形成的死酵母细胞和不溶性物质分离。对于酸度较低的苹果酒，应在主发酵后尽快进行倒酒，这样可以降低苹果酒中含氮物质的含量，避免因乳酸菌引起的苹果酸-乳酸发酵。

5）调配好的苹果酒应在冰点以上 0.5～1.0 ℃ 的温度下冷藏保温 5～7 d，趁冷过滤，并添加适量的 $SO_2$，之后进行包装。

6）按照传统的生产方法，发酵后的新原酒必须经过多次换罐和长期储存，时间从一年半到几年不等，之后才能用于混合和灌装。对于干型苹果酒，色泽呈金黄色是一个重要的外观特征，但长期储存后，颜色会变为深黄色到棕黄色，随着储存时间的延长，水果香气也会有所减弱。因此，长时间保存原酒显然是不合适的。苹果酒应当短期储存，之后结合一系列净化处理措施，尽快装瓶，用软木塞塞住，卧式存放，低温储存，以保持非氧化状态，达到保持新鲜品质的目的（王家东等，2014）。

（2）甜型苹果酒。甜苹果酒是一种含糖量相对较高、甜味宜人的苹果酒。甜苹果酒有两种生产方法，一种是半发酵，即当发酵达到适当的糖分水平时，通过杀菌或冷却停止发酵；另一种是完全发酵的苹果酒（干苹果酒），添加糖制成（艾启俊等，2003）。

①工艺流程。苹果→清洗→破碎→榨汁→成分调整→添加酵母→低温发酵→倒罐→存储→调配→下胶→粗过滤→冷冻→精过滤→灌装→成品。

②操作要点。

1）苹果的选择。苹果的品质对产品质量影响较大。适合酿造高档甜苹果酒的苹果品种应为优质、成熟、脆果，不宜使用病虫果、霉变果、未成熟以及软果苹果。

2）苹果破碎。果核不能破碎，否则会给果汁带来杂味，同时容易导致酒中氢氰酸含量超标。苹果的粉碎粒度一般为 0.3～0.4 mm；控制出汁率为 60%～70%。如果出汁率太高，酿造的半甜苹果酒会有粗糙的口感，品质也相对较低。

3）添加 $SO_2$ 和果胶酶。压榨得到的苹果汁进入调配罐，及时添加 30～50 mg/L 的 $SO_2$ 和 50～100 mg/L 的果胶酶，并调整糖分含量。

4）酵母接种量应当适量。酵母的添加量一般为 1%～3%。发酵温度是果酒质量控制的重要因素，甜苹果酒宜采用低温发酵。苹果中含有许多挥发性物质，构成了苹果固有的微妙而优雅的香气，应使其最大限度地溶解在苹果酒中。因此，有必要在低温下平稳发酵，延长发酵周期，以在原酒中产生足够的乙醇。这三者相辅相成，缺一不可。理想的发酵温度为 18～20 ℃，这有利于减少氧化，使苹果酒口感柔和纯净，果香与酒香协调，酒精含量为 12% vol 的苹果酒发酵时间一般为 8～12 d。

5）补加 $SO_2$。在发酵 8～12 d 后苹果酒糖含量应低于 3 g/L，此时需要将发酵后的原苹果酒进行倒罐，并补充 30～50 mg/L 的 $SO_2$，用来增强苹果酒对微生物感染的抵抗力。

6）调配。在经过 4～5 个月的储存后，需要调整原苹果酒的糖含量、酸度和酒精含量，使酒体和谐柔和。

7）下胶、过滤。调配好的苹果酒需要用 400～600 mg/L 皂土进行下胶处理。静置 10～14 d 后，用硅藻土过滤器过滤得到分离出的上清液。

8）冷冻。将下胶过滤后的甜苹果酒在 $-5.5\sim-4.5$ ℃的温度下保存 7 d，并在低温下过滤。这样可以使甜苹果酒的口感更加柔和，并通过过滤去除酒液中的不溶性物质，从而提高甜苹果酒的稳定性。

9）无菌灌装冷冻过滤后的甜苹果酒。在灌装酒之前，仔细对酒液通过的管道和灌装机进行蒸汽灭菌。酒瓶必须经过消毒处理，然后通过灌装机装酒，最后用消毒后的软木塞密封，这样就不需要对甜苹果酒进行加热和杀菌处理，以免影响苹果酒的质量和风味。

（3）起泡苹果酒。苹果起泡酒可分为发酵法和人工充气法两种。人工起泡苹果酒是在静酒中充入 $CO_2$ 气体制成，又称苹果汽酒；发酵法生产的起泡苹果酒保留了发酵过程中产生的全部或部分 $CO_2$。起泡苹果酒在国外被称为 cider，在国际市场上，cider 是仅次于葡萄酒的畅销果酒。

①工艺流程。起泡苹果酒的生产是在封闭压力容器中进行发酵。过滤和灌装也在封闭系统中完成，保留发酵产生的部分二氧化碳。采用二次发酵法生产的苹果酒风味好，澄清透明。以二次发酵法为例，起泡甜苹果酒的生产工艺如下：

苹果→清洗→破碎→榨汁→成分调整→添加酵母→低温发酵→倒罐→澄清→苹果原酒→调配→活化的酵母→二次发酵→等压过滤灌装→成品。

②操作要点。

1）调配。在酿造起泡苹果酒时需要进行两次调配，并且在进行两次调配之前都需要进行成分调整。为了使每次酿造的苹果酒成分相近，规格一致，应在主发酵前调整苹果汁的成分。这种调整应综合调整糖、酸、单宁等因素。第二次调整是在主发酵完成后，发酵醪中的糖完全发酵，对糖含量进行调整（张建才等，2016）。

由于起泡苹果酒瓶中含有二氧化碳，压力取决于发酵醪中的糖含量，因此必须准确计算添加到发酵醪中的糖含量。糖含量和 $CO_2$ 压力之间的关系如表 5-1 所示。

表 5-1　加糖量与 $CO_2$

| 加糖量/g/L | $CO_2$压力/MPa | 加糖量/g/L | $CO_2$压力/MPa |
|---|---|---|---|
| 24 | 0.6 | 16 | 0.4 |
| 22 | 0.55 | 14 | 0.35 |
| 20 | 0.5 | 12 | 0.3 |
| 18 | 0.45 | | |

2）发酵。起泡苹果酒的主发酵过程本质上是酒精发酵过程，是将苹果汁中的糖转化为乙醇的过程。将活性酵母接种到成分调整好的发酵醪中，发酵温度控制在 $10\sim12$ ℃。当发酵醪中的总糖降至 5 g/L 以下时，分离苹果原酒，添加糖进行调配，并添加酵母进行二次发酵。

3）倒罐。原酒发酵结束后需进行 3 次倒罐。倒罐的目的是：一是及时调整原酒成分，以达到所需口感；二是将澄清的酒与混浊的酒分开，得到澄清透明的原酒。经过三次倒酒后，清澈透明的酒比例可以达到 97% 左右。

4）装瓶前检查。香槟原酒在装瓶前必须进行口感、颜色成分和微生物含量检查，以确保酒的质量。

（4）苹果汽酒。苹果汽酒本质上为人工酿造的起泡苹果酒，即将苹果酒冷却到一定温度，之后利用机器将 $CO_2$ 充入酒中并使之溶解在酒体里，使瓶中的 $CO_2$ 压力在 $0.25\sim0.45$ MPa 之间，故又称为碳酸苹果酒。与二次发酵法生产的起泡苹果酒相比，苹果汽酒的质量较差，但易于生产，人力和设备消耗少，具有良好的经济效益。

①工艺流程。苹果酒→调配（加糖、酸）→冷却降温→过滤→充入 $CO_2$ 气体→等压灌装→杀菌→苹果汽酒。

②操作要点。

1）调配。虽然苹果原酒中存在乙醇、酸及糖，却仍难以达到成品酒的要求，所以，在灌装之前要先对原酒中的酒精度、糖度及酸度进行检测，并根据成品酒的标准添加一定量的砂糖及苹果酸。苹果汽酒的酒度要求一般较低，通常为 $1\%\sim5\%$ vol，糖含量不高于 $5\%\sim7\%$，此外还要求达到一定的酸度。同时，原酒中还可以加入一定量的香精以增加苹果汽酒的风味。

2）冷却、过滤。苹果原酒在经过调配后，通过板式换热器换热降温，同时对发酵罐进行降温，降温至比冰点高 $1$ ℃左右，冷冻 $5\sim7$ d，以使得酒体中某些果胶、酒石酸氢钾等不稳定的杂质，能够在低温条件下被过滤除去。

3）充 $CO_2$。在充 $CO_2$ 时，首先要使酒体中充满气体，$CO_2$ 的溶解度同酒体温度及混合压力有很大关系，当温度低时，压力较高，$CO_2$ 溶解度就越大，反之越小。此外，可以依据酒体温度的不同来调控 $CO_2$ 的混合压力，要根据酒的品质要求及酒瓶的耐压能力来决定酒体中 $CO_2$ 的含量，不然容易使酒体中气体不足或压力过大造成酒瓶破裂。

4）等压灌装。用于盛装苹果汽酒瓶子必须是耐压瓶。目前苹果汽酒工业生产的瓶子使用玻璃瓶、易拉罐和聚乙烯瓶。聚乙烯瓶的安全性较高，但是档次性较低。

（5）香槟型苹果酒。香槟苹果酒，属于汽酒的一个类型，香槟苹果酒一般以香槟法生产最为典型，这种方法生产的酒是一种含有 $CO_2$ 的高档起泡苹果酒。香槟苹果酒通常采用瓶式发酵法，一般是利用主发酵后的苹果酒，加入糖及酵母，在瓶中缓慢的开始后发酵。$CO_2$ 溶解在水里，将发酵中的酒瓶放置在地下室，进行发酵。

①工艺流程。苹果原酒→调配→加酵母→装瓶压塞→二次发酵→拔塞→陈酿→包装成品。

②操作要点。

1）原料选择。用于酿造高档香槟型苹果酒原料应当为优质、成熟、脆质的苹果，不应使用病果、霉果、生果、绵质果。

2）调配。苹果原酒开始二次发酵，该过程较为复杂，必须做到认真细致，首先对苹果原酒进行调配。调配后酒精度应当在 $11.5\%\sim12.5\%$ vol 之间，不可以在 $10\%$ vol 以下，若是酒精度过低，在二次发酵开始前可加入一定量的糖，但量不能过多，否则在二次发酵中会产气量过大使瓶子炸裂。若是酒度过高，可以加入饮用水进行稀释，否则会使得发酵困难。需在装瓶前 $2$ 个月对酒度进行调整。苹果酒的总酸（按硫酸计）应当在 $4.5\sim7.3$ g/L 之间，挥发酸（按乙酸计）应在 $0.5$ g/L 以下。

二次发酵时，因为酵母每消耗 $0.4\%$ 的糖大约就会产生 $101$ kPa 的 $CO_2$，而发酵后通常要求瓶中压力为 $450\sim500$ kPa，所以每 $1$ L 苹果酒中需要酵母消耗掉约 $20$ g 的糖。由于苹果原酒中存在约 $1$ g/L 的残糖，苹果原酒中只能加入甘蔗糖，不能加甜菜糖。

在添加糖时，应当先用苹果原酒将糖配成糖浆，再添加到酒中。通常糖浆调配浓度是50%。因为 50 kg 糖溶解后体积约为 31.5 L，所以要配置 100 L 的糖浆应当将 50 kg 的糖加入到 68.5 L 的苹果原酒中，苹果酒中的亚硫酸含量应在 0.003～0.005 g/L 之间，不能过高（郑有军等，1986）。

3）酵母培养。酿制香槟苹果酒所用的酵母同普通酿酒酵母有所不同，应采用凝聚性能好的香槟酵母，亚伊酵母、克纳曼酵母是比较适用于酿造香槟酒的酵母。若是采用两种或是两种以上的香槟酵母进行混合发酵，会得到更加优质的苹果香槟酒。

在苹果原酒调配前 8 d 应当开始培养酵母。采用含糖量为 0.5%～0.7% 的苹果原酒对酵母进行培养。将保存在斜面中的酵母菌转接到培养液中，进行活化培养，随后再转接到加仑瓶中继续培养，直至发酵液中残糖含量为 1～2 g/L（刘宝家，1990）。

4）加酵母及装瓶压盖。将调配后的苹果原酒进行罐装时，要留有 3 cm 左右的空隙用来补加糖和酵母。将酒液装进特制的厚瓶中，添加 3% 的酵母菌，混匀，随后即刻塞上已浸润的软木塞，并用铁丝捆牢。

将灌装好的酒瓶放置到酒窖或地下室中，水平放置酒瓶，令瓶内酒体同软木塞接触，防止瓶塞干燥后漏气。放置地面要平整，高度不能超过 20 层。发酵时间约为 30 d，发酵时会产生热量，因此发酵温度要保持在 10～15 ℃ 之间，防止过高气温导致酒体中溶解的 $CO_2$ 逸出，从而使酒瓶爆裂。

拔塞前，将酒瓶放置在架子上，瓶口朝下，并时常晃动瓶子，使瓶底酵母沉积在瓶口的木塞上，待酵母完全沉积在瓶口后，将瓶颈浸在冰浴中进行冷却，等瓶颈部分冻结后立即将木塞拔除，沉积物便随之排出，然后立即向其中补充由苹果酒调配成的糖液，并替换新瓶塞，继续用铁丝扎牢，倒放或横卧储存。

5）陈酿。拔塞后，酒仍需要放置在酒窖中进行陈酿，周期为半年至一年。在陈酿期间，酒液会与酵母发生自溶反应，获得香槟酒。

最终得到的香槟酒酒度应在 12%～13% vol 之间，总酸约为 0.7%，挥发酸在 0.07% 以下，总糖约为 5%，20 ℃ 条件下瓶内压力应在 400～500 kPa，酒体中 $CO_2$ 含量为 150～220 mg/kg，游离 $CO_2$ 含量约为 20 mg/kg。酒体应金黄透明，口感微甜酸，净爽宜人。

**3. 苹果酒的品评** 用具体的语言记录品尝苹果酒的感受，能够加深对所品苹果酒的印象。具体的语言记录有利于品尝者之间进行准确的交流。因此，无论对于苹果酒的生产者还是销售者，这个技巧都是不可或缺的。

（1）品尝前的准备。值得注意的是，品尝者必须排除一切外部因素对苹果酒的干扰。理想的品尝室必须去除任何含有异味的物品（如清洁剂、烟草、食物和香水等），必须有良好的自然光线，同时还需有白色的背景，以便品尝者对苹果酒的颜色进行判断。品尝者的口腔必须不受异味（如烟草、食物、咖啡、口香糖以及牙膏的残留香气）的干扰，可通过咀嚼面包来去除。花粉过敏、感冒和疲劳会对评价者感官产生的负面影响，因为这些因素会降低味觉和嗅觉的敏感度。

（2）品酒方法。苹果酒的品评首先是视觉的观（外观），其次是嗅觉的闻，再次是味觉的尝，最后是通过以上感受来对苹果酒的质量做出综合评价。

①视觉的观。进行视觉评价是因为有时候苹果酒的外观就能够显示出它的缺陷。如果苹果酒过于老化、储存不当或者软木塞有问题，空气就会破坏其质量，此时我们可以认定

该酒出现了缺陷。

②嗅觉的闻。接下来是感受苹果酒的气味。摇动酒杯，使苹果酒在杯中旋转，充分释放出香气后再闻香。对闻到的气味进行记录，判断是否有不该出现的气味，能通过嗅觉发现的最常见缺陷是软木塞缺陷。软木塞缺陷不太明显时就已经会影响苹果酒的新鲜度和水果香，而严重时便会产生刺鼻的湿纸板味或霉味，非常令人不悦。有缺陷的苹果酒闻起来乏味平淡，还有过多的氧化气味（如太妃糖、焦糖、老酒的味道），所有的缺陷也可以通过味觉的尝来发现。如果缺陷确实很严重，嗅觉很容易判断，那么就可以立即将这款酒放到一边。但在某些情况下，是很小的缺陷，有时必须啜上一口，用味觉来评价其味道，以便确认这款酒是否有缺陷。如果一款苹果酒是健康的，那么接下来要做的是评价其香气的浓郁程度。香气是非常明显，是清淡，还是淡至难以察觉。通常情况下，描述香气是一个比较主观的过程，因为这取决于个人经验，所以在最开始的阶段，很多描述听起来非常奇特。

③味觉的尝。品酒通常被认为是一件非常主观的事情。事实也的确如此，每个人对于甜、酸、单宁及复合香气的敏感程度是不同的。我们各自的品酒经验很可能完全不同。然而尽管我们对一款苹果酒的香味元素的敏感程度不同，但对于哪款苹果酒更甜、更酸或含有更多的单宁，通常还是会达成共识的。因此，我们很快就能辨别出一款苹果酒的某种成分含量到底是高、是低还是中等。

在品尝苹果酒时，用味觉（甜、酸和苦味）和嗅觉（味道特征）来评价。舌头的所有部位对各种味道都很敏感，但某些部位比其他部位更加敏感。敏感性的确切部位因品酒者而异，但通常舌尖最容易尝到甜味，舌头的两侧对酸味最为敏感，而舌根感觉到的是苦味。为了确保对酒获得最清晰的印象，应该是小啜一口，然后通过双唇吸入空气。这将确保苹果酒包裹住口腔内的各个部分，让香味上升至鼻腔，鼻腔后部便感知到味道特征。

**4. 苹果酒发酵设备**　苹果发酵酒、苹果蒸馏酒或苹果白兰地设备主要包括取汁设备、发酵设备、过滤澄清设备、蒸馏设备等，取汁设备与前面介绍的苹果汁的制备设备较为相近，不再进行赘述。

（1）发酵罐。苹果酒生产中最为重要的反应设备是发酵罐。良好的苹果酒发酵罐应满足以下要求：①结构严密，内壁光滑，耐腐蚀性能好，内部附件尽可能减少，以减少金属离子对食品的影响；②因为发酵过程中酵母代谢产生大量的热量，发酵罐应具备非常良好的热交换性能；③附有必要和精确可靠的检测及控制仪表；④配有呼吸阀等排气装置。

（2）离心澄清设备。离心澄清是采用高速离心机分离沉淀及悬浮物以实现澄清的目的。高速离心机产生的离心力能克服重力沉降时存在的阻力，使沉降力增加几百倍乃至几千倍，从而大大增加了沉降速度，缩短了沉降时间，获得稳定的澄清效果。用于苹果酒澄清的高速离心机常见的有碟式离心机和卧式螺旋离心机。

碟式离心机。料液从进料管进入转鼓的中心轴后，向下降落、进入转鼓下部碟片间的空隙处，在离心力的作用下，被分离后的液体沿碟片间隙向上流动，从排出口排出；而固体则沉积在碟片的下侧并被甩出到转鼓壁处，当转鼓被固体颗粒充满时，就必须停车清除固体沉淀物。碟式离心机不能实现连续澄清排渣，一般可用于混浊物含量小于 10% 的苹果酒澄清处理。

卧式螺旋离心机。卧式螺旋离心机的转鼓内装有一个带螺旋叶片的空心轴，螺旋叶片的外径略小于转鼓内径，转鼓和空心轴以相同方向、不同速度前进。料液从空心轴进入，在离心力、叶片、滚筒、料液之间摩擦力的作用下，料液中的颗粒沉积在转鼓内表面，并被相对运动的螺旋叶片刮下，以淤泥状排出机外，澄清的料液从转鼓另一段出口流出。这种离心机实现了连续操作，可以用于混浊物含量高达12%～20%的液体澄清处理。

（3）过滤澄清设备。苹果酒经过下胶、离心等操作后将能够大大改善苹果酒的澄清度，但是酒体中时常还有一些很小的悬浮微粒存在，因此必须在装瓶前进一步过滤。即通过过滤介质的孔径大小和吸附来截留微粒和杂质使固相和液相物质分离的操作。

常用的过滤方法有硅藻土过滤、滤板过滤、薄膜过滤、错滤过滤等。为了得到透明、澄清、稳定更好的苹果酒，一般需要多次过滤。

硅藻土过滤主要适用于粗过滤，使用硅藻土作为助滤剂的压力式过滤，可以滤除0.1～1 $\mu m$的固体颗粒。水平叶片和垂直叶片式是硅藻土过滤机常用的两种形式，一般结构包括筒身、滤板、中空轴、检视瓶、滤网、放气阀、压力表等。料通过筒身进液口进入，然后通过滤网、滤板和中心轴，由出液口流出，可以通过透明玻璃检视瓶来观察滤液的澄清状况。过滤时盖子要紧闭，用泵将苹果酒与硅藻土混合液压入过滤器，悬浮液中的硅藻土被藏流在滤叶表面的细金属丝网上，而苹果酒则通过硅藻土层及金属细网而进入滤叶的内腔，从金属细网中流出，经过几次回流就得到澄清的苹果汁。过滤结束后，反向压入清水，使滤饼疏松，打开顶盖卸除滤饼。

滤板过滤是用精制棉纤维、木材纤维、石棉和硅藻土等压制成的滤板作为过滤介质，所用纤维宽一般为30～50 pm，形成骨架结构包括石棉和硅藻土。滤板需要具备良好的强度和抗腐蚀能力，石棉能起到吸附作用，硅藻土起到提高通透性的作用。滤板过滤一般用作精滤，即苹果酒先经过离心机或者硅藻土粗滤后再进行滤板精滤。高级板式过滤机可以滤除微生物，得到无菌的苹果酒，结合采用无菌包装系统可以省去巴氏杀菌。

微孔薄膜过滤是利用内装有微孔薄膜的过滤机进行过滤。微孔薄膜是用生物和化学稳定性很强的合成纤维和塑料制成的多孔膜，薄膜抗浓酸、浓碱，可以耐125～200 ℃的高温。

圆筒形滤膜常用的孔径大小为12～2.0 $\mu m$，通过过滤可以得到无菌苹果酒。除去酵母菌细胞需要孔径0.65 $\mu m$，除去细菌细胞需要孔径0.45 pm，一般是在精滤过后再进行微孔滤膜过滤。滤膜使用前要用95 ℃的热水杀菌20 min，然后用无菌水冲洗。微孔薄膜过滤的优点是可以通过过滤直接得到无菌新鲜苹果酒，配合无菌包装无须巴氏灭菌即可生产出生物稳定性可靠的成品酒，有利于保持苹果酒的新鲜口感。

错滤过滤是目前最新型的一种过滤方法，液流的主要部分在过滤介质的表面以一定角度流过，形成湍流，其中只有一小部分液体透过过滤介质，未透过滤层的保留液再进入循环，多次"错流过"过滤层表面。错滤过滤大大减弱了悬浮固体堵塞滤孔和降低过滤速度的作用，因为滤渣被连续的液流不断带走，不会在滤层表面积累而形成滤饼。

错滤过滤可分为微滤、超滤和反渗透，在苹果酒工业中主要用于酵母菌和细菌的分离，以及固定化酶的回收，甚至可以除去分子水平的溶质。错滤过滤最大的缺点是过滤速度慢，因此目前未能在苹果酒工业中得到广泛应用。

### （二）苹果醋加工技术

苹果醋通常是以富士苹果为主要原料，经取汁、调整糖和酸的比例、发酵（酒精发酵、醋酸发酵）和陈酿等多种工序制成。在苹果醋的酿造中，酒精发酵和醋酸发酵是最为重要的两个过程，酵母菌和醋酸菌分别是上述阶段的主要的发酵菌种。苹果醋风味独特，色泽金黄，果香明显，具有口感滑润、细腻、口味酸甜适宜、味道丰富、回味绵长等特征。苹果醋富含多种维生素、氨基酸、有机酸以及矿物质。其中，维生素 C 含量更是苹果的 10 倍之多，能补充人体所需的各种营养，改善消化系统功能，调节内分泌，具有降低血脂，排毒养颜和预防感冒的作用。苹果醋的有机酸成分具杀菌功效，能清理消化道，有助排除关节、血管及器官的毒素（霍文兰，2016）。

### 1. 苹果醋发酵原理与条件

（1）发酵原理与微生物

①苹果醋的发酵原理。苹果醋的英文名是 Apple Cider Vinegar，体现了其是以苹果或浓缩苹果汁作为主要原料，经酒精发酵和醋酸发酵制成的一种果醋饮料（李欢，2017）。

醋酸发酵是依赖糖酵解（EMP）途径进行的，主要分为三个阶段：

第一阶段就是利用微生物的无氧呼吸作用，将葡萄糖（工业上常用蔗糖，一分子蔗糖由一分子葡萄糖和一分子果糖组成）氧化为丙酮酸，在这一阶段中二磷酸腺苷（ADP）转化成三磷酸腺苷（ATP）、2 分子的 NAD 与 NADH 产生变换。谷氨酸代谢途径，它们能催化 NADH 和 ATP，ADP 与 Pi 结合形成 ATP，此即葡萄糖的磷酸化过程，磷酸果糖激酶是 EMP 途径的关键酶，发挥作用的微生物主要是产酒精的酵母菌。

$$C_6H_{12}O_6 + 2\,ADP + 2\,H_3PO_4 + 2\,NAD \longrightarrow 2\,CH_3COCOOH + 2\,ATP + 2\,NADH + 2\,H_2O + 2\,H$$

第二阶段是糖的裂解，丙酮酸分解为乙醇和二氧化碳。

$$CH_3COCOOH \longrightarrow CH_3CH_2OH + CO_2$$

第三阶段在乙醇脱氢酶作用下将乙醇氧化为乙醛，然后在乙醛脱氢酶作用下生成乙酸。

$$2CH_3CH_2OH + O_2 \longrightarrow 2CH_3CHO + 2H_2O$$
$$2CH_3CHO + O_2 \longrightarrow 2CH_3COOH$$

整个发酵过程都是在发酵罐中进行的，酵母菌是兼性厌氧菌，在接种后会利用苹果汁中的营养物质和氧气来快速繁殖，在这一阶段，酒精的产量很低，酵母菌数量呈指数型增长。但随着发酵的进行，发酵罐中的氧气被消耗殆尽，繁殖后的酵母菌会在无氧条件下生成大量酒精，3～4 d 后酒精的产量增长变得缓慢，直至约 7 d 后，酒精总含量趋于稳定，酒精发酵结束。

酒精发酵后就可以进行醋酸发酵，由于醋酸菌是严格好氧菌，因此在醋酸发酵阶段需要提供充足的氧气，使醋酸菌快速生长，利用酒精产生醋酸，同时可以缩短发酵周期。

②酿造菌株的优选。醋酸菌广泛存在于自然界中，属于革兰氏阳性菌，是专性好氧细菌，主要能够从食醋和酒精饮料中分离得到，不同的醋酸菌的发酵性能差距很大，按其氧化能力的差别被分为 4 大类：过氧化、氧化、中氧化和弱氧化。在生产应用中，应根据实际需求科学的选择合适的醋酸菌种。在苹果醋的生产中，需要选择优质的醋酸菌种，其应具备氧化能力强但无过氧化性、产酸速度快且能力强、生成果醋具有芳香气味等优点。优

质醋酸菌种的总体分离筛选流程如下：

样品→高酸驯化→增殖培养→稀释分离→纯化→保藏→产醋酸定性试验→初筛→复筛。

（2）苹果醋发酵条件。在恒温摇床条件下，苹果汁醋酸发酵周期较长，酒精转酸率与产酸速度不高，这与摇床条件下发酵液的溶氧量低以及酒精的不断挥发有关。摇床条件是研究醋酸发酵的基础，影响醋酸发酵的因素有菌种、温度、通气及溶氧效果等，其中摇床构造、转速、试验瓶的大小以及发酵液装量会影响溶氧效果，进而影响醋酸发酵过程，应根据不同原料及不同试验目的，采取适宜的摇床试验条件。另外，如何采用物理、化学方法在摇床条件下保持醋酸菌生长及活性、提高溶氧效果、提高产酸速度以及酒精转酸率需进一步研究（李燕等，2006）。另外在醋酸的发酵过程中，当酸度不再发生变化或变化不明显时，应当停止摇床发酵，以防乙酸的氧化对产品造成不良影响。

在醋酸的发酵过程中，乙醇脱氢酶的活性与产酸浓度有着明显的相关性。当乙醇脱氢酶的活性增加时，产酸量也会相应地提高，但当产酸量达到每 100 mL 3.2 g 以上时，乙醇脱氢酶的酶活力开始下降，继而产酸能力也随之下降。传统的果醋发酵都采用分批发酵，其中各有利弊。一方面，在分批发酵中可以通过检测乙醇脱氢酶活力的变化来估测菌株的发酵能力，了解发酵进程；另一方面，随发酵的进行，酸度增加，酶活下降，从而导致的发酵能力和产酸率降低，影响原料的利用率，这是分批发酵中应克服的困难。影响酶活的主要因素有酒精度、酸度、温度、菌的特性及溶氧等，醋酸菌中的乙醇脱氢酶有其独特的酶活动力学特性，尤其活性与酸度、酒精浓度、溶氧条件等的关系需进一步阐明，以优化分批醋酸发酵工艺技术条件，同时为改良分批发酵技术奠定理论基础。

**2. 苹果醋发酵工艺**（图 5-24）

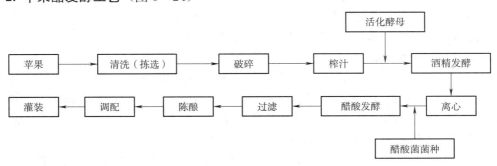

图 5-24 苹果醋发酵工艺流程图

（1）原料处理。将苹果清洗干净后，人工剔除腐坏变质部分，将修整后的干净苹果破碎成直径为 5 mm 左右的碎块后，放置在 pH 为 4.0 的柠檬酸缓冲液中浸泡。

（2）苹果汁制备。打浆和酶解：将浸泡后的苹果块放入打浆机中搅拌打浆得到苹果泥，之后向苹果泥中加入每 100 g 700 U 的果胶酶，搅拌均匀后，在 45 ℃下保温酶解2 h。

压榨、筛滤和澄清、离心分离：将酶解后的苹果泥用 200 目滤布包好后进行压榨，之后向滤出液中加入明胶（0.2%）澄清剂在 50 ℃条件下作用 30 min，再将澄清好的滤出液置于离心机中在 3 000 r/min 条件下离心 10 min，得到制备好的苹果汁（范振华，2020）。

（3）菌种制备。

①酵母种子液的制备。在 35 ℃条件下，将酿酒活性干酵母注入含糖量为 5％的水溶液中活化 1 h。在酵母菌液体培养基中接入活化后的酵母，并在 28 ℃左右的培养箱中培养 12 h，并将培养的酵母作为原菌种依次接入含有不同苹果汁加入量的液体培养基中，在培养基中培养 12 h，多次循环上述操作，得到驯化好的酵母菌种。

将驯化好的酵母菌株接入 2％蔗糖水中，在 36～40 ℃条件下处理 15～20 min，然后将温度降至 34 ℃以下并继续活化 1～2 h。过程中有大量气泡产生需要搅拌消泡，一般无气泡产生后即可使用。

②醋酸菌种子液的制备。取斜面保藏的醋酸菌菌种，将其接种到配置好的醋酸菌培养基中，30 ℃下培养 3 d，之后于超净工作台中，在培养皿中滴加 2～3 滴 95％酒精，接下来再将醋酸菌分离培养基放置于实验台上，混匀后，静止放置，蘸取培养的菌种划线分离，在 30 ℃温度下培养，选取培养基中的单菌落，重复在醋酸菌分离培养基上划线分离一次，在 30 ℃条件下培养 3 d 后，选用单个菌落进行镜检。

以 1％葡萄糖和 1％酵母抽提物制备醋酸菌液体种子培养基，调节 pH 至 5.5，培养物在 121 ℃下灭菌 20 min。冷却至 70 ℃以下后，加入 3.5％（V/V）无水乙醇。将纯化的醋酸菌加入醋酸菌液体种子培养基中，在 30 ℃和 150 r/min 下培养 48 h，得到醋酸菌种子液。

（4）酒精发酵。酒精发酵是指苹果汁中的糖类物质在酵母糖化酶的作用下，在无氧条件下生产酒精的全过程。因为苹果汁含有大量营养物质和少量的溶解氧，酵母繁殖迅速，所以酒精发酵作用较弱，二氧化碳和酒精的产量较低。60～96 h 后酒精发酵进入主发酵期，在这个阶段发酵醪中的氧气耗尽，酵母菌停止繁殖且菌落数量到达峰值，此时主要进行酒精发酵，这一阶段，酒精的含量迅速上升。随着时间的推移，第 5 天左右发酵到达后期，大部分糖被消耗，酒精发酵变慢，此外，酒精浓度高对酵母菌的生长活动具有抑制作用，因此酒精度不再继续上升，发酵终止（赵敏等，2016）。

酒精发酵阶段操作如下：

取制备好的苹果汁，向其中添加白砂糖和柠檬酸分别调整糖含量为 16％，pH 为 4.0，65 ℃条件下灭菌 15 min，待温度冷却到 25 ℃以下接入 10％的酵母培养液，在温度为 28～32 ℃的密闭容器中进行为期 7 d 的酒精发酵。这个阶段，每隔 24 h 都要测量一次酒精浓度，当酒精浓度达到 8.0％时就可转入醋酸发酵。

（5）酵母及不溶性固形物的去除。酒精发酵阶段的苹果酒中含有一定量的酵母和不溶性固形物，如不将其去除，在果醋发酵阶段酵母发生自溶，会影响苹果醋风味。可采用碟片式离心机离心除去苹果酒中的酵母及不溶性固形物。

（6）醋酸发酵。乙醇在醋酸菌的作用下氧化成乙酸，这一过程被称为醋酸发酵，是食用醋生产中的主要环节（张凌等，2009）。当苹果酒的酒精度达到 8％ 时，将扩大培养好的醋酸菌按 10％的比例加入其中，将其放置在条件为 30 ℃、150 r/min 的摇床上进行醋酸发酵，随着醋酸菌的产酸，酸度上升，酵母菌无法存活。醋酸发酵约 4 d，当醋酸含量大约为 6％ 时即可。

（7）苹果醋加工过程营养物质变化。

①发酵原料对营养成分变化影响。发酵原料对苹果醋香气的影响：苹果或苹果汁的质

量对苹果醋的品质起着基础性的影响。有研究学者发现，鲜榨苹果汁酿造的苹果酒，其酯类物质含量要明显高于浓缩苹果汁酿造的苹果酒，且在香气成分上有较大的差别。以鲜榨苹果汁为原料制备的苹果醋中含量较多的是异戊醇、2,3-丁二醇、苯乙醇。William（1978）将苹果汁的挥发性香气成分去除后发酵苹果酒，检测出了256种挥发性成分。

以苹果和燕麦为原料，经酒精发酵得到复合果酒，加入醋酸菌后进一步制备燕麦苹果复合果醋，通过单因素和响应面优化燕麦苹果复合果醋的醋酸发酵工艺，果醋的总酸含量每100 mL可达（7.35±0.04）g（以乙酸计）；体外抗氧化实验表明，其黄酮类物质抗氧化能力值为100.27 mg VCE/L，DPPH自由基清除率可达60.21%，有较高的体外抗氧化活性；燕麦苹果复合果醋主要黄酮类物质为木犀草素、山奈酚及槲皮素（王荣荣等，2019）。

除了发酵原料的品种对苹果醋品质有影响之外，果汁的处理方式对苹果醋挥发性成分也有很大影响。用原汁加糖和冷冻浓缩苹果汁发酵而来的苹果酒，香气成分丰富且含量高，且适度的发酵可以有效避免香气成分的挥发，能明显改善苹果酒的风味和口感，再经过醋酸发酵后使苹果醋具有更高的品质。

②发酵菌种对营养成分变化影响。苹果醋的香气有很大部分是由发酵微生物产生的，用来发酵苹果醋的微生物种类繁多，代谢途径和产物各不相同，会影响苹果醋品质。采用单菌株发酵的苹果醋，香气较淡，而多菌种混合协同发酵可显著增加香气的复杂性，提高挥发性香气的种类和含量。酿酒酵母和非酿酒酵母混合发酵是现代酿造果醋的主流发酵方式，其中非酿酒酵母的生长代谢能够分泌多种酶类，如果胶酶、糖苷酶、蛋白酶以及水解酶等（叶萌祺，2015），从而产生多种挥发性物质，如酯类、酸类和醇类，使果醋发酵香味更浓郁，品质优良。

有机酸是评价苹果醋风味物质和品质的重要指标。其中，乳酸菌和酵母菌混合发酵制得苹果酒和苹果醋，乳酸含量明显升高，分别能检测到20种和12种挥发性物质，且均能检测到乳酸乙酯，说明乳酸菌和酵母菌共同发酵，不仅提高了苹果中的乳酸含量，还能增加苹果醋中的风味物质（李欢，2017）。

③发酵方式对对营养成分变化影响。苹果醋的发酵方式对风味和营养物质的种类和相对含量有显著影响。对比适度发酵和完全发酵过程中苹果醋总酚含量的变化，发现完全发酵苹果醋中总酚含量和种类的损失较为严重，而适度发酵苹果醋的营养基质更加适宜酵母菌、醋酸菌生长、繁殖，果皮、渣中的酚类物质能够更好地溶出，而且明显缩短了发酵时间，避免了总酚的大量损失。

完全发酵和适度发酵苹果醋中的有机酸种类基本一致，酒石酸、柠檬酸、富马酸含量高于完全发酵，丙酮酸、苹果酸、α-酮戊二酸、乳酸、乙酸、琥珀酸含量略低于完全发酵，适度发酵中乳酸、丙酮酸、乙酸含量显著低于完全发酵。从保留苹果醋营养价值而言，2种不同发酵方式制备的苹果醋风味特性存在较大差异。适度发酵的苹果醋中共检测到37种挥发性香气成分，其中有11种酯类、8种醇类、6种醛酮类、7种萜烯类和3种酸类；而完全发酵的样品只鉴定出22种成分，其中有7种酯类、1种醇类、9种醛酮类、2种萜烯类和1种酸类。前者芳香风味成分丰富性有明显优势，而且结合实际的感官品评情况，适度发酵苹果醋在原果香风味成分的保留、特征风味成分种类、相对含量及相互之间的比例等方面比完全发酵的苹果醋更易于形成高质量的产品（薛淑琴等，2017）。

**3. 发酵条件对苹果醋香气成分的影响**　发酵温度对苹果醋香气成分较大影响，高温条件下酿造的苹果酒缺乏果香，口感粗糙无顺滑感；适宜的温度不仅可以减少发酵原料中香气物质的损失，还有利于酵母代谢生成更多香气物质。另外，糖度、pH和溶氧量等条件也对果醋香气物质产生影响，适当的糖度和pH能促进酵母繁殖，增加香气物质的产生。

**4. 苹果醋发酵用设备**　自吸式发酵罐。自吸式发酵罐是一种不需另行通入压缩空气的发酵罐（具体结构见图5-25），其最关键的部件是带有中央吸气口的搅拌器，目前使用最为广泛的搅拌器是具有固定导轮的三棱中心叶轮，在叶轮上下分布的有三棱形的平板，叶片夹在旋转方向的前侧。当叶片向前旋转时，其与三棱形平板之间的液面被甩出而形成局部真空，于是将罐外的空气通过搅拌器中心的吸管吸入罐内，并与高速流动的液体密切接触形成细小的气泡分布在液体之中，在搅拌器外周，还有固定的导轮。导轮由16块一定曲率的翼片组成，排列于搅拌器的外围，翼片上下有固定圈予以固定。

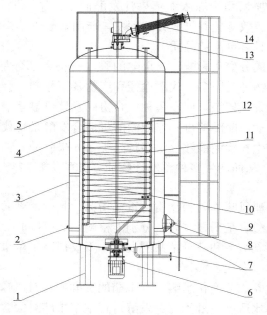

图5-25　自吸式发酵罐结构图

1. 支腿　2. 酒精在线监测探头　3. 罐体　4. 冷却盘管　5. 冷却进水管　6. 自吸装置　7. 出料及排污口
8. 下人孔　9. 爬梯　10. 进料管　11. 进气管　12. 冷却回水管　13. 消泡装置　14. 尾气冷凝器

自吸式发酵罐的搅拌轴大都由罐底伸入，因此要求采用性能良好的双端面机械密封装置，抽气管与搅拌器之间也应采用滑动轴套或端面轴封，以免漏气。

为保证发酵罐有足够的吸气量，搅拌器的转速应比一般通用式高，虽然自吸式发酵罐消耗于搅拌的动力较大，但因不需另行通入压缩空气，因此总的动力消耗比较经济，一般为通用式发酵罐的搅拌功率和压缩空气动力消耗之和的2/3。自吸式发酵罐气—液混合情况较好，气泡分散较细，能在较低的通气量情况下，使氧的吸收系数达到通用式发酵罐的水平。

在自吸式发酵罐的操作过程中，泡沫情况较为严重，因此装料系数不能太大，最好能配合离心式除沫器。

### （三）苹果益生菌发酵技术

酵素是以果蔬和益生菌等为原料，经多种微生物复合共同发酵而产生的，富含多酚、黄酮、多糖等多种生物活性成分的发酵产品（李红等，2020）。近年来，随着人们生活水平和保健意识不断增强，益生菌发酵饮品越来越深受人们的欢迎。以苹果为原料，利用有益微生物发酵而成的一类有保健功效的苹果发酵制品称为益生菌发酵苹果汁。它富含大量的还原糖、有机酸、维生素、多酚、功效酶等功能性营养成分，具有美容养颜、促进肠道蠕动、缓解疲劳、抗氧化等多种保健功效。

**1. 用于苹果汁发酵的益生乳酸菌种类** 目前，用于苹果汁发酵的益生乳酸菌种类主要为双歧杆菌属和乳杆菌属，包括植物乳杆菌、干酪乳杆菌、保加利亚亚种、德氏乳杆菌、唾液乳杆菌、嗜酸乳杆菌、双歧杆菌、短乳杆菌等（金世琳，1998）。

**2. 益生菌发酵对苹果汁风味品质的影响** 益生菌发酵对苹果汁产品风味品质的影响：显著改善苹果汁的风味；减少苹果汁产品的防腐剂的使用添加量，延长苹果汁产品的货架期；增加苹果汁产品的保健属性，提高其附加值。

益生乳酸菌在苹果汁发酵代谢时，主要是利用脂肪酸、游离氨基酸、糖类等作为前体物质进行合成风味物质的代谢。苹果汁中含有一定量的氨基酸，乳酸菌利用并分解苹果汁中的氨基酸并生成果香型、酯香型等特征香气成分，参与形成的氨基酸主要是支链氨基酸、芳香族氨基酸和含硫氨基酸。与香气合成相关的氨基酸主要有缬氨酸、亮氨酸、异亮氨酸、丙氨酸、半胱氨酸和苯丙氨酸等。氨基酸的代谢可以产生芳香族、支链或脂肪族的酸类、醇类、羰基化合物和酯类物质。其中，缬氨酸、亮氨酸、异亮氨酸和丙氨酸为甲基支链酯合成的前体物质，酯氨基酸是苹果香气成分中的支链脂肪族醛、醇、酯类物质和酮的主要来源，挥发性酚、醚类和某些含芳香环类香气物质的合成前体则是芳香族氨基酸（冯涛等，2013）。

苹果汁中含有较高的酯类物质，一般占挥发性香气成分的 40% 左右。苹果汁经过益生乳酸菌发酵后，具有典型香气的酯类物质 2-甲基丁酸己酯占比得到显著提高，乙酸乙酯的产生有可能是在乳酸菌柠檬酸发酵作用过程中生成的。苹果汁发酵后香气的变化与益生乳酸菌的代谢反应（氧化反应、酯化反应和醇化反应等）产物密切相关。

**3. 益生乳酸菌发酵苹果汁的工艺及特点**

（1）苹果汁的制备。选择成熟度较佳、无机械损失、大小均一和无病害腐烂的苹果原料，把表面清洗干净后去核切块，利用榨汁机进行榨汁，破碎取汁期间需添加抗氧化剂（一般使用维生素 C）进行护色，如果苹果本身的酸度太高，则不利于乳酸菌的生长繁殖，因此在榨汁后用可用碳酸钠调节酸度。

（2）发酵菌剂的制备。根据生产的实际情况进行发酵菌种的选择，可供选择的菌种主要包括干酪乳杆菌、植物乳杆菌、嗜酸乳杆菌、德氏乳杆菌保加利亚亚种、短乳杆菌、唾液乳杆菌、长双歧杆菌、动物双歧杆菌乳酸亚种等，一般将菌种活化 2~3 次后用于发酵菌剂的制备。

（3）发酵。将制备好的苹果汁，在 80~95 ℃条件下灭菌 15 min，取出冷却到室温下接种活化扩培后的益生乳酸菌进行发酵，发酵至所需要的口感后结束。

**4. 通用式发酵罐**

通用式发酵罐的结构具体如图 5-26，发酵罐通常是一个长筒型密闭容器，具有椭圆形或蝶形的盖和底。发酵罐一般应以不锈钢或低碳钢制作。为了防止染菌，罐的内壁应光滑无死角，要保证焊接质量，使之至少能够耐受 0.45 MPa 的水压。

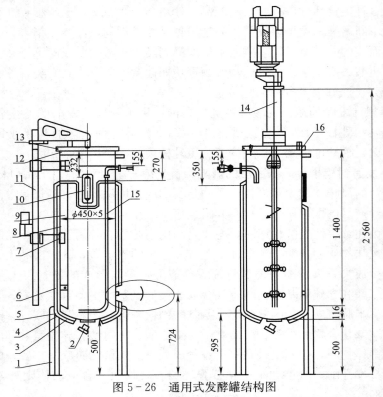

图 5-26　通用式发酵罐结构图

1. 底脚　2. 罐底阀　3. 保温夹套蝶形封头　4. 控温夹套蝶形封头　5. 筒体蝶形封头　6. 保温夹套筒体
7. 控温夹套筒体　8. 罐体筒体　9. 挡板组件　10. 侧视镜　11. 升降系统　12. 罐体法兰　13. 罐体顶盖
14. 上搅拌机　15. 气管组合　16. O 形圈

①罐的外形及几何尺寸。通用式发酵罐是指常用的具有机械搅拌及空气分布装置的发酵罐。

②搅拌装置。在发酵罐内设置机械搅拌有利于液体本身的混合，气—液及液—固的混合，以及质量和热量的传递，特别对氧的溶解具有重要意义，因为它可以加强气—液间的湍动，增加气—液接触面积及延长气—液接触时间。搅拌器的形式很多，它与被搅拌液体的流动状态和物性有关，一般可以根据工艺要求来选用。

③通气装置。通气装置是指将无菌空气导入罐内的装置，最简单的装置是单孔管。单孔管的出口位于最下面的搅拌器的正下方，开口往下，避免培养液中固体物质再开口处堆积和罐底固体物质沉淀。由于在发酵过程中通气量较大，气泡直径仅与通气量有关而与分布器孔径无关，且在强烈机械搅拌条件下，多孔分布器对氧的传递效果并不比单孔效果好，相反还会造成不必要的压力损失，且易出现物料堵塞小孔而引起物料灭菌不彻底问题，故很少采用。

④传热装置。在发酵过程中，由生物氧化作用及机械搅拌产生的热量必须及时去除，以保持发酵在适宜的温度下进行。

⑤机械消泡装置。发酵过程中由于发酵液中含有大量蛋白质，在强烈的通气搅拌下将产生大量的泡沫。严重的泡沫将导致发酵液的外溢和增加污染机会，需通过加入消沫剂的方法去除。当泡沫的机械强度较差和泡沫量较小时采用机械消沫装置也有一定的消沫作用。

消沫器可分为两大类：一类置于罐内，目的为了防止泡沫外溢，它是在搅拌轴或罐顶另外引入的轴上装上消沫桨；另一类置于罐外，目的是从排气中分离已溢出的泡沫使之破碎后将液体部分返回罐内。

## 四、典型案例（苹果白兰地）

该案例以济南果品研究所在山东烟台某企业进行技术转化的实例来介绍。

### （一）厂区的总平面设计

**1. 厂区的总平面设计的原则** 要合理的规划、布置车间，把职能接近的相关部门或车间集中起来，同时根据设计的生产工艺流程，按照其走向对生产车间进行合理的布局与规划，若有些布局完成难度较大或不可能完成，可考虑根据实际情况进行适当的变化。为了便于进行产品的研发、生产与技术的交流，可以将科技研发、实验室等部门集中安排，方便进行产品的品质提升。对全厂的土地要做到恰当合理的利用，做到紧凑利用，不拥挤，不浪费，节约成本，做到减少部门与部门之间的距离，方便进行物料的输送。不能将员工的职工宿舍和企业的生产区混合在一起，应该将其进行有效分割。在生活区，根据员工的需求建设一些体育娱乐场所，丰富员工精神生活的，提高他们的劳动积极性。在设计的过程中，该总平面设计必须完全遵照国家法律法规，不能与国家文件的规定相悖（仇净，2015）。

**2. 厂区总平面的具体设计** 全厂包括两部分：一个为生产产品的生产及辅助部门，统称生产区；另一部分为员工生活区。在生活区中，主要是员工宿舍和一些配套设施，包括文体中心等基本设施。生产区有生产部门及其辅助部门，有苹果预处理、发酵、精馏，包装，副产品生产车间及实验室、菌种培养室等；辅助生产部门，包括原料仓库、制冷站、污水处理中心、供热站、制冷站、配电站等。

### （二）生产工艺设计

**1. 生产方案** 本设计以苹果为原料，苹果取汁后，进入发酵罐，按照添加焦亚硫酸钾（以二氧化硫计为 30 mg/kg），接种经过活化的活性干酵母后进入发酵阶段，经蒸馏设备蒸馏获得白兰地产品。

**2. 生产工艺流程** （图 5-27）

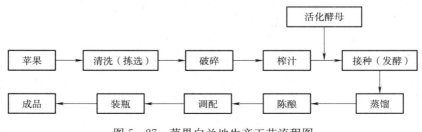

图 5-27 苹果白兰地生产工艺流程图

**3. 基本步骤**

（1）清洗（拣选）。将成熟的苹果通过鼓泡清洗机清洗，经拣选平台除杂，并将腐烂果去除。

（2）破碎。苹果经破碎机破碎进入果浆暂存罐。

（3）榨汁。破碎的果浆通过带式榨汁机取汁，榨取的果汁经过离心泵泵入发酵罐。

（4）酵母活化。酵母的活化非常重要，活性干酵母中的酵母一般处于休眠状态，使用之前需进行活化。酵母一般在 30 ℃ 的经过稀释的果汁中进行活化，活化时间为 30～60 min，活化过程中需进行间歇性的搅拌。当看到活化的酵母产生微量气泡时，可将活化的酵母添加至含有苹果汁的发酵罐中。

（5）发酵。应控制整个发酵过程的发酵温度为 22～28 ℃，直至含糖量低于 0.3% 时发酵结束。

（6）蒸馏。苹果白兰地的蒸馏选用夏朗德壶式蒸馏设备，该设备需要进行两次蒸馏。第一次蒸馏流出液全部收集，直至流出液酒精度低于 10%，认为一蒸结束。然后将粗馏得到的一蒸酒进行二次蒸馏，去除酒头和酒尾。

（7）陈酿。将二蒸酒存储于橡木桶进行陈酿，陈酿时间在 1 年以上。

（8）调配。根据产品的要求，将不同年份的白兰地进行勾调。

（9）成品包装。将合格后的苹果白兰地装瓶后运送至成品库。

**（三）工艺计算**

**1. 工艺技术指标及基础数据**

（1）生产规模。1 000 t/年苹果白兰地（40%，$V/V$）。

（2）生产天数。每年 200 d。

（3）苹果酒。日产量 5 t。

（4）苹果酒。年产量 1 000 t。

**2. 原料消耗量的计算** 按照苹果白兰地的工艺要求，制作苹果白兰地的原料为苹果。假定苹果含糖量为 12%，出汁率为 70%，发酵效率为 80%，蒸馏效率为 95%；则每天需要苹果 63 t。

**3. 用水量的计算** 涉及洗果用水、清洗设备用水、清洗地面用水、洗瓶用水等的计算，哪一部分需要用纯水、哪一部分可以用自来水、哪一部分可以用重水均需分开计算清楚。

**4. 耗冷量的计算** 苹果白兰地制备需要的耗冷量主要由三部分构成：①发酵时降温所需要的冷量；②白兰地冷冻处理时所需要的冷量；③管路的耗冷量。

**5. 用电估算** 苹果白兰地制备需要耗电量主要由五部分构成：①苹果破碎取汁用电；②过滤澄清用电；③灌装、包装用电；④制冷用电；⑤照明用电。

**6. 用蒸汽计算** 根据白兰地的产能进行蒸汽需求量的计算。

**7. 用气的计算** 根据设备对压缩空气的需求，计算购买空气压缩设备。

**8. 洗果机、破碎机、榨汁机产能的确定** 根据每天苹果的消耗量，每天生产时间按照 8 h 计，则洗果机、破碎机、榨汁机的产能应为 8～10 t/h。

**9. 发酵罐数量的确定** 根据每天苹果的消耗量，结合苹果取汁的实际出汁率，每天消耗 63 t 苹果可榨取苹果汁 45 t 左右。根据实际生产经验和实际使用的填充系数，发酵罐使用容量 30 t 的罐最好。假设苹果酒的实际发酵周期为 6 d，每天需用 30 t 发酵罐 2 个，另外需要预留 1 d 的备用罐，则共需要 14 个 30 t 的发酵罐。

**10. 橡木桶的确定** 选用防水性好、单宁含量高的的橡木制作的橡木桶来存储白兰地，可根据实际情况选配 100 L 和 225 L 的橡木桶数量。另外部分白兰地还可用不锈钢储罐进行白兰地的陈酿，陈酿可采用添加橡木片的形式。

# 第三节 苹果干制技术

## 一、概况

近年来世界范围内苹果及其加工制品呈多样化趋势，如 NFC 苹果浊汁、苹果浆、苹果脆片、苹果粉等苹果加工产品发展较快，而且在未来还会有一个较快的发展趋势，多样化的苹果深加工产品不但丰富了人们的日常生活，也拓展了苹果深加工空间。比如美国市场上消费的苹果产品约有 39% 是新鲜苹果，约有 61% 是加工品，在加工品中冷冻及干制苹果约占 2%。苹果加工制品从单一的浓缩苹果汁向多元化发展，是提高苹果深加工企业国际竞争力和国内市场开拓能力的重要保障，也是保证苹果加工产业可持续发展的有效途径。苹果干制产品因营养健康、风味独特、携带方便、保质期长等原因受到广大消费者的欢迎，近年来销量增长迅速。苹果干制通过降低水分活度有利于延长产品货架期，还可以增加苹果产品的营养特性、总能量、营养密度、纤维含量等（Afzaal et al.，2020）。目前，苹果干制品主要产品形式包括苹果片/苹果脆片、苹果粉等（葛玉全等，2021）。

### （一）苹果片

我国果蔬片加工业一直稳中有进，年平均消费增长率在 15% 以上，市场容量已近百亿元。苹果脆片是一种健康休闲果蔬脆片，其最大限度地保留了苹果的颜色、味道及营养成分，具有低脂肪、高纤维、富含维生素和矿物质等优点，以及拆包即食的方便性和诱人外观、口感，受到偏食儿童、减肥者等人群和居家旅游、娱乐场所等消费场景的欢迎。苹果脆片还可作为高寒地区、海岛边防官兵以及地质勘探等特殊人群的水果供应。苹果脆片还具有很高的附加值，发达国家市场零售价为 5~20 美元/kg，我国市场零售价为 60~90 元/kg（进口产品 100~200 元/kg）。2021 年我国苹果干出口数量为 77 087 kg，同比增长 37.49%，出口金额为 10 188 556 元人民币，同比增长 40.82%，该产品符合国际现代食品健康营养理念，同时原料广泛、产品利润高，国内外市场广阔，开发前景十分乐观。苹果片市场的开发与拓展，是对苹果加工产业的重要补充，同时也对苹果汁市场饱和减产所引起的苹果积压起到一定的缓解作用。

早期市场上的苹果片多以真空油炸干燥为主，近年来，随着人们对营养健康重视程度的提高，天然、低热量产品尤其受到关注，出现了一系列非油炸加工技术，如热风干燥、热泵干燥、真空冷冻干燥、气流压差膨化等。

### （二）苹果粉

苹果经过特定工艺加工成苹果粉，含水量一般小于 7%，产品能较好地保持苹果中的主要营养成分（许春英等，2006），如碳水化合物、蛋白质、脂肪、维生素、矿物质等，具有味道甜、易食用、营养价值高等特点，可以冲成糊状直接服用，并且产品易于储存和运输，市场潜力极为广阔。苹果粉富含膳食纤维、多糖和多酚等抗氧化成分，可作为一种新型食品配料应用于面食制品、膨化食品、肉制品、固体饮料、乳制品、婴幼儿食品、调味品、糖果制品、焙烤制品、方便面等多类食品加工，可以为新产品开发提供丰富的营养成分，改善食品的色泽和风味等（马超等，2013）。苹果粉可以作为糖的替代品用于休闲零食（薯片、杂粮棒等），完全符合国内外当前的营养趋势——"清洁标签"（clean label）（Zywieniowe et al.，2021），这也是全球水果粉需求上升的主要原因之一。当前，果蔬粉最大的市场在欧洲及北美等发达地区。

苹果粉的制备主要有两种方法，一是以鲜苹果为原料，经破碎、打浆等处理工序加工成果浆，配以一定辅料（主要包括麦芽糊精、二氧化硅等分散剂和抗结剂等），通过喷雾干燥、冷冻干燥及滚筒干燥等方式加工制备；二是将干燥后的苹果原料进行粉碎处理，制备苹果粉。

## 二、苹果干制加工过程中的变化

苹果干制脱除水分过程中，除了伴随着复杂的热质传递，同时自身也会有实质性改变，包括物理变化及化学变化等。物理变化诸如体积缩小、质量减轻、硬化、多孔结构形成等；化学变化包括色泽变化、风味变化和营养功能成分含量的变化等。

### （一）物理变化

**1. 体积缩小、质量减轻**　新鲜苹果在整个干制过程中始终伴随着水分蒸发散失，随着水分含量降低，苹果物料呈线性均匀收缩和质量减轻，收缩比例与苹果原料初始含水率和干燥过程中的失水率息息相关。根据产品质量要求不同，苹果干制后的体积为原料的20%～35%，质量为原料的20%～30%（徐英英等，2021）。

通过干制手段处理后的苹果干制品，体积大大缩小且质量减轻，不仅具有便携性，同时产品包装、储藏和运输的成本大大降低。

**2. 硬化现象**　苹果在干制过程中，伴随着物料持续失水，物料表面会产生收缩、封闭等现象，这就是硬化现象。

产生硬化现象的原因如下：

（1）苹果干制初期，物料与干燥介质间温湿度差距较大，苹果物料表面温度迅速升高且伴随着强烈的水分蒸发散失，而物料内部的水分向表面移动速率不及表面水分散失速率，物料表面达到绝干状态并形成一层薄膜，造成苹果物料表面的硬化现象，大大降低物料的干燥速率。

（2）苹果含糖量较高，在干制过程中物料内的溶质随水分向表面迁移，当苹果物料表面累积一定程度的溶质，就会产生结晶硬化现象（周晓玲等，2020）。

通过调节优化苹果的干制工艺，可有效避免或降低物料表面的硬化现象。通常在干制初期，可采用高温高湿的工艺进行脱水，使苹果物料表面保持一定湿度，防止因物料表面绝干状态形成薄膜，当物料含水率下降一定程度后再逐步调整干制介质的温湿度（张大鹏等，2021）。

**3. 多孔结构形成**　苹果干制品内部孔隙的大小及均匀程度对其口感和复水性等有重要影响。苹果干制过程中，物料内部的水分逐步迁移至表面并蒸发，而水分迁移后留下的空间由空气填充，因此苹果物料组织内部形成了一定的孔隙，这种性质即为多孔性。多孔性显著的物料往往也具有良好的复水性，但因其多孔的结构物料内部空气较多，故产品易氧化。

不同的干制方式导致的苹果物料多孔性程度略有不同，如压差膨化苹果脆片是利用蒸汽的外逸促使物料内部膨化形成多孔性，真空干燥苹果片过程中的高真空度也有利于水分蒸发扩散，制成多孔性较好的苹果干制品（马有川，2021）。

**（二）化学变化**

**1. 色泽**　苹果干制过程中温度越高，干制时间越长，则色泽变化程度越大。导致苹果干制色泽发生变化的原因是多方面的，主要包括色素物质变化、酶促褐变和非酶褐变。

色素物质的变化：新鲜苹果色泽鲜艳，富含叶绿素（绿色）、类胡萝卜素（红色、黄色）、花青素（红色）等多种色素物质，在苹果前处理及干制过程中，温度、湿度、pH等因素均会对这类色素成分产生影响，如叶绿素在湿热条件下转变为呈橄榄绿的脱镁叶绿素；红色类胡萝卜素在高温和氧化共同影响下会发生结构裂解，颜色变为橘黄色；花青素在pH升高的情况下由红变紫，同时花青素分子结构极不稳定，在高温环境下会被破坏分解，含量降低（马千程等，2021；黄妍等，2021）。

酶促褐变及预防措施：苹果物料经切片等预处理后，内部组织受损，组织内氧化酶活性增强，将多酚或鞣质、酪氨酸等一类物质氧化成有色色素，从而引发酶促褐变。酶钝化处理可有效降低苹果酶促褐变的发生，因干制过程物料的受热温度常不足以破坏酶的活性，酶钝化处理应在干制前进行。烫漂是常见的酶钝化处理方式，是防止苹果酶促褐变的一种简单易行的方法，通过高温热水或蒸汽处理，可显著降低氧化酶活性，缓解酶促褐变反应（任旭等，2022）。

非酶褐变及预防措施：苹果干制过程中常见的非酶褐变反应主要为美拉德反应和焦糖化反应。美拉德反应是由苹果中的氨基酸和还原糖相互反应产生，焦糖化反应是苹果中的糖分先分解成羰基中间物，后再聚合生成褐色聚合物。苹果干制时的高温处理以及苹果剩余水分中反应物质浓度的提升，将会促进美拉德反应。通常情况下，美拉德反应在苹果干制水分降到20%～25%时最迅速，当水分持续下降时，美拉德反应速率下降，当水分低于1%时，褐变反应基本停滞。预防苹果非酶褐变的方法有添加亚硫酸盐、抗坏血酸等抗氧化物质（王迪芬等，2021；丁真真等，2020）。

此外，干制前进行硫黄熏蒸，也可抑制苹果酶促褐变和非酶褐变，但该方法存在硫残留的弊端，易造成食品安全隐患，随着食品安全法和国家标准的逐步完善，该方法将予以严格规范；采用新型干制工艺，如真空干燥、低温冷冻干燥等方式也可显著改善苹果干制品色泽品质，适用于高品质苹果干制品的制备。

**2. 风味**　苹果富含酯类、醛类、烯类、酮类、苯类等挥发性成分，如乙酸己酯、(E)-2-己烯醛、壬醛、双戊烯、香叶基丙酮、甲苯、间二甲苯等，这些挥发性成分构成苹果独特的风味香气。在干制脱水时，苹果中的挥发性风味成分会大量损失。目前减少苹果干制品风味损失的常用方法有两种，一种是通过干制设备改造，在干制设备中添加回收冷凝散失蒸汽的装置，再将冷凝物重新添加回苹果干制品中；另一种是通过添加食品添加剂进行风味改善，如在苹果粉干燥前，在苹果液态物料中添加包埋剂，可将风味物质微胶囊化，进而降低苹果粉风味损失。总体而言，苹果干制过程风味控制需要设备改进和工艺优化同时展开，在提高干制效率、降低风味损耗、减少干制成本的情况下，开展综合性控制技术手段。

### 3. 营养成分

（1）碳水化合物。苹果中含有丰富的碳水化合物，主要是通过淀粉转化积累的可溶性糖，可溶性糖存在于苹果果实细胞的液泡中，能作为供能物质被人体消化吸收，每 100 g 苹果提供能量约 200 kJ。苹果中可溶性糖种类主要为葡萄糖、果糖和蔗糖。

碳水化合物中的可溶性糖不仅为人体提供能量，也是影响苹果风味的主要因素之一，故苹果加工过程中碳水化合物的变化与苹果干制品营养和感官品质息息相关。苹果中的果糖和葡萄糖随着干制过程温度的升高而逐渐分解损失（胡秦佳宝等，2016；马超等，2015）。在高温条件下，这些碳水化合物容易产生焦化反应，虽然焦糖化会使苹果片失去部分营养价值，但适当控制焦糖化程度可使苹果片具有独特颜色和特殊风味。苹果中的碳水化合物除了在干制过程中分解，其中的还原糖会与氨基酸发生美拉德反应，产生褐变。

（2）蛋白质。苹果中蛋白质含量较少，但是在苹果干制过程中，也存在蛋白质变性的情况，对于苹果干制品的品质存在一定影响。

（3）维生素。苹果富含多种维生素，如维生素 A、维生素 $B_1$、维生素 $B_2$、维生素 C、维生素 E 等，其中维生素 C 含量最多，平均含量约为 2.8 mg/100 g。维生素 C 是一种常见的水溶性维生素，具有阻止黑色素形成、皮肤美白作用，同时能促进人体胶原蛋白代谢的形成，改善缺铁性贫血的情况。在苹果干制过程中，水溶性维生素会氧化破坏，维生素损失的程度往往取决于苹果预处理及干制工艺的选择（袁越锦等，2017）。

热风干燥或喷雾干燥，由于高温环境和空气中的氧气直接接触苹果，维生素 C 损失较大，通常被氧化为脱氢型，进一步发生环状结构分解，氧化形成两个酮麸质酸。自然晒干过程中，许多光敏性的维生素如维生素 $B_2$、维生素 E 等损失较大。因自身分子结构原因，苹果中的维生素在高温、中性或碱性环境等情况下较易被氧化分解。针对维生素氧化分解条件，采用低温和低氧的加工条件能有效防止苹果干制过程中维生素的损失，故升华干燥如真空干燥、真空冷冻干燥等干制方式，相比其他热干制方式，制备的苹果干制品维生素保留率较高（马超等，2015；马超等，2013）。

（4）有机酸。苹果中有机酸含量为 1‰～2‰，主要是其特有的苹果酸，柠檬酸等其他酸的含量较低。有机酸在改善苹果风味的同时，还具有多种功效，如增强食欲、促进消化、缓解疲劳和降低血液中胆固醇含量，对钙的吸收也有一定的促进作用。苹果中的有机酸主要存在于果实细胞的液泡中，干制加工过程果实中水分蒸发，有机酸会随着水分的蒸发而损失（邢娜等，2019）。

评价苹果干制品品质的一个重要感官指标为糖酸比，如果有机酸含量极高，则苹果中糖含量的增减无法优化产品口味。与可溶性糖含量相比，苹果干制过程中有机酸含量变化较小，糖酸比的变化主要受糖含量的影响。在加工过程中，糖酸比不断减小，若将糖酸比保持在 15～60 的范围内，则苹果干制品具有宜人的酸甜风味。

（5）果胶。果胶是一种成分复杂的多糖，主要存在于苹果细胞壁和中凝胶层中。果胶的质量和数量将直接影响苹果组织中细胞间的结合力。随着苹果的生长发育，果胶的形态逐渐变化，根据其结合状态和理化性质可分为原果胶、可溶性果胶和果酸三类。由于苹果干燥过程中水分迅速流失，植物组织中果胶与水分的结合程度发生变化，部分水分会从果胶中分离出来，一小部分果胶会分解损失（肖敏等，2017）。

（6）纤维素。纤维素是构成苹果植物细胞壁的骨架材料，具有维持细胞形状和组织形态的功能，故纤维素含量对于苹果干制品的口感品质有重要影响。同时纤维素也是维持人类健康不可缺少的辅助成分。纤维素能刺激胃肠蠕动，促进消化液分泌，提高蛋白质等营养物质的消化吸收率，因此纤维素常被称为第七种营养素。

伴随着苹果干燥过程中水分的减少，部分纤维素和半纤维素的结构形态发生转变，其中纤维素中的可溶性纤维素会分解，但由于苹果原料的大量失水失重，纤维素和半纤维素的总含量会相对增加（胡秦佳宝等，2016）。

（7）类黄酮。苹果富含类黄酮化合物，主要存在于苹果果皮中，包括黄酮醇、黄烷醇、花青素、查尔酮及其衍生物，具有抗菌、抗病毒、抗炎、抗过敏、软化血管、抑制脂肪过氧化和血小板聚合、降低脂氧合酶和环氧合酶活性等作用。类黄酮是 C6-C3-C6 结构，受热易分解，故苹果干制过程中的热效应会大大降低苹果干制品中类黄酮含量。低温低氧干制加工方式有利于苹果类黄酮的保留（薛婉瑞，2020）。

（8）多酚化合物。多酚化合物是植物次生代谢产物，在苹果皮和苹果籽中含量较高。多酚化合物具有良好的抗氧化活性，能与苹果中维生素 C、维生素 E 和胡萝卜素等其他抗氧化物在体内一起发挥抗氧化功效，清除人体内自由基。多酚化合物结构极不稳定，光照、高温均会导致多酚氧化损失，故在苹果干制过程中，常采用低温冷冻干制进行高品质苹果片的制备，以保留苹果中的多酚化合物含量（陈玮琦等，2015；薛婉瑞，2020）。

## 三、苹果干制主要加工技术与装备

**1. 清洗技术与设备** 苹果清洗通常采用物理方法、化学方法和超声波法等详见第五章第一节苹果果汁主要加工技术与设备部分。

**2. 去皮去核切分技术与设备** 苹果的外皮含有大量纤维素，粗糙坚硬，干燥前一般需要去皮，一方面有利于提高产品品质，另一方面有利于干燥过程中水分的去除。目前苹果加工企业一般采用去皮去核切分一体机设备，去皮去核后，将苹果切成片状、块状或瓣状。与苹果接触的刀具均采用不锈钢制作，以免引起苹果褐变。

去皮去核切分设备工作原理：将苹果插入去皮机削皮工位的三角刀上定位，主转盘上设有 20 个工作单体，工作时主转盘由调速电机控制其旋转速度，被插上去的苹果随着转盘旋转。去皮工作开始，苹果进入去皮区，在电机的驱动下，通过皮带的作用自动旋转，去皮刀在拉簧的作用下压在苹果外侧，并由下至上拉起，将苹果皮削去，削下的果皮被高压风排出到机外的果皮收集槽。削去皮的苹果进入切片工作区，在电机的驱动下反向旋转，固定在刀杆上的多把切片刀逐个对其进行切片动作。切片刀在刀杆上可上下自由调节，可以将切片厚度在 5～15 mm 范围内进行调节。切片后的苹果进入冲芯分瓣区，冲芯分瓣刀由两组凸轮带动，与转盘同步转动并做上下运动，完成冲芯分瓣动作后回至初始位置。冲芯分瓣刀的高度和前后距离可自由调节。苹果芯从冲芯分瓣刀的空心刀管中向上送出，最终收集到果芯收集槽中。另外，也可根据实际生产需要，亦可对上述功能进行选择性的使用，并可将冲芯分瓣刀根据实际需要配置不同刀具以将苹果分成瓣状或环状。图 5-28 为苹果去皮去核切分一体机。

**3. 护色技术** 苹果切片后，容易氧化褐变，需要迅速浸入护色液中进行护色，控制褐变反应。苹果片护色主要以抗坏血酸、D-异抗坏血酸钠、柠檬酸、氯化钠为主要护色剂。使用单一护色剂时，一般柠檬酸浓度为 1%，抗坏血酸和 D-异抗坏血酸钠浓度为

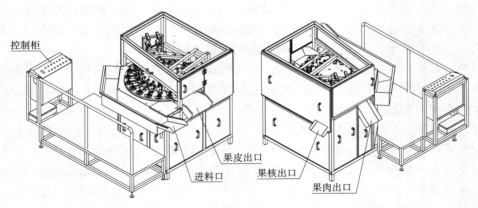

图 5-28  去皮去核切分一体机

0.3%，氯化钠浓度为 1%～2%。也可以使用复合护色剂，如 2%氯化钠+0.3%$D$-异抗坏血酸钠，0.04%抗坏血酸+0.4%柠檬酸+1%氯化钠，1%氯化钠+0.2%柠檬酸+0.2%$\beta$-环式糊精素+0.15%$L$-半胱氨酸（张芳等，2009），0.4%氯化锌+0.05%抗坏血酸+0.2%柠檬酸+1%氯化钠（马立安等，2007），0.1%氯化钠+1%蔗糖+0.8 海藻糖（王迪芬等，2021），护色时间 20～30 min。此外还可以采用亚硫酸和亚硫酸盐进行浸硫处理，一般使用 0.03%～0.5%的亚硫酸盐溶液，浸渍时间 10～15 min。护色后将苹果片用清水洗净，并沥干水分。

**4. 干燥技术与设备**  目前苹果干制广泛采用的干燥技术包括热风干燥、热泵干燥、真空冷冻干燥、气流压差膨化、低温真空油浴及喷雾干燥等。对应的干燥设备为烘房（烘箱）式干燥设备、带式热风干燥设备、热泵干燥机、真空冷冻干燥机、气流压差膨化设备、低温真空油浴设备及喷雾干燥机等。

在选择干燥设备前要先确定最佳工艺条件，干燥工艺条件因干燥方法而异，热风干燥时包括热风温度、湿度、流速等，真空干燥时包括干燥温度、真空度等。

（1）烘房（烘箱）式干燥技术与设备。目前，我国 90%的果蔬脱水采用热风干燥。烘房（烘箱）式热风干燥设备是最常见的热风干燥设备。一般干燥工艺参数为苹果片切片厚度 5～8 mm，干燥温度前期 55～60 ℃、中期 68～75 ℃、后期 50～60 ℃（郭静，2010），干燥介质速度 0.5～2 m/s，干燥时间 7～10 h。该干燥技术的优点是设备简单，投资低，占地小。缺点是干燥不均匀，干燥时间长；人工劳动强度大；干燥热效率低，一般在 40%左右。

烘房（烘箱）式干燥设备主要由风室、风机、干燥小车等组成，干燥介质是热空气，加热空气可采用天然气或蒸汽热源间接加热的方式。生产过程中，空气经热源加热至一定温度后由风机控制经由风道进入烘房内部，有的烘房由于空间大，还会在烘房内分布风道，以便控制热风进入烘房内的分布情况，保证烘房内的温度分布均匀。热风进入烘房后与烘房内物料进行热质交换，使物料不断脱水干燥至一定水分。烘房（烘箱）式干燥设备简图如图 5-29 所示。

（2）带式干燥技术与设备。带式干燥是将苹果片堆放在输送带上，输送带通常为带孔的薄板，输送带由电机带动，可以调速。最常用的干燥介质是热风，热风通常以垂直方向向上或向下穿过物料层进行干燥。

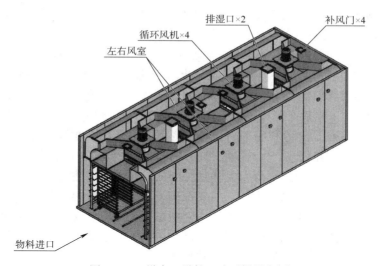

图 5-29 烘房（烘箱）式干燥设备图

带式干燥按照输送带的层数可分为单层带式干燥、多层带式干燥和多级带式干燥。多级带式干燥实质上是由数台单层带式干燥机串联而成。带式干燥设备可以根据加工能力和原料设计烘干带宽及带层数。相对于烘房式干燥设备而言，它作为一种连续加工设备，人工消耗大大降低。该干燥技术的优点是设备结构简单，操作灵活，连续干燥。缺点是占地面积达，运行时噪声大。图 5-30 是一台三层带式干燥设备。

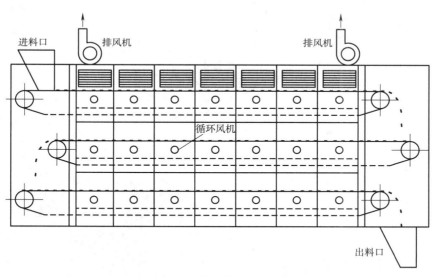

图 5-30 三层带式干燥设备

多层带式干燥由于所有带层处在同一烘干空间内，所以不能根据物料的干燥情况有针对性地调整温度、湿度等参数。多层带式干燥网带采用独立传动控制，可根据加热温度和物料干燥程度调节网带运行输送，控制物料停留时间、料层厚度等。

近年来，有的企业开发了多段多层链板式干燥设备。干燥过程中可以根据不同批次苹果原料的干燥特性，在不同的烘干阶段采用不同的温度、湿度及不同的气流组织方式。烘干机可根据原料水分等理化指标的差异，设置不同的链板速度，从而控制不同的烘干时间，达到最佳的烘干效果。

（3）热泵干燥技术与设备。热泵干燥是近年来推广力度比较大的批次加工设备，热泵干燥的干燥介质温度一般不超过 60 ℃，带辅助电加热的热泵干燥机干燥温度一般在 80 ℃以下，特别适合热敏性物料的干燥。热泵干燥可根据苹果片原料的干燥特性，在每一干燥阶段设置不同的干燥温度和湿度。温度一般设置 50～65 ℃，湿度 20%～30%，苹果片干燥效果较好。热泵干燥的优点是能量利用率高，运行费用低；运行温度低，适合热敏性物料的干燥；可实现干燥介质闭路循环，无环境污染问题。缺点是干燥介质温度较低，干燥时间长。

热泵干燥机由热泵机组和干燥系统两部分组成。热泵机组主要由压缩机、蒸发器、冷凝器和节流装置组成。热泵系统内的工质，在蒸发器中吸收来自大气、水、太阳能及各种工艺过程排放的余热等，由液体蒸发成蒸汽，然后经压缩机压缩后变为高温高压的气体，经过冷凝器后冷凝放热，加热干燥介质，热泵系统内的工质经节流装置降压后再次返回蒸发器，如此循环下去。干燥介质在冷凝器被加热后送入干燥箱进行物料的干燥。热泵干燥原理图如图 5-31 所示。热泵干燥机结构示意图如图 5-32 所示。

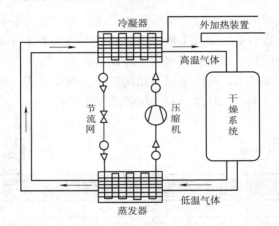

图 5-31　热泵干燥原理图

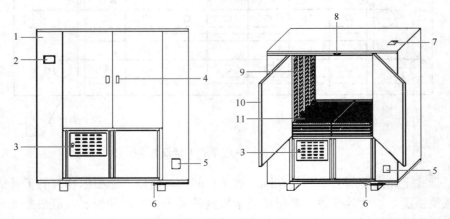

图 5-32　热泵设备主体结构图

1. 干燥板房　2. 触摸控制器　3. 热泵机组　4. 门拉手　5. 单向风阀　6. 出水管接口
7. 排风口　8. 强磁门吸　9. 出风口（另一侧为回风口）　10. 保温门　11. 托盘

（4）真空冷冻干燥技术与设备。苹果脆片真空冷冻干燥是先将苹果片预冻，使水分变成固态的冰，然后在一定温度和压力下，冰升华为水蒸气，被真空系统带走，苹果片脱水干燥。冷冻干燥过程可分为预冻、升华干燥和解析干燥三个阶段。预冻是将自由水固化，使得干燥后的产品与干燥前具有相同的形态。升华干燥也称第一阶段干燥，是在一定温度和压力下，物料中的冰晶升华，使产品脱水干燥，干燥从物料表面向物料内部推移，全部冰晶升华完成时，第一阶段干燥就完成了。解析干燥也称第二阶段干燥，主要是去除物料毛细管壁和极性基团上吸附的部分水分，解析阶段必须是高真空的。一般来说，冷冻干燥生产出的产品质量是所有脱水技术中最好的，产品的多孔未收缩结构可以快速再水合。苹果易褐变，预冻最好低温速冻。升华干燥段压力控制在 70～90 Pa，干燥 9～11 h。解析干燥压力控制在 20～30 Pa，物料最高温度 50～60 ℃，干燥 2～3 h，至物料水分达 2%～5%（罗瑞明等，2005；白杰等，2005）。真空冷冻干燥的优点是干燥温度低，有效抑制了热敏性物质发生化学或物理变化，可最大限度地保留苹果的颜色、气味、形状和营养成分；脱水彻底，适合长途运输和长期保存；缺点是干燥时间长，干燥能耗高，设备价格高。

真空冷冻干燥设备主要由干燥箱、冷阱、真空系统、制冷系统、加热系统等组成。干燥仓内有水平摆放的加热板，需要干燥的物料盛放在料盘中，放到加热板上，加热板的热量通过导热和辐射方式传递至产品上。利用升华原理，物料在低压环境下，冰直接升华为水蒸气，水蒸气通过冷阱冷凝成冰。苹果脆片的冷冻干燥一般采用间歇冷冻干燥装置。干燥设备如图 5-33 所示。

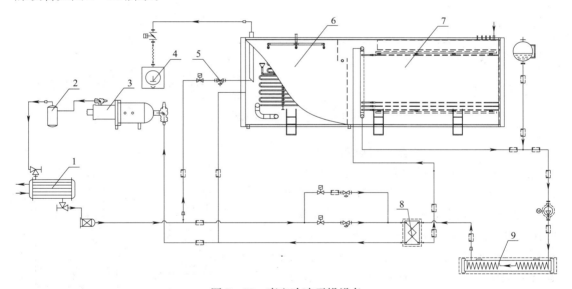

图 5-33 真空冷冻干燥设备

1. 水冷冷凝器　2. 油分离器　3. 压缩机　4. 真空机组　5. 膨胀阀
6. 冷阱　7. 干燥箱　8. 硅油板式换热器　9. 加热器

（5）气流压差膨化技术与设备。气流压差膨化又称变温压差膨化、脉动压差膨化，属于一种新型、环保、节能的非油炸膨化干燥技术。苹果片经前处理、预干燥至含水率 15%～20%，然后采用压差膨化技术，脱水干燥至含水率 5%～7%，从而得到蜂窝状膨化结构的产品。膨化系统由膨化罐、真空罐、真空泵等组成，苹果片在膨化罐内受热升温，水分蒸发，当打开膨化罐和真空罐之间的阀门时，膨化罐内瞬间降压，苹果片内部水分瞬间汽化，从而形成多孔结构，并在真空状态下脱水干燥，得到体积膨胀、口感酥脆的苹果脆片。气流压差膨化干燥的优点是保持苹果原有的基本颜色、营养与风味，口感酥脆；缺点是设备结构复杂，批次产量较低。

图 5-34 是一套由一台真空罐和 4 台膨化罐组成的气流压差膨化系统。膨化罐为反应腔体，内部有可以通蒸汽的不锈钢物料架，另外罐体为夹套罐，夹套内可以在加热时通蒸汽，冷却时通过冷却塔中的冷水冷却罐体温度。真空罐体积一般为膨化罐体积的 5~10 倍，前面与膨化罐通过一个阀门连接，后面通过管道与真空泵机组连接，主要作用是在膨化前储存一定程度的负压（−0.098 MPa 以上），确保膨化效果。

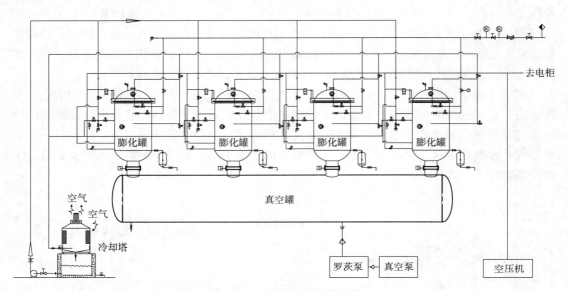

图 5-34　气流压差膨化设备

（6）低温真空油浴技术与设备。低温真空油浴加工苹果脆片的基本原理是以油脂为介质，在减压的条件下，降低苹果片中的水分汽化温度，油温在 92~95 ℃之间，苹果片可在短时间内完成脱水干燥，含水率降至 5% 左右，并形成果肉组织疏松多孔的结构。低温真空油浴优点是干燥时间短，温度低，产品营养成分损失小；对产品有膨化效果，产品口感好；与常压油炸相比，真空油炸苹果片的含油量低，颜色更好，营养成分保持效果更佳。缺点是产品含油率较高。低温真空油浴系统如图 5-35 所示。

（7）喷雾干燥技术与设备。喷雾干燥是目前大多数苹果粉生产商采用的主要干燥技

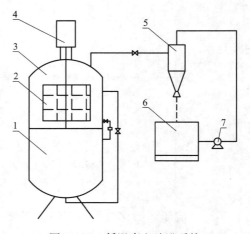

图 5-35　低温真空油浴系统
1. 储油罐　2. 料筐　3. 油炸罐　4. 调速电机
5. 真空机组　6. 储液池　7. 泵

术。干燥过程中，通过雾化器将苹果浆液雾化为液滴，物料液滴与热空气接触，水分迅速蒸发，在相对较短的时间内完成干燥。热空气与液滴接触后，发生热质交换，温度显著降低，湿度增加，经除尘后排出。喷雾干燥工艺参数一般为进风温度150～220 ℃，出风温度70～95 ℃。喷雾干燥的优点是料液经雾化后比表面积大大增加，干燥速率快，苹果浆所需干燥时间很短（以秒计），苹果粉中的热敏性成分保留率高；苹果粉粒度分布均匀，流动性和溶解性较好，品质高；工艺流程简化，操作控制方便；干燥后不需要再经过粉碎和筛选，生产工序简单。缺点是设备庞大，造价高；干燥系统热效率低，加工能耗高。

大型喷雾干燥系统包括风机、加热器、干燥室、旋风分离器等，如图5-36所示。空气经过滤、加热后，送入干燥室，然后与雾化后的液滴相遇，进行热质交换，料液被迅速干燥。干燥介质经除尘器进行产品回收后排空。

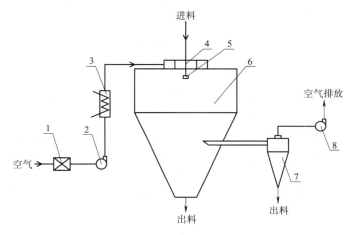

图 5-36 喷雾干燥系统

1. 空气过滤器 2. 鼓风机 3. 空气加热器 4. 空气分布器
5. 雾化器 6. 干燥室 7. 旋风分离器 8. 引风机

**5. 粉碎技术与装备** 干法粉碎技术可分为冲击式粉碎、磨介式粉碎、转辊式粉碎等。其中，冲击式粉碎又包括机械冲击式粉碎、气流式粉碎；磨介式粉碎包括球（棒）磨机、振动磨及搅拌磨等；转辊式粉碎包括盘辊研磨机、辊磨机等。

将干燥后的苹果片、苹果丁等进行干法粉碎，也可以制备苹果粉。生产中常组合使用万能粉碎机和超微粉碎机这两种冲击式粉碎设备，进行苹果粉的制备。首先用万能粉碎机对干制后的苹果物料进行粗破碎，破碎后粒度可达0.5 mm以下，然后采用超微粉碎机制备粒度10～25 μm的苹果粉。

（1）万能粉碎机。万能粉碎机构造图如图5-37所示。物料由进料斗进入粉碎室，利用旋转刀与固定刀冲击、剪切而获得粉碎，经旋转离心力的作用，物

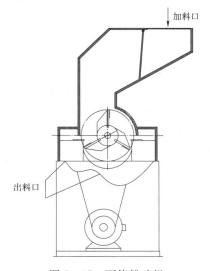

图 5-37 万能粉碎机

料自动流向出口处。

（2）超微粉碎机。超微粉碎机工作原理：粗破碎后物料经进料口螺旋送料器送入机体与导流圈之间的粉碎室，在粉碎室内，物料在高速旋转的刀片冲击下甩向固定在机体上的齿圈，造成撞击、剪切，以及物料与物料，物料与刀片、齿圈间的相互碰撞、摩擦、剪切，以此进行交替粉碎。粉碎后的苹果粉物料，在负压气流的作用下，小粒度粉粒克服自重，进入分级室。分级叶轮由叶片组成，高速旋转的叶片产生与负压相反的离心力，沉入叶道内的粉粒同时受到负压气流的向心力和粉粒自重及叶轮产生的离心力的作用，粉粒中大于临界直径（分级粒径）的颗粒因质量大，被甩回粉碎室继续粉碎，小于临界直径的颗粒经排粉管进入旋风收集器经排料阀排出，得到超细苹果粉，气体经除尘器过滤后排放。超微粉碎机组构造图如图 5-38 所示。

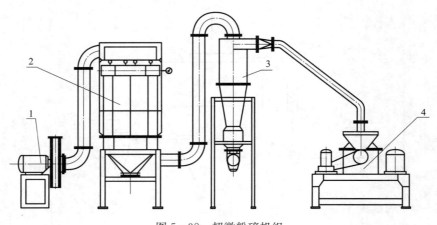

图 5-38　超微粉碎机组
1. 引风机　2. 除尘器　3. 旋风收集器　4. 粉碎机

**6. 包装技术与设备**　苹果干制品的耐储性受包装的影响比较大，合格的包装应满足以下要求：能防止苹果干制品吸湿回潮，避免霉变；避光和隔氧；包装材料应符合食品卫生要求。

（1）包装容器。包装苹果干制品的容器要求能够密封、防潮、防虫。金属罐、塑料薄膜袋及复合薄膜袋等是包装苹果干制品较为理想的容器，具有密封、防潮、防虫等特点。塑料薄膜袋及复合薄膜袋能热合密封，也可用于抽真空和充气包装，适合苹果干制品的包装，铝箔复合袋还不透光，其使用日渐普遍。

（2）包装方法。苹果干制品的包装主要分为普通包装、充气包装及真空包装。充气包装是充入二氧化碳或氮气等惰性气体再进行包装的方法。真空包装和充气包装降低了环境的氧含量（一般降至2%），防止苹果干制品中的维生素被氧化破坏，提高产品品质。真空包装和充气包装需要在真空包装机或充气包装机上完成。

（3）包装设备。苹果干制品的包装一般选用计量包装设备。图 5-39 为一台十头秤的计量包装机。该机组是由一台提升机、一台十头秤称量机、一台立式充填包装机、一台皮带输送机和一副支架平台组成，集物料提升、称量、制袋、充填、打印、封口、计数与成品输出于一体的机组。可以实现产品经提升进入计量秤的料仓，自动完成计量、制袋、充填、分切、封口、打印日期批号、计数与成品排出的整个过程。主要加工流程：物料→提升机至计量秤料仓→电子秤自动计量→自动制袋、充填→自动封口→成品排出。

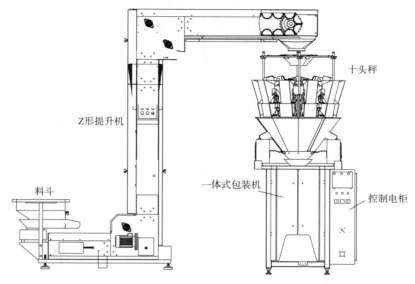

图 5 - 39　计量包装机

## 四、苹果干制加工工艺

### （一）苹果脆片冷冻干燥工艺流程及操作要点

**1. 工艺流程**　苹果脆片冷冻干燥的工艺流程：原料挑选→清洗→去皮、去核、切片→护色→预冻→升华干燥→解析干燥→包装→储存。

**2. 操作要点**

（1）原料挑选。选择无病害、无腐烂变质的苹果。宜选用肉质致密、单宁含量少、甜酸度适宜的品种，以晚熟或中熟品种为宜。

（2）清洗。用流动水将苹果洗干净。

（3）去皮、去核、切片。将苹果去皮去核后，横切成 5～7 mm 厚度的薄片。

（4）护色。将苹果片迅速浸入 0.04%抗坏血酸＋0.4%柠檬酸＋1%氯化钠复合护色剂中，护色 20～30 min，然后取出苹果片用清水冲洗，并沥干水分。

（5）预冻。将苹果片置于－35 ℃冷库，速冻 1 h，将苹果片中的水分固化，以防止在升华、解析过程中由于抽真空发生起泡、收缩等不良变化。速冻可以缩短冻结时间，防止冻结过程中苹果片褐变，而且速冻产生的冰晶小，干制品品质好。

（6）升华干燥。把预冻后的苹果片放到干燥机内，开始对加热板升温，升温过程中，物料温度始终维持在低于而又接近共晶点温度，冻干机干燥仓压力控制在 70～90 Pa，有利于热量传递和升华的进行，这一过程大概需要 9～11 h。

（7）解析干燥。在该阶段，将板层温度迅速升到产品的最高允许温度，持续干燥到结束。该阶段干燥仓压力可控制在 20～30 Pa，物料最高温度 50～60 ℃。干燥至物料水分至 2%～5%，大概需要 2～3 h。

（8）包装。干燥结束后，应立即进行充氮或真空称量包装。干燥后的苹果脆片吸水性强，为防止吸潮而变质，包装环境相对湿度应控制在 10%～20%。

（9）储存。将成品转至储存车间，要求存放在室温低于 25 ℃的干燥库房中。

### （二）苹果脆片压差膨化干燥工艺流程及操作要点

**1. 工艺流程**　苹果脆片压差膨化干燥的工艺流程：原料→清洗→去皮、去核、切片→护色→预干燥→水分调整→摊料→膨化→包装→储存。

**2. 操作要点**

（1）水分调整。将经挑选、修整后的果片，膨化前进行水分测试。膨化水分要求 15%～20%。如果果片水分偏低，可用 60～70 ℃温开水均匀喷洒在果片上，并搅拌均匀后装入密封的塑料袋内匀湿，匀湿时间约 24 h。

（2）摊料。将水分调整过的果片均匀摊铺在料盘上，依次装入膨化罐内。

（3）封罐。苹果片料盘装罐后，关闭罐门。

（4）膨化。加热前应检查设备所有阀门，除支管路、疏水器阀门及旁通阀门和加热阀门打开，其余阀门全部关闭。接通电源，打开视镜灯光，观察罐内物料颜色。启动空压机。其具体操作步骤如下：

①启动温度控制仪，设定控制温度为 80 ℃。加热时注意观察温控仪和压力表数字变化。如有异常及时排出。

②当测量温度达到设定温度后，此时启动真空泵。

③真空泵将真空罐抽至真空极限时，打开真空阀开关，此时真空罐内瞬间由正压减至为负压。物料受气流瞬间变化而膨化。

④物料膨起后，罐内处于真空状态。待真空抽至真空泵极限时，调整回气阀门，使真空罐内形成气体微流动。温度开始逐步下降，重新设定温度仪表为 70 ℃。

⑤待罐内温度降至设定温度 70 ℃以下，温控仪表将自动输出电信号。电磁阀自动开启膨化罐补充加温，待罐内温度超过设定温度 70 ℃时，电磁阀自动关闭停止加温，温度较慢回升。

⑥在膨化罐补充加温后，温度回升到最高时。进行抽湿操作，方法如下：待真空罐真空度降至较低时，关闭真空阀门，打开进气阀门，使罐内真空消除。待罐内真空度降到零时，关闭进气阀门，打开真空阀门。使罐内瞬间降至真空，抽除部分湿气体。此操作重复 5～6 次。在最后 1～2 次抽湿瞬间产生较浓湿气体，完成抽湿操作。

⑦完成抽湿操作后，进行降温操作。操作方法如下：重新设定温控仪温度为 15 ℃以下。关闭全部加热阀门，关闭疏水器阀门和旁通阀门。打开加热器和夹套出水阀门，最后打开冷水阀门。向罐内加热器和夹套注入冷水，使其快速降温。

⑧温度降至 15 ℃以下后，进行 1～2 次抽湿操作。关闭冷水阀门，打开疏水器阀门和旁通阀门。罐体排水同时，松开罐门螺栓打开罐门。检验产品质量，出料。

（5）储存。产品出罐冷却后，及时装入密封的食品塑料袋内。转至包装车间，产品包装后要求存放在室温低于 25 ℃的干燥库房内。

### （三）苹果脆片低温真空油浴工艺流程及操作要点

**1. 工艺流程**　苹果脆片低温真空油浴加工的工艺流程：原料挑选→清洗→去皮、去核、切片→护色→预冻→低温真空油浴→包装→储存。

**2. 操作要点**

(1) 原料挑选。选择无病害、无腐烂变质的苹果。宜选用肉质致密、单宁含量少、甜酸度适宜的品种，以晚熟或中熟品种为宜。

(2) 清洗。用流动水将苹果洗干净。

(3) 去皮、去核、切片。将苹果去皮去核后，横切成 5～7 mm 厚度的薄片。

(4) 护色。将苹果薄片迅速浸入 0.04％抗坏血酸＋0.4％柠檬酸＋1％氯化钠复合护色剂中，护色 20～30 min，然后取出苹果片用清水冲洗，并沥干水分。

(5) 预冻。将苹果片置于−35 ℃冷库，速冻 1 h，将苹果片中的水分固化。

(6) 低温真空油浴。加热油炸罐，在真空低温下油炸苹果片脱水。油温在 92～95 ℃之间，真空度 0.09 MPa 左右，油炸后使料筐中的原料在真空状态下离心脱油 2 min 左右，再停止真空工作，产品出料，含水量降至 5％左右。

(7) 包装。将干燥后的苹果脆片进行包装，充入氮气包装更佳。

(8) 储存。将成品转至储存车间，要求存放在室温低于 25 ℃干燥的库房。

**(四) 苹果粉加工工艺流程及操作要点**

苹果粉的制备主要有两种方法，一是以鲜苹果为原料，经破碎、打浆等处理工序加工成果浆，配以一定辅料后干燥；二是将干燥后的苹果原料进行粉碎处理，制备苹果粉。本工艺针对第一种苹果粉的制备方法。

**1. 工艺流程** 苹果粉干燥的工艺流程：选料→清洗→去皮→切分→护色→打浆→酶解→调配→均质→杀菌→干燥→冷却、包装→成品→储存。

**2. 操作要点**

(1) 选料。选取新鲜、外观良好、成熟适度、无发霉和腐烂、无病虫害的苹果。

(2) 清洗。用纯水冲洗 3～4 次，清洗后达到国家相关标准生产卫生要求。

(3) 去皮。采用人工或者机械除去苹果表皮。苹果果皮纤维素含量较高，不利于喷雾干燥制备的苹果粉溶解，若对苹果粉溶解性要求不高或具备超细粉碎设备，则可不去皮。

(4) 切分。将去皮后的苹果投入切分机进行切片或切块，厚度为 2～8 mm。

(5) 护色。将切分后的苹果片或苹果块放入含 0.1％抗坏血酸的水溶液中浸泡护色 20～30 min。

(6) 打浆。将护色好的苹果片或苹果块用打浆设备打成匀浆状，得到苹果匀浆。通过超细粉碎设备进行打浆，可制备苹果超微粉。

(7) 酶解。添加适量液体果胶酶和纤维素酶进行酶解处理，在 40～50 ℃，处理 30～60 min，得到较为澄清的苹果浆。酶解工艺目的在于将果浆中的果胶和纤维素进一步分解。

(8) 调配。根据不同苹果粉产品规格要求，在食品安全法和国家各级标准要求范围内，可适当添加包埋剂或抗结剂，如麦芽糊精、抗性糊精、二氧化硅等，对酶解后的苹果浆进行调配。

(9) 均质。使用均质设备在 20～100 MPa 压力下对调配好的苹果浆进行浆液均质得到细腻、质地均一的苹果混合浆液。

(10) 杀菌。使用 UHT 管式杀菌设备对苹果混合浆液进行灭菌，杀菌温度 95～115 ℃，杀菌时间 15～30 s。也可采用其他杀菌设备，但需注意过长的杀菌时间会导致苹果浆褐变和风味劣变。

（11）干燥。

①喷雾干燥：进风温度 150～220 ℃，出风温度 70～95 ℃，雾化器喷头转速 45～50 Hz，进样速度视喷雾干燥设备蒸发量而定，成粉的水分含量≤7%。

②热风干燥：干燥温度 90 ℃，装料厚度 5 mm，干燥时间 8 h。

③冷冻干燥：冷阱温度为 -41 ℃，真空泵至绝对压力为 100 Pa，调节加热板最高温度为 55 ℃，最低温度为 30 ℃，冷冻干燥 24 h。

④滚筒干燥：干燥温度 125～135 ℃，滚筒转速为 3 r/min，进料质量流量 40 kg/h。

（12）冷却、包装。将所得苹果粉冷却后混合均匀，进行袋装或瓶装成品。

（13）储存。成品转至储存车间，要求存放在室温低于 25 ℃干燥的库房。

# 第四节　其他加工技术

## 一、速冻苹果

### （一）概述

**1. 产业发展现状**　速冻食品行业是世界上发展最快的行业之一。从 2010 年到 2018 年，我国速冻食品行业销售收入呈波动增长走势。2010 年销售收入达 416.97 亿元，2014 年销售收入达 782.28 亿元，同比增长 20.39%。2015 年销售收入下降至 778.98 亿元，同比下降 0.42%。截至 2017 年，销售收入突破千亿元，达到 1 057.61 亿元，同比增长 17.06%。2018 年，销售收入达到了 1 149.25 亿元，同比增长 8.66%。2020 年 2—11 月，天猫速冻方便食品平均销售额增长均超 200%，疫情带来的"宅经济"成为速冻方便食品新的爆发增长点。随着餐饮端对半成品食材的需求日益增强，速冻食品行业迎来了新的发展机遇。尤其是速冻水果行业在奶茶等新式茶饮行业的红利下得到了爆发式增长。

**2. 技术发展现状**　并不是所有的水果都适合速冻保存，水果原料的质量直接关系着速冻后产品的质量。一般来说，适合速冻的水果应具有风味和色泽突出、质地坚固、成熟度好、耐储藏等特点。在实际加工过程中，应选择加工适应性较好的水果进行速冻保鲜。

水果冰点的测定较复杂，有学者专门研究了水果的冰点与其理化指标之间的关系，希望通过比较容易测量的指标来估计水果的冰点。相关学者（2003）研究了葡萄、草莓、香蕉等 11 种水果的凝固点与可溶性固形物含量的关系，研究结果显示两者之间呈显著负相关。其他研究也得出了类似的结论，如王颉等（2005）研究发现水果的冰点与其含水量呈显著正相关，而与其密度无显著正相关。

一般认为，冷冻速度越快，食品内部水分迁移越少，形成的冰晶越小，产品质量越好（陈聪等，2019）。但当冷冻速度超过一定限度时，热应力会引起食品的低温断裂。冷冻速度越快，低温断裂越严重，果实品质劣化越严重，如彭丹等（2009）研究成果表明，水果原料在冷冻过程中细胞结构的破坏主要是冷冻第一、第二阶段造成的，第一阶段主要是冰晶对细胞结构的机械损伤；第二阶段是由于冻结速率过快，温度梯度引起的热应力导致果实系统断裂，破坏细胞结构，导致解冻后果汁流失速率增加，从而严重影响速冻水果的质量。低温断裂还会导致果实组织中的酶活性上升，加速呼吸作用，不利于果实的储藏。

目前还没有适用于所有冷冻产品的解冻方法。解冻时，应根据不同水果的特点，充分考虑融化成本、制作方法、食用方便等综合因素，选择最合适的解冻方式。相对而言，解冻技术比冻结技术发展慢。随着现代高新技术在食品行业的不断应用，虽然出现了许多新的解冻方法，如高压脉冲解冻、欧姆解冻等，但在实际生产和生活中很少应用，多用于水果速冻行业。其规模非常小，水果解冻方法的相关研究也非常不足。

随着近几十年来速冻食品的快速发展，速冻水果产业也在迅速发展，特别是在日本、美国等冷链技术较先进的欧美国家。然而，我国的速冻水果产业仍处于起步阶段。受许多客观条件的制约，再加上消费习惯的差异，我国的速冻水果还主要是满足出口需求。相信随着速冻技术和设备的发展，速冻水果将逐渐进入大众视野。

### （二）速冻苹果加工技术

**1. 原辅料的要求** 加工速冻的苹果一般是大小均匀、无机械损伤、无病虫害、色泽鲜艳、风味浓郁、成熟度适宜、易去核去皮的黄苹果或白苹果。从采收到加工，不超过 24 h，农药残留、微生物等指标符合 HACCP（Hazard Analysis and Critical Control Point，即危害分析的临界控制点）认证要求。

**2. 生产工艺流程及操作要点**

（1）速冻苹果生产工艺流程：预处理→去核、护色→热烫、冷却→去皮→包装、注糖液→预冷→速冻→冻藏。

（2）速冻苹果的生产要点。

①预处理。

分级：按照果实大小与颜色进行分级。

清洗：用清水洗净果实表面，除去泥沙污物及残留农药。

②去核、护色。原料成熟后用小刀或去核机去核，并立即将果肉放入冷水中，避免和空气接触，以防变色。去核机上附有果肉碎片，常常变色，应随时除掉。

③热烫、冷却、去皮。将去核后的果肉捞出，在沸水中烫漂 2~5 min 或在蒸气中烫漂 7~8 min。烫漂后马上放入冷水中冷却，并剥去外皮。

④包装、注糖液。充分冷却后将果肉沥干水分，用聚乙烯袋或尼龙/聚乙烯复合袋包装，果肉与糖液比例分别为 70% 和 30%，糖液浓度为 50%，并加入 0.3% 柠檬酸、0.1% 异维生素 C 和 0.2% 氯化钙。

⑤预冷、速冻、冻藏。密封后预冷至 0 ℃ 左右，然后进行快速冻结。冻结后再用纸箱进行外包装处理，最后冻藏。

（3）主要设备及其使用。生产速冻苹果所用的设备主要是隧道式液氮连续喷淋速冻器。它包括预冷区、喷氮区和冻结区，隧道内有传送带、喷雾器或浸渍器、风机等装置。物料从一端放在传送带上，随带移动进入预冷区，在高速氮气流的吹冲下物料表层迅速冻结然后进入喷氮区，液氮直接喷淋在物料上，由于汽化蒸发吸收大量热量使物料迅速冻结，最后在冻结区内冻结到中心温度达 −18 ℃。采用液氮冻结食品干耗小，几乎无氧化变色现象。但超低温冻结食品易造成食品表面与中心产生瞬间温差而使表面龟裂，因此实际冻结温度限制在 −60~−30 ℃，有时可达 −120 ℃。1~3 mm 厚的物料，在 1~5 min

内即可冻至 $-18$ ℃以下。该设备的特点是结构简单，使用寿命长，可超速单体冻结，但成本高。

（4）产品质量标准及质量控制要点。

①产品质量标准。

色泽：色泽新鲜均匀一致。

糖度和风味：可溶性固形物含量不低于 7％或按需调整。具有成熟苹果所特有的风味，无异味。

组织形态：成熟适度，果皮和果核去除干净彻底，果形完整，无机械伤，单体速冻，无粘连。

卫生要求：符合出口食品卫生标准，适合人类食用；无腐烂、变质果，无霉变、褐变果，无病虫害果，无杂质。

果粒规格：根据客户要求进行分级。

硬度：较硬，缓慢化冻后保持一定挺力。

②质量控制要点。

原料品种对产品质量的影响：苹果品种对速冻加工的适应性差异较大，宜选用果肉致密、单宁含量低、褐变较轻的品种。

冻结工艺对产品质量的影响：该工艺采用隧道式液氮连续喷雾速冻机，其冷冻效果取决于包装体积的大小和内含物的性质。本工艺采用 0.5 kg PVC 盒，严格控制苹果果肉，糖液比为 70：30，须在 $-25$ ℃下冷冻 40～50 min。

冻藏条件对产品质量的影响：速冻苹果需冷冻储藏，温度控制在 $-18$ ℃左右。在冷冻储藏期间，由于储藏温度的波动，冷冻晶体会融化和再结晶，从而破坏果肉组织，影响产品的质量，冷冻期间的温度波动应小于 $\pm 2$ ℃。

## 二、鲜切苹果

### （一）概述

**1. 产业发展现状**  鲜切产品，是以新鲜苹果等果蔬为原料，经清洗、去皮、切割或切分、修整、包装等加工过程制成的即食果蔬加工制品。国际鲜切产品协会将鲜切产品定义为：果蔬经过修整、去皮或切分成 100％可直接食用的产品，在保持新鲜状态的基础上，提供给消费者高营养、方便和有价值的果蔬产品。

鲜切产品起源于美国，20 世纪 50 年代美国以马铃薯为原料开始研究，到 60 年代，鲜切产品开始进入商业化生产。在美国，鲜切产品市场销售额逐年递增，2011—2015 年，鲜切水果的年增长率为 8％，鲜切蔬菜为 10％，其年销售额达 76 亿美元。鲜切产品因其方便、快捷、具有令人愉悦的感官特性和优质丰富的营养来源而成为人们日常生活中重要的生鲜食品，已在全球范围内从餐饮业扩张至零售业。国外发达国家鲜切产品已占据蔬菜市场 60％以上的份额，而我国鲜切行业还只能算是一个新兴行业。我国鲜切产品的市场化起步较晚，直到 20 世纪 90 年代，随着一些快餐企业（如麦当劳、肯德基、吉野家等）的加速发展，我国鲜切加工产业才开始逐步发展。进入 21 世纪以来，随着我国现代消费结构的转型升级，人们生活水平提高、生活节奏加快，对食品营养丰富性、方便性的追求不断加强，鲜切产品在快餐业快速发展。2010 年以后相继出现了很多生产和销售鲜切水果的品牌，传统的从事鲜切蔬菜加工的企业也开始涉足鲜切水果加工。在供应端，大型企业（首农集团、顺鑫农业等）和中央厨房等企业也参与其中；在需求端，快餐连锁、特殊行业的需求增加，将极大促进鲜切水果加工和配送产业发展。以鲜切蔬菜为例，2017年我国鲜切蔬菜产量为246.8万t，2021年产量为376万t，我国鲜切产品市场保持着平稳且快速发展的态势。

随着国民生活水平的不断提高、现代生活节奏的加快，人们的食品消费方式也在逐渐改变，方便、营养、卫生的食品受到人们的喜欢。鲜切产品顺应了食品业的发展趋势，一方面可以满足现代生活对健康、方便的需求；另一方面鲜切产品可以有效减少厨余垃圾，果蔬处理中会产生20%～30%的废弃物。以我国水果产量2.3亿t，蔬菜7亿t计算，每年将产生大量的果蔬废弃物资源。通过鲜切处理，将实现对果蔬皮核的有效富集，减少城市垃圾处理压力，废弃物资源可集中处理，用来开发生物肥料或生物质燃料等。此外，鲜切产品还能显著降低餐饮行业成本，鲜切产品的配送将减少劳动人员支出，降低能耗，经综合计算可节约成本25%～35%。

**2. 技术发展现状** 我国在鲜切加工技术方面的研究主要开始于21世纪初，尤其以鲜切蔬菜的研究为主，最初主要集中在加工工艺的建立及质量控制研究方面。近10年来，鲜切水果的研究主要集中在品质劣变的控制和安全快检技术方面。在品质劣变控制方面主要集中于鲜切水果果肉褐变和软化控制技术研究，通过采用不同组合的护色剂、组织硬化剂进行控制，而开发绿色、天然、更加安全的方法将是未来研究的重点。保持鲜切水果鲜度的研究主要集中在气调包装（MAP）和涂膜技术（萨仁高娃，2020等）。传统的气调包装主要是利用阻隔性能不同的膜材实现包装环境气体和水分的调节，这些膜材的缺点是可降解性能差，会造成一定的白色污染。涂膜主要是利用一些具有防腐、可食的、成膜性好的材料（如壳聚糖、淀粉等）在鲜切水果表面形成一层保护膜，从而阻隔果肉与环境的直接接触，同时还能抑制病原菌生长，延长保鲜期。涂膜技术能有效地保持鲜切水果品质，但是消费者对涂膜材料食用安全性的担忧以及消费习惯的影响是限制其发展的主要原因。今后鲜切水果品质保持技术研究或许可考虑将气调包装、涂膜、活性功能及智能表征等技术进行结合，弥补单一技术的应用缺陷。

为了提高食品的感官品质，近年来，新的物理场辅助预处理技术（包括电场、磁场、电磁波等）开始应用于食品的冷冻和冷藏处理中。生物是具有磁性的，各种各样的磁场都会对生物组织和生命活动产生影响，不同强度的磁场对生物体也会产生不同的效应。Zhao等（2018）研究发现磁场处理有利于减缓黄瓜颜色变化，减少质量损失，对黄瓜保鲜的质量和理化特性具有积极影响。高梦祥等（2010）发现经交变磁场处理的草莓，其腐烂率和失重率明显优于未处理的草莓，有效地延长了草莓的储藏时间，增强了草莓的保鲜效果。

**（二）鲜切苹果加工技术**

**1. 工艺流程** 鲜切苹果的加工流程如下：苹果→预冷/储藏→清洗→表面杀菌→预处理→切分→护色/杀菌→漂洗→沥水→包装→金属/异物检测→装箱→储藏→配送，加工企业可根据产品特性及自身实际情况予以调整。

**2. 加工技术及设备**

（1）预冷。预冷是去除水果原料田间热的有效手段，对后续的鲜切加工非常有利。用于鲜切加工的苹果原料应先置于预冷库或暂存库中进行预冷，库温一般可设为 0~5 ℃，通常需要预冷 24 h 以上。普通冷库预冷，由于其投入少，操作简单，目前仍是我国农产品预冷的主要方式，但应注意操作过程中码垛方式和码垛密度，合理地利用冷源，提高预冷效果。同时也可采用冷水喷淋预冷，将极大地缩短预冷时间，冷水喷淋系统需要专业的喷淋设备，也可以采用通过式冷水浸泡预冷方式，将冷水预冷系统集成到清洗生产线中，清洗的同时实现果品的预冷。鲜切用苹果原料目前大多采用冷库储藏方式，满足了预冷的要求。

(2) 清洗。原料进入鲜切加工的第一步就是清洗，清洗是为了清除水果上的灰尘、霉菌孢子、残留农药以及杂质，目前主要采用水清洗，清洗用水要求参照《生活饮用水卫生标准》(GB 5749—2022)。影响冲洗效果的因素主要有冲洗水总量、持续时间、工作温度、水质、清洗剂的种类和质量、水压等。为避免果实温度升高，水温宜控制在 5~10 ℃。对于不同类型的水果清洗方式不同，像苹果这种中果型原料，一般采用毛刷结合喷淋清洗方式，大果型水果（西瓜、哈密瓜）多采用滚杠喷淋清洗方式，小果软肉型（草莓、枣、樱桃番茄等）通常采用气泡清洗方式。

(3) 表面杀菌。原料表面杀菌对于控制产品质量安全非常重要。杀菌完成后必须进行漂洗。常用的表面杀菌剂有氯气、次氯酸钠、二氧化氯、臭氧、过氧乙酸等，具体使用浓度需根据不同产品而定，生产中需购买食品级杀菌剂。目前生产中主要存在的问题是杀菌效果的保持问题，杀菌液的更换或补充对保持杀菌功效非常重要。

(4) 预处理。根据不同种类、客户或市场要求，预处理加工工艺不同，主要包括去皮、去核、修整等环节。预处理是切分加工前的准备工作，也是鲜切加工的限速步骤。由于我国在预处理加工设备方面的技术研发不足，很难实现自动化、连续化生产，目前预处理过程大多仍需人工操作实现。例如，荔枝、龙眼是完全用手工去皮，菠萝、木瓜等是机械辅助的手工去皮。苹果的果形比较端正，其去皮、去核已完全实现自动化操作。预处理操作需要在洁净区或准洁净区完成。

(5) 切分。切分是鲜切加工最关键的工艺操作，也是限速步骤，对鲜切水果货架期寿命具有极其重要的影响。切分的规格和形状也是影响鲜切水果品质的重要因素之一，切分越小，切分面积越大，越不利于储存。不同切割厚度对鲜切水果生理影响也有差异。切分操作需要在洁净区完成。根据产品、市场、客户及包装要求的不同，切分的形式也不同。常见的切分方式有切块、切片等。切分可采用手工切分也可以采用机器切分。目前机器切分损耗较大，因此小规模生产（日生产不足 1 t）宜采用手工切分方式。去皮、去核后的苹果采用自动化设备直接切分为大小适合的果块。

(6) 护色。苹果去皮后与空气直接接触会迅速变成褐色，从而影响外观，也破坏了产品的风味和营养。苹果切分后需立即进行护色，常用的方法有以下几种：

①食盐水护色。将去皮后的苹果浸于一定浓度的食盐水中。因食盐对酶的活力有一定的抑制和破坏作用，同时氧气在盐水中的溶解度比在空气中的小，从而达到一定的护色效果，常用 1%~2% 的食盐水进行护色。

②亚硫酸盐溶液护色。亚硫酸盐既可以防止酶褐变，又可抑制非酶褐变，效果较好。常用的亚硫酸盐有亚硫酸钠、亚硫酸氢钠和焦亚硫酸钠等。加工时应采用低浓度亚硫酸盐溶液进行护色，并注意后期通过清洗处理进行脱硫，必要时检测硫残留量。

③酸溶液护色。酸性溶液可降低多酚氧化酶活力，且溶氧低。常用的酸有柠檬酸、苹果酸和抗坏血酸等。研究表明，采用抗坏血酸盐、钙盐及多种护色剂结合处理可显著抑制果实表面褐变。苹果经护色处理后，可在 5 ℃条件下储藏 21 d 不褐变，且品质良好。

护色操作需要在洁净区完成，所使用的护色剂均需为食品级，符合食品安全要求。连续化生产过程中需要根据处置量及时补充护色剂，也可以安装在线控制装置，实现自动补液功能。

（7）沥水。苹果切分、护色后进行漂洗处理是鲜切苹果加工中不可缺少的环节，漂洗完成后需要去除残留在果肉表面的游离水。沥水操作可去除残留的细胞汁液，减少微生物污染，并有利于受伤组织释放底物与酶，从而减缓果实组织的生理衰败，防止品质退化；沥水结束的标准是水果表面无明水。不同于鲜切蔬菜，苹果宜采用连续风干振动输送方式进行沥水；沥水操作需要在洁净区完成。

（8）包装。鲜切苹果的包装通常采用盒式包装。采用盒式包装时通常采用托盘覆膜方式，可充气也可不充气，充气包装又称为气调包装（即 MAP 包装）。不充气包装时，也可采用托盘覆保鲜膜包装或扣盖盒式包装。气调包装是目前鲜切水果最好的包装形式，不仅可以避免二次污染，更重要的还能起到良好的保鲜效果。气调包装通常是通过改变包装内 $O_2$ 和 $CO_2$ 的比例，可以采用充 $N_2$ 降低 $O_2$ 方式，也可以采用定比例的气体（$O_2/CO_2$）置换包装内空气方式。鲜切苹果适用温度条件 0～5 ℃，氧气含量小于 1%。包装间必须位于洁净区。

（9）储藏。鲜切苹果包装完毕后，再装入适宜的外包装箱，及时转入成品库进行暂存，成品库的温度控制在 1～4 ℃范围。在成品库暂存期间，除了要控制好温度条件之外，一定要注意避免二次污染。不同产品、不同批次应分区放置，并予以标识。对于有特殊香气的鲜切产品应单独区域存放，避免串味。如有条件，对于成熟特性、乙烯敏感性不同的水果也应分别储存。

（10）配送。鲜切苹果的配送应采用冷链物流配送方式，在配送过程中要使鲜切苹果始终处于适宜的温度、湿度环境。鲜切苹果的冷链物流配送方式采用冷藏车、冷藏箱或蓄冷箱等，温度宜保持在 1～4 ℃。鲜切苹果配送期间应严格执行温度条件要求，并且注意避免包装破损、二次污染等问题。配送全程宜配备或设置温湿度实时监测功能的装备，为产品的质量安全溯源管理提供数据保障。

（11）加工设备。目前我国鲜切水果加工设备相对落后，大部分设备主要是集中在清洗、包装这两个环节。预处理设备将直接决定加工效率，而在预处理、修整、切分环节的设备很少，尤其是去皮、去核加工设备严重不足，并且效果不佳。目前我国鲜切水果的预处理设备仍然存在损耗过大、损伤严重等问题，后续的研发应着重解决这些问题。最关键的切分设备极其匮乏，用于蔬菜的切分设备完全不适用于水果切分。切分设备开发过程中应注意的最大问题就是如何避免机械损伤，可从刀具材料、机械手及电子控制精度等方面考虑。对于沥水设备，目前多采用单向风干形式，其缺点是底部水残留较多，未来可考虑双向或多向进风方式，亦可结合振动输送方式。对于包装设备，尤其是气调设备，主要解决配气精准度问题，目前国产设备的配气精准度还无法与进口设备相比，未来还应加强研发。

不同种类水果形态差异较大，给鲜切水果加工设备标准化开发带来了较多限制。而开发适合于不同种类水果的加工设备必然需要巨大的经济投入，这也限制了设备的开发进程。此外，生产线在线监控平台的研发也是未来自动化、智能化加工的重点。

# 三、苹果罐头

## （一）概述

**1. 产业发展现状**　近一个世纪以来，蔬菜和水果罐头在国际市场中占有重要的地位，受到世界各地消费者的青睐。果蔬罐头由于便于携带和食用，可以长时间储存，并且可以很好地调节市场淡旺季，因此，罐头加工业是我国果蔬加工业的重要分支。我国果蔬罐头加工业具有较大的生产规模和较高的技术水平，布局外向型果蔬罐头产业已基本形成，同时，区域化格局日益明显，也已经初步形成优势产业带。

根据国家统计局数据显示，我国果蔬罐头产业营业额超 900 亿元，行业规模连续多年处于增长状态，但利润率却在逐渐下滑，主要是由于近年来随着部分果蔬罐头市场向好，行业门槛不高，不断有中小企业涌入，行业竞争激烈。近年来环保压力加大，导致成本增高，又由于某些行业（如番茄酱罐头）在 2018 年总体以去库存为主，因此行业总体利润率有所下滑。

在行业集中度方面，我国罐头行业普遍以中小企业为主，行业集中度普遍不高，主要是由于加工原料的供应、产品季产年销以及劳动力的限制，难以形成规模经济。以柑橘罐头、黄桃罐头为例，两种罐头的加工十强企业总加工量不到行业的 40％。由于原材料丰富，国际市场需求量大，相较于其他产品行业集中度略高，前五强企业总加工量约占行业的 70％。当今，部分行业如番茄酱罐头已出现产能过剩现象，进入洗牌阶段；其他大宗水果罐头如黄桃、柑橘依然有新增产能，但行业已接近饱和；部分蔬菜罐头如竹笋罐头等因近年国际市场较好，产能也略微有所增加。

随着我国果蔬罐头行业在生产、经营等各个方面继续保持稳定发展，以供给侧结构性改革为主线，坚持创新发展理念，在产品创新、生产机械化、智能化普及等方面均有所突破。

**2. 技术发展趋势**　在科技创新方面，我国果蔬罐头企业都在加大对新产品研发的投入，但整体创新力度仍不足。在市场消费升级的带动下，部分企业在新产品研发、产品内容升级、包装等方面加大了创新力度，为满足各种消费者需求，改善了包装、创新了口味，新产品一经投放市场就获得了良好的反响。即便如此，罐头行业的整体创新仍然不足，市场上大多数产品在包装、口感等方面仍缺乏新意，产品同质化竞争激烈，缺乏差异化和新颖性。因此，国内罐头产品市场不足以吸引新的消费群体。然而，近年来，随着国际市场的饱和，企业越来越重视国内市场，并逐渐注重产品创新和大胆尝试，例如，近年来，功能性水果糖罐头、果冻罐头、携带方便的主食罐头等新产品不断涌入市场。同时，也引入了许多精美礼品包装。目前，罐头行业创新能力正在逐步提高，并取得了一些成绩。加强创新和品牌培训已成为推动行业发展的关键因素。

在品牌建设方面，罐头行业企业实施内外发力，以产品质量、地域优势推动外销，打造产业品牌。在电子商务方面，据协会统计，我国果蔬类罐头年网络销售量在 40 万 t 左右，2015 年呈现井喷式发展，成为果蔬罐头行业经济增长的新引擎，近年来总体归于平稳。电商一方面作为企业产品的销售渠道，另一方面在宣传企业、宣传产品方面能够起到一定作用，因此企业较为重视。但电子商务产品普遍存在总体价格不一、产品质量参差不齐的现象。

**（二）苹果罐头加工技术**

**1. 工艺流程** 苹果罐头的加工流程如下：苹果挑选→洗涤→去皮→切半、控芯→真空浸渍→热烫→装罐→排气→密封→杀菌、冷却→贴标→储藏，不同加工企业可根据所加工产品的特性及自身实际情况予以调整。

**2. 生产操作要点**

（1）苹果挑选。首先要求具有优良品质的原料。此外，为了便于储运和减少损耗，要求采收时成熟度略低于鲜食。

（2）洗涤。用干净的清水洗净果实表面，除去有害物质，如泥沙污物及残留的农药等。

（3）切半、控芯。用自动去芯切果机或者不锈钢刀将苹果纵切为 2 块，大型果可以切分为 4 块，该项操作要求切面光滑，挖净果心。

（4）真空浸渍。将切好的果块倒入抽真空罐内，加入 18%～35% 的糖水做抽真空液，将果块浸没在糖水中，切记防止果块露出液面。

（5）热烫。将抽真空后的果块倒入夹层锅内，水温 80～95 ℃，热烫 2～5 min，做到软而不烂，然后将其捞出放入洁净的清水中冷却。

（6）装罐。按果块分别称质量装罐，应将果块排列整齐，反扣入罐，并加入 25%～35% 的加有少量柠檬酸的糖水。

（7）排气。没有真空封罐机时，装罐后需要进行排气处理。

（8）杀菌、冷却。在杀菌池或杀菌锅中沸水杀菌 15～20 min，冷却至 38～40 ℃后贴标签。

# 四、苹果果脯

**（一）概述**

果脯是以果蔬为主要原料，添加（或不添加）食品添加剂，经糖渍、干燥等工艺制成的略有透明感，表面无（或略有）霜糖析出的制品，是我国的传统休闲食品。果脯的加工与其他食品相比具有独特的特色，不仅扩大了对自然资源的利用，提高了果蔬的食用和经济价值，同时也缓解了鲜果因季节性和地域性的限制造成的资源浪费及长途运输的问题。

据中国焙烤食品糖制品工业协会蜜饯专业委员会发布的《2016 蜜饯行业发展白皮书》中资料显示：据国家统计局 2015 年统计全国有 3 000 多家蜜饯企业通过 QS 认证，中国食品工业协会统计全国果脯蜜饯行业年产值从 2004 年的 170.14 亿元，增长到 2015 年的 1 486.82 亿元，年均复合增长率为 21.78%，近几年来休闲食品消费崛起，国内外果脯蜜饯市场需求持续扩大，市场发展前景广阔，行业发展充满活力。果脯的电商渠道销售额增长快速，苹果脯、黄桃脯、芒果干、葡萄干为核心畅销果脯。

苹果色艳味香，营养丰富，既可鲜食，又可加工食用，并且具有一定药用价值，是制作果脯产品的优良原料。具有以下优点：①苹果含糖量较高，以果糖、葡萄糖和蔗糖为主，容易被人体吸收，是很好的含糖果品；②苹果含钾较多，可促进人体内钠盐的排出，对水肿及高血压患者有较好的疗效；③苹果含有较多的果酸和鞣酸，有帮助消化和收涩的作用，适于慢性腹泻患者食用；④苹果含有较多的纤维素和有机酸，可促进胃肠的蠕动，治疗便秘，并可抑制胆固醇的增加，降低血糖含量；⑤苹果含锌量较高，对增强记忆力有着特殊的作用；⑥苹果含有丰富的 B 族维生素和维生素 C，能阻止亚硝酸盐在人体内形成，有预防胃癌发生的作用。

### （二）苹果果脯加工技术

**1. 工艺流程**　选料→清洗→去皮→切分→去核→护色→漂洗→糖制→烘制→回潮→挑选→包装

**2. 操作要点**

（1）选料。选用果形圆整、成熟度适宜、无病变的苹果为原料。

（2）清洗。将苹果放入清洗机，以流动水清洗去除附着在表面的泥沙和异物。

（3）去皮。通过人工去皮、机械去皮和化学去皮等方式进行去皮。若苹果存在机械伤，按损伤程度分级后，挖去损伤部位果肉。

（4）切分、去核。按苹果个体大小切分成四瓣或对半切开，然后挖掉果核。

（5）护色。苹果果肉易产生褐变。在切分挖核后要尽快进行护色，可将其浸入 0.2%～0.3% 亚硫酸盐溶液、抗坏血酸溶液或食盐水中。如果果肉组织较疏松，可在护色液中加入适量硬化剂，如 0.1% 氯化钙溶液。浸泡时间在 2～3 h。浸泡时上压重物，使整果没于护色液中。

（6）漂洗。护色过程中易残留的亚硫酸盐和（或）氯化钙，以清水漂洗果块 2～3 次。

（7）糖制。常用的糖制方法有以下几种：

一次煮成法：配制 40% 的糖液 80 kg，加热煮沸，倒入苹果块 100 kg，沸煮 5 min，加入浓度 50% 的冷糖液 4 kg，再沸时加入冷糖液 4 kg，反复进行 4 次，历时 40 min 左右。待果块发软膨胀、开始有微小裂纹出现时，撒入白砂糖，每次加糖 5 kg，每隔 5 min 加糖 1 次，共加糖 6 次，最后 1 次加糖后，在文火微沸状态下沸煮 20～25 min，待果块呈透明态时即可出锅，将果块和糖液一起移入浸缸，浸渍 48 h，即完成糖制。

多次煮成法：将白砂糖 40 kg、柠檬酸 100 g、水 40 kg 入锅，煮沸 8～10 min 后，加入果块 100 kg，煮沸 15～20 min，然后将糖液和果块一起移入浸缸，浸渍 48 h。接着将果块连同糖液再移入锅中，加热至沸后加糖 20 kg，隔 10 min 后再加糖 10 kg。沸煮至糖液浓度为 65% 时，再一起移入浸缸，浸渍 48 h，即完成糖制。

糖渍糖煮法：先将苹果果块糖渍。将白砂糖 20 kg 及水 30 kg 溶化后，倒入缸中，放入果块 100 kg，将果块及 50 kg 白砂糖按一层果块一层糖地放入缸中，上层用糖盖住，腌渍 48 h。接着进行糖煮。将糖渍液移入锅中，加热至沸，然后将此糖液倒入盛放果块的缸中，浸渍 24 h，接着将糖液移入锅中加热，调整糖液浓度至 70%，煮沸后，加入果块，沸煮 20～30 min，至果块呈透明态时为止。再移入浸缸中浸渍 48 h，即完成糖制。

（8）烘制。将苹果果块沥干摊于烘盘中，通过烘房在 60～65 ℃温度下进行烘制。烘烤期间要多次翻动倒盘，使物料受热均匀，烘制物料不黏手为止。

（9）回潮、挑选、包装。将苹果脯置于 25 ℃左右的洁净处静置 24 h 回潮。根据苹果脯产品质量标准要求进行分级，剔除焦煳片、碎片等不合格产品，按照不同要求进行包装。

**3. 注意事项**　在苹果脯的加工过程中，常因苹果品种品质参差不一或者加工操作不当，导致苹果脯产品规格不一致或达不到标准的要求。常见的问题是返砂、流糖、煮烂和皱缩（邓云，2018）。

（1）返砂与流糖。返砂即糖制品经糖制、冷却后，成品表面或内部出现晶体颗粒的现象，这是因成品中蔗糖和转化糖之间的比例不合适造成的。流糖是由于苹果中转化糖的含量较高，在高温潮湿季节易吸收水分，形成流糖现象。糖制果块时糖溶液的性质将决定成品中蔗糖和转化糖含量的比例，而影响转化糖的因素是糖溶液的 pH 和温度，可以适当调节 pH 至 2.0～2.5，再通过加热促进蔗糖转化为转化糖。

（2）煮烂与皱缩。苹果脯的软烂与苹果品种和成熟度存在相关性，过生与过熟苹果都容易煮烂。因此，以适当成熟的苹果为原料，是保证苹果脯质量的前提。皱缩的原因主要是浸糖过程中糖未充分渗入苹果内，干燥后出现皱缩干瘪。解决苹果脯皱缩的办法是在糖制过程中分次加糖，使糖液质量分数逐渐提高，并延长浸渍时间。

# 第五节　苹果加工厂的设计

## 一、厂址选择

苹果加工厂的建设选址需与周边苹果资源、交通和基础配套相结合。其选址大多会直接影响当地的城乡关系、工农关系，有时还会影响到产品质量、卫生条件和工人的工作环境。选址还与工厂建设进度、投资成本和生产条件以及生产完成后的经济效益相互影响。

工厂的选址应在当地城市建设部门和责任单位的总体规划安排下选择，并应与主管部门，如建设部门、城市规划部门、地区、乡镇（镇）等相关单位，深入讨论和比较后，选择最具优势的厂址。设计单位也应为厂址的选择提供指导性建议。

### （一）厂址选择的原则

**1. 工厂选址应适应当地发展的统一规划**　为了节约土地，尽量不占用或少占用好土地。需要征用的土地，可以根据基本建设的需要分期征收。苹果加工厂作为食品生产工厂应选在环境干净、绿化条件好、水源干净的地区。

**2. 工厂一般都建在大中型城市中靠近原料产地的郊区**　既要保证选址附近有充足、新鲜的苹果原料，又要有助于加强企业间的指导和联系苹果原料基地，同时还要便于收购辅助材料和包装材料、产品销售，减少各项运输成本。

**3. 所选场地应具备可靠的地质条件**　避免厂区内流沙、粉土、土壤崩裂层。任何工厂都不应该建在矿井的表面上。场地应有一定的地面耐力。建冷库的地方，地下水位不宜过高。

**4. 应考虑历史水位线**　厂房，尤其是厂房主仓的标高的选择，应考虑历史水位线，原则上建议高于当地历史最高洪水位。

**5. 场地面积要充分考虑企业的发展需求**　不仅要满足生产要求、苹果原料堆放要求、车辆周转区要求等，还要留后期发展的空间，如厂房的增建和仓储增加等备用空间。

**6. 所选场地区域应具备良好环境**　尤其在工矿企业的上风向区域，污染往往比较严重，应注意不能使其影响苹果加工厂的生产。同时，应避开受污染河流的下游以及文物古迹、古墓葬、风景名胜区、机场、国防防线、高压线路等通过工厂。

**7. 选址应具备便利的交通条件** 若需修建公路或专用铁路，应选择最短的距离，以减少物资消耗。

**8. 选址应具备供电条件** 要与供电部门沟通，保证工厂的供电距离和供电容量。

**9. 选址要有充足、达到国家颁布的饮用水水质标准的水源** 如果水源使用江河、湖泊，则需要进行处理。若要使用地下水，应得到当地政府的允许。应就近处理内部废渣，废水应在处理后排放，废渣、废水尽量做到再次利用。

**10.** 如选址附近有居民区，则可以适度减少宿舍、商超等工人的生活设施，有利于节省厂区建造成本。

## （二）厂址选择报告

在进行厂址选择时，应先多选出几个点，再根据厂址选择的原则进行分析比较，然后向上级汇报。厂址选择报告内容如下：

**1.** 场地的位置、周围环境、地质、相关自然条件。厂区范围、征地面积、开发规划、建设期间土方工程、房屋拆迁等情况，并绘制 1/1 000 地形图。

**2.** 苹果原料供应情况。

**3.** 水、电、燃料、交通和职工福利设施的供应。

**4.** 三废排放情况。

**5.** 经济分析。一次性投资估算及生产经济成本综合分析。

**6.** 厂址选择参考意见与结论。通过多方对比分析和经济性核算，提出符合要求的建议厂址。

# 二、总平面设计

## （一）总平面设计的内容

总平面设计作为苹果加工厂设计的重要环节，根据整个生产过程中不同使用功能的厂房结构，结合土地条件合理的布局，使建筑群构成一个有机的整体，这有利于生产组织和企业管理。

在苹果加工厂的总平面设计中，应该根据组成和功能要求，并结合土地条件和建筑之间的关系，做一个综合分析。正确处理所有建筑物和构筑物、厂区建设布局、管线排布、交通运输及绿化之间的关系。合理充分利用地形，划分区域与占地面积，应做统筹一体化考虑，与周围环境设施和建筑群相协调。

苹果厂总平面设计内容包括平面布置和垂直布置两个部分。

**1.** 平面布置是指建筑物、构筑物等工程设施在水平方向上的合理布置。平面布置图中的工程设施包括以下几个内容：

①交通运输设计 注意防止交叉污染，应注意将人流与货物分开。

②管线综合设计 整个苹果工厂的供排水、电缆、蒸汽、天然气等工程管线网要统一规划。

③绿化布置和环保设计 绿化布置不仅可以美化厂区，还可以美化环境、净化空气，同时有减少噪声的功效。从表面上改善工人的劳动健康状况，但绿化面积的增加会增加建设投资，因此绿化面积应适当。苹果加工厂四周，特别是路边，应具备一定宽度的树木，形成防护林。种植的绿树花卉要严格挑选，植物中不能含产絮状物、种子和散发特殊异味

的花草，以免影响所加工产品的质量。工业"三废"和噪声，会污染环境，所以，在苹果加工厂的总平面设计中，要充分考虑到环保问题。

④功能分区布置设计 办公生活区与生产及仓储区尽可能分区布置，以实现动静分离为目的，做出合理的规划设计。

**2.** 垂直布置就是在平面设计的垂直方向进行设计，即对苹果加工厂各部分的地形标高进行设计。它的主要目的是改善地形因素，若地形高度差较小，可不做该方面的设计。垂直设计时，应结合综合地形因素考虑。为节约投资，缩小工程量，应尽量保持原有自然地形。综上，所谓的总平面设计，就是从生产工艺出发，研究和处理建筑物、构筑物、道路和各种管线及绿化等方面的关系，并在一幅或几幅图纸上用设计语言表达出来。

**（二）总平面设计的基本原则**

在任何情况下，苹果厂的总体平面设计都是根据设计的基本原则和具体情况进行的。苹果加工厂总平面设计的基本原则包括以下几点：

**1.** 苹果加工厂总平面设计应紧凑合理，节约土地。

**2.** 总平面设计应与苹果加工工艺的要求相符。

（1）生产车间和仓库应根据苹果加工工艺需要排布，尽可能缩短距离。

（2）全厂的货流、人流、原料、管道等各个通道应尽可能分开，避免交叉，管道布置应避免影响人流、货流通道尽可能架空或埋地。

（3）规避原料、半成品、产品等往返运输。

（4）能源供应设施应尽可能靠近加工车间。

**3.** 苹果加工厂的总平面设计应满足食品相关法规中对卫生和安全的要求。

（1）生产区域与生活区域要进行分离，厂前区（接待室、实验室、办公室等）与生产区域相互分开，使主车间具备良好的卫生条件。

（2）生产车间要注意朝向，通常是南北，应保证充足的日照和良好的通风。

（3）生产车间与城市道路之间必须有一定的隔离区，一般宽30～50 m，中间最好有绿化地面，防止灰尘。

（4）根据生产性质的不同，各部门要分别安排。

（5）公厕应与主车间、仓库保持一定距离，但不易过远，需保持厕所清洁卫生。

（6）应有适当的绿化面积。

**4.** 苹果加工厂内道路的宽度应根据货物装载量、高峰车辆通行数量进行设计。厂区内道路材料应选用水泥或沥青。道路与车间应有一定距离。

**5.** 如有特殊的运输需要，应协调考虑是否需要修建铁路专线、货运码头等交通设施。

**6.** 苹果加工厂内建筑物间距应按当地厂区建筑规范设计。在符合规范的条件下，为节约成本与面积，建筑之间的距离应尽可能缩小。

**7.** 为合理利用自然条件，厂区内各建筑的布局应在符合规划要求的基础上，进行合理的布局。

（1）确定合理的建筑物和道路标高，不能受洪水影响且应排水通畅。

（2）在边坡、山体施工时，可以采用不同的标高布置道路和建筑物，进行合理的垂直布置但一定要注意设置护坡和防洪通道，防止山体洪涝灾害。

**8.** 相互影响的车间尽量避免放在同一栋建筑内，但为了提高场地利用率，类似的车间应尽量放在一起。

**（三）总平面设计的实施**

**1. 初步设计**　对于工艺简单的苹果加工厂总平面设计，应包括总平面布置图和设计说明书，通常包括总平面布置图、建筑物图、构筑物图、管路图和道路图，有时还需要附有区域位置图。总平面布置图和设计说明书内容要求如下：

总平面布置图比例为 1：500 或 1：1 000。图纸中应包括原建筑物、构筑物和规划建筑物，以及构筑物的位置、水平、楼层标高、绿化位置、道路台阶、管线、排水沟、排水方向等方面。同时在一个角落或适当的位置应具备风向玫瑰图和区域位置地图。

总平面设计说明书主要包括以下部分：设计依据、布局特点、主要技术经济指标和概算。

$$建筑系数（\%）=\frac{建筑物、构筑物占地面积+堆场、露天场地作业场地占地面积}{厂区占地面积}\times 100$$

$$土地利用系数（\%）=\frac{建筑物构筑物+堆场露天场地、作业场地+辅助工程占地面积}{厂区占地面积}\times 100$$

辅助工程占地面积包括道路、管线、绿化占地等面积。

土地利用系数则能充分反映工厂的场地利用是否经济合理，但建筑系数不能充分反映工厂的土地利用是否经济合理。

**2. 具体施工图设计**　初步设计经批准后，需要进行施工图设计，目的是对初步设计进行深化和拓展，落实设计意图和技术细节，并绘制便于施工的全部施工图纸。

苹果加工厂设计施工图，一般主要设计工厂的总平面布置图，竖向布置图、厂区综合管网、交通运输道路等，其他详图需根据需要来设计，图的具体要求如下。

（1）建筑总平面布置图比例为 1：500 或 1：1 000。图中应标示有等高线。红色细实线代表原有的建筑和结构，黑色粗实线代表新设计的建筑物、构筑物。图纸按《建筑图纸标准》绘制，明确标识出每幢建筑物、构筑物的定位尺寸，同时为了满足生产发展的需要，留出发展空间。

（2）垂直布局是否单独绘制，视工程项目数量和地形复杂程度而定。一般来说，对于工程项目少、地形变化小的场地，可以在总平面施工图中放置垂直布置图，并说明面积、层数、室内楼层标高、道路转弯处标高、坡度方向、距离、和坡度等。

（3）管道的布局。一般简单的苹果加工厂总平面设计，管道类型较多，包括供气、供水、排水、电力、消防等管道，有时附以总平面施工图，但当管道比较复杂时，往往由设计各种类型管道的专业设计师进行布置。一般总平面设计师往往会对管道进行全面的布置，并标明管道间距、纵向坡度、转折点标高、阀门、检查井的位置以及各种管道等图例符号。图纸比例尺与总平面施工图一致。

（4）总平面布置施工图说明。一般没有单独的说明书，通常用文字附在总平面施工图的一个角落上。描述了设计意图，施工应注意的问题，各种各样的技术和经济指标和工程数量。有时还将总平面图内建筑物、构筑物的编号也列表说明，放在图内适宜的地方。

为了保证设计质量，施工图纸必须经过设计、校对、审核、认证后才能送到施工单位，作为施工的依据。

## 三、生产工艺及车间设计

苹果加工厂工艺设计主要包括：产品方案、班产量确定；主要产品的工艺流程的确定；物料衡算；生产车间设备选型；人力资源配置；生产车间工布局及设备布置。详情如下：

### （一）产品方案及班产量的确定

**1. 制订产品方案的意义和要求**  产品方案是苹果加工厂准备全年生产的产品、数量、生产周期、生产班次时间表，在安排产品方案时，努力实现产品产量与原材料供应、生产季节性与劳动力需求、生产班次、设备生产能力、水、电、蒸汽负荷等各个方面的平衡。

在安排产品计划时，应根据原料、辅料等材料的供应情况统一规划。每月 25 d 用于苹果产品的生产（其他时间员工可以自由部署）。全年生产日为 300 d，生产班次 1～2 班/天，季节性产品高峰期按 3 个班次。

**2. 班产量的确定**  班产量是苹果加工厂工艺设计中最重要的计算基准，班产量直接影响到设备、车间布置及占地面积、公共设施及辅助设施规格及劳动力配置。原材料供应和市场销售情况是制约班产量的主要因素。

### （二）主要产品工艺流程的确定

**1. 工艺流程的选择**  不同类型的食品，其生产工艺有很大的不同，不同的加工厂生产的产品和工艺流程也各不相同，各有特点，如果汁加工厂，不同品种的水果具有相似的特点，基本的主要工艺流程和核心设备相似，部分设备还可以共用，因此，工艺流程设计的合理性可以保证产品质量并提高设备利用率，有效缩减生产成本，为企业提质增效。

工艺流程的合理性直接关系到产品的质量、竞争力和工厂的经济效益。是初步设计审定主要审查内容。因此需结合各个方面的因素综合分析和比较，从理论的合理性和实际的可行性，证明工艺流程的选择符合设计方案任务的要求。

**2. 工艺流程图的绘制**  确定工艺流程后绘制工艺流程图。通常工艺流程图有两种，即生产工艺流程图和生产设备布置图。生产工艺流程图主要用工艺步骤来标示，应清晰、醒目、易懂。生产设备布置图则根据实际设备的布置标示，需要标示生产设备的位置、大小等，可直观地看到生产车间的设备布置。

### （三）物料衡算

该部分是为确定采购和运输各种物料及仓库的存放、劳动力大小以及包装材料等提供依据。材料计算主要包括产品的原辅材料和包装材料的计算。材料计算的基础数据为"技术经济指标"，通常为各工厂在生产实践中积累的经验数据。在计算用料时，要将原辅料的用量与加工后的成品用量及损耗量进行平衡。辅助材料计算为正值，材料损耗计算为负值。这样就可以计算出原辅材料的消耗定额，并绘制出原辅材料的消耗表和材料平衡图。并为接下来的设备计算、热量计算、管道设计提供了依据和条件，也为人工数量、生产班次、成本核算提供了计算依据。

### （四）设备选型

设备选型的依据是材料计算，设备选型应满足工艺要求，是影响产品质量的关键，可以反映生产水平的标准，同时也是配电、水、汽耗计算和工艺布置的依据。

设备选型是根据物料衡算和每个品种单位时间设备生产能力来确定所需的数量。对于几个产品所需的设备，即使在不同的时间使用，也应根据加工能力最大的品种所需的数量来确定。对于生产中的关键设备，除实际生产能力外，还应考虑配有备用设备，以防止设备故障带来的物料堆积。

## （五）人力资源配置

根据拟建工厂的工艺与生产需求，确定各类人员的数量和配置计划，包括生产工人、管理人员和其他人员等。

**1. 人力资源配置的目的** 为了确保正确使用设备和人员，人力资源应合理规划苹果加工厂人员配置、生活设施面积的计算、用水、用气以及产品产量的计算、定额指标的制定和工资福利的估算。

**2. 人力资源配置的依据**

（1）有关法律、法规及规章；

（2）工厂建设规模；

（3）生产工艺设计与装备自动化水平；

（4）劳动生产率要求；

（5）组织机构设置与生产管理制度；

（6）国内外同类工厂的情况。

**3. 人力资源配置的内容**

（1）需要根据当地的工人工作习惯等，制订合理的工作制度和运转班次；

（2）员工配置数量，依照精简、高效的原则定额；

（3）对各岗位人员应具备的劳动技能和文化素质提出明确要求；

（4）分析测算职工工资和福利等费用；

（5）分析测算劳动生产率；

（6）提出员工选聘方案。

## （六）生产车间的工艺布置

苹果加工厂生产车间的工艺布置至关重要，在设计过程中必须综合考虑。将车间的所有加工设备按一定的建筑面积、比例设定，从俯视视角画出生产车间的设备布置图。为了解决重要设备与建筑标高之间无法在平面图中体现的问题，可以画出生产车间的剖视图。在管道设计中，应有管道平面、管道标高、管道透视图等。生产车间工艺布置的原则有以下几点：

①要具有全局视野，符合设计要求。

②在车间设备的布置上，设备应灵活适应各种生产，并留出适当的设备更换空间、设备之间的距离以及设备与建筑物之间的安全维护距离，以保证操作、维护、装卸和清洁的方便。

③除部分特殊设备外，其余设备尽量按工艺路线安排。

④使用的运输空间、生产车间在每个流程都应该相互合作，确保材料的顺利运输，避免重复往返，合理安排生产车间垃圾排放口，人员进出口，做到避免交叉污染。

⑤空压机室、空调室、真空泵等应尽量隔开并靠近使用点，以缩短输送管路及减少损失。

⑥车间内采光、通风、供热、制冷等设施的布置，必须考虑生产卫生和劳动保护。可放置在室外的设备要放置在室外，并尽可能用简单的棚子覆盖。

## 四、辅助部门

### (一) 仓库

苹果加工厂的仓库包括:材料库、工具库、成品库等,还可根据需要增加原料池。其中仓库面积的确定取决于以下几个方面:物料的包装方式、堆放方法、地面的承载能力。其中,卫生要做到能防鼠、防蝇、防尘、防潮,部分储存库要配有调湿、恒温等装置。总之,设计仓库时要全面考虑,以便满足生产要求。

### (二) 机修车间

由于设备的零件在一段时间的使用之后会出现不同程度的损坏,所以机修车间不可或缺。用作设备的维修与保养,以便维护车间的正常运营。

### (三) 化验室

化验室一般由感官检验室、理化检验室、精密仪器室等组成。对产品和有关原料进行卫生监督和质量检查,确保最终产品符合国家卫生法的质量标准。常用仪器有:手持糖度计、比色计、生物显微镜等。

### (四) 生活设施

**1. 办公楼** 办公楼面积的设计应依据苹果加工厂实际规模的大小、生产和管理人员数来确定,且应该靠近人流出入口附近。

**2. 食堂** 食堂应安排在靠近工人出入口或者人流密集处,远离有害因素。

**3. 宿舍** 应根据人力资源配置情况,确定宿舍的大小。

**4. 医务室** 医务室周围应确保环境良好,具备基本的医疗设施,提供各类常用医用药品且能治疗一些常见的疾病。

**5. 浴室** 为了保证生产卫生,浴室建议设在距离生产车间与更衣室较近的位置。

**6. 厕所** 厕所的位置应该设在对产品无污染的地方,其中车间厕所最好与更衣室相连,且应保持清洁,厕所门窗不能直接开向车间,厕所应配备洗手消毒设施及换气、防蝇虫等的设施。

### (五) 用水系统

**1. 给水系统** 水源的选择,应根据当地的具体情况进行技术经济比较后再确定。通常水的来源有三种:自来水、地下水和地面水。虽水源广泛,但各有缺陷。例如:

(1) 自来水投资较省,但水价较高。

(2) 地下水可直接就地取用,费用小,但水中矿物质和硬度较高,容易导致纯水处理成本上升。

(3) 地面水虽日常费用较低,但净水系统技术较复杂,且投资费用高。

综上考虑,最好采用自来水与地下水相结合的方式,以降低投资费用。

**2. 排水系统**

(1) 生产车间的室内排水应采用带水封的地漏,或使用无盖板的明沟。

(2) 生产车间的对外排水口应设置防鼠装置。

(3) 厂区污水排放不采用明沟,而是用埋地暗管。

## 五、设计案例

### （一）厂址选择

本工厂拟选择建在山东省烟台某市。本着工厂周围无污染、有着丰富的水源、交通便利的原则建立苹果加工厂。山东不仅作为苹果的主要产地，有着丰富的苹果资源，而且烟台苹果以香甜的风味受到国内外消费者的欢迎。全市果园面积达到 4 万多 $hm^2$，果品年产量 100 多万 t，是生产苹果的主产区，且周围交通便捷，供电、供气、排水等设施较为完善。因此，厂址易选择在该市的工业规划园区。

### （二）总平面设计

根据苹果加工厂总平面设计的各项基本原则，综合考虑园区的交通、功能便利，管线合理等因素，进行厂区总平面设计规划如图 5-40 所示。

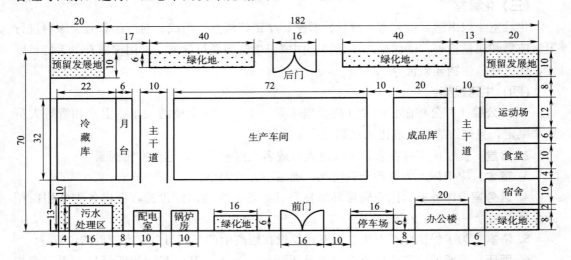

图 5-40　苹果加工厂总平面设计

### （三）生产工艺设计

工艺流程设计：原料果→洗果→拣选→冷打浆→榨汁→均质→巴氏杀菌→冷却→灌装→成品储存。

本设计为年产 1 万 t 的 NFC 苹果汁，根据实际情况，全年的生产日为 300 d，每天按照 12 h 生产计算，则每日为 1 班制，每班实际工作时间为 12 h。

①物料衡算。物料衡算包括该产品的原辅料和包装材料的计算。物料计算的基本资料是"技术经济定额指标"，而技术经济额指标又是各工厂在生产实践中积累起来的经验数据。这些数据因具体条件而异。

②班产量方案。NFC 苹果汁日产量：10 000 t÷300 d=33.3 t/d

③NFC 苹果汁班产量。33.3÷1 班=33.3 t/班

④原料果的日收购量方案。NFC 果汁班产量为 33.3 t，通过生产损耗量（表 5-2），实际果汁的出汁率为 62%，在实际操作中，可以按照每天生产 36 t NFC 苹果汁，则全年生产 NFC 苹果汁 10 800 t，根据生产过程中的损耗率可知生产 10 800 t 果汁需要新鲜苹果 17 926.78 t，计算如下：

$10\ 800 \div 0.997 \div 0.997 \div 0.996 \div 0.62 \div 0.999\ 5 \div 0.98 = 17\ 926.78$ t；

每天（1班）生产需新鲜苹果：$17\ 926.783 \div 300 = 59.88$ t/d。

表 5-2 生产预估的损耗

| 序 号 | 指标名称 | 损失率/% |
|---|---|---|
| 1 | 拣选 | 2 |
| 2 | 清洗 | 0 |
| 3 | 破碎 | 0.05 |
| 4 | 压榨（去渣） | 38 |
| 5 | 均质 | 0.4 |
| 6 | 杀菌 | 0.3 |
| 7 | 灌装 | 0.3 |

**1. 设计依据** 因为每天工作 12 h，所以平均 1 h 生产的 NFC 苹果汁量为 $36 \div 12 = 3$ t/h，那么每小时所要投入使用的苹果量为 $59.88$ t $\div 12 = 4.99$ t。

热量衡算。巴氏杀菌耗能估算：

$Q = qm \times h\ (H_1 - H_2) = 3\ 000$ kg/h $\times\ (398.48$ kJ/kg $- 83.9$ kJ/kg$) = 943\ 740$ kJ/h

式中，$qm \times h$ 为物料的质量流量，kg/h；$H_1$ 为 95 ℃时果汁的焓，kJ/kg；$H_2$ 为 20 ℃时水的焓，kJ/h，$H_1$、$H_2$、$R$ 引用表 5-3、表 5-4 中的数据。

注：因为苹果汁的焓与水相似，所以均按照水的焓计算，均不考虑热损失。

所消耗蒸汽的量为：$D = Q/R = 943\ 740 \div 2\ 767.8 = 509.43$ kg/h。

表 5-3 不同温度水蒸气的热焓

| 名 称 | R（生蒸汽） | $R_0$ | $R_1$ | $R_2$ | $R_3$ | $R_4$ | $R_5$ |
|---|---|---|---|---|---|---|---|
| 水蒸气温度/ ℃ | 164.7 | 81.2 | 75.0 | 66.5 | 60.1 | 53.5 | 45.3 |
| 热焓/kJ/kg | 2 767.8 | 2 644.3 | 2 634.1 | 2 622.4 | 2 606.4 | 2 594.0 | 2 578. 5 |

表 5-4 不同温度液态水的热焓

| 液态水温度/ ℃ | 液态水热焓/kJ/kg |
|---|---|
| 10 | 42.04 |
| 20 | 83.9 |
| 30 | 125.69 |
| 40 | 165.71 |
| 50 | 209.30 |
| 50 | 209.30 |
| 60 | 211.12 |
| 70 | 292.99 |
| 80 | 335.45 |
| 95 | 398.48 |

**2. 设备选型的依据** 根据物料衡算来进行设备选型，设备选型时应该注意以下四点：

（1）根据产品单位时间产量、物料平衡情况和设备生产能力来确定所需设备台数。

（2）根据实际生产能力选择所需核心设备，同时应考虑到备用设备。

（3）后道工序的生产能力要比前道大，避免生产能力不够，导致物料积压。

（4）在选择设备时应考虑到下列因素。①满足工艺要求的同时，尽量保证产品的质量和产量。②选用机械化程度较高的先进设备。③充分利用原料，选用能源消耗少，生产效率高，体积小，能一机多用的机械。④生产材料要符合相关卫生要求，因此材质多用不锈钢材料。

生产所需的主要设备见表5-5。

**表5-5 全厂主要设备一览表**

| 编号 | 设备名称 | 规格 | 技术参数 | 数量 |
|---|---|---|---|---|
| 1 | 鼓泡清洗机 | 5 T/H | SUS304，增压鼓风机，冲浪水泵，鼓泡式清洗，干净彻底，配置过滤水箱，循环利用 | 2 |
| 2 | 刮板提升机 | 5 T/H | 机架SUS304，食品级滤带刮板，带积水盘，防倒挂；减速电机，变频调速 | 2 |
| 3 | 毛刷清洗机 | 5 T/H | SUS304，轴向毛刷，顶部喷淋，喷淋水回流至前段；减速电机；变频调速 | 1 |
| 4 | 冷打浆机 | 5 T/H | SUS304，破碎电机，推料减速电机，腔体带滑轨机构，可接清洗喷淋，可填充氮气 | 1 |
| 5 | 榨汁机 | 5 T/H | SUS304，螺旋直径200 mm，过滤网孔径0.5 mm，主轴转速400 rpm，外形尺寸1 500 mm×750 mm×1 650 mm | 1 |
| 6 | 缓冲斗 | 200 L | SUS304，密封料斗，带液位传感器 | 1 |
| 7 | 离心泵 | 3 T/H | SUS304，机械密封，扬程24 m，ABB电机 | 1 |
| 8 | 浊汁罐 | 5 000 L | SUS304，双层罐，内层3 mm，外包1.5 mm，聚氨酯保温，密闭人孔，呼吸帽，取样阀，可调支脚，防漩涡板压力变送器，数显温度表 | 1 |
| 9 | 离心泵 | 3 T/H | SUS304，机械密封，扬程24 m | 1 |
| 10 | 破碎榨汁平台 | | SUS304，防滑花纹板，集中排水 | 1 |
| 11 | 管道过滤器 | 3 T/H | SUS304，绕网型，100目 | 1 |
| 12 | 杀菌机 | 3 T/H | SUS304，进料温度10 ℃，物料缓冲罐，供料泵，杀菌温度95 ℃，杀菌时间30 s，塔水冰水两段冷却，出口温度≤25 ℃，热水循环系统，提供蒸汽压力0.5~0.6 MPa，带独立控制柜 | 1 |
| 13 | 无菌批次罐 | 10 000 L | SUS304，三层罐，米勒板夹套，保温，压力变送器，温度传感器，密闭人孔，可调支腿，清洗喷淋球，可填充氮气，搅拌 | 2 |
| 14 | 转子泵 | 3 T/H | SUS304，双凸轮转子泵，变频调速，转速220 r/min | 1 |
| 15 | 屋顶盒灌装机 | 3 T/H | 罐体材质SUS304，半自动单回路，碱罐和热水罐为双层保温；浓酸碱添加系统：化碱罐：100 L | 1 |
| 16 | CIP站 | 3 000 L×3 | 带搅拌，隔膜泵2台；温度控制系统：温度传感器，板式换热器蒸汽阀组；电柜内电器元件为施耐德或德力西品牌，电导率仪，能够实现罐内温度和出料温度的自动控制，酸碱浓度的自动控制 | 1 |

（续）

| 编号 | 设备名称 | 规格 | 技术参数 | 数量 |
|---|---|---|---|---|
| 17 | 回程泵 | 20 T/H | SUS304，机械密封，扬程 24 m，吸程 4～8 m | 3 |
| 18 | 反渗透 RO 水系统 | 5 T/H | 石英砂＋活性炭＋一级反渗透（美国陶氏膜），不锈钢管道连接，客户提供 3 bar 压力原水，并提供水质报告 | 1 |
| 19 | RO 水罐 | 10 000 L | 材质：SUS304，壁厚：3 mm，高低液位传感器，密闭入孔，呼吸器，防漩涡板，温度表 | 1 |
| 20 | 恒压变频离心泵 | 20 T/H | SUS304，扬程 36 m，恒压变频压力变送器，变频调速 | 1 |
| 21 | 空压机组 | 1.8 Nm³/m | 螺杆式空压机，油水分离器，1 m³ 储气罐，冷冻式干燥机，QSP 精密高效过滤器，功率 11 kW | 1 |
| 22 | 冷却水塔 | | 逆流式圆形冷却塔，冷却水循环量 40 m³/h，进水温度/出水温度：43 ℃/33 ℃ | 1 |

**3. 工艺车间分区与布置** 根据生产工艺设计及设计要求，规划布置了生产车间布局图及设备布置图（图 5-41），重点考虑人流物流的走向和车间功能分区的合理性，实际设计过程中，应重点考虑车间的使用便捷和合理性。

**4. 水、电用量及劳动组织的估算**

（1）用水量的估算。

①生产车间的用水计算：生产车间的水主要是用在冲、洗果、地坪还有设备的清洗。

冲果：通过前面的计算可知，每天生产需要 59.88 t 苹果，如果 1 t 苹果用 1 t 水来冲，这些水可循环利用。若有 1/3 的水能够循环使用，那么每天这部分的用水量为：$W = 39.94$ t/d。

洗果：因为洗果时的用水量为冲果的 1/3，所以这部分用水为：$W = 39.94 \div 3 = 13.32$ t/d。

设备清洗：假如每天对设备清洗一次，其中用水量为 40 t/d，则清洗设备时的用水量为：$W = 40$ t/d。

地坪清洗：因为生产车间的总面积为 2 304 m²，其中每平方米地坪需要用 0.02 t 的水进行清洗，所以洗清地坪时所用的水量为 46.08 t/d。

②生活用水：生活中所用水量的与当地的环境、生活习惯密不可分，依据当地相近规模的食品企业来确定本厂的用量，大约为 42 t。

总的用水量为：$Q = 39.94 + 13.32 + 40 + 46.08 + 42 = 181.34$ t/d。

（2）用电量估算。

由上述表格所用设备情况估算，设备耗电量为 800 kW·h，按照设备工作时间计算设备每天的用电量为：$800 \times 12 = 9\ 600$ kW。

参照当地食品企业的光照、取暖等的耗电经验，这些耗电量约为 400 kW，所以总共的功率约 10 000 kW/d。

（3）劳动组织。

由于食品厂人员的多少与其经济效益密不可分，所以在做此次设计时借鉴了相关规模的苹果加工厂来确定适合的人员数量。此次设计定为每月工作天数为 25 d，平均年工作日为 300 d。其中，车间的机械设备维修和保养时间安排在淡季。人员人数及各岗位安排见表 5-6、表 5-7、表 5-8。

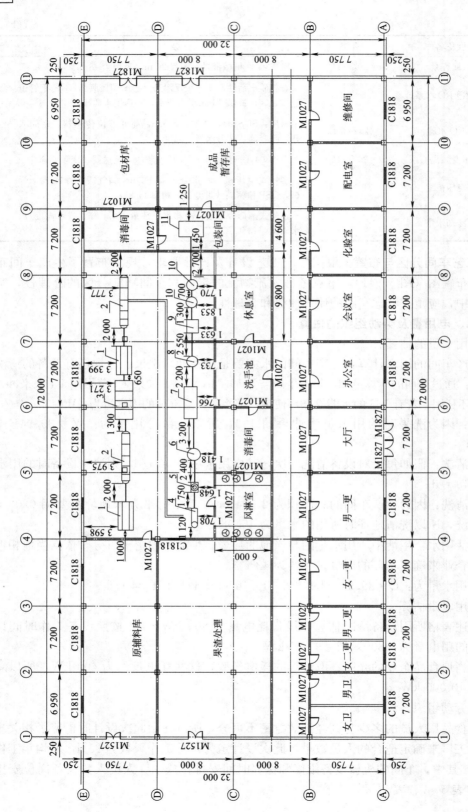

图 5-41 生产车间布局及设备布置图

表 5 - 6 管理人员数

| 职务 | 厂长 | 副厂长 | 技术经理 | 财务经理 | 行政部经理 | 生产部经理 | 生产部副经理 | 销售部经理 | 销售部副经理 | 出纳 | 会计 | 销售人员 | 行政人员 | 采购员 | 品控员 | 化验员 | 合计 |
|---|---|---|---|---|---|---|---|---|---|---|---|---|---|---|---|---|---|
| 人数/人 | 1 | 1 | 1 | 1 | 1 | 1 | 1 | 1 | 1 | 2 | 2 | 4 | 2 | 2 | 3 | 4 | 28 |

表 5 - 7 生产车间工人数

| 工种 | 卸料 | 拣选 | 清洗 | 榨汁 | 杀菌、均质 | 灌装 | 运输 | 班长 | 车间主任 | 共计 |
|---|---|---|---|---|---|---|---|---|---|---|
| 每班人数/人 | 4 | 4 | 2 | 2 | 2 | 2 | 2 | 1 | 1 | 20 |
| 合计 | 4 | 4 | 2 | 2 | 2 | 2 | 2 | 1 | 1 | 20 |

表 5 - 8 辅助部门生产工人数

| 工种 | 锅炉房 | 机修车间 | 成品库 | 配电房 | 磅房 | 冷机房 | 水泵房 | 辅料库 | 污水处理 | 合计 |
|---|---|---|---|---|---|---|---|---|---|---|
| 每班人数 | 2 | 2 | 2 | 1 | 2 | 1 | 1 | 1 | 2 | 14 |
| 合计 | 2 | 2 | 2 | 1 | 2 | 1 | 1 | 1 | 2 | 14 |

注：全厂定员人数合计 62 人。

**（四）辅助部门**

**1. 仓库** 苹果加工厂的仓库包括材料库、工具库、成品库等，苹果汁加工厂还可根据需要增加原料池。其中仓库面积的确定取决于物料的包装方式、堆放方法、地面的承载能力等几个方面。其中，卫生要做到能够防鼠、防蝇、防尘、防潮，部分储存库要配有调湿、恒温等装置。总之，设计仓库时要全面考虑，以便满足生产要求。

**2. 机修车间** 由于设备的零件在用一段时间之后会出现不同程度的损坏，所以机修车间是苹果加工厂必不可少的部分。它主要用作设备的维修与保养，以便维护车间的正常运营。一般由机械加工、冷作及模具锻打等几部分组成。

**3. 化验室** 化验室一般由感官检验室、理化检验室、精密仪器室等组成。对产品和有关原料进行卫生监督和质量检查，确保这些原辅材料和最终产品应符合国家卫生法的质量标准。其中，常用仪器有：手持糖度计、比色计、生物显微镜等。

**4. 生活设施** 办公楼，办公楼面积的设计应依据工厂实际规模的大小、生产和管理人员数来确定，且应该靠近人流出入口附近。

**5. 食堂** 食堂在厂区中的位置，应安排在靠近工人出入口或者人流密集处，远离有害因素。本次设定食堂面积的大小为 240 m²。

**6. 宿舍** 参照相关规模食品企业宿舍的大小，确定为 240 m² 左右。

**7. 医务室** 医务室周围环境良好，具备基本的医疗设施，提供各类常用医药且能治疗一些常见的疾病。其面积为 30～40 m²。

**8. 浴室** 按照食品卫生的角度来说，从事直接生产食品的工人上班前应先淋浴。因此，大部分设在能够使生产车间与更衣室、厕所等三者形成一体的位置。其中，面积应按照每个淋浴器的 5～6 m² 估算。

**9. 厕所** 厕所的位置应该设在对产品无污染的地方，其中车间厕所最好与更衣室相连，且应保持清洁，厕所门窗不直接开向车间，厕所应配备洗手消毒设施及换气、防蝇虫设施。

**10. 用水系统** 给水系统，水源的选择，应根据当地的具体情况进行技术经济比较后再确定。通常水的来源有三种情况：自来水、地下水、地面水。虽水源广泛，但各有缺陷。例如：

①自来水虽然投资较省，但水价较高。

②地下水可直接就地取用，费用小，但水中矿物质和硬度可能过高，甚至含有害物质，而且，经常抽取会导致地面沉降。

③地面水虽日常费用较低，但净水系统技术较复杂，投资费用高。结合以上情况，应采用自来水与地下水相结合的方式，以便降低投资费用。

**11. 排水系统**

①生产车间的室内排水宜采用带水封的地漏，或使用无盖板的明沟，明沟的宽度为220 mm，深度为200 mm，车间地坪的排水坡度为1.8%。

②生产车间的对外排水口应设置防鼠装置，采用水封窨井。

③厂区污水排放不采用明沟，而是用埋地暗管。

④厂区下水管采用混凝土管，管顶埋设深度一般不小于0.7 m。

# 参考文献

揣榜琴，张建国，肖国辉，等，2012. 苹果醋的保健功能及科学依据 [J]. 中国调味品，37（10）：3.

艾启俊，张德权，2003. 果品深加工新技术 [M]. 北京：化学工业出版社.

白杰，曹晓虹，罗瑞明，等，2005. 苹果冷冻干燥工艺优化 [J]. 食品科学，26（3）：169-172.

蔡同一，陈银辉，阎红，等，1994. 超滤技术对苹果汁加工中主要芳香成分影响的研究 [J]. 农业工程学报（4）：137-141.

曹铭，2015. 苹果酒和苹果醋在发酵过程中品质特性变化的研究 [D]. 杨凌：西北农林科技大学.

曾庆孝，2005. GMP与现代食品工厂设计 [M]. 北京：化学工业出版社.

柴鹏飞，李林洁，刘静，等，2020. 基于聚类分析的浓缩苹果汁风味品质分析与评价 [J]. 食品与发酵工业，46（2）：94-101.

陈聪，杨大章，谢晶，2019. 速冻食品的冰晶形态及辅助冻结方法研究进展 [J]. 食品与机械，35（8）：220-225.

陈娟，阚健全，杜木英，等，2006. 果胶酶制剂及其在果浆出汁和果汁澄清方面的应用 [J]. 中国食品添加剂（3）：119-124.

陈玮琦，郭玉蓉，张娟，等，2015. 干燥方式对苹果幼果干酚类物质及其抗氧化性的影响 [J]. 食品科学，36（5）：33-37.

成晨亚琼，赵鹏涛，王晓宇，等，2022. 苹果汁褐变及抗氧化剂护色机理研究进展 [J/OL]. 食品工业科技：2021-05-02.

邓云，2018. 加工果脯的操作要点 [J]. 农村百事通（6）：40-41.

丁立孝，赵金海，2008. 酿造酒技术 [M]. 北京：化学工业出版社.

丁真真，刘飞，张甜，等，2020. 糖护色对热风干燥苹果片品质的影响 [J]. 现代食品，54（12）：152-157，162.

董新荣，刘仲华，郭德音，等，2007. 大孔吸附树脂对辣椒素类物质的富集 [J]. 应用化学，11（24）：1245-1249.

董月菊，张玉刚，戴洪义，2012. 苹果汁中维生素C热降解动力学研究 [J]. 中国食品学报，12（4）：84-89.

杜金华，金玉红，2010. 果酒生产技术 [M]. 北京：化学工业出版社.

范振华，2020．全发酵型苹果醋加工工艺的研究与应用［J］．食品安全导刊（12）：2.

冯涛，田怀香，陈福玉，2013．食品风味化学［M］．北京：中国质检出版社.

高婧昕，刘旭，丁皓玥，等，2020．超高压处理对复合果汁微生物和品质的影响［J］．中国食品学报，20（9）：118-130.

高梦祥，王春萍，2010．交变磁场对草莓保鲜效果的影响［J］．食品研究与开发，31（1）：155-158.

高振鹏，2008．源于苹果汁的液态果糖生产技术研究［D］．杨凌：西北农林科技大学.

葛玉全，李红锋，王春燕，等，2021．我国苹果产业现状及可持续发展建议［J］．现代食品，41（2）：4-6.

耿敬章，仇农学，2006．欧姆加热对苹果汁中酸土脂环芽孢杆菌的杀灭作用［J］．浙江林学院学报，23（2）：145-148.

郭静，2010．苹果脆片加工技术与质量控制［J］．农产品加工，222（10）：69-70.

郭善广，2004．苹果浓缩汁褐变、后混浊诱因及控制研究［D］．西安：陕西师范大学.

韩佳琳，陈小宇，李晓磊，等，2021．涂膜保鲜在果蔬储藏中的应用［J］．现代食品（9）：9-10，13.

韩舜愈，郭玉蓉，蒋玉梅，等，2003．乳酸菌不同接种量对干红葡萄酒苹果酸——乳酸发酵（MLF）的影响［J］．甘肃科技，19（2）：3.

何东平，2009．食品工厂设计［M］．北京：中国轻工业出版社.

胡秦佳宝，刘璇，毕金峰，等，2016．不同加工方式对苹果制品营养品质的影响［J］．食品与发酵工业，42（5）：152-158.

华景清，2009．园艺产品储藏与加工［M］．苏州：苏州大学出版社.

华南农学院，1981．果品储藏加工学［M］．北京：农业出版社.

黄妍，林俊锦，2021．三种干燥方式下苹果脆片干燥特性及品质的比较［J］．现代食品科技，37（3）：227-232.

霍文兰，2016．传统酿造苹果醋有机酸成分的研究［J］．榆林学院学报（4）：1-3.

金凤燮，安家彦，2003．酿酒工艺与设备选用手册［M］．北京：化学工业出版社.

金世琳，1998．乳酸菌的科学与技术［J］．中国乳品工业，26（2）：3.

鞠天奎，2019．鲜切水果加工工艺及保鲜技术［J］．中国果菜，39（6）：12-15.

康三江，张海燕，张永茂，等，2016．响应面法优化苹果速冻工艺［J］．中国食物与营养，22（2）：28-32.

莱金特，2004．苹果酒酿造技术［M］．北京：中国轻工业出版社.

李凤玉，2011．山特产品加工与检测技术［M］．北京：化学工业出版社.

李根，初乐，马寅斐，等，2020．新型热和非热加工对非浓缩还原苹果汁品质影响的研究现状［J］．食品与发酵工业，46（06）：301-306.

李国薇，2013．苹果品种及酵母菌种对苹果酒品质特性影响的研究［D］．杨凌：西北农林科技大学.

李汉友，张放，2020．2019年中国进口的主要水果罐头统计简析［J］．中国果业信息，37（12）：38-50.

李红，毛继龙，陈文静，等，2020．发酵温度对苹果酵素抗氧化性和安全性的影响［J］．食品与药品，22（5）：337-341.

李华敏，李林，黄萍萍，等，2018．苹果醋发酵用醋酸杆菌的筛选与鉴定［J］．中国调味品，43（10）：5.

李欢，2017．富含乳酸苹果原醋酿造工艺的研究［D］．无锡：江南大学.

李亮亮，郭顺堂，2010．我国速冻食品产业发展及存在的问题［J］．食品工业科技，31（7）：422-424.

李敏，2011．浓缩苹果汁加工工艺对芳香物质的影响及工艺优化研究［D］．杨凌：西北农林科技大学.

李敏，龚小梅，李喜宏，等，2016．树脂与流速对浓缩苹果汁色值及稳定性的影响［J］．食品科技，41（1）：41-43，47.

李娜，赵光远，2007．苹果汁加工和储藏中稳定性的研究［J］．安徽农学通报（6）：115-117.

李佩艳，仇农学，2005．苹果浓缩汁加工中多酚物质的动态变化分析［J］．河南农业大学学报（4）：

90-94.

李勤勤，李佳慧，马晓敏，等，2021. 果脯渗糖工艺研究进展 [J]. 食品工业，42（6）：362-366.

李维平，2010. 生物工艺学 [M]. 北京：科学出版社.

李晓磊，王克众，潘俨，等，2022. 非浓缩还原苹果汁加工过程中物料感官品质的变化 [J]. 新疆农业科学，59（3）：645-656.

李晓磊，袁超，孟新涛，等，2020. 非浓缩还原（NFC）苹果汁加工过程中糖酸风味组分和呼吸速率的变化 [J]. 现代食品科技，36（9）：62-70.

李燕，陈义伦，2006. 苹果酿醋摇床发酵试验条件研究 [J]. 中国食物与营养（5）：36-38.

梁亚男，叶发银，雷琳，等，2018. 苹果汁褐变控制技术研究进展 [J]. 食品与发酵工业，44（3）：280-286.

廖小军，饶雷，2021. 食品高压二氧化碳技术 [M]. 北京：中国轻工业出版社.

刘宝家，1990. 食品加工技术、工艺和配方大全 [M]. 北京：科学技术文献出版社.

刘畅，2015. 苹果汁微生物与风味物质分析 [D]. 天津：天津科技大学.

刘华峰，2010. 棒曲霉素在腐烂苹果中的分布规律及清洗、树脂吸附对苹果汁中棒曲霉素的脱除技术研究 [D]. 兰州：甘肃农业大学.

刘慧，赵鹏涛，王晓宇，等，2022. 不同抗氧化剂对非浓缩还原苹果汁香气质量影响研究进展 [J/OL]. 食品与发酵工业：2021-05-02.

刘明华，全永亮，2011. 食品发酵与酿造技术 [M]. 武汉：武汉理工大学出版社.

刘青，2019. 优质苹果醋及其风味物质的研究 [D]. 合肥：合肥工业大学.

刘兴静，刘斌，韩清华，等，2012. 超高压对苹果汁微生物和多酚氧化酶的影响 [J]. 食品研究与开发，33（9）：4-6.

罗瑞明，李亚蕾，白杰，等，2005. 苹果冷冻干燥过程的优化及最佳工艺条件的确定 [J]. 宁夏大学学报（自然科学版）（3）：246-250.

马超，葛邦国，吴茂玉，等，2013. 苹果粉的加工现状及展望 [J]. 食品工业（12）：199-202.

马超，张建昌，李新胜，等，2015. 不同干燥工艺对苹果粉品质的影响研究 [J]. 中国果菜，35（8）：15-19.

马立安，王辰，陈芳，等，2007. 脱水苹果脆片无硫护色工艺的研究 [J]. 安徽农业科学（9）：2733-2734.

马齐，李利军，2005. 酿造发酵产品质检化验技术 [M]. 西安：陕西科学技术出版社.

马千程，易建勇，毕金峰，等，2021. 干燥方式和粉碎程度对苹果皮全粉理化特性及酚类生物利用度的影响 [J]. 核农学报，35（7）：1583-1592.

马有川，2021. 联合干燥和预处理对苹果脆片真空冷冻干燥特性和品质的影响 [D]. 北京：中国农业科学院.

米璐，徐贞贞，刘鹏，等，2022. 食品超高压加工技术合规化历程与展望 [J]. 包装与食品机械，207（1）：99-105.

庞斌，胡志超，2022. 超声波技术在果蔬加工中的应用 [J]. 农机化研究，32（4）：217-220.

彭丹，邓洁红，谭兴和，等，2009. 果蔬速冻保鲜技术研究进展 [J]. 保鲜与加工，9（2）：5-9.

齐正，李保国，孟祥，等，2006. 新鲜果蔬清洗杀菌技术与食用安全性分析 [J]. 食品工业科技（12）：148-151.

綦菁华，2003. 苹果浓缩汁二次混浊形成机理及控制技术研究 [D]. 北京：中国农业大学.

曲昆生，蔡晋，郝亚斌，等，2019. 浓缩苹果清汁加工过程中色值稳定性研究 [J]. 食品工业科技，430（14）：37-41.

仇净，2015. 年产200吨樱桃白兰地工程设计 [D]. 济南：齐鲁工业大学.

仇农学，罗仓学，易建华，2006. 现代果汁加工技术与设备［M］. 北京：化学工业出版社.

任建新，2003. 膜分离技术及其应用［M］. 北京：化学工业出版社.

任旭，谢蔓莉，叶发银，等，2022. 烫漂方式对苹果脆片褐变和多酚及其抗氧化活性的影响［J］. 食品与发酵工业，48（1）：161-168.

萨仁高娃，2020. 百里香精油与海藻酸盐复合涂膜防控鲜切水果食源性病原微生物作用机制的研究［D］. 大连：大连理工大学.

单杨，2013. 现代柑橘工业［M］. 北京：化学工业出版社.

上海市酿造科学研究所，1999. 发酵调味品生产技术第2版（修订版）［M］. 北京：中国轻工业出版社.

宋烨，翟衡，刘金豹，等，2007. 苹果加工品种果实中的酚类物质与褐变研究［J］. 中国农业科学（11）：2563-2568.

孙纽，李倩倩，王亚珍，等，2020. 低糖苹果脯制备工艺研究［J］. 农产品加工（6）：47-54.

孙倩倩，权美平，2018. 苹果的食品加工研究［J］. 江苏调味副食品，155（4）：11-13.

孙向阳，侯丽芬，隋继学，等，2012. 我国速冻食品产业发展现状及趋势［J］. 农业机械（21）：86-89.

孙艳，高雪丽，孟楠，等，2011. 控制苹果汁加工中发生褐变的研究［J］. 农产品加工（学刊）（1）：24-26，30.

王宝刚，2021. 鲜切水果加工技术与质量评价［M］. 北京：中国轻工业出版社.

王毕妮，高慧，2012. 红枣食品加工技术［M］. 北京：化学工业出版社.

王迪芬，苑亚，魏娟，等，2021. 苹果热风干燥工艺优化和特性分析［J］. 食品工业科技，42（1）：144-149.

王洪军，董立荣，2004. 野果资源经营与利用［M］. 哈尔滨：东北林业大学出版社.

王家东，王荣荣，2014. 酒类生产技术［M］. 重庆大学出版社.

王颉，李里特，丹阳，等，2005. 果品蔬菜冰点同可溶性固形物含量关系的研究［J］. 制冷学报（1）：14-18.

王荣荣，张小雨，张娇娇，等，2019. 燕麦苹果复合果醋发酵工艺优化及其抗氧化活性［J］. 中国酿造，38（7）：6.

王淑贞，2009. 果品保鲜储藏与优质加工新技术［M］. 北京：中国农业出版社.

王思新，焦中高，孙治军，等，2001. 树脂吸附法提高苹果浓缩清汁色值和透光率研究［J］. 果树学报，18（1）：35-38.

王小明，2013. 橙汁加工过程的酶解工艺优化与褐变控制研究［D］. 湛江：广东海洋大学.

王亚东，陈树俊，姜慧，等，2012. 果醋的最新研究进展［J］. 农产品加工（创新版）（7）：67-71.

王引兰，2019. 热烫处理对苹果汁理化性质与营养成分的影响［J］. 江苏调味副食品（3）：34-36.

卫世乾，2016. 我国果脯行业现状、问题及对策［J］. 食品研究与开发，37（8）：212-215.

吴少雄，郭祀远，李琳，等，2008. 苹果汁中糖和氨基酸的美拉德反应动力学模拟研究［J］. 现代食品科技，24（3）：7.

吴志显，闫晓燕，2009. 酱油和食醋发酵实训技术［M］. 牡丹江：黑龙江朝鲜民族出版社.

解灵芝，2005. 火龙果加工技术［J］. 保鲜与加工，5（11）：38-38.

肖敏，易建勇，毕金峰，等，2017. 不同干燥方式对苹果片质构的影响及其与果胶性质的关系［J］. 现代食品科技，33（7）：157-162.

邢娜，万金庆，厉建国，等，2019. 不同干燥方法对苹果片品质及微观结构的影响［J］. 食品与发酵工业，45（1）：148-153.

熊磊，王磊，熊建华，等，2017. 金桔罐头加工工艺的优化［J］. 湖北农业科学，56（6）：1111-1114.

徐怀德，仇农学，2006. 苹果储藏与加工［M］. 北京：化学工业出版社.

徐清萍，2008. 食醋生产技术［M］. 北京：化学工业出版社.

徐英英，文怀兴，谭礼斌，等，2021. 苹果切片干燥收缩变形的孔道网络模拟及试验［J］. 农业工程学报，37（12）：289-298.

许春英，乔长晟，贾士儒，等，2006. 天然苹果粉生产工艺及关键技术的研究［C］. 北京：中国科协年会.

许学勤，王海鸥，2008. 食品工厂机械与设备［M］. 北京：中国轻工业出版社.

许月卿，赵仁兴，白天雄，等，2003. 大孔吸附树脂处理含磺胺废水的研究［J］. 离子交换与吸附，19（2）：163-169.

许仲祥，2003. 苹果汁超滤澄清技术的研究［D］. 哈尔滨：东北农业大学.

薛淑琴，谢思芸，肖仔君，等，2017. 完全发酵与适度发酵苹果醋主要成分的差异性分析［J］. 食品科学，38（12）：137-143.

薛婉瑞，2020. 苹果加工处理中多酚的组成、分布形态和活性变化研究［D］. 西安：陕西师范大学.

杨芙莲，2005. 食品工厂设计基础［M］. 北京：机械工业出版社.

杨留枝，张方方，王文彬，等. 2010. 速冻苹果片加工工艺研究［J］. 食品研究与开发，31（11）：121-123.

姚刚，李凤城，张绍英，等，2015. 低温胁迫提升苹果鲜榨汁品质研究［J］. 农业机械学报，46（2）：6.

叶萌祺，2015. 苹果酒酿造过程香气物质调控及 FT-NIRS 分析方法研究［D］. 杨凌：西北农林科技大学.

易建华，2002. 苹果汁中氨基态氮、果酸（苹果酸）的分离［D］. 西安：陕西师范大学.

易建华，仇农学，朱振宝，等，2001. 树脂法生产无色浓缩苹果汁的初步研究［J］. 饮料工业，4（4）：6-7.

袁越锦，焦丹，董继先，等，2017. 苹果切片干燥品质试验研究［J］. 陕西科技大学学报，35（1）：139-150.

张春岭，刘慧，刘杰超，等，2017. 不同品种和成熟度苹果汁品质及储藏稳定性研究［J］. 食品研究与开发，38（3）：198-201.

张大鹏，贾斌广，刘芳，等，2021. 苹果切片热风干燥温度的优化研究［J］. 山东建筑大学学报，36（1）：67-74.

张芳，张永茂，庞中存，等，2009. 脱水苹果片无硫护色工艺的研究［J］. 食品与机械，25（1）：135-136，140.

张更，2008. 浓缩苹果清汁色值控制技术的研究［D］. 杨凌：西北农林科技大学.

张海燕，2015. 速冻苹果冻藏品质变化及冻藏工艺优化［J］. 甘肃农业科技（7）：18-22.

张海燕，康三江，张芳，等，2016. 速冻苹果加工工艺优化研究［J］. 核农学报，30（3）：516-524.

张海燕，刘玉琦，刘靓，等，2022. 复配酶在苹果汁澄清加工中的应用研究［J］. 食品研究与开发，43（2）：88-92.

张海燕，张永茂，康三江，等，2015. 漂烫对速冻苹果质地的影响［J］. 中国酿造，34（5）：101-105.

张霁红，张永茂，康三江，等，2014. 我国苹果醋产业现状，存在问题及发展趋势［J］. 食品研究与开发（6）.

张建才，高海生，2016. 水果储藏加工实用技术［M］. 北京：化学工业出版社.

张建军，1995. 苹果汁芳香物质的研究：传统蒸发，精馏工艺回收苹果汁芳香物质［J］. 食品与发酵工业（2）：8.

张建新，张更，余清谋，等，2008. 不同树脂对浓缩苹果清汁色值控制的研究［J］. 保鲜与加工（2）：45-47.

张凌，童军茂，魏长庆，等，2009. 葡萄醋研究综述［J］. 中国调味品（10）：17-19.

张少云，2018. 低甲醇红枣蒸馏酒的固态发酵工艺研究［D］. 保定：河北农业大学.

张秀玲，谢凤英，2015. 果酒加工工艺学［M］. 北京：化学工业出版社.

张艳荣，王大为，2008. 调味品工艺学［M］. 北京：科学出版社.

张有林，陈文红，刘统民，等，2020. 沙漠红枣栽培关键技术研究 [J]. 北京林业大学学报，42 （11）：10.

章金英，2004. 苹果汁加工工艺中果汁褐变控制 [D]. 北京：中国农业大学.

赵安庆，王育红，2008. 苹果浓缩汁的色值控制 [J]. 甘肃联合大学学报（自然科学版）（1）：73-75.

赵光远，李娜，张培旗，2007. 储藏对苹果混浊汁色泽稳定性的影响 [J]. 江苏农业科学（2）：170-174.

赵敏，窦冰然，骆海燕，等，2016. 苹果醋发酵工艺及醋饮料的研究 [J]. 食品工业（4）：3.

赵素娟，包琴，廖祺恺，2020. 罐头食品行业状况与其生产安全风险因素分析 [J]. 食品安全质量检测学报，11（22）：8521-8527.

赵玉洁，2012. 速冻食品产业：冬天来了，春天还会远吗？[J]. 食品工业科技，33（1）：44-46.

郑有军，王滨，1986. 饮料加工实用手册 [M]. 北京：中国农业科技出版社.

中国农业百科全书总委员会农业工程卷委员会，1994. 中国农业百科全书：农业工程卷 [M]. 北京：农业出版社.

中国食品发酵工业研究院，中国海诚工程科技股份有限公司，江南大学，2007. 食品工程全书（第一卷）[M]. 北京：中国轻工业出版社.

周静，2019. 速冻食品产业发展及存在的问题解析 [J]. 经济管理文摘（19）：45-46.

周晓玲，张秋霞，何靖柳，等，2020. 苹果粉加工工艺的研究进展 [J]. 南方论坛，4（1）：11-12.

周元炘，朱风涛，解维域，等，2006. 大孔吸附树脂对苹果汁中甲胺磷、棒曲霉素和褐变成分的吸附 [J]. 食品科学（6）：46-51.

AFZAAL M，SAEED F，HUSSAIN S，et al. ，2020. Survival and storage stability of encapsulated probiotic under simulated digestion conditions and on dried apple snacks [J]. Food Science & Nutrition 8：5392-5401.

CÓRDOVA A，SAAVEDRA J，MONDACA V，et al. ，2019. Quality assessment and multivariate calibration of 5-hydroxymethylfurfural during a concentration process for clarified apple juice [J]. Food Control（95）：106-114.

EL MOUSSAWI S N，OUAINI R，MATTA J，et al. ，2019. Simultaneous migration of bisphenol compounds and trace metals in canned vegetable food [J]. Food Chemistry，02（116）：228-238.

ESKEW R K，PHILLIPS G，HOMILLER R P，et al. ，1952. Frozen concentrated apple juice-ScienceDirect [J]. Vacuum，2（1）：90.

IGNACZAK K，MASIARZ E，KOWALSKA H，et al. ，2021. Nutritional trends and methods of producing fruit and vegetable health-promotion snack [J]. Technology Process in Food Processing，2：143-153.

MA R，Clarification of apple juice by hollow fiber ultra filtration：Fluxes and retention of odor-active volatiles ACREE T E，COOLEY H J，et al.，2006. [J]. Journal of Food Science，52（2）：375-375.

SU S K，WILEY R C，2006. Changes in apple juice flavor compounds during processing [J]. Journal of Food Science，63（4）：688-691.

VAN D，DEKKER M，BOEKEL M V，2005. Activity and concentration of polyphenolic antioxidants in apple juice. 3. stability during storage [J]. Journal of Agricultural & Food Chemistry，53（4）：1073-1080.

WILLIAMS A A，TUCKNOTT O G，1978. The volatile aroma components of fermented ciders：Minor neutral components from the fermentation of sweet coppin apple juice [J]. Journal of the Science of Food and Agriculture：381-397.

ZHAO S S，YANG Z，ZHANG L，2018. Effect of combined static magnetic field and cold water shock treatment on the physicochemical properties of cucumbers [J]. Journal of Food Engineering，217：24-33.

# 第六章　苹果综合利用技术

## 第一节　苹果综合利用概述

### 一、产业现状

苹果是我国大宗种植的水果之一，产量仅次于柑橘，在苹果的种植和加工过程中，会产生大量的疏果和皮渣，这些疏果和皮渣营养丰富，综合利用潜力巨大，但目前该部分苹果资源没能得到高效的利用。

#### （一）苹果疏果

苹果疏果主要是为保证苹果产量及品质，同时增强果树树势，抵御由环境因素或病虫害带来的自然灾害。果农一般会通过疏除部分未成熟果实来调节苹果结果量，利于果树增产。苹果幼果疏除量为 $450\sim750\ kg/hm^2$（Chen et al.，2015）。疏果通常会被直接丢弃在果园或地头，成为微生物的寄主，引发病虫害，造成资源浪费。苹果疏果含有丰富的生物活性物质，如多酚、黄酮、多糖等，具有抗肿瘤、抗氧化、抑菌等多种生理功能（Sun et al.，2002）。主要功效成分如下：

**1. 多酚类**　不同成熟度苹果中多酚含量及成分各有差异，疏果中多酚类物质明显比成熟果实中含量高。有研究表明，苹果疏果中多酚含量比其成熟果实高 10 倍左右（Zheng et al.，2012）。苹果疏果多酚中主要含有根皮苷、槲皮素、槲皮苷、芦丁、儿茶素、表儿茶素和绿原酸等酚类物质。已有研究人员通过响应面法优化得到超声波-微波联合提取苹果疏果多酚的最佳工艺，此条件下苹果多酚含量为 $252.4\ mg/g$（庞亚茹，2016）。

苹果多酚的抗氧化性一直是研究的热点，其清除自由基能力强、可阻止脂质氧化、延缓衰老，已应用于工业化产品中。此外，苹果多酚还有治疗高血压、抗菌、减肥降脂、抗癌、降血糖、预防心血管疾病、防龋齿以及抑制褐变等作用，未成熟的苹果幼果中多酚还具有抑制食物引发的过敏等功效。近年来，对于苹果多酚的研究更加深入和具体，如与肠细胞、肠道微生物菌群以及与消化酶之间的相互作用等。目前苹果多酚已应用于食品、日用化工和医疗等领域，对于人类健康有积极的作用。

**2. 多糖**　苹果疏果中多糖主要由纤维素、果胶、半纤维素和细胞内多糖等组成。已有研究得出苹果疏果（干质量）中的多糖含量约为 $10.8\%$（Chen et al.，2017）。成熟与未成熟苹果中的多糖存在差异，主要表现在多糖含量、组成和结构等方面，多糖的差异化导致其表现出不同的生物活性。疏果中的果胶主要为慢凝型，比成熟果实中果胶含量和分子质量都要低，研究表明苹果果实中的果胶多糖在成熟过程中会在酶的作用下溶解度变高。疏果中的多糖主要由阿拉伯糖、半乳糖和葡萄糖构成，其中阿拉伯糖含量最高，占总多糖含量的 46.72%（Chen et al.，2017；Dou et al.，2014）。因此，苹果疏果可提取阿拉伯糖和半乳糖，应用于新型功能食品药品等方面。

**3. 有机酸** 有机酸是一类有益于消化系统的物质，能有效提高食欲和促进食物消化，苹果中的有机酸主要是苹果酸、柠檬酸和酒石酸。苹果酸具有抗疲劳、保肝护肝功能，且未成熟苹果中的苹果酸含量较高；柠檬酸可作为酸味剂等加入食品中；酒石酸可以用作饮料添加剂、抗氧化剂和缓凝剂等，因此苹果疏果中的有机酸是开发新型功能食品的良好资源。

**4. 其他活性成分** 苹果疏果中活性成分除了上述提到的之外，还有矿物质、生物碱类和萜类等。其中矿物质主要是钙、磷、钾和镁等，微量元素主要是铁、硼、铝、锰和锌等。除此之外，苹果疏果中还含有少量的蛋白质、氨基酸、脂肪和维生素等，具有提高免疫力、抗癌、预防血液系统疾病等功能，有助于维持人体牙齿和骨骼正常发育。

## （二）苹果皮渣

目前，每年有 20%～25% 的苹果用于深加工，主要产品为果汁、果酒、果酱等。苹果在加工过程中会产生大量的皮渣，目前，我国浓缩苹果汁行业的果渣年产量达到 100 多万 t。苹果皮渣除少量用于燃料、饲料和提取苹果果胶外，其余大部分被当作垃圾处理。苹果渣含水量高达 80% 左右，不易存放，直接丢弃会造成严重的环境污染，同时也造成资源的严重浪费。苹果渣中含有大量的膳食纤维、多酚等生物活性物质，可以通过合理利用，将苹果渣变废为宝，创造显著的经济和社会效益。

苹果渣主要由果皮、果核和部分果肉组成，富含人体日常所需的膳食纤维、蛋白质、氨基酸、可溶性糖、碳水化合物、有机酸、维生素、矿物质等多种营养素，可开发成经济价值高的副产物。中国居民膳食营养素参考摄入量（DRIs）中的蛋白质为 60 g/d，1 kg苹果渣中蛋白质含量为 65.7 g，超出了 DRIs 值，并且苹果渣中的粗纤维较多，据计算，1 kg 苹果渣中膳食纤维含量是中国居民膳食参考摄入量的 31 倍，具体情况见表 6-1（李志西等，2007）和表 6-2（陈笑言等，2021）。苹果渣中果皮果肉营养成分含量较高（约占 96.2%），其次是果籽（3.1%）和果梗（0.7%）（王晋杰等，2000）。苹果渣的营养成分随着收获季节、来源、苹果品种、检测方法和加工工艺条件等不同而产生变化。

表 6-1 苹果渣的营养成分

| 资料来源 | 物料状态 | 水分/% | 粗蛋白/% | 粗纤维/% | 粗脂肪/% | 粗灰分/% | 钙/% | 磷/% |
|---|---|---|---|---|---|---|---|---|
| Waugh A. J. B (1981) | 干态 | 5.4 | 4.1 | 18～23 | 2.9 | 1.6 | — | — |
| 杨福有等（2000） | 湿态 | 77.40 | 6.20 | 16.90 | 6.80 | 2.30 | 0.06 | 0.06 |
| 李彩凤等（2001） | 干态 | 9.3 | 5.6 | 15.34 | 6.2 | 2.04 | 0.059 | 0.05 |
| 李志西（2002） | 干态 | 10.20 | 4.78 | 14.72 | 4.11 | 4.52 | — | — |
| 李巨秀等（2003） | 湿态 | 75.01 | 0.81 | 3.80 | — | 0.41 | 0.15 | 0.27 |
| 刘庆华等（2004） | 干态 | 16.47 | 8.48 | — | 2.76 | — | 0.26 | 0.03 |
| 张得成等（2004） | 干态 | 11.0 | 4.4 | 14.8 | 4.8 | 2.3 | 0.11 | 0.10 |
| 张得成等（2004） | 湿态 | 79.8 | 1.1 | 3.4 | 1.2 | 0.8 | 0.02 | 0.02 |

（续）

| 资料来源 | 物料状态 | 水分/% | 粗蛋白/% | 粗纤维/% | 粗脂肪/% | 粗灰分/% | 钙/% | 磷/% |
|---|---|---|---|---|---|---|---|---|
| 李建国（2005） | 干态 | — | 5.10 | 20.00 | 5.20 | 3.50 | — | — |
| 吕磊等（2006） | 干态 | — | 6.21 | 6.59 | 9.65 | 2.09 | 0.113 | — |
| 石勇等（2007） | 干态 | 11.0 | 4.4 | 14.8 | 4.2 | 2.3 | 0.11 | 0.10 |
| 石勇等（2007） | 湿态 | 79.8 | 1.1 | 3.4 | 1.2 | 0.8 | 0.02 | 0.02 |
| 石勇等（2007） | 青贮 | 78.6 | 1.7 | 4.4 | 1.3 | 1.1 | 0.02 | 0.02 |

注："—"表示没有数据。

表 6-2　苹果渣主要成分与 *DRIs* 对比

| 基本成分 | 每 100 g 苹果渣/g（干物质） | *DRIs*/g/d |
|---|---|---|
| 水分 | 3.50±0.32 | — |
| 灰分 | 2.49±0.41 | — |
| 脂肪 | 7.32±0.23 | <60 |
| 蛋白质 | 6.57±0.26 | 60 |
| 淀粉 | 2.37±0.33 | — |
| 膳食纤维 | 77.40±0.51 | 25 |

注：*DRIs* 表示中国居民膳食营养素参考摄入量；"—"表示没有数据。

**1. 矿物质和微量元素**　苹果渣中富含各种矿物质和微量元素，具体情况见表 6-3（陈笑言等，2021）。各种矿物质元素参与人体代谢，其中元素 K 能结合人体多余的钠盐，促进钠盐从体内排出，当人体摄入的钠盐超出摄入量时，食用苹果有利于保持人体内的电解质平衡，成人每天大约需要 2 g 的钾，所以 100 g 苹果渣中的钾就能大大满足人体的需求（贾志慧等，2020）。Na 的功能主要为参与细胞内酸碱平衡、神经传递、血压调节等，苹果中钠含量也可以满足人体膳食所需。除了 K、Na 外，苹果渣中 Ca 含量也非常丰富。Ca 是人体生长发育、机能正常运行所必需的元素，人体新陈代谢每天都需要补充 Ca，否则会影响身体的各项机能的发育，引起各种疾病的发生。Mn 是参与骨骼生长发育，维持脑功能以及机体造血功能必需的微量元素之一。Fe 和 Zn 是机体中酶的激活剂，Fe 可以提高机体免疫力，参与体内 $O_2$ 与 $CO_2$ 的转运及组织呼吸的过程，可转化为铁血素、预防和治疗缺铁性贫血也是重要的功能之一。Zn 参与机体物质代谢、免疫防御以及骨骼发育等，还能在人体中催化酶参与蛋白质、脂肪和糖的代谢，是生物体生长发育的关键元素，缺 Zn 会导致生长发育缓慢、伤口难以愈合、免疫力下降等症状。综上所述，苹果渣是人体补充各类微量元素的良好来源。

表 6-3　苹果渣样品中 6 种矿物质元素的含量

| 矿物元素 | 苹果渣/g/kg（干物质） | *DRIs*/mg/d |
|---|---|---|
| Ca | 29.82 | 300～1 200 |
| Fe | 2.88 | 0.3～25.0 |
| K | 76.30 | 1 600～2 000 |
| Mn | 0.21 | 3～9 |
| Na | 3.16 | 600～1 800 |
| Zn | 0.17 | 1.5～21.5 |

注：*DRIs* 表示中国居民膳食营养素参考摄入量。

**2. 氨基酸** 氨基酸是蛋白质组成的最基本单位，人体中有 8 种必需氨基酸（亮氨酸、异亮氨酸、赖氨酸、苯丙氨酸、蛋氨酸、苏氨酸、色氨酸和缬氨酸）不能靠自身合成，却起着至关重要的作用，可以维持人体正常生理活动、辅助人体新陈代谢等生理活动。苹果渣中氨基酸种类丰富，含量高，具体见表 6-4（陈笑言等，2021）。

表 6-4 苹果渣样品中氨基酸含量的测定

| 氨基酸含量 | 苹果渣样品/×10⁴ mg/kg | DRIs/mg/kg（成人体质量） |
|---|---|---|
| 天冬氨酸 | 0.66 | — |
| 苏氨酸 | 0.25 | — |
| 丝氨酸 | 0.29 | — |
| 谷氨酸 | 1.22 | — |
| 甘氨酸 | 0.35 | — |
| 丙氨酸 | 0.31 | — |
| 胱氨酸 | 0.14 | 14 |
| 缬氨酸 | 0.42 | 7 |
| 蛋氨酸 | 0.08 | — |
| 异亮氨酸 | 0.27 | 10 |
| 亮氨酸 | 0.48 | 14 |
| 酪氨酸 | 0.14 | — |
| 苯丙氨酸 | 0.42 | — |
| 赖氨酸 | 0.36 | 12 |
| 组氨酸 | 0.18 | 12 |
| 精氨酸 | 0.40 | 13 |
| 脯氨酸 | 0.26 | 10 |
| 总和 | 6.23 | — |

注："—"表示没有数据。

**3. 膳食纤维** 苹果渣中膳食纤维主要由果胶、半纤维素、木质素、纤维素组成，质量分数分别为 18.05%、10.60%、17.12%、34.99%，见表 6-5（陈笑言等，2021）。果胶是一种聚半乳糖醛酸，可以与纤维素、半纤维素结合在一起，可在酶或酸的作用下水解，在食品工业上已经广泛应用。

表 6-5 苹果渣样品中膳食纤维的成分及含量

| 膳食纤维成分 | 每 100 g 苹果渣/g |
|---|---|
| 果胶 | 18.05±0.26 |
| 半纤维素 | 10.60±0.18 |
| 木质素 | 17.12±0.32 |
| 纤维素 | 34.99±0.24 |

### (三) 苹果籽

苹果籽颗粒较小，一般一个苹果含籽粒数为 4～10 粒。研究表明，苹果籽富含多种营养成分，其中蛋白质和脂肪含量高达 34.0% 和 25.3%。说明苹果籽是苹果中高蛋白、高营养组成部分；与胡桃仁、毛栗种仁相比，除脂肪低于胡桃仁，钾低于毛栗种仁外，其余营养物质构成均高于二者。苹果籽蛋白中的氨基酸，种类多且配比均衡，具有很高的营养价值。苹果籽中含有大量的营养和矿物质成分，见表 6-6（李春燕等，2011）和表 6-7，其中矿物质元素 P、K、Mg 含量高，是十分重要的营养元素，具有构成骨骼、传导神经冲动、激活酶等功能，还具有维持体液平衡和渗透压等生理功能。所以，苹果籽的有效利用对于苹果产业的发展具有深远的意义。

表 6-6　苹果籽的主要营养成分

单位：%

| 名称 | 灰分 | 粗蛋白 | 粗脂肪 | 碳水化合物 |
|---|---|---|---|---|
| 苹果籽 | 4.02 | 51.23 | 26.2 | 5.05 |

表 6-7　苹果籽矿物质成分

单位：mg/kg

| 元素 | P | K | Ca | Mg | Fe | Zn | Cu | Mn |
|---|---|---|---|---|---|---|---|---|
| 含量 | 7.1 | 6.3 | 2.9 | 5 | 1.2 | 0.42 | 0.02 | 0.048 |

**1. 苹果籽油**　苹果籽油是一种以不饱和脂肪酸油酸和亚油酸为主的油脂，含有丰富的油酸、棕榈酸、硬脂酸和花生酸。研究表明，不饱和脂肪酸可以通过提升高密度脂蛋白的含量以及降低胆固醇的含量，达到降低血脂的效果，同时可以降低高血压、心脏病等心脑血管疾病的发生率（苏宜香等，2003）。苹果籽油中的亚油酸是人体必需脂肪酸，具有多种功能，如参与中枢神经系统活动、控制平滑肌收缩，在脂类代谢生理活动中调节酶活、控制血压稳定、维持类固醇激素水平及合成前列腺素等。苹果籽油中油酸和亚油酸的含量与生活中常用的食用油（大豆油、花生油）类似，所以可开发为优质的食用油脂。另外，苹果籽油还可以促进胶原蛋白及组织蛋白的合成，促进细胞再生，除皱祛疤，有利于维持皮肤组织的正常功能，所以可进一步深入探讨和分析苹果籽油的功能性，用于开发新型化妆品、皮肤用药等。

**2. 苹果籽蛋白**　蛋白质是与生命活动息息相关的物质，参与人体中很多重要的生理活动，研究表明苹果籽中的蛋白质含量丰富，是一种具有良好开发利用前景的苹果副产物资源。大豆的蛋白质含量约为 46.78%（Nestel et al.，1997），而苹果籽中含有48.85%～52.87% 的粗蛋白（Lu et al.，1998），与大豆蛋白质含量接近。

苹果籽蛋白质含有人体所需的 8 种必需氨基酸以及 2 种半必需氨基酸（表 6-8）。其中必需氨基酸占总氨基酸含量的 30% 以上，其中谷氨酸和天冬氨酸含量较高（78.9 mg和 35.9 mg），占总氨基酸含量的 34.8%，可增强苹果籽蛋白的风味。李春燕等（2011）研究也发现，苹果籽中必需氨基酸中的亮氨酸、缬氨酸和苯丙氨酸的含量丰富。

表 6 - 8　苹果籽中氨基酸含量

单位：mg/g

| | 氨基酸 | 苹果籽 | 大豆 |
|---|---|---|---|
| 必需氨基酸 | 缬氨酸* | 15.7 | 18.99 |
| | 亮氨酸* | 26.8 | 31.01 |
| | 异亮氨酸* | 14.5 | 20.38 |
| | 蛋氨酸* | 3.1 | 4.24 |
| | 苏氨酸* | 6.9 | 15.79 |
| | 苯丙氨酸* | 16.6 | 20.28 |
| | 色氨酸* | — | 5.01 |
| | 赖氨酸* | 10.8 | 24.61 |
| | 酪氨酸* | 12.3 | 12.86 |
| | 半胱氨酸* | 6.5 | 5.69 |
| 非必需氨基酸 | 丙氨酸** | 12.7 | 16.96 |
| | 天冬氨酸** | 35.9 | 43.97 |
| | 甘氨酸** | 19.2 | 17.6 |
| | 精氨酸 | 36.8 | 31.24 |
| | 组氨酸 | 9.2 | 10.65 |
| | 丝氨酸 | 13.8 | 20.31 |
| | 谷氨酸** | 78.9 | 68.84 |
| | 脯氨酸 | 10.1 | 20.49 |
| 氨基酸总量 T | | 329.8 | 388.92 |
| 必需氨基酸 E1 | | 113.2 | 158.86 |
| 呈味氨基酸 E2 | | 146.7 | 147.37 |
| E1/T | | 34.32 | 40.84 |
| E2/T | | 44.48 | 37.89 |

注："*"表示必需氨基酸；"**"表示呈味氨基酸；"—"表示未测定或无数据。

　　苹果籽蛋白具有其他日常生活中食用油蛋白质和粮食作物蛋白无法具备的特点。比如花生中的蛋白质组成缺少必需氨基酸，限制氨基酸占比较多；所有粮食作物蛋白都不属于完全蛋白质，缺少人体生长所必需的几种氨基酸，营养不够均衡。相比之下，在满足人体需求方面，苹果籽蛋白中必需氨基酸组成比例相对科学，与大豆蛋白类似，说明苹果籽是一种营养均衡的优质蛋白质。资料研究表明，未加工大豆或豆制品中含有胰蛋白酶抑制因子和凝血素等物质，这些物质会影响机体内胰蛋白酶的活性，进而影响机体营养的吸收，严重的可能会引发中毒，这些抗营养物质需加热才能降低活性，而在苹果籽蛋白的研究中没有发现抗营养物质（Demontyl et al.，2002）。

　　我国苹果籽资源丰富，开发和利用苹果籽可实现副产物的高值利用，丰富食用油的品种，进而提高经济效益。苹果籽油还可以弥补我国不饱和脂肪酸供应紧缺的短板。苹果籽油无毒无害，还可应用于食品、药品、化妆品、牲畜饲料等领域，开发前景广阔。

## 二、存在的主要问题

我国苹果副产物综合利用正面临集中处理困难、利用率低、技术水平不高等诸多制约产业发展的瓶颈问题。

一是苹果副产物集中处理较困难。苹果疏果集中收集加工处理难度大，由于果园多分布在山区，疏果的时间不统一等因素导致苹果疏果的集中收贮加工难度较大，成本较高，大多疏果采取了就地丢弃或简单处理等方式。苹果皮渣水分含量高，前处理过程烦琐，运输成本也较高。现阶段能够对苹果皮渣进行综合利用的企业大多为苹果浓缩汁的加工企业，因为其能够保证较为集中、充足的皮渣作为原料来进行生产。但更多没有能力对皮渣进行综合利用的企业（或没有足够皮渣原料来进行生产的企业），由于考虑到成本问题，大多会将加工中的苹果副产物作为垃圾直接丢弃，因此副产物的集中处理就成为制约苹果副产物加工利用的关键环节。

二是苹果加工综合利用率低。虽然已有多个相关国家级项目的立项，少数企业也在苹果果胶提取、饲料加工等方面建立了生产线，但还不足以达到批量高效利用的目的，更难实现苹果综合利用产业化，直接导致苹果加工副产物的综合利用率不高，推高了整个行业的成本，降低了产品的国际竞争力，制约了行业的健康发展。

三是综合加工技术水平不高。我国虽已形成苹果果胶、多酚、膳食纤维等的提取工艺，但真正实现规模化、产业化、商品化的技术还不成熟，导致副产物用于加工的比例较低，高附加值产品也较少；加工副产物利用后产生的二次废渣和废水的利用率则更低，生产上缺乏成熟的处理工艺，一般加工企业都是直接排放，对环境影响较大。

要解决上述问题，政府应加大对苹果加工副产物综合利用的技术改造与升级、企业的扶持力度，并为企业提供指导与服务；通过采取减免税收或给予政府补贴等方式对开展苹果副产物回收再利用的企业予以支持，而对某些副产物产量较大但又不能很好再利用的企业强制征收处理费等。科研院所应加强科技攻关，推进苹果副产物加工关键技术的研究，重点强化资源利用高值化、生产能力规模化、环境友好化等核心技术的研究与开发；加强相关技术和设备的研发和推广，并给予适当的财政补助。

# 第二节　苹果副产物干燥制粉技术及应用

## 一、概况

作为苹果副产物产业化高值利用的重要手段，干燥制粉处理量大，成本较低，产品应用领域广，是较理想的苹果副产物产业化高值利用的解决方案。

干制指自然条件或人工控制条件使物料脱水的工艺过程。通过干制技术，可以使副产物得到更好的再加工，实现再利用，保护环境，创造经济效益。干制是现阶段果品常见的加工方式，不同干制技术对果品干制品品质的感官、营养成分等影响不同。苹果副产物（果渣、果皮等）中含有一定的水分，在环境和微生物的作用下，极易发生各种不良反应，从而造成腐烂变质。目前果蔬类干制技术主要有热风干燥、真空微波干燥、过热蒸汽干燥、真空冷冻干燥、变温压差膨化干燥、滚筒干燥、热泵干燥、联合干燥等。

干制后的苹果副产物，为了提高其利用价值，进行粉碎处理，得到苹果副产物粉体产品。制粉后具有良好的耐储性和便携性，可作为膳食辅料满足多领域消费需求。

## 二、干制及制粉过程中的营养品质变化

干制过程中，苹果副产物果皮、果渣等营养成分发生变化。苹果干制品中，高温处理会破坏苹果果实细胞结构，使液泡破裂，致使苹果汁液大量流出，导致糖类物质损失。经过热风干燥，总多酚及总黄酮的含量下降，挥发性成分的种类增加，主要是醛、酯、酮类化合物。若采用微波真空干燥等处理方式，由于过程的低温、干燥速率快和低氧条件等特点，经真空微波干燥，原料的热敏性和易氧化的生物活性组分及色、香、味、营养素等得到较好的保留。陕西师范大学邓红等（2007）指出，物料经微波干燥后总酸度较其他干燥方式变高，且色泽、形状、口感也优于其他干燥方式。真空冷冻干燥能使物料保持原有固体框架结构，保持原有形状；可以完好保存苹果副产物中热敏性物质，如有机酸、总酚等。中国农业科学院胡秦佳宝等（2016）研究指出，苹果干制品中，真空冷冻苹果制品较其他方式干燥相比，糖类物质保留率最高，其中总糖的保留率为86.29%，还原糖的保留率为85.34%。变温压差膨化干制过程中不使用添加剂，产品酥脆性较好，最大限度地保留了果蔬原有的营养成分以及香气成分，并且克服了油炸产品含油脂高、易酸败等缺点。

制粉过程，粒径大小影响着粉体的特性。大连工业大学马千程（2021）指出，粉碎时间越长，粒径越小，同时色泽变亮变红（$L^*$ 和 $a^*$ 值显著升高），颗粒外观趋于规则、光滑。与粗粉碎相比，超微粉碎粉体的容积密度显著增大，压缩性降低明显，同时也使得粉体性质变得不稳定，影响了粉体流动性。干燥方式和粉碎程度均会影响酚类物质的溶出，热泵干燥和超微粉碎显著降低了苹果皮全粉中绿原酸和表儿茶素的含量。

## 三、干制及制粉技术

### （一）热风干燥

热风干燥是目前大规模用于果蔬干燥的加工方式之一，从提供热源的方面来讲，主要有太阳能热风干燥系统、电能热风干燥系统、余热热风干燥系统、空气能热风干燥系统等。热风干燥是一种常用的干燥方式，其优点是操作简单、生产成本低，可以大面积集中烘干，应用范围广泛。牛智友等利用热风循环干燥对苹果渣进行干燥试验，结果表明初始水分、风速和温度对干燥速率有极显著作用。但热风干燥存在果渣易褐变、表皮易结硬壳、干燥时间长、能耗高的缺点。

### （二）真空微波干燥

真空微波干燥指物料在真空条件下，通过微波辐射作为热源加热脱水的过程。微波作为电磁波的一种，具有极性，与其他极性物质作用时，引起极性分子旋转，原子的弹性散射或晶格热振动等因素会阻碍分子旋转，引起能量耗散，使得能量转化，电磁能转化为热能，引起物料温度升高，使物料干。相比于传统干燥，微波干燥可以有效地抑制褐变，更好地保存物料色泽；物料经微波干燥后具有多孔性，容积密度较传统干燥方式减小；物料所能承受的最大应力和最大应变减小，弹性增加，黏性降低。

### （三）过热蒸汽干燥

过热蒸汽干燥是指把过热蒸汽作为传热介质，利用其携带的大量潜在热量而去除水分的一种干燥技术。其中，过热蒸汽指 100～400 ℃的高温蒸汽，这是一种在沸点时从产品内部蒸发水分而没有扩散阻力的干燥方式，并且过热蒸汽在干燥物料后经压缩加热后，可产生循环蒸汽进行循环利用，一定程度上节省了能源。黄小丽（2017）等采用前段（果渣含水率从 81％干燥至 63％）过热蒸汽干燥和后段（果渣含水率从 63％干燥至 7％）利用热风干燥联合干燥方式对苹果果渣进行干燥，能大大减少干燥时间，且能使果渣干粉褐变得到较好的抑制，提高果胶提取率。

### （四）磨介式粉碎

磨介式粉碎是通过与运动的研磨介质产生的冲击以及非冲击式的挤压、弯折和剪切等作用力，达到粉碎目的的过程。其效果取决于磨介的大小、形状、配比、运动方式、物料的填充率等，但磨介之间的碰撞摩擦容易导致物料中夹杂金属碎屑。磨介粉碎的典型设备有球磨机、搅拌磨和振动磨三种。

### （五）气流式超微粉碎

气流式超微粉碎是指经过压力喷嘴喷射的气体产生剧烈的冲击、碰撞、摩擦等作用对物料的超微粉碎。大连理工大学苏偲禹（2020）指出气流粉碎产品粒度分布较窄、纯度高、分散性好，适合于低熔点或热敏性物料的粉碎。气流粉碎是一种可以将粉体粉碎到微米甚至纳米颗粒的技术，在很多领域的生产上都发挥着极其重要的作用。

## 四、干制及典型案例

黄小丽等（2017）采用过热蒸汽-热风联合干燥苹果渣，研究表明，经过过热蒸汽干燥，苹果渣热风干燥时间可大大缩短。过热蒸汽温度对苹果渣脱水影响较大，150～160 ℃过热蒸汽联合 65～70 ℃热风干燥苹果渣较为适宜。与单一热风干燥相比，过热蒸汽-热风联合干燥所得苹果渣干粉褐变得到较好的抑制，果胶提取率较高。

张红妮等（2014）研究了苹果渣微波干燥不同微波功率条件下果渣内部水分转移变化趋势及干燥速率的变化过程，对干燥过程中水分变化进行分析后，拟合得到苹果渣微波干燥条件下果渣的水分变化数学模型，对模型进行验证并检验，拟合效果良好，可作为实践中预测果渣微波干燥过程中水分含量随时间与功率变化的参考数学模型。

马千程等（2021）为了充分回收加工副产物苹果皮中丰富的酚类物质，缓解因处理不当导致的环境污染，采取干制及制粉技术，探究不同制粉方式对苹果皮全粉色泽、微观结构、粉体行为特性以及模拟胃肠消化过程中酚类物质生物利用度的影响。结果表明，经胃消化后，样品中的芦丁含量升高，达到了消化前的 1.05～1.47 倍，同时 4 种酚类物质含量下降，其降解程度按降次排序分别为表儿茶素（30.50％～34.08％）、根皮苷（22.36％～32.94％）、金丝桃苷（12.48％～21.58％）和绿原酸（10.53％～15.94％）。此外，还检测出新的酚类物质——儿茶素，其含量为 142.41～165.48 $\mu g/g$。经小肠消化后，儿茶素含量增加了 2.00～2.34 倍，而其他酚类物质在肠消化中的降解程度明显高于胃部消化，其中表儿茶素降解完全，大多数样品中的绿原酸也降解完全，金丝桃苷、芦丁和根皮苷与消化前相比分别降解了约 41.45％、76.37％和 44.95％。这与酚类物质的结构特征有关。

# 第三节 苹果果胶制备技术及应用

## 一、概况

干制后的苹果皮渣可用来提取果胶，苹果果胶的生产目前也是苹果皮渣工业化综合利用的主要方式之一。

果胶是一种结构较为复杂的植物多糖，是构成植物细胞壁的重要组分，在植物细胞壁中主要以原果胶、果胶、果胶酸的形态存在。与纤维素、半纤维素等组分共同组成植物细胞初生壁和胞间层。果胶由于具有良好的凝胶性等功能特性，作为天然、高品质的食品添加剂，广泛用于医药保健品、普通食品和日化等行业（任多多等，2022）。目前，工业化果胶生产中，果胶主要从两种食品工业副产物中提取，即苹果渣和柑橘皮。国际上主要的果胶生产商主要集中在欧洲和美国，分别是丹麦的 CPKELCO 公司和 DENISCO 公司、德国的 H&F 公司、瑞士的 OBIPEKTIN AG 公司以及美国的 CARGILL 公司。在 2000 年之前，果胶的生产与销售几乎被国外所垄断，现在情况有所改善，我国陆续出现了一批果胶生产企业，国内的果胶生产企业主要有山东烟台安德利果胶有限公司、安徽金枫果胶有限公司、江西上饶富达果胶有限公司和衢州果胶有限公司，其中以山东烟台安德利果胶的市场份额占有量最大。目前，全世界果胶年需求量约 40 000 t，主要消费国为美国（约 6 500 t）、俄罗斯（约 2 700 t）和日本（2 300 t）。我国年均果胶消费量约 3 000 t，且增长迅速，但其中 80% 依赖进口（江杨，2017）。

### （一）苹果果胶结构

果胶是一种呈酸性的复杂多糖，它主要以 $D$-半乳糖醛酸为最小单体组分、通过 $\alpha$-1,4-糖苷键连接而成，具体结构如图 6-1 所示。从分子结构组成来讲，主要可以分为 4 种类型，分别为同型半乳糖醛酸聚糖、木糖半乳糖醛酸聚糖、Ⅰ型和Ⅱ型鼠李半乳糖醛酸聚糖。苹果果胶是以（1,4）$\alpha$-$D$-半乳糖醛酸基结构为骨架的聚合体中间插入约 10% 的（1,2）$\alpha$-$L$-吡喃鼠李糖基。部分鼠李糖基是中性糖侧链的分支点，这些中性糖包括 $L$-树胶醛醣和 $D$-半乳糖。气相色谱分析显示，苹果果胶主要含有 8 种单糖，具体包括甘露糖、岩藻糖、果糖、鼠李糖、阿拉伯糖、木糖、葡萄糖和半乳糖。果胶按照酯化程度的不同，可分为低酯果胶和高酯果胶。酯化度高于 50% 的，为高酯果胶，反之为低酯果胶。果胶酯化度决定其乳化性、凝胶性等性能。以苹果渣为原料制得的果胶，其酯化度为 50%～75%，属高酯果胶（孙立军等，2012）。

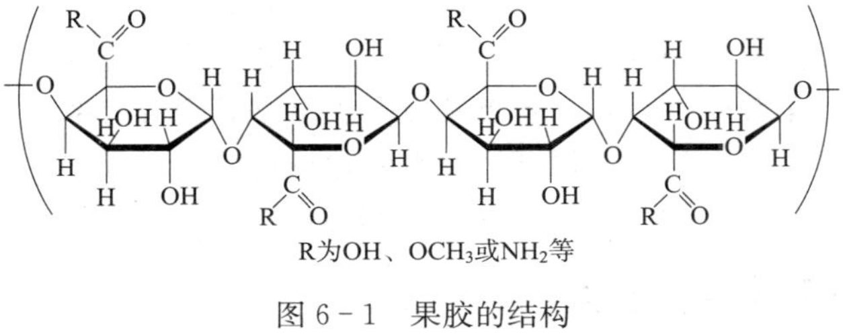

R为OH、OCH₃或NH₂等

图 6-1 果胶的结构

### （二）苹果果胶功能

**1. 增强免疫**　许多研究表明果胶能够在体外增强巨噬细胞、中性粒细胞和淋巴细胞的活性，具有免疫调节活性。苹果果胶可通过调节免疫细胞因子的分泌，在特异性免疫和非特异性免疫中发挥作用，从而使机体维持相对稳定的生理功能（任多多等，2022）。

**2. 抗肿瘤**　Hideo 等（1995）通过动物实验研究发现，苹果果胶可以显著减少排泄物中 $\beta$-葡萄糖苷酶和色氨酸酶的水平，并且能够在早期阶段抑制结肠内 $\beta$-葡萄糖苷酶的活性，膳食中添加 20％的苹果果胶喂养的大鼠，结肠癌病发率明显低于对照组，因此苹果果胶具有抗结肠癌的活性。日本学者通过动物实验证实了苹果渣果胶可通过降低易发肿瘤远端大肠黏膜中前列腺素 E2 的含量，从而达到抑制肿瘤的效果，说明苹果果胶具有较强的抗癌活性。研究发现苹果果胶可以在体外抑制乳腺癌细胞的增殖，诱导 4T1 乳腺癌细胞发生凋亡，继而来延缓癌症进程（孙立军等，2012）。

**3. 抗氧化**　果胶可以通过抑制或清除生物体内自由基的产生，达到抗氧化的作用。苹果果胶分子中含有低聚半乳糖醛酸等具有还原性的物质，使得其降解物具有较强供电子能力和供氢能力，能够起到良好的抗氧化效果。

**4. 改善肠道健康**　毛湘冰等（2016）发现在断奶大鼠的饲粮中添加适量的苹果果胶寡糖，可明显改善断奶大鼠的生长性能，而这可能源于其改善了空肠黏膜形态、肠道菌群的组成和结构。长期摄入膳食纤维会改善肠道的形态学和生理学特性，能够增加肠道的容积率和消化能力，Tomohiko 等（2009）通过动物实验研究发现，长时间摄入苹果果胶可以明显提高肠道对槲皮苷的吸收能力（任多多等，2022）。

## 二、苹果果胶加工过程中营养品质变化

酸法提取所使用酸的种类会对果胶中 GalA 和中性糖的含量及分布产生影响。与 $HNO_3$ 和 HCl 相比，柠檬酸更有利于提高苹果果胶的提取效率和得率，但中性糖含量和 DE 较高，产品 GalA 含量较低。$H_2SO_4$ 可有效地将原果胶转变为可溶性果胶，但水解后硫酸根离子较难脱除。适宜提取温度（一般为 50～80 ℃）对苹果果胶的生产意义重大。过高的提取温度会导致果胶发生严重的降解，从而影响产品得率和性能。高温导致果胶解聚反应主要属于非酶反应，包括 $\beta$-消除和脱甲氧基化。温度越高，这两类反应进行的速率越高（谢蔓莉等，2018）。

微波能钝化果胶酯酶，而使产品果胶的 DE 值更高。但微波功率过高会导致果胶降解，使果胶凝胶性能下降。而采用超声波提取时，超声功率过高会加剧果胶分子的 $\beta$-消除反应，使果胶的平均分子质量和表观黏度下降（谢蔓莉等，2018）。

采用蒸汽爆破技术处理，果胶乳化稳定性和活性会随着爆破压力和爆破时间的增加而增强，主要是因为在高温高压下苹果果胶分子间氢键会在一定程度上被破坏而发生断裂，断链发生结构重排并向有序结构变化，提高了果胶的乳化稳定性和活性。同时汽爆过程中经过高压高温处理，果胶中酰胺基、甲氧基以及乙酰基等组分与部分半乳糖醛酸发生电离反应，从而使果胶带有负电荷，使得其可以在乳化液形成的过程中通过吸附作用形成乳化颗粒，显著增强了乳化稳定性（王树宁等，2020）。

## 三、苹果果胶制备技术

目前，关于苹果果胶制备技术研究主要集中于提取技术、脱色技术和改性技术等，各

类技术均有其优势与不足，生产者在实际使用时可结合生产成本、产品品质、环保要求等进行选择应用。

### （一）苹果果胶提取技术

目前果胶的提取方法较多元化，基本工艺流程如图 6-2 所示，主要有酸提取法、微波辅助提取法、盐提取法、酶解法等。最传统的提取方法是酸提取法，主要采用无机酸等调节浸提液 pH 至酸性，在高温下搅拌提取，进而分离纯化。该方法具有简便易行、成本可控等优点。超声和微波辅助提取法也较为常见，其主要原理是利用微波或超声作用使原料中果胶更好的溶出，以提高提取得率和提取效率。王欣（2014）利用亚临界水法从柑橘皮和苹果果渣中提取果胶，丰富了果胶提取方法，为新型果胶提取方法提供了理论依据。孙俊良等（2017）利用蒸汽爆破技术提取苹果果胶，果胶得率达 21.42%，与未蒸汽爆破相比，果胶得率提高 10.96%，酯化度提高 12.25%，乳化活性提高 20.47 $m^2$/g，乳化稳定性提高 36.37 min。

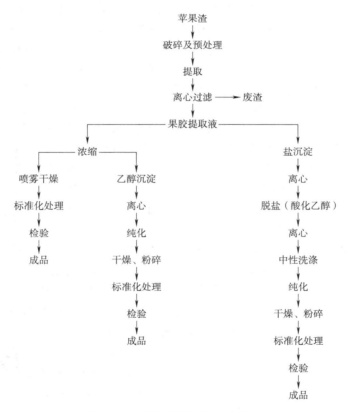

图 6-2 苹果果胶制备工艺流程

**1. 酸提取法** 酸提取法是最传统的果胶制备方法，其原理是利用酸性溶液与细胞中的原果胶质发生反应，形成水溶性果胶，达到良好的提取效果。常用的酸性溶剂一般为无机酸，如盐酸、草酸、亚硫酸、EDTA、磷酸等。

pH 是酸法提取果胶的关键因素，pH 太低会导致部分果胶发生降解，降低果胶得率，而 pH 太高则起不到水解的作用。陈雪峰等（2000）采用盐酸作为提取溶剂，将提取溶液

pH 控制在 2.0～2.5 范围内，苹果果胶提取率较高。国外学者对提取的 pH 条件也有研究，Haikel 等（2007）通过实验发现，pH 为 1.5 时的酸液提取的苹果果胶得率高于 pH 2.0 时，但 pH 为 1.5 时，除果胶以外的其他部分成分也会被醇沉下来，导致半乳糖醛酸纯度降低（张雪丹，2009）。

**2. 离子交换剂法**　离子交换剂法的提取原理可以理解为：植物细胞壁中半纤维素及其他多聚体等组分与果胶类物质通过共价键、次级键等形式结合，当与阳离子发生键合时，会导致低酯果胶类物质出现不溶特性，以及降低高酯果胶的浸胀特性。同时，果胶分子间以及与其他聚合物之间，也伴随着复杂缠绊，不利于果胶的溶解。而采用阳离子交换树脂能够有效吸附阳离子，使原果胶的溶解速率加快，从而提高果胶的提取得率。同时，阳离子交换树脂还能通过吸附小分子物质解除果胶的部分缠绊，提高果胶得率。王方方等（2009）采用 D061 阳离子交换树脂，在流速控制在 1BV/h 条件下，果胶得率可达 11.2%。

**3. 微波辅助提取法**　该方法具有溶剂用量少、处理时间短、提取得率高等优点，同时能在一定程度上降低活性成分的损失。随着电子和自动化技术的发展，微波辅提技术日益成熟。吴继红等（2009）采用微波辅助提取法提取苹果皮渣果胶，提取溶剂为 pH 1.0 的盐酸溶液，微波功率 499 W，提取时间 20.8 min，料液比 1：14.5（kg/L），果胶得率达到 13.5%，比传统工艺提高 73%，但其酯化度和粘均分子量要明显小于传统工艺。

**4. 盐提取法**　目前用于沉淀果胶的盐析剂种类较多，如硫酸铝、硫酸铵、氯化镁、氯化铜、硫酸铁等。实际应用中多采用硫酸铝作为果胶沉淀剂，硫酸铝虽是一种中性盐，由于其与果胶带有相反的电荷，在中和作用下易生成沉淀，具有提取得率高、产品色泽好、容易脱盐等优点。该方法中沉淀剂的脱除是影响果胶品质的重要因素，沉淀需要先用热水清洗，以除去过量的沉淀剂和其他水溶性杂质。然后用高浓度乙醇酸性溶液（浓度要求大于 50%）、高浓度乙醇碱性溶液（浓度为 70%～80%）和无水乙醇进一步清洗沉淀，得到纯度较高的果胶制品。盐析法虽然较醇沉法成本低，但其生产工艺较为复杂，且生产过程较难控制，不利于工业化生产，产业应用较少（张雪丹，2009）。

**5. 酶解法提取**　酶解法提取主要是采用纤维素酶、半纤维素酶等多糖降解酶或微生物发酵的方法定向降解分子链结构，从而使有效成分能够从植物细胞壁中释放出来，提高果胶提取得率。王华芳等（2020）采用纤维素酶提取苹果果渣果胶，料液比为 1：15（kg/L），提取溶液 pH 4.5，提取温度 50 ℃，酶添加量 0.3%，提取时间 4 h，在此条件下，果胶得率达到 11%。邱铮等（2007）采用纤维素酶、半纤维素酶等生物酶辅助提取苹果皮渣中的果胶，研究表明，酶法提取比酸法提取得率高数倍，且溶解性更好。但酶解法存在提取时间长、酶制剂使量大等问题，从而限制了其大规模应用。通过酶法与酸法等相结合的形式，降低生物酶的使用量和生产成本，应用前景广阔（王华芳等，2020）。

**（二）苹果果胶脱色技术**

由于在提取果胶的过程中黄酮等多酚物质及其他水溶性色素被同时提取出来，加深了果胶的色泽，还会影响果胶的凝胶性质，从而影响果胶品质。目前较为常用的脱色方法主要有 $H_2O_2$ 脱色、活性炭吸附脱色和树脂吸附脱色等。$H_2O_2$ 脱色具体操作方法为在每 1 L 苹果果胶溶液中加入 60 mL 的 30% $H_2O_2$，静置处理 1.0～1.5 h 时，溶液脱色效果明显，呈浅黄色。采用此方法虽然脱色效果较好，但脱色过程中会发生较强的降解反应，使得果胶得率降低，同时胶凝度等特性也发生明显降低。因此对于果胶脱色需谨慎选择 $H_2O_2$ 脱色法。活性炭法脱色在果胶脱色工艺中较为常见。对于果胶提取液脱色一般是向溶液中添加 0.5%~1.0% 的活性炭，在 80 ℃ 条件下处理 20 min，达到脱色和除异味效果，同时脱色完成后趁热完成过滤。采用此法易造成活性炭脱除不彻底，使果胶产品灰分偏高。大孔树脂脱色的综合效果优于传统的活性炭脱色，而且树脂可再生，能连续使用，适合于工业化生产。水明磊等（2007）通过对 6 种大孔树脂苹果果胶脱色效果的对比分析发现，采用 XDA-5 型树脂吸附效果最好，该树脂不仅对苹果多酚吸附能力强，而且果胶的损失率小，脱色效果好。邓红（2002）研究醇氨水溶液脱色的最适条件为常温、乙醇浓度 50% 以上、pH 7~8，脱色效果比活性炭和硅藻土好，经真空抽滤后即得米白色的苹果果胶。

### （三）苹果果胶改性技术

由于苹果果胶存在分子量大、水溶性差等问题，在部分特定条件下应用受限。可以通过对其分子结构进行改性处理，将果胶大分子转化成小分子且分支较少的糖链结构，降低其酯化度，提高其水溶性等生物活性和功能。目前，主要的果胶改性方法包括化学改性法、物理改性法和生物改性法，其中碱法脱酯和高温高压改性的工艺简便易操作、安全性高且成本低，易于工业化推广。马丽苹等（2017）采用酸碱和高压蒸汽法开展了果胶改性研究，其中酸碱改性果胶制备工艺为取苹果果胶用 55 ℃ 蒸馏水配制成 15 mg/mL 的溶液。待果胶完全溶解后，采用 3 mol/L 的 NaOH 溶液将 pH 调至 10.0，在 55 ℃ 水浴中维持 45 min，冷却至室温，采用 3 mol/L 盐酸调节 pH 至 3.0 后维持一段时间不变，常温条件下静置过夜。随后采用 3 倍体积的无水乙醇进行醇沉，过滤并在 50 ℃ 烘干得到酸碱改性苹果果胶。热改性果胶制备：取苹果果胶溶于 55 ℃ 蒸馏水中，配制成 30 mg/mL 的溶液，完全溶解后，调节 pH 至 4.0，置于蒸汽灭菌锅中，在 123.2 ℃ 高温条件下维持 30 min，取出冷却至室温，经浓缩、醇沉和过滤处理，干燥得到热改性苹果果胶。结果表明：与未改性果胶相比，酸碱和热改性的苹果果胶中，半乳糖醛酸含量由（683.92±4.51）mg/g 分别增加到（910.61±1.08）mg/g 和（780.19±5.68）mg/g，酯化度由 77.26%±1.20% 分别降低到 35.48%±1.90% 和 33.67%±1.28%。改性后果胶分子质量降低，多酚和蛋白质含量均较低（分别小于 3 mg/g 和 7 mg/g）。改性前后苹果果胶的 DPPH 自由基清除率、羟基自由基清除率和超氧阴离子自由基清除率等均随着果胶质量浓度的增大而增强，而且酸碱改性更有助于其抗氧化活性的提高，这可能与其半乳糖醛酸含量增加有关（马丽苹等，2017）。

## 四、苹果果胶在食品工业中的典型应用

果胶作为一种天然食品添加剂，通常被用作凝胶剂、增稠剂、乳化剂、稳定剂、保鲜剂等，广泛应用于饮料、果酱、乳制品等领域，对提高食品的感官及理化品质作用巨大。

苹果果胶作为稳定剂可提高浑浊果汁等的稳定性，有效解决果汁分层等产业化问题。如在沙棘浑浊果汁加工过程中，通过添加 0.14% 果胶、0.14% 黄原胶以及 0.24% 阿拉伯胶，其离心沉淀率可降至 0.45%，且浑浊果汁粒径 90% 分布在 4.92 μm 以下，具有良好的稳定性（刘鑫等，2018）。

苹果果胶可添加到面粉中，改善面团品质。研究表明：苹果果胶在添加量小于 1.2% 时，对面粉的粉体品质指标、面团拉伸指标和面粉降落数值有显著（$P<0.05$）的影响。

随苹果果胶添加量的增加，面粉吸水率也逐渐增加，产品出品率提高，同时会使面团形成时间延长，但同时可降低面团稳定时间；面团延伸度和拉伸面积下降，拉伸阻力、降落数值上升，对面粉湿面筋含量和面粉白度无显著影响（刘少宁等，2020）。

利用苹果果胶作为脂肪仿制品，口感良好，市场应用前景巨大。如美国 Tenlcules 公司生产的"S LENDI"，是用果胶制备的人造脂肪，可实现 100% 代替脂肪，将其应用于冷饮加工中，具有与稀奶油以及高脂乳化体相似的品质。

苹果果胶也常被用来提高发酵乳的稳定性，特别是高甲氧基果胶，具有独特的与蛋白质交互的性质，所以最好使用果胶作为蛋白质溶液体系的稳定剂，它可以防止由于牛奶蛋白质絮凝引起的沉降问题。

苹果果胶还可与苹果多酚等活性组分结合制备复合膜液，应用于果蔬保鲜等领域。在质量浓度为 50 g/L 的果胶溶液中添加苹果多酚可制备出一种高黏度的复合膜液，当多酚质量浓度为 10 g/L 时，该复合膜液具备良好的抗氧化能力，在食品保鲜方面可作为一种优良的液体涂膜应用（梁迪等，2018）。

# 第四节　苹果膳食纤维制备技术及应用

## 一、概况

果胶是苹果膳食纤维中的主要成分之一，除了果胶之外，苹果膳食纤维中还含有丰富的纤维素、半纤维素及木质素类。

在浓缩苹果汁等加工产品的生产过程中，会产生大量的副产物苹果皮渣。据相关统计，每加工 1 000 t 苹果，可排出约 300 t 鲜果渣，每 8～10 t 鲜苹果渣干制后，可产生约 2 t 干果渣（李志西，2002；李义海，2011）。经测定在苹果干皮渣中，果皮及果肉残余约占 96.2%，苹果籽约占 3.1%、苹果梗约占 0.7%。苹果渣中含有多种营养成分，如糖类、纤维素、果胶、多酚和黄酮、维生素、矿物质等，这些物质是苹果渣能够高值利用的潜在基础（耿乙文，2015）。

苹果渣中含有 60%～90% 的膳食纤维（宋纪蓉，2003），不同苹果品种和环境因素都对其存在一定的影响，总体来说，半纤维素、纤维素、木质素、果胶以及一些可溶性的糖类（如葡萄糖、蔗糖、果糖、阿拉伯糖等）是苹果渣膳食纤维的主要构成成分（Sudha et al.，2007），苹果渣膳食纤维中的最主要成分为半纤维素类，占到膳食纤维总量的 50% 以上，该部分主要由木葡聚糖，两种结构的木聚糖以及半乳甘露聚糖等构成，并且这几种成分的结晶性和微观结构都不相同（陈雪峰等，2010）。苹果渣中半乳甘露聚糖主要由 $\beta$-甘露糖（1→4）糖苷键连接而成，6-C 位置与吡喃半乳糖取代基相连（图 6-3）。苹果渣中木聚糖（图 6-4）主要结构是由 $\beta$-吡喃木糖通过（1→4）糖苷键连接而成（邱尹琬，2015）。

苹果是富含膳食纤维的水果，苹果膳食纤维含量高有较强的吸水特性，并且还具有总量高、功能活性强（持水、膨胀等）等特点，可作为功能性添加剂广泛用于食品领域。

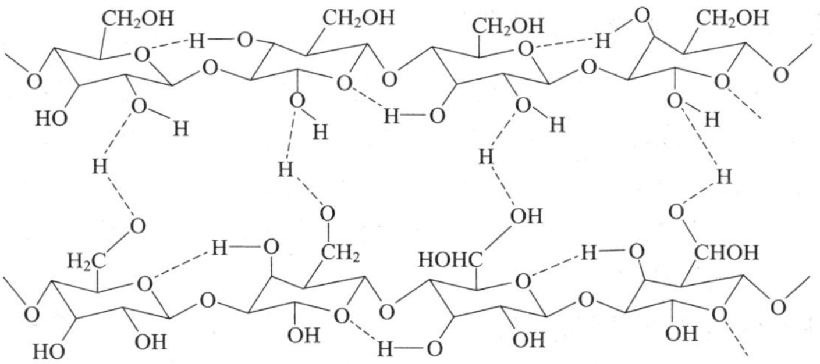

图 6-3　半乳甘露聚糖的结构特征图

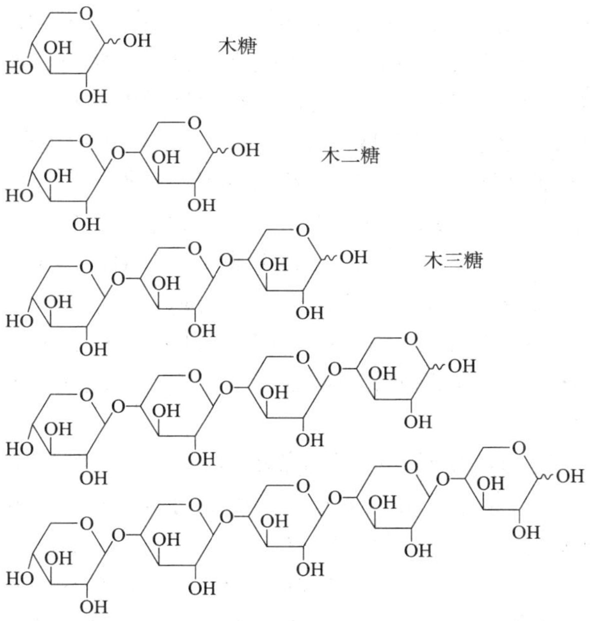

木糖

木二糖

木三糖

图 6-4　木聚糖的结构特征图

## 二、苹果膳食纤维加工过程营养品质变化

苹果膳食纤维中半纤维素含量占了一半以上，主要由木聚糖和半乳甘露聚糖通过糖苷键连接构成，此类成分的组成结构各不相同（陈雪峰等，2010）。在加工工艺过程中，苹果膳食纤维中交错分布的木质素、纤维素、半纤维素被破坏，增加了孔隙率，细胞壁结构崩解，更多小分子结构物质及可溶性膳食纤维溶出，其吸水力、膨胀力及吸油能力等功能性显著提高。陈如等（2017）利用超微粉碎技术处理苹果膳食纤维，超微处理后膳食纤维的粒径显著减小。与粗粉碎相比，不同粉碎时间的膳食纤维超微粉体的溶胀性、水溶性、阳离子交换能力升高（$P<0.05$），羟自由基清除能力增强（$P<0.05$）。

## 三、苹果膳食纤维制备技术

采用现代加工技术手段将苹果渣中的膳食纤维进行工业化分离提取，并对其进行膳食纤维改性修饰处理，可提高膳食纤维的生物活性，达到高品质膳食纤维的要求，并将其制成高品质膳食纤维产品，提高了苹果综合利用的附加值，实现了对苹果加工后的副产物果渣的综合开发利用，推动膳食纤维提取、改性的科研技术水平不断发展，并将其规模化生产，具有深远的意义（徐瑶，2015）。

### （一）苹果膳食纤维的提取制备方法

针对不同品种的原料和膳食纤维性质所采用的提取方法各异，其中共性的提取工序包括原料的粉碎、清洗、脱色漂白、干制和粉碎筛分等。苹果膳食纤维的分离提取制备方法大致可分为预分离提取法、化学分离提取法、膜分离提取及微生物与酶联合分离提取等。

**1. 预分离提取法**　气流分级法以及悬浮法是预分离提取的常用方法。采用此类方法得到的产品纯度不高，比较适合于进行预分离处理。此类方法可以改变苹果渣原料中各成分的组成比例，如可减少淀粉等的含量、增加总膳食纤维的含量等。

**2. 化学分离提取法**　化学分离提取法主要指将苹果渣原料干制粉碎后，采用化学试剂来分离提取制备苹果膳食纤维的方法，以碱法应用较常见。大体的工艺过程主要是原料经过干燥预处理、粉碎过筛后，加入 $NaOH$、$Ca(OH)_2$ 等处理，再进行过滤，滤后所得残渣即为水不溶性膳食纤维，再将滤过液进行调整 pH 处理，一般 pH 调至 $4.0\sim4.5$ 为宜，再进行离心处理，滤渣主要为蛋白质类成分，再调整离心后上清液的 pH 至 $6.0\sim7.0$，然后用乙醇进行沉淀，得到水溶性膳食纤维。以上分离提取过程中还可以调整碱液浓度，并结合使用其他试剂，能将膳食纤维进一步分离。除碱分离提取法外还有酸分离提取法及絮凝剂法等。

**3. 膜分离提取法**　通过改变膜的孔径制备不同分子量的膳食纤维，该方法处理量大，能实现产业化的规模生产，因此又被认为是分离提取可溶性膳食纤维最有前景的方法。

**4. 微生物与酶分离提取法**　除膳食纤维外，苹果渣中还含有部分碳水化合物、少量的蛋白质和脂肪类成分。生物酶法分离提取膳食纤维的原理是利用微生物自身代谢产生的生物酶或者人为添加外源酶的方法来降解苹果渣中的淀粉、蛋白质以及脂肪类。

不管是微生物还是生物酶法都是利用生物酶的方法把苹果渣中的非膳食纤维类成分降解去除，剩下膳食纤维成分。还有文献研究采用特定微生物代谢产生的纤维素酶或木聚糖酶来降解纤维素，通过降低纤维素的聚合度，来提高膳食纤维的水溶性。目前该类分离提取方法在豆渣和玉米皮膳食纤维的分离提取中均有文献报道。从所得膳食纤维产品的纯度上讲，生物酶法生产的膳食纤维不如碱法所得产品纯度高，但碱法所得产品产率低。从整体感观品质来看，生物酶法所得产品优于碱法所得产品。从生产成本上考虑，碱法比生物酶法生产成本更低，生产周期更短。

### （二）苹果渣膳食纤维改性

苹果皮渣中膳食纤维由于可溶性膳食纤维含量太低，其功能活性的应用受到了很大的限制，通常所说的高品质膳食纤维，其可溶性膳食纤维含量要占总膳食纤维含量 $10\%$ 以上才行，而改性前的苹果渣膳食纤维可溶性膳食纤维只占总膳食纤维含量的 $3\%\sim4\%$，所以要提高苹果渣膳食纤维的利用场景，亟须采取适宜的方法进行膳食纤维改性处理。经过改性处理后的膳食纤维，功能生物活性大幅提高，可以显著提高苹果膳食纤维的应用价值及场景，产生显著的经济效益。膳食纤维改性方法主要有物理、化学以及生物学方法等，改性后的膳食纤维，由于部分纤维分子结构断裂形成小分子链成分，导致一部分不溶性膳食纤维改性转化为可溶性纤维，从而提高膳食纤维的品质和应用场景，进而提高其利用价值。

**1. 化学改性法**　一般是指采用适宜的化学试剂，在特定的反应条件下，将高聚合度的膳食纤维多糖链进行剪切分解，从而生成一些新的低聚类碳水化合物，或导入一些新的特定官能团（如乙酰基、羧甲基、硫酸基等），来改善苹果膳食纤维的功能性质。化学改性常用的是酸或碱改性法，葛邦国等（2007）采用稀酸和稀碱对苹果渣膳食纤维进行改性处理，结果表明碱法处理的苹果膳食纤维中可溶性膳食纤维含量由原来的8.45%增加至11.1%。虽然酸碱等化学改性方法效果显著，但由于其处理时间较长、非必要的化学反应较多、后续工艺比较复杂等因素影响，导致其工业化应用有很大局限性，所以通常会被作为一种预处理的手段，协助后续改性反应的进行。此外，还有将苹果膳食纤维的特定多糖链定向引入具有功能活性的特定官能团，此类官能团在适宜的取代度条件下能够改善苹果膳食纤维的生物活性。陈雪峰等（2010）对苹果半纤维素A进行分离提取实验，并引入硫酸基团进行硫酸酯化改性，得到了硫酸酯化产物。杨阳等（2014）对苹果可溶性膳食纤维进行硫酸酯化改性，制备出硫酸酯化可溶性膳食纤维的硫酸基取代度为1.29。由以上研究可知，化学改性方法对提高苹果膳食纤维的生物功能活性具有重要作用。

**2. 物理改性法**　一般指采用特定的设备设施，通过其物理及化学作用力来处理苹果膳食纤维的方法，常见的方法有各种超细化粉碎、挤压膨化、压差膨化、蒸汽爆破等，通过此类设备的作用达到苹果膳食纤维结构部分断裂和部分组织形态改变的效果。陈雪峰等（2014）采用单螺杆挤压机对苹果膳食纤维进行改性处理，得到改性后苹果膳食纤维可溶性纤维含量提高到24%，并且结合水的能力显著提高。刘素稳等（2012）对苹果渣进行超细化粉碎处理，与粗破碎相比，苹果渣膳食纤维休止角和滑动角增大为65°和73°，水溶性增加到36.7%。

**3. 生物学改性法**　常用的有生物酶法和发酵法。生物酶法改性主要指通过外源加入酶制剂，使苹果膳食纤维中部分杂质（如蛋白质和多糖等）发生分解，从而提高其水溶性成分含量的方法。虽然酶法改性膳食纤维方法效率高，但是由于酶制剂的成本相对较高，在实际生产应用中受到成本问题的制约限制。发酵改性法是选择适宜的微生物，通过微生物的生长代谢来实现分解大分子组分的目的，从而提高膳食纤维中水溶性成分的含量。研究表明，将多种改性方法结合起来组合使用对膳食纤维进行改性，往往会取得更理想的效果。陈雪峰等（2014）在苹果膳食纤维挤压改性过程中，将挤压膨化和化学改性方法进行组合应用，结果表明苹果水溶性膳食纤维含量明显高于单一改性方法。

## 四、苹果渣膳食纤维脱色

膳食纤维可广泛用于食品各领域中，苹果渣膳食纤维可以加入面制品中代替部分面粉。由于苹果渣膳食纤维加工过程中受美拉德反应等褐变因素影响，颜色比较深，添加到面粉或其他颜色较浅的果蔬粉中，会影响产品感官，因此需对苹果渣膳食纤维进行脱色处理，以便进一步拓宽其应用场景。常用的脱色剂有二氧化氯、过氧化氢、次氯酸盐、臭氧等，它们的脱色原理都是利用氧化剂与发色基团反应，去除纤维中带色杂质来实现对膳食纤维的脱色。Renard 等（1996）对果渣膳食纤维进行了漂白处理研究，分别使用了酸性 NaCl 溶液、碱性 NaClO 溶液、$H_2O_2$ 溶液等处理干果渣，实验结果表明 $H_2O_2$ 溶液处理膳食纤维的漂白效果最好，$ClO_2$ 等处理由于在脱色反应中有氯的参与，使脱色后膳食纤维带有氯味，所以在膳食纤维脱色处理过程中不宜应用。另外，陈雪峰等（2014）利用 $H_2O_2$ 对苹果渣膳食纤维进行脱色处理后，得出苹果膳食纤维的吸水特性、膨胀特性均有不同程度的下降，但脱色后苹果总膳食纤维含量有所增加、纯度有一定程度提高（乐胜锋，2010）。

## 五、苹果渣膳食纤维应用

### （一）苹果渣膳食纤维的制备及改性工艺流程

苹果渣→烘干→除杂→清洗→漂白→清洗→干燥→粉碎→膳食纤维半成品→改性→苹果渣膳食纤维产品

### （二）苹果渣膳食纤维制备及改性操作要点

原料选择与烘干：苹果渣原料选择生产苹果汁、罐头等苹果加工制品的企业生产过程产生的新鲜苹果渣，于 80 ℃条件下烘干贮存。

除杂、漂白：按 1：8 的料液比，常温下在 pH 为 13 的碱液中浸泡 1 h 去除杂质，用清水洗涤数次后，再在 8% $H_2O_2$、80 ℃、pH 为 9、料液比 1：8（按干渣质量计算）溶液中漂白处理 80 min。

洗涤、干燥、粉碎：洗涤数次，80 ℃干燥，粉碎过 20～30 目筛，所得即为苹果渣膳食纤维半成品。

苹果渣膳食纤维改性：可以采用物理方法、化学方法或生物学方法改性，改性后苹果渣膳食纤维中可溶性膳食纤维含量大幅提高。

### （三）苹果渣膳食纤维的应用

王锐平等（2006）研究在桃酥中添加苹果渣膳食纤维，发现苹果渣膳食纤维的粒径越细，桃酥产品的感官组织结构越好，苹果渣膳食纤维的粒度≥140 目时，咀嚼口感适宜。石晓等（2006）研究了苹果渣可溶性膳食纤维在酸奶中的应用，结果表明添加量为 4 g/100 g 时，效果显著。Masoodi 等（2002）将苹果渣粉碎至 30、50、60 目添加到面粉中，实验表明，添加的苹果渣越多越细，面粉的黏性、重量、柔韧性和均匀度均有了很大的提高。Leontowicz 等（2001）证实苹果渣膳食纤维显著地防止了血脂和 HDL-PH 的升高（$P<0.05$）；不影响脂质过氧化物的水平；其水溶性膳食纤维具有降血脂特性。Niwa 等（2002）通过大鼠试验研究了苹果膳食纤维对吗啡诱导便秘的影响，结果表明：对照组给予吗啡后，粪便数量和干重减少，呈计量效应关系，进而小肠和大肠蠕动减少；饲喂苹果纤维的试验组无论是否给予吗啡，其粪便数量和重量增加，肠道蠕动改善；膳食纤维还能够增加盲肠短链脂肪酸（SCFAs）浓度；以上结果说明膳食纤维具有通过增加盲肠 SCFAs 浓度来预防吗啡诱导便秘和促进大鼠肠道蠕动的作用。此外 Oshida 等（2002）研究发现，用含有来自苹果渣的膳食纤维和多酚的饲料饲喂育肥猪后，其粪便中的双歧杆菌增多，猪肉的粗蛋白增加，猪肉的胆固醇下降。

# 第五节 苹果多酚类的提取利用

## 一、概况

苹果皮渣中除了含有丰富的膳食纤维外，多酚类也是苹果疏果和皮渣中重要的生物活性成分。

苹果多酚（apple polyphenols，AP）是苹果中多酚的总称，主要由一个或多个苯环与多个羟基结合而成，种类主要有黄烷醇、绿原酸、儿茶素、黄酮醇、花青素、根皮素、原花青素和原花色素。具有抗肿瘤、抑菌、抗氧化、抗病毒、抗过敏、抗癌等功能活性，是国际天然产物资源研究领域的热点之一。苹果多酚提取纯化技术是苹果多酚的主要研究方向，通过物理、化学和生物学方法提高苹果多酚的提取率和产品纯度，是苹果多酚研究与应用的重要环节。

苹果中多酚的组成和含量主要受地理环境、成熟度、品种、栽培方式和贮藏条件影响。在苹果多酚的定性分析中，随着仪器分辨率和精密度的提高，越来越多的酚类成分被鉴定出来。苹果中的多酚主要包括酚酸、黄烷醇、黄酮醇和花青素等。近年来，研究人员利用高分辨质谱法测定了 4 个苹果品种果肉和果皮中的结合酚和游离酚含量，鉴定出 25 种酚酸，其中羟基苯甲酸 8 种，羟基肉桂酸 11 种，除 4-羟基苯甲酸、阿魏酸、肉桂基奎尼酸、原儿茶酸、香草酸和绿原酸外，其余酚酸均以结合态存在。通过高效液相与高分辨率质谱联用测定了不同品种苹果果皮和果肉中的多酚成分的差异，共鉴定分离出 50 多种化合物，包括 21 种原花青素、9 种酚酸、15 种黄酮醇、5 种异戊二烯苷和 2 种羟基查尔酮（姚红娟，2014）。

苹果多酚的定量分析显示出高度的差异性，但各成分的相对含量在特定苹果品种中是一致的。有研究人员测定法国苹果中总酚含量最低为 0.9 mg/mL，最高为 2.2 mg/mL（Urska，2004）。苹果和苹果皮中各种多酚湿质量含量高达 1.4 mg/mL，二氢查尔酮的湿重含量为 0.05～0.40 mg/g，黄酮醇的湿重含量为 0.15～0.70 mg/mL，黄烷醇的湿重含量范围为 0.2～1.0 mg/mL。此外，多酚在苹果果实中分布不均，果肉中绿原酸的含量高于果皮，果皮中含有大部分槲皮素复合物。有研究表明，苹果汁中总酚含量可达 315 mg/L，酚酸含量最高为 454 mg/L，二氢黄酮醇含量最高为 37.0 mg/L，二氢查尔酮含量最高为 187.7 mg/L。有关苹果多酚总量和成分的定量分析的研究较多，但是不同品种的数据变异范围较大，需要加大采样量和采样范围，才能对苹果多酚的具体含量做出准确的测定。

黄酮类化合物是苹果多酚类化合物的重要组成部分，占苹果总抗氧化能力的 45%～48%。苹果是人类黄酮类化合物的主要膳食来源，占美国人总膳食类黄酮摄入量的 22%，是芬兰人饮食中类黄酮的第二大来源，是荷兰人的第三大来源。已有研究表明，苹果中含有五大类黄酮类化合物，即黄酮醇、黄烷醇、花青素、二氢黄烷醇和二氢查尔酮。苹果品种对黄酮类化合物的含量和种类有很大影响，不同品种的苹果所含的主要黄酮类化合物不同，含量也有很大差异（李红，2003）。聂继云等（2013）分析了山荆子、红果海棠、花冠海棠等 22 种苹果种质资源果实中的黄酮类化合物，发现果实中总黄酮含量在 3.7～

24.2 mg/mL 之间变化。

苹果中检测到的黄烷醇有儿茶素、表儿茶素、没食子酸、原花青素 $B_1$、原花青素 $B_2$、原花青素 $B_3$、原花青素 $B_4$、原花青素 $B_5$、原花青素 $C_1$ 和原花青素低聚物，其中大部分为低聚物。黄酮醇类是山柰酚、芦丁、槲皮素 3-糖苷，这些糖苷包括吡喃阿拉伯糖苷、吡喃半乳糖苷、吡喃葡糖苷、葡糖苷、鼠李糖苷、木糖苷和呋喃阿拉伯糖苷。二氢查尔酮是根皮素、3-羟基根皮素、根皮素木糖苷、3-羟基根皮素 $2'$-葡萄糖苷、3-羟基根皮素 $2'$-木糖苷。花青素仅存在于红色果实中，种类包括矢车菊素 3-阿拉伯糖苷、矢车菊素 3-木糖苷、矢车菊素 3-半乳糖苷。二氢黄酮醇只发现了 1 种，二氢槲皮素只在苹果皮中发现，槲皮素也仅存在于苹果皮中。

## 二、加工过程中多酚营养品质变化

苹果汁加工过程中存在的主要问题是褐变，褐变是影响加工产品感官品质和营养价值的主要因素，而多酚是引起褐变的主要物质。在不同的酚类物质中，与褐变相关性较高的酚类物质为原花青素、儿茶素、表儿茶素和黄烷-3-醇单体，可能是引起褐变的主要物质，而绿原酸与褐变的相关性较低。

多酚的褐变程度与多酚氧化酶的活性密切相关。研究表明，苹果汁在 30 MPa、55 ℃下用超临界 $CO_2$ 处理 1 h，残留酶活性仅为 38%。在贮藏过程中，用超临界 $CO_2$ 处理的苹果汁的鲜艳色泽明显下降，红值略有增加，但黄值没有变化。与未经处理的苹果汁相比，总色值差异明显更小，通过增加压力水平和灭活酶活性，颜色和褐变程度的变化更小。非酶褐变是苹果产品色值不佳的另一个重要原因，非酶褐变包括通过美拉德反应、焦糖化反应和抗坏血酸氧化产生 5-羟甲基糠醛（5-HMF），在一定温度（40 ℃）下，由于 5-HMF 的形成发生褐变（朱丹实，2020）。

以 NFC 果汁的生产工艺为例，国光苹果打浆后黄酮含量为 0.18 mg/g，酶解后黄酮含量增加。苹果组织中的果胶物质被完全分解成小分子后，黄酮类物质得到充分释放，从而增加了黄酮类化合物的含量。黄酮类化合物广泛存在于果蔬的二次代谢物质中，苹果渣中含有丰富的抗氧化和抗菌活性物质，在过滤去除苹果渣的过程中会导致苹果汁中黄酮类化合物含量下降。温度对黄酮含量的影响很大，一般杀菌温度为 85 ℃，滤汁中黄酮的含量随着杀菌温度的升高而降低（朱丹实，2020）。

真空加热浓缩汁在整个贮藏期间黄酮类化合物含量从 27.6 mg/100 g 下降到 19.1 mg/100 g，而冰温浓缩汁中的黄酮类化合物含量从 29.6 mg/100 g 变为 24.5 mg/100 g，保留率相对稳定，为 82.94%，结果表明冰温浓缩汁有利于总黄酮的保留。加热处理的浓缩果汁中的黄酮可能会在贮藏期间参与果汁的沉淀，导致不稳定的变化。有研究学者发现热处理引起的类黄酮含量不稳定，温度越高类黄酮越容易降解。冰温和加热两种浓缩方式中黄酮类化合物变化趋势不同的原因可能是黄酮类化合物的聚合降解、黄酮类化合物的相互转化以及果汁本身的特性（朱丹实，2020）。但曾庆帅（2011）对荔枝汁的研究表明，25 ℃时总黄酮含量先下降后上升，整体上升 16%。因此，果汁中总黄酮含量的变化规律及机制有待进一步研究。

### 三、苹果多酚提取方法

#### (一) 溶剂提取法

苹果多酚提取的溶剂主要是有机溶剂，基于物质相似相溶的原理。苹果多酚中的酚羟基以氢键的形式与蛋白质等大分子形成稳定的结构。甲醇、乙醇、丙酮等亲水性有机溶剂可破坏氢键，提高苹果多酚的提取率。从工业苹果渣中提取多酚，最佳提取条件为乙醇体积分数 54.5%，提取时间 3 h，提取温度 65 ℃，此时苹果多酚的含量为 4.5 mg/g（王晋杰，2000）。溶剂萃取法具有萃取率高、操作简单、对工业生产设备要求低等优点，但存在有机溶剂消耗量大、有机溶剂残留量大、生产成本高等缺点。辅助物理、化学和生物方法提高苹果多酚的提取率，减少有机溶剂的用量，减少产品中有机溶剂的残留，将是苹果多酚溶剂提取的一个重要研究方向。

#### (二) 超声波辅助提取法

超声波辅助萃取过程会产生热效应、空化效应和机械效应，多级效应会产生高剪切力，结合产生微射流加速苹果细胞壁破裂，增强溶剂渗透，提高传质效率，缩短提取时间，从而提高苹果黄酮提取率和提取效率。王英等（2011）确定了超声波辅助提取苹果果皮中类黄酮的工艺条件，提取时间为 20 min，料液比 1:25，酒精浓度为 60%，提取温度为 60 ℃，得率为 27.6 mg/g。田莉等（2017）采用真空耦合超声提取技术从红富士苹果渣干粉中提取苹果多酚，在乙醇浓度 50%、提取温度 50 ℃、真空度 0.08 MPa、提取时间 13 min、超声波功率 420 W 条件下，苹果多酚的得率为 6.5 mg/g。齐娜等（2016）采用响应面法优化超声辅助提取新疆红肉苹果多酚的条件，在固液比 1:4、超声功率 380 W、提取温度 62 ℃、提取时间 20 min 条件下，新疆红肉多酚的含量为 2.14 mg/g。研究表明，低功率超声对苹果多酚大孔吸附树脂的吸附和解吸具有积极作用，也能明显促进苹果多酚大孔吸附树脂的吸附动力学过程，提高苹果多酚的吸附能力，提高苹果多酚的大孔吸附树脂解吸率，苹果多酚回收率高达 120%。超声波辅助提取法具有提取率高、速度快等优点，但是超声波辅助设备体积一般较小，单次生产量较小，工作过程中会产生噪声污染，因此企业工业化生产存在一定困难。

#### (三) 微波辅助提取法

微波辅助提取技术的主要原理是高频电磁波可直接作用于提取物细胞系统，细胞内含有的水分子等极性物质快速吸收微波并产生大量热量，细胞因内部受热膨胀而发生破裂或破碎，加快提取溶剂的渗透，从而提高苹果多酚的提取效率。Bai 等（2010）研究发现，当微波功率 650 W、萃取时间 50 s、乙醇体积分数为 60%时，微波辅助法的多酚得率提高了 35%。李健等（2015）研究发现，当乙醇体积分数为 50%、微波功率 640 W、提取时间 70 s、料液比 1:14 时，微波辅助法提取苹果多酚提取率达 10 mg/g。在苹果渣原料预处理过程中，榨汁会使苹果多酚有一定的损失，干燥、粉碎过程产生的高温和氧化也会导致苹果多酚的损失，因此工业苹果渣干粉和新鲜苹果渣中苹果多酚含量差异显著。微波辅助法提取苹果多酚效率高、产品安全无污染，但因设备要求限制，其在工业化生产中的技术应用尚不成熟。

#### (四) 超临界 $CO_2$ 流体萃取法

超临界流体是指处于临界点的流体，处于气体和液体之间的特殊状态，如图 6-5 所示。$CO_2$因其无毒、稳定、易分离等优点，常被用作溶剂。超临界$CO_2$流体萃取技术以$CO_2$为溶剂，改变超临界状态下$CO_2$的临界压力或温度，从提取物中提取生物活性物质。超临界$CO_2$流体萃取的活性成分纯度高、无溶剂残留、质量好，但提取率偏低，通常借助醇、水等介质联合提取以提高提取率。魏福祥等（2006）采用超临界流体萃取苹果渣中的黄酮，将苹果渣过 40 目筛，在压力为 35 MPa，温度为 50 ℃，$CO_2$流量为 50 kg/h 条件下萃取 3 h，苹果黄酮得率为 0.1%。Elizabeth 等（2012）在原料粒径 250 $\mu$m、萃取温度 60 ℃、助溶剂$CO_2$流量为 25 mL/min、压强 60 MPa、静态提取时间 5 min、动态提取时间 10 min 的条件下，苹果多酚提取率为 0.98 mg/g，表儿茶素提取率为 288.3 $\mu$g/g。超临界$CO_2$流体萃取技术的工业化设备设计改造、成本控制和工业化生产工艺优化是今后超临界$CO_2$流体萃取技术提取苹果多酚的研究重点。

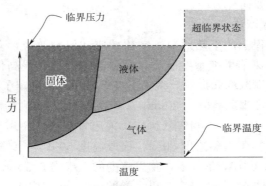

图 6-5　超临界萃取机理

### （五）生物酶解提取法

生物酶具有高效、专一等特点，生物活性物质提取常用的生物酶类有纤维素酶、果胶酶、木聚糖酶及酯酶等。这些酶类可以降解苹果组织中的细胞壁和细胞间物质，增加溶剂渗透作用，提高传质效率，从而提高活性物质提取率。王艳艳等（2016）在单因素实验的基础上，通过正交试验确定了纤维素酶从苹果渣中提取黄酮类化合物的工艺条件：酶浓度 0.2%，温度 60 ℃，时间 40 min，pH 5.2，得率为 0.56%，是传统提取率的 1.3 倍。王莉等（2012）采用角质酶在乙醇溶液中提取苹果多酚，当酒精体积分数 50%，料液比 1∶50，反应温度 37 ℃，反应时间 20 min，酶添加量 2 000 U/g，pH 7.5 时，苹果多酚提取率达 99.16%。袁晶等（2019）采用超声波辅助复合酶法提取苹果浆中苹果多酚，当复合酶添加量为 0.07%，酶解时间为 1 h，提取温度为 65 ℃，超声辅助时间为 10 min，苹果多酚得率为 2 mg/g，较未添加纤维素酶的得率提高了 25.56%。生物酶解提取法的提取速度快、提取率高、有机溶剂使用量少，但酶制剂成本高。

### （六）高压辅助萃取法

高压和超高压环境下，苹果组织细胞结构发生破裂和解体，可加快提取溶剂渗透，促使细胞内多酚成分快速释放，能够有效提高多酚提取率。研究表明，加压（7 MPa）条件下利用甲醇溶液提取金冠苹果皮中苹果多酚 5 min，其得率为 7.6 mg/g，与常压提取法相比，该方法大大缩短了提取时间。高压辅助法提取苹果多酚还可以有效提高苹果多酚的提取率和纯度。彭雪萍等（2008）采用超高压辅助法提取新鲜红富士苹果渣中苹果多酚，当压力 200 MPa、提取时间 2 min、固液比 1：6、酒精体积分数为 80％时，苹果多酚提取率高达 12％，纯度为 38％；与常压提取法相比，其提取时间缩短，苹果多酚提取率较常压提取高 20％，苹果多酚纯度提高了 30％。高压辅助萃取提取时间短、得率高，在过程中可实现密封和避光以减少光和氧气对苹果多酚的影响，因苹果渣中糖含量较高，高压辅助萃取法提取苹果多酚会受到一定影响。

### （七）其他提取方法

随着提取技术研究的不断创新，高新提取技术被应用于苹果多酚提取过程中。表面活性剂是一类具有长疏水链和离子亲水头的两亲分子，在临界胶束浓度以上，表面活性剂形成由亲水表面和疏水核组成胶束。这种特殊的结构使胶束能够与亲水或亲油物质建立化学和物理相互作用并提取酚类化合物。Liubov 等（2010）采用非离子乳化剂提取苹果多酚，当提取溶剂为 1.14％吐温 80，提取时间为 65 min，液料比为 100：1，pH 为 3.8 时，苹果多酚得率为 7.8 mg/g。Malinowska 等（2016）采用表面活性剂的水溶液从苹果渣中提取和分离苹果多酚，其提取率高于水、乙醇作为提取剂。

脉冲电场是一种非热加工技术，可在短时间内将高强度的电场脉冲作用于两电极之间。脉冲电场在细胞膜上引起跨膜电位差，当电位差达到临界值时，电击穿可导致膜电穿孔，增加细胞质膜的通透性，使细胞内的活性成分更容易释放。Lohani 等（2016）采用脉冲电场辅助提取苹果渣中苹果多酚，当料液比为 10：1、电场强度为 4 kV/cm、提取时间为 800 μs 时，与普通溶剂提取法相比，苹果多酚得率提高了 37％。

## 四、苹果多酚分离纯化方法

由于苹果多酚提取技术选择性较差，提取制备的苹果多酚的粗提物纯度较低，苹果多酚的功能活性因粗提物中含量偏低而受限制，因此苹果粗提物需进行有效纯化后才能得到高纯度产品。近年来，苹果多酚的提取、纯化技术水平不断提高，其提取率偏低问题已得到了有效改善。目前，常用的分离纯化技术有离子交换色谱法、高速逆流色谱法、大孔吸附树脂法、凝胶色谱法、固相萃取法、高效液相色谱法等。

### （一）大孔吸附树脂法

大孔吸附树脂主要通过范德华力和氢键来进行吸附，利用大孔树脂吸附苹果多酚，然后根据苹果多酚的性质，选择一个合适的溶剂解吸，从而达到苹果活性成分的吸附，用于净化目的。大孔树脂吸附率高、吸附容量大、易解吸、可重复使用、易工业化，在苹果多酚的分离纯化中应用非常广泛。研究人员利用 XAD-7HP 大孔吸附树脂纯化苹果渣中的苹果多酚，当提取液质量浓度为 1.5 mg/mL，pH 为 5.5，上样速度为 1.4 mL/min，洗脱液为 90％丙酮，洗脱率为 1.0 mL/min 时，纯度可提高 10 倍以上，达到 80％。利用 AB-8 大孔吸附树脂纯化苹果渣中的苹果多酚，纯化条件为 1.5 g/L 苹果多酚提取物，上样速度 1 mL/min，蒸馏水后用 50％丙酮洗脱，洗脱速度为 0.6 mL/min，苹果多酚的纯度为 80％（张泽生，2006）。Wang 等（2016）利用超声波辅助的 XDA-16 大孔吸附树脂纯化苹果皮多酚，在 50 W 功率下，苹果皮多酚的回收率提高了 30％以上。王英（2011）比较了 AB-8、DM-130 和 NAK-9 大孔树脂对苹果黄酮的吸附和解吸性能，选择 AB-8 纯化苹果黄酮。常用的树脂选择参数包括吸附容量、吸附速率、分析速率和朗缪尔常数。选择树脂后，通过单因素实验考察了影响树脂吸附性能的关键因素：上样液浓度、上样液 pH

值、上样液流速、上样液体积、洗脱液浓度、洗脱流速和洗脱体积。最后确定 AB-8 黄酮纯化工艺：吸附溶液浓度 0.64 mg/mL，pH 6.0，吸附流速 1 mL/min，解析乙醇浓度 70%，解析流速 1.6 mL/min，黄酮回收率 90%，苹果多酚纯度从 3.6% 提高到 92.5%。大孔吸附树脂纯化法产品纯度高、收率大、成本低，是目前工业生产中最常用的苹果多酚黄酮纯化方法，原理如图 6-6 所示。

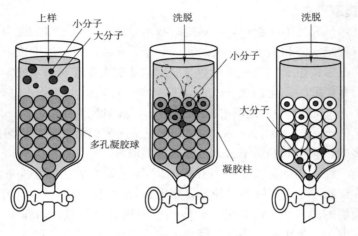

图 6-6　硅胶柱层析原理

## （二）固相萃取法

固相萃取法是根据分离纯化苹果多酚的性质选择固定相与流动相，由于固定相将苹果多酚、黄酮和杂质吸附并保留在固相萃取柱上的时间和能力不同，从而实现对苹果多酚、黄酮和杂质的高选择性分离，以纯化苹果多酚，原理如图 6-7 所示。研究人员采用固相萃取小柱对苹果多酚粗提液进行纯化，得到 7 种中性多酚和 3 种酸性多酚，分别纯化香豆酸、芦丁、咖啡酸、原花青素 $B_2$、根皮素、异槲皮素、槲皮苷、根皮苷、绿原酸等 10 种多酚单体（许先猛，2021）。张素宁等（2020）采用磁性固相-液相色谱法测定苹果汁中酚类物质，建立了高效液相色谱紫外分光光度计联用技术，检测方法非常可靠。固相萃取法纯化苹果多酚具有纯度高、质量高等优势，广泛应用于苹果多酚单体分离、纯化和鉴定。

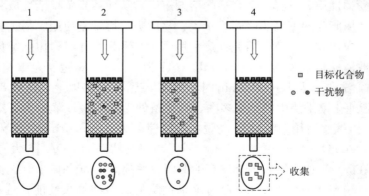

图 6-7　固相萃取法基本原理
1. 活化/平衡　2. 上样　3. 淋洗　4. 洗脱

### （三）其他方法

随着纯化技术研究的不断深入，高效液相色谱法、凝胶色谱法、高速逆流色谱法等新技术也被广泛应用于苹果多酚的纯化。Cao 等（2015）采用凝胶色谱-高速逆流色谱法纯化苹果多酚，从苹果渣中获得了 6 种主要的目标单体多酚：槲皮素-3-木糖苷、根皮苷、槲皮素-3-葡萄糖苷、绿原酸、槲皮素-3-鼠李糖苷和槲皮素-3-阿拉伯糖苷。研究人员采用硅胶柱色谱、高效液相色谱法、大孔吸附树脂、ODS 柱色谱等先后对苹果多酚进行提取和分阶段纯化，分离纯化出 25 种化合物，包括槲皮苷、槲皮素-3-$O$-$\beta$-$D$-半乳糖苷、根皮苷等，其中黄酮类成分占 40%。郭娟等（2006）采用凝胶柱色谱对苹果多酚粗提液进行吸附，采用 80% 酒精进行洗脱，纯化后的苹果多酚纯度达 84.7%。色谱法纯化苹果多酚具有产品纯度高的特点，在苹果多酚成分单体分离和鉴定中研究较多，但因设备价格昂贵及设备对工作环境要求高，在工业化生产上的应用较少。

## 五、苹果多酚的应用

### （一）苹果多酚在食品中的应用

苹果多酚具有抗氧化、抗衰老、降血糖、抗肿瘤、抗辐射、抗过敏、保护牙齿、增强免疫力等多种保健功效，可作为一种高效的天然抗氧化剂应用到食品工业中，能够提高食品的货架期，改善产品质量，增加产品附加值。也可作为配料应用于功能性食品的开发生产，以满足人体对保健食品的需求。

化学保鲜剂随着其用量与使用时间增加，越来越多的菌株出现抗药性。苹果多酚具有良好的抗氧化与抑菌特性，可作为天然抗氧化剂与防腐剂应用于水产品保鲜中。植物多酚能抑制希瓦氏菌与假单胞菌等优势腐败菌的生长，延长水产品的货架期。苹果多酚还能消除水产品的腥臭味，改善水产品的色泽，添加了苹果多酚的鱼在 10 d 后仍保持良好的新鲜度。苹果多酚还具有良好的抑制口臭的作用，可用于口香糖的生产中，国外已有相应产品上市。

苹果多酚可以用作酒类和饮料的澄清剂，多酚的酚羟基利用氢键与蛋白质中的酰胺基连接后，能使明胶、单宁形成复合物而聚集沉淀，同时捕集和清除其他悬浮固体。苹果多酚可以抑制维生素的降解，对饮料具有良好的护色作用，使饮料在保质期内保持色泽鲜艳（孟岳成，2005）。在新鲜水果和蔬菜上喷洒低浓度的苹果多酚溶液，可抑制细菌繁殖，保持水果、蔬菜原有的颜色，达到保鲜防腐的目的，并且不会污染水果和蔬菜。苹果多酚还可应用于卤肉的保鲜中，通过与其他抗氧化剂复配制成新型卤肉保鲜剂，对卤肉进行涂膜保鲜，提高了卤肉的抗氧化性，延长了货架期。另外，苹果多酚在面包、糕点及油脂的生产中也有广泛应用。

### （二）苹果多酚在化妆品中的应用

在化妆品领域，苹果多酚通常作为活性成分添加在面膜、爽肤水、精华素、精华液等中，起到抗衰老、抗辐射、抗氧化、美白保湿等多重作用。苹果多酚具有良好的附着力，可以维持胶原蛋白的合成，抑制弹性蛋白酶，协助身体保护胶原蛋白，提高皮肤弹性，从而避免或减少皱纹的产生，保持皮肤的细腻外观。对因皮肤老化、皱纹、色素沉着等引起的不良后果有独特的功效。

### （三）苹果多酚在其他方面的应用

苹果多酚与大分子聚合物相连，形成的聚合物具有多酚的性能特性，如将抗菌滤网吸水性树脂连接多酚，用抗菌材料制成的纸尿裤类产品具有广阔的市场。由于工业的发展，大量酚类物质进入水环境，与金属离子发生反应，沉积在河底的淤泥中，对水生生物造成危害。如果将植物多酚连接到聚合物链上，不仅可以减少植物加工过程中排放的酚类废物对环境造成的破坏，还可以作为产品，对含有重金属离子的废水进行回收利用。此外，多酚对酶活性的抑制作用可用于控制植物中多酚的含量，对害虫产生阻食性，减少植物病虫害。

经过多年的研究、实验及开发应用，苹果多酚以其优越的功能特性备受人们青睐。目前，苹果多酚制品已被广泛应用到食品、医药、日用化工品等领域。苹果多酚的工业化生产尚处于起步阶段。因此，开展苹果多酚提取、纯化、应用研究，对于加快苹果多酚商业开发步伐、延长苹果加工链条、增加苹果加工企业利润、增加农民经济收入、减少环境污染、构建和谐文明社会，具有深远的现实意义和社会意义。

# 第六节　苹果籽油加工技术及应用

## 一、概况

苹果皮渣中除了膳食纤维、多酚外，苹果籽也是苹果皮渣的主要组成部分，苹果籽中含有丰富的不饱和脂肪酸和蛋白质等。

近些年国内外对水果籽油的研究文献比较丰富，特别是对葡萄籽油的研究比较全面系统，但对苹果籽油的研究报道相对比较少，已有的文献研究主要集中在苹果籽的化学成分组成、营养理化特性以及分离纯化工艺技术的优化方面。李志西等（2005）对苹果籽的主要化学营养成分，包括脂肪酸、氨基酸组成以及理化特性进行了分析测定，结果表明，苹果籽的含油率约为27.7%，主要由5种脂肪酸构成苹果籽油的主要成分，其中不饱和脂肪酸含量达到89.33%，苹果籽蛋白质含量34.0%、水分10.2%、总氨基酸含量31.81%，并且还含有多种微量元素，是一种营养丰富的功能食品原料，具有良好的开发潜力。洪庆慈等（2004）对甲醇提取后的苹果籽粗提物进行了研究，发现提取物中很可能含有酚类的还原性物质和糖苷等物质。Lu等（1998）对用正己烷提取的苹果籽粗提物进行了GC-MS系统分析，得到脂肪酸（80.91%）为其最主要成分，如表6-9所示，主要包括亚油酸（51.15%）、棕榈酸（10.49%）、亚麻酸（5.60%）、硬脂酸（4.33%）、油酸（4.12%）等。

表6-9　苹果籽油组分分析

| 类别 | 组分 | 所占比例/% |
|---|---|---|
| 总脂肪酸 | 棕榈酸 | 10.49 |
| | 硬脂酸 | 4.33 |
| | 油酸 | 4.12 |
| | 亚油酸 | 51.15 |
| | 亚麻酸 | 5.60 |
| | 其他 | 5.22 |
| 非脂肪酸组分 | 角鲨烯 | 3.40 |
| | 二十九碳烷 | 3.59 |
| | 其他 | 12.1 |

苹果籽油中含有丰富的不饱和脂肪酸，其中亚油酸含量高达50%左右。近些年的大量文献研究结果表明，共轭亚油酸具有调节物质代谢、增强免疫双向调节、预防动脉粥样硬化等重要生理功能（冯有胜等，2007）。因此，苹果籽油在抗氧化、免疫调节、预防动脉粥样硬化和降脂减肥等方面具有潜在的生理功能和良好的应用前景。

## 二、苹果籽油加工过程中的营养成分变化

苹果籽油中含有丰富的亚油酸等不饱和脂肪酸，在加工过程中，特别在提取、精炼、贮存以及运输过程中，尤其是涉及热加工时，极易导致不饱和脂肪酸组分的氧化酸败。

## 三、苹果籽油提取方法

### （一）物理压榨法

物理压榨法是借助机械外力的压榨作用，将油脂从待榨物料中挤压出来的一种分离提取方法，是目前国内植物油脂分离提取的最主要方法之一。物理压榨法分为热榨法和冷榨法。热榨法首先去除物料中的尘土类杂质，再进行破碎、蒸炒、挤压等工序，以促进油脂分离、提取。近年来，为保证所得油脂的天然健康，多采用冷榨法进行植物油的生产，即不需要蒸炒等高温处理工序，在较低温度下分离提取所需油脂。物理压榨法具有比较好的普适性，生产工艺操作简单，设备设施操作维修方便，生产规模自由度高，在植物油的分离提取生产中具有较好的普适性，同时没有引入易燃易爆等有机溶剂的使用，生产相对比较安全。按照压榨设备类型来分，物理压榨法提油可分为液压机榨油和螺旋机榨油两种形式。其中，液压榨油设备又可以分为立式和卧式两类，目前使用比较广泛的是立式液压榨油机。但物理压榨法普遍存在出油率偏低、劳动强度较大、生产效率较低等不足，另外，由于压榨过程中有物料蒸炒的工序，使得苹果籽物料中蛋白质受热变性严重，进而导致油料资源综合利用率低。

### （二）浸出法

浸出法是利用固相-液相萃取的原理，采用能够溶解油脂的有机溶剂，经过其与含油物料的接触（如浸泡等），使油料中的油脂被萃取出来的一种方法，一般采用先物理压榨预处理后再浸提的方式。常见的浸出溶剂有石油醚、乙醚、丙酮等，其中最典型的是6号溶剂，其主要成分为六个碳的烷烃和环烷烃，沸点一般在60～90℃。由于6号溶剂是从石油中提炼的产品，而石油能源短缺、市场价格高，且残余的有机溶剂会对苹果籽饼粕与苹果籽油的质量安全产生影响，因此需要考虑开发替代溶剂。浸出法具有劳动强度低、生产效率高、出油率及出油质量优、适于大规模和自动化生产等优点；其缺点是浸提萃取出来的毛油含非油物质较多，颜色较深，质量较差，并且浸提所用溶剂易燃易爆并有一定的毒性，易造成溶剂残留。

### （三）新兴果蔬籽油的提取方法

**1. 水酶法** 水酶法是一种新兴的籽油与蛋白质分离的方法。它的原理是采用生物酶进行油脂分离，首先对油料进行细胞破壁，再利用生物酶（如果胶酶、纤维素酶、蛋白酶等）对果蔬籽细胞壁及其内部的脂蛋白和多糖等物质进行降解，从而释放出油脂，再根据非油成分（如蛋白质和碳水化合物）对油和水亲和力的不同及油水比重的差异将油与非油

成分分离。该方法的优点是不使用有机溶剂和高温高压等条件，与传统工艺相比，水酶法具有反应条件温和，降解产物性质较为稳定，可以有效地保护油脂、蛋白质等可利用功能成分。

**2. 超临界萃取** 超临界流体的物化性质是介于气体与液体之间的，其密度更接近液体，因此具有良好的溶解性；其黏度更接近气体，因此具有良好的流动性。此类特性使得超临界流体的渗透和萃取作用都比较强，传质速度较快，使得溶剂进入组织内部更容易。而 $CO_2$ 具有临界温度（31.1 ℃）低、临界压力（7.38 MPa）小、分离萃取效果好等特性，使得 $CO_2$ 成为较广泛使用的超临界萃取物质。超临界 $CO_2$ 提取果蔬籽油有许多优点，如萃取温度低、工艺简单、节约能源，生物活性物质（多酚、黄酮等）损失少等。$CO_2$ 作为萃取溶剂，资源丰富、价格低、无毒、不燃不爆、不污染环境，且常温常压下为气体，提取的果蔬籽油无溶剂残留。超临界 $CO_2$ 萃取法的缺点也比较明显，如设备比较贵、生产成本较高、普及率低等，因此该方法的应用场景受到一定程度的限制。

**3. 超声波分离提取** 超声波分离提取是指频率大于 20 kHz 的声波，其具有定向、反射和透射等性质。超声波的波动形式具有方向性强的特点，可用于各类物质分析检测。超声波的能量形式可以改变介质形态，从而加速化学反应或触发新的反应。超声波作用原理主要体现为空化效应，并伴随热效应和机械效应。空化效应使界面扩散层上分子扩散加剧，在油脂分离提取过程中会加速油脂渗出速率，提高出油率。超声波提取技术具有适用范围广、性价比高、操作简便等优点。但是超声波提取过程会产生高温高压，易导致超氧自由基和不良风味的产生。

## 四、苹果籽油制备工艺操作要点及应用

### （一）苹果籽油的制备工艺流程
苹果籽原料→干燥→除杂→去皮、去壳→粉碎→提取→精炼→苹果籽油

### （二）苹果籽油的制备操作要点
原料选择：选择颗粒饱满、新鲜的苹果籽原料。

干燥：采用自然晾干或低温烘干等方式进行干燥。

除杂、去皮、去壳、粉碎：采用风选等方式进行除杂，根据提取的方式及要求选择粉碎的细度。

提取：苹果籽油提取的方法很多，如有机溶剂浸提法、索氏提取法、超临界流体萃取、超声波提取等方法，可根据实际需要选择合适的提取方法。

精炼：苹果籽油的精炼一般包括脱胶、脱酸、脱色、脱臭等过程。

### （三）苹果籽油的应用
苹果籽油作为一种功能性油脂，可直接以胶囊、口服液及瓶装油的产品形式开发成各类功能食品，也可经加工处理后应用于脂肪乳等产品中。还可作为功能配料应用于乳霜、洗发水等日用洗化用品加工。苹果籽油富含多种不饱和脂肪酸、微量元素等多种功能活性成分，具有抗氧化、免疫双向调节、抑制肿瘤、预防动脉粥样硬化及降脂减肥等生理功能，可作为功能配料应用于各类保健食品、医药用品等产品开发。

# 第七节 苹果籽蛋白提取技术及应用

## 一、概况

苹果籽中除了含有丰富的不饱和脂肪酸外，还含有丰富的蛋白质，对榨油后的苹果籽饼粕进行蛋白的提取纯化，可以为苹果资源的高值综合利用提供支撑。

大多数学者在苹果籽油及其功能性的测定方面的研究较多，而对苹果籽中蛋白质的研究较少。为了解决蛋白质资源匮乏问题，丰富植物蛋白的种类，应该充分进行苹果籽蛋白的研究与利用。

经国内学者对苹果籽蛋白的研究表明：苹果籽仁中含有易提取的粗蛋白48.85%～52.87%，根据计算，如果不充分利用这些蛋白质，每年将会有约1.3万t蛋白质被损失（李春燕等，2011）。经调研，目前市场上大豆蛋白价格超过5 000元/t，苹果籽蛋白价格更高。如果苹果渣中的苹果籽蛋白能够得到合理利用，果汁加工企业每年将会因此增加极大的经济收益。因此，对苹果籽蛋白质进行工艺提取，有利于苹果产业链的延长，苹果产品附加值的有效提高。

## 二、苹果籽蛋白加工过程中的营养品质变化

李春燕等（2011）对经提取分离之后的苹果籽中蛋白质组成进行了相应的研究，研究表明，苹果籽中含有的物质主要有碳水化合物、蛋白质以及脂肪等，尤其是蛋白含量很高，可达51.23%，比大豆蛋白含量略高。氨基酸的组成主要含17种，其中有9种是人体所需的必需氨基酸，第一限制氨基酸是色氨酸，第二限制氨基酸是苏氨酸。呈味氨基酸中属谷氨酸和天冬氨酸的含量较高，谷氨酸约78.9 mg/g，天冬氨酸约35.9 mg/g，呈味氨基酸占总氨基酸的44.48%。苹果籽中必需氨基酸占总氨基酸的比例约为34.32%。必需氨基酸与非必需氨基酸的比例约为0.52：1，非常接近WHO/FAO提出的理想蛋白质模式。其中必需氨基酸指数达到了80.82，为可用蛋白。以上数据证明苹果籽蛋白氨基酸种类齐全，比例适合，属于完全蛋白。虽然苹果籽蛋白含量高，然而在加工过程中，特别在高温或者强酸强碱的提取条件下，极易导致蛋白质和氨基酸变性、失去相应的营养价值。

## 三、苹果籽蛋白加工技术

### （一）沉淀分离提取技术

该提取方法主要通过改变蛋白质溶液条件，通过一定方法破坏溶液体系的稳定，由于蛋白质无法溶解，随即便从溶液中沉淀出来。沉淀蛋白质的方法，主要是破坏溶剂水化层和双电层结构、往蛋白质溶液中加入脱水剂等。由于蛋白质性质不同，多种多样的沉淀方法也就随即而生，例如盐析法、等电点沉淀分离法、有机溶剂沉淀法、其他沉淀法（雷学峰，2007）。另外，常用的蛋白沉淀剂主要有非离子聚合物、生物碱试剂、聚电解质、多价金属离子、经修饰或未经修饰的亲和配体等。

**1. 盐析法** 中性盐有硫酸盐、碳酸盐、氯化钠等，在苹果籽蛋白质溶液中加入以上

任意一种中性盐，当其处于低盐溶液中，苹果籽蛋白质的溶解度会增大，这被称为盐溶。当盐溶液增加到一定程度时，水分活度不断降低会导致蛋白质表面的电荷被中和，蛋白质分子表面水膜被破坏，蛋白质分子相互聚集而沉淀析出，这就是盐析。

盐析有很多优势，如成本低；无须复杂的设备，操作简单、安全以及蛋白质几乎不会受到破坏。但缺点是盐析后的蛋白质会夹杂不少盐分，还需要进行脱盐处理。

**2. 等电点沉淀分离法**　两性电解质分子在电中性时溶解度最低，同时不同的两性电解物质具有不同的等电点，通过这个原理进行分离。当两性电解质蛋白质的等电点静电荷为零时，蛋白质呈现溶解度最小状态，易聚集而形成沉淀。

等电沉淀法到目前为止发展的相当成熟，该方法简单易行，产品比较稳定。雷学锋（2007）采用等电点沉淀分离法进行苹果籽蛋白分离时，得到蛋白质组分氨基酸含量为61.65 g/100 g。

**3. 有机溶剂沉淀法**　将一定量的极性有机溶剂（如甲醇、乙醇、丙酮等）加入苹果籽蛋白质溶液中，通过改变溶液介电常数从而改变静电力，与此同时，有机溶剂与水溶液作用也会使蛋白质脱水而沉淀。利用改变分子间作用来达到蛋白质分离的方法被称为有机溶剂沉淀法。

有机溶液沉淀法有几个优点，如选择性高；得到的蛋白质不用脱盐处理；有机溶剂可通过挥发去除；因有机溶剂密度低，可通过离心分离沉淀物。同时，其缺点也不容忽视：有机溶剂有一定的毒性，得到的蛋白质有可能有有机溶剂的残留；沉淀的蛋白质有可能在操作过程中发生了变性。

### （二）膜分离提取技术

膜分离提取技术主要包括超滤，其原理是以压差为动力进行分离。选择孔径不同的微孔膜，根据截留分子量的大小分离300～1 000 kD的生物大分子物质。溶质或悬浮物料按大小不同而进行分离（陈全胜等，2004），溶剂以及小于膜的物质可以透过膜，而较大的物质则被截留。

膜分离的优势：在分离过程中仍可保持蛋白质的天然物理化学特性；无须加热，适用于热敏性物质，不添加任何化学试剂；与其他的分离方法相比，超滤设备以及工艺简单，耗能较低，滤膜可重复使用。

苹果籽蛋白的膜分离工艺流程：苹果籽→水浸提→经离心分离→超滤→蛋白质浓缩液→喷雾干燥或冷冻干燥→分离蛋白质粉。

### （三）温敏凝胶提取技术

该方法的操作过程：经过萃取得到苹果籽粗蛋白质母液，然后将其置于5 ℃的环境中，再加入聚异丙基丙烯酰胺凝胶，通过吸取盐分、水、糖类等小分子物质，对母液中的蛋白质进行提纯和浓缩，最后干燥可得分离蛋白质产品（赵宇等，2015）。

温敏凝胶提取技术的优势是提取出了酸沉性蛋白质，同时也保留了酸溶性蛋白质，得率得到有效的提高。该方法的缺点是凝胶的成本高，不利于大量生产；凝胶颗粒较小，很难从分离物中进行脱除。

### （四）水酶法提取技术

水酶法提取技术的原料是用复合纤维素酶处理苹果籽油，通过降解油料细胞壁的纤维素骨架、植物细胞壁，使油料细胞内的油脂、蛋白质成分得到充分游离，提高油脂提取率的同时获得高纯度的蛋白质。

水酶法的优势是处理条件比较温和，最终可以得到纯度高的蛋白质，水酶法在提取油脂和蛋白质过程中，会造成蛋白质水解，影响蛋白质得率，最终影响蛋白质的综合利用，所以需要对水解的蛋白质进行回收，一般采用超滤回收。

在水酶法提取过程中，水解后的水解液通过超滤装置（图6-8）进行蛋白质的回收，李丹丹等（2017）用水酶法提取葡萄籽油和蛋白质的研究表明，各因素对膜通量的影响主要有溶液质量分数、操作压力、溶液pH。经优化得到最优工艺参数，可以回收到最大蛋白质得率。

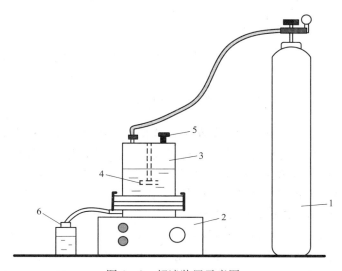

图6-8　超滤装置示意图

1.氮气瓶　2.磁力搅拌器　3.超滤杯　4.搅拌杯　5.进料口　6.出料口

### （五）泡沫分离提取技术

泡沫分离提取技术是以气泡作分离介质来聚集表面活性物质，从而达到分离的效果。根据分离对象的不同，将泡沫分离法分成泡沫分馏法和泡沫浮选法两大类，当分离对象是溶液时，被称为泡沫分馏法；当分离对象是固体粒子的悬浮液和胶体液时，被称为泡沫悬浮法。

苹果籽蛋白质的泡沫分离原理就是利用蛋白质与气体形成大量气泡，使具有表面活性的蛋白质在气液界面发生吸附，形成富含蛋白质的泡沫层。消泡之后，最终会得到高浓度的蛋白质溶液。

泡沫分离提取技术有间歇式、连续式和分级式三种操作方式，通过料液是否一次性加入、鼓泡时间是否连续和有无残液排出来判断间歇式和连续式；分级式是将回收的泡沫液再次鼓泡，有多塔多级和单塔多级两种形式。孙瑞娉等（2010）设计的两级泡沫分离提取技术，如图6-9所示，既能提高富集比又能增大回收率，第一级的泡沫分离使蛋白质的富集比尽可能高，第二级的泡沫分离使蛋白质的回收率尽可能高。比较不同操作方式及其相应回收率大小，可以发现两级泡沫分离的采用能够明显提高蛋白质分离效果。

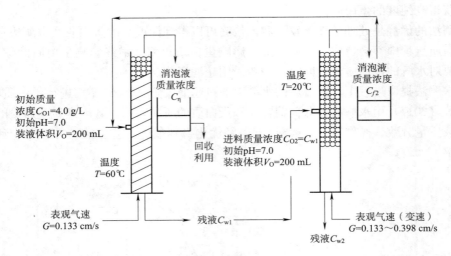

图 6-9 两级泡沫分离蛋白工艺流程图

泡沫分离提取技术的优势：设备简单，耗能低；分离过程无须化学试剂，分离成分纯净，降低了成本；操作条件温和，室温中即可进行，适用于蛋白质等热敏性和化学不稳定性物质的分离；适用于低浓度组分的浓缩和回收。此提取技术的缺点是气-液界面易诱导蛋白质变性，最终导致蛋白质活性收率降低。

### （六）反相微胶团萃取分离提取技术

反相微胶团是指表面活性剂在有机溶剂中形成聚合体（雷学峰，2007），其中心是表面活性剂的极性头组成的"水池"（孙小梅等，1999），同时非极性的尾朝外形成反相微胶团，有机溶剂借形成的反相微胶团可萃取水溶液中亲水的极性物质或带电荷物质。

反相微胶团分离蛋白质主要分成两部分：一部分是使蛋白质或酶等生物大分子存在于极性中心部分，形成反相微胶团；然后另一部分是将胶团送入到澄清器中，使反相微胶团和有机溶剂分离，随后将反相微胶团通过破乳使蛋白质得以释放分离。

## 四、苹果籽蛋白的典型应用

李春燕等（2011）采用沉淀分离法提取苹果籽蛋白质，从废渣中取出苹果籽，洗净，105 ℃烘箱烘 4 h 后置于 60 ℃烘箱中烘干至恒质量，粉碎后用超临界流体萃取脱去不饱和脂肪酸，碱提酸沉后静置离心，水洗后用真空冷冻干燥，即得苹果籽蛋白。

雷学峰（2007）采用等电点沉淀法分离提取苹果籽蛋白，工艺流程如图 6-10 所示。先运用单因素试验对提取四个主要因素进行分析，得到对苹果籽蛋白得率影响的主要因素。再通过正交试验来确定苹果籽蛋白质的最佳提取工艺条件。按照最佳工艺条件提取的苹果籽蛋白质提取液，再经离心得到苹果籽粗蛋白母液。再向母液中加入一定量盐酸溶液，调节母液的 pH 至蛋白质等电点附近，静置，苹果籽蛋白质会发生絮凝，最终沉淀下来，得到苹果籽蛋白质沉淀。用蒸馏水多次冲洗沉淀，后加入一定量的蒸馏水，一边打浆一边调节溶液 pH 到 7.00 左右，蛋白质浓度能达到 20%，通过喷雾干燥或者通过直接冷冻干燥得到苹果籽分离蛋白质。

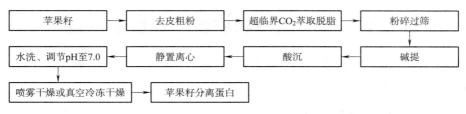

图 6 - 10　苹果籽蛋白质提取分离工艺流程图

# 第八节　苹果副产物生物基质制备技术

苹果副产物除了以上的高值功效成分的提取开发之外，还可以进行基质化应用。

## 一、苹果副产物生物栽培基质制备技术

蔬菜育苗需要用到大量的培养基质，目前主要采用以草炭等为基料的混合基质进行生产。但随着产业需求量持续增大以及草炭等资源开采的限制，草炭等原材料价格持续上涨，导致蔬菜育苗成本持续攀升。苹果皮渣等副产物产出量大，营养丰富，可部分替代草炭土。研究发现，在黄瓜等蔬菜育苗中用 20%～50% 的苹果渣替代草炭，有利于提高蔬菜幼苗的出苗率和壮苗指数，利于幼苗生长（周波等，2012）。

近年来我国工厂化食用菌种植面积及产量迅速攀升，对栽培基料的需求日益增加，棉籽壳、玉米芯等原料价格持续攀升。苹果渣自身富含多种营养成分，且其原料偏酸性，较适宜作为栽培基料原料，用于白灵菇、猴头菇等食用菌栽培。研究表明，按照干苹果渣78%、麸皮 18%、石膏 1%、蔗糖 1%、生石灰 2% 的调配比例配制栽培基料，用于猴头菇、白灵菇等食用菌栽培，其菌丝生长情况及产物蛋白含量都优于传统的棉籽壳培养基，且经发酵培养后其蛋白质含量提高 5 倍以上（刘芸等，2010）。

## 二、苹果副产物生物发酵基质制备技术

多项研究表明苹果渣可以作为单一原料采用固态发酵方式生产乙醇，进而生产低度乙醇饮料及生产果酒、苦艾酒、白兰地等系列产品。目前常采用霉菌、酵母菌等复合发酵形式。Ngadi（1992）考察了苹果渣不同含水量对固态发酵的影响，结果表明，在 77% 和 85% 含水率条件下，乙醇最大得率分别可达 18.1% 和 19.3%。目前产业化柠檬酸生产主要以薯干淀粉、玉米淀粉、稻米、玉米粉和小麦等为原料，但伴随世界粮食危机的持续加剧，新的原料途径开发已势在必行。苹果皮渣产量大，营养丰富，十分适宜作为生物发酵基用于柠檬酸的生产。以黑曲霉作为发酵菌种，以苹果渣作为基质，通过固态发酵生产柠檬酸，柠檬酸得率可达 78 g/kg 苹果渣。苹果渣还可以作为生物发酵基质在厌氧发酵条件下生产沼气，苹果渣有机物的转化率达到 80%。沼气中甲烷含量达到 60%（于滨等，2012；东莎莎等，2017）。

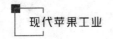

# 第九节 苹果副产物肥料与饲料制备技术

苹果副产物除了以上的基质化应用，还可以进一步发酵制备肥料和饲料，拓展苹果副产物的多元化综合利用。

## 一、苹果副产物肥料制备技术

苹果皮渣中富含糖类、纤维素、淀粉及微量元素等营养组分，可利用固态发酵技术生产有机肥料和微生物肥料，实现资源全值、高值化利用。

目前以苹果皮渣等废弃物为原料生产有机肥料的方法主要分为沤肥和堆肥两种形式。其中堆肥又可分为高温堆肥和普通堆肥两种，堆肥主要是在有氧条件下堆制。普通堆肥方式堆肥温度相对较低，堆肥温度变化较小，腐熟相对较慢，而且堆肥过程中还会混入较多的泥土。高温堆肥通常以农作物秸秆等具有较高纤维素含量的农业废弃物为主要原料，再添加适量畜禽粪尿，堆腐过程产生较高的堆肥温度（50~70 ℃），具有堆腐时间短、肥料质量好等特点。沤肥要求在厌氧条件下进行，同堆肥相比，有机物质分解速率相对较慢，腐熟时间较长，但有机质和氮素损失相对较少，腐殖质积累较多。在堆肥和沤肥等有机肥料制备过程中，纤维素的降解是重点难题。可通过外源添加适量的降解菌剂，提高降解速率。目前应用较多的降解菌种是酵素菌，它是一种混合菌剂，主要包含酵母菌、细菌、丝状菌和放线菌等。

微生物肥料又称菌肥，其主要作用机制是通过微生物代谢产物的刺激和调控作用促进作物生长，改善作物营养，提高作物品质，可有效减少化肥农药的使用量，发展前景广阔。目前微生物肥料以复合微生物肥料为主，即将有益微生物与有机肥复合在一起制成复合生物肥料。按照功能划分可分为固氮菌肥料、根瘤菌肥料、解磷菌肥料等。其中固氮菌肥料常用的菌种包括圆褐固氮菌、巴西固氮菌、多黏芽孢杆菌等，解磷菌肥料常用菌种包括巨大芽孢杆菌、氧化硫硫杆菌等。在微生物肥料生产中要根据所选菌株明确造粒最佳温度和肥料的储藏时间（尹涛等，2004）。

## 二、苹果副产物饲料制备技术

苹果副产物中富含可溶性糖、有机酸及维生素等多种营养成分，属于绿色安全的饲料原料，其作为果渣资源已列入国家《饲料原料目录》。研究表明，苹果渣可作为饲料资源应用于牛、羊、猪、鸡等畜牧生产中，既能弥补饲料短缺、提高养殖业经济效益，又能防止苹果渣腐烂发臭、污染环境，做到资源的可持续利用。

苹果副产物在饲料领域的应用主要为复合其他原料直接饲喂，进行青贮加工和生产蛋白饲料。

### （一）新鲜苹果渣饲料

新鲜的苹果皮渣酸度偏高（pH 一般在 3.5~4.8），适口性较差，同时还含有单宁、果胶等抗营养物质，不适于畜禽消化吸收。若不经过加工处理，直接饲喂家畜，家畜接受度差，会出现拒食等现象。因此首先需要对鲜苹果渣进行降酸处理，具体操作为通过添加适量的生石灰或碱性物质，使其 pH 调整至 6~7。还可以用 0.5%~1.0% 的碳酸钠进行中和处理，降低其酸度值，改善适口性，同时可以消除鲜苹果渣中的抗营养因子，但单次饲喂量不宜过大。

### （二）青贮苹果渣饲料

鲜苹果渣中本身存在大量的野生酵母菌、霉菌和细菌等微生物，采用青贮发酵技术能够很好地保持果渣新鲜品质，提高其适口性及营养价值。在青贮前，需要添加适量石灰（4%左右），中和果渣的部分酸性，同时增加青贮果渣中钙的含量。苹果渣由于含水量高，如果单独青贮时要设法减少其水分含量。鲜苹果渣也可与玉米、稻草、糠麸等按一定比例混合青贮，但要保持新鲜，随运随贮，研究表明，在鲜苹果渣中添加10%以上的稻草等原料混贮，可显著提高混贮后的粗蛋白、乳酸及总酸含量，同时显著降低粗灰分含量。在青贮窖中还可通过添加适量的尿素和微生态制剂，从而提高青贮料粗蛋白含量和品质（张凯等，2015）。

### （三）干苹果渣饲料

新鲜苹果渣通过晾晒或烘干等加工处理制成干粉，可改善其适口性，更好储存和远距离运输，极大提高了其应用范围。为节省加工成本，可因地制宜，采用晾晒与烘干相结合的方式。一般要求干燥后的苹果渣水分要在10%左右。苹果渣干粉可与玉米、麸皮等搭配，采用膨化处理等形式，生产颗粒饲料或混合饲料。

### （四）苹果渣蛋白饲料

利用微生物发酵技术，将苹果渣中的营养组分合理利用，转化为菌体蛋白，不仅可提高果渣附加值，同时解决果汁加工企业面临的皮渣处理难、环保压力大等问题。

目前苹果渣蛋白饲料产业化生产主要以复合菌株固态发酵为主。常用的菌株主要包括酵母菌、真菌、细菌等，其中酵母菌株主要有啤酒酵母、产朊假丝酵母和热带假丝酵母。真菌中的丝状真菌因具有生长速度快、适应性强、产量高、发酵产物酶系丰富等特点，较适合苹果渣蛋白饲料的生产。苹果渣中氮的含量相对较低，因此，需适量补充氮源，可以将尿素、硫酸铵等作为无机氮源进行复合使用，尿素添加量1.5%、硫酸铵添加量2%。同时碳元素也是发酵产物形成的必要成分，适当补充部分碳源，可提高发酵效率。可选用蔗糖等糖类物质，添加量为4%左右。

同时发酵过程中水分、pH、温度和料层厚度等因素也至关重要。水分过高或过低，均会影响微生物的生长增殖。细菌最适pH通常在6.3~7.5，霉菌和酵母最适pH为3~6，放线菌等最适pH为7~8。料层厚度影响微生物好氧呼吸，厚度也根据生产情况适量设定（赵萍等，2016；马宝月等，2016）。

### （五）苹果渣发酵单细胞蛋白

单细胞蛋白（Single Cell Protein，SCP）又被称为微生物蛋白，是指细菌、真菌和某些低等藻类生物在适宜的条件下利用各种基质培养单细胞或丝状微生物的个体而获得的菌体蛋白（谢炳辉等，2012）。用苹果渣生产SCP，既能避免果渣资源浪费，生产出的单细胞蛋白具有广阔的应用价值和市场前景（石勇等，2007）。

单细胞蛋白是包含有蛋白质、脂肪、碳水化合物、核酸、维生素和无机化合物等混合物的细胞质团。单细胞蛋白因为原料及生产工艺不同，其营养成分组成变化很大，一般风干制品中含有的粗蛋白质在50%以上（孔祥霞等，2016）。这类蛋白质由多个单细胞蛋白构成，富含多种酶系、B族维生素、必需氨基酸以及铁、锌、硒等微量元素。

利用苹果渣发酵单细胞蛋白的生产技术：

**1. 以苹果渣发酵单细胞蛋白技术主要工艺过程如下**

（1）菌种的选育，可获得高产菌种。

（2）菌种活化、初步加大培养、再扩大培养，最终得到大量菌株。

（3）对发酵的原料进行预处理、发酵培养基的配制及灭菌。

（4）大型发酵需要在大型发酵罐中操作，要注意调节 pH、温度、溶氧和消泡等。

（5）进行代谢产物和细胞的分离，然后再经过干燥，获得单细胞蛋白。

**2. 苹果渣发酵生产单细胞蛋白的一般工艺流程**　苹果渣预处理→接种菌种→扩大培养菌种→发酵罐培养→培养液→分离→菌体→洗涤或水解→干燥→单细胞蛋白质（SCP）。

苹果渣发酵生产 SCP 案例：

（1）酒精酵母菌发酵苹果渣生产单细胞蛋白。王伟军等（2008）利用苹果渣发酵产生单细胞蛋白，选择酒精酵母作为发酵菌种，在发酵培养基中进行接种，通过质量法确定酒精酵母产单细胞蛋白质（SCP）量随发酵试剂的变化，如图 6-11 所示。

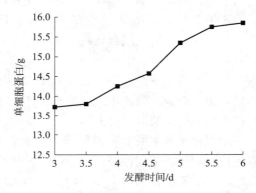

图 6-11　酒精酵母发酵苹果渣生产 SCP 量随着时间的变化

由图 6-11 可知，随着发酵时间的延长，SCP 产生量增加，当发酵至 5 d 后增长速度缓慢，如果继续发酵会提高生产成本，若发酵时间过短的话，菌种不能充分发酵，会降低 SCP 的产量。因此发酵天数最合适的是 5 d。

生产条件为酒精酵母在 28 ℃，接种量为 10% 的苹果渣培养基上发酵 5 d，SCP 产量最高，分离过程得率超过 86.5%，SCP 产量为 15.34 g/100 g 果渣。

（2）太空诱变混菌固态发酵苹果渣生产单细胞蛋白。谢亚萍（2011）利用太空诱变菌种以及诱变菌种和其他菌种的混合菌对苹果渣发酵生产 SCP 进行的研究，对试验所用菌种进行活化，将活化后的菌株接种在目标发酵原料浓度梯度定向适应性培养基上，进行连续 11 代的定向适应性培养、筛选，最终选出各自的优良菌株。

研究者优化得到诱变菌种和其他菌种混合固态发酵苹果渣生产 SCP 较理想的条件。诱变菌种和其他菌种混合发酵：黑曲霉突变株 ZM-8：啤酒酵母 YB-6：白地霉：热带假丝酵母为 1：3：2：3；接种量为 10.0%（总量）；30 ℃、pH 自然、发酵时间 4 d、料层厚度 4.0 cm。发酵原料成分、配比：发酵原料所需物质最适宜的配比是苹果渣 70%；玉米秸秆 10%；麸皮 15%；辅料 5%。发酵辅料成分、配比：辅料成分对发酵产物中粗蛋白含量的影响的主次顺序是尿素＞食盐＞硫铵；尿素：2 g，硫铵：2 g，食盐：1 g，为比较理想的辅料成分及配比。

# 第十节　苹果综合利用加工装备

苹果皮渣具有高湿易腐、功能成分含量丰富等特点，对其高值利用主要通过干燥制粉作为配料，以及提取其中的功能成分等途径实现。综合利用相关装备主要包括干制、制粉、功能成分提取及改性等装备，现简要介绍几种较为新颖的苹果综合利用加工装备。

## 一、干燥设备

### （一）变温压差膨化干燥

变温压差膨化干燥是指物料在预处理和预干燥等处理工序后，将物料放入膨化罐中，根据气体的热压效应和相变原理，通过持续改变罐内的压差、温度，使加工物料内部的水分汽化蒸发，组织中物质的结构随着气体的膨胀而变化，使物料具有一定膨化度和脆度，并形成均匀的多孔状结构的干燥方式，如图 6-12 所示。变温压差膨化技术在食品领域发展迅速，许多高校及科研院所对苹果等果蔬进行了压差膨化技术的研究，建立了部分果蔬膨化产品品质评价指标体系，并探索了膨化过程中发生的物理化学变化，苹果在经变温压差膨化干制后产品酥脆性佳，最大限度地保留了果蔬原有的营养成分和香气成分，同时克服了油炸产品含油脂高、易酸败等缺点。变温压差膨化干燥产品水分含量可控制在 7% 以下，低水分含量不利于微生物的生长繁殖，干燥产品还可以加工成粉，具有较大的应用前景。

图 6-12　变温压差膨化干燥设备

### （二）滚筒干燥设备

滚筒干燥工艺过程是在内部加热的旋转滚筒上完成，将调配好的浆料均匀地涂布在滚筒的外表面，通过滚筒的金属壁将滚筒内的热量传递给外壁表面的物料，使物料水分含量降低至达到要求时，刮刀将物料刮下，与滚筒分离。张雨（2015）研究表明滚筒干燥的苹果粉粒径大，呈致密的石块状，表面较为光滑，没有空隙，不易溶解。滚筒干燥设备如图 6-13所示，与其他干燥方式相比，具备干燥速率高，操作成本低，可连续作业，保持原有营养成分等优点，滚筒干燥的热效率高、干燥时间短、适应性广、设备成本低，被广泛应用于食品工业的干燥。

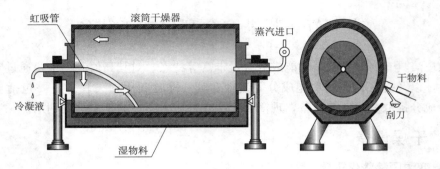

图 6-13　滚筒干燥设备

### （三）热泵干燥设备

热泵干燥是由蒸发器、冷凝器、膨胀阀、压缩机、循环风机和干燥室等组成，是根据逆卡诺循环原理，通过少量的电能驱动热泵，流动工质在蒸发器、冷凝器、膨胀阀和压缩机等部件中的气液两相的热力循环过程实现物料干燥，其原理示意图如图 6-14所示。具体过程为低温空气经过热泵系统的冷凝器吸收热量变为高温低湿空气，进入干燥室内加热被干燥物料，使其脱除水分，吸收水分后的空气再经热泵系统的蒸发器降温除湿，同时热泵系统回收脱湿水蒸气的汽化潜热，低温低湿空气经热泵系统冷凝器加热，降低空气的相对湿度，如此循环实现物料的连续干燥。热泵技术热能利用率高，同时可提高产品品质。

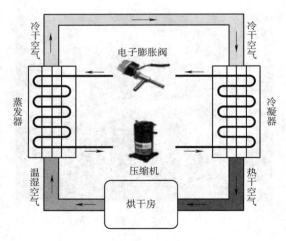

图 6-14　热泵干燥原理示意图

## 二、制粉设备

### （一）磨介式粉碎设备

磨介式粉碎是通过与运动的研磨介质产生的冲击以及非冲击式的挤压、弯折和剪切等作用力，达到粉碎的过程。研磨和摩擦是磨介式粉碎的主要过程，即挤压和剪切。其效果与磨介的形状、配比、大小、运动方式、物料的填充率、粉碎力学特性等有关。磨介式粉碎的典型设备有对辊式挤压剪切机、球磨机（其生产线布局图如图6-15所示）、振动磨和搅拌磨等。常用的磨介式粉碎方法有湿法高速剪切粉碎、球磨式干法超微粉碎、高压均质粉碎等。

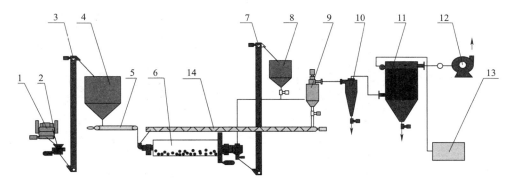

图6-15 球磨式超微粉碎生产线布局图

1. 颚式破碎机 2. 锤式粉碎机 3. 提升机Ⅰ 4. 料仓Ⅰ 5. 变频进料 6. 超细球磨机 7. 提升机Ⅱ 8. 料仓Ⅱ 9. 分级机 10. 旋风收集器 11. 脉冲除尘器 12. 引风机 13. 空气压缩机 14. 回料螺旋

### （二）气流式粉碎设备

气流式超微粉碎是指经过压力喷嘴喷射的气体产生剧烈的冲击、碰撞、摩擦等作用对物料的超微粉碎，设备结构图如图6-16所示。相比于普通机械式超微粉碎机，气流粉碎机可将产品粉碎得很细，粒度分布范围更窄，粒度更均匀。因为气体在喷嘴处膨胀可降温，粉碎过程产热低，所以粉碎温升很低，可以保护热敏物质不被破坏。但气流粉碎的缺点是能耗大，高出其他粉碎方法数倍，同时还存在粉碎极限，粉碎粒度与产量成线性关系，产量越大，粒度越大。

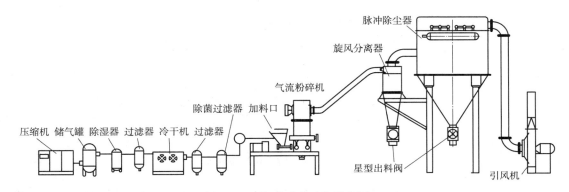

图6-16 气流式粉碎机结构图

## 三、提取及改性设备

### （一）微波辅助提取设备

微波提取是高频电磁波穿透提取媒介，到达被提取物料的内部，微波能迅速转化为热能使细胞内部温度快速上升，当细胞内部压力超过细胞壁承受力，细胞破裂，细胞内有效成分自由流出，在较低的温度下溶解于提取媒介再通过进一步过滤和分离，便得到所要提取的成分，如图6-17所示。微波提取的优点有：温度低，可有效保护食品、药品中的功能成分，提取效率高，速度快，省时，安全、节能，无污染，生产设备较简单。

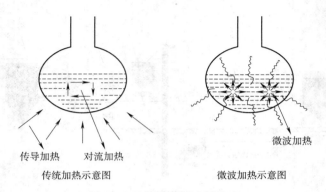

图6-17 微波提取主要机理

### （二）超声波提取

超声波提取是利用超声波具有的机械效应、空化效应和热效应，通过增大介质分子的运动速度、增大介质的穿透力以提取生物有效成分，如图6-18所示。和其他物理波一样，超声波在介质中的传播过程也是一个能量的传播和扩散过程，即超声波在介质的传播过程中，其声能不断被介质的质点吸收，介质将所吸收的能量全部或大部分转变成热能，从而导致介质本身温度的升高，增大了有效成分的溶解速度。由于这种吸收声能引起的被提取物内部温度的升高是瞬间的，因此可以使被提取的成分的生物活性保持不变。

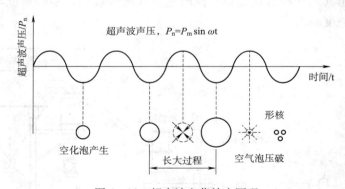

图6-18 超声波空化效应原理

超声波提取具有一系列优势。提取效率非常高，超声波独具的物理特性能促使植物细胞组织破壁或变形，使果蔬有效成分提取更充分，提取率比传统工艺显著提高，提取率提升可达5倍。超声处理能大大缩短提取时间，超声波强化果蔬提取通常在半小时左右，即可获得最佳提取率，提取时间只需传统方法的1/3，并且对原料的处理量相对较大。另外，超声波处理对苹果中遇热不稳定、易水解或氧化的多酚具有较好的保护作用，超声处理温度一般在40~60℃，此温度下，苹果多酚活性损失相对较小。超声处理的溶剂以水为主，提取的成分最终杂质少、容易分离，环境污染小。超声设备操作简单、维护容易、保养方便，未来在苹果多酚的提取中将扮演重要角色。

### （三）脉冲电场提取

脉冲电场（PEF）技术是一种非热技术，PEF 处理是在室温下进行的，并且 PEF 技术在很大程度上减少了食品感官和物理特性的有害变化。自 20 世纪 90 年代初期，国外开始对非热杀菌技术（冷杀菌）在食品工业中的应用研究进入高潮，PEF 杀菌是研究的热点，它是通过高强度脉冲电场瞬时破坏微生物的细胞膜使细菌致死，由于利用高电位而非电流杀菌，因此杀菌过程中的温度低（最高温度小于 50 ℃，从而可以避免热杀菌带来的副作用）。

PEF 技术主要是利用脉冲电场对微生物细胞的电刺激、电融合以及可逆电穿孔原理，处理的强度均比较低，如图 6-19 所示。这种新兴的生物物理技术，提供了一个更广阔的作用对象。近几十年来，PEF 技术在食品工业的应用逐渐成熟和完善，主要应用于苹果汁、橘汁等处理，牛奶杀菌处理、鸡蛋制品处理等等，但最近在有效成分的提取方面有较多的应用。近几年，PEF 被用来提取细胞内的一些物质，这主要是基于 PEF 可以实现细胞膜的穿孔，对提取细胞内的成分具有很好的作用效果。

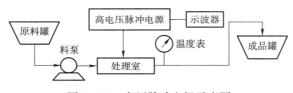

图 6-19 高压脉冲电场示意图

### （四）超临界萃取技术

超临界流体是指当温度和压力均超过这种流体（气体或液体）相应临界点值，该状态下的流体就被称为超临界流体。流体与常规溶剂相比，优势在于其密度近似于液体，黏度近似于气体（低黏度）。表现为对溶质的溶解度高、似气体、易扩散，传质效率高等特点。萃取兼具精馏和液-液萃取的特点，操作参数易于控制，溶剂可循环使用，尤其适合于热敏物质的分离，能实现无溶剂残留的特点。

超临界萃取常使用的萃取剂为 $CO_2$。由于单一组分流体对溶质的溶解度和选择性有较大局限性，如 $CO_2$ 在萃取极性溶质时，溶解度较小，萃取量低，因此在超临界萃取过程中为提高萃取能力，常加入适当的非极性或极性溶剂，即夹带剂（亦称改性剂），增强溶质在其中的溶解度和选择性。

超临界 $CO_2$ 流体萃取技术是以 $CO_2$ 为溶剂，改变超临界状态下 $CO_2$ 的临界压力或温度，从提取物中提取生物活性物质，如图 6-20 所示。此方法常用于中药、植物等有效成分的提取。

### （五）亚临界萃取技术

亚临界萃取技术（Sub-critical fluid extraction technology）是利用亚临界流体作为萃取剂，在密闭、无氧、低压的压力容器内，依据有机物相似相溶的原理，通过萃取物料与萃取剂在浸泡过程中的分子扩散过程，达到固体物料中的脂溶性成分转移到液态的萃取剂中，再通过减压蒸发将萃取剂与目的产物分离，最终得到目的产物的一种新型萃取与分离

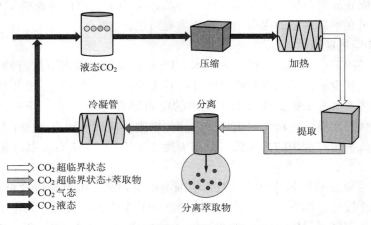

图 6-20  超临界 $CO_2$ 流体萃取技术原理图

技术，如图 6-21 所示。相比其他分离方法，亚临界流体萃取有许多优点，如无毒、无害，环保、无污染，非热加工、保留提取物的活性成分不被破坏、不氧化，产能大、可工业化大规模生产，节能、运行成本低，易于和产物分离等等。

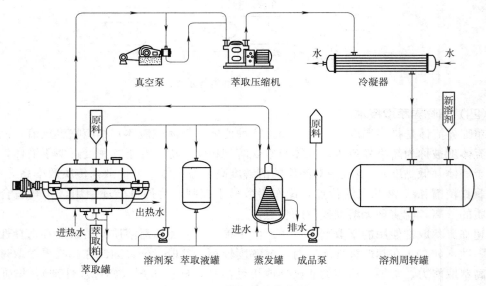

图 6-21  亚临界萃取技术原理图

### (六) 膜分离设备

膜分离设备的核心技术就是膜分离技术，分离膜是具有选择性分离功能的材料，工作原理是物理机械筛分原理，分离过程是利用膜的选择性分离机理实现料液的不同组分间的分离或有效成分浓缩的过程。膜分离过程是以选择性透过膜为分离介质，当膜两侧存在某种推动力（如压力差、浓度差、电位差、温度差等）时，原料侧组分选择性地透过膜，以达到分离、提纯的目的。不同的膜过程使用不同的膜，推动力也不同。目前已经工业化应用的膜分离过程有微滤（MF）、超滤（UF）、反渗透（RO）、渗析（D）、电渗析除盐技术（ED)、气体分离（GS)、渗透汽化（PV)、乳化液膜（ELM)等。膜分离设备是利用膜分离技术而在生产工厂按照其膜分离的技术参数标准制造的大型机械设备，其设备能够起分离的作用，效果远远超出传统的分离方式，如图6-22、图6-23所示。

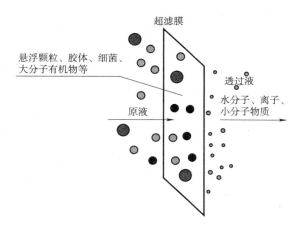

图6-22 膜分离原理图

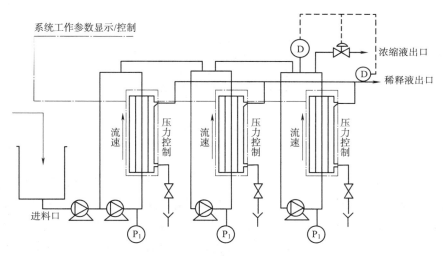

图6-23 膜分离设备结构图

在果蔬汁生产中，微滤、超滤技术用于澄清过滤；纳滤、反渗透技术用于浓缩。用超滤法澄清果汁时，细菌将与滤渣一起被膜截留，不必加热就可除去混入果汁中的细菌。利用反渗透技术浓缩果蔬汁，可以提高果汁成分的稳定性、减少体积以便运输，并能除去不良物质，改善果蔬汁风味。例如：果蔬汁中的芳香成分在蒸发浓缩过程中几乎全部失去，冷冻脱水法也只能保留大约8%，而用反渗透技术则能保留30%～60%。利用膜技术还可以获得大豆异黄酮、大豆寡糖、大豆分离蛋白、寡肽、免疫球蛋白、竹叶黄酮等功能食品的功能配料。

由于膜分离过程不需要加热，可防止热敏物质失活、杂菌污染，无相变，该技术集分离、浓缩、提纯、杀菌为一体，分离效果高，操作简单、费用低，特别适合食品工业的应用。

### (七) 蒸汽爆破提取及改性设备

近年来蒸汽爆破技术在食品加工副产物综合利用领域中的应用成为研究热点。在植物纤维和生物质副产物高效处理利用等领域有显著的效果。该设备共由三部分组成：高压蒸汽发生器、反应装置和物料接收装置，如图 6 - 24 所示。高压蒸汽由蒸汽管道进入汽缸，物料经进料口进入物料仓，蒸汽与物料在高温高压环境下维持一定时间，阀门打开时物料瞬间膨胀，内能转化为机械能，达到爆破效果。整体来看蒸汽爆破技术对果蔬皮渣等副产物的预处理效果显著，且对环境影响小，是一种绿色、高效、低成本的预处理技术。孙俊良等 (2017) 采用 $Na_2CO_3$ 预浸-蒸汽爆破技术提取苹果果胶。优化确定 $Na_2CO_3$ 预浸质量分数和蒸汽爆破最佳工艺参数。结果表明：响应面法优化蒸汽爆破技术提高苹果渣中果胶得率的最佳工艺为 $Na_2CO_3$ 质量分数 6%、蒸汽爆破保压时间 174 s、蒸汽爆破压力 0.6 MPa，此时果胶得率达 21.42%，与未蒸汽爆破相比果胶得率提高 10.96%，酯化度提高 12.25%，乳化活性提高 20.47 $m^2/g$，乳化稳定性提高 36.37 min，扫描电镜显示蒸汽爆破前的苹果渣和果胶表面光滑结构完整，经蒸汽爆破后均变为疏松 (孙俊良等，2017)。

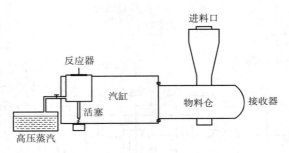

图 6 - 24　汽爆工艺试验台简易图

### (八) 双螺杆挤压膨化改性设备

苹果皮渣中膳食纤维含量极为丰富，但主要以不溶性膳食纤维为主，其中可溶性膳食纤维 (SDF) 含量相对较低，难以满足高品质膳食纤维的要求 (SDF 含量要求达到 10% 以上)。因此，需要通过必要的改性处理，提高其 SDF 含量，提高产品附加值和应用范围。挤压改性作为一种物理改性方法，是近年来应用较为广泛的膳食纤维改性技术。其主要原理是物料在挤压改性过程中，受高温、高压和高剪切等作用影响，分子结构产生裂解及极性反应，将不溶性膳食纤维转化为可溶性膳食纤维，达到提高膳食纤维品质的目的 (陈雪峰等，2014)。

目前产业化应用最为广泛的挤压设备是螺杆挤压机，同时尤以双螺杆挤压机性能最为优越，如图 6 - 25 所示。双螺杆挤压机基本构造主要包括控制装置、喂料器、挤压装置 (机筒、螺杆)、配套模口以及一些压力、温度和扭矩传感器等。设备主要工作参数包括挤压温度、物料含水率、喂料速度和螺杆转速等 (张金闯等，2017)。

葛邦国等 (2015) 采用双螺杆挤压技术对苹果渣膳食纤维进行了改性处理，优化确定了最佳改性参数，即物料含水率 30%、螺杆挤压压力 1.2 MPa、螺杆挤压温度 130 ℃、螺杆转速 200 r/min，在此条件下，可溶性膳食纤维含量较未挤压提高 146.8%。

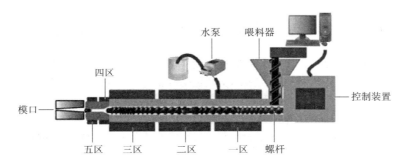

图 6 - 25　双螺杆挤压设备结构图（张金闯等，2017）

# 参考文献

毕金峰，冯舒涵，金鑫，等，2022．真空冷冻干燥技术与产业的发展及趋势 [J]．核农学报，36（2）：414-421.

陈全胜，2004．膜分离技术在分离菜籽饼粕中蛋白质的应用研究 [D]．合肥：安徽农业大学.

陈雪峰，张振华，王锐平，2010．苹果膳食纤维中半纤维素的化学组成 [J]．食品与发酵工业（1）：4.

陈雪峰，武凤玲，杨阳，2014．苹果膳食纤维的挤压改性 [J]．陕西科技大学学报（自然科学版），32（2）：105-108，112.

陈雪峰，李蕊岑，刘宁，等，2014．超声辅助双氧水脱色苹果膳食纤维的研究 [J]．陕西科技大学学报（自然科学版），32（1）：110-113，118.

陈雪峰，詹雪英，杨大庆，2000．苹果渣中提取果胶工艺研究 [J]．食品工业科技，21（3）：3.

陈如，2017．超微粉碎对苹果全粉及其膳食纤维物化性质的影响 [D]．西安：西北农林科技大学.

邓红，2003．苹果渣制备食品添加剂果胶和食品功能基料食用纤维的研究 [D]．西安：西北大学.

邓红，王小娟，2007．不同干燥方法对苹果片品质的影响 [J]．食品科学，32（2）：84-87.

邸铮，付才力，李娜，等，2007．酶法提取苹果皮渣果胶的特性研究 [J]．食品科学（4）：133-137.

东莎莎，2017．苹果渣的营养价值及综合利用 [J]．中国果菜，37（2）：15-18.

冯涛，庄海宁，2008．黄酮类化合物结构特征与抗氧化性关系研究进展 [J]．粮食与油脂，卷数，10（4）：8-11.

葛邦国，吴茂玉，和法涛，等，2007．苹果膳食纤维的改性研究 [J]．食品科技（10）：234-237.

葛晓虹，2016．苹果渣总酚提取工艺优化 [J]．河南科技学院学报，44（5）：52-58.

耿乙文，2015．过氧化氢法制备改性苹果渣膳食纤维及其降脂功能的研究 [D]．北京：中国农业科学院.

韩清华，李树君，马季威，等，2006．微波真空干燥膨化苹果脆片的研究 [C]//中国机械工程学会．2006年中国机械工程学会年会暨中国工程院机械与运载工程学部首届年会论文集．中国机械工程学会：中国机械工程学会.

胡秦佳宝，刘璇，毕金峰，等，2016．不同加工方式对苹果制品营养品质的影响 [J]．食品与发酵工业，42（5）：152-158.

贾志慧，李学鹏，励建荣，等，2020．基于信号通路的食品中矿物元素对骨代谢影响 [J]．食品安全质量检测学报，11（20）：336-343.

江杨，2017．苹果、山楂果胶性质研究及其在发酵乳中的应用 [D]．泰安：山东农业大学.

金莹，2006．苹果多酚的超声波提取及其抗氧化性研究 [D]．泰安：山东农业大学.

孔祥霞，高婷婷，刘相春．单细胞蛋白的开发与利用 [J]．山东畜牧兽医，2016，37（9）：2.

乐胜锋．苹果渣膳食纤维的制备及其性能表征 [D]．北京：北京工商大学，2010.

雷学峰, 2007. 苹果籽蛋白质的分离提取及功能性质研究 [D]. 西安：陕西科技大学.

李春燕, 迟翠翠, 翟二林, 等, 2011. 苹果籽蛋白与大豆蛋白的营养分析比较 [J]. 中国农学通报, 27 (20)：119-122.

李丹丹, 杨宏志, 梁英, 等, 2017. 水酶法提取葡萄籽油和蛋白质的研究 [J]. 中国油脂, 42 (9)：28-33.

李红, 张元湖, 2003. 苹果果实中总黄酮的提取方法优化研究 [J]. 山东农业大学学报（自然科学版）, 34 (4)：4.

李建新, 王娜, 王海军, 等, 2008. 苹果多酚的减肥降脂作用研究 [J]. 食品科学, 29 (8)：597-599.

李世军, 李佳, 尹宝颖, 2018. 苹果早熟品种（系）果实成熟过程中主要品质指标的变化 [J]. 北方园艺, 22 (6)：29-34.

李潇, 2012. 山富士苹果热风干燥动力学机理以及感官品质变化规律研究 [D]. 长春：吉林农业大学.

李正明, 王兰君, 1998. 植物蛋白生产工艺与配方 [M]. 北京：中国轻工业出版社.

刘寄明, 刘嘉芬, 胡桂娟, 等, 1994. 苹果种子营养成分分析 [J]. 落叶果树, 26 (4)：12-13.

刘倩, 申明月, 张雅楠, 等, 2018. 食品中几种营养成分对葡萄糖、半乳糖模型产生呋喃的影响 [J]. 食品与生物技术学报, 37 (2)：131-137.

刘少阳, 豆康宁, 卢培培, 等, 2020. 苹果果胶对面粉品质的影响研究 [J]. 粮食与油脂, 33 (6)：38-40.

刘素稳, 李军, 赵玉华, 等, 2012. 干法超微粉碎对苹果渣纤维物性的影响 [J]. 河北科技师范学院学报, 26 (1)：19-25.

刘雪梅, 2009. 苹果籽油的提取及抗氧化性研究 [D]. 泰安：山东农业大学.

刘媛洁, 张良, 胡欢平, 等, 2020. 酶法协同超声波辅助酸法提取柚子皮中果胶工艺条件优化 [J]. 食品工业科技, 41 (4)：114-119.

刘芸, 仇农学, 殷红, 2010. 以苹果渣为基质发酵生产凤尾菇白灵菇猴头菇菌丝的试验 [J]. 食用菌 (6)：3.

刘志红, 刘铮, 等, 1997. 用泡沫分离法浓缩和分离蛋白质 [J]. 清华大学学报（自然科学版）(6)：20-22.

鹿保鑫, 马楠, 王霞, 等, 2018. 不同区域土壤及大豆中 8 种元素含量的分析 [J]. 中国粮油学报, 33 (2)：111-116.

罗仓学, 雷学锋, 王振磊, 2006. 常见果蔬籽资源的开发及综合利用 [J]. 食品科技, 175 (5)：127-129.

马宝月, 王珊珊, 杨玉红, 等, 2016. 苹果渣饲料蛋白研究综述 [J]. 饲料研究 (6)：3.

马超, 2013. 果蔬干制技术概况及展望 [J]. 中国果菜 (12)：38-40.

马丽苹, 焦昆鹏, 罗磊, 等, 2017. 改性苹果果胶性质及抗氧化活性 [J]. 食品科学, 38 (23)：8.

马千程, 易建勇, 毕金峰, 等, 2021. 干燥方式和粉碎程度对苹果皮全粉理化特性及酚类生物利用度的影响 [J]. 核农学报, 35 (7)：1583-1592.

毛湘冰, 冯小花, 陈代文, 等, 2016. 饲粮添加苹果果胶寡糖对断奶大鼠生长性能、抗氧化能力和肠道健康的影响 [J]. 动物营养学报, 28 (9)：2872-2877.

聂继云, 吕德国, 李静, 等, 2010. 22 种苹果种质资源果实类黄酮分析 [J]. 中国农业科技, 43 (21)：4455-4462.

聂继云, 2013. 苹果的营养与功能 [J]. 保鲜与加工, 3 (6)：56-59.

庞亚茹, 2016. 超声波-微波联合法提取苹果疏果中多酚类物质及其组分分析 [D]. 泰安：山东农业大学.

彭雪萍, 马庆一, 王花俊, 等, 2008. 超高压提取苹果多酚的工艺研究 [J]. 食品科技 (3)：157-159.

齐娜, 李涵, 张志宇, 等, 2016. 新疆红肉苹果多酚的超声波辅助提取工艺优化 [J]. 食品与机械, 32 (9)：177-182.

乔佳璐, 2014. 热泵干燥技术在果蔬脱水上的应用研究 [D]. 福州：福建农林大学.

邱尹琬，2015. 挤压硫酸酯化偶联法改性苹果膳食纤维 [D]. 西安：陕西科技大学.

任多多，江伟，孙印石，等，2022. 果胶的分类、功能及其在食品工业中应用的研究进展 [J]. 食品工业科技，43（3）：438-446.

阮琼珠，李称，刘静文，等，2019. 大豆蛋白、苹果果胶及维生素 C 排铅效果的探究 [J]. 工业微生物，49（4）：16-20.

水明磊，籍保平，李博，等，2007. 大孔树脂对苹果渣中多酚与果胶分离的研究 [J]. 食品科学，28（12）：6.

石晓，浮吟梅，崔惠玲. 等，2006. 苹果渣 SDF 酸奶的研制 [J]. 食品工程（3）：59-60.

石勇，何平，陈茂彬，等，2007. 果渣的开发利用研究 [J]. 饲料工业，28（1）：54-56.

宋纪蓉，徐抗震，黄洁，等，2003. 利用苹果渣制备膳食纤维的工艺研究 [J]. 食品科学，24（2）：4.

苏偲禹，2020. 气流粉碎对粉体物性的影响及破碎机理研究 [D]. 大连：大连理工大学.

苏宜香，郭艳，2003. 膳食脂肪酸构成及适宜推荐比值的研究概况 [J]. 中国油脂，28（1）：31-34.

孙芳，江水泉，2016. 我国果蔬干燥加工技术现状及发展前景 [J]. 粮食与食品工业，23（4）：11-15.

孙俊良，杜寒梅，梁新红，等，2017. 响应面法优化蒸汽爆破技术提取苹果果胶工艺 [J]. 食品科学，38（14）：6.

孙立军，郭玉蓉，田兰兰，2012. 苹果果胶研究进展 [J]. 食品工业科技，33（4）：5.

孙小梅，江友军，1999. 金属离子的反相微胶团萃取研究 [J]. 华中师范大学学报，233（1）：90-94.

唐金，卢磊，刘君，等，2015. 伊犁河谷引进苹果品种品质及营养成分分析 [J]. 中国农学通报，31（31）：85-89.

田莉，李海萍，袁亚宏，等，2017. 真空耦合超声波提取苹果渣多酚的工艺优化 [J]. 食品科学，38（14）：233-239.

王方方，陈开勋，范代娣，2009. 离子交换法制备果胶 [J]. 食品科学，30（4）：57-60.

王浩，张明，王兆升，等，2018. 干制技术对果蔬干制品品质的影响研究进展 [J]. 中国果菜，38（11）：15-20.

王晋杰，尚文博，叱干宁，2000. 苹果渣的综合开发与利用 [J]. 农牧产品开发（9）：15.

王俊丽，臧明夏，2012. 膳食纤维改性研究进展 [J]. 食品研究与开发，33（5）：225-228.

王锐平，陈雪峰，雷学锋，等，2006. 苹果渣膳食纤维桃酥的研制 [J]. 食品工业科技（8）：135-136，138.

王树宁，陈笑言，黄滢洁，等，2020. 蒸汽爆破技术对苹果果胶乳化特性的影响 [J]. 食品科技，45（2）：6.

王伟军，李延华，张兰威，等，2008. 利用苹果渣生产单细胞蛋白的研究 [J]. 中国酿造（20）：50-57.

王岩岩，刘涛，2010. 纤维素酶提取苹果渣黄酮及抗氧化研究 [J]. 食品工业科技，31（2）：252-254.

王艳翠，卢韵朵，史吉平，等，2019. 复合酶法提取苹果渣中的果胶及产品性质分析 [J]. 食品生物技术学报，38（5）：30-36.

王艺璇，王世平，马丽艳，2012. 苹果多酚提取物对血管紧张素转化酶活性的抑制 [J]. 中国农学通报，6（28）：257-261.

王英，张玉刚，2011. 苹果果皮中类黄酮的超声波辅助提取及稳定性研究 [J]. 食品科学，32（16）：178-181.

王欣，2014. 亚临界水法提取果渣果胶及其品质研究 [D]. 杨凌：西北农林科技大学.

魏福祥，曲恩超，2006. 超临界 $CO_2$ 从苹果渣中萃取苹果多酚的工艺研究 [J]. 食品研究与开发，27（7）：60-63.

吴茂玉，马超，宋烨，等，2009. 苹果加工产业的现状存在问题与展望 [J]. 农产品加工，12：50-52.

谢炳辉，谢俊辉，2012. 单细胞蛋白制备方法的研究 [J]. 食品与发酵科技（2）：61-64.

谢蔓莉，叶发银，雷琳，等，2018. 酸法提取条件对苹果果胶理化特性的影响及机制 [J]. 食品与发酵工业，44（4）：6.

谢亚萍，2011. 太空诱变混菌固态发酵苹果渣生产单细胞蛋白的研究 [D]. 兰州：甘肃农业大学.

徐瑶，2015. 超声波辅助苹果膳食纤维硫酸酯化改性 [D]. 西安：陕西科技大学.

许先猛，张增帅，郭俊花，等，2021. 苹果多酚提取和纯化关键技术研究进展 [J]. 食品与机械，37（2）：211-214.

严琼琼，唐书泽，孙承锋，2009. 苹果多酚对冷却猪肉腐败菌抑菌效果的影响 [J]. 食品研究与开发，10（30）：117-121.

杨爱金，毕金峰，韩庆典，等，2013. 工艺参数对苹果变温压差膨化干燥过程中水分扩散的影响 [J]. 核农学报，27（4）：443-451.

杨天奎，高春香，张超明，等，1995. α-亚麻酸降血脂作用的研究 [J]. 中国油脂（3）：46-49.

杨阳，陈雪峰，李蕊岑，2014. 苹果挤压改性水溶性膳食纤维硫酸酯化的修饰 [J]. 食品与发酵工业，40（1）：61-64.

姚红娟，2014. 苹果中抗氧化黄酮结构和功能研究 [D]. 洛阳：河南科技大学.

尹涛，2004. 苹果渣生产有机肥料和微生物肥料的研究 [D]. 西安：西北大学.

于滨，吴茂玉，朱凤涛，等，2012. 苹果渣综合利用研究进展 [J]. 中国果菜（12）：31-34.

袁晶，张海燕，曾朝珍，等，2019. 超声波辅助复合酶法提取苹果多酚工艺优化 [J]. 保鲜与加工，19（6）：159-163.

张继国，欧阳一非，汪云，2018. 中国 15 省（区、直辖市）成年居民膳食纤维摄入状况 [J]. 中国食物与营养，24（10）：10-12.

张洁，于颖，徐桂花，2010. 超微粉碎技术在食品工业中的应用 [J]. 农业科学研究，31（1）：51-54.

张凯，路佩瑶，宋献艺，等，2015. 苹果渣作为饲料资源的研究与应用进展 [J]. 饲料研究（15）：4.

张雪丹，2009. 苹果果胶制备工艺及研究进展 [J]. 落叶果树，41（2）：22-25.

张雨，2015. 干燥方式、贮藏条件对苹果粉品质影响的研究 [D]. 泰安：山东农业大学.

赵凤敏，张小燕，曹有福，等，2015. 栖霞苹果真空冷冻干燥工艺的响应面分析 [J]. 中国农业大学学报，20（5）：241-248.

赵萍，王晓力，王春梅，等，2016. 苹果渣发酵生产蛋白饲料的研究进展 [J]. 中国草食动物科学（3）：54-59.

赵宇，王晓波，张治然，等，2015. 温敏凝胶的研究与应用进展 [J]. 中国药房，26（1）：132-135.

郑素霞，李远志，罗树灿，等，2014. 微波对苹果脆片干燥特性的影响 [J]. 华南农业大学学报（3）：109-111.

周波，张雪，车培忠，等，2012. 苹果渣基质在烟台地黄瓜育苗中的应用 [J]. 安徽农业科学，40（30）：2.

周杰，2013. 南瓜喷雾干燥制粉及其挤压膨化工艺研究 [D]. 长沙：湖南农业大学.

朱丹实，张越怡，党悦怡，等，2020. 加工过程对 NFC 苹果浊汁营养品质的影响 [J]. 中国食品学报，20（4）：8.

朱国君，赵国华，2008. 膳食纤维改性研究进展 [J]. 粮食与油脂（4）：3.

ALESSANDRO A C，MARGHERITA P，PATRIZIA P，et al. ，2020. Polyphenols from apple skins：A study on microwave-assisted extraction optimization and exhausted solid characterization [J]. Separation and Purification Technology，240：116640.

BUCKO S，KATONA J，PETROCIC L，et al. ，2018. The influence of enzymatic hydrolysis on adsorption and interfacial dilatational properties of pumpkin（Cucurbita pepo）seed protein isolate [J]. Food Biophysics，13（3）：217-225.

CHEN L, YANG X, LIU R, et al. , 2017. Thinned young applepolysaccharide improves hepatic metabolic disorder in high-fatdiet-induced obese mice by activating mitochondrial respiratoryfunctions [J]. Journal of Functional Foods, 33: 396-407.

CHEN W, GUO Y, ZHANG J, et al. , 2015. Effect of different drying processes on the physicochemical and antioxidant properties of thinned young apple [J]. International Journal of Food Engineering, 11 (2): 207-219.

COURAGE S D, DUAN Y, ZHANG H, et al. , 2020. The effects of ultrasound assisted extraction on yield, antioxidant, anticancer and antimicrobial activity of polyphenol extracts: A review [J]. Food Bioscience, 35: 100-121.

DEMONTYL, DESHAIES Y, LAMARCHE B, et al. , 2002. Interaction between dietary protein and fat in triglyceride metabolism in the rat: effects of soy protein and menhaden oil [J]. Lipids, 3 (7): 693-699.

DOU J, MENG Y, LIU L, et al. , 2015. Purification, characterization and antioxidant activities of polysaccharides from thinned-young apple [J]. International Journal of Biological Macromolecules, 72: 31-40.

FAGUNDES A C, STAHL H V, PAGNO C, et al. , 2018. Phenolic enrichment in apple skin following post-harvest fruit UV-B treatment [J]. Postharvest Biology and Technology, 138: 37-45.

HU B L, HUANG D R, XIAO Y Q, et al. , 2016. Mapping qtls for mineral element contents in brown and milled rice using an *Oryza sativa* × *O. rufipogon* backcross inbred line population [J]. Cereal Research Communications, 44 (1): 1-12.

HIDEO O, KENJI T, IWAO Y, et al. , 1995. Effect of apple pectin on fecal bacterial enzymes in azoxymethane-induced rat colon carcinogenesis [J]. Japan Journal of Cancer Research, 86 (6): 523-529.

LU Y, FOO L Y. , 1998. Constitution of some chemical components of apple seed [J]. Food Chemistry, 61 (1): 29-33.

MARIA L, SHELA G, ELZBIETA B, et al. , 2001. Sugar beet pulp and apple pomace dietary fibers improve lipid metabolism in rats fed cholesterol [J]. Food Chemistry, 72: 73-78.

MUDARISOVA R K, SAGITOVA A F, KUKOVINETS O S. , 2020. Complexation of apple pectin, modified to pharmacophore, with the cations manganese (ii) in aqueous solutions [J]. Chemistry of Plant Raw Material (1): 25-32.

NESTEL P J, YAMASHITA T. , 1997. Soy isoflavones improve systemic arterial compliance but not plasma lipids in menopausal and perimenopausal women [J]. Arterioscler Thromb Vascboil (17): 3392.

NIWA T, NAKAO M, HOSHI S, et al. , 2002. Effect of dietary fiber on morphine-induced constipation inrats [J]. Bioscience, biotechnology, and biochemistry (Japan), 66 (6): 1233-1240.

NGADI M O, CORREIA L R. , 1992. Kinetics of solid state ethanol fermentation from apple pomace [J]. Journal of Food Engineering, 17 (2): 97-116.

OSHIDA T, SAKATA R, YAMADA S, et al. , 2002. Effect of apple polyphinol on pig production and meat quality [J]. Bullrtin of Animal Hygiene (Japan), 27 (2): 77-83.

RAHMATALLAH A. , 2019. Nutritive values and some mineral elements of amaranthus hybridus and adansonia digitata leafy vegetables [J]. Journal of Food Science, 71: 25106-25109.

RENARD C M G C, LEMEUNIER C, THIBAULT J F. , 1996. Alkaline extration of xylogiucan from depectinised apple pomace: optimization and characterization [J]. Carbohydrate Polymers, 28 (3): 209-216.

SUDHA M L, BASKARAN V, LEELAVATHI K. , 2007. Apple pomace as a source of dietary fiber and polyphenols and its effect on the rheological characteristics and cake making [J]. Food Chemistry, 104 (2): 686-692.

SUN J, CHU Y, WU X, et al. , 2002. Antioxidant and antiproliferative activities of common fruits [J]. Journal of Agricultural and Food Chemistry, 50 (25): 7449-7454.

TOMOHIKO N, KUNIHISA I, YASUO S, et al. , 2009. Chronic ingestion of apple pectin can enhance the absorption of quercetin [J]. Journal of Agricultural and Food Chemistry, 57 (6): 2583-2587.

YE X, JIN S, WANG D, et al. , 2016. Identification of the origin of white tea based on mineral element content [J]. Food Analytical Methods, 10 (1): 1-9.

ZHANG T, WEI X, MIAO Z, et al. , 2016. Screening for antioxidant and antibacterial activities of phenolics from golden delicious apple pomace [J]. Chemistry Central Journal, 10 (1): 47-58.

ZHENG H, KIM Y I, CHUNG S K. , 2012. A profle of physicochemical and antioxidant changes during fruit growth for the utilisation of unripe apples [J]. Food Chemistry, 131 (1): 106-1100.

# 第七章　苹果质量安全控制

## 第一节　苹果质量安全检测与评价

### 一、农药残留检测技术

#### (一) 检测设备与方法

我国是苹果种植和消费大国，为了保障苹果的食用安全性，政府相关部门和各级科研、检测机构在苹果农药残留的法规制定、检测技术研究等方面开展了大量工作。2021年9月3日，《食品安全国家标准 食品中农药最大残留限量》（GB 2763—2021）正式实施，该标准涉及苹果的农残限量项目共 240 种，其中，126 种农残限量直接针对苹果，114 种农残限量执行仁果类水果的限量要求。农残名称及限量等内容见附录 A。

**1. 大型精密仪器检测**　农药残留检测分析以色谱、质谱类大型精密分析仪器设备为主。检测过程主要包括样品前处理和上机检测两方面。前处理过程是中心环节，在整个分析过程中非常重要。

（1）农残前处理技术。农药残留测定中实验条件和检测样品的不同，决定了样品前处理技术的差异，表 7-1 对常用的几种前处理技术进行了比较，可根据待检验样品的状态、数据要求、检测仪器等实际情况，选择合适的前处理技术。

液-液萃取是苹果农残检测中最常用的一种前处理方法，该方法主要用乙腈提取苹果匀浆中的农药及其代谢物，加入饱和盐使乙腈层与水层因极性分层，氮吹浓缩后用丙酮溶解，上机测试。该处理方法萃取效率高，处理时间较短，被现行的果蔬中农残检测方法标准所采纳，如《蔬菜和水果中有机磷、有机氯、拟除虫菊酯和氨基甲酸酯类农药多残留的测定》（NY/T 761—2008）中有机磷类和有机氯类农药残留的检测前处理，《水果和蔬菜中 500 种农药及相关化学品残留量的测定 气相色谱-质谱法》（GB 23200.8—2016）中 500 项农残的检测前处理等。

此外，QuEChERS 技术自问世以来发展迅速，广泛应用于果蔬类农产品的农残检测。2018 年《食品安全国家标准 植物源性食品中 208 种农药及其代谢物残留量的测定 气相色谱-质谱联用法》（GB 23200.113—2018）标准的发布标志着 QuEChERS 技术正式进入我国标准检测方法的行列，随后发布的 GB 23200 系列标准也多次出现 QuEChERS 方法。

（2）农残分析检测方法。农残常用的仪器分析方法主要包括气相色谱法、高效液相色谱法以及二者与质谱联用法（气相色谱-质谱联用法和高效液相色谱串联质谱法）。

表 7 - 1  苹果农药残留检测前处理技术的比较

| 序号 | 方法 | 原理 | 特点 |
|---|---|---|---|
| 1 | 液-液萃取 | 利用各农药在不同溶剂中溶解度的不同进行提取 | 优点：萃取效率高，处理时间短；<br>缺点：需专业人员操作及配套条件和技术 |
| 2 | 固相萃取（SPE） | 将用有机溶剂提取过的样品溶液通过填充有选择性吸附剂的固相萃取柱来净化、富集目标待测物 | 优点：可同时净化，富集倍数高，易于自动化和与其他仪器联用；<br>缺点：SPE 柱是一次性消耗品，检测成本较高 |
| 3 | 固相微萃取（SPME） | 使用有萃取材料的涂层纤维吸附待测物质，热解吸附的物质，导入色谱柱中，完成待测物的提取分离和浓缩 | 优点：无需溶剂，耗时少，操作简单，可重复使用；<br>缺点：仅可针对少数部分农药残留使用，萃取材料昂贵 |
| 4 | 分散固相萃取（DSPE） | 吸附剂在样品溶液中充分分散，两者相互作用，去除萃取液中的干扰物质达到净化目的 | 优点：回收率高，萃取时间短，简便，便宜，可除去有机酸；<br>缺点：样品溶液中会残留吸附剂 |
| 5 | QuEChERS 法 | 样品用乙腈提取，然后盐析离心分层，最后依据分散固相萃取原理进行萃取净化 | 优点：处理步骤少，方法灵活，可一次检测多种农药，回收率高；<br>缺点：成本略高 |
| 6 | 凝胶渗透色谱（GPC） | 利用被分离物质本身相对分子质量大小的不同来实现分离，可同时分析不同类型的农药 | 优点：流动相的要求低，相对稳定，可重复使用，重现性好；<br>缺点：不完全分离，溶剂用量大，须配备专门设备 |

　　气相色谱法是利用气体作流动相的分离分析方法。气化的试样被载气（流动相）带入色谱柱中，基于不同物质在两相中分配系数不同，使组分彼此分离，其工作原理如图 7 - 1 所示。气相色谱法依据色谱峰中各组分流出时间和出峰大小，对化合物进行定性定量分析。该方法适用于可气化且不易分解的物质，可通过衍生的方法测定部分热不稳定或难以气化的物质。杭广林（2021）使用基质固相分散（MSPD）材料对苹果中 16 种有机磷、有机氯及拟除虫菊酯类农药进行提取，基于氢火焰离子化检测器和电子俘获检测器，利用气相色谱法实现了对苹果中多种农残的同时检测。

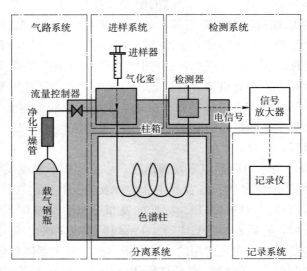

图 7 - 1  气相色谱仪工作原理图

高效液相色谱法是以液体为流动相，借助不同物质对固定相和流动相间的亲和力存在较大差异的特点，分离不同类型物质，其工作原理如图 7-2 所示，高效液相色谱法适用于高沸点不易挥发、不同极性、分子量大的有机化合物。张天赐等（2021）将苹果经QuEChERS 方法提取，丙基乙二胺和石墨化炭黑吸附剂净化，实现了腈菌唑对映体的完全分离，基于高效液相色谱法，在 221 nm 波长下测定了苹果中腈菌唑对映体的含量。

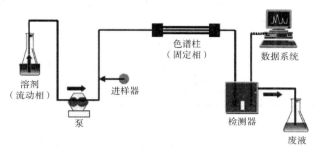

图 7-2　高效液相色谱仪工作原理图

色谱质谱联用法将色谱的分离能力与质谱的定性功能结合，利用色谱分离后，待测物进入质谱，在离子源中化合物被离子轰击，电离成分子离子和碎片离子。根据离子碎片质荷比和运动轨迹的不同，检测器将离子信号转换成电流信号，再由数据处理软件转换成完整的质谱图。其工作原理见图 7-3，色谱质谱联用法广泛应用于农药及代谢物多残留检测等领域。于飞飞等（2022）通过 QuEChERS 萃取净化、气相色谱质谱法检测，建立了一种苹果中氟虫腈及其代谢物的分析方法，该方法实用性强，操作简单，减少了试剂用量和分析时间。

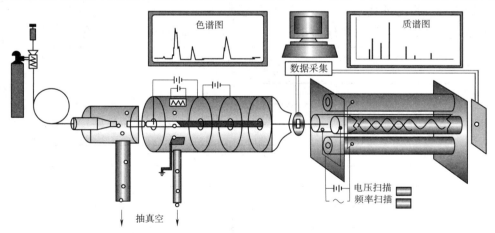

图 7-3　气相色谱-质谱联用仪工作原理图

近年来，随着色谱串联质谱技术的日趋成熟，气相色谱质谱联用法和液相色谱串联质谱法逐渐成为农药残留检测分析的主流技术，具体方法及特点见表 7-2。

**2. 快速检测技术**　农残快速检测技术可在短时间内，实现对农产品上残留的不同物质进行快速检测。由于大大提高了检测速度，农残快检技术目前已经成为基层监管的有力工具，同样可应用于苹果产业中农残安全评估领域。常用的农药残留快速检测方法主要有酶抑制率法、免疫分析法以及生物传感器法。

表 7-2 常用的农残仪器分析方法及特点

| 序号 | 方法 | 特点 |
|---|---|---|
| 1 | 气相色谱法 | 优点：方法成熟，适用范围广，分离效率高，检测速度快，灵敏度高；<br>缺点：不可直接定性，需要标准品，不同待测农药使用不同检测器，要求专业人员操作 |
| 2 | 高效液相色谱法 | 优点：柱效高、灵敏性高、选择性好、重复性好、分析速度快、应用范围广<br>缺点：使用不同填料柱，且容量小；流动相消耗大，有毒的试剂居多；仪器操作较为复杂 |
| 3 | 色谱质谱联用法（气相色谱-质谱联用法、高效液相色谱串联质谱法） | 优点：独特的鉴别能力，灵敏度高，抗干扰能力强，可实现农残多残留物同时定性定量分析，检测时间短<br>缺点：基质干扰，价格昂贵 |

（1）酶抑制率法。在特定的条件下，有机磷和氨基甲酸酯类农药能够抑制胆碱酯酶的活性，其抑制率和农药浓度呈正比。酶催化乙酰胆碱水解，水解产物与显色剂发生反应产生一些黄色物质，利用分光光度计测定吸光度，然后计算抑制率，此方法为酶抑制率法。目前，适用于苹果中农药残留快速检测的方法仅有《蔬菜中有机磷和氨基甲酸酯类农药残留量的快速检测》（GB/T 5009.199—2003）和《蔬菜上有机磷和氨基甲酸酯类农药残毒快速检测方法》（NY/T 448—2001）两项。根据 GB/T 5009.199—2003，当抑制率超过 50% 时，说明有机磷农药或氨基甲酸酯类农药超标；低于 50% 则为不超标。

在实际应用中，酶抑制率法常以光度计检测法和试纸检测法两种方式体现，是目前应用较普遍的一种农残快速检测方法。该方法只适用于有机磷和氨基甲酸酯类农药的定性检测，不能定量。当前该技术存在一定的不稳定性，容易出现假阳性和假阴性概率情况，适用于果品广谱性农药残留的快速筛查。图 7-4 为酶抑制率法的具体检测步骤。

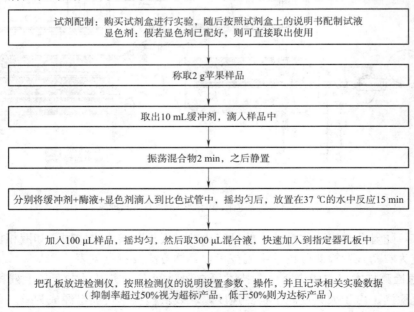

图 7-4 采用酶抑制率法快速检测苹果中农残流程图（GB/T 5009.199—2003）

（2）免疫分析法。免疫分析法是利用抗原和抗体的特异性、可逆性，通过结合发生反应，将抗体作为生物化学检测器，从而实现对待测物进行定性、定量分析的一项技术。当前我国已针对多种农药建立了免疫分析快速检测方法，主要包括除草剂和杀虫剂等。与常规大型仪器检测方法相比，免疫分析法具有更高的特异性和灵敏性。该方法快捷、安全、可靠，可在不同场合、地点灵活开展大批量样品的筛选试验。当前该方法已实现了在果蔬类农产品农残快速检测工作中的高效应用，但由于所用抗体的制备工作难度较大，且一种抗体仅对应检测一种农药，这在一定程度上限制了该方法的应用。

（3）生物传感器法。生物传感器法是由固定化的生物敏感材料如酶、抗体、抗原、微生物、细胞、组织、核酸等作为识别元件，和待测农残产生一定特异性反应的一种技术。利用适当的换能器，可将发生的反应（如形成的复合物、发光、变色等）转换成可输出的检测信号（如电压、频率等），再通过放大信号，将样品进行定性、定量检测分析。该方法方便快捷，并且能够实现重复使用，可应用于果蔬产业中农残快速检测。

目前，市场上常见的农残快速检测设备及工作原理如图7-5所示。

### （二）农药残留风险评估方法

**1. 慢性膳食暴露风险评估** 农药残留慢性膳食暴露风险是慢性或长期接触毒性与农药残留每日允许摄入量的函数，是农药残留对消费者健康安全产生潜在慢性风险的整体描述与分析评估，一般采用下式计算农药的%ADI。

$$\%ADI = \frac{STMR \times F}{bw}/ADI \times 100\%$$

式中，$STMR$ 为规范试验残留中值，取平均残留值，mg/kg；$F$ 为居民日均苹果消费量，kg；$ADI$ 为每日允许摄入量，mg/kg；$bw$ 为体重，kg，按 60 kg 计。

当%$ADI \leqslant 100\%$时，表示慢性风险可以接受，%$ADI$ 的数值越小，则风险越小；当%$ADI > 100\%$时，表示有不可接受的慢性风险，%$ADI$ 越大，则风险越大。基于该方法，聂继云等（2014）曾对我国苹果中联苯菊酯等 26 种常用农药的残留情况进行了风险评估，结果表明苹果的农药残留检出率相对较高，但超标率极低，所检出农药的慢性膳食摄入风险为 0～1.07%，平均值为 0.13%，该数据表明国产苹果农药残留慢性膳食摄入风险很低。

**2. 急性膳食暴露风险评估** 农药残留急性膳食暴露风险是急性或短期接触毒性与农药残留急性参考剂量的函数，包括急性毒性参考剂量、急性膳食摄入评定和急性膳食风险描述三部分。目前，该方法已在水果蔬菜等农作物上应用。计算农药的估计短期摄入量（$ESTI$）和%$ARfD$ 公式如下。

$$ESTI = \frac{U \times HR \times v + (LP - U) \times HR}{bw}$$

$$\%ARfD = \frac{ESTI}{ARfD} \times 100$$

$$SM = \frac{ARfD \times bw}{U \times v + LP - U}$$

式中，$ESTI$ 为估计短期摄入量，kg；$U$ 为单果重量，kg；$HR$ 为最高残留量，取99.9百分位点值，mg/kg；$v$ 为变异因子；$LP$ 为大份餐，kg；$ARfD$ 为急性参考剂量，mg/kg。

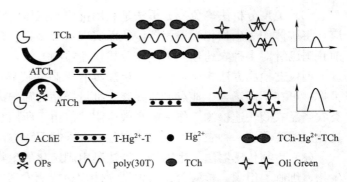

（1）多通道农药残留快速测试仪　　　　（2）多通道农药残留快速测试仪工作原理图

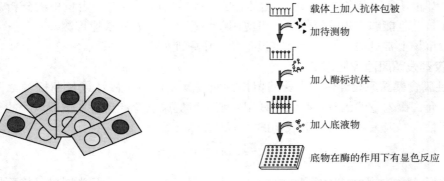

（3）农残酶联免疫试剂盒　　　　（4）农残酶联免疫试剂盒工作原理图

检测原理

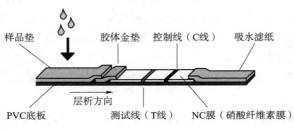

（5）胶体金快速检测农残工作原理图

图 7-5　农残快速检测设备及原理图

通过上述公式可计算各农药的估计短期摄入量、各农药的急性膳食摄入风险（%$ARfD$）和安全界限（$SM$）。当%$ARfD \leqslant 100\%$时，代表风险可以接受，%$ARfD$ 数值越小，则风险越小；当%$ARfD > 100\%$时，代表有不可接受的风险。

## 二、重金属检测技术

### （一）检测设备与方法

苹果中的重金属污染主要来自铅、汞、镉、铬、砷等有害元素。我国现有研究报道表明，流通过程中的部分苹果存在不同程度的有害元素（如铅、镉、汞等）含量偏高的情况。聂继云等（2017）对我国部分苹果产区的调查结果显示，山东省苹果样品中的砷和镉、陕西省苹果样品中的汞、河北省苹果样品中的铅和铜含量均较高。总体看来，我国苹果中有害元素污染问题十分普遍，有害元素污染对苹果质量的影响已逐渐引起人们重视。

针对不同类型重金属元素，苹果中适合采取的检测方法也有所不同。食品安全国家标准中均有相应的检测方法标准，砷、铅、汞、镉、铬5种常见重金属元素检测标准及标准中具体检测方法见表7-3。国家标准中检测方法均为大型精密仪器检测，检测结果准确，但需根据实际条件和检测要求选择合适的方法，且不同检测方法各有其优点和局限性，具体见表7-4。除定量检测外，重金属快速检测也是一种常用的检测方法，相比于大型仪器设备检测具有发展快、成本低、便捷可靠、便于现场检测等优点，是当前重金属检测领域的研究热点。

**表7-3　苹果中5种常见重金属元素检测国家标准及检测方法**

| 重金属类型 | 检测标准 | 检测方法 |
|---|---|---|
| 砷 | 《食品安全国家标准 食品中总砷及无机砷的测定》（GB 5009.11） | 电感耦合等离子体质谱法 |
| | | 氢化物发生原子荧光光谱法 |
| | | 银盐法（分光光度法） |
| 铅 | 《食品安全国家标准 食品中铅的测定》（GB 5009.12） | 石墨炉原子吸收光谱法 |
| | | 电感耦合等离子体质谱法 |
| | | 火焰原子吸收光谱法 |
| | | 二硫腙比色法 |
| 汞 | 《食品安全国家标准 食品中总汞及有机汞的测定》（GB 5009.17） | 原子荧光光谱法 |
| | | 直接进样测汞法 |
| | | 电感耦合等离子体质谱法 |
| | | 冷原子吸收光谱法 |
| 镉 | 《食品安全国家标准 食品中镉的测定》（GB 5009.15） | 石墨炉原子吸收光谱法 |
| 铬 | 《食品安全国家标准 食品中铬的测定》（GB 5009.123） | 石墨炉原子吸收光谱法 |

**表7-4　不同重金属检测方法优缺点比较**

| 检测方法 | 优点 | 缺点 |
|---|---|---|
| 分光光度法 | 操作简便、重现性好、设备便宜 | 结果受显色剂影响、显色剂有毒、检出限低、检测效率低 |
| 原子吸收光谱法 | 选择性好、检测速度快、操作方便，灵敏度高、检出限低 | 不能多元素同时测定，线性范围窄 |
| 原子荧光光谱法 | 检测灵敏度高、检出限低，能同时测定多种元素 | 不能检测不发射荧光的元素、对于复杂基体样品，易受到干扰 |
| 电感耦合等离子体质谱法 | 能够实现多元素同时分析、准确度好、精密度高、检出限低，检测效率高、适用于大批量检测 | 设备昂贵、检测成本高 |

**1. 大型精密仪器检测**

（1）分光光度法（UV-VIS）。UV-VIS 检测重金属含量的原理是重金属元素与有机显色剂发生络合反应，溶液的颜色深度与生成的离子浓度成正比，在特定波长下可通过分光光度计比色测定重金属含量。目前，在现行的重金属检测国家标准中，只有总砷和铅的检测方法中有分光光度法。

（2）原子吸收光谱法（AAS）。AAS 测定重金属的原理是光源发出具有待测元素特征谱线的光，当样品蒸汽通过时，被蒸汽中待测元素的基态原子吸收，根据特征谱线光的减弱程度确定样品中待测元素的含量，原子吸收光谱法检测示意图见图 7-6。原子吸收光谱法主要分为三种原子化方法：石墨炉原子化法、火焰原子化法和氢化物发生法。目前，苹果中铬、铅、镉等重金属的测定多采用原子吸收光谱法。

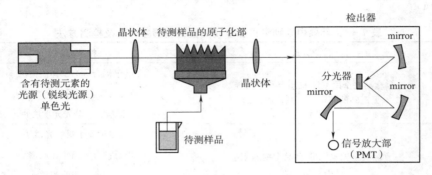

图 7-6　原子吸收光谱法检测示意图

（3）原子荧光光谱法（AFS）。AFS 是通过测量被测元素的原子蒸气在特定频率辐射能量激发下发射的荧光强度进行定量分析的方法。其具体工作原理见图 7-7，该方法属于发射光谱法，但它与原子吸收光谱法密切相关，同时具备了原子发射和原子吸收的优点。目前，原子荧光光谱法主要用于苹果中砷、汞等元素的测定。陈利平等（2020）利用原子荧光光谱法测定了苹果样品中总砷和总汞的含量，并对不确定度进行了评定，取得满意结果。目前，液相色谱-原子荧光等联用方法进一步扩大了重金属检测技术的应用领域，液相色谱-原子荧光联用仪可分析元素形态，可用于检测苹果中危害更大的无机砷、甲基汞等。

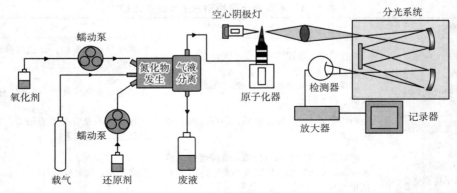

图 7-7　原子荧光光度计检测示意图

（4）电感耦合等离子体质谱法（ICP-MS）。ICP-MS是一种以等离子体为离子源的质谱元素分析方法，可用于多种重金属元素的高通量测定，分析速度快，近几年发布的食品安全标准中大多增加了该方法，其具体工作原理见图7-8。电感耦合等离子体质谱法灵敏度高、检出限低、干扰较少、准确性高，且能与其他色谱分析技术联用，可分析同位素，可同时对多种重金属元素进行测定，几乎能分析所有的重金属元素。彭博等（2008）利用电感耦合等离子体质谱仪测定了红富士苹果果皮和果肉中铅、镉、铬等重金属元素的含量，结果表明果实中重金属主要集中于果皮，果肉中的重金属含量显著低于果皮。

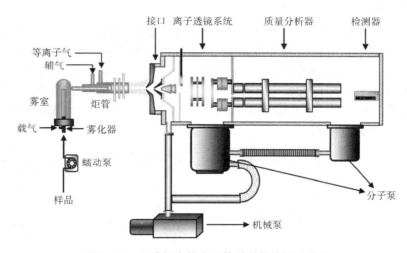

图7-8　电感耦合等离子体质谱仪检测示意图

**2. 快速检测技术**

（1）比色法。比色法是通过比较或测量有色物质溶液颜色深度来检测待测组分含量的方法。该法所用的设备与操作过程都比较简单，包括砷斑法、银盐比色法、二硫腙比色法等，主要用于总砷、总汞等重金属总量的测定。其优点是简单、成本低、分析速度快。但由于比色法受其他物质干扰较严重，因此灵敏度较低。

（2）试纸法。试纸法检测重金属的原理是具有染色特性的生物制剂可以与特定的金属产生不同深浅程度的特定颜色，通过判断颜色类型和颜色深浅检测重金属的含量，这种检测方法异常简便，只需将生物试剂浸渍在试纸上就可以实现。但试纸法也存在一定的缺陷，由于试纸法固定的试剂量有限，导致灵敏度低。包东东等（2022）利用试纸法对阿克苏苹果中重金属镉进行了快速测定。

（3）酶联免疫吸附试验。酶联免疫吸附试验（ELISA）是近年来发展起来的一项新技术，是将抗原（抗体）吸附在固体载体表面，加入与抗体（抗原）和酶结合的偶氮化合物，偶氮化合物与固体载体上的抗原（抗体）反应后，可加入相应的酶底物进行显色反应，并可根据显色深度进行定性或定量分析。具体工作原理见图7-9，酶联免疫吸附试验具有特异性强、灵敏度高的特点，在大规模检测中有很高的应用价值，该方法在Hg、Cu、Cd、Cr、Pb等金属的检测上均得到应用。

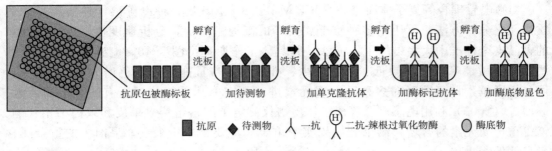

抗原包被酶标板　　加待测物　　加单克隆抗体　　加酶标记抗体　　加酶底物显色

■ 抗原　◆ 待测物　人 一抗　(H) 二抗-辣根过氧化物酶　○ 酶底物

图 7-9　酶联免疫法测重金属原理图

## （二）评估方法

**1. 单因子污染指数法**　单因子污染指数（$P_i$）指果品样品中 $i$ 种重金属质量分数 $C_i$ 与该重金属对应的质量分数限量标准值 $S_i$ 的比值，可以确定主要污染物及其危害程度。然而它只能反映单个污染物的污染程度，不能全面、系统地反映总体污染状况，表 7-5 为果品中单因子污染指数评定表。胡思安等（2019）采用单因子污染指数法对辽宁不同产地 50 个苹果样品中的重金属铅和镉进行了安全评估，结果表明苹果果皮和果肉中铅和镉均处于安全清洁等级范围内。

表 7-5　果品中单因子污染指数评定表

| 等级划分 | 单项污染指数 | 污染等级 | 污染水平 |
| --- | --- | --- | --- |
| 1 | $P \leqslant 0.7$ | 安全 | 清洁 |
| 2 | $0.7 < P \leqslant 1.0$ | 警戒级 | 尚清洁 |
| 3 | $1.0 < P \leqslant 2.0$ | 轻度污染 | 开始受污染 |
| 4 | $2.0 < P \leqslant 3.0$ | 中度污染 | 受到中度污染 |
| 5 | $P > 3.0$ | 重度污染 | 受污染已相当严重 |

**2. 内梅罗指数法**　内梅罗指数法是评价综合污染程度常用的分析方法之一，适用于苹果样品中多种重金属联合作用条件下的健康风险评价，兼顾了各污染因素的污染指数平均值和最高值，不仅考虑了单个污染物的平均水平，同时体现了超标重金属的危害程度，符合苹果品质安全评价的特点。胡思安等（2019）采用综合污染指数法对辽宁不同果园苹果样品重金属含量进行安全评估，结果表明，94%的果园苹果重金属综合污染评价等级为安全清洁，6%的果园苹果重金属综合污染评价等级为轻度污染。内梅罗指数公式如下：

$$P_{综合} = \sqrt{\frac{P_{imax}^2 + P_{iave}^2}{2}}$$

式中，$P_{imax}$ 为果品中多种重金属污染物中最大的单因子污染指数；$P_{iave}$ 为果品中多种重金属污染物单因子污染指数的平均值。表 7-6 为果品中重金属综合污染指数评定表。

表 7-6　果品中重金属综合污染指数评定表

| 等级划分 | 综合污染指数 | 污染水平 |
| --- | --- | --- |
| 1 | $P_{综合} \leqslant 0.85$ | 清洁 |
| 2 | $0.85 < P_{综合} \leqslant 1.71$ | 果实已受污染 |
| 3 | $1.71 < P_{综合} \leqslant 2.56$ | 果实某些污染物含量已超标 |
| 4 | $P_{综合} > 2.56$ | 果实受污染已相当严重 |

**3. 健康风险评价法** 美国环保局 2000 年发布的目标危害系数法（THQ）可同时评价单一重金属健康风险和多种重金属复合暴露的健康风险（HI）。若 THQ 和 HI 均≤1，说明无明显健康风险；若 THQ 和 HI 均＞1，则说明重金属对人群具有潜在的膳食暴露风险，且 THQ 值越大，对人体危害越大。目标危害系数法的优点在于不仅可以评估单一重金属的摄入健康风险，而且可以评价多种重金属复合暴露的健康风险。马怀宇等（2019）对不同果园寒富苹果样本进行健康风险评估，结果表明，苹果样品中铅和镉的 THQ 值均远小于 1.0，健康风险评价结果为安全。THQ 具体计算方法如下：

$$\mathrm{THQ} = \frac{E_F \times E_D \times F_{IR} \times c}{R_{FD} \times W_{AB} \times AT_n} \times 10^{-3}$$

式中，$E_F$ 为暴露频率，d/年；$E_D$ 为暴露时间；$F_{IR}$ 为苹果摄入量，g/d；$c$ 为苹果中重金属含量，mg/kg；$W_{AB}$ 为暴露人群的平均体重，kg；$AT_n$ 为非致癌平均暴露时间，d；$R_{FD}$ 为参考剂量，mg/（kg·d）。

HI 为重金属的总非致癌风险指数，当有多种元素同时对人体产生非致癌风险时，各元素的非致癌风险总和为总非致癌风险，可由下式进行计算：

$$\mathrm{HI} = \sum_{i=1}^{n} \mathrm{THQ}_i$$

式中，$\mathrm{THQ}_i$ 为第 $i$ 种污染物的 THQ。

**4. 暴露评估风险评价法** 暴露评估风险评价法以抽检苹果样品中重金属含量为基础，结合世界卫生组织"全球环境监测系统/食品污染物检测与评估计划"食品消费数据库中苹果消费数据，分析和确定居民通过食用苹果摄入的重金属含量。冯立等（2017）对山东、陕西和甘肃三个苹果主产省份的 70 家苹果企业的 70 批次苹果中的汞、铅和砷三种重金属元素含量进行了测试分析和风险评估，结果表明我国居民每周通过食用苹果对重金属汞的平均摄入量为 0.002 9 μg/（kg·bw），占食品添加剂专家联合委员会（JECFA）对无机汞摄入量 PTWI 值 4 μg/（kg·bw）的 0.072 7%；对铅的平均摄入量为每周 0.012 4 μg/（kg·bw）；对砷的平均摄入量为每周 0.004 6 μg/（kg·bw）。从国内学者对苹果样品检测、暴露评估及风险评价结果来看，目前我国苹果储藏保鲜过程中汞、铅、砷三种重金属总体污染水平较低，危害和风险较小，处于可控水平。

## 三、真菌毒素检测技术

苹果在种植、采收、储藏、运输、销售等过程中，容易受到病原微生物的污染，尤其在采后储藏期间，由病原菌侵染引起的水果采后腐烂时有发生，部分霉菌还可能产生真菌毒素对人体健康造成潜在危害。苹果及其制品中可能产生的真菌毒素有棒曲霉素又名展青霉素（Patulin，PAT）、链格孢霉毒素（Alternaria toxins）、赭曲霉毒素 A（Ochratoxin A，OTA）等。真菌毒素检测方法主要分为大型仪器精密检测法和快速检测方法。

### （一）检测设备与方法

**1. 大型仪器精密检测** 通常苹果中真菌毒素含量极低，需选用准确度高、灵敏度高的方法对其进行检测，且由于不同真菌毒素的化学结构和性质各异，无法采用一种标准方法完成对所有真菌毒素的定量测定。目前，苹果及其制品中真菌毒素的常用检测标准方法主要有高效液相色谱法、气相色谱法以及与质谱联用技术。

　　近年来,我国的真菌毒素检测国家标准制修订发展较快。当前苹果及其制品中 3 种真菌毒素检测技术方法较成熟,我国现行的水果及其制品中 3 种真菌毒素检测方法标准见表 7-7。这些标准的制定和实施基本反映了当前国际上真菌毒素检测方法标准的现状和技术应用水平,为国内外苹果及加工产品的生产加工与流通贸易安全提供了强大的技术支撑和保障。

表 7-7　我国水果及其制品中真菌毒素的检测方法标准

| 真菌毒素 | 标准号 | 标准名称 | 检测方法 |
| --- | --- | --- | --- |
| 链格孢霉毒素 | SN/T 4259—2015 | 《出口水果蔬菜中链格孢菌毒素的测定液相色谱-质谱/质谱法》 | 液相色谱-质谱法 |
| 棒曲霉素 | GB/T 5009.185—2016 | 《苹果和山楂制品中展青霉素的测定》 | 液相色谱串联质谱法 |
| | | | 高效液相色谱法 |
| 赭曲霉毒素 A | GB 5009.96—2016 | 《食品安全国家标准 食品中赭曲霉毒素 A 的测定》 | 免疫亲和层析净化液相色谱法 |
| | | | 离子交换固相萃取柱净化高效液相色谱法 |
| | | | 免疫亲和层析净化液相色谱-串联质谱法 |
| | | | 酶联免疫吸附测定法 |

　　**2. 快速检测技术**　　国家标准中采用的真菌毒素检测方法主要有液相色谱、液相色谱-质谱联用等,由于很难及时、快速而全面地从各环节监控苹果及其制品的安全状况,因此需要进一步探索快速、方便、准确、灵敏的真菌毒素快速分析检测技术。目前真菌毒素快速检测方法主要有免疫学方法、光谱分析法等。

　　(1) 免疫学方法。真菌毒素免疫学检测分析方法主要是基于免疫分析技术,即利用抗原抗体结合特异性,通过高活性的酶催化底物显色或发光达到定量分析的目的,在实际应用中具有简单、快速、易于操作等优点。根据抗原或抗体标记方法的差异主要分为酶联免疫吸附法、胶体金免疫层析法、时间分辨荧光免疫分析法等。

　　(2) 光谱分析法。光谱分析法检测真菌毒素主要有近红外光谱法、荧光光谱法、拉曼光谱法等。近红外光谱法 (NIRS) 依据真菌毒素不同基团对近红外光的选择性吸收,通过对有机化合物组成和分子结构特征信息的识别,实现对不同种类的真菌毒素的定量。荧光光谱法 (FS) 是指在固定激发波长下,以物质发射的荧光强度与浓度之间的线性关系为依据进行定量分析。表面增强拉曼光谱法 (SERS) 是拉曼光谱的进一步拓展,利用激发光与样品中分子运动相互作用产生,具有极高的分子特异性。

　　**(二)风险评估方法**

　　苹果中真菌毒素的膳食暴露风险评估主要结合消费量和真菌毒素污染水平计算膳食摄入量的风险,以及基于风险分析模型软件的概率算法评估技术,得出的膳食摄入量数据再与基于毒理学数据推导或制定出的人类健康指导值进行比较,来评估人体膳食暴露风险。张晓男等 (2017) 通过估算我国苹果汁消费量,模拟我国真菌毒素暴露量,评价我国苹果制品的膳食安全性,评价结果表明棒曲霉素的暴露量为 $0.007\ 59\ \mu g/$ (kg·bw·d),低于每日耐受摄入量,膳食暴露风险是可以接受的。

## 四、硝酸盐与亚硝酸盐检测技术

### (一) 检测技术

苹果中硝酸盐的积累主要与果园施肥水平相关;亚硝酸盐的积累主要与果实代谢水平相关。莫宝庆等 (2012) 通过对比苹果不同储藏温度条件下亚硝酸盐含量,证明冷藏能够抑制亚硝酸盐含量积累,苹果常温条件下放置 7 d 亚硝酸盐含量有所上升,第 45 天达到最高值 0.309 mg/kg,是低温储藏的 2 倍;而低温储藏的亚硝酸盐水平始终处于较低水平。

苹果中硝酸盐和亚硝酸盐含量检测技术主要采用分光光度法。我国国家标准《食品安全国家标准 食品中硝酸盐和亚硝酸盐的测定》(GB 5009.33—2016) 中第二法使用的是分光光度法,在弱酸条件下,亚硝酸盐与对氨基苯磺酸重氮化后,再与盐酸萘乙二胺偶合形成紫红色偶氮化合物,特征吸收波长为 538 nm。第三法则利用紫外分光光度法测定蔬菜、水果中硝酸盐的含量,用 pH 在 9.6~9.7 之间的氨缓冲液提取样品中硝酸根离子,使用活性炭除去色素类物质,加沉淀剂除去其他干扰物质,利用硝酸根离子和亚硝酸根离子在紫外区 219 nm 处的吸收波长特性,测定提取液的吸光度,其测得结果为硝酸盐和亚硝酸盐吸光度的总和。

### (二) 风险评估方法

硝酸盐与亚硝酸盐风险评估主要采用膳食暴露评估法。膳食暴露评估是以检测数据和因子数据、人口学数据、消费量数据为基础,计算单位体重对硝酸盐或亚硝酸盐摄入量的评估。为客观反映苹果中硝酸盐或亚硝酸盐对人体的危害程度,安全评估需要大量的试验数据支持,同时需分析人体平均体重、性别、年龄及每日消费量等关键因子在膳食暴露评估中的作用。膳食暴露量 (EXP) 采用如下公式计算:

$$EXP = \frac{X \times C}{BW}$$

式中,$X$ 为每日硝酸盐或亚硝酸盐摄入量,kg;$C$ 为苹果中硝酸盐或亚硝酸的含量,mg/kg;$BW$ 指人体体重,kg,依据《中国居民膳食指南》的数据,人体每日水果摄入量以 0.3 kg (鲜重) 计,体重以人均体重 60 kg 计;$EXP$ 为膳食暴露量,mg/kg。

风险描述是指通过衡量参考剂量 (即安全标准) 与膳食暴露量的关系,评价污染因子对人体危害风险的程度。苹果中硝酸盐的风险描述,用风险商 (HQ) 来表示。用如下公式计算风险商。

$$HQ = \frac{EXP}{ADI}$$

式中,$EXP$ 为硝酸盐的膳食暴露量,mg/kg;$ADI$ 为硝酸盐日允许摄入量,mg/kg。按照联合国粮食及农业组织 (FAO) 和世界卫生组织 (WHO) 规定,硝酸盐每天允许摄入量为 3.6 mg/kg,亚硝酸盐每天允许摄入量为 0.033 mg/kg。

安全摄入量的计算公式为:

$$X = \frac{ADI \times HQ \times BW}{C}$$

式中,$ADI$ 是硝酸盐每日允许摄入量,3.6 mg/kg;$HQ$ 为风险商,设定为最高上限 1;$BW$ 是成人体重,60 kg;$C$ 是苹果中硝酸盐或亚硝酸盐的含量,mg/kg;$X$ 是安全摄入量,kg。

## 五、其他检测技术

### (一) 食品添加剂检测技术

苹果加工制品中常用的食品添加剂主要是防腐剂、甜味剂和合成色素等。如表 7 - 8 所示，我国对苹果制品相关产品制定了相应的安全生产标准文件。超范围、超限量使用食品添加剂会对消费者健康造成损害，因此我国政府和相关部门对食品添加剂在食品制造业内的应用有严格的管理规范。如表 7 - 9 所示，列出了苹果加工制品中使用的食品添加剂种类、检测方法及限量要求，参照《GB 2760 食品安全国家标准 食品添加剂使用标准》。

**表 7 - 8　苹果制品产品质量标准**

| 苹果制品 | 产品标准名称 | 标准代号 |
|---|---|---|
| 苹果酱 | 果酱 | GB/T 22474 |
| | 苹果酱 | SB/T 10088 |
| 苹果脯 | 食品安全国家标准 蜜饯 | GB 14884 |
| | 蜜饯质量通则 | GB/T 10782 |
| 苹果汁 | 果蔬汁类及其饮料 | GB/T 31121 |
| | 浓缩苹果汁 | GB/T 18963 |
| 苹果酒 | 果酒通用技术要求 | QB/T 5476 |
| | 绿色食品果酒 | NY/T 1508 |
| 苹果罐头 | 食品安全国家标准 罐头食品 | GB 7098 |
| | 苹果罐头 | QB/T 1392 |
| 苹果脆片 | 非油炸水果、蔬菜脆片 | GB/T 23787 |
| | 苹果脆片 | NY/T 2779 |

**表 7 - 9　苹果制品中常用食品添加剂检测项目、检测方法及限量要求一览表**

| 苹果制品 | 检测项目 | 检测方法 | 限量 |
|---|---|---|---|
| 苹果酱 (参照果酱) | 脱氢乙酸及其钠盐（以脱氢乙酸计） | GB 5009.121 | 1.0 g/kg |
| | 甜蜜素（以环己基氨基磺酸计） | GB 5009.97 | 1.0 g/kg |
| 苹果脯（参照蜜饯） | 苯甲酸及其钠盐（以苯甲酸计） | GB 5009.28 | 0.5 g/kg |
| | 山梨酸及其钾盐（以山梨酸计） | GB 5009.28 | 0.5 g/kg |
| | 糖精钠（以糖精计） | GB 5009.28 | 1.0 g/kg |
| | 甜蜜素（以环己基氨基磺酸计） | GB 5009.97 | 1.0 g/kg |
| | 二氧化硫残留量 | GB 5009.34 | 0.35 g/kg |
| | 柠檬黄及其铝色淀 | GB 5009.35 | 0.1 g/kg |
| | 日落黄及其铝色淀 | GB 5009.35 | 0.1 g/kg |
| | 苋菜红及其铝色淀 | GB 5009.35 | 0.05 g/kg |
| | 胭脂红及其铝色淀 | GB 5009.35 | 0.05 g/kg |
| | 乙二胺四乙酸二钠 | GB 5009.278 | 0.25 g/kg |

（续）

| 苹果制品 | 检测项目 | 检测方法 | 限量 |
|---|---|---|---|
| 苹果汁（参照<br>果蔬汁及其饮料） | 苯甲酸及其钠盐（以苯甲酸计） | GB 5009.28 | 1.0 g/kg |
| | 山梨酸及其钾盐（以山梨酸计） | GB 5009.28 | 0.05 g/kg |
| | 脱氢乙酸及其钠盐（以脱氢乙酸计） | GB 5009.121 | 0.3 g/kg |
| | 糖精钠（以糖精计） | GB 5009.28 | 不得使用 |
| | 安赛蜜 | GB/T 5009.140 | 0.3 g/kg |
| | 甜蜜素（以环己基氨基磺酸计） | GB 5009.97 | 0.65 g/kg |
| | 柠檬黄及其铝色淀 | GB 5009.35 | 0.1 g/kg |
| | 日落黄及其铝色淀 | GB 5009.35 | 0.1 g/kg |
| | 苋菜红及其铝色淀 | GB 5009.35 | 不得使用 |
| | 胭脂红及其铝色淀 | GB 5009.35 | 不得使用 |
| 浓缩苹果汁<br>［参照浓缩果蔬汁（浆）］ | 苯甲酸及其钠盐（以苯甲酸计） | GB 5009.28 | 2.0 g/kg |
| | 山梨酸及其钾盐（以山梨酸计） | GB 5009.28 | 2.0 g/kg |
| 苹果酒<br>［参照果酒（发酵型）］ | 苯甲酸及其钠盐（以苯甲酸计） | GB 5009.28 | 0.8 g/kg |
| | 山梨酸及其钾盐（以山梨酸计） | GB 5009.28 | 0.6 g/kg |
| | 糖精钠（以糖精计） | GB 5009.28 | 不得使用 |
| 苹果罐头<br>（参照水果类罐头） | 柠檬黄及其铝色淀 | GB 5009.35 | 不得使用 |
| | 日落黄及其铝色淀 | GB 5009.35 | 0.1 g/kg |
| | 苋菜红及其铝色淀 | GB 5009.35 | 不得使用 |
| | 胭脂红及其铝色淀 | GB 5009.35 | 0.1g/kg |
| | 脱氢乙酸及其钠盐（以脱氢乙酸计） | GB 5009.121 | 不得使用 |
| | 苯甲酸及其钠盐（以苯甲酸计） | GB 5009.28 | 不得使用 |
| | 山梨酸及其钾盐（以山梨酸计） | GB 5009.28 | 不得使用 |
| | 糖精钠（以糖精计） | GB 5009.28 | 不得使用 |
| | 甜蜜素（以环己基氨基磺酸计） | GB 5009.97 | 0.65 g/kg |
| | 阿斯巴甜 | GB 5009.263 | 1.0 g/kg |
| 苹果脆片<br>（参照水果干制品） | 山梨酸及其钾盐（以山梨酸计） | GB 5009.28 | 不得使用 |
| | 糖精钠（以糖精计） | GB 5009.28 | 5.0 g/kg |
| | 二氧化硫残留量 | GB 5009.34 | 0.1 g/kg |

注：数据来源于《食品安全监督抽查实施细则》（2022 年版）及《食品安全国家标准 食品添加剂使用标准》（GB 2760—2014）。

### （二）塑化剂及其检测技术

目前在苹果栽培及运输过程中，棚膜、地膜、果袋、网袋、保鲜膜、包装礼盒等塑料制品被大量使用，塑料制品中塑化剂含量占 30％～80％。PAEs（邻苯二甲酸酯类化合物）是塑化剂主要成分，可引起生物体细胞染色体结构和数目的变化，具有致畸、致癌等诸多危害。且塑化剂与塑料分子由氢键或范德华力结合，该结构极易脱落至苹果果实或土壤中造成二次污染。国内有关学者通过对青岛市水果调查发现，苹果中 15 种 PAEs 总含量为 2.26 mg/kg，同时，对 12 份苹果园土壤进行检测，发现 DBP、DEHP 在 12 个土壤样本中含量最高分别为 1.38 mg/kg、1.19 mg/kg，检出率为 100%（巫升平，2016）。尽管苹果中有塑化剂检出，但含量较低，通过健康风险评估，其对人体无危害风险（柴超等，2014）。

塑化剂检测通常采用气相色谱质谱（GC-MS）联用技术，GC-MS 是目前 PAEs 检测应用最为广泛的方法。国家标准《食品安全国家标准 食品中邻苯二甲酸酯的测定》（GB 5009.271—2016）也对食品中 PAEs 含量的检测方法进行了规定，其中第二法规定了使用 GC-MS 对 18 种邻苯二甲酸酯类化合物进行检测。

# 第二节  苹果营养成分评价

## 一、营养物质分析评价

### （一）苹果的营养价值

"一天一苹果，医生远离我"这句谚语说明了苹果的营养价值。苹果中的营养物质主要包括碳水化合物、酸类、膳食纤维、维生素、矿物质、蛋白质、果胶类等。

**1. 碳水化合物**  苹果中的碳水化合物成分主要是糖类、酸类物质。每 100 g 苹果可食部分中糖类提供的能量可达 180 kJ 以上。大部分品种苹果果实的可溶性糖含量在 8%～13% 之间。苹果中的可溶性糖以果糖、蔗糖和葡萄糖为主，其中果糖含量最高，占可溶性糖含量的 43.7%～55.7%。大多数品种的苹果，其蔗糖含量居第二位，葡萄糖含量最低。

**2. 维生素**  苹果中的维生素主要是维生素 C，又称 L-抗坏血酸，为水溶性维生素。成人每天需摄入维生素 C 的含量在 30～75 mg 之间。与猕猴桃、枣、山楂等富含维生素 C 的果品相比，苹果的维生素 C 含量相对较低，在 0.1～10.5 mg/100 g 之间，平均为 2.8 mg/100 g。除维生素 C 外，苹果中还含有硫胺素、核黄素、烟酸、叶酸、吡哆醇等其他维生素，但含量均很低，几乎均在 0.1 mg/100 g 以下。

**3. 矿物质**  苹果中的矿物质有钾、钙、镁、硼、锌、锰、铁、磷等多种。常量元素中钾含量最高，微量元素中的铁含量最高，约占 70%。

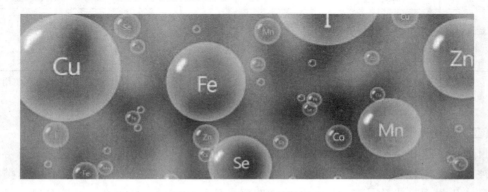

图 7-10  苹果中的微量元素

**4. 膳食纤维**  苹果中的膳食纤维分为可溶性膳食纤维和不溶性膳食纤维两类。有研究表明，苹果中膳食纤维含量在 1.38%～2.87% 之间，平均为 1.79%。其中不溶性膳食纤维含量在 1.01%～2.36% 之间，平均为 1.39%；可溶性膳食纤维含量在 0.26%～0.56% 之间，平均为 0.40%。苹果果皮的纤维素含量远高于果肉中的含量，是果肉中含量的 2～3 倍。果胶是苹果膳食纤维的一种，含量在 0.27%～1.57% 之间。有学者将苹果果胶含量分为 5 级：极高（≥1.30%）、高（1.00%～1.29%）、中（0.70%～0.99%）、低（0.40%～0.69%）和极低（<0.40%）。苹果皮渣的果胶含量极高，达 15%～20%，是提取果胶的优质资源。

**5. 蛋白质** 苹果中蛋白质含量很低，约为 0.2%。以蜜脆苹果为例，果肉中蛋白质的氨基酸组分多达 20 种，包括缬氨酸、亮氨酸、异亮氨酸、蛋氨酸、苯丙氨酸、苏氨酸、赖氨酸等 7 种必需氨基酸，成熟苹果果实中的氨基酸以天冬氨酸、天冬酰胺、谷氨酸、脯氨酸、苏氨酸和 γ-氨基丁酸为主。

**6. 苹果籽营养组成** 苹果籽富含蛋白质和脂肪，是良好的蛋白质资源和油脂资源。以干基计，苹果籽中蛋白质含量在 36.06%～40.69% 之间（平均含量 38.53%），脂肪含量在 19.96%～24.44% 之间（平均含量 21.98%），均高于黄豆（蛋白质含量 33.1%，脂肪含量 15.9%）。苹果籽中的脂肪以不饱和脂肪酸为主，占脂肪酸总量的 89% 左右，其中，亚油酸占比约为 50%。

**（二）主要分析技术及仪器设备**

目前国内外对苹果中营养物质的分析已有较为成熟的方法，如滴定法、离子色谱法、紫外可分光光度法、原子吸收分光光度法、电感耦合等离子体质谱法、气相色谱法、液相色谱法等，详见表 7-10。

表 7-10 苹果营养元素检测标准方法

| 序号 | 检测内容 | 现行标准方法 |
|---|---|---|
| 1 | 蛋白质 | 《食品安全国家标准 食品中蛋白质的测定》（GB 5009.5—2016） |
| 2 | 脂肪 | 《食品安全国家标准 食品中脂肪的测定》（GB/T 5009.6—2016） |
| 3 | 水分 | 《食品安全国家标准 食品中水分的测定》（GB 5009.3—2016） |
| 4 | 粗纤维 | 《植物类食品中粗纤维的测定》（GB/T 5009.10—2003） |
| 5 | 淀粉 | 《食品安全国家标准 食品中淀粉的测定》（GB 5009.9—2016） |
| 6 | 灰分 | 《食品安全国家标准 食品中灰分的测定》（GB 5009.4—2016） |
| 7 | 可溶性固形物 | 《水果和蔬菜可溶性固形物含量的测定折射仪法》（NY/T 2637—2014） |
| 8 | 总酸 | 《食品安全国家标准 食品中总酸的测定》（GB 12456—2021） |
| 9 | 膳食纤维（水溶性、水不溶性） | 《食品安全国家标准 食品中膳食纤维的测定》（GB 5009.88—2014） |
| 10 | 抗坏血酸 | 《食品安全国家标准 食品中抗坏血酸的测定》（GB 5009.86—2016） |
| 11 | 单宁 | 《水果、蔬菜及其制品中单宁含量的测定分光光度法》（NY/T 1600—2008） |
| 12 | 酚类物质 | 《苹果中主要酚类物质的测定高效液相色谱法》（NY/T 2795—2015） |
| 13 | 有机酸 | 《食品安全国家标准 食品有机酸的测定》（GB 5009.157—2016） |
| 14 | 氨基酸 | 《食品安全国家标准 食品中氨基酸的测定》（GB 5009.124—2016） |
| 15 | 果胶 | 《水果及其制品中果胶含量的测定分光光度法》（NY/T 2016—2011） |

（续）

| 序号 | 检测内容 | 现行标准方法 |
|---|---|---|
| 16 | 果糖、葡萄糖、蔗糖等 | 《食品安全国家标准 食品中果糖、葡萄糖、蔗糖、麦芽糖、乳糖的测定》（GB 5009.8—2016） |
| 17 | 钾、钙、钠、镁、铁、硒等矿质元素 | 《食品安全国家标准 食品中多元素的测定》（GB 5009.268—2016）<br>《食品安全国家标准 食品中硒的测定》（GB 5009.93—2017）<br>《食品安全国家标准 食品中钙的测定》（GB 5009.92—2016）等 |

通用的大型仪器检测方法具有准确性高、针对性强的优势，在检测过程中能够避免一些不相关因素的干扰。例如 ICP-MS 是目前检测食品中微量元素最灵敏有效的方法，以电感耦合等离子体为离子化源，四极杆质谱仪进行定性定量分析，可进行多元素同时分析，具有线性检测范围宽、检出限低、谱线简单的优点。

近些年，传统方法正向着降低能耗、简化前处理操作、消除背景干扰等方面进行突破和发展。营养元素的检测技术也正朝着安全、快速、精确的方向发展，自动化设备能够显著提高检测效率和测试精度，在果品加工工艺优化、产品开发方面起到重要作用。常见的营养品质自动化检测设备见表 7-11 和图 7-11。

表 7-11 营养品质自动化检测设备

| 序号 | 检测项目 | 自动化检测设备 | 优势 |
|---|---|---|---|
| 1 | 水分 | 全自动水分滴定仪 | 结果可靠，测定范围宽，易于操作，可实时监控 |
| | | 红外水分检测仪 | 体积小、重量轻、检测速度快、操作简单，测试准确 |
| 2 | 粗纤维 | 纤维测定仪 | 方便加液操作，有效避免腐蚀性液体侵蚀泵体 |
| 3 | 可溶性固形物 | 智能微型光谱仪 | 便携式漫反射光谱仪，可用于对各种各样的产品进行快速、无损的多组分分析 |
| 4 | 总酸 | 全自动电位滴定仪 | 操作方便，可避免滴定干扰，完善数据管理功能 |
| 5 | 膳食纤维（水溶性、水不溶性） | 全自动膳食纤维测定仪 | 可用于样品中总膳食纤维、可溶性膳食纤维和不溶性膳食纤维等指标的分别检测 |
| 6 | 蛋白质 | 全自动凯氏定氮仪 | 更低的检测限值、更短的分析时间、可实现在线滴定 |

凯氏定氮仪

全自动膳食纤维测定仪

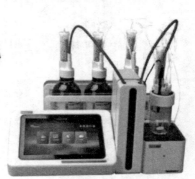
全自动水分滴定仪

图 7-11 营养成分自动化检测设备

### （三）营养成分评价技术

苹果含有丰富的碳水化合物、多种维生素、矿物质和纤维素等，可维持人体酸碱平衡，帮助消化，为了综合评价其营养价值，应选择适宜的评价方法。常用的营养评价方法主要有以下几种：

**1. 平均营养价值估算法** "基本营养价值"的概念最初于1965年被提出，后被更名为"平均营养价值"（Average Nutritive Value，ANV），用以计算和评估水果的质量。根据每100 g水果可食部分中蛋白质、纤维素、钙、铁、胡萝卜素和维生素C 6种主要成分的含量，按公式计算出分数结果：

$$ANV=蛋白质（g）/5＋纤维素（g）＋钙（mg）/100＋$$
$$铁（mg）/2＋胡萝卜素（mg）＋维生素C（mg）/40$$

**2. 营养评分分类估算法** 通过对水果每100 g可食部分中胡萝卜素、维生素C、维生素$B_2$、钙、铁、钾和食物纤维的含量，按照营养价值综合评分标准进行分析，并根据总分逐项比较得出分数。水果的营养价值可分为5个等级：非常高（10～22分）、相当高（5～9分）、较高（3～4分）、稍高（1～2分）、一般（<1分）。与平均营养价值估算法同理，由于总分来自线性累加，可利用单一指标，如维生素C的测定值进行同一品种水果的营养等级求算。

**3. 营养综合评价指数法** 以平均值为基础，对各营养指标进行两侧等距分级，分级距离≈（最大最小）/分级数，由高到低分为4级，各级指标值依次为4、3、2、1，根据划分标准，计算出各品种营养指标对应的指标值，通过对指标值的累加，得到不同品种的综合评价指数，然后根据累加指标值的高低来表达果蔬营养品质好坏的一种方法。综合评价指标越高，水果营养品质越好。

**4. 营养质量指数法**（INQ） 通过以食品中营养素能满足人体营养需要的程度（营养素密度，ND）对同一种食品能满足人体能量需要的程度（热量密度）之比值来评定食物的营养价值。具体计算公式如下。

$$INQ=\frac{一定食物中某营养含量/该营养素推荐摄入量}{一定食物中提供的能量/能量推荐摄入量}$$

食物营养价值是评价食物中所含营养素和能量满足人体所需要的程度。INQ法可以反映当某种食物满足人体热量需求时，该种食物所含的某种营养素是否也能够满足人体需求。当INQ<1时，说明该类营养素含量低于推荐供给量，长期食用，可能引发这一类营养素摄入不足的危害；INQ>1，则表明该营养素含量高于或等于推荐供给量，并且说明其营养质量好；INQ>2，则表明某种食物可作为该类营养素的良好来源。

## 二、功能性成分分析评价

### （一）苹果中功能性成分概况

苹果除基本营养成分外，还含有多种功能成分，包括苹果多酚、植物甾醇、三萜类化合物等。研究表明，这些营养成分具有降低血脂、抗癌、抗氧化、预防肥胖、预防心脑血管疾病等作用，对人体健康具有积极影响。

**1. 苹果多酚** 苹果多酚来自苹果的次生代谢产物，是苹果中所含多元酚类物质的通称，为苹果的主要功能成分之一。苹果中多酚总含量可达到0.662～6.919 mg/g，甚至更高，而苹果汁中所含的总酚可达 86～305 mg/L。苹果多酚主要包括两类：类黄酮类和酚酸类化合物。

类黄酮包括查尔酮类及其衍生物、花色苷类、黄烷醇类、黄酮类等，这类成分在苹果中含量最高，其中黄酮醇类的湿质量含量可达到 0.15～0.69 mg/g；黄烷醇类含量最高，湿质量含量最低约 0.22 mg/g，最高可达到 1.01 mg/g，查尔酮类湿质量含量可达 0.05～0.39 mg/g。

酚酸类主要有肉桂酸、阿魏酸、丙二酸、马来酸、奎尼酸、水杨酸、绿原酸、对香豆酸、咖啡酸等十多种物质，其中含量最高的为绿原酸，在苹果幼果果皮中可达到 1 900～4 400 mg/kg，幼果果肉中可达到 570～2 070 mg/kg，咖啡酸可达到 85～1 270 mg/kg 等。

在苹果多酚中的特征成分为根皮苷，在苹果树皮、叶、根、苹果肉、苹果皮等部位皆有分布，可影响苹果以及苹果汁等苹果制产品的风味、色泽、营养功能等，化学结构见图 7-12。

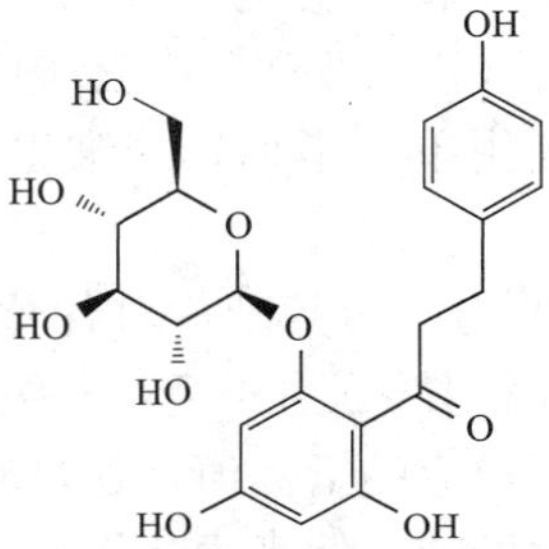

图 7-12  根皮苷的化学结构

根皮苷不仅可以促进苹果叶的生长，还可帮助苹果抵抗各类致病类病原体的感染（如黑星病、火疫病等），对人体还具有调节血压、抗氧化等功效，可通过抑制钠-葡萄糖协同转运蛋白 2（SGLT2）和 1（SGLT1）来阻断近曲肾小管对葡萄糖的重吸收并通过尿液排出多余的葡萄糖，从而达到降低血糖、抗糖尿病的效果。

**2. 植物甾醇**  植物甾醇广泛存在于苹果树等植物的种子、叶、茎、根和果实中，但主要存在于苹果皮中，具有抑制人体胆固醇的合成、预防冠状动脉粥状硬化、保持皮肤湿润、抗炎、抗宫颈癌等癌症、抗氧化、预防胆结石的形成等功效，苹果内的植物甾醇包括胡萝卜苷、谷甾醇、豆甾-5-烯-3$\beta$-醇等。

**3. 三萜类化合物**  苹果中的三萜类化合物包括山楂酸、2$\alpha$-羟基熊果酸、熊果酸等几十余种，苹果果肉中所含的总三萜含量为 8.1～15.1 mg/g，苹果皮中总三萜的含量为 14～25 mg/g，研究发现不同品种苹果所含总三萜含量有一定差异，嘎拉苹果果肉中总三萜的含量是最高的，而黄元帅苹果最低，红蛇苹果果皮中总三萜含量在多个品种中最高，而国产青苹果、黄元帅苹果果皮中含量较低。苹果三萜类化合物可抑制人肝癌细胞、结肠癌细胞、乳腺癌细胞等癌细胞增殖，从而起到抗癌的作用，还具有增强免疫、抗炎等其他功效。

**（二）检测技术及设备**

苹果功能性成分的主要分析技术的分类、用途、相关标准、优缺点等见表 7-12。

表 7-12　苹果中功能成分及技术方法一览表

| 分析技术 | 用途 | 相关标准 | 优点 | 缺点 |
|---|---|---|---|---|
| 分光光度法 | 一般用于检测苹果中的总酚、总三萜含量 | 《水果、蔬菜及其制品中单宁含量的测定　分光光度法》（NY/T 1600—2008） | 成本要远低于其他分析技术。采用的仪器如高效液相色谱仪等操作简单、分析快速，灵敏度也比较高 | 一般用于测定总酚含量，并无法测定每种酚类物质成分的具体含量，且实验干扰因素多 |
| 高效液相色谱法 | 苹果多酚、三萜、植物甾醇等功能成分 | 《苹果中绿原酸、原儿茶酸、儿茶素、新绿原酸、原花青素B₁、没食子酸等16种酚类功能成分》（NY/T 2795—2015） | 采用高压泵，最高工作压力可达到 300～500 bar，使流动相可以快速通过色谱柱，流动相流速达到 1～3 mL/min，检测速度快；检测器灵敏度高，紫外检测器可达 0.01 ng；固定相粒度小仅为 3～5 μm，分离效率高 | 对其同分异构体和衍生物分离效果较差，在苹果功能分析中有时需要同其他方法如质谱等相结合 |
| 液相色谱-质谱法 | 苹果多酚等功能成分 | / | 结合了质谱对组分的鉴定能力及液相色谱高效分离能力等优点，分离速度更快的同时具有更高的灵敏度以及选择性。在液相色谱上未完全分离的物质，可利用质谱仪的离子质量色谱图进行定性定量，因此其可检测分析出的多酚类化合物种类更多 | 数据库覆盖不全面，数据库欠缺使实验者需参考相关文献，并因为添加了质谱仪大幅提高了分析以及仪器保养维修成本，因此在分析苹果多酚等功能物质时并不常用，仅作为补充方法 |

**1. 分光光度法**　分光光度法是最常用于检测苹果中总酚的检测方法，《水果、蔬菜及其制品中单宁含量的测定 分光光度法》（NY/T 1600—2008）建立了苹果以及其他水果蔬菜中分光光度法分析总酚的方法，检出限可达到 0.01 mg/kg。

**2. 高效液相色谱法**　聂继云等（2010）利用高效液相色谱法可鉴定出苹果中 34 种类黄酮功能成分，具体包括 8 种花青苷、15 种黄酮醇、6 种二氢查尔酮和 5 种黄烷醇等。研究发现锡金海棠、毛山荆子等 22 种优质苹果种质资源中功能成分含量明显高于栽培品种，除台湾林檎和草原海棠两个品种外，果实总黄酮含量都能达到 4 500 mg/kg 以上。兴山湖北海棠和卢氏湖北海棠果实中所含的二氢查尔酮含量在 22 个品种中最高，超过了 1 100 mg/kg。扁棱海棠、冬红果、丽江山荆子等品种是提取类黄酮的宝贵资源，其果实中所测 5 种黄烷醇总含量高达 1 800～2 800 mg/kg。

**3. 液相色谱-质谱法**　液相色谱-质谱联用法常用于苹果多酚等功能成分的检测，被用于建立苹果中绿原酸、咖啡酸、槲皮素等多种功能物质的检测分析，采用 3 μm Mightysil RP-18 150 mm 短柱一次性筛查并准确分析出了多种成分，方法总体回收率达到 69.2%～116%；超高效液相飞行时间质谱法鉴别出了苹果中 20 多种多酚类化合物；超高压液相色谱耦联高分辨质谱分析两个品种苹果并鉴定出 21 种原花青素类、15 种黄酮醇、9 种酚酸等成分。

**4. 其他检测技术及设备**　除液相色谱及质谱技术外，气相色谱法也可用于多酚物质分析，具有分析效率高、引用范围广等优点，但针对大部分受热不稳定的物质或难以气化的物质需要衍生化处理后才能检测，步骤烦琐，较少被应用于苹果功能特征成分分析。此外，还有原子吸收光谱法、近红外光谱法等技术等被尝试应用于功能性成分的检测分析。

**（三）功能成分功效评价技术**

用于对苹果中功能成分功效的评价技术有体外实验、体内实验以及化学测定法等，其优缺点比较见表 7-13。

表 7 – 13　苹果中功能成分功效评价技术

| 评价技术 | 内容及用途 | 优点 | 缺点 |
|---|---|---|---|
| 化学测定法 | 可用于评价苹果多酚的抗氧化性及其清除自由基活性的能力 | 方法简单、便捷 | 无法说明人体内发生抗氧化或氧化反应的具体部位，也不能反应或真实模拟机体内部生理环境，只能简单比较抗氧化能力 |
| 体内实验 | 在生物活体内进行的研究。评价苹果功能成分的主要内容为动物实验、临床试验等 | 更适合观察实验对活体的整体影响 | 实验更为复杂，同时也可以因为物种差异引入额外的不确定因素 |
| 体外实验 | 体外细胞培养实验常被用于评价苹果多酚、三萜等功能成分抑菌、抗癌等效用 | 实现相比体外实验更详细快速地分析以及物种特异性，不需像体内实验一样使用整个生物体，通过将需要研究的生物体组分从其通常的生物学环境中分离出来，还可结合组学研究 | 体外实验的结果不可被过度解释，外推到完整生物体的生物学过程需要科学、详细、完整的验证 |

**1. 体外实验**　体外实验包括准备、取材、培养等步骤，准备工作首先包括提供细胞生长必需的激素、微量元素、矿物质和脂肪等的血清营养液、玻璃、塑料等支持物，同时保证环境条件满足细胞生长的要求，比如无菌的环境、适宜的温度、适宜的渗透压、气体环境与 pH 等。取材及培养过程即在培养器皿（瓶）中放入处理后的在机体中取出的某种组织细胞并使其进入生长状态，被取出的组织细胞的首次培养即原代培养，整个过程需在无菌条件下进行，并需要研究人员每隔一段时间观察培养过程是否被污染、组织细胞生长形态是否正常、生长是否良好等。一般在细胞长满瓶底后，为了避免代谢物积累以及营养物不足导致发生中毒或细胞生长受阻以及细胞之间相互接触而发生接触性抑制，便要进行传代培养，即通过将细胞从原培养体系取出后分至另外多个培养器皿（瓶）内，再进行培养，每传代一次称为"一代"。在获得足够数量的细胞样本后，便可通过进行对照实验等方法，对苹果功能成分的功效进行评价。徐倩等（2018）通过体外细胞实验研究了苹果多酚对小鼠巨噬细胞的影响，发现小鼠巨噬细胞经过 10 μg/mL 的苹果多酚提取物处理后增殖能力得到明显增强。

**2. 体内实验**　体内实验可利用对照实验，将研究对象分为实验组以及对照组，分别采用不同剂量的苹果功能成分观察实验组和对照组的区别，来评价苹果功能成分的功效。张爽等（2015）通过小鼠体内实验，研究了富士苹果渣中三萜化合物对小鼠四氯化碳急性肝损伤的保护作用，发现其可减轻或阻断由过氧化引起的肝细胞膜损伤导致的肝细胞坏死，促使肝细胞的抗氧化能力增强，抵御脂质过氧化并降低肝细胞受损程度，有效降低四氯化碳所致急性肝损伤小鼠炎症因子的水平。

**3. 组学技术**　组学技术是把与研究目标相关的所有因素综合在一起作为一个"系统"来研究的技术，包括基因组学、代谢组学、蛋白质组学、转录组学等。例如，蛋白质组学技术可以从肿瘤细胞凋亡、肿瘤信号传导途径等多方面阐明这些物质活性的产生与癌细胞体内蛋白的差异表达之间的关系；代谢组学技术可以找出代谢途径中的关键节点及关键的代谢物质，从更深的角度去阐明代谢物的变化，并研究这些变化对机体健康、感官品质、功能活性等带来的影响等等。但单一组学技术因为本身技术的局限只能从特定角度分析苹果多酚等活性物质的机理，采用多组学联用技术可以更加深入的研究这些物质的功能活性，并提供其对细胞或人体清晰、完整、具体的作用机制。张丹（2021）利用代谢组学技术深入研究苹果多酚对人体结肠癌细胞代谢物的影响，经过筛选发现 38 个潜在差异标志代谢物，涉及细胞凋亡、嘧啶代谢等代谢通路，表明苹果多酚可能通过调节这些代谢通路进而抑制人体结肠癌细胞增殖，并促进细胞凋亡。

## 三、典型案例

西北农林科技大学赵政阳团队（2021）通过对陕西白水、富平、扶风、旬邑、洛川和宝塔等 6 个代表性区域的多点调查发现，除富平县品种区域特色明显外，其他基地县区品种构成相近，普遍存在品种单一、晚熟品种过多的共性问题。生态因子对苹果的生长及品质提高作用显著，光照与温度是影响果实品质不可分割的因素，基于宝塔区的高海拔、较大昼夜温差、良好光照和适中的雨量，秦冠在宝塔区表现出单果重大、可滴定酸含量高等优良品质特征。同时，该团队以总糖含量、苹果酸含量、甜酸比 3 项指标作为苹果糖酸组分含量的评价指标。通过聚类分析，将 86 个苹果品种共分为高糖低酸、高糖高酸、低糖高酸、低糖低酸 4 类。中晚熟、晚熟品种在高糖低酸类占比较高，在低糖低酸类占比较低。

中国农业科学院果树研究所聂继云团队（2017）对 125 个品种苹果果实的 K、P、Mg、Ca、Zn、Cu 和 Mn 7 种矿质元素含量进行了分析，结果表明，苹果的特征矿质元素为 Cu、K、Mg、P 和 Mn，不同品种苹果间 7 种矿质元素的组成存在差异，通过聚类分析将其分为 5 类，即高钙品种、高铜品种、高锌品种、高钾镁锰磷品种和低元素品种。研究得出，澳洲青苹属于高钙品种，金冠属于高钾镁锰磷品种，秦冠属于低元素品种。

济南果品研究所质量控制与标准化创新团队（2021）研究发现不同品种苹果的营养组分差异明显，以有机酸为例，苹果中的有机酸以苹果酸为主，其次是柠檬酸。国光苹果的苹果酸含量明显高于王林、红富士、明月、威海金（维纳斯黄金）苹果，见下图 7 - 13。苹果酸及柠檬酸均直接在线粒体中参与三羧酸循环，可被人体直接吸收，在人体代谢过程中扮演着重要角色。通过补充苹果酸及柠檬酸，可以推动三羧酸循环的代谢效率，提高肝组织产能效率，从而达到抗疲劳、迅速恢复体力、提高运动能力以及保肝护肝的作用，同时还可以帮助各种营养物质顺利分解，促进食物在人体内吸收代谢，有效防止肥胖。由图 7 - 13 可知，国光、王林、红富士、明月、威海金 5 个品种中，国光苹果总酚含量最高，明月苹果总酚含量最低；王林苹果抗坏血酸含量最高，每日摄入 1 个王林苹果可以补充最多 25% 的儿童每日抗坏血酸的平均需要量（EAR）。

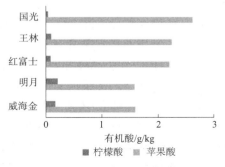

图 7 - 13　不同品种苹果有机酸组成分析图

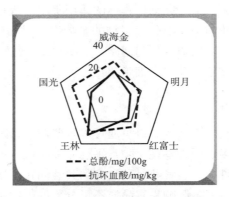

图 7 - 14　不同品种苹果还原型物质含量对比

通过对红富士、王林、威海金、红光、红脆、金帅、青林、国光、明月、野苹果 10 个苹果品种的分析发现，不同品种苹果的矿质元素含量差异较大，苹果中矿质元素含量最高的是钾元素，红富士、王林等 10 个品种的苹果钾元素 INQ 值均＞1；其次为镁，国光苹果镁元素 INQ 值＞1，其他 9 个品种均接近 1，证明苹果是钾元素的良好来源，国光苹果可以作为镁元素的良好来源，见图 7 - 15。

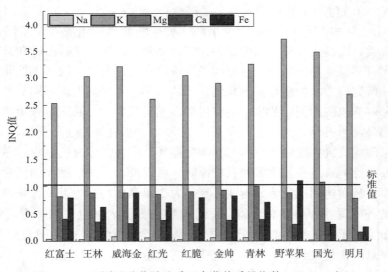

图 7 - 15　不同品种苹果矿质元素营养质量指数（INQ）对比

国家果蔬及加工产品质量检验检测中心（2021）初步构建了苹果品质质量数据库（见图 7 - 16）。该数据库将 5 000 多个苹果品质质量（营养、风味、感官、特征功能）数据信息，囊括红富士、国光、金帅等传统优势品种和明月、威海金、王林、新疆野苹果等 10 多个新品种，覆盖山东威海、山东烟台、陕西延安、新疆阿克苏、四川凉山、甘肃庆阳、河北保定等全国 10 多个苹果主产区，涉及感官、质构、营养、风味等 151 个品质指标。涵盖苹果品质数据、质量标准、分析处理，拟实现区域分布统计、品种差异比较、安全风险评估、质量对标评价、质量特征挖掘、品质特色提炼等功能，为农业生产规划、种植管理规范的制定、舆情监测、产业预测及结构调整提供基础数据。

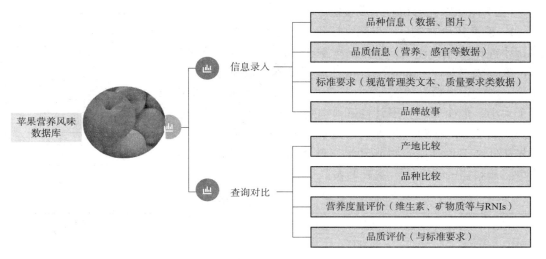

图 7 - 16 苹果营养风味数据库架构

# 第三节 苹果风味品质评价

## 一、风味评价技术

### (一)概况

苹果品质是决定市场竞争力的核心因素,在当前我国苹果产业供给侧改革的大背景下,消费者对苹果的要求已经从"吃到"变为"好吃"。影响苹果"好吃"的因素主要是风味品质,苹果的风味品质评价包括感官评价、滋味评价及香气评价。

感官评价可分为人工感官评价和智能感官评价。人工感官评价由专业的感官小组从外观、风味(气味+滋味)、质地等多个维度进行评价。人工感官评价主是通过人的目测、鼻嗅、口尝和手摸等方法获得,评分的离散度较大,使评价结果存在一定的局限性,很难获得比较一致的结果。近年来,电子舌、电子鼻以及质构仪、色差仪等智能感官评价设备的出现,可实现对具体滋味、香气、质地指标的数字化,一定程度上能弥补人工感官评价的不足。

滋味评价是从酸、甜、苦、咸、鲜五个维度挖掘产品的突出滋味特色,与营养、功能成分相结合,进行科学评价。影响滋味的主要物质是糖类、有机酸和氨基酸等不挥发性化合物。在苹果滋味感知上,不同糖酸组分味感阈值不同,决定了其对果实甜味或酸味影响程度的大小也不同;果实甜味和酸味的平衡还取决于总糖与苹果酸的含量等。

香气评价是借助 GC-O、GC-MS、GC-IMS 等分析仪器,利用多种数据分析手段确定产品的特征香气成分及香气属性。影响香气的主要物质是醇类、酯类、酮类、酸类等挥发性风味物质。目前,经文献报道的苹果果实挥发性成分超过 300 种,但只有约 20 种是决定苹果香味的关键活性香气成分,它们具有不同的香气阈值,能够对苹果香味产生较大影响。苹果果实整体呈现的香味不仅与单一香气成分的种类和含量有直接关系,而且还与香气成分之间的相互作用有关。

### （二）风味感官分析技术及设备

**1. 感官评价方法** 苹果感官评价方法主要有两类：分析感官评价和爱好感官评价。目前一般采用分析感官评价的较多，该方法主要针对客观感官特性进行分析，描述特征包括质地（硬度、易嚼易碎）、滋味（酸度、甜度、涩味）、回味、果个大小、果面颜色、多汁性和香气等。评价指标主要包括外观、质地、滋味和气味等，评定程序如图 7-17 所示，一般先从外观颜色开始、嗅其气味，过渡到质地、滋味，最后是口感。具体的感官评价参数见表 7-14。

图 7-17 苹果感官评定程序

表 7-14 苹果感官评价参数

| 参数 | | 描述语 | 定义 | 参照物 |
|---|---|---|---|---|
| 外观 | 果皮颜色 | 鲜红色 | 苹果果皮主要的颜色 | 比色卡 |
| | | 黄色 | | |
| | | 绿色/青色 | | |
| | | 暗红色 | | |
| | | 浅红色 | | |
| | 果肉颜色 | 黄色 | 苹果果肉主要的颜色 | 比色卡 |
| | | 淡黄色 | | |
| | | 米白色 | | |
| | | 白色 | | |
| | 糖心面积大小 | 大 | 切开后苹果果心周围糖心分布面积的大小程度 | 大：距离果心≥1 cm |
| | | 小 | | 小：距离果心≤1 cm |
| | | 无 | | / |
| 滋味 | 糖度 | 甜味 | 糖刺激舌部引起的味觉 | 果糖：1*：20 g/L；5：70 g/L |
| | 酸度 | 酸味 | 柠檬酸或苹果酸引起的味觉 | 柠檬酸：1：0.6 g/L；5：1.7 g/L |
| | 果香（口香） | 柠檬香 | 柠檬的香气 | 柠檬 |
| | | 香蕉香 | 香蕉的香气 | 香蕉 |
| | | 梨香 | 香梨的香气 | 香梨 |
| | | 甜瓜香 | 甜瓜的香气 | 甜瓜 |
| | | 葡萄香 | 葡萄的香气 | 葡萄 |
| | | 水蜜桃香 | 水蜜桃的香气 | 水蜜桃 |
| | | 木瓜香 | 木瓜的香气 | 木瓜 |
| | | 菠萝香 | 菠萝的香气 | 菠萝 |
| | 植物香（口香） | 甘草香 | 甘草的香气 | 甘草 |
| 鼻香 | 果香 | 柠檬香 | 柠檬的香气 | 柠檬 |
| | | 香蕉香 | 香蕉的香气 | 香蕉 |
| | | 梨香 | 香梨的香气 | 香梨 |
| | | 甜瓜香 | 甜瓜的香气 | 甜瓜 |

（续）

| 参数 | | 描述语 | 定义 | 参照物 |
|---|---|---|---|---|
| 鼻香 | 果香 | 葡萄香 | 葡萄的香气 | 葡萄 |
| | | 水蜜桃香 | 水蜜桃的香气 | 水蜜桃 |
| | | 木瓜香 | 木瓜的香气 | 木瓜 |
| | 植物香 | 甘草香等 | 甘草的香气等 | 甘草等 |
| | 花香 | 蜂蜜香等 | 蜂蜜的香气等 | 蜂蜜等 |
| 质地 | | 硬度 | 第一次咀嚼样品时的抗逆性 | 1：煮制 12 min 胡萝卜块；5：煮制 4 min 胡萝卜块 |
| | | 脆度 | 样本在前 5 次咀嚼过程中产生的声音 | 1：煮制 12 min 胡萝卜块；5：无味苏打饼干 |
| | | 纤维度 | 咀嚼过程中果肉被分解成厚厚的纤维碎片的程度 | 1：煮制 12 min 胡萝卜块；5：新鲜的娃娃菜 |
| | | 咀嚼时颗粒的大小 | 咀嚼过程中产生碎片的大小 | 1：煮制 12 min 胡萝卜块；5：新鲜的丰水梨 |
| | | 粉质性 | 咀嚼过程中分解成小碎片的程度 | 1：煮制 2 min 土豆块；5：煮制 7 min 土豆块 |

\* 1 表示 1 分，5 表示 5 分。

**2. 滋味评价方法** 苹果的滋味评价主要是通过测定可溶性固相物、可溶性糖、总酸、有机酸及其组成、糖成分（葡萄糖、果糖、蔗糖）及其组成、氨基酸等滋味指标来实现的。聂继云等（2012）以 159 个苹果品种为对象，研究了鲜榨汁的滋味与可滴定酸含量、可溶性固形物含量、可溶性糖含量、固酸比及糖酸比之间的相互关系，明确了以可滴定酸含量、固酸比和糖酸比为核心的苹果鲜榨汁风味的适宜定量评价指标及其分级标准。其中以可滴定酸含量指标最为简便和准确；鲜榨汁可滴定酸含量、固酸比和糖酸比均可划分为5 级（对应的鲜榨汁风味分别为甜、酸甜、酸甜适度、甜酸和酸），5 级的平均品种比例分别为 3.35%、20.55%、40.67%、22.64%和 12.79%。

**3. 感官组学技术** 感官组学是由德国风味化学家 Peter Schieberle 于 2007 年提出，在分子水平上定性、定量描述香气和滋味特征，从而对特征风味的化学本质进行全面深入解析。利用感官组学对农产品风味品质分析，主要包括四个步骤：一是利用组合提取技术对可能的风味贡献组分进行全面准确捕获；二是在人机结合基础上对风味贡献组分的筛选鉴定；三是在风味组分贡献定量评价下进行关键风味组分识别；四是基于模拟重组体系进行关键风味贡献的组分验证。陈学森团队（2018）利用感官组学技术鉴定了 11 种新疆野苹果中的 67 种挥发性香气物质，其中物质的量浓度高于阈值的有 19 种，2-己烯醛等 10种香气物质为所有苹果共有，苯甲醛等 3 种为新疆野苹果特有，2-甲基丁酸丁酯等 6 种为栽培品种特有，结果表明新疆野苹果具有丰富的遗传多样性以及更多特有的挥发性香气物质。

电子鼻是一种分析、识别、检测复杂嗅味和挥发性成分的精密仪器（结构如图 7-18），它能模拟人和动物的嗅觉器官，识别目标物的具体感知气息，具有样品处理简单、检测速度快、识别效果好、实时、无损等优点，可广泛应用于水果分类、产地及损伤鉴定、成熟度和新鲜度测定及预测模型的建立、无损快速检测及果蔬储藏期间病菌污染等领域。

图 7-18　电子鼻的结构构成

电子舌技术是 20 世纪 80 年代中期发展起来的一种分析、识别酸、甜、苦、咸和鲜五种基本味道的设备，主要由传感器阵列（sensor arrays）和模式识别系统组成，传感器阵列对液体试样作出响应并输出信号，信号经计算机系统进行数据处理和模式识别后，得到反映样品味觉特征的结果，其原理和结构示意图见图 7-19。这种技术也被称为味觉传感器技术或人工味觉识别分析检测技术，与普通的化学分析方法相比，传感器输出的并非样品成分的分析结果，而是一种与试样某些特性有关的信号模式，这些信号通过具有模式识别能力的计算机分析后能得出对样品味觉特征的总体评价。

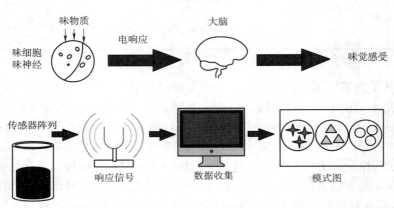

图 7-19　电子舌仪器图原理和结构示意图

电子鼻和电子舌都有其各自的优势检测范围和能力（图 7-20）。近年来，有研究将二者结合使用。Bleibaum 结合使用电子鼻和电子舌检测苹果汁的滋味质量。试验让 200 名消费者品尝了纯苹果汁、混合果汁及加了维生素 C 的苹果果汁样品，并进行了感官品评，然后再用电子舌和电子鼻监测苹果果汁滋味。结果表明电子舌和电子鼻系统可以用于预测苹果果汁是否符合消费者的嗜好口味，并成为果汁生产中质量控制的重要手段。如能正确地利用电子舌和电子鼻，这一方法就可以在食品生产中用作质量控制的重要手段。

此外，嗅觉可视化分析技术，因其具有很强的抗干扰能力，可以很好地弥补现有物理、化学或生物传感器技术的缺点，目前已在农产品新鲜度评价和质量分级评定等方面得到了成功应用。仿生传感信息融合智能检测技术的研发及应用，能够将感官分析与计算机传感器、仪器分析技术相结合，呈现出仪器智能化和感官评价应用多元化的态势，具有操作方便、快速、无损、易实现在线分析等优点，故在苹果风味品质的分析评价中，应用前景较广。

**4. 质构分析方法**　质构是评价水果品质的关键指标，如硬度、脆性和多汁性等。苹果的质构特性可通过人的感官评定或仪器测量的方法获得，感官评定是判定苹果质构直观

电子鼻　　　　　　　　　电子舌　　　　　　　　　质构仪

图 7 - 20　风味检测设备

而灵敏的方法，但通常评价员培训程序复杂，且耗时较长。质构仪是测定农产品质构的常用设备，它能够基于样品的物性特点做出数据化的定量表述，进而实现对感官的客观量化评判（图 7 - 20）。

目前质构仪测定苹果质构的方法有多种，如剪切法、穿刺法、拉伸法和压缩法等，但不同方法所测的质构参数难以比较；即便同一方法，如质构剖面分析（TPA），不同研究者选择不同测试条件，如探头、压缩形变量、样品大小等，得到的质构参数也会不同，差异较大，且可重复性和可比较性不足。

**（三）苹果风味综合评价技术**

目前，国内外对苹果风味品质开展了大量研究。对感官和滋味，包括香气指标的研究大部分都是独立进行的，相关研究还不够系统和深入。

相关研究表明了感官评价对苹果品质评价的重要性，建立了苹果品质的感官评分标准，对苹果滋味品质评价指标也进行了研究，明确了苹果主要滋味指标之间的相互关系。董月菊等（2011）从苹果品质的感官指标和滋味指标中挑选了单果质量、果形指数、硬度、维生素含量等 13 个综合品质指标进行分析，利用因子分析进行筛选，得到了影响鲜苹果品质的 7 个主要指标，并基于概率分布建立鲜苹果品质评价指标分级标准及评分标准，基于层次分析确定各品质评价指标的权重，利用 K-均值聚类分析和判别分析建立了鲜苹果综合品质判别函数，构建鲜苹果品质的综合评价及分级体系。郑丽静等（2015）以132 个品种的果实为试材，对 pH、可滴定酸含量、可溶性固性物含量、可溶性糖含量、固酸比、糖酸比等 6 项指标进行了系统研究，筛选出可滴定酸含量、可溶性糖含量和固酸比三项苹果风味评价指标，利用这 3 项指标将 132 个苹果样品分为甜、酸甜、酸甜适度、甜酸和酸 5 类，采用主成分分析、因子分析综合打分、聚类分析等方法筛选区分出不同风味品质浓缩苹果汁样品的主要风味化合物，分别为天冬氨酸、丝氨酸、蛋氨酸、果糖和葡萄糖。

以上研究采用人工感官结合主成分分析、因子分析综合打分、聚类分析等多元统计分析方法对苹果风味评价指标进行了探索。柴鹏飞等（2020）将人工感官评价手段与聚类判别方法相结合，通过对感官评定较好和较差的 2 组浓缩苹果汁的主要风味化合物进行分析检测，利用主成分综合打分的方法筛选出各指标中对风味贡献率较大的化合物。通过聚类分析选出 5 个主要风味物质，分别为蛋氨酸、丝氨酸、天冬氨酸、果糖及葡萄糖，以此建立聚类分析模型，并应用于浓缩苹果汁样品的感官评定分析，增加了浓缩苹果汁风味品质判定的客观性和准确性，极大地提高了苹果汁风味判别结果的可靠性，同时也为生产者合理调整工艺提供了理论参考。

随着苹果产业向优质高效方向发展，众多学者对苹果风味评价的研究也在不断深入，利用多元统计分析方法结合人工感官并联合电子鼻、电子舌、质构仪等精密分析仪器，系统研究苹果风味好吃的综合评价指标、建立综合评价分级标准及评分标准、构建苹果风味好吃评价综合技术体系，对提高苹果出口竞争力具有重大的意义，也是未来研究需要关注的热点和迫切需要解决的实际问题。

## 二、香气成分分析

### (一) 概况

香气是影响苹果风味品质的重要指标，通过刺激人体表皮细胞可以使人产生愉快的感觉。苹果香气成分是苹果的次级代谢产物，香气的产生和含量变化是一个动态变化的过程，主要发生在苹果发育后期。即苹果中的碳水化合物、脂肪酸、蛋白质等物质在酶的催化作用下，分解成苹果中特有的呈现各种特征的香味化合物。苹果中主要的挥发性香气物质包括酯类、醛类、酮类、醇类、酸类、烃类和其他物质等。苹果中的各种香气物质以一定比例存在，构成了不同品种苹果甚至某个品种苹果所独有的香味。

### (二) 分析技术

苹果中天然香气成分是由成百上千种挥发性成分及一些不挥发性成分构成的混合物。香气分析过程复杂，需要准确定性和定量分析，具体包括两大步骤：一是样品制备，包括样品的前处理、芳香物的提取和浓缩等；二是对香气成分的分离、定性定量分析和评价。

**1. 香气分析样品的制备**　苹果中天然香气成分含量非常低，多为 $10^{-9} \sim 10^{-6}$ 痕量水平，为了去除复杂样品基质的干扰，提高检测限，需要对苹果样品中的香气成分进行萃取、浓缩等预分离。一般需要对样品进行粉碎，有时还需采取压榨、过滤等措施，制成浆状或液体。处理过程中需要注意空气、温度及光照等外界条件的影响，以及酶等内部因素的影响。香气活性化合物具有易挥发、浓度低、易变质的特点，样品处理后应尽快分析，储存时应低温冷冻、密封，在特殊情况下，样品应在氮气或惰性气流中捣碎样品。

(1) 同时蒸馏萃取法 (SDE) (图 7-21)。将样品放置在一个圆底烧瓶中，然后将其和仪器的一侧相连接。把溶剂放置于另外的一个烧瓶中，与仪器的另外一侧相连接，然后分别用电炉和水浴将两瓶加热，具有挥发性的成分随水蒸气一同向上进入到冷凝管中，在接触到溶剂之后会被溶剂萃取，在位于中间的夹套冷凝部位汇聚并形成冷凝液，在中间的弯管处冷凝液的水相和含挥发性成分的有机溶剂相分层，水相回到样品瓶，有机相进入溶剂瓶，萃取完毕，取下溶剂瓶即得萃取液，经无水硫酸钠干燥、浓缩后，可直接用气相色谱-质谱联用仪分析。SDE 中较为适合的萃取溶剂为己烷、乙醚和二氯甲烷。因烷烃类溶剂对苹果中水溶性香味成分的萃取率较低，对于中等至高沸点的成分萃取率较高，在SDE 制备香气样品时，乙醚/戊烷或乙醚/己烷混合溶剂应用较多。在连续萃取过程中，苹果香气成分被浓缩，可把苹果中的痕量挥发性成分分离出来。

(2) 顶空固相微萃取法 (HS-SPME)。HS-SPME 是一种高效且无溶剂样品的微萃取技术。SPME 手动装置示意图如图 7-22 (1) 所示，其外观与普通注射器类似。上部为

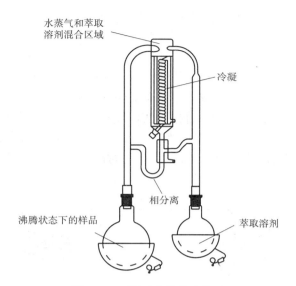

水蒸气和萃取
溶剂混合区域

冷凝

相分离

沸腾状态下的样品

萃取溶剂

图7-21 同时蒸馏萃取装置

活塞组成的手柄,下部为萃取头。萃取头由纤维涂层、纤维附着套管、弹簧和隔垫刺穿头组成。固相微萃取的工作示意图如图7-22(2)所示,萃取时,先将样品瓶的瓶垫刺穿,然后将手柄活塞向下推至固定螺钉,萃取头的弹簧被压缩,纤维涂层暴露出来,用于吸附样品分子。萃取结束后,再将手柄活塞从螺钉处松开,弹簧复位,纤维涂层收缩进套管中,完成萃取过程。萃取纤维在色谱进样口的解吸分析过程与此类似。

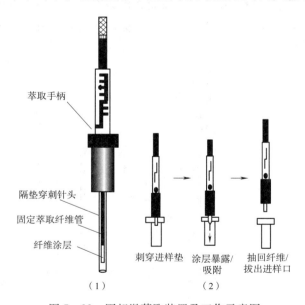

萃取手柄

隔垫穿刺针头
固定萃取纤维管
纤维涂层

刺穿进样垫

涂层暴露/吸附

抽回纤维/拔出进样口

(1)

(2)

图7-22 固相微萃取装置及工作示意图
(1)固相微萃取手动装置示意图 (2)固相微萃取及进样分析过程示意图

HS-SPME是目前提取样品中香气成分最有效的技术手段之一。该方法具有灵敏度高、提取速度快、操作简便、样品消耗少、无溶剂,可实现选择性萃取、富集等优点,可直接用气相色谱-质谱联用仪对目标物进行分析；同时能够实现复杂样品检测的自动化和高通量，目前已被广泛应用于苹果的香气成分提取。

（3）磁力搅拌吸附萃取法（SBSE）。SBSE 是对固相微萃取法的改进，适用于液体及浆状样品中挥发性成分的富集。如图 7-23 所示，搅拌棒内包含一个磁性核，磁性核被封装在玻璃管中，玻璃管的外壁涂有聚二甲基硅氧烷（PDMS）薄膜材料。萃取是将挥发性物质吸附在磁性搅拌棒的涂层上，通过搅拌使挥发性物质在液体基质和涂层之间达到相对平衡，目标香气成分也会被 PDMS 涂层吸附。搅拌棒在吸附萃取完成后进行解析，解析方式有热脱附和溶剂脱附。与固相微萃取相比，搅拌棒吸附具有更大的吸附相体积和更厚的 PDMS 涂层，结合热脱附技术，萃取效率大大提高，保证后续分析的准确性和灵敏性。

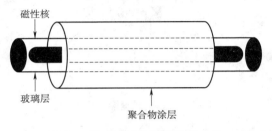

图 7-23  SBSE 的搅拌棒示意图

（4）液-液萃取法（LLE）。LLE 又称为有机溶剂萃取法，是利用萃取溶剂与样品之间的分配系数不同来分离待测组分和样品中的杂质。如图 7-24 为连续液-液萃取器的结构，萃取溶剂从烧瓶中加热并蒸馏，上升至冷凝器并冷凝，然后淋漓出两种互不相溶的水相和带有萃取物的有机相，最后溶剂和萃取物返回到烧瓶中。此过程一直持续到萃取出足量的香气物质，可用于极微量物质的定性分析。为了提取特征香气成分，可以通过选择不同的溶剂来实现，适当添加一些无机盐溶剂可以有效提高萃取效率。

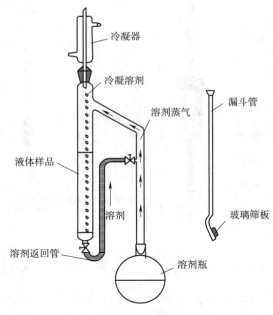

图 7-24  连续液-液萃取装置

**2. 香气成分的分离与鉴定** 苹果香气成分是由结构多样的化学成分组成的复杂混合物，样品分析时一般采用色谱、质谱方法对多组分物质进行分离和离子提取鉴别。香气成分的挥发特性决定了其分析方式以气相色谱及相关技术配套联用法最为常见。

（1）气相色谱/质谱联用（GC-MS）。通常与 SPME、SDE 等前处理设备结合使用，实现香气成分的快速分离分析。通常采用电子轰击源作为离子源（EI），其电子轰击电压常为 70 eV，远大于有机化合物的电离电位，具有操作方便、结构简单、灵敏度高、重现性好等优点。此外，还有成熟的商业化有机化合物标准质谱数据库，如 NIST 谱库、WILEY 谱库等，涵盖约 25 万个有机化合物标准质谱图信息。通过计算机谱库工作站，可快速完成检出成分的定性鉴定。也可以采用标准品建立工作曲线，实现香气成分的准确定量分析。GC-MS 法具有灵敏度高、分离效果好、定量准确及质谱响应速度快、鉴别能力强、可确定分子式的优点。特别是与计算机进行联用，实现了操作自动化、程序化，自动进行数据采集、储存、检索、处理，谱图的显示与记录，并对待测组分混合物的定性定量分析。

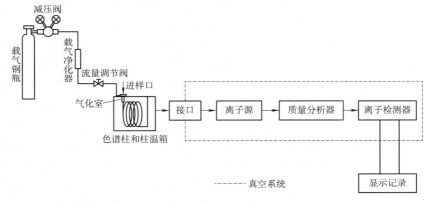

图 7-25 气相色谱/质谱联用仪示意图

路翔等（2022）通过对 50 个苹果进行香气成分检测分析，共检测出 146 种香气成分，酯类（38 种）、醛类（29 种）和醇类（19 种）为主要香气物质，其中反式-2-己烯醛、2-甲基丁酸乙酯、丁酸乙酯、正己醛、乙酸己酯等为苹果主要香气物质，具体苹果香型及香气活性化合物见表 7-15。

表 7-15 苹果香型、代表性化合物及品种

| 香型 | 代表性化合物 | 代表性品种 |
|---|---|---|
| 青香型 | 正己醛 | 王林 |
| | 反式-2-己烯醛 | |
| | 正己醇 | |
| 甜香型 | 丁酸乙酯 | 富士、明月 |
| | 苯乙酸乙酯 | |
| | 乙酸丁酯 | |
| | 乙酸己酯 | |
| 果香型 | 2-甲基丁酸乙酯 | 威海金 |
| | 2-甲基乙酸丁酯 | |
| | 己酸乙酯 | |

济南果品研究所（2020）以红富士苹果为原料，采用低温低氧工艺制得的苹果汁的苹果香、甜香、花香、水果香等香味强度上均高于传统工艺制得的苹果汁和浓缩还原苹果浊汁，采用低温低氧工艺制得的苹果汁共检测出61种香气成分，其中乙酸丁酯、乙酸己酯、丁酸丙酯、丁酸己酯、己酸丁酯、2-甲基丁酸乙酯、2-甲基丁酸丁酯、己醇、己醛和反-2-己烯醛等是苹果汁的特征成分，其中呈现苹果香气的2-甲基丁酸乙酯和乙酸己酯含量最高。

苹果酒的香气主要由酯类、高级醇类、低级脂肪酸类、醛酮类、萜烯类等构成。张翔等（2022）对以红香蕉、青香蕉、大国光、小国光、红富士5个苹果品种为原料酿造而成的苹果酒的香气进行分析，发现红香蕉、青香蕉特征香气为丁酸乙酯和2-甲基丁酸乙酯等；小国光、大国光特征香气为乙酸异戊酯、乙酸苯乙酯、$\beta$-大马酮和$\beta$-紫罗兰酮等；红富士特征香气为己酸乙酯、辛酸乙酯和异戊酸乙酯等。

苹果醋中的香气成分主要包括酸类、酯类、醛类、醇类、酮类等。其中酯香是苹果醋的特征香气，济南果品研究所（2021）采用不同杀菌条件对以富士苹果为原料的苹果醋香气成分进行检测分析，发现乙酸乙酯、乙酸异戊酯、辛酸乙酯、乙酸苯乙酯、正戊醇、苯乙醇、乙酸、仲丁基醚是对苹果醋风味贡献较大的特征香气成分。

（2）气相色谱-离子迁移谱（GC-IMS）。离子迁移谱最早在1970年以等离子体色谱的形式出现，气相色谱与离子迁移谱（GC-IMS）联用，将气相色谱的高效分离与离子迁移谱的痕量快速检测优势相结合，使复杂基质的样品先经过气相色谱初步分离，再进入离子迁移管进行二次分离及检测，从而克服分子结构相近的物质IMS检测分离度欠佳的问题，可获得含有保留时间、漂移时间、信号强度的三维谱图。与GC-MS相比，GC-IMS在苹果香味分析方面的优势有：检测限低，灵敏度高，适于痕量组分分析；可在无真空系统的大气压条件下工作；样品无须浓缩富集等复杂的前处理过程，即可进样检测，有利于保持风味物质的稳定性；质量轻、体积小、功耗低、检测速度快（ms级别），快于气相色谱-质谱许多倍，可用于现场快速检测。图7-26为GC-IMS分析某样品所得三维色谱图及伪色图（伪色图可以想象为站在三维图上方俯视得到）。伪色图中横坐标为迁移时间（单位为ms），纵坐标为保留时间（单位为s）。伪色图中竖线为RIP峰，RIP峰两侧的每一点代表一种物质，点的面积大小或颜色深浅（彩色图时）表示物质含量的多少。

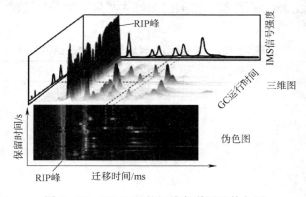

图7-26　GC-IMS的三维色谱图及伪色图

GC-IMS根据气相色谱的保留指数（RI）、IMS的迁移时间（Dt）进行二维定性，基于峰体积大小（当为三维图时）进行定量。在NIST谱库中，除了保留指数数据库，也具有迁移时间数据库供使用。还可根据需要自行建立专有GC-IMS数据库利用气相离子迁移谱（GC-IMS）快速捕捉苹果中挥发性有机物信息，根据其指纹谱图和聚类分析，建立分类模型后可实现苹果的原产地及品种的有效区分。

（3）其他分析技术。气相色谱-嗅闻技术（GC-O）（图7-27）可以检测出气相色谱-质谱联用技术（GC-MS）无法检测到的影响苹果香气的关键性物质成分，进而可以有效地鉴定苹果样品中含有特征性香气的化合物，并且，可以根据不同香气的香气强度对检验出的香味组分的贡献值（OAV），依照相关性进行排序。OAV值越大，说明该物质成为该苹果的特征风味物质的可能性也就越大，如果OAV值小于"1"，说明嗅觉器官也就是鼻子对于这种物质的香气没有明显的感官结果。

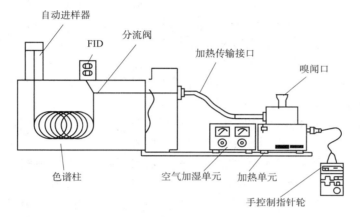

图7-27 气相色谱/嗅闻仪示意图

气相色谱-红外光谱（GC-IR）（图7-28）是一种与GC-MS互补的分离鉴定手段，它将气相色谱的高效分离能力和定量检测能力与红外光谱的结构鉴定能力相结合，尤其适用于异构体结构的鉴定。在GC-IR中，气相色谱仪好比进样器，红外光谱仪好比检测器，但与GC-MS的质谱仪不同，红外光谱检测器是无损的。

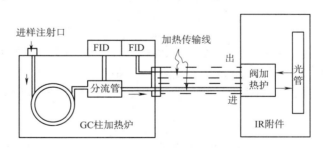

图7-28 气相色谱-红外光谱仪示意图

全二维气相色谱（GC×GC）（图7-29）法是一种将前一个气相色谱柱分离的组分切换到后一个气相色谱柱进行进一步分离的组合色谱技术。在组分复杂样品的分析中发挥着独特的作用，可用于分析含有100多种成分的极其复杂的样品，且样品越复杂，其优势越明显。苹果样品香气成分相对复杂，因此全二维气相色谱在苹果关键香味分析中具有很好的应用前景。

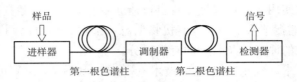

图 7 - 29　全二维气相色谱仪示意图

**3. 定性分析**　定性分析就是确定色谱图中各个峰代表何种化合物。色谱法是一种基于化合物保留行为的间接定性方法，一般仅限于对已知物进行定性分析，而对未知化合物的定性分析应与质谱等结构鉴定方法相结合。

（1）保留时间定性。在同样的色谱条件下，分析苹果中的待测物和相关标准物质，如果两张色谱图所对应色谱峰的保留时间相同，则可初步确定为同一化合物。该方法操作简单直接，但需要购买标准物质，且要严格控制操作条件，避免柱温、载气流速的微小变化或可能的人为因素引起的保留时间偏差。

（2）相对保留值定性。相对保留值指待测物的保留时间与加入的参比物的调整保留时间的比值。当柱温和固定相的性质确定时，相对保留值为固定值，固定相填充情况、柱长、载气流量和温度的微小变化以及进样量对其影响不大，属于相对定性。然而，应注意选用的参比物的保留时间应与被测组分保留时间相近。

（3）谱峰叠加法定性。将标准物加入样品中，比较加入前后待测物色谱峰的变化，如果色谱峰增高，则该色谱峰所代表的化合物可能与添加的标准物相同。该方法具有良好的重现性，不受载气流速和温度微小变化的影响，当色谱图较为复杂（如峰型不对称、存在肩峰）且不能准确测量保留时间时，该方法也不受影响。但是，应避免因分离不良而导致标准物与待测物之间色谱峰重叠，否则会得出错误的定性结果。

（4）保留指数定性。1958 年 Kovats 提出了保留指数定性法，只要柱温及固定液与文献相同，文献中的保留指数就可以用于定性分析。保留指数具有重现性好、受温度影响较小的优点。将一系列正构烷烃作为标准物与待测样品混合后进样分析，使待测组分峰内插于两个相邻碳数的正构烷烃之间，按下式计算保留指数：

$$I = 100\left(n + \frac{\lg t_i' - \lg t_n'}{\lg t_{n+1}' - \lg t_n'}\right)$$

式中，$t_i'$ 为待测组分的调整保留时间；$t_n'$ 为具有 $n$ 个碳原子的正构烷烃的调整保留时间；$t_{n+1}'$ 为具有 $n+1$ 个碳原子的正构烷烃的调整保留时间。

若程序升温为线性程序升温时，则可直接用保留时间计算保留指数，公式如下：

$$I = 100\left(n + \frac{t_i - t_n}{t_{n+1} - t_n}\right)$$

式中，$t_i$ 为待测组分的保留时间；$t_n$ 为具有 $n$ 个碳原子的正构烷烃的保留时间；$t_{n+1}$ 为具有 $n+1$ 碳原子的正构烷烃的保留时间。

（5）双柱定性。双柱定性，指选用两根不同极性的色谱柱对同一样品进行分离分析，如果两种化合物在两根色谱柱中的任何一根上的保留值相同，则可以确定这两种化合物相同。双柱定性利用了样品分子在不同极性色谱柱上出峰顺序不同的原理，在非极性柱上，出峰顺序是按照沸点由低到高顺序；而在极性柱上，出峰顺序主要由化合物的结构决定。双柱定性的目的是避免仅用一根色谱柱分析存在的分离局限性，导致峰重叠或峰型差等问题。因此，所选用的不同色谱柱的极性差别越大，定性结果越准确，使用的色谱柱越多，可信度就越高。

（6）质谱定性。可根据有机质谱的裂解规律进行人工解析，但常用的方法是通过计算机检索标准质谱库，这种方法快速方便。检索到的质谱库可由商业化提供，如 NIST 谱库和 Wiley 谱库，也可由自己利用标准品建立的。谱库检索结果给出的是可能的化合物，并按照与标准谱图的相似性由大到小的排序列出，包括化合物名称、CAS 号、结构式、相对分子量等信息。一般认为，相似度大于 900 表明与标准谱图匹配得很好，相似度 800～900 表明与标准谱图匹配得较好，相似度 700～800 表明与标准谱图的匹配可接受，但相似度小于 600 则意味着与标准谱图匹配得较差。

（7）提取离子色谱定性。当需要确认某个组分在总离子流色谱图中或某个色谱峰中的存在时，除了用质谱库检索的方式外，采用提取离子色谱更为方便。当色谱峰未能达到较好分离时（如肩峰、叉峰或峰重叠等），色谱峰不纯，质谱库检索的结果误差较大，而此时用提取离子色谱定性具有明显的优势，可克服色谱分离效果差的缺点。

**4. 定量分析** 定量分析就是测量样品中每种成分的含量。常用的定量分析方法有归一化法、外标法、内标法、内标对比法、内标叠加法、叠加对比法等，这些定量方法各有优缺点和适用范围，应视具体情况选择使用。

（1）总离子流色谱图定量法。该法通过测量总离子流色谱图中色谱峰的峰高或峰面积进行定量，相当于 GC-MS 中的气相色谱定量分析。同样，对于含有多种成分的苹果香气样品，由于没有全部香气标准品及内标，常采用面积归一化法或只是选用一个内标进行相对定量分析，显然，这样的定量结果只能是一种非常粗略的定量结果。

（2）归一化法。当苹果样品中所用组分在色谱图上都有谱峰，且它们的校正因子（$f$）都可得到时，若组分数共有 $n$ 个，组分 $i$ 的含量可表示为：

$$w_i(\%) = \frac{f_i A_i}{f_1 A_1 + f_2 A_2 + \cdots\cdots + f_n A_n} \times 100$$

这种方法称为归一化法。式中，$f_i$ 为 $i$ 组分的质量校正因子，也可用摩尔校正因子，体积校正因子等代替。$A_i$ 为 $i$ 组分的峰面积，$w_i$ 为 $i$ 组分在样品中的百分含量。如果上式中各个组分的定量校正因子相近，则可将校正因子消去，直接用峰面积进行归一化计算：

$$w_i(\%) = \frac{A_i}{A_1 + A_2 + \cdots\cdots + A_n} \times 100$$

归一化法属于相对定量，优点是操作简单，流速、进样量、柱温等操作条件的微小变化对定量结果的影响较小。但因要求苹果样品中的所有组分都流出色谱柱，并被检测出峰，且最好能获得各组分的校正因子，实际应用中受到很大限制。

（3）外标法。外标法又称标准曲线法或直接比较法，属于绝对定量，具有快速、直接的优点。它是先配制成多种不同浓度的标准物溶液，在已确定的分析条件下，等体积准确进样，绘制峰面积（或峰高）与样品浓度关系的工作曲线。工作曲线应是穿过原点的直线，如果绘制的工作曲线未通过原点，则表明存在系统误差。

$$C_i \text{标准} = aA_i \text{标准} + b$$

式中，$A_i$ 标准为 $i$ 组分在不同浓度下的峰面积；$a$，$b$ 分别为工作曲线的斜率和截距，

斜率 $a$ 相当于绝对校正因子。将 $i$ 组分在待测物中的峰面积 $A_i$（样品）代入上式中，得即可求出待测物中 $i$ 组分的浓度 $C_i$（样品）。外标法定量中，不使用校正因子，只要待测组分出峰（不需所有组分出峰），并且分离得较好，分析时间适宜即可。但要准确进样、严格控制分析条件，否则误差较大。外标法适用于日常分析和大批量同类样品分析。

（4）内标法。当不能保证样品中所有组分都流出色谱柱且在检测器上都产生信号时或只需测定样品中某几个组分的含量时，除了上述的外标法，还可用内标法。内标法是选择合适的物质作内标物，将其定量地加入样品中作为待测组分的参比物，根据待测组分和内标物的响应值（峰面积或峰高）之比（$A_i/A_s$）及内标物加入的量（$w_s$），按式求出待测组分的量（$w_i$）的方法。

$$\frac{w_i}{w_a} = \frac{f_i A_i}{f_s A_s}$$

$$w_i = \frac{f_i A_i}{f_s A_s} \times w_s$$

内标物的选择是内标法的关键，加入的内标物应满足如下几点：①在待测样品中不存在；②不与待测样品起化学反应；③尽可能与待测组分的性质相似，使得与待测组分的出峰时间相近，但要与所有组分的峰完全分开；④内标物应为纯物质，加入的量与待测组分的量相近。

内标法中，待测组分和内标物在相同的条件下分析，并用它们的响应值的比值作为定量依据，属于相对定量，因此，不要求准确进样，不存在外标法中的进样不准造成的定量误差。但需寻找合适的内标物，且样品配制比较麻烦。

**（三）香气评价技术**

**1. 风味强度法**　风味强度法综合考虑了阈值、感官评价与分离化合物浓度。风味强度在数值上等于浓度与阈值之比。当挥发性成分浓度接近或高于阈值时，风味强度接近或大于 1 表明该组分对苹果的香气有较重要的影响，风味强度越大，说明该组分对苹果香气的贡献越大。但人们还不能测定所有挥发性成分的感官阈值，导致该方法的使用仅局限于评价已知阈值的挥发性成分物质的重要性。如采用对同一香型化合物的风味强度值加和的大小，作为该香型的活性值大小，根据苹果香型总活性值的大小，将不同品种的苹果香气进行分类（彩图 7-1）。

**2. 主成分分析法**　主成分分析法是一种将多个指标转化为少数几个不相关的综合指标（主成分）的多元统计分析方法。基本思路是：首先找到原始 $p$ 个挥发性成分的 $p$ 个主成分，然后选取少数几个主成分来代替原始 $p$ 个挥发性成分，再根据每个原始挥发性成分在少数几个主成分或贡献率最大的主成分中的载荷数值大小来评价 $p$ 个挥发性成分的相对重要性。该方法与感官评定无直接关系，可以避免传统的嗅闻法和风味强度法的不稳定性。该方法可以通过 SPSS、SIMCA 等数据分析处理软件进行，可以使判断过程简单化，因此是一种很有潜力的评定方法。有研究采用主成分分析法确定出乙酸己酯、2-甲基丁酸己酯、乙酸丁酯、乙酸异戊酯、己酸己酯和己醛是苹果香型分类的重要判定变量。

**3. 模糊综合评价法**　模糊综合评价法主要是基于色谱定量，利用数学模糊理论对苹果中的香气成分进行模糊综合评价。具体步骤是：将苹果中的主要香气成分定义为评价指标集，将香气的质量指标定义为评判集，一般用（浓香、香、一般和较差）表示，然后并对香气成分的含量，及对香气属性的贡献值和不同种类的香气物质在香气评价中的重要性进行评估，确定各种香气成分含量的单因素隶属函数和不同香气成分的权重，通过计算得到样品的模糊综合评价值。

也有研究关注色谱指纹图谱法，色谱指纹图谱法是将苹果样品经过适当提取、浓缩处理，然后用 GC 或 GC/MS 分析香味成分，从而通过统计学、化学计量学、应用数学等其他数学方法确定苹果香气质量的稳定性的一种模式。指纹图谱是一种整体性的模式印象，是基于全面的、宏观的非线性的综合分析方法，反映的是苹果香气的整体质量信息，不强调某个香气个体绝对唯一性，而是强调苹果香气的群体相似性，其相似性是通过色谱指纹图谱的整体性和模糊性来体现的。

## 三、典型案例

国家果蔬及加工产品质量检验检测中心（济南）（2021）在山东威海苹果标准化生产基地开展了基于外观、组织状态、滋味、香气指标于一体的苹果风味品质综合评价技术研究（技术路线如图 7-30 和图 7-31），以威海金、王林、红富士等典型品种为例，构建了威海地域苹果风味等质量特征数据库与感官品质风味轮廓图，数字化表征威海苹果的典型风味质量特征。

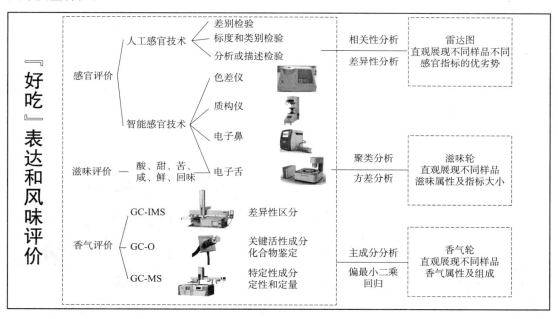

图 7-30 威海地区苹果风味评价技术路线图

苹果的感官评价，首先从质地、滋味、风味、整体喜好度 4 个方面 8 个相关性维度（酸、甜、涩、汁水丰富度、果肉细腻度、硬度、果香浓郁度、整体喜好度）上对风味特性进行数字化表达，直观体现好吃特性。然后，基于消费者和专业感官评价人员的打分，建立了科学的感官评分指标和体系（表 7-16 和彩图 7-2）。

在苹果的滋味评价上，系统研究了威海地区标准化种植的典型品种苹果（红富士、王林、威海金、明月）滋味特征，发现了固酸比、糖组分、有机酸组成及单宁含量显著影响

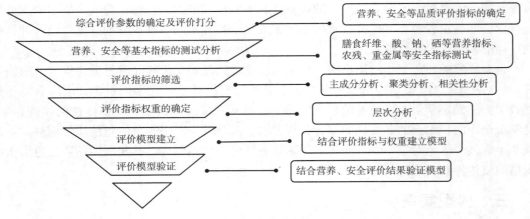

图 7-31 苹果风味综合评价技术方法和路线

表 7-16 苹果感官评分标准

| 质地 | 汁水量 | 1. 少—5. 多 |
|---|---|---|
| | 硬度 | 1. 软—5. 硬 |
| | 果肉粗细 | 1. 细腻—5. 粗糙 |
| 滋味 | 酸度 | 1. 无酸味—5. 非常酸 |
| | 甜度 | 1. 无甜味—5. 非常甜 |
| | 涩度 | 1. 无涩味—5. 非常涩 |
| 香气 | 果香浓郁度 | 1. 无果香味—5. 果香浓郁 |
| 整体喜好度 | 整体喜好度 | 1. 讨厌—5. 非常喜欢 |

苹果的"好吃"特征。果糖含量与人工感官甜度评分呈高度正相关（相关系数0.94），蔗糖与甜味程度和口感持久性呈正相关（图7-32左）。

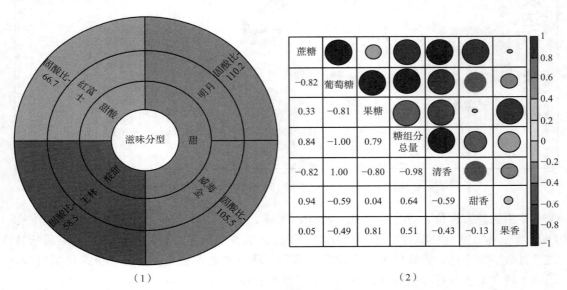

（1）　　　　　　　　　　　　　　　　　　（2）

图 7-32 苹果滋味分型及糖成分和苹果香型相关性分析
（1）以固酸比为基础的苹果滋味分型　（2）糖成分和苹果香型相关性分析

苹果的香气评价，则运用气相色谱-嗅闻-质谱仪、气相离子迁移谱、液相色谱-质谱联用等精密智能分析仪器进行分析，依据 OAV 值把苹果香型分为清香、果香、甜香三类（图 7 - 32 和图 7 - 33），明确了各品种的关键呈香物质（表 7 - 17）。通过偏最小二乘回归分析揭示了苹果滋味与香气的相关性关系（图 7 - 32 右），果糖含量与苹果果香正相关（相关系数 0.81），蔗糖含量与苹果甜香正相关（相关系数 0.94），葡萄糖对清香的贡献为 1。

用风味组学与化学计量学方法建立的人机交互苹果品质综合评价体系，为苹果品种培优、品质评价、品牌建设提供了数据基础。

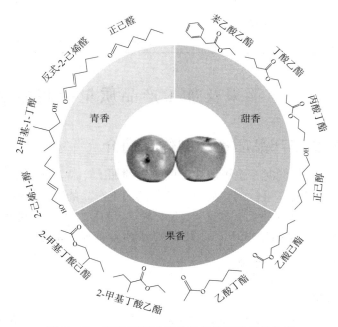

图 7 - 33 苹果不同香型分类及关键代表性物质

表 7 - 17 苹果香型及关键呈香物质

| 香型 | 序号 | 化合物名称 | 气味描述 | 阈值 | OAV 值 | | | | |
|---|---|---|---|---|---|---|---|---|---|
| | | | | | 威海金 | 红富士 | 明月 | 国光 | 王林 |
| 青香 | 1 | 正己醛 | 青草味 | 0.005 | 29.90 | 26.67 | 1.99 | 17.95 | 24.64 |
| | 2 | 反式-2-己烯醛 | 青香、绿叶 | 0.088 5 | 4.20 | 4.20 | <1 | 4.65 | 6.92 |
| | 3 | 2-甲基-1-丁醇 | 青草味 | 0.06 | <1 | <1 | <1 | <1 | 126.17 |
| | 4 | 2-甲基丁酸己酯 | 生果实气味 | 0.022 | <1 | <1 | <1 | <1 | 1.90 |
| | 5 | 2-己烯-1-醇 | 未成熟果实 | 0.231 9 | 29.90 | 26.67 | 1.99 | 17.95 | 24.64 |
| 甜香 | 6 | 正己醇 | 甜的 | 0.005 6 | 36.66 | 51.35 | 63.08 | 44.25 | 39.31 |
| | 7 | 丁酸乙酯 | 甜香 | 0.000 76 | 14.31 | 23.59 | 24.59 | 5.74 | 12.62 |
| | 8 | 苯乙酸乙酯 | 蜂蜜香 | 0.004 5 | 1.01 | <1 | <1 | <1 | <1 |
| | 9 | 丙酸丁酯 | 有苹果香味 | 0.05 | <1 | <1 | 1.07 | <1 | <1 |

（续）

| 香型 | 序号 | 化合物名称 | 气味描述 | 阈值 | OAV 值 | | | | |
|------|------|-----------|----------|------|--------|---|---|---|---|
| | | | | | 威海金 | 红富士 | 明月 | 国光 | 王林 |
| 果香 | 10 | 乙酸丁酯 | 具有愉快水果香味 | 0.058 | 2.76 | 1.06 | 1.54 | <1 | <1 |
| | 11 | 乙酸己酯 | 有梨和苹果香气 | 0.115 | 5.01 | 1.29 | 1.58 | <1 | 1.04 |
| | 12 | 乙酸乙酯 | 果香的酒香 | 0.005 | <1 | 1.29 | 3.07 | <1 | <1 |
| | 13 | 2-甲基丁酸乙酯 | 苹果皮、菠萝皮味 | 0.022 | <1 | <1 | 1.18 | <1 | <1 |
| | 14 | 2-甲基乙酸丁酯 | 水果 | 0.005 | 10.88 | 52.68 | 13.56 | <1 | 3.94 |
| | 15 | 乙酸戊酯 | 香蕉或梨味 | 0.043 | <1 | <1 | 1.81 | <1 | <1 |
| | 16 | 丙酸己酯 | 梨香、果香 | 0.008 | <1 | <1 | 9.20 | <1 | 80.72 |
| | 17 | 己酸乙酯 | 有水果香气味 | 0.005 | 22.29 | 36.17 | 27.56 | 14.24 | 20.22 |

# 第四节　苹果及加工产品质量控制体系

## 一、苹果及加工产品质量控制体系简介

苹果作为鲜食消费的同时，也被制成不同类型的加工产品，如苹果汁、苹果酒、苹果醋、苹果粉、苹果酱以及苹果休闲食品等。苹果及加工产品的质量控制体系可采用食品工业中的各类产品质量控制体系，如良好农业规范（GAP）、危害关键控制点（HACCP）质量管理体系、良好操作规范（GMP）、ISO 9001 质量管理体系等。

## 二、苹果良好农业规范（GAP）

### （一）GAP 的概念和意义

GAP 是 Good Agricultural Practices 的缩写，中文意思是"良好农业规范"。从广义上讲，GAP 作为一种适用方法和体系，通过经济的、环境的和社会的可持续发展措施，来保障食品安全和食品质量。它以危害预防（HACCP）、良好卫生规范、可持续发展农业和持续改良农场体系为基础，避免在农产品生产过程中受到外来物质的严重污染和危害。

苹果良好农业规范主要针对苹果的种植、采收、清洗、摆放、包装和运输过程中常见的微生物的危害控制，其关注的是苹果的生产和包装，包含从农场到餐桌的整个食品链的所有步骤。

**1. 全球良好农业操作认证**（Global GAP）　Global GAP 是在全球市场范围内作为良好农业操作规范的主要参考而建立，Global GAP 认证将消费者对于农产品的需求转化到农业种植中，于 1997 年成立并迅速在很多国家被认可。目前，Global GAP 已覆盖 120 多个国家，超过 80 000 家种植商已经获得认证，是目前世界上运行最成功的、最系统的GAP 标准。Global GAP 认证标准涵盖了对所认证的产品从种植到收获的全过程。农产品作为整个食品供应链的源头，其安全性愈来愈被消费者所关注。为从源头上解决食品安全的问题，在欧洲控制着零售市场的众多超市集团率先制定了针对种植/养殖过程的 GAP

（良好农业操作）控制体系标准，其控制体系所关注的范围是从土壤到餐桌的全过程。

**2. 中国良好农业操作认证**（China GAP） 2003 年 4 月，国家认证认可监督管理委员会首次提出在中国食品链源头建立"良好农业规范"体系，同年，农业部、国家林业局、水利部在财政部支持下，组织相关部门和专家团队系统研究了联合国粮食及农业组织的 FAO GAP、欧洲零售商协会 EUREPGAP（即 GLOBE GAP）、美国的 USDA GAP、日本的 JGAP 以及澳大利亚、加拿大和东南亚等国的 GAP。2004 年，我国启动了 China GAP 标准的编写和制定工作，China GAP 标准起草主要参照 EUREP GAP 标准的控制条款，并结合中国国情和法规要求编写而成。China GAP 标准的发布和实施必将有力地推动中国农业生产的可持续发展，提升中国农产品的安全水平和国际竞争力。

China GAP 认证分为 2 个级别的认证：一级认证要求满足适用模块中所有适用的一级控制点要求，并且在所有适用模块（包括适用的基础模块）中，除果蔬类外的产品应至少符合每个单个模块适用的二级控制点数量的 90％ 的要求，对于果蔬类产品应至少符合所有适用模块中适用的二级控制点总数的 90％ 的要求，所有产品均不设定三级控制点的最低符合百分比；二级认证要求所有产品应至少符合所有适用模块中适用的一级控制点总数的 95％ 的要求，不设定二级控制点、三级控制点的最低符合百分比。

**（二）苹果 GAP 生产关键控制点**

**1. 苹果种植控制点与符合性规范**（表 7 - 18、表 7 - 19）

表 7 - 18 苹果种植控制点与符合性规范

| 环节 | 控制点 | 符合性要求 | 等级 |
|---|---|---|---|
| 土壤 | 应有土壤熏蒸剂使用的书面记录 | 熏蒸记录包括熏蒸地点、日期、活性成分、剂量、使用方法和操作人员。不允许使用溴化钾进行土壤熏蒸 | 2 级 |
| | 应遵守种植前熏蒸剂使用的时间间隔 | 应记录种植前熏蒸剂使用的时间间隔 | 2 级 |
| 灌溉水质 | 依据 GB/T 20014.3—2013 中 4.6.3.2 进行的风险评估应考虑微生物污染 | 依据风险评估结果对存在微生物污染的风险提供经实验室分析的书面记录 | 2 级 |
| | 依据风险评估结果对存在的危害采取相应的措施 | 有纠正措施或纠偏行为的记录 | 2 级 |
| 施肥 | 施肥时应充分考虑产品消费地对注册产品的硝酸盐 MRL 要求 | 可通过现行的文件或记录证明。必要时提供注册品种的硝酸盐残留量的检测结果 | 2 级 |
| | 有机肥应作为基肥以及催芽肥使用，在发芽后不应使用 | 施用与采收间隔以不影响收获物的安全为准。肥料施用以及采收记录能证明该条款要求 | 1 级 |
| 采收 | 应对采收和农场运输整个过程的卫生状况进行风险评估 | 应形成书面风险评估材料并每年评审更新 | 1 级 |
| | 采收过程应有文化件的卫生程序 | 基于风险评估结果形成采收过程卫生程序并文件化 | 1 级 |
| | 采收过程应执行卫生规程 | 农场管理者或其他管理人员负责监督采收卫生规程执行情况 | 1 级 |
| | 应对用于农产品处理的容器和工具进行清洁保养，以避免污染 | 应保存清洁、维修记录 | 1 级 |
| | 用于运输采收后农产品的车辆应保持清洁 | 用于运输农产品的车辆，若还有其他用途时，应彻底清洁，并有防治被土壤、灰尘污染的措施 | 1 级 |
| | 存放农产品的容器应专用 | 存放农产品的容器应专用。当使用多用途的拖车、手推车盛放农产品时，应采取措施防止交叉污染 | 1 级 |

（续）

| 环节 | 控制点 | 符合性要求 | 等级 |
|---|---|---|---|
| 采收后的处理 | 销售的农产品不得使用销售地禁用的植保产品 | 有文件记录显示，在最近 12 个月中未使用消费地禁用的植保产品 | 1 级 |
| | 应记录采后植保产品的使用情况，包括农产品的标识［即农产品的批次和（或）批号］ | 采收植保产品的使用记录包括了所有经处理的农产品的批次和（或）批号 | 1 级 |
| | 清洗最终农产品的品质应符合国家生活饮用水标准要求 | 在最近 12 个月内，对清洗农产品的水质进行了分析。水质分析结果达到国家生活饮用水限量要求 | 1 级 |
| | 农产品采后处理使用的植保产品应和其他产品、材料分开存放 | 植保产品和其他产品、材料分开存在，以防止产生交叉污染 | 1 级 |
| | 应记录采后植保产品的使用地点 | 记录采后使用植保产品的农场的地理位置、名称、基本情况或农产品处理地点 | 1 级 |
| | 应记录采后植保产品的使用日期 | 记录所有采收后植保产品处理的准确日期 | 1 级 |
| | 应记录采后植保产品的处理方式 | 记录采后植保产品用于农产品的处理方式，如喷洒、浸透、气体处理等 | 1 级 |
| | 应记录采后植保产品的商品名 | 记录采后植保产品的商品名和有效成分 | 1 级 |
| | 应记录采后植保产品的用量 | 记录使用在农作物上的采后植保产品的用量，如在每升水或其他溶剂中加入的质量或体积 | 1 级 |
| | 应记录采后使用植保产品的操作人员的姓名 | 记录采后使用植保产品的操作人员的姓名 | 2 级 |
| | 应记录采后使用植保产品的原因 | 记录采后植保产品所处理的病虫害的名称及原因 | 2 级 |
| 卫生评估 | 应对农产品采收后处理的程序进行风险评估 | 应有书面且每年评审更新的风险评估 | 1 级 |
| | 应有书面的采后处理卫生规程 | 应有基于风险评估的书面的采后处理活动书面卫生规程 | 1 级 |
| 个人卫生 | 员工应在进行农产品处理前，接受个人卫生培训 | 有证据表明员工接受过个人卫生培训 | 1 级 |
| | 员工的工作服宜清洁、便于操作并防止污染产品 | 所以员工的工作服保持清洁、便于操作并防止污染产品 | 3 级 |
| | 吸烟、饮食、嚼口香糖和喝饮料等应在特定区域内 | 吸烟、饮食、嚼口香糖和喝饮料等应在特定区域内，不允许在农产品处理和存放区（喝水除外） | 2 级 |
| 包装和储存区域 | 应对农产品处理和储存的设施和设备进行清洁和保养，以避免污染 | 应按照清洁保养规程的频率进行清洁，应有书面清洁保养记录 | 2 级 |
| | 在农产品处理过程和储存过程易碎的照明灯应有保护罩 | 在农产品处理过程和储存过程的照明设备应是安全的，且应有保护或加固措施以防破碎时污染产品 | 1 级 |
| | 包装物料应存储于清洁卫生的区域，保持清洁 | 包装物料清洁且存储于清洁卫生的区域，避免使用时污染农产品 | 2 级 |
| | 应防止动物进入 | 有防止动物进入的措施 | 2 级 |
| 品质控制 | 有书面的产品检验规程和品质检验记录，确保产品符合标准的要求 | 有书面的产品检验规程和品质检验记录，以保证产品符合确定的品质标准 | 2 级 |
| | 如果包装后的农产品储存在农场，（适用时）应有温度和湿度控制并保持记录 | 如果包装后的农产品储存在农场，（适用时）应有温度和湿度控制（适用时且包括气调控制），并保持记录 | 1 级 |
| | 应有温度控制设备的检测验证规程 | 称重和温度控制设施应定期验证，保证设备良好状态，对设备定期进行校准 | 2 级 |

（续）

| 环节 | 控制点 | 符合性要求 | 等级 |
|---|---|---|---|
| 有害生物的控制 | 应有设置有害生物诱捕点和（或）陷阱点的计划 | 应有设置啮齿动物诱捕点的计划 | 2级 |
| | 应有有害生物控制检查和有害生物处理的详细记录并保存 | 有计划地安排对有害生物进行的监控，并应能提供有害生物控制检查及后续措施的记录 | 2级 |

**表 7-19 控制点级别划分原则**

| 等级 | 级别内容 |
|---|---|
| 1级 | 基于危害分析与关键控制点（HACCP）的食品安全要求 |
| 2级 | 基于1级控制点要求的环境保护、员工福利的基本要求 |
| 3级 | 基于1级和2级控制点要求的环境保护、员工福利的持续改善措施要求 |

**2. 苹果 GAP 生产要点分析及应用** 苹果 GAP 生产包括苹果生产的产前、产中和产后3个环节。产前环节包括品种和砧木选择、果园选址、建设与管理。产中环节包括土肥水管理、花果管理、病虫草害防治和采收。产后环节包括初加工、流通、储藏、检测。废弃物和污染物管理、环境问题以及员工的健康、安全、福利则贯穿整个苹果生产过程。聂继云等（2007）研究确定苹果生产过程中 GAP 关键控制点163项，其中主要必须项33个，次要必须项75个，推荐项55个。分为"可追溯性""记录保存和内部自查""品种和砧木""园址选择与管理""土壤管理""肥料施用""灌溉""植物保护""采收""采后处理""废物、污染物的管理、回收和再利用""员工的健康、安全和福利"和"环境问题"等13个部分。王欢等（2018）研究陕西苹果 GAP 生产控制应用，提出包括场地选择、繁殖材料、生产用水、栽培过程管理、采收和采后卫生管理、产品可追溯体系建立、风险评估、环境保护与员工福利等内容的生产控制体系。班明辉（2011）对甘肃苹果 GAP 生产实践研究发现，苹果 GAP 生产有助于中国农业提高自身管理水平；有助于保证农业资源节约、可持续发展；有助于提高食品安全、环境保护和人民的身体健康；有助于中国农产品突破技术壁垒，出口国际高端市场；GAP 认证的开展将给消费者带来更安全的选择，提高他们的信赖程度和购买能力，增加生产者的经济收入。

## 三、苹果加工产品的危害分析与关键控制点（HACCP）

### （一）HACCP 概述

HACCP 即危害分析的关键控制点，是国际上共同认可和接受的食品安全保证体系。HACCP 运用食品工艺学、微生物学、化学和物理学等科学方法，通过质量控制和危险性评估等方法，保证了食品在生产、加工、制造、消费和食用等过程中的安全；是在危害识别、评价和控制方面的一种科学、合理、系统的方法。该方法通过对加工过程的每一步关键点进行监视和控制，从而降低危害发生的概率，不仅为食品的品控人员提供了质量监督监控指南，同时也是食品生产企业用以保证产品质量，提高商品竞争力的质量管理手段。

在中国，食品行业关注和引进 HACCP 质量保证方法的时间较早。2002年，国家认可委员会针对 HACCP 体系认证机构的认可工作进行试点，并开始受理 HACCP 认可试点申请。2011年，为了规范食品行业危害分析和关键控制点体系认证工作，也为了确保

HACCP 管理体系在中国的有效实施，我国制订发布了《危害分析与关键控制点体系食品生产企业通用要求》（GB/T 27341）。

HACCP 体系是一个连续的、系统性的食品安全预防和控制体系，该体系包括危害分析、确定关键控制点、建立关键限值、建立监视系统、确定纠偏措施、建立验证程序、建立关于所有适用程序和这些原理及其应用的记录系统共七大原理。与其他质量体系相比之，HACCP 体系具有简便易行，合理的特点。值得注意的是 HACCP 体系可有效减少食品危害的风险，但不是零风险体系。HACCP 体系是对其他质量管理体系的补充，可以与其他质量管理体系互相补充，并且有助于提高食品企业在全球市场上的竞争力，提高食品安全的信誉度，促进贸易发展等。

**（二）HACCP 在苹果浓缩汁的应用**

尽管 HACCP 体系已经成为加工企业的相关质量控制体系，但不同行业、不同生产厂家以及不同产品和不同生产者的关键控制点不同，同一步骤中不同危害的关键控制点也不同。确定 HACCP 应结合实际情况，因地制宜，不能盲目坚持照搬。下面重点以我国最主要的苹果加工产品——苹果浓缩汁为例，详细介绍 HACCP 体系在生产管理中的应用。

**1. 苹果浓缩汁生产工艺流程**　苹果原料验收→清洗→拣选→破碎→第一次巴氏杀菌→果浆酶解→榨汁→二次榨汁→果汁酶解→超滤→树脂吸附→浓缩→第二次巴氏杀菌→过滤→灌装→铅封包装。

**2. 危害分析**　根据以上工艺流程，对浓缩苹果汁生产过程中各工序的生物危害、化学危害和物理危害进行逐一分析，并提出显著危害的预防措施，并根据风险等级，选择建立 5 个关键控制点，关键控制点的临界关键限值是根据生产经验，经反复检验，修正而最终确定的。根据关键危害分析，设立的 HACCP 关键控制点操作限值及纠偏措施需要根据生产企业的实际情况而确定，各厂家要根据自己的实际情况，建立有效的 HACCP 质量管理体系（表 7-20、表 7-21）。

表 7-20　浓缩苹果汁生产全过程中危害分析

| 序号 | 加工工序 | 识别本工序被引入的受控或增加的潜在危害 | 潜在的危害是否显著？（是/否） | 对潜在危害的判定依据 | 风险级别 | 防止显著危害的预防措施 | 该步骤是关键控制点吗（是/否） |
|---|---|---|---|---|---|---|---|
| 1 | 原料果的接收 | 生物危害（B）致病菌、寄生虫 | 是 | 传染病暴发历史 | P3 | 巴氏杀菌步骤控制 | 否 |
| | | 化学危害（C）农残、重金属 | 是 | 原料果生长中超标使用农药<br>原料果生长土壤中重金属超标 | P4 | 查验原料果来源是否为既定的合格供方、合格果区；供应商承诺不收购落地果，烂果率控制在 5% 以下，后面原料果拣选工序控制 | 是 |
| | | 棒曲霉素 | 是 | 原料果霉烂/落地果 | P3 | | 否 |
| | | 物理危害（P）金属（钉）、玻璃碎片等 | 是 | 有伤害案例 | P2 | 其后工序的沉淀、拣选、过滤工序可除去 | 否 |

（续）

| 序号 | 加工工序 | 识别本工序被引入的受控或增加的潜在危害 | 潜在的危害是否显著？（是/否） | 对潜在危害的判定依据 | 风险级别 | 防止显著危害的预防措施 | 该步骤是关键控制点吗（是/否） |
|---|---|---|---|---|---|---|---|
| 2 | 包装材料的接收 | 生物危害（B）致病菌 | 是 | 无菌袋灭菌处理不彻底或密封性能不良 | P3 | 检查无菌袋的"包装性能检验结果单" | 否 |
| | | 化学危害（C）辐射残留物、化学物质残留 | 是 | 无菌袋的辐照物残留；液袋化学物质残留 | P3 | 检查无菌袋的材质证明和"辐照物残留合格证明"；液袋的"出入境检验检疫卫生证书" | 否 |
| | | 物理危害（P）无 | 否 | 本步骤没有识别出物理危害 | | 无 | 否 |
| 3 | 包装材料储存 | 生物危害（B）致病菌 | 是 | 无菌袋、液袋受污染 | P2 | 在干燥的库房单独存放，库房有防鼠灭蝇装置 | 否 |
| | | 化学危害（C）无 | 否 | 本步骤没有识别出化学危害 | | 无 | 否 |
| | | 物理危害（P）无 | 否 | 本步骤没有识别出物理危害 | | 无 | 否 |
| 4 | 酶制剂的接收 | 生物危害（B）致病菌、转基因 | 是 | 酶制剂残留的致病菌酶制剂生产过程使用转基因原料 | P3 | 查验检测报告供应商承诺 | 否 |
| | | 化学危害（C）食品添加剂（防腐剂）、过敏源、重金属污染 | 是 | 在酶制剂生产过程中可能添加了防腐剂在酶制剂生产过程中可能引入过敏源 | P3 | 查验"产品质量合格证明"及供应商承诺 | 否 |
| | | 物理危害（P）无 | 否 | 本步骤没有识别出物理危害 | | 无 | 否 |
| 5 | 酶制剂的储存 | 生物危害（B）致病菌 | 是 | 酶制剂受污染 | P2 | 在冷库中分区域存放 | 否 |
| | | 化学危害（C）无 | 否 | 本步骤没有识别出化学危害 | | 无 | 否 |
| | | 物理危害（P）无 | 否 | 本步骤没有识别出物理危害 | | 无 | 否 |
| 6 | 清洗消毒材料接收 | 生物危害（B）无 | 否 | 本步骤没有识别出生物危害 | | 无 | 否 |
| | | 化学危害（C）无 | 是 | 可能供应非食品级清洗消毒剂 | P3 | 查验食品级证明和检验报告，SSOP控制 | 否 |
| | | 物理危害（P）无 | 否 | 本步骤没有识别出物理危害 | | 无 | 否 |
| 7 | 清洗消毒材料储存 | 生物危害（B）无 | 否 | 本步骤没有识别出生物危害 | | 无 | 否 |
| | | 化学危害（C）无 | 否 | 本步骤没有识别出化学危害 | | 无 | 否 |
| | | 物理危害（P）无 | 否 | 本步骤没有识别出物理危害 | | 无 | 否 |

（续）

| 序号 | 加工工序 | 识别本工序被引入的受控或增加的潜在危害 | 潜在的危害是否显著？（是/否） | 对潜在危害的判定依据 | 风险级别 | 防止显著危害的预防措施 | 该步骤是关键控制点吗（是/否） |
|---|---|---|---|---|---|---|---|
| 8 | 树脂的接收 | 生物危害（B）无 | 否 | 本步骤没有识别出生物危害 | | 无 | 否 |
| | | 化学危害（C）重金属 | 是 | 树脂重金属的污染 | P3 | 供应商提供检测报告 | 否 |
| | | 物理危害（P）无 | 否 | 本步骤没有识别出物理危害 | | 无 | 否 |
| 9 | 水源 | 生物危害（B）致病菌 | 是 | 水源污染引入 | P3 | SSOP控制 | 否 |
| | | 化学危害（C）无 | 否 | 本步骤没有识别出化学危害 | | 无 | 否 |
| | | 物理危害（P）无 | 否 | 本步骤没有识别出物理危害 | | 无 | 否 |
| 10 | 蓄水池 | 生物危害（B）致病菌 | 是 | 水源本身的引入以及暂存过程中的滋生 | P3 | SSOP控制 | 否 |
| | | 化学危害（C）消毒剂残留 | 是 | 消毒剂添加引入 | P3 | SSOP控制 | 否 |
| | | 物理危害（P）无 | 否 | 本步骤没有识别出物理危害 | | 无 | 否 |
| 11 | CIP | 生物危害（B）致病菌 | 是 | CIP清洗机被污染 | P3 | SSOP控制 | 否 |
| | | 化学危害（C）消毒剂残留 | 是 | 漂洗不彻底 | P3 | SSOP控制 | 否 |
| | | 物理危害（P）无 | 否 | 本步骤没有识别出物理危害 | | 无 | 否 |
| 12 | 果槽 | 生物危害（B）致病菌 | 是 | 原料果表面或原料暂存库不洁可能造成交叉污染 | P3 | 后面的浊汁巴氏杀菌步骤可以除去 | 否 |
| | | 化学危害（C）无 | 否 | 本步骤没有识别出化学危害 | | 无 | 否 |
| | | 物理危害（P）金属、玻璃等异物 | 是 | 原料中会混有金属、玻璃等异物 | P2 | 通过清洗、沉淀、拣选、过滤去除 | 否 |
| 13 | 一级输送清洗 | 生物危害（B）致病菌 | 是 | 冲洗用水不洁可能造成交叉污染 | P3 | 后面的浊汁巴氏杀菌步骤可以除去 | 否 |
| | | 化学危害（C）消毒剂残留 | 是 | 水中添加消毒剂 | P3 | 洗果机清洗、喷淋可以去除 | 否 |
| | | 物理危害（P）异物杂质 | 是 | 原料果中夹杂的异物 | P2 | 通过清洗、沉淀、拣选、过滤去除 | 否 |

（续）

| 序号 | 加工工序 | 识别本工序被引入的受控或增加的潜在危害 | 潜在的危害是否显著？（是/否） | 对潜在危害的判定依据 | 风险级别 | 防止显著危害的预防措施 | 该步骤是关键控制点吗（是/否） |
|---|---|---|---|---|---|---|---|
| 14 | 一级提升 | 生物危害（B）致病菌 | 是 | 原料果中的致病菌仍然存在 | P3 | 后面的巴氏杀菌步骤可以除去 | 否 |
| | | 化学危害（C）消毒剂残留 | 是 | 水中添加消毒剂 | P3 | 洗果机清洗、喷淋可以除去（SSOP程序可以加以控制） | 否 |
| | | 物理危害（P）异物杂质 | 是 | 原料果中的杂物 | P2 | 通过清洗、沉淀、拣选、过滤去除 | 否 |
| 15 | 二级输送清洗 | 生物危害（B）致病菌 | 是 | 冲洗用水不洁可能造成交叉污染 | P2 | 后面的浊汁巴氏杀菌步骤可以除去 | 否 |
| | | 化学危害（C）消毒剂残留 | 是 | 水中添加消毒剂 | P3 | 洗果机清洗、喷淋可以除去 | 否 |
| | | 物理危害（P）异物杂质 | 是 | 原料果中的杂物 | P2 | 通过清洗、沉淀、拣选、过滤去除 | 否 |
| 16 | 二级提升 | 生物危害（B）致病菌 | 是 | 原料果中的致病菌仍然存在 | P3 | 后面的浊汁巴氏杀菌步骤可以除去 | 否 |
| | | 化学危害（C）消毒剂残留 | 是 | 水中添加消毒剂 | P3 | 洗果机清洗、喷淋可以除去 | 否 |
| | | 物理危害（P）异物杂质 | 是 | 原料果中的杂物 | P3 | 通过清洗、沉淀、拣选、过滤去除 | 否 |
| 17 | 一次喷淋 | 生物危害（B）致病菌 | 是 | 水可能被污染 | P3 | SSOP控制 | 否 |
| | | 化学危害（C）无 | 是 | 水中添加消毒剂 | P3 | 洗果机清洗、喷淋可以除去 | 否 |
| | | 物理危害（P）异物杂质 | 是 | 原料果中的杂物 | P3 | 通过清洗、沉淀、拣选、过滤去除 | 否 |
| 18 | 拣选 | 生物危害（B）致病菌 | 是 | 拣选工个人卫生状况不良导致交叉污染 | P3 | 人员卫生符合要求，并按照要求进行管理；后面的浊汁巴氏杀菌步骤可以除去 | 否 |
| | | 化学危害（C）棒曲霉毒素 | 是 | 腐烂原料果导致污染 | P4 | 烂果率控制在≤2% | 是 |
| | | 物理危害（P）异物杂质 | 是 | 原料果中的杂物 | P3 | 通过清洗、沉淀、拣选、过滤去除 | 否 |
| 19 | 拨轮浮洗 | 生物危害（B）致病菌 | 是 | 清洗不洁造成交叉污染 | P3 | 后面的浊汁巴氏杀菌步骤可以除去 | 否 |
| | | 化学危害（C）消毒剂残留 | 是 | 水中添加消毒剂 | P3 | SSOP控制 | 否 |
| | | 物理危害（P）无 | 否 | 本步骤没有识别出物理危害 | | 无 | 否 |

（续）

| 序号 | 加工工序 | 识别本工序被引入的受控或增加的潜在危害 | 潜在的危害是否显著？（是/否） | 对潜在危害的判定依据 | 风险级别 | 防止显著危害的预防措施 | 该步骤是关键控制点吗（是/否） |
|---|---|---|---|---|---|---|---|
| 20 | 三级提升 | 生物危害（B）致病菌 | 是 | 原料果中的致病菌仍然存在 | P3 | 后面的浊汁巴氏杀菌步骤可以除去 | 否 |
| | | 化学危害（C）消毒剂残留 | 是 | 水中添加消毒剂 | P3 | 洗果机清洗、喷淋可以除去 | 否 |
| | | 物理危害（P）异物杂质 | 是 | 原料果中的杂物 | P3 | 通过清洗、沉淀、拣选、过滤去除 | 否 |
| 21 | 二次喷淋 | 生物危害（B）致病菌 | 是 | 水可能被污染 | P3 | SSOP控制 | 否 |
| | | 化学危害（C）无 | 否 | 本步骤没有识别出化学危害 | | 无 | 否 |
| | | 物理危害（P）异物杂质 | 是 | 原料果中的杂物 | P3 | 通过清洗、沉淀、拣选、过滤去除 | 否 |
| 22 | 辊杠输送 | 生物危害（B）无 | 否 | 本步骤没有识别出生物危害 | | 无 | 否 |
| | | 化学危害（C）无 | 否 | 本步骤没有识别出化学危害 | | 无 | 否 |
| | | 物理危害（P）无 | 否 | 本步骤没有识别出物理危害 | | 无 | 否 |
| 23 | 破碎 | 生物危害（B）致病菌 | 是 | 破碎设备清洗不彻底 | P3 | 后面的浊汁巴氏杀菌步骤可以除去 | 否 |
| | | 化学危害（C）无 | 否 | 本步骤没有识别出化学危害 | | 无 | 否 |
| | | 物理危害（P）金属碎片 | 是 | 破碎机锤片/锯齿疲劳引入的金属碎片 | P3 | 可以通过后续的过滤工序控制 | 否 |
| 24 | 果浆加热 | 生物危害（B）致病菌 | 是 | 果浆加热器清洗不彻底，前工序带入 | P3 | 后面的浊汁巴氏杀菌步骤可以除去 | 否 |
| | | 化学危害（C）无 | 是 | 漂洗不彻底 | P3 | SSOP控制 | 否 |
| | | 物理危害（P）无 | 否 | 本步骤没有识别出物理危害 | | 无 | 否 |
| 25 | 果浆罐 | 生物危害（B）致病菌 | 是 | 果浆中的微生物会滋生并污染果汁，会加重微生物的污染程度 | P2 | 后面的浊汁巴氏杀菌步骤可以除去 | 否 |
| | | 化学危害（C）清洗剂残留 | 是 | 漂洗不彻底 | P3 | SSOP控制 | 否 |
| | | 物理危害（P）金属碎片 | 是 | 在破碎中可能混入金属碎片 | P3 | 通过过滤器去除 | 否 |

（续）

| 序号 | 加工工序 | 识别本工序被引入的受控或增加的潜在危害 | 潜在的危害是否显著？（是/否） | 对潜在危害的判定依据 | 风险级别 | 防止显著危害的预防措施 | 该步骤是关键控制点吗（是/否） |
|---|---|---|---|---|---|---|---|
| 26 | 压榨 | 生物危害（B）致病菌 | 是 | 果浆中的微生物会滋生并污染果汁，会加重微生物的污染程度 | P3 | 后面的浊汁巴氏杀菌步骤可以除去 | 否 |
| | | 化学危害（C）无 | 否 | 本步骤没有识别出化学危害 | | 无 | 否 |
| | | 物理危害（P）金属碎片 | 是 | 在破碎中可能混入金属碎片 | P2 | 通过过滤器去除 | 否 |
| 27 | 一级过滤 | 生物危害（B）致病菌 | 是 | 果浆中的微生物会滋生并污染果汁，旋筛粗滤可能被污染 | P3 | 后面的巴氏杀菌步骤可以除去 | 否 |
| | | 化学危害（C）无 | 否 | 本步骤没有识别出化学危害 | | 无 | 否 |
| | | 物理危害（P）无 | 是 | 垫子、橡胶阀芯、泵套老化、视镜破损，过滤网破损 | P3 | 定期检查和更换 | 否 |
| 28 | 浊汁罐 | 生物危害（B）致病菌 | 是 | 设备清洗不彻底造成交叉污染或暂存过程中的滋生 | P3 | SSOP控制 | 否 |
| | | 化学危害（C）清洗剂的残留 | 是 | 清洗过程中造成清洗剂残留 | P3 | SSOP控制 | 否 |
| | | 物理危害（P）无 | 否 | 本步骤没有识别出物理危害 | | 无 | 否 |
| 29 | 再加工入口 | 生物危害（B）致病菌 | 是 | 过程操作不当造成污染 | P3 | 通过巴氏杀菌去除 | 否 |
| | | 化学危害（C）清洗剂的残留 | 是 | 清洗过程中造成清洗剂残留 | P3 | SSOP控制 | 否 |
| | | 物理危害（P）无 | 是 | 过程操作不当可能引入 | P3 | 后工序过滤网可以除去 | 否 |
| 30 | 第一次巴氏杀菌 | 生物危害（B）致病菌 | 是 | 此工序前所榨果汁被污染 | P3 | 严格控制杀菌温度与杀菌时间，能够彻底杀灭 | 否 |
| | | 化学危害（C）清洗剂的残留 | 是 | 清洗过程中造成清洗剂残留 | P3 | SSOP控制 | 否 |
| | | 物理危害（P）无 | 否 | 本步骤没有识别出物理危害 | | 无 | 否 |
| 31 | 提香 | 生物危害（B）无 | 否 | 本步骤没有识别出生物危害 | | 无 | 否 |
| | | 化学危害（C）清洗消毒剂残留 | 是 | 设备漂洗不彻底可能造成清洗消毒剂残留 | P3 | 通过GMP、SSOP控制、设备清洗消毒计划控制 | 否 |
| | | 物理危害（P）无 | 否 | 本步骤没有识别出物理危害 | | 无 | 否 |

（续）

| 序号 | 加工工序 | 识别本工序被引入的受控或增加的潜在危害 | 潜在的危害是否显著？（是/否） | 对潜在危害的判定依据 | 风险级别 | 防止显著危害的预防措施 | 该步骤是关键控制点吗（是/否） |
|---|---|---|---|---|---|---|---|
| 32 | 冷却 | 生物危害（B）无 | 否 | 本步骤没有识别出生物危害 | | 无 | 否 |
| | | 化学危害（C）无 | 否 | 本步骤没有识别出化学危害 | | 无 | 否 |
| | | 物理危害（P）无 | 否 | 本步骤没有识别出物理危害 | | 无 | 否 |
| 33 | 酶解 | 生物危害（B）致病菌 | 是 | 酶解罐清洗不洁造成交叉污染 | P3 | SSOP控制 | 否 |
| | | 化学危害（C）酶制剂残留、清洗剂的残留 | 是 | 酶制剂一般不会对消费者造成伤害；清洗过程中造成清洗剂残留 | P3 | SSOP控制 | 否 |
| | | 物理危害（P）无 | 否 | 本步骤没有识别出物理危害 | | 无 | 否 |
| 34 | 二级过滤 | 生物危害（B）致病菌 | 是 | 设备清洗不洁造成交叉污染 | P3 | SSOP控制 | 否 |
| | | 化学危害（C）无 | 否 | 本步骤没有识别出化学危害 | | 无 | 否 |
| | | 物理危害（P）无 | 是 | 垫子、橡胶阀芯、泵套老化、视镜破损，过滤网破损 | P3 | 定期检查和更换 | 否 |
| 35 | 循环罐 | 生物危害（B）无 | 否 | 本步骤没有识别出生物危害 | | 无 | 否 |
| | | 化学危害（C）清洗剂的残留 | 是 | 清洗过程中造成清洗剂残留 | P3 | SSOP控制 | 否 |
| | | 物理危害（P）无 | 否 | 本步骤没有识别出物理危害 | | 无 | 否 |
| 36 | 超滤 | 生物危害（B）致病菌 | 是 | 设备清洗不洁造成交叉污染 | P3 | SSOP控制 | 否 |
| | | 化学危害（C）清洗剂的残留 | 是 | 清洗过程中造成清洗剂残留 | P3 | SSOP控制 | 否 |
| | | 物理危害（P）无 | 否 | 本步骤没有识别出物理危害 | | 无 | 否 |
| 37 | 清汁罐 | 生物危害（B）致病菌 | 是 | 设备清洗不洁造成交叉污染 | P3 | SSOP控制 | 否 |
| | | 化学危害（C）清洗剂的残留 | 是 | 清洗过程中造成清洗剂残留 | P3 | SSOP控制 | 否 |
| | | 物理危害（P）无 | 否 | 本步骤没有识别出物理危害 | | 无 | 否 |

（续）

| 序号 | 加工工序 | 识别本工序被引入的受控或增加的潜在危害 | 潜在的危害是否显著？（是/否） | 对潜在危害的判定依据 | 风险级别 | 防止显著危害的预防措施 | 该步骤是关键控制点吗（是/否） |
|---|---|---|---|---|---|---|---|
| 38 | 树脂吸附 | 生物危害（B）致病菌 | 是 | 清洗不洁造成交叉污染 | P3 | SSOP 控制 | 否 |
| | | 化学危害（C）清洗剂的残留 | 是 | 清洗时会导致清洗剂的残留 | P3 | SSOP 控制 | 否 |
| | | 物理危害（P）树脂泄漏 | 是 | 树脂破损导致泄漏混入果汁 | P3 | 通过过滤器去除 | 否 |
| 39 | 树脂的清洗、再生 | 生物危害（B）致病菌 | 否 | 本步骤没有识别出生物危害 | | 无 | 否 |
| | | 化学危害（C）重金属 | 是 | 清洗时会导致清洗剂的残留 | P3 | SSOP 控制 | 否 |
| | | 物理危害（P）异物 | 是 | 清洗剂中携带的异物、杂质 | P2 | 通过后续的过滤网进行控制 | 否 |
| 40 | 三级过滤 | 生物危害（B）无 | 否 | 本步骤没有识别出生物危害 | | 无 | 否 |
| | | 化学危害（C）无 | 否 | 本步骤没有识别出化学危害 | | 无 | 否 |
| | | 物理危害（P）金属、橡胶碎片 | 是 | 超滤后垫子、橡胶阀芯、泵套老化、视镜破损，过滤网破损 | P3 | 定期检查和更换 | 否 |
| 41 | 蒸发浓缩 | 生物危害（B）致病菌 | 是 | 设备被污染 | P3 | SSOP 控制 | 否 |
| | | 化学危害（C）清洗剂的残留 | 是 | 清洗时会导致清洗剂的残留 | P3 | SSOP 控制 | 否 |
| | | 物理危害（P）无 | 否 | 本步骤没有识别出物理危害 | | 无 | 否 |
| 42 | 软水罐 | 生物危害（B）致病菌 | 是 | 水罐清洗不洁造成交叉污染 | P3 | SSOP 控制 | 否 |
| | | 化学危害（C）清洗剂的残留 | 是 | 清洗时会导致清洗剂的残留 | P3 | SSOP 控制 | 否 |
| | | 物理危害（P）无 | 否 | 本步骤没有识别出物理危害 | | 无 | 否 |
| 43 | 冷却 | 生物危害（B）无 | 否 | 本步骤没有识别出生物危害 | | 无 | 否 |
| | | 化学危害（C）无 | 否 | 本步骤没有识别出化学危害 | | 无 | 否 |
| | | 物理危害（P）无 | 否 | 本步骤没有识别出物理危害 | | 无 | 否 |

（续）

| 序号 | 加工工序 | 识别本工序被引入的受控或增加的潜在危害 | 潜在的危害是否显著？（是/否） | 对潜在危害的判定依据 | 风险级别 | 防止显著危害的预防措施 | 该步骤是关键控制点吗（是/否） |
|---|---|---|---|---|---|---|---|
| 44 | 批次罐 | 生物危害（B）致病菌 | 是 | 清洗不洁造成交叉污染 | P3 | SSOP 控制 | 否 |
| | | 化学危害（C）清洗剂的残留 | 是 | 清洗时会导致清洗剂的残留 | P3 | SSOP 控制 | 否 |
| | | 物理危害（P）无 | 否 | 本步骤没有识别出物理危害 | | 无 | 否 |
| 45 | 第二次巴氏杀菌 | 生物危害（B）致病菌 | 是 | 前面工序可能污染 | P4 | 按照规定的温度和时间进行控制，具体按照 HACCP 计划控制 | 是 |
| | | 化学危害（C）清洗剂的残留 | 是 | 清洗时会导致清洗剂的残留 | P3 | SSOP 控制 | 否 |
| | | 物理危害（P）无 | 否 | 本步骤没有识别出物理危害 | | 无 | 否 |
| 46 | 冷却 | 生物危害（B）无 | 否 | 本步骤没有识别出生物危害 | | 无 | 否 |
| | | 化学危害（C）无 | 否 | 本步骤没有识别出化学危害 | | 无 | 否 |
| | | 物理危害（P）无 | 否 | 本步骤没有识别出物理危害 | | 无 | 否 |
| 47 | 四级过滤 | 生物危害（C）无 | 否 | 本步骤没有识别出生物危害 | | 无 | 否 |
| | | 化学危害（C）无 | 否 | 本步骤没有识别出化学危害 | | 无 | 否 |
| | | 物理危害（P）金属、玻璃碎片 | 是 | 超滤后设备中板片的垫子、橡胶阀芯、泵套等因老化磨损脱落、视镜破损，过滤网破损 | P4 | 根据 HACCP 计划设定的频次进行监控 | 是 |
| 48 | 无菌灌装 | 生物危害（B）致病菌 | 是 | 无菌袋裸露在空气中，袋口被污染 | P2 | 无菌灌装过程中用蒸汽对无菌袋口进行杀菌 | 否 |
| | | 化学危害（C）无 | 否 | 本步骤没有识别出化学危害 | | 无 | 否 |
| | | 物理危害（P）无 | 否 | 本步骤没有识别出物理危害 | | 无 | 否 |
| 49 | 贴标、签封 | 生物危害（B）无 | 否 | 本步骤没有识别出生物危害 | | 无 | 否 |
| | | 化学危害（C）无 | 否 | 本步骤没有识别出化学危害 | | 无 | 否 |
| | | 物理危害（P）无 | 否 | 本步骤没有识别出物理危害 | | 无 | 否 |

（续）

| 序号 | 加工工序 | 识别本工序被引入的受控或增加的潜在危害 | 潜在的危害是否显著？（是/否） | 对潜在危害的判定依据 | 风险级别 | 防止显著危害的预防措施 | 该步骤是关键控制点吗（是/否） |
|---|---|---|---|---|---|---|---|
| 50 | 储存 | 生物危害（B）无 | 否 | 本步骤没有识别出生物危害 | | 无 | 否 |
| | | 化学危害（C）无 | 否 | 本步骤没有识别出化学危害 | | 无 | 否 |
| | | 物理危害（P）无 | 否 | 本步骤没有识别出物理危害 | | 无 | 否 |
| 51 | 交付 | 生物危害（B）致病菌 | 是 | 封签损坏，可能被有意投入到病菌污染 | P4 | 通过检查封签和钢桶（箱、罐）的完整性控制 | 是 |
| | | 化学危害（C）化学品 | 是 | 封签损坏，可能被有意投入化学品污染 | P4 | 通过检查封签和钢桶（箱、罐）的完整性控制 | 是 |
| | | 物理危害（P）无 | 否 | 本步骤没有识别出物理危害 | | 无 | 否 |

表 7-21　HACCP 计划表

| 关键控制点 | 显著危害 | 关键限值 | 监控 | | | | 纠偏措施 | 验证 | 记录 |
|---|---|---|---|---|---|---|---|---|---|
| | | | 对象 | 方法与设备 | 频率 | 人员 | | | |
| CCP1 原料果接收 | 农药、重金属残留超标 | 供应商保证书 | 查验供应商保证书 | 收购时每车查验是否持有供应商保证书 | 收购原料果时每车核对 | 司磅员 | 查验若没有供应商保证书时拒收 | 磅房班长每周审核 CCP1 监控记录、纠偏记录；质管部每月抽取既定合格果区原料果进行农残、重金属检测；每月至少抽取 1 个批次成品样检测农残、重金属 | CCP1 监控记录；原料果检验原始记录；关键控制点的采样检测记录表；纠偏记录 |
| CCP2 原料果拣选 | 棒曲霉毒素超标 | 原料果在拣选结束后的腐烂率≤2% | 每次取 5 kg 左右样品，将腐烂部分剔除并收集、称量质量，计算质量百分比 | 原料果中的腐烂部分 | 每 2 h 监控一次 | 前处理操作工 | 拣选后腐烂率超过 2% 时，立即停机或降低拣果台速度去除腐烂果；将前 2 个小时生产的产品进行隔离、标识；通知生产部经理和质管部经理并组织对隔离期间的产品取样检测，合格后并入合格品，如不合格销毁或转作非食品用途 | 生产班长每周审核 CCP2 监控记录、纠偏记录；每月抽取拣选后的原料果检测棒曲霉毒素；每批成品检测棒曲霉毒素含量 | CCP2 监控记录、纠偏记录；关键控制点的采样检测记录表；成品棒曲霉毒素含量检测记录；扣留/放行记录 |

（续）

| 关键控制点 | 显著危害 | 关键限值 | 监控 | | | 纠偏措施 | 验证 | 记录 |
|---|---|---|---|---|---|---|---|---|
| | | | 对象 | 方法与设备 | 频率 | 人员 | | |
| CCP3 第二次巴氏杀菌 | 致病菌：大肠杆菌 O157：H7 寄生虫：小隐孢子虫 | 操作限值：杀菌温度≥95 ℃，杀菌时间≥30 s | 第二次巴氏杀菌的温度、时间 | 查看控制屏自动显示第二次巴氏杀菌的温度和泵频 | 灌装前和灌装结束时进行监控，灌装过程中每2小时监控一次 | 第二次巴氏杀菌操作工 | 第二次巴氏杀菌的温度＜95 ℃时，第二次巴氏杀菌设备会报警并自动停止灌装打循环直到温度≥95 ℃ | 生产班长每周审核 CCP3 手工监控记录、纠偏记录；每月校准一次温度传感器；每批次成品检测微生物指标 | 自动温度记录仪监控记录；CCP3 监控记录；生产和实验室监（检）测仪器校准记录；关键控制点的采样检测记录表；成品微生物检测记录，扣留/放行记录 |
| CCP4 四级过滤 | 金属、玻璃、橡胶碎片等物理杂物 | 过滤筛网目数≥200（孔径≤0.074 mm）。过滤筛网的完整性 | 过滤筛网 | 目视观察 | 每次更换过滤筛网前检查一次目数证明；每次灌装前、后检查 | 第二次巴氏杀菌操作工 | 如果过滤筛网目数小于 200 或破损不得灌装，更换过滤筛网，第二次巴氏杀菌操作工报告班长和生产部经理，生产部经理组织班长对偏离期间的成品进行隔离、标识，返工消除金属、玻璃、橡胶等异物 | 初次安装或更换过滤筛网时核对证明；生产班长每周审核 CCP4 监控及纠偏记录；每月对筛网上截留的异物进行一次分析评估 | CCP4 监控记录及纠偏记录；关键控制点的采样检测记录表；扣留/放行记录 |
| CCP5 交付 | 外来物进入 | 封签和钢桶（箱、罐）完好性 | 封签和钢桶（箱、罐） | 发货时目视观察 | 每个钢桶（箱、罐） | 成品库管员 | 隔离、标识以待评估，重新加封签或销毁 | 储运班长每周审核 CCP5 监控及纠偏记录 | CCP5 监控记录及纠偏记录；扣留/放行记录 |

## 四、苹果加工良好操作规范（GMP）控制

生产质量管理规范（GMP）是生产和质量管理的基本准则，适用于苹果加工产品生产的全过程中，是影响成品质量的关键工序。它要求企业从原料、人员、设施设备、生产过程、包装运输、质量控制等方面按国家有关法规达到卫生质量要求，形成一套可操作的作业规范，帮助企业改善生产卫生环境，及时发现生产过程中存在的问题，并尽快加以改善。GMP 对厂区环境、厂房及设施、废弃物处理等方面均做出了规定。

### （一）厂区环境

企业不得设于易遭受污染的地区，即厂区周围不应有粉尘、有害气体、放射性物质和其他扩散性污染源，厂区四周环境应易于随时保持清洁，地面不得有严重积水、泥泞、污秽等。

### （二）厂房及设施

厂房包括生产车间、冷库、化验室、更衣室、卫生间等按苹果产品加工工艺流程需要及卫生要求合理布局，车间的内部设计和布局满足食品卫生操作要求，避免食品生产中发

生交叉污染等。

## （三）建筑内部结构与材料

苹果生产车间厂房采用砖砌及彩钢板结合制成，耐用、易于维护、清洁无毒。车间天花板使用无毒、无味、浅色、防水、防霉、不脱落的材料建成。地面平坦不滑、无裂缝、并易于清洁、消毒，车间内应设有地沟，地沟排水通畅，防止积水等。

## （四）设施

苹果加工的供水设施要求：生产加工用自备井和自来水供水，水在密闭的蓄水池中存放，使用水泵供水，自备蓄水池密封、安全、保证水源不受污染等。排水设施要求：厂区建有污水处理站，污水在排放前经污水处理站处理，符合国家污水排放的相关规定才能排放；排放污水管道应采用钢筋混凝土加工而成的输送管，表面平滑不渗透，设计有一定坡度，排水通畅、便于清洁维护等。清洁消毒设施要求：车间配备有与生产能力相适应的专用清洗机、工器具消毒设备、专用清洁设施等。废弃物存放设施、个人卫生设施、通风设施、温控设施等也应符合相关要求。

## （五）设备

生产加工设备要求：配备与生产能力相适应的生产设备，生产加工设备按工艺流程要求排列，使生产作业顺畅进行并避免交叉污染。检测仪器设备要求：配备与生产能力相适应的检测仪器，包括理化分析和微生物检测设备，质管部每年对检验、测量仪器进行自检或送国家认可具备资质的机构进行校准，使仪器设备保持良好的性能及精度，满足检验工作的需要。

与原料、半成品、成品接触的设备与用具，应使用无毒、无味、抗腐蚀、不易脱落的材料制作，并易于清洁和保养。设备、工器具等与食品接触的表面应使用光滑、无吸收性、易于清洁保养和消毒的食品级不锈钢或其他食品级材料制成，在正常生产条件下不会与食品、清洁剂和消毒剂发生反应，并能保持完好无损等。工厂应有设备保养和维修制度，并注意加强设备的日常维护和保养，定期检修，及时记录。

## （六）卫生管理

卫生管理制度、加工人员健康管理与卫生要求等需满足条件。工厂制定有食品加工人员和食品生产卫生管理制度以及相应的考核标准，明确岗位职责，实行岗位责任制。根据食品的特点以及生产、储存过程的卫生要求，建立对保证食品安全具有显著意义的关键控制环节的监控制度：HACCP 计划、卫生标准操作程序（SSOP）、产品防护计划等能够良好实施并定期检查，发现问题及时纠正。

## （七）废弃物处理

工厂制定了废弃物管理程序，对工厂的废弃物存放和清除进行管理，有特殊要求的废弃物其处理方式应符合有关规定。车间外废弃物放置场所与食品加工场所应进行隔离处理，防止污染；放置废弃物的箱、桶采取加盖方式进行控制，防止不良气味或有害有毒气体溢出；并对废弃物放置场所定期进行清理消毒，防止虫害滋生。

## （八）食品原料、食品添加剂和食品相关产品

工厂应建立有效的采购控制程序，对原料、食品添加剂和食品相关产品的采购、验收、运输和储存进行管理，确保所使用的食品原料、食品添加剂和食品相关产品符合国家有关要求，不得将任何危害人体健康和生命安全的物质添加到食品中。

**1. 原料采购**　工厂生产季在开机前对原料果计划收购区域进行取样检测农残、重金属，确定原料果合格供应果区，只能在公司规定的合格果区进行收购，不符合要求区域的原料果不能进行收购。供果户按公司规定提供每车产品的供应商保证书；其他材料必须查验供货者的许可证和产品合格证明文件；对无法提供合格证明文件的拒绝入库。采购的原料果入厂卸货前必须按照公司《苹果验收标准》进行验收，经过验收合格后方可卸入原料暂存库用于生产，经验收不合格的原料果应拒绝收购。原料果须使用保鲜袋或一次性网袋包装，不得与有毒、有害物品同时装运，运输中应避免日光直射，且应备有防雨防尘设施；工厂建有原料暂存库，暂存库加盖大棚，避免日光直射，并起到防雨防尘作用。工厂使用水冲和机械运输方式将原料果输送进入车间，冲洗水定期进行更换，设施设备定期进行清理、清洗。原料暂存库应设有专人管理，建立有效管理制度，并定期检查质量和卫生情况。原料果出库遵循先进先出的原则，必要时根据不同原料果的特性确定出货顺序。

**2. 食品添加剂采购**　采购食品添加剂必须查验供货者的许可证和产品合格证明文件。食品添加剂必须经过验收合格后才可使用。运输食品添加剂的工具和容器应保持清洁、维护良好，并能提供必要的保护，避免污染食品添加剂。食品添加剂的储藏有专人管理，定期检查质量和卫生情况，及时清理变质或超过保质期的食品添加剂。材料库遵循先进先出的原则，必要时根据食品添加剂的特性确定出货顺序。

**3. 包装容器及洗剂材料等**　采购食品包装材料、容器、洗涤剂、消毒剂等食品相关产品应当查验产品的合格证明文件，包括生产许可证、出厂检测报告、第三方检验报告、其他认证资质证明等文件。所有辅料必须经过验收合格后方可使用。

**4. 加工用水**　生产加工用自备井和自来水供水，水质符合国家饮用水（GB 5749—2006）的标准。由质管部委托具有国家认可资质的机构对水质进行全项目检测，检测频率为每年一至两次。水源消毒采用在蓄水池加氯的形式进行控制，质管部按照《水质检测计划》对水源进行监控。用于苹果清洗的冲洗水，进行加氯处理，加氯达到 80~100 mg/kg 的初始值，在使用过程中，余氯的含量不得低于 20 mg/kg，生产部每 4 h 检测一次余氯。

### （九）生产过程的食品安全控制

工厂通过危害分析工作单明确生产过程中的食品安全关键环节，并通过 HACCP 计划设立食品安全关键环节的控制措施。在关键环节所在区域，配备相关的文件以落实控制措施，如设备操作规程、岗位操作规程等。

工厂应采用 HACCP 体系对生产过程进行食品安全控制。工厂应根据原料、产品和工艺的特点，制定有清洗消毒计划，针对生产设备和环境进行有效的清洁消毒，降低微生物污染的风险。工厂应制定清洗消毒验证规范，根据产品特点确定关键控制环节和生产加工过程的微生物指标，并定期对生产环境的微生物和过程产品的微生物进行监控。工厂应建立化学品管理规定防止化学污染，分析可能的污染源和污染途径，制定适当的控制计划和控制程序。工厂应建立有异物控制计划，分析可能的污染源和污染途径，并制定相应的控制计划和控制程序，防止异物污染。工厂应使用内无菌袋外钢桶的包装，能在正常的储存、运输、销售条件下最大限度地保护食品的安全性和品质。工厂内应有化验室，可对生产过程半成品、成品及原辅料进行检测，或通过委托具备相应资质的食品检验机构对原料和产品进行检验，并建立食品出厂检验记录制度。工厂应根据食品的特点和卫生需要选择适宜的储存和运输条件，必要时配备保温、冷藏、保鲜等设施；不得将食品与有毒、有害或有异味的物品一同储存运输；应建立和执行产品管理暂行规定，对产品的储存、运输和装卸进行管理，发现异常应及时处理；储存、运输和装卸食品的容器、工器具和设备必须安全、无害，保持清洁，降低食品污染的风险；储存和运输过程中应避免日光直射、雨淋、显著的温湿度变化和剧烈撞击等，防止食品受到不良影响；原料果按果槽号进行标识，辅料、包装材料和清洗材料用标签进行标识，半成品以工序标牌进行标识，成品及不合格品按《标识和可追溯性控制程序》规定用批次标签进行标识。

### （十）管理制度和人员

工厂配备食品安全专业技术人员、管理人员，并建立卫生标准操作程序 SSOP、保障食品安全的 HACCP 体系、良好生产规范 GMP、食品防护计划等管理制度进行有效管理。工厂食品安全管理制度与生产规模、工艺技术水平和食品的种类特性相适应，根据生产实际和实施经验不断完善食品安全管理制度。每年通过培训使管理人员了解食品安全的基本原则和操作规范，能够判断潜在的危险，采取适当的预防和纠正措施，确保有效管理。

### （十一）记录和文件管理

工厂建立有《记录控制程序》，在 HACCP 体系运行有关的场所（采购、加工、储存、检验、销售等环节），有详细完整、规范的记录，记录内容做到完整、真实、清晰，确保对产品从原料采购到产品销售的所有环节都可进行有效追溯。原始记录每日（周）收集、整理，榨季结束后进行统计、归档、编目；记录要求保管在适宜的环境下，防止损坏、变质和丢失。记录可以查阅，但不可私自带出。顾客和有关质量检验部门经许可或签署保密协议后可以查看产品生产流程的原始记录。对于超过保存期经相关部门评价没有保存利用价值的记录，由管理员填写"文件销毁申请单"，经办公室主任批准后统一粉碎处理。记录保存期限按《记录控制程序》中规定执行。工厂建立《文件控制程序》对文件进行有效管理，确保各相关场所使用的文件均为有效版本。鼓励采用先进技术手段（如电子计算机信息系统），进行记录和文件管理。

## 五、苹果产品溯源管理体系

### （一）产品溯源的意义与基本要求

产品溯源就是通过记录标识的方法回溯某个产品来源、用途、位置和历史的能力。食品溯源系统的概念由欧盟首次提出，可谓一个全面信息记录体系，为信息的标识、信息查询提供可能，以此来帮助开展责任认定、企业信用管理。国外溯源体系建设起步较早，欧洲在 20 世纪 80 年代就提出了溯源的概念，相较于国外，我国溯源系统建设起步较晚，进入 21 世纪后，溯源体系建设才进入实质性发展阶段，尤其近十年，随着人们对农产品质量安全的重视和品牌意识的加强，食品溯源体系建设进入高速发展阶段。

苹果溯源系统建设中涉及的组织相关方包括生产苹果种植方、流通方、监管方、消费者，溯源信息处理包括接收信息（供应链上的组织在接收追溯单元时从其上游组织获得的信息以及交易本身产生的信息）、处理信息（供应链上的组织接收追溯单元后，到将追溯单元输出到下游组织前，对追溯单元进行加工处理过程中产生的信息）和输出信息（供应链上的组织在输出追溯单元时向其下游组织输出的信息以及交易本身产生的信息）。

### （二）溯源信息记录

**1. 接收信息记录** 接收信息记录包括苹果产品来源（供应商名称、地址、识别代码、

319

产品和企业认证情况）、苹果产品标识（名称、批号、数量、规格）、质量信息（质量描述、入库检验信息、温度等关键控制点信息、包装类型）、交易信息（交易时间、地点）、附加信息。

**2. 输出信息记录**　输出信息记录包括苹果产品去向（接收方的名称、地址、识别代码、产品和企业认证情况）、苹果产品标识（名称、批号、数量、规格）、质量信息（质量描述、出库检验信息、温度等关键控制点信息、包装类型）、交易信息（交易时间、地点）、附加信息。

**3. 处理信息记录**　处理信息记录涉及种植、加工、仓储物流、销售等环节。

（1）种植环节。产品标识（产品名称苹果品种、批次、数量和规格）、采收信息（采收日期、采收基地编号、采收数量和规格）、采收基地信息、施肥灌溉信息、病虫草害防治信息、附加信息。

（2）加工环节。加工产品标识（产品名称、批次、数量和规格）、加工过程信息（车间、生产线编号、加工日期和时间）、清洗信息、加工设施设备信息、附加信息。

（3）仓储物流环节。仓库编号、出入库时间数量、时间、运输车辆编号、运输时间、温度记录、检验信息、运输人员、附加信息。

（4）销售环节。批发信息（温度记录、存储时间、检验信息、附加信息）、销售信息（温度记录、存储时间、检验信息、附加信息）。

**（三）溯源标识编码**

对原料果存放的果槽号标识；原料果暂存库采用阿拉伯数字1、2、3……进行标识。辅料及其他采购品的标识：采用定置、挂牌、贴标等方式进行标识。标识上注明品名、规格型号、数量、生产日期（批号）、有效期和入库日期；标识状态分为合格品、不合格品、待检品、待处理品；采购产品入库前材料库管理员在入库单上标明产品名称、型号、数量和入库日期；入库采购产品的标识应与明细账相对应，材料库管做到账、物、卡一致。

生产设备：采用挂牌标识，注明设备名称、编号。工器具：进入生产车间内的各工段在生产过程中所使用的工器具，都应有醒目的标识，并注明用途和使用区域，按区域存放。辅料使用的追溯：对于领用的无菌袋、酶制剂、清洗剂以及消毒剂使用时记录产品批号。成品的标识需标注：批次、产品标签。不合格品采用不合格品标牌进行标识并隔离存放。样品标签由质管部负责按规定标准印制、保管、填写、标识。样品的标签要清楚、牢固，内容包括样品名称、批次号、生产厂家、取样人、取样地点、取样日期、取样时间。

采供部对所有入库的有毒有害化学品进行标识、登记，并单独存放，设专人保管，保管区域应有明显的警示标志；质管部负责对化验室药品试剂进行标识，标签内容应包括试剂名称、配制日期/开封日期、配制人、有效期、浓度等。所有监视、测量用的设备、仪器、仪表等应有校准状态标识。各部门应对所用物资的标识进行维护，如在使用过程中，标识脱落损坏，应及时补上，对于标识不清的物资，严禁使用。

各部门在标识过程中应做到标识的唯一性；对无标识或标识不清的产品，由质管部经过鉴别后进行标识、记录，重新进行检测后，做出唯一性标识；在需对采购产品、过程产品质量和成品质量进行追溯时，采供部、生产部协助质管部完成追溯工作；各部门应做好本部门的生产记录工作，标识应与原始记录、质量记录相一致，所有生产质量记录保存不少于2年，便于当质量发生问题时进行追溯。如发生食品安全/质量问题，按追溯程序进行追溯。如一年内无食品安全/质量问题时，每年至少组织一次产品追溯性演练，以验证《标识和可追溯性控制程序》的有效性。

### (四)溯源产品召回

当销售的苹果产品出现安全卫生、危害人体健康的质量安全问题时，必须及时、快速、完全地召回，以消除或减少食品安全危害，确保安全卫生质量体系的有效性。召回是指食品生产者按照规定程序，对由其生产原因造成的某一批次或类别的不安全食品，通过换货、退货、补充或修正消费说明等方式，及时消除或减少食品安全危害的活动。

企业发现销售的产品可能存在质量安全问题后，应立即以电话或书面形式通知客户停止使用该批产品并就地封存；尽快组织调查分析事故原因、涉及范围和可能造成的危害，确定是否需要召回和召回的范围。确定执行产品召回后，要及时、完全将其撤回，并对相似生产、储存条件下，带有潜在质量安全风险的产品进行评估或撤回，同时发布有关信息通报。召回的产品应改为人类消费以外的其他用途或销毁，如果确定产品是安全的，要在有效的监管下妥善保管。

在召回的整个过程中（投诉、实施、对召回产品的处理等）均应做好记录，包括客户投诉记录、产品召回记录、产品召回措施、产品召回进展等文件。

### (五)苹果溯源应用

苹果溯源系统实际应用中，大多在溯源功能基础上，集成服务苹果生产管理、产品销售、品牌建设的功能，更好推动溯源对苹果价值的提升，推动实现苹果优质优价。齐鲁泉源供应链有限公司建成泉源苹果溯源系统，以种植端管理为重点，实现对苹果种植户种植过程的监管，降低了企业对种植基地的管理成本，提高了管理效率；周运丽等（2021）研究运城苹果溯源系统，发现该系统将苹果溯源与苹果气象品质数据库结合，在实现苹果溯源的同时，发现了产品品质与气象指标的关联；如静宁县苹果质量检测中心建立的静宁苹果生产质量可追溯系统，有效整合物流、防伪、溯源三大领域的应用，成为帮助苹果企业用户突破应用局限，充分调动资源，解决物流、防伪及溯源方面困扰的一条行之有效的方式；北京市昌平区建设的昌平苹果质量安全追溯系统，为实现昌平苹果质量安全打下了基础，同时提高了昌平苹果的产品附加值和企业声誉，增强了消费者的安全意识，取得了良好的社会反响。

## ■ 参考文献

白新明，2014. 蔬菜农药残留对人体健康急性风险概率评估研究 [J]. 食品科学，35（5）：208-212.

班明辉，余群英，王发林，等，2011. 良好农业生产规范（GAP）在甘肃苹果生产中的实践 [J]. 农业科技通讯（1）：3.

曹晓倩，孙涛，帕尔哈提，等，2018. 不同处理条件对叶菜类蔬菜亚硝酸盐含量的影响 [J]. 中国食物与营养，24（2）：33-36.

曹彦卫，2021. 我国蔬菜水果农药残留检测技术发展动向和质量安全控制对策 [J]. 南方农机，52（16）：32-34.

柴超，葛蔚，杨延鹏，等，2014. 青岛市售蔬菜和水果中邻苯二甲酸酯调查 [J]. 环境与健康杂志，31，228（6）：543-544.

柴鹏飞，李林洁，刘静，等，2020. 基于聚类分析的浓缩苹果汁风味品质分析与评价 [J]. 食品与发酵工业，46（2）：94-101.

陈立功，张卫红，冯亚青，等，2005. 精细化学品的现代分离分析 [M]. 北京：化学工业出版社.

程慧，2021. 食品检测仪器设备在食品检测中的应用及展望 [J]. 食品安全导刊（28）：172-174.

董月菊，张玉刚，梁美霞，等，2011. 苹果果实品质主要评价指标的选择 [J]. 华北农学报，26（S1）：74-79.

冯立，岳田利，袁亚宏，等，2017. 陕西甘肃山东苹果中重金属含量的调查和风险评价报告 [J]. 农产品加工，1（1）：60-65.

傅若农，2005. 色谱分析概论 [M]. 北京：化学工业出版社.

李娅楠 闫雷玉 张波，等，2021. 不同苹果品种果实糖酸组分特征研究 [J]. 果树学报，11：1877-1889.

杭广林，2021. 基质固相分散——气相色谱法测定苹果中的多种农药残留 [J]. 河南农业（35）：52-53.

何美玉，2002. 现代有机与生物质谱 [M]. 北京：北京大学出版社.

匡立学，聂继云，李志霞，等，2017. 不同苹果品种果实矿质元素含量的因子分析和聚类分析 [J]. 中国农业科学，50（14）：2087-2815.

李志霞，聂继云，闫震，等，2017. 果品主要真菌毒素污染检测、风险评估与控制研究进展 [J]. 中国农业科学，50（2）：332-347.

林仕鸿，古治民，陈卫强，等，2021. 食品包装材料中邻苯二甲酸酯含量的检测和迁移规律 [J]. 化工管理（13）：49-51.

刘晨，王周利，岳田利，等，2018. 苹果汁中重金属检测方法研究进展 [J]. 食品安全质量检测学报，9（16）：4326-4332.

刘寄明，刘嘉芬，胡贵娟，等，1994. 苹果种子营养成分分析 [J]. 落叶果树（4）：12-13.

刘建辉，张春莲，肖永贤，等，2005. 番茄不同品种的品质分析 [J]. 西北农林科技大学学报：自然科学版，33（4）：43-46.

刘玉莹，屈嘉怡，曹嘉硕，等，2021. 蔬菜中重金属风险评估的研究进展 [J]. 上海师范大学学报（自然科学版），50（2）：207-215.

路翔，高源，王昆，等，2022. 苹果栽培品种不同族系香气特征分析 [J]. 中国农业科学，55（3）：543-557.

莫宝庆，朱慧娟，肖黎，2012. 不同储藏温度下苹果营养与卫生质量的变化 [J]. 中国卫生检验杂志，22（1）：125-128.

聂继云，李海飞，李静，等，2012. 基于159个品种的苹果鲜榨汁风味评价指标研究 [J]. 园艺学报，39（10）：1999-2008.

聂继云，丛佩华，李海飞，等，2007. 苹果良好农业操作规范的研究与建立 [J]. 中国农学通报，23（8）：4.

聂继云，吕德国，李静，2010. 22种苹果种质资源果实类黄酮分析 [J]. 中国农业科学，43（21）：4455-4462.

聂继云，2013. 苹果的营养与功能 [J]. 保鲜与加工，13（6）：56-59.

聂继云，李志霞，刘传德，等，2014. 苹果农药残留风险评估 [J]. 中国农业科学，47（18）：3655-3667.

钱和，2020. 食品质量控制与管理 [M]. 北京：中国轻工业出版社.

冉军舰，2013. 苹果多酚的组分鉴定及功能特性研究 [D]. 杨凌：西北农林科技大学.

邵秋荣，刘斌，石金娥，等，2014. 超高效液相色谱-串联质谱法测定酒中23种邻苯二甲酸酯残留 [J]. 酿酒科技（9）：100-103.

沈琦，张雁鸣，王贤，等，2021. 某甜瓜产区土壤重金属污染评价及果实膳食风险分析 [J]. 中国农业大学学报，26（5）：35-46.

孙红男，孙爱东，苏雅静，等，2010. 苹果多酚抑菌效果的研究 [J]. 北京林业大学学报，32（4）：280-283.

孙毓庆，王延琮，2005. 现代色谱法及其在药物分析中的应用 [M]. 北京：科学出版社.

汪正范，2001. 色谱定性与定量 [M]. 北京：化学工业出版社.

汪正范，2007. 色谱联用技术 [M]. 北京：化学工业出版社.

王怡玢，陈锡龙，张东，范睿深，张昕，韩明玉，2018. 新疆野苹果与栽培苹果挥发性香气物质分析 [J]. 北方园艺（3）：46-54.

王欢，李院，杨静，2018. 基于良好农业规范（GAP）的陕西苹果优质栽培管理分析 [J]. 现代农业科技（23）：2.

王蒙，姜楠，戴莹，等，2016. 国内外水果真菌毒素的限量及检测方法标准分析 [J]. 食品安全质量检测学报，7（2）：459-467.

王婷婷，2021. 食品安全快速检测技术应用现状及发展前景 [J]. 中国食品工业（13）：65-67.

王怡玢，陈锡龙，张东，等，2018. 新疆野苹果与栽培苹果挥发性香气物质分析 [J]. 北方园艺（3）：46-54.

巫升平，2016. 苹果园土壤塑化剂及重金属污染状况调查 [J]. 四川农业与农机，212（6）：47-48.

吴育飞，2019. 浓缩苹果清汁中重金属检测技术研究 [D]. 杨凌：西北农林科技大学.

奚敏，张梦云，王菲珂，等，2021. 食品中亚硝酸盐成分检测方法进展研究 [J]. 山西化工，41（3）：29-31.

徐倩，刘磊，郭玉蓉，2018. 苹果多酚对小鼠巨噬细胞 TNF 信号通路的影响 [J]. 甘肃农业大学学报，53（6）：10-18.

于飞飞，邹鹏，王丽丽，等，2022. QuEChERS-气相色谱质谱法检测苹果中氟虫腈及其代谢物残留量 [J]. 食品工业，43（1）：304-307.

于淼，王长远，王霞，2020. 代谢组学在植物多酚类物质检测分析中的应用 [J]. 食品与发酵工业，46（13）：280-285.

余涵，2021. 食品中的邻苯二甲酸酯来源及对人体危害 [J]. 现代食品（19）：41-43.

张丹，2021. 基于 Caco-2 细胞模型的苹果多酚多靶点抗肿瘤作用机制研究 [D]. 锦州：渤海大学.

张惠珠，张翠霞，2021. 2016 年-2019 年市售苹果中农药残留状况及膳食摄入风险评估 [J]. 中国卫生检验杂志，31（19）：2410-2413.

张爽，任亚梅，刘春利，等，2015. 苹果渣总三萜对小鼠 CCl4 急性肝损伤的保护作用 [J]. 现代食品科技，31（9）：45-50.

张慎好，王学东，轩兴栓，等，2004. 芥蓝不同品种营养成分含量评价 [J]. 河北科技师范学院学报，18（2）：58-61.

张天赐，钟慧，双亚洲，等，2021. 高效液相色谱法测定苹果和西红柿中腈菌唑对映体含量 [J]. 分析科学学报，37（3）：273-278.

张晓男，2017. 苹果及其制品中主要真菌毒素检测技术与风险评估研究 [D]. 北京：中国农业科学院.

郑丽静，聂继云，李明强，等，2015. 苹果风味评价指标的筛选研究 [J]. 中国农业科学，48（14）：2796-2805.

郑天驰，王钢力，曹进，等，2016. 食品快速检测方法现状及建议 [J]. 食品安全质量检测学报，7（3）：853-859.

周运丽，张茜茹，赵银玲，2021. 运城苹果品质认证及质量溯源系统研究 [J]. 农业与技术，41（22）：3.

EHRENKRANZ J R, LEWIS N G, KAHN C R, et al. , 2005. Phlorizin: a review [J]. Diabetes Metab Res Rev, 21 (1): 8-31.

REBECCA N B, HERBERT S, TSUNG T, et al. , 2002. Comparison of sensory and consumer results with electronic nose and tongue sensors for apple juices [J]. Food Quality and Preference, 13 (6): 409-422.

# 第八章　苹果标准体系与品牌文化建设

## 第一节　苹果产业标准体系现状

国际标准组织是在国际范围内制定协商一致的标准的组织，这些组织制定的标准对国际贸易的融通和全球经济一体化的发展具有重要作用。与苹果产业标准相关的主要国际标准组织包括国际标准化组织（ISO）、国际食品法典委员会（CAC）、联合国/欧洲经济委员会（UN/ECE）和欧洲标准化委员会（CEN），这些国际标准组织均有相应的职能，在各自的地域范围内发挥着重要作用。

### 一、主要国际标准组织简介与主要职能

#### （一）国际标准化组织（ISO）

国际标准化组织（International Organization for Standards，ISO）成立于1964年，是由各国标准化团体成立的世界性的非政府组织，是全球最大的自愿性国际标准化组织机构。其宗旨是通过在世界范围内开展标准化及标准化活动，促进科学、知识和经济方面的国际交流和贸易。ISO目前已制定了两万多项国际标准，涵盖制造业、农业、信息技术、医疗保健和环境等绝大部分领域。ISO的主要职能是为各国制订国际标准达成一致意见提供一种机制。

#### （二）国际食品法典委员会（CAC）

食品法典委员会（Codex Alimentarius Comission，CAC）于1963年由联合国粮食及农业组织（FAO）与世界卫生组织（WHO）共同创立的制定国际食品标准的政府间组织。通过制定食品原料、加工、半加工食品生产标准及食品添加剂、农药最大残留限量、兽药最大残留限量、污染物等食品卫生标准，保障国际食品贸易公平和消费者健康。

CAC的主要职能包括以下几方面：①通过或与其他合适的组织共同决定制定国际食品标准；②保障国际食品贸易公平和保护消费者健康；③促进国际组织、政府与非政府机构在制定食品标准方面的协调一致；④修订已出版的标准；⑤将其他国际标准纳入CAC标准体系。

#### （三）联合国/欧洲经济委员会（UN/ECE）

联合国欧洲经济委员会（United Nations Economic Commission for Europe，UNECE）成立于1947年3月，是联合国经社理事会下属的区域委员会之一，会址设在日内瓦，其委员来自北美洲、西欧、中欧和东欧的国家以及中亚各国。UN/ECE的主要职能是制定公约、条例和标准，以促进贸易、推动投资、为消费者提供安全和质量保证为宗旨。

### （四）欧洲标准化委员会（CEN）

欧洲标准化委员会（European Committee for Standardization，CEN）成立于 1961 年，是以西欧国家为主体，由国家标准化机构组成的非营利性国际标准化科学技术机构，总部设在比利时布鲁塞尔。其宗旨是促进各成员国间的标准化合作。CEN 的职能是制定本地区需要的欧洲标准（EN，除电工行业以外）和协调文件（HD），CEN 与 CENELEC 和 ETSI 一起组成信息技术指导委员会（ITSTC），在信息领域的互联开放系统（OSI），制定功能标准。

## 二、国外苹果及制品标准体系现状

### （一）概述

国外苹果及制品标准体系建设工作起步较早，国际标准化组织（ISO）、国际食品法典委员会（CAC）、联合国/欧洲经济委员会（UN/ECE）、欧洲标准化委员会（CEN）、欧洲联盟（EU）等主要国际组织以及美国农业部（USDA）、日本农林水产省（MAFF）等国家组织从 20 世纪 50 年代起开展苹果标准制定工作，形成了以通用标准为基础，特色标准为主题的苹果标准体系。据不完全统计，截至 2022 年 2 月底，国际标准化组织制定的苹果标准共有 33 项，其中栽培管理标准 1 项、商品化处理标准 5 项、储藏运输标准 4 项，加工品标准 13 项、分析检验标准 10 项（表 8-1）。

**表 8-1 国外现行苹果及制品相关标准**

| 分类 | 标准号 | 标准名称 |
|---|---|---|
| 国际标准化组织 | ISO 1212：1995 | 苹果 冷藏 |
| | ISO 8682：1987 | 苹果 气调环境下储存 |
| | ISO 7701：1994 | 苹果干 规格和试验方法 |
| | ISO 8128—1：1993 | 苹果汁 浓缩苹果汁和含苹果汁的饮料 棒曲霉素含量的测定 第一部分：高效液相色谱法 |
| | ISO 8128—2：1993 | 苹果汁 浓缩苹果汁和含苹果汁的饮料 棒曲霉素含量的测定 第二部分：薄层色谱法 |
| 国际食品法典委员会 | STAN 235：2003 | 防止和减少苹果汁及其他含苹果汁饮料中棒曲霉素污染实施规程 |
| | STAN 17：1981（2001） | 罐装苹果沙司 |
| 联合国/欧洲经济委员会 | FFV 01：2000 | 苹果和梨 |
| | FFV 50：2003 | 苹果 |
| | DF 16：1998 | 苹果干 |
| 欧洲标准化委员会 | EN 14177：2003 | 食品 在清澈及浑浊的苹果汁和苹果泥中测定棒曲霉素液/液分配净化高效液相色谱法 |
| 欧洲联盟 | （EC）No 2467/97 | 委员会条例 制定理事会条例（EC）No 2200/97 的实施细则，改进共同体苹果、梨、桃和油桃的生产 |
| | （EC）No 85/2004 | 委员会条例 制定苹果的销售标准 |
| 美国农业部 | 7CFR 51.300—322：2002 | 美国苹果等级标准 |
| | 7CFR 51.340—349：1961（1997 重印） | 美国加工用苹果等级标准 |

（续）

| 分类 | 标准号 | 标准名称 |
| --- | --- | --- |
| 美国农业部 | 7CFR 52.301—310：1982 | 罐装苹果汁分级标准 |
| | 7CFR 52.6321—6332：1975 | 冷冻浓缩苹果汁分级标准 |
| | 7CFR 52.331—345：1982 | 罐装调味苹果酱分级标准 |
| | A—A—20317A：2001 | 罐装调味苹果酱混合料 |
| | 7CFR 52.2481—2490：1955 | 苹果干分级标准 |
| | 7CFR 52.2161—2173：1953 | 罐装苹果分级标准 |
| | 7CFR 52.361—371：1954 | 冷冻苹果分级标准 |
| 西班牙标准化和认证协会 | UNE—EN 14177：2004 | 食品 透明和浑浊苹果汁和果泥中棒曲霉素的测定 液/液分配净化的高效液相色谱法 |
| 法国标准化协会 | NF H13—007：2014 | 纸板包装 苹果/梨包装箱—规格 |
| | NF V20—102：1970 | 水果和蔬菜 苹果 冷藏 |
| | NF V76—002：1995 | 苹果汁 规格 |
| | NF EN 14177：2008 | 食品 在清澈及浑浊的苹果汁和苹果泥中测定棒曲霉素 液/液分配净化高效液相色谱法 |
| | NF V76—116：1985 | 苹果汁和苹果基饮料 苹果酒 棒曲霉素含量的测定 |
| 德国标准化学会 | DIN EN 14177 | 食品 透明和浑浊苹果汁和果泥中棒曲霉素的测定 液/液分配净化的高效液相色谱法 |
| 俄罗斯联邦技术法规与计量署 | ГОСТ Р 50528：1993 | 新鲜苹果 气调储存 |
| | ГОСТ Р 51435：1999 | 苹果汁、浓缩苹果汁和含苹果汁的饮料 用高效液相色谱法 测定棒曲霉素含量 |
| | ГОСТ Р 51440：1999 | 苹果汁 浓缩苹果汁和含苹果汁的饮料 用薄层色谱法测定醋酸（醋酸盐）含量 |
| 日本农林水产省 | 1988年7月22日1075号，2006年8月8日第1127号 | 水果饮料标准 浓缩苹果汁标准/苹果汁标准 |

### （二）主要国际组织和贸易国苹果及制品标准

#### 1. 国际标准

（1）《ISO 1212：1995 苹果 冷藏》（ISO 1212：1995 Apples-Cold storage）。《ISO 1212：1995 苹果 冷藏》用于指导苹果冷藏。该标准规定了苹果的采收和储存要求（包括成熟度的判定、质量等级要求、预冷及包装）、适宜储存条件（包括温湿度和气体条件）、其他储存方法（气调和塑料薄膜）、储藏寿命等。其中成熟度由可溶性固形物含量、果皮色泽变化、果实生长发育时间、果实硬度、淀粉含量及呼吸进程等指标判定；根据果形、大小、着色面积及缺陷面积将苹果划分为三个等级（特级、一级和二级）；推荐苹果的最适储存温度在−1~0 ℃之间，相对湿度在90%~95%之间，耐低温的品种适宜在冰点温度储存，不耐低温的品种适宜在2~4 ℃下储存，并列出了国际市场常见的26个苹果品种的适宜储存温度及储存寿命，并以附录形式表达了生态因素、农业技术因素、采收损伤及生理病害对苹果储存的影响。

（2）《ISO 8682：1987 苹果 气调环境下贮存》（ISO 8682：1987 Apples-Storage in controlled atmospheres）。该标准提出用于气调贮存的苹果应具有较好的耐贮性，规定了

采收成熟度要求、质量要求、入库要求、适宜储存条件及出库。其中成熟度由种子颜色和乙烯含量来判定；气调贮藏的苹果应是一级或特级果实，耐贮性差的品种、超大果实、采收过早或过晚、采收后长期处在常温下或收获前 2～3 周施肥的果实不适宜气调贮藏；入库前库体应降温至 0 ℃，且 4 d 内入满库后降温至苹果适宜的贮藏温度；库内温度波动≤±1 ℃；库内相对湿度应在 90%～95% 之间；气体循环速度应至少为 2.25 m/s 等，并列出了 15 个苹果品种适宜贮存及降低贮期病害产生的气体条件。

（3）《UN/ECE STANDARD FFV 01：2000 苹果和梨标准》（UN/ECE STANDARD FFV 01：2000 Standard for apples and pears）。该标准由联合国/欧洲经济委员会制定，适用于鲜食苹果和梨。此项标准规定了鲜食苹果的质量、大小、容许度、摆放和标签要求。其中容许度包括质量容许度和大小容许度，标签内容包括产地、规格、特性和等级等。除此之外，在附录部分对苹果品种以苹果着色面积、果锈面积和大小为依据进行了分类。

（4）《UN/ECE STANDARD FFV 50：2003 苹果》（UN/ECE STANDARD FFV 50：2003 Standard for apples）。该标准适用于新鲜苹果（不包括工业加工用苹果）的销售，规定了苹果的基本要求（包括完整、清洁、无损伤、无异味、无异常外来水分、无低温或高温损伤），并从外观、肉质、成熟度等方面将苹果分为"特级""一级""二级"；根据着色面积将苹果划分为 A、B、C、D 四个等级；此标准规定所有品种的苹果直径不小于 60 mm 或质量不低于 90 g，并规定了容许度要求。该标准不涵盖理化指标，且卫生指标要求农药最大残留限量不应超过食品法典委员会规定的农药最大残留限量。

（5）《STAN 17：1981（2001）罐装苹果沙司》〔STAN 17：1981（2001）CODEX STANDARD FOR CANNED APPLESAUCE〕。食品法典委员会在原有 1981 版《罐装苹果沙司》的基础上进行了修订。该标准适用于可直接食用的罐装苹果沙司，规定了罐装苹果沙司的基本成分、质量、食品添加剂、污染物、卫生、标签、抽样方法。其基本成分为苹果，其他允许成分为水、盐、糖和/或其他甜味剂、香料四类；在质量方面，分别就颜色、气味、质地以及批次验收进行了明确规定；并对酸味剂（柠檬酸、苹果酸）、抗氧化剂（抗坏血酸，赤霉酸）、增味剂等食品添加剂的使用进行了规定；在卫生方面，规定重金属和农药残留含量应符合食品法典委员会关于重金属和农药残留限量的要求；产品命名应为"苹果酱"，固形物含量应不低于 90%。

（6）《STAN 235：2003 防止和减少苹果汁及其他含苹果汁饮料中棒曲霉素污染实施规程》（STAN 235：2003 CODE OF PRACTICE FOR THE PREVENTION AND REDUCTION OF PATULIN CONTAMINATION IN APPLE JUICE AND APPLE JUICE INGREDIENTS IN OTHER BEVERAGES）。该标准通过遵循良好农业规范（GAP）和生产质量管理规范（GMP）来控制苹果汁中棒曲霉素的含量，具体包括采摘环境、储存环境、运输条件、加工、包装、质量评价等。苹果采摘前应注意果园环境，并通过适当措施抑制孢子萌发和真菌生长，从而降低苹果的腐烂率；在采摘后 18 h 内冷藏，并在采摘后 3 d 内运输到加工厂。加工压榨前应进行分选和清洗，压榨时间＜24 h。果汁包装和加工过程中应通过热处理等方式灭活酶和腐败微生物，防止霉菌和酵母菌出现。应选择合适的方法检测棒曲霉素微生物菌落，并对苹果汁的口感、酸度、风味、颜色、浊度等质量指标进行评估。

### 2. 国外标准

(1)《7CFR 51.300—322：2002 美国苹果等级标准》（7CFR 51.300—322：2002 United States Standards for Grades of Apples）。《7CFR 51.300—322：2002 美国苹果等级标准》是由美国农业部发布实施的，该标准根据苹果的成熟度、损伤度以及着色面积等指标将苹果划分为五个等级，分别为"超特级""特级""一级""实用级"和"混等级"，并详细规定了容许度、包装、标签、百分数计算等方面的要求。

(2)《7CFR 51.340—349：1961 美国加工用苹果等级标准》（7CFR 51.340—349：1961 United States Standards for Grades of Apples for Processing）。《7CFR 51.340—349：1961 美国加工用苹果等级标准》该标准适用于加工用苹果的分级销售，技术内容较为简单，将加工用苹果分为四个等级，分别为"一级""二级""制酒级""等外级"；并规定了容许度要求；在果实大小方面仅提出按买卖双方商议决定。

## 三、国内苹果标准体系现状与发展方向

### （一）苹果标准体系建设情况

从 20 世纪 80 年代开始，我国标准化工作发展加快，果品标准体系建设工作进程也逐步展开。苹果标准体系是目前我国果品标准体系中最全面、最完善的。截至 2022 年 2 月底，我国现行有效的苹果国家标准和行业标准共 122 项，其中国家标准 34 项、行业标准 88 项，涉及产前种质资源、苗木、建园、产地环境、栽培技术，产中生产技术、病虫害防治、检验检疫、气象观测、疫情监测技术，产后采收技术、鲜果产品、质量分级、储藏保鲜、储运流通、包装、检验检测、加工制品、地理标志产品等全产业链的各个环节（表 8-2）。

从产业领域来看，产中标准数量最多，为 65 项，占 53.3%；其次为产后标准，为 42 项，占 34.3%；产前标准数量最少，为 15 项，占 12.3%（表 8-3）。

国家标准中，从产业领域来看，产前标准有 2 项（占比 5.9%），均为苗木标准；产中标准有 19 项（占比 55.9%），其中病虫害防治标准 12 项，检验检疫标准 7 项；产后标准有 13 项（占比 38.2%），其中鲜果与加工果分级标准 2 项，加工制品标准 3 项，储藏保鲜标准 3 项，包装、质量控制标准各 1 项，地理标志产品标准 3 项。

行业标准的 88 项中，农业行业标准数量最多，为 48 项，占 54.5%；其次为出入境检验检疫行业标准，有 26 项，占 29.5%；轻工行业标准 6 项，占 6.8%；商业行业标准 4 项，占 4.5%；林业行业标准 2 项，占 2.3%；供销合作行业标准和气象行业标准各 1 项，均占 1.1%。

从行业标准的产业领域来看，检验检疫标准最多，为 29 项（占 33.0%），且以出入境检验检疫行业标准为主。其次为加工类标准，共 10 项（占 11.4%），其中农业行业标准 2 项，包括《非浓缩还原苹果汁》（NY/T 3908—2021）、《苹果脆片产品标准》（NY/T 2779—2015）；轻工行业标准 6 项，包括《苹果罐头》（QB/T 1392—2014）、《浓缩苹果浊汁》（QB 2657—2004）、《干装苹果罐头》（QB 1392—1991）、《苹果酱罐头》（QB 1388—1991）、《浓缩苹果清汁》（QB 1687—1993）、《什锦果酱罐头 苹果山楂型》（QB 1390—1991）；此外供销行业标准《苹果粉》（GH/T 1360—2021）和商业行业标准《苹果酱》（SB/T 10088—1992）各 1 项。再次为生产技术标准，共 8 项（占 9.1%）。病虫害防治标

准 7 项（占 8.0%）。检验检测标准和种质资源标准各 6 项，均占 6.8%。质量分级标准 4 项，占 4.5%。苗木、鲜果产品和储运流通标准各 3 项，均占 3.4%。建园标准 2 项（占 2.3%）。产地环境、栽培技术、气象观测、疫情监测技术、采收技术、贮藏保鲜、包装标准各 1 项，分别占 1.1%。

**表 8-2  我国现行苹果及制品相关标准**

| 标准分类 | 标准号 | 标准名称 | 产业领域 |
|---|---|---|---|
| | GB 8370—2009 | 苹果苗木产地检疫规程 | 产前 |
| | GB 9847—2003 | 苹果苗木 | |
| | GB/T 33038—2016 | 苹果蠹蛾防控技术规程 | |
| | GB/T 17980.7—2000 | 农药 田间药效试验准则（一） 杀螨剂防治苹果叶螨 | |
| | GB/T 17980.8—2000 | 农药 田间药效试验准则（一） 杀虫剂防治苹果小卷叶蛾 | |
| | GB/T 17980.118—2004 | 农药 田间药效试验准则（二） 第 118 部分：杀菌剂防治苹果轮纹病 | |
| | GB/T 17980.25—2000 | 农药 田间药效试验准则（一） 杀菌剂防治苹果树梭疤病 | |
| | GB/T 17980.64—2004 | 农药 田间药效试验准则（二） 第 64 部分：杀虫剂防治苹果金纹细蛾 | |
| 国家标准 | GB/T 17980.124—2004 | 农药 田间药效试验准则（二） 第 124 部分：杀菌剂防治苹果斑点落叶病 | 产中 |
| | GB/T 17980.65—2004 | 农药 田间药效试验准则（二） 第 65 部分：杀虫剂防治苹果桃小食心虫 | |
| | GB/T 17980.144—2004 | 农药 田间药效试验准则（二） 第 144 部分：植物生长调节剂促进苹果着色试验 | |
| | GB/T 17980.117—2004 | 农药 田间药效试验准则（二） 第 117 部分：杀菌剂防治苹果和梨树腐烂病 | |
| | GB/T 17980.116—2004 | 农药 田间药效试验准则（二） 第 116 部分：杀菌剂防治苹果和梨树腐烂病疤（斑）复发 | |
| | GB/T 17980.146—2004 | 农药 田间药效试验准则（二） 第 146 部分：植物生长调节剂提高苹果果形指数试验 | |
| | GB/T 33020—2016 | 苹果瘿蚊检疫鉴定方法 | |
| | GB/T 29586—2013 | 苹果绵蚜检疫鉴定方法 | |
| | GB/T 35336—2017 | 苹果皱果类病毒检疫鉴定方法 | |
| | GB/T 31804—2015 | 苹果锈果类病毒检疫鉴定方法 | 产中 |
| | GB/T 28097—2011 | 苹果黑星病菌检疫鉴定方法 | |
| | GB/T 28074—2011 | 苹果蠹蛾检疫鉴定方法 | |
| | GB/T 12943—2007 | 苹果无病毒母本树和苗木检疫规程 | |
| | GB/T 10651—2008 | 鲜苹果 | 产后 |

现代苹果工业

(续)

| 标准分类 | 标准号 | 标准名称 | 产业领域 |
|---|---|---|---|
| 国家<br>标准 | GB/T 23616—2009 | 加工用苹果分级 | 产后 |
| | GB/T 40960—2021 | 苹果冷链流通技术规程 | |
| | GB/T 8559—2008 | 苹果冷藏技术 | |
| | GB/T 18527.1—2001 | 苹果辐照保鲜工艺 | |
| | GB/T 13607—1992 | 苹果、柑桔*包装 | |
| | GB/T 23585—2009 | 预防和降低苹果汁及其他饮料的苹果汁配料中展青霉素污染的操作规范 | |
| | GB/T 30884—2014 | 苹果醋饮料 | |
| | GB/T 18963—2012 | 浓缩苹果汁 | |
| | GB/T 23352—2009 | 苹果干 技术规格和试验方法 | |
| | GB/T 18965—2008 | 地理标志产品 烟台苹果 | |
| | GB/T 22740—2008 | 地理标志产品 灵宝苹果 | |
| | GB/T 22444—2008 | 地理标志产品 昌平苹果 | |
| 行业<br>标准 | NY/T 1318—2007 | 农作物种质资源鉴定技术规程 苹果 | 产前 |
| | NY/T 2029—2011 | 农作物优异种质资源评价规范 苹果 | |
| | NY/T 2305—2013 | 苹果高接换种技术规范 | |
| | NY/T 2424—2013 | 植物新品种特异性、一致性和稳定性测试指南 苹果 | |
| | NY/T 2921—2016 | 苹果种质资源描述规范 | |
| | NY/T 2478—2013 | 苹果品种鉴定技术规程 SSR 分子标记法 | |
| | NY/T 1085—2006 | 苹果苗木繁育技术规程 | |
| | NY 329—2006 | 苹果无病毒母本树和苗木 | |
| | NY/T 2719—2015 | 苹果苗木脱毒技术规范 | |
| | NY/T 3563.1—2020 | 老果园改造技术规程 第一部分：苹果 | |
| | NY/T 2136—2012 | 标准果园建设规范 苹果 | |
| | NY/T 856—2004 | 苹果产地环境技术条件 | |
| | NY/T 3684—2020 | 矮砧苹果栽培技术规程 | |
| | NY/T 1084—2006 | 红富士苹果生产技术规程 | 产中 |
| | NY/T 1083—2006 | 渤海湾地区苹果生产技术规程 | |
| | NY/T 1082—2006 | 黄土高原苹果生产技术规程 | |
| | NY/T 1555—2007 | 苹果育果纸袋 | |
| | NY/T 1505—2007 | 水果套袋技术规程 苹果 | |
| | NY/T 441—2013 | 苹果生产技术规程 | |
| | NY/T 2411—2013 | 有机苹果生产质量控制技术规范 | |
| | NY/T 5012—2002 | 无公害食品 苹果生产技术规程 | |
| | NY/T 3689—2020 | 苹果主要叶部病害综合防控技术规程 褐斑病 | |
| | NY/T 3263.2—2020 | 主要农作物蜜蜂授粉及病虫害综合防控技术规程 第2部分：大田果树（苹果、樱桃、梨、柑橘） | |

\* 注："柑桔"现推荐使用"柑橘"。——编者注

(续)

| 标准分类 | 标准号 | 标准名称 | 产业领域 |
|---|---|---|---|
| | NY/T 1464.5—2007 | 农药田间药效试验准则 第5部分：杀虫剂防治苹果绵蚜 | |
| | NY/T 2384—2013 | 苹果主要病虫害防治技术规程 | |
| | NY/T 2684—2015 | 苹果树腐烂病防治技术规程 | |
| | NY/T 3417—2019 | 苹果树主要害虫调查方法 | |
| | LY/T 2112—2013 | 苹果蠹蛾防治技术规程 | |
| | NY/T 1483—2007 | 苹果蠹蛾检疫检测与鉴定技术规范 | |
| | NY/T 2281—2012 | 苹果病毒检测技术规范 | |
| | NY/T 2795—2015 | 苹果中主要酚类物质的测定 高效液相色谱法 | |
| | NY/T 3064—2016 | 苹果品种轮纹病抗性鉴定技术规程 | |
| | NY/T 3344—2019 | 苹果腐烂病抗性鉴定技术规程 | |
| | NY/T 403—2000 | 脱毒苹果母本树及苗木病毒检测技术规程 | |
| | LY/T 2424—2015 | 苹果蠹蛾检疫技术规程 | |
| | SN/T 5392—2021 | 苹果牛眼果腐病菌检疫鉴定方法 | |
| | SN/T 5391—2021 | 苹果溃疡病菌检疫鉴定方法 | |
| | SN/T 5129—2019 | 苹果属上冬生疫霉菌、丁香疫霉菌和栗黑水疫霉菌的多重PCR筛查方法 | |
| | SN/T 4872—2017 | 苹果花象检疫鉴定方法 | |
| | SN/T 4409—2015 | 苹果蠹蛾辐照处理技术指南 | |
| 行业标准 | SN/T 4333—2015 | 苹果溴甲烷检疫熏蒸处理操作规程及技术要求 | 产中 |
| | SN/T 2758—2011 | 美国圆柏苹果锈病菌检疫鉴定方法 | |
| | SN/T 2398—2010 | 苹果丛生殖原体检疫鉴定方法 | |
| | SN/T 3750—2013 | 苹果壳色单隔孢溃疡病菌检疫鉴定方法 | |
| | SN/T 3279—2012 | 富士苹果磷化氢低温检疫熏蒸处理方法 | |
| | SN/T 3289—2012 | 苹果果腐病菌检疫鉴定方法 | |
| | SN/T 3752—2013 | 苹果星裂壳孢果腐病菌检疫鉴定方法 | |
| | SN/T 3751—2013 | 苹果树炭疽病菌检疫鉴定方法 | |
| | SN/T 2615—2010 | 苹果边腐病菌检疫鉴定方法 | |
| | SN/T 2077—2008 | 进出境苹果检疫规程 | |
| | SN/T 3290—2012 | 苹果异形小卷蛾检疫鉴定方法 | |
| | SN/T 2342.2—2010 | 苹果皱果类病毒检疫鉴定方法 | |
| | SN/T 1120—2002 | 苹果蠹蛾检疫鉴定方法 | |
| | SN/T 3069—2011 | 苹果和梨果实球壳孢腐烂病菌检疫鉴定方法 | |
| | SN/T 1383—2004 | 苹果实蝇检疫鉴定方法 | |
| | SN/T 2342—2009 | 苹果茎沟病毒检疫鉴定方法 | |
| | SN/T 1585—2005 | 进出境苹果属种苗检疫规程 | |
| | QX/T 392—2017 | 富士系苹果花期冻害等级 | |
| | NY/T 2414—2013 | 苹果蠹蛾监测技术规范 | |

（续）

| 标准分类 | 标准号 | 标准名称 | 产业领域 |
|---|---|---|---|
| | NY/T 1086—2006 | 苹果采摘技术规范 | |
| | NY/T 1075—2006 | 红富士苹果 | |
| | NY/T 1072—2013 | 加工用苹果 | |
| | NY/T 268—1995 | 绿色食品 苹果 | |
| | NY/T 1793—2009 | 苹果等级规格 | |
| | NY/T 2316—2013 | 苹果品质指标评价规范 | |
| | NY/T 439—2001 | 苹果外观等级标准 | |
| | SB/T 10064—1992 | 苹果销售质量 | |
| | NY/T 3104—2017 | 仁果类水果（苹果和梨）采后预冷技术规范 | |
| | NY/T 983—2006 | 苹果储运技术规范 | |
| | NY/T 983—2015 | 苹果采收与储运技术规范 | |
| | SB/T 10892—2012 | 预包装鲜苹果流通规范 | |
| | SB/T 10061—1992 | 苹果、柑桔包装 | |
| | NY/T 1650—2008 | 苹果及山楂制品中展青霉素的测定 高效液相色谱法 | |
| 行业 标准 | NY/T 1841—2010 | 苹果中可溶性固形物、可滴定酸无损伤快速测定近红外光谱法 | 产后 |
| | SN/T 0888—2000 | 进出口脱水苹果检验规程 | |
| | SN/T 0883—2000 | 进出口鲜苹果检验规程 | |
| | SN/T 3729.6—2013 | 出口食品及饮料中常见水果品种的鉴定方法 第6部分：苹果成分检测 实时荧光 PCR 法 | |
| | SN/T 3846—2014 | 出口苹果和浓缩苹果汁中碳同位素比值的测定 | |
| | NY/T 3908—2021 | 非浓缩还原苹果汁 | |
| | NY/T 2779—2015 | 苹果脆片 | |
| | QB/T 1392—2014 | 苹果罐头 | |
| | QB 2657—2004 | 浓缩苹果浊汁 | |
| | QB 1392—1991 | 干装苹果罐头 | |
| | QB 1388—1991 | 苹果酱罐头 | |
| | QB 1390—1991 | 什锦果酱罐头 苹果山楂型 | |
| | QB 1687—1993 | 浓缩苹果清汁 | |
| | GH/T 1360—2021 | 苹果粉 | |
| | SB/T 10088—1992 | 苹果酱 | |

表 8-3 我国现行苹果相关标准数量

| 产业领域 | 类别 | GB | NY | SN | QB | SB | LY | QX | GH | 合计/项 |
|---|---|---|---|---|---|---|---|---|---|---|
| | 种质资源 | | 6 | | | | | | | 6 |
| | 苗木 | 2 | 3 | | | | | | | 5 |
| 产前/项 | 建园 | | 2 | | | | | | | 2 |
| | 产地环境 | | 1 | | | | | | | 1 |
| | 栽培技术 | | 1 | | | | | | | 1 |

（续）

| 产业领域 | 类别 | GB | NY | SN | QB | SB | LY | QX | GH | 合计/项 |
|---|---|---|---|---|---|---|---|---|---|---|
| 产中/项 | 生产技术 | | 8 | | | | | | | 8 |
| | 病虫害防治 | 12 | 6 | | | | 1 | | | 19 |
| | 检验检疫 | 7 | 6 | 22 | | | 1 | | | 36 |
| | 气象观测 | | | | | | | 1 | | 1 |
| | 疫情监测技术 | | 1 | | | | | | | 1 |
| 产后/项 | 采收技术 | | 1 | | | | | | | 1 |
| | 鲜果产品 | 1 | 3 | | | | | | | 4 |
| | 质量分级 | 1 | 3 | | 1 | | | | | 5 |
| | 储藏保鲜 | 2 | 1 | | | | | | | 3 |
| | 储运流通 | 1 | 2 | | 1 | | | | | 4 |
| | 包装 | 1 | | | 1 | | | | | 2 |
| | 检验检测 | 1 | 2 | 4 | | | | | | 7 |
| | 加工制品 | 3 | 2 | | 6 | 1 | | | 1 | 13 |
| | 地理标志产品 | 3 | | | | | | | | 3 |
| | 合计/项 | 34 | 48 | 26 | 6 | 4 | 2 | 1 | 1 | 122 |

### （二）我国苹果产业标准化存在的问题

**1. 标准体系不完善，产后标准较少**  目前关于苹果产业的标准，主要集中在产前和产中，产后储藏保鲜、加工、流通方面的标准数量少。具体有苹果产后的国家标准（13项）、行业标准（29项）分别占该层级标准总数的38.2%、33.0%，主要由于我国苹果消费多为鲜食，产业链较短，一家一户的小农生产使得采后流通技术难以规范化，加工企业规模参差不齐，标准化程度低，标准的数量与产业链延伸和一二三产业融合的发展趋势不匹配。

**2. 标准交叉重复现象突出**  苹果标准体系由国家标准、行业标准、地方标准和团体标准四级标准构成，行业标准由农业、供销、轻工、商务和海关等多个部门分散管理，一定程度上存在制修订果品标准过程中部门之间沟通协调不足，以及标准交叉重复、技术指标要求不统一的问题（卢海燕等，2016）。如关于苹果蠹蛾的检疫，有国家标准《苹果蠹蛾检疫鉴定方法》（GB/T 28074—2011）、农业行业标准《苹果蠹蛾检疫检测与鉴定技术规范》（NY/T 1483—2007）、林业行业标准《苹果蠹蛾检疫技术规程》（LY/T 2424—2015），3项标准在调查方法及检验检疫方法上存在重复和交叉。关于苹果的产品标准有《鲜苹果》（GB/T 10651—2008）、《红富士苹果》（NY/T 1075—2006）、《加工用苹果》（NY/T 1072—2013）、《绿色食品 苹果》（NY/T 268—1995）等，相关标准在内容上还需进一步协调。

**3. 标龄较长，修订不及时**  《中华人民共和国标准化法》中规定标准的复审周期一般不超过5年，对不适应经济社会发展需要和技术进步的标准应当及时修订或者废止。国内各级标准化主管部门也在持续开展标准复审工作，对于相关标准的适用性、规范性、时效性、协调性、实施效果等情况进行评价，对保持标准的生命力起到了积极作用。但是我国苹果产业现行的各级标准中仍有相当一部分未如期得到修订，比如目前现行的鲜苹果国家标准《鲜苹果》（GB/T 10651—2008），其适用于富士系、元帅系、金冠系、嘎拉系、藤木1号、华夏等15个品种，但时隔14年，苹果栽培品种在不断更新，随着现代科学技术的发展苹果相关的储运、包装方式也发生变化，标准中原有的质量指标要求、检测方法、冷藏与运输手段等内容已经不能完全适用于苹果的生产、收购、储藏、运输与销售，因此，应持续开展标准复审与修订工作（李志霞等，2016）。

**4. 制标人员专业化水平不高**　标准制修订工作是一项系统性、严谨性、学科性、技术性强的工作，对制标人员的专业水平和写作水平有较高的要求。然而，目前我国还没有建立制标人员的资格认证制度，制标过程中有的制标人员脱离生产实践，有的盲目照抄照搬，直接引用其他标准指标、条款，造成有些苹果生产标准大致雷同（张晓云等，2014）。此外，有些制标人员未经过标准化基本知识的培训，对本领域的技术和产业实际了解不深入，导致制定的标准规范性不足、专业化水平不高、适用性不强，降低了标准的应用效果。

**5. 果农标准化意识不足，标准实施效果不理想**　我国苹果产业虽然已经实现了适度规模化经营，但苹果种植的小农户和小型合作社仍然较多，小生产对接大流通的问题仍然存在，农户获取相关标准信息的渠道不畅通，未能有效贯彻标准化理念，加之各标准起草部门对标准的宣贯力度小、标准宣贯不及时、不到位等问题，导致标准实施效果不够理想（梁自胜，2021）。

### （三）我国苹果产业标准化的发展方向

苹果产业标准化建设已成为我国苹果行业供给侧结构性改革的主攻方向（支树平等，2016）。因此，加快我国苹果产业的标准化进程，必须以绿色发展为引领，以创新驱动为支撑，以提质增效为核心，构建现代苹果生产体系，促进我国由苹果大国向苹果强国转变。

**1. 统筹规划，不断完善苹果产业标准体系**　针对苹果产业发展对生产流通技术以及贸易新业态的发展规范性需求，在国家、行业层面进行标准化顶层设计，不断完善标准体系，应着重加强苹果基础通用标准，以及商品化处理、流通、产地初加工、精深加工、资源利用领域的标准制定，从而为苹果产业发展、农技推广提供技术指导依据。此外，还应及时开展标准的实施效果跟踪，按期复审，强化新技术新成果转化为标准的力度，提升标准的生命力，使标准技术内容与产业和技术进步相适应。各标准管理部门应立足行业职能，围绕重点领域开展标准制修订，做好分工协作，加强沟通交流，提高标准制修订的公开性和透明度，广泛征求意见和不断协商，使制修订的标准既能避免交叉重复，又能兼顾科学性和实用性，从而健全苹果标准体系（陈静等，2022）。

**2. 加强苹果标准推广，推动标准落到实处**　基于我国苹果生产主体的特点，引导各标准制定和使用主体开展标准推广，推动标准宣贯落到实处。通过互联网、大数据和移动通信等工具拓宽标准宣贯渠道，有效利用视频直播、在线学习等方式开展丰富多彩的线上宣贯。此外，标准化管理部门和机构还可以通过图文结合的方式制定标准应用宣传手册，配合线下培训，使标准使用者能够看得懂、学得透、用得好。通过线上线下相配合的方式，打造立体化标准宣贯模式（陈静等，2022）。

**3. 重视标准化人才队伍建设**　标准化事业的发展需要各级各类人才，必须着眼于标准化人才总量增长和素质提高，建立一支规模较大、专业化水平较高、结构合理、适应标准化发展要求的人才队伍（钱永忠等，2006）。如通过各地的人才引进激励政策和高薪诚聘等方式引进苹果标准化研究方面的人才。针对制标人员水平参差不齐的现象，加强对制标人的培训或者逐步考虑实施资格认定制度（高辉等，2004），从根源上提升标准的专业化水平。

**4. 强化品牌培育，提升苹果市场竞争力** 发展苹果产业，科技标准支撑品牌。品牌建设既是消费者识别的需要，也是苹果标准化的具体实践，有利于促进农民增收和产业提质增效（张建新等，2017）。未来苹果产业的发展要坚持标准与品牌协调发展，以标准促品牌，以标准强品牌，通过优化产业结构、聚焦特色优质苹果，激发苹果品牌发展的新动能，推动我国苹果产业向科技化、集约化、生态化、标准化方向发展，为乡村振兴赋能（石晓爽等，2018）。

**5. 坚持标准与质量"两手抓"，加快苹果产业现代化发展进程** 标准决定质量，有什么样的标准就有什么样的质量，只有高标准才有高质量。这就要求苹果产业现代化发展必须坚持一手抓标准，一手抓质量，做到标准与质量互相促进、相得益彰（胡德计等，2018）。可将标准与质量追溯相结合，以相关标准的主要指标作为信息追溯的统一参数，运用物联网手段建立起涵盖种植、采摘、包装、运输、检测、销售全产业链关键指标可识别的质量安全追溯系统，赋予每个苹果"身份证"，实现从"农田"到"餐桌"全程标准统一、质量信息透明（徐晶等，2017），保障苹果产业质量安全和消费安全，加快苹果产业现代化发展进程。

# 第二节 苹果产品品牌建设体系

## 一、苹果品牌建设

随着苹果产业及市场经济的快速发展，苹果产品市场规模逐渐扩大，商品化程度日益增加，市场竞争也愈发激烈。苹果产品的竞争越来越表现为品牌的竞争。因此，实施苹果品牌化经营，将有利于提高苹果产品的市场竞争力，进一步开拓国内外苹果产品市场，提高苹果产品的生产利润，推动我国高效优质苹果产业的全面发展（李耀东，2021）。农产品品牌经营存在两种不同的模式：一是区域性的公共品牌，即区域品牌；二是果品企业或专业协会创建和使用属于自己的品牌，即企业品牌或私人品牌。

### （一）苹果区域品牌建设情况
**1. 农产品区域品牌的建设与管理**

（1）农产品区域品牌概念。农产品区域品牌是指特定区域内相关机构、企业、农户等所共有的，在生产地域范围、品种品质管理、品牌使用许可、品牌行销与传播等方面具有共同诉求和行动，拥有固定的消费群体和较高的知名度，为区域内相关机构、企业、个人等共同所有的品牌。区域品牌命名通常以"区域（通常为地名）＋产品"构成，如烟台苹果、洛川苹果、灵宝苹果、阿克苏苹果等。区域品牌具有公共产品属性，表现为使用的广泛性和公共性。

（2）农产品区域品牌经营与管理。农产品区域品牌的经营主体一般为行业组织、行业协会或专业合作社。2017年中央一号文件指出，要推进区域农产品公用品牌建设，支持地方以优势企业和行业协会为依托打造区域特色品牌，引入现代要素改造提升传统名优品牌，由国有公司承担农产品区域公用品牌经营逐渐成为新的发展趋势。

农产品区域品牌认定，由地方政府作为地理区域管理者主导农产品区域品牌的认定和建设。农产品地理标志认证，是区域品牌的显著特征，是指标示农产品来源于特定地域，产品品质特征主要取决于该特定地域的自然生态环境、历史人文因素及特定生产方式，并以地域名称冠名的特有农产品标志。目前，地理标志农产品的认定认证一般有两种方式：一种是以商标的形式进行注册"地理标志商标"（证明商标或集体商标），该方式通过国家知识产权局批准认证；另一种是经中华人民共和国农业农村部认证为"农产品地理标志"，一般由国家市场监督管理总局、农业农村部等统一管理。

**2. 苹果地理标志产品**

（1）中国苹果地理分布与品质概况。中国苹果种植区域广泛，以山东、河北、辽宁为主的渤海湾产区和陕西、河南、甘肃、陕西等省份为主的西北黄土高原两个优势产区，整体呈阶梯状分布（图8-1）。其中，第一梯队为陕西、山东两个产区，这两个产区对苹果产业投入较大，有较好的政府导向，产量分别为1 185.21万t和953.63万t，分别占全国总产量的26.9%和21.6%；第二梯队为山西、河南、甘肃三省，这三个省份为黄土高原优势产区，产量分别为436.63万t、407.57万t、385.98万t，占比分别为9.9%、9.2%、8.8%；第三梯队是辽宁、河北两个产区，产量分别为267.32万t和239.75万t。

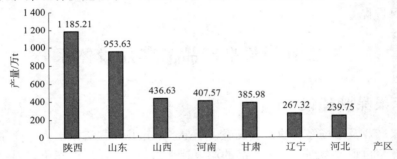

图8-1　2020年中国七大苹果主产区产量图

数据来源：国家统计局

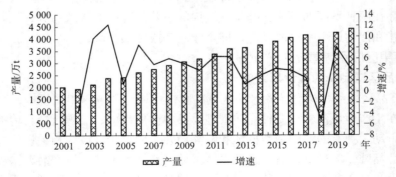

图8-2　2001—2020年我国苹果产量及年增速图

数据来源：国家统计局

各主产区苹果栽种品种不同，同品种苹果的品质特点也有一定的差异，且苹果作为生鲜农产品，不同年份的品种也有所不同，但仍有一定的规律可循。以苹果期货仓单基准品（红富士，80♯）为例，从整体来看黄土高原产区果皮偏厚，着色偏浓偏深，果形较差，锈斑以梗洼处片锈及果面片锈居多，果实糖度较高，偏甜口；环渤海产区果皮偏薄，着色偏淡，果形端正，锈斑虽以果面片、网锈及萼洼处片锈居多，但整体明显优于黄土高原产区，果实偏酸，有机酸等酸性物质在可溶性固形物中的贡献度较高（表8-4）。

**表8-4 我国部分主产区苹果期货仓单基准品特征**

| 项目 | 山东 | 陕西 | 河南 | 甘肃 |
|---|---|---|---|---|
| 着色 | 淡红色、鲜红色 | 浓红、暗红、淡紫红 | 红色 | 红色（偏淡） |
| 果形 | 端正，部分年份部分地区斜肩果较多 | 较端正，偶有纵切面近平行四边形果实 | 较端正 | 较端正 |
| 果锈 | 少 | 较多 | 较少 | 较少 |
| 表光 | 明亮 | 较明亮 | 较明亮 | 较明亮 |
| 机械伤 | 皮薄，部分年份挤压较严重 | 皮厚，受地理条件限制严重 | 皮较厚 | 皮较厚，部分年份表面结冰刺伤严重 |
| 可溶性固形物（2020年均值）/% | 14.0 | 15.2 | 14.2 | 14.6 |
| 硬度（2020年均值）/kg/cm² | 6.5 | 6.8 | 7.3 | 6.9 |

（2）中国苹果地理标志产品概况。自2008年以来，首例苹果地理标志产品平阴玫瑰红苹果申请登记保护，迄今为止，国内苹果地理标志产品共69个，涉及17个省、市及自治区，初步形成了苹果地理标志保护屏障（表8-5）。从地域分布上来看，山东省共申请了12个苹果地理标志产品，位居第一；山西省（10个）、新疆维吾尔自治区（8个）以及甘肃省（7个）分别居第二、三、四位。

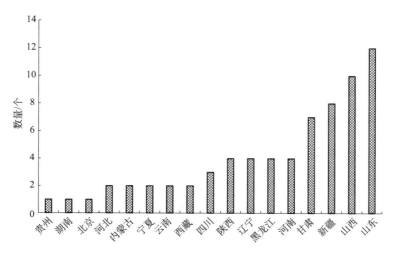

图8-3 我国各省苹果地理标志产品登记数量

表 8-5  我国苹果地理标志产品登记情况

| 编号 | 产品名称 | 产地 | 登记时间 |
|---|---|---|---|
| 1 | 平阴玫瑰红苹果 | 山东省济南市 | 2008 年 |
| 2 | 沂源苹果 | 山东省淄博市 | 2009 年 |
| 3 | 庆阳苹果 | 甘肃省庆阳市 | 2009 年 |
| 4 | 延庆国光苹果 | 北京市延庆区 | 2009 年 |
| 5 | 吉县苹果 | 山西省临汾市 | 2010 年 |
| 6 | 荣成苹果 | 山东省威海市 | 2010 年 |
| 7 | 旧店苹果 | 山东省青岛市 | 2010 年 |
| 8 | 秦安苹果 | 甘肃省天水市 | 2010 年 |
| 9 | 昭通苹果 | 云南省昭通市 | 2010 年 |
| 10 | 文登苹果 | 山东省威海市 | 2010 年 |
| 11 | 沂水苹果 | 山东省临沂市 | 2010 年 |
| 12 | 芮城苹果 | 山西省运城市 | 2011 年 |
| 13 | 越西苹果 | 四川省凉山彝族自治州 | 2010 年 |
| 14 | 瓦房店红富士苹果 | 辽宁省大连市 | 2011 年 |
| 15 | 长林岛金红苹果 | 黑龙江省双鸭山市 | 2012 年 |
| 16 | 蒙阴苹果 | 山东省临沂市 | 2011 年 |
| 17 | 扁担沟苹果 | 宁夏回族自治区吴忠市 | 2011 年 |
| 18 | 霍州苹果 | 山西省临汾市 | 2012 年 |
| 19 | 乳山苹果 | 山东省威海市 | 2012 年 |
| 20 | 复兴苹果 | 湖南省常德市 | 2012 年 |
| 21 | 特克斯苹果 | 新疆维吾尔自治区伊犁哈萨克自治州 | 2012 年 |
| 22 | 东大寨苹果 | 山东省青岛市 | 2013 年 |
| 23 | 上戈苹果 | 河南省洛阳市 | 2013 年 |
| 24 | 喀拉布拉苹果 | 新疆维吾尔自治区伊犁哈萨克自治州 | 2013 年 |
| 25 | 茂汶苹果 | 四川省阿坝藏族羌族自治州 | 2013 年 |
| 26 | 临猗苹果 | 山西省运城市 | 2013 年 |
| 27 | 马龙苹果 | 云南省曲靖市 | 2013 年 |
| 28 | 五莲国光苹果 | 山东省日照市 | 2013 年 |
| 29 | 东宁苹果梨 | 黑龙江省牡丹江市 | 2014 年 |
| 30 | 锦州苹果 | 辽宁省锦州市 | 2014 年 |
| 31 | 瓦房店黄元帅苹果 | 辽宁省大连市 | 2014 年 |
| 32 | 牡丹江金红苹果 | 黑龙江省牡丹江市 | 2015 年 |
| 33 | 新疆兵团六团苹果 | 新疆维吾尔自治区阿克苏地区 | 2014 年 |
| 34 | 林芝苹果 | 西藏自治区林芝市 | 2015 年 |
| 35 | 小金苹果 | 四川省阿坝藏族羌族自治州 | 2016 年 |
| 36 | 巩留苹果 | 新疆维吾尔自治区伊犁哈萨克自治州 | 2016 年 |

（续）

| 编号 | 产品名称 | 产地 | 登记时间 |
|---|---|---|---|
| 37 | 万荣苹果 | 山西省运城市 | 2016 年 |
| 38 | 平陆苹果 | 山西省运城市 | 2016 年 |
| 39 | 二二三团苹果 | 新疆维吾尔自治区巴音郭楞蒙古自治州 | 2011 年 |
| 40 | 榆林山地苹果 | 陕西省榆林市 | 2016 年 |
| 41 | 石洞彩苹果 | 河北省张家口市 | 2017 年 |
| 42 | 凉城 123 苹果 | 内蒙古自治区乌兰察布市 | 2017 年 |
| 43 | 宝山苹果 | 山东省青岛市 | 2017 年 |
| 44 | 凤翔苹果 | 陕西省宝鸡市 | 2017 年 |
| 45 | 威宁苹果 | 贵州省毕节市 | 2017 年 |
| 46 | 旬邑苹果 | 陕西省咸阳市 | 2017 年 |
| 47 | 翼城苹果 | 山西省临汾市 | 2017 年 |
| 48 | 运城苹果 | 山西省运城市 | 2017 年 |
| 49 | 喀喇沁苹果梨 | 内蒙古自治区赤峰市 | 2018 年 |
| 50 | 大连苹果 | 辽宁省大连市 | 2018 年 |
| 51 | 陕州苹果 | 河南省三门峡市 | 2018 年 |
| 52 | 沙坡头苹果 | 宁夏回族自治区中卫市 | 2018 年 |
| 53 | 新疆兵团五团苹果 | 新疆维吾尔自治区 | 2018 年 |
| 54 | 烟台苹果 | 山东省烟台市 | 2018 年 |
| 55 | 灵台苹果 | 甘肃省平凉市 | 2018 年 |
| 56 | 崇信苹果 | 甘肃省平凉市 | 2018 年 |
| 57 | 龙湾苹果 | 甘肃省白银市 | 2018 年 |
| 58 | 平川苹果 | 甘肃省白银市 | 2018 年 |
| 59 | 新疆兵团一八四团苹果 | 新疆维吾尔自治区 | 2018 年 |
| 60 | 灵宝苹果 | 河南省三门峡市 | 2019 年 |
| 61 | 洛川苹果 | 陕西省延安市 | 2019 年 |
| 62 | 草庙子国光苹果 | 河北省张家口市 | 2019 年 |
| 63 | 榆次苹果 | 山西省晋中市 | 2019 年 |
| 64 | 浮山苹果 | 山西省临汾市 | 2019 年 |
| 65 | 牡丹江龙丰苹果 | 黑龙江省牡丹江市 | 2019 年 |
| 66 | 通渭苹果 | 甘肃省定西市 | 2020 年 |
| 67 | 虞城苹果 | 河南省商丘市 | 2020 年 |
| 68 | 阿克苏苹果 | 新疆维吾尔自治区阿克苏地区 | 2020 年 |
| 69 | 察雅苹果 | 西藏自治区昌都市 | 2021 年 |

数据来源：农业农村部。

（3）苹果地理标志产品品牌建设。苹果地理标志产品保护的实施对优势产区苹果走向全国、走出国门具有积极而又深远的影响，推动了苹果产业的高质量发展。随着社会对地理标志产品认识的加深，地方政府也出台了一系列政策推动农产品地理标志产品的申请工作，取得了显著成效，带动了一批苹果优势区域地理标志产品的品牌发展，提升了品牌含金量，为助力脱贫攻坚和乡村振兴起到了积极的作用（祁坤，2019）。地理标志产品的监督监管是地理标志保护的主要内容，也是一项长期工作，因此要避免重数量轻质量、重申请轻保护现象的出现，进一步完善并执行地理标志产品生产、流通相关的规范、技术规程和配套的法规，引导企业和农户加深对地理标志产品的认识，通过标准化生产流通保证地理标志产品的质量，实现公平贸易，切实通过地理标志产品提升地区影响力，助力乡村特色产业振兴。

（4）地理标志产品在区域品牌建设方面的意义。一是有利于对区域品牌的品质保障和知识产权保护，省地市质监部门、工商部门可在标准准入、产品监管及技术指导等方面对地理标志产品进行后续监管，有利于农产品区域规模种植，并通过有效的农业技术推广和标准化生产，维护地理标志保护产品的品质。同时，经登记的农产品地理标志产品是受到法律保护的，假冒地理标志产品的企业或个人将面临相应的法律制裁（姚春玲，2013）。

二是有利于农产品优势产区开拓市场（肖艳等，2017）。近年来，各地政府部门均出台相关政策，在财政、投资、金融、宣传、科技政策等方面对地理标志产品给予优先培育帮扶。我国《原产地标记管理规定》中明确规定，地理标志产品在出口过程中，可以简化检验检疫和通关手续，这在一定程度上可以节省出口农产品的流通时间和流通成本，打破农产品流通堡垒。

三是有利于形成品牌打造优势。品牌不仅代表产品的质量形象，也是开拓国际贸易交流的重要抓手。地理标志农产品具有丰富的人文内涵，可以体现当地地域特色、产品特色以及历史人文特色，有助于提升产品附加值，塑造良好的品牌形象，对提高苹果区域竞争力、拓展国内外市场有显著的推动作用（王文龙，2021）。

（5）案例——以洛川苹果为例。洛川位于陕西省延安市南部，是以苹果为特色主导产业的农业县，是世界上完全符合苹果生长7项气象指标的区域，也是全国优势农产品区域化布局确定的最佳苹果优生区。洛川先后被确定为国家优势农产品（苹果）产业化建设示范县、优质无公害苹果标准化生产示范县、食品安全（苹果）示范县和陕西省唯一的"一县一业"示范县。洛川苹果因果形端庄、色泽艳丽、肉质脆密、含糖量高、品质优良，富含钙、镁、锌等多种有益于健康的微量元素等而驰名中外。

洛川苹果产业自1947年发展至今已有75年的发展历程。2000年，洛川县委、县政府做出《建设苹果专业县》和《加快建设苹果专业县的意见》，洛川县苹果产业正式进入规模化和产业化轨道。2006年，洛川县提出了"加大品牌争创力度、实施品牌营销战略"的思路。2007年，"洛川苹果"申请了地理标志证明商标。2010年洛川苹果被认定为"中国驰名商标"。2019年洛川苹果成功申请农产品地理标志保护。2008年，洛川举办了首届中国·陕西（洛川）国际苹果博览会，邀请100多名国内外果品经销企业代表齐聚洛川，为洛川苹果打开了销路。为更好地宣传洛川苹果，洛川县每年到全国大中城市召开洛川苹果推介会。2020年，全县苹果总面积3.5万hm²，居全国之首，苹果总产量95万t，综合产值达到100亿元，果农人均可支配收入连续八年突破万元。从最初的200株果苗到如今的3.5万hm²苹果林，从当时被人质疑的"柴棒棒"到如今的"摇钱树"，洛川苹果的品牌崛起之路证明小苹果也可以变成大产业。

随着洛川苹果知名度的不断提升，2019年洛川苹果以超过500亿元的品牌价值，位居中国农业品牌目录100个农产品区域公共品牌价值评估榜单全国农产品第二名、水果类第一名。但是一些品牌侵权问题也随之而来。一些果农或商家以假充真、以次充好，"泛用"和未授权生产经营单位"滥用"等问题层出不穷，对洛川苹果的品牌形象造成严重的负面影响。2016年出现了延安首例跨省商标维权案，正是由于有些果农冒充洛川苹果在长沙地区销售所致。最后在相关部门的调查下责令中止侵权行为，并就地销毁印有"洛川苹果"字样的包装箱。

为保护"洛川苹果"品牌，促进"洛川苹果"品牌良性发展，洛川县先后发布了《洛川苹果地理证明商标使用情况》《洛川苹果农产品地理标志使用规范》和《延安 洛川苹果地理标志证明商标使用管理办法》等文件。2019年6月27日，洛川县营销办主持召开"洛川苹果"地理证明商标授权企业规范经营工作会议，进一步规范了洛川苹果企业经营模式。而针对市场上假冒洛川苹果的现象，市场监管部门专门成立了"知识产权广告和网络交易监管股"，对假冒伪劣产品"零容忍"。

洛川苹果产业发展离不开政府的重视，更离不开长期的品牌建设。以苹果产业品牌建设为指引，苹果技术推广、科研开发、基础设施建设、宣传推介等各项举措数管齐下，使洛川苹果的品牌效应不断提升，行业知名度逐步提高。洛川苹果获得"北京奥运会专供苹果""广州亚运会专用苹果""中国女排专用苹果""人民大会堂专供苹果"和"上海世博会接待用苹果"等30多项品牌和冠名权，打开了走向国际的新大门。

**（二）苹果企业品牌建设**

**1. 苹果企业品牌** 我国苹果90%以上为鲜食苹果，主要的深加工产品是浓缩苹果汁。市场经济的发展促进了企业品牌战略的成熟，而市场竞争的加剧也使得企业品牌战略的重要性日益凸显。在苹果加工市场日益饱和的背景下，越来越多的企业开始重视品牌建设，同时利用现代化科技手段管理生产企业，坚持以质量促品牌、以质量强品牌的理念，促进苹果品牌高质量发展。

目前国内苹果及苹果加工企业已趋于饱和，主要分布在陕西、山东、河南、辽宁等地，在以山东为主的东部板块和以陕西为主的西部板块涌现出了一批如陕西华圣、烟台北方安德利、国投中鲁等的龙头企业。苹果企业品牌包括企业品牌、苹果品牌以及苹果产品品牌三类。

**2. 苹果流通与加工行业企业品牌代表** 陕西华圣现代农业集团有限公司成立于1997年，是首批认定的国家级农业产业化重点龙头企业，全国农业产品出口示范企业，陕西省苹果产业化重点企业。目前主要有"华圣种苗""三农服务""华圣鲜果""华圣期货"四大核心业务。四大业务协同发展，实现苹果产业化全产业链覆盖与品牌化运营战略。目前华圣苹果已远销到欧洲、北美、中东、东南亚等六十多个国家和地区，成为120多个主要城市消费者信赖的鲜果品牌。2020年中国果品企业自主品牌榜单中，陕西华圣现代农业集团有限公司品牌"华圣"以5.38亿元进入前10强。

烟台北方安德利果汁股份有限公司成立于1996年，是"国家级农业产业化重点龙头企业"和"山东省农业产业化重点龙头企业"，专注于外销浓缩苹果汁，苹果浓缩果汁生产量和出口量位居全国前3位，是世界上规模较大的浓缩果汁生产企业，在全国各苹果主产区建有8个浓缩果汁加工厂，拥有16条世界先进的浓缩果汁生产线，年加工果品能力达 100 万 t，同时建有集果汁工艺开发、产品应用研究、产品安全分析等多功能为一体的具有国际先进水平的研发中心。2002 年"安德利"商标被评为山东省著名商标，浓缩苹果汁被评为"中国名牌产品"。

国投中鲁果汁股份有限公司起源于 1991 年成立的山东中鲁食品工业公司，是国家开发投资集团有限公司控股的股份制企业。2004 年 6 月，公司首次公开发行股票 6 500 万股，在上海证券交易所挂牌上市，成为浓缩苹果汁行业第一家在国内主板上市的国有控股企业。公司主营业务为浓缩果蔬汁（浆）的生产和销售，主要产品结构为多品种浓缩果蔬汁、NFC 果汁、多品种饮料浓缩液及水果原浆等系列。国投中鲁果汁股份有限公司是国内首家引进浓缩苹果汁生产线的企业，目前拥有丰富的浓缩果蔬汁生产和产品质量管控经验，正在持续构建与世界接轨的品控体系，建设先进的品控化验室及储存能力较大的冷库，以科技实力确保公司的持续发展。

### （三）苹果品牌建设推动概况

品牌建设的核心源于产品质量。由于苹果产业是跨区域、跨主体、跨领域的复杂产业，因此苹果产业的品牌建设应以市场为主体，充分发挥地方政府的扶持作用和地方行业协会的支撑作用。在经济全球化背景下，苹果产业进入了高质量发展阶段，苹果品牌化已经成为市场趋势，而地方政府和行业协会也在农产品品牌建设过程中发挥积极作用。

**1. 苹果品牌建设系列政策措施** 我国苹果主产区政府在培育区域品牌上持续发力，通过出台系列支持苹果品牌建设相关政策措施，加快实施品牌战略，进一步提升区域品牌价值和经济效益。

烟台市政府相继出台了《烟台市苹果产业提质升级的意见》《烟台苹果品牌战略规划》《苹果产业高质量发展规划（2020—2025 年）》等文件，推进苹果品牌发展，2008 年"烟台苹果"获得国家地理标志产品保护，2011 年获得中国驰名商标。2015 年烟台苹果以"拇指哥"品牌形象登录央视等国家级媒体，奠定了"烟台苹果"品牌文化建设的里程碑。同年，烟台苹果成功打入检验苛刻的美国市场。2019 年，经中国果品区域公用品牌价值评估，"烟台苹果"品牌价值 141.5 亿元，连续十一年居中国果品区域公用品牌榜首，是全国唯一价值过百亿元的果品区域公用品牌（许吉婷，2021）。随着《中华人民共和国政府与欧洲联盟地理标志保护与合作协定》于 2021 年的正式生效，烟台苹果以欧盟地理官方标志作为背书，正在继续推行"母子"品牌战略，举行"十大苹果品牌"评选、中国·山东国际苹果节、国际健康产业大会等系列全国性平台，提高了烟台苹果品牌国际话语权。

河南三门峡市先后出台《关于加快林业产业化发展的意见》《关于加快果品产业发展的意见》，提出实施苹果产业品牌化建设。2013 年以来，灵宝市、陕县共有 400 hm² 苹果生产基地通过了 GAP 认证，并先后通过加拿大、智利和美国官方注册认证，为三门峡苹果出口国际高端市场打开了通道（贺亚丽等，2016）。创建、注册苹果品牌 30 余个，其中"灵宝苹果""寺河山苹果""二仙坡苹果"等在国内市场具有一定的影响。灵宝苹果现种植面积 6 万 hm²，年产量 14 亿 kg，产业集群总产值 207 亿元，先后荣获中华名果、中国名牌农产品、中国农产品地理标志产品、全国名特优新农产品等称号，品牌价值 186.42 亿元。

昭通市政府出台了《中共昭通市委昭通市人民政府关于做优做强苹果产业助推脱贫攻坚的意见》（昭发〔2017〕9 号）《昭通百万亩苹果产业发展规划（2018—2025 年）》，加强苹果品牌建设。2018—2020 年昭阳区连续召开不同主题的昭通苹果展销会和"昭阳红"品牌发布会；2020 年"昭阳红"苹果品牌被评为云南省"十大名果"；"昭通苹果""昭阳红""满园鲜""金家坪子"等苹果品牌荣获 2020 年度中国苹果产业榜样 100 品牌奖；"昭阳红""满园鲜""沁果昭红""金家坪子"等苹果品牌荣获昭通市特优农产品品牌奖；"沁果昭红"苹果品牌荣获 2020 中国深圳国际绿博会优质农产品金奖（王斌，2021）。

新疆是我国优质特色苹果产区，苹果产业已成为新疆农民脱贫致富的重要产业，形成了以阿克苏和伊犁河谷为主的 2 个规模化集中产区（张振军等，2021）。2010 年，新疆维吾尔自治区人民政府发布《关于加快推进农产品品牌建设工作的意见》，加快实施农产品品牌战略。为推进新疆阿克苏苹果品牌建设，地委、行署成立了以农办、工商、质监、林业、产业协会等部门为主体的农产品品牌创建领导小组。同时，通过政策指引，开展各类展会，扩大了阿克苏苹果品牌社会知名度，并成功举办了"阿克苏的苹果红了"网络文化节。

**2. 社会组织对品牌建设的积极作用** 行业协会是介于政府、企业之间，商品生产者与经营者之间，并为其服务、咨询、沟通、监督、公正、自律、协调的社会中介组织，是区域品牌建设与发展的重要助推器，具有显著的集聚协同效应，为行业企业提供技术、管理、设施等公共资源，促进了企业之间的交流合作，推动了先进技术和经验的传播、应用、协同创新，对区域和企业品牌建设起到了积极的引导和培育作用。

中国苹果产业中组织行业开展品牌建设的协会主要有中国苹果产业协会、中国果品流通协会。两家协会分别在苹果全产业链和苹果流通行业具有显著的引领和集聚效应，为区域品牌打造和拓展国内外市场搭建了公共平台，促进了中国苹果企业间的技术与产业经营交流与协作，推动了行业的高质量发展。

中国苹果产业协会自 2020 年起先后举办了 2020 年度中国苹果产业榜样 100 品牌和风云人物推荐、2021 年度中国苹果产业榜样和重大贡献人物推荐，推荐产生中国苹果全产业链的区域品牌、企业品牌榜、农资品牌、设备品牌、文化品牌、引领榜样、风云人物（重大贡献人物），助推苹果产业品牌建设，引领苹果产业发展。

协会根据品牌的区域影响力和知名度，及其带动当地经济发展情况，每年推荐区域品牌 16 家（表 8-6），其中有 13 家连续两年榜上有名，包括烟台苹果、白水苹果、灵宝苹果、花牛苹果、延安苹果、静宁苹果、咸阳马兰红、旬邑苹果、吉县苹果、威海苹果、洛川苹果、昭通苹果、铜川苹果；根据企业经营实力、社会影响力及经济发展贡献力，2020 年推荐了 66 个企业品牌、2021 年推荐了 84 家企业品牌，国投中鲁、陕西恒通、百果园、安得利、枝纯、华圣等国内苹果储藏、加工知名行业品牌榜上有名；农之友、紫弘、蓝能量、神富林、海升种苗连续两年上榜农资品牌；欧科气调、迈夫诺达、楷益、SEPLITE、陕果智能、凯祥、德和资连续两年上榜设备品牌。

表 8-6 中国苹果产业榜样品牌——区域品牌（排名不分先后）

| 序号 | 2020 年 | | 2021 年 | |
| --- | --- | --- | --- | --- |
| | 品牌名称 | 推荐单位 | 品牌名称 | 推荐单位 |
| 1 | 烟台苹果 | 烟台市苹果协会 | 沙坡头苹果 | 中卫市苹果产业协会 |
| 2 | 白水苹果 | 白水县苹果产业发展中心 | 洛川苹果 | 洛川县苹果产业协会 |
| 3 | 灵宝苹果 | 灵宝市园艺局 | 白水苹果 | 白水县苹果产业发展中心 |

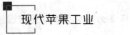

（续）

| 序号 | 2020 年 | | 2021 年 | |
|---|---|---|---|---|
| | 品牌名称 | 推荐单位 | 品牌名称 | 推荐单位 |
| 4 | 花牛苹果 | 天水市果业产业化办公室 | 花牛苹果 | 天水市果业产业化办公室 |
| 5 | 延安苹果 | 延安市果业研究发展中心 | 旬邑苹果 | 旬邑县果业服务中心 |
| 6 | 静宁苹果 | 静宁县苹果产销协会 | 静宁苹果 | 静宁县苹果产销协会 |
| 7 | 咸阳马兰红 | 咸阳市果业协会 | 延安苹果 | 延安市果业研究发展中心 |
| 8 | 旬邑苹果 | 旬邑县果业服务中心 | 昭通苹果 | 昭通市苹果产业发展协会 |
| 9 | 庆阳苹果 | 庆阳市果业发展中心 | 咸阳马兰红 | 咸阳市果业协会 |
| 10 | 吉县苹果 | 吉县果业服务中心 | 烟台苹果 | 烟台市苹果协会 |
| 11 | 运城苹果 | 运城市果业发展中心 | 灵宝苹果 | 灵宝市园艺局 |
| 12 | 威海苹果 | 威海市农业农村事务服务中心 | 印台苹果 | 铜川市印台区果业发展中心 |
| 13 | 荣成苹果 | 荣成市苹果行业协会 | 吉县苹果 | 吉县果业服务中心 |
| 14 | 洛川苹果 | 洛川县苹果产业协会 | 铜川苹果 | 铜川市果业发展中心 |
| 15 | 昭通苹果 | 昭通市苹果产业发展协会 | 万荣苹果 | 万荣县果业发展中心 |
| 16 | 铜川苹果 | 铜川市果业发展中心 | 威海苹果 | 威海市农业农村事务服务中心 |

中国果品流通协会自 2017 年开始联合浙江大学 CARD 中国农业品牌研究中心开展中国果品区域公用品牌价值专项评估工作，旨在更好地宣传和推荐果品品牌，推动优质品牌果品的产销衔接，引领苹果消费升级。

中国果品流通协会 2019 年完成了 125 个果品区域公用品牌的价值评估，2020 年完成了 130 个果品区域公用品牌和 150 个企业自主品牌的价值评估，2019 中国果品区域公用品牌价值前 10 位品牌中苹果区域公用品牌占据 6 个，分别来自山东省（烟台苹果和栖霞苹果）、陕西省（洛川苹果和白水苹果）、河南省（灵宝苹果）、甘肃省（平凉金果），2020 中国果品区域公用品牌价值前 10 位品牌中苹果区域公用品牌增加至 8 个，在 2019 年基础上增加了陕西延安苹果和咸阳马兰红苹果，中国前 10 位果品区域公用品牌见表 8-7。

表 8-7　中国果品区域公用品牌前 10 位

| 排序 | 2019 年 | | | 2020 年 | | |
|---|---|---|---|---|---|---|
| | 省份 | 品牌名称 | 品牌价值/亿元 | 省份 | 品牌名称 | 品牌价值/亿元 |
| 1 | 山东 | 烟台苹果 | 141.48 | 山东 | 烟台苹果 | 145.05 |
| 2 | 新疆 | 库尔勒香梨 | 100.92 | 新疆 | 库尔勒香梨 | 110.34 |
| 3 | 陕西 | 洛川苹果 | 73.10 | 陕西 | 洛川苹果 | 74.20 |
| 4 | 山东 | 栖霞苹果 | 62.00 | 陕西 | 延安苹果 | 73.62 |
| 5 | 河南 | 灵宝苹果 | 61.92 | 陕西 | 咸阳马兰红 | 66.82 |
| 6 | 甘肃 | 平凉金果 | 51.01 | 山东 | 栖霞苹果 | 66.31 |
| 7 | 山东 | 烟台大樱桃 | 50.81 | 河南 | 灵宝苹果 | 63.25 |
| 8 | 陕西 | 白水苹果 | 50.30 | 甘肃 | 平凉金果 | 53.76 |
| 9 | 辽宁 | 东港草莓 | 48.07 | 山东 | 烟台大樱桃 | 53.72 |
| 10 | 陕西 | 周至猕猴桃 | 47.06 | 陕西 | 白水苹果 | 52.89 |

苹果区域公用品牌价值排名前 10 位的品牌见表 8-8。其中烟台苹果一枝独秀，2019
年、2020 年连续两年位居第一，其品牌价值较排名第二的洛川苹果高出近一倍；除烟台
苹果外，2019 年品牌价值 50 亿元以上的苹果区域公用品牌有 5 个，分别是洛川苹果、栖
霞苹果、灵宝苹果、平凉金果和白水苹果，2020 年有 7 个，分别是洛川苹果、延安苹果、
咸阳马兰红苹果、栖霞苹果、灵宝苹果、平凉苹果和白水苹果。

表 8-8　苹果区域公用品牌价值前 10 位的品牌

| 排序 | 2019 年 | | | 2020 年 | | |
|---|---|---|---|---|---|---|
| | 省份 | 品牌名称 | 品牌价值/亿元 | 省份 | 品牌名称 | 品牌价值/亿元 |
| 1 | 山东 | 烟台苹果 | 141.48 | 山东 | 烟台苹果 | 145.05 |
| 2 | 陕西 | 洛川苹果 | 73.10 | 陕西 | 洛川苹果 | 74.20 |
| 3 | 山东 | 栖霞苹果 | 62.00 | 陕西 | 延安苹果 | 73.62 |
| 4 | 河南 | 灵宝苹果 | 61.92 | 陕西 | 咸阳马兰红苹果 | 66.82 |
| 5 | 甘肃 | 平凉金果 | 51.01 | 山东 | 栖霞苹果 | 66.31 |
| 6 | 陕西 | 白水苹果 | 50.30 | 河南 | 灵宝苹果 | 63.25 |
| 7 | 新疆 | 阿克苏苹果 | 42.22 | 甘肃 | 平凉金果 | 53.76 |
| 8 | 甘肃 | 天水花牛苹果 | 38.63 | 陕西 | 白水苹果 | 52.89 |
| 9 | 山西 | 万荣苹果 | 31.64 | 甘肃 | 天水花牛苹果 | 43.04 |
| 10 | 陕西 | 旬邑苹果 | 26.81 | 山西 | 万荣苹果 | 33.43 |

2019 年中国果品区域公用品牌带动力前 10 位中苹果有 5 个，品牌传播力中苹果有 3
个、品牌发展力中苹果有 1 个，品牌经营力前 10 位苹果有 1 个，主要包括山东栖霞苹果
和烟台苹果、陕西洛川苹果和白水苹果、新疆阿克苏苹果，其中栖霞苹果同时占据品牌带
动力、品牌经营力、品牌传播力、品牌发展力的前 10（表 8-9）；2020 年中国果品区域
公用品牌带动力前 10 位中苹果占 4 个，品牌传播力中苹果占 3 个、品牌发展力前 10 位中
苹果占 2 个，品牌经营力前 10 位中苹果占 1 个，其中山东栖霞苹果同时占据品牌经营力、
品牌传播力、品牌发展力的前 10，山东烟台苹果同时占据品牌带动力、品牌传播力、品
牌发展力的前 10（表 8-10）。

表 8-9　2019 年品牌强度前 10 位中国果品区域公用品牌

| 品牌带动力 | 品牌资源力 | 品牌经营力 | 品牌传播力 | 品牌发展力 |
|---|---|---|---|---|
| 栖霞苹果 | 稷山板枣 | 大荔冬枣 | 哈密瓜 | 广丰马家柚 |
| 阿克苏苹果 | 慈溪杨梅 | 秭归脐橙 | 栖霞苹果 | 秭归脐橙 |
| 烟台苹果 | 黔阳冰糖橙 | 哈密瓜 | 仙居杨梅 | 奉节脐橙 |
| 哈密瓜 | 开县春橙 | 仙居杨梅 | 烟台苹果 | 栖霞苹果 |
| 洛川苹果 | 大泽山葡萄 | 开县春橙 | 库尔勒香梨 | 大荔冬枣 |
| 白水苹果 | 泸州桂圆 | 迁西板栗 | 南汇水蜜桃 | 罗田板栗 |
| 库尔勒香梨 | 哈密瓜 | 栖霞苹果 | 秭归脐橙 | 苍溪红心猕猴桃 |
| 大荔冬枣 | 迁西板栗 | 忠橙 | 洛川苹果 | 石棉黄果柑 |
| 迁西板栗 | 秭归脐橙 | 黔阳冰糖橙 | 奉节脐橙 | 洛南核桃 |
| 蒙自石榴 | 郴州梨 | 莱阳梨 | 大泽山葡萄 | 开县春橙 |

表 8-10　2020 年品牌强度前 10 位中国果品区域公用品牌

| 品牌带动力 | 品牌资源力 | 品牌经营力 | 品牌传播力 | 品牌发展力 |
|---|---|---|---|---|
| 哈密瓜 | 福州橄榄 | 秭归脐橙 | 哈密瓜 | 大荔冬枣 |
| 烟台苹果 | 漾濞核桃 | 大荔冬枣 | 秭归脐橙 | 秭归脐橙 |
| 白水苹果 | 慈溪杨梅 | 开县春橙 | 洛川苹果 | 炎陵黄桃 |
| 洛川苹果 | 肥城桃 | 隰县玉露香梨 | 栖霞苹果 | 广丰马家柚 |
| 库尔勒香梨 | 黔阳冰糖橙 | 哈密瓜 | 烟台大樱桃 | 苍溪雪梨 |
| 福州橄榄 | 开县春橙 | 黔阳冰糖橙 | 奉化水蜜桃 | 栖霞苹果 |
| 隰县玉露香梨 | 秭归脐橙 | 栖霞苹果 | 烟台苹果 | 洛南核桃 |
| 秭归脐橙 | 哈密瓜 | 仙居杨梅 | 融安金橘 | 奉节脐橙 |
| 灵宝苹果 | 泸州桂圆 | 福州橄榄 | 库尔勒香梨 | 烟台苹果 |
| 富平柿饼 | 迁西板栗 | 忠橙 | 大荔冬枣 | 麻阳柑橘 |

行业协会的品牌评选和推荐，对区域品牌建设工作起到良好的导向引领作用，获得品牌称号和荣誉的企业成为区域品牌建设的领头羊，能带动更多的企业进行品牌建设，营造区域品牌建设的良好氛围。

**3. 品牌建设服务平台**　为服务苹果产业区域品牌建设，汇聚行业大数据资源，政府有关部门陆续建设了行业和区域大数据平台、信息服务平台、品质数据库等，通过整合苹果生产、流通、销售等全过程的大数据资源，为品牌企业开展共享服务，促进苹果产业持续健康发展。

行业及区域大数据平台。2018 年农业农村部国家苹果大数据公共平台正式上线；陕西省建成国家级苹果产业大数据中心，积极探索为苹果全产业链市场主体提供气象和普惠金融服务，并取得进展；烟台市组建山东省烟台苹果大数据有限公司，建成烟台苹果大数据中心并进入试运行阶段；陕西洛川、甘肃宁县等苹果主产区都建设有相应的苹果大数据中心，有些产区还开发了移动通信平台，为当地果农提供技术、信息、农资、销售等信息服务，如洛川果讯通，能直接为农户发布气象预警、病虫害预测预报、农事管理、市场行情等实时在线信息。

信息化服务平台。主要是以政府、行业协会、企业为主建设的网站、公众号等果业信息化平台，以对外发布和宣传水果产业或产品相关信息为主。比如中国苹果产业协会网站、中国果品流通协会网站、陕西省果业中心建设的陕西果业网、陕西果果科技有限公司自建的苹果产业网、海升集团网站等。

果品数据库系统。2006 年，由国际植物基因资源研究所、国际热带农业中心，国际农业研究咨询组共同研究开发的全新版世界水果数据库，收集了 69 个科中的 303 个属，及其中的 1 256 个种的水果以及在美洲地区坚果的信息，涵盖分类学、本国专用术语、地理分布、种质可用性、及百科全书参考书、图例、相关农作物专家以及网络资源链接等，成为果农、研究人员、学生以及发展代理商的宝贵助手。

大数据平台的建立，为苹果产业提供了生产、流通、消费、价格监测预警等辅助决策服务，积极探索了数字果业融合新模式，加速推动了果业的数字化转型和高质量发展。

**（四）苹果产业优秀品牌推介**

苹果产业优秀品牌由中国苹果产业协会联合国家苹果产业技术体系、国家苹果工程技术研究中心以自愿、公开、公正、公益为原则，面向社会、基层共同开展，联合对外推荐。2021 年，中国苹果产业协会通过单位推荐和自荐、社会调查、专家推举委员会审核、社会公示等程序，推选出具有代表性的苹果产业优秀区域品牌和优秀企业品牌。

**1. 优秀区域品牌** 优秀区域品牌是具有较强的区域影响力和知名度，能够带动当地经济发展的品牌。2021 年优秀区域品牌如表 8-11 所示。

表 8-11　优秀区域品牌

| 序号 | 品牌 | 所属单位 |
| --- | --- | --- |
| 1 | 沙坡头苹果 | 中卫市苹果产业协会 |
| 2 | 洛川苹果 | 洛川县苹果产业协会 |
| 3 | 白水苹果 | 白水县苹果产业发展中心 |
| 4 | 花牛苹果 | 天水市果业产业化办公室 |
| 5 | 旬邑苹果 | 旬邑县果业服务中心 |
| 6 | 静宁苹果 | 静宁县苹果产销协会 |
| 7 | 延安苹果 | 延安市果业研究发展中心 |
| 8 | 昭通苹果 | 昭通市苹果产业发展协会 |
| 9 | 咸阳马兰红苹果 | 咸阳市果业协会 |
| 10 | 烟台苹果 | 烟台市苹果协会 |
| 11 | 灵宝苹果 | 灵宝市园艺局 |
| 12 | 印台苹果 | 铜川市印台区果业发展中心 |
| 13 | 吉县苹果 | 吉县果业服务中心 |
| 14 | 铜川苹果 | 铜川市果业发展中心 |
| 15 | 万荣苹果 | 万荣县果业发展中心 |
| 16 | 威海苹果 | 威海市农业农村事务服务中心 |

**2. 优秀企业品牌** 优秀企业品牌是企业经营实力强，具有较大的社会影响力和经济发展贡献力的品牌。2021 年优秀企业品牌如表 8-12 所示。

表 8-12　优秀企业品牌

| 序号 | 品牌 | 所属单位 |
| --- | --- | --- |
| 1 | 齐鲁之秋 | 荣成盛兴农产品有限公司 |
| 2 | 顶端果业 | 陕西顶端果业科技有限公司 |
| 3 | 果之星 | 招远市富凯果品专业合作社 |
| 4 | 玉益 | 烟台玉益果蔬食品有限公司 |
| 5 | 富原红 | 泾川县富原红果品贸易有限责任公司 |
| 6 | 轩辕绿农 | 黄陵县健特果畜农民专业合作社 |
| 7 | 老舅家 | 铜川市绿岭果业有限公司 |
| 8 | 德丰 | 栖霞德丰食品有限公司 |
| 9 | 王山津成泰 | 海阳津成泰农产品发展有限公司 |
| 10 | 国投中鲁 | 国投中鲁果汁股份有限公司 |

（续）

| 序号 | 品牌 | 所属单位 |
|---|---|---|
| 11 | D. D. D | 龙口市南村果园果业有限公司 |
| 12 | 绿杰 | 绿杰股份有限公司 |
| 13 | 德美果 | 甘肃德美地缘现代农业集团有限公司 |
| 14 | 黄胖子 | 威海市五十一号农场股份有限公司 |
| 15 | 汇果农业 | 山东汇果农业发展有限公司 |
| 16 | 喜多果 | 上海叶臣实业有限公司 |
| 17 | 华圣 | 陕西华圣现代农业集团有限公司 |
| 18 | 人类第四个苹果 | 宁县金农农业扶贫开发有限公司 |
| 19 | 陇原红 | 静宁县陇原红果品经销有限责任公司 |
| 20 | 悦多 | 山东悦多果业有限公司 |
| 21 | 红六福 | 静宁县红六福果业有限公司 |
| 22 | 祝果 | 山东樱聚缘农业科技发展股份有限公司 |
| 23 | 威品香 | 威海经济技术开发区崮山镇果然家庭农场 |
| 24 | Moon Light | 临沂新记源农业科技有限公司 |
| 25 | 晋魁 | 山西红艳果蔬专业合作社 |
| 26 | 芳华醉 | 明康汇生态农业集团澄城果业有限公司 |
| 27 | 沁果昭红 | 云南农垦昭通农业投资发展有限公司 |
| 28 | 青怡苹果 | 广州市青怡农业科技股份有限公司 |
| 29 | 甘富 | 甘肃甘富果业集团有限公司 |
| 30 | 奥孚鲁丽 | 山东奥孚果业科技有限公司 |
| 31 | 美域高 | 洛川美域高生物科技有限责任公司 |
| 32 | 羲皇九龙果 | 天水洁通农业科技有限公司 |
| 33 | 金诚果蔬 | 庆城县金诚果蔬有限公司 |
| 34 | 丰泰果业 | 庆城县丰泰果业专业合作社 |
| 35 | 野里垣 | 山西隰州野里垣土特产品开发有限公司 |
| 36 | 娲皇仙果 | 秦安县一画农业发展有限公司 |
| 37 | 岭宝 | 灵宝市永辉果业有限责任公司 |
| 38 | 世苹 | 灵宝市高山天然果品有限责任公司 |
| 39 | 凤凰峪 | 河南凤凰峪旅游开发有限公司 |
| 40 | 老鸦岔 | 灵宝中原之巅果业有限公司 |
| 41 | 豫塬红 | 灵宝市盛和农业有限公司 |
| 42 | 枝纯 | 陕西海升果业发展股份有限公司 |
| 43 | 常津 | 静宁常津果品有限责任公司 |
| 44 | 雪原 | 秦安雪原果品有限责任公司 |
| 45 | 汉品 | 山东田又田生态农业有限公司 |
| 46 | 大队果园 | 洛川延刚经贸果业有限责任公司 |

（续）

| 序号 | 品牌 | 所属单位 |
|---|---|---|
| 47 | 红孩儿 | 烟台市仙阁果品专业合作社 |
| 48 | 良枝 | 山东良枝农业科技有限公司 |
| 49 | 宇意果 | 威海市景翔果蔬专业合作社 |
| 50 | 果三两 | 承德嘉沃生态农业科技有限公司 |
| 51 | 泉源 | 齐鲁泉源供应链有限公司 |
| 52 | 蜜霞 | 庆阳陇原北国春农业发展有限公司 |
| 53 | 陇畅源 | 镇原县畅源果业专业合作社 |
| 54 | 槿源 | 庄浪县槿源果蔬贸易有限公司 |
| 55 | 贡禾果园 | 甘肃贡禾食品有限责任公司 |
| 56 | 一生苹安 | 天水昊源农艺有限公司 |
| 57 | 王掌柜 | 陕西王掌柜农业发展有限公司 |
| 58 | W&F | 济南浩源农副产品有限公司 |
| 59 | 燕枝 | 武汉燕枝商贸有限公司 |
| 60 | 绿雪红 | 万荣县南张晓源柿果专业合作社 |
| 61 | 丰鲜王 | 万荣县裴庄王丰果蔬专业合作社 |
| 62 | 孔雀苹 | 昭通温氏农业科技有限公司 |
| 63 | Brilliance | 大连天立农业开发有限公司 |
| 64 | 畔里 | 洛川新林果业发展有限责任公司 |
| 65 | 钰圣 | 灵台县钰圣有机农业发展有限公司 |
| 66 | 甘果佬 | 甘肃齐翔农业科技有限公司 |
| 67 | 嘎嘣脆 | 鲁甸县浩丰苹果专业合作社 |
| 68 | 昭阳红 | 昭通超越农业有限公司 |
| 69 | 唱云 | 云南滇秋实业有限责任公司 |
| 70 | 十九郎鸣羊山 | 章丘区十九郎鸣羊山林果专业合作社 |
| 71 | 果业通 | 烟台艾普农业电子商务有限公司 |
| 72 | 物栖 | 烟台市传乐生态农业专业合作社 |
| 73 | 阳光富士 | 甘肃甘富果业集团有限公司 |
| 74 | 妙地鲜 | 陕西果业基地集团有限公司 |
| 75 | 正绿脆香 | 烟台市云友果业专业合作社 |
| 76 | 3750 | 西藏叁柒伍零商贸有限公司 |
| 77 | 康其高原红 | 贡嘎县康其农业发展有限公司 |
| 78 | 华荣 | 万荣县华荣果业有限公司 |
| 79 | 秋香 | 北京金秋果香商贸有限公司 |
| 80 | 凸凸苹果 | 延安农业投资建设（集团）有限公司 |
| 81 | 不套袋阳光苹果 | 洛川县亿民有机苹果专业合作社 |
| 82 | 艾泉红 | 栖霞市艾泉红果品专业合作社 |
| 83 | 佳农 | 山东佳农诚信果业有限公司 |

## 二、苹果产业品牌建设发展建议

### （一）开展新"三品一标"、企标领跑为引领的品牌建设

为贯彻落实"质量兴农、绿色兴农、品牌强农"新农产品发展的指导思想，2020年，中华全国供销合作总社济南果品研究所结合"三品一标"提升行动，提出农产品品牌建设服务的"农产品质量透明工程"，通过标准数字化、质量数字化实现"安全看得见、标准看得见、过程看得见、质量看得见、好吃看得见"。主要内容包括开展农产品的安全指标检测，作为质量透明的底线；通过制定生产、流通、产品标准带动质量稳定；通过对营养指标、风味指标分析形成大数据，挖掘产品差异化特色，提炼品牌卖点；通过质量追溯，实现供应链质量管控，提高品牌质量透明度。先后在威海、烟台、延安、临沂等主产区启动"农产品质量透明工程"，为品牌塑造提供了数据支撑。2021年国家农业农村部印发了《农业生产"三品一标"提升行动实施方案》，提出推进品种培优、品质提升、品牌打造和标准化生产，引领农业绿色发展，提升农业质量效益和竞争力。2022年，中央一号文件提出继续开展农业品种培优、品质提升、品牌打造和标准化2022生产提升行动。

为发挥先进标准引领作用，培育一批具有国际领先水平和市场竞争力的"领跑者"标准，国家市场监管总局、财政部等八部门于2018年6月发布了《实施企业标准"领跑者"制度的意见》（国市监标准〔2018〕84号），2021年启动农业领域标准领跑者工作，并评出了苹果产业的第一批企业标准领跑者。通过企业标准领跑，鼓励企业结合生产流通实际科学制定高于国家相关标准的企标产品质量指标，并经检测产品达到企标要求后，由领跑者平台颁发领跑者标识，可印制在产品包装上，助力企业品牌打造。

### （二）发挥各类行业协会的组织服务优势

我国苹果产业领域已建立了国家级行业协会服务于全国各大产区，各省、市产业协会及地方产区，建立起了政、产、学、研相结合的产业组织，积极推动了苹果品牌建设。中国苹果产业协会、中国果品流通协会拥有几百家国内苹果企业、合作社会员，在品牌推介、产销对接、企业信用体系建设等方面为苹果区域品牌的建设奠定了基础。

**1. 引领品牌企业开展标准化生产流通**　标准化是苹果品牌化的基础，针对我国苹果产业小生产对接大流通的现实情况，各级行业协会应积极引导和组织企业打通生产标准化、流通标准化渠道，实现一家一户的生产联动。通过统一标准、统一质量、统一包装标识，为品牌打造建立规模化的供应链（邹治鑫等，2021）。

**2. 组织开展多元化的产销对接活动**　各级行业协会应积极发挥规模效应和资源优势，通过组织品牌展会、直供直销、直播带货等线上线下的产销对接品牌推介活动，强化推广品牌知名度、美誉度，塑造品牌形象，提高市场影响力。可通过利用休闲体验式农业、观光旅游等，大力推进一二三产业相融合，延长品牌价值链，促进品牌农产品的传播和销售，拉近消费者与品牌的距离，建立起以品牌为核心的产销对接体系。

**3. 加强品牌信用体系建设，提升品牌自律**　各级行业协会应协助政府引导企业加强品牌信用体系建设，加强品牌培育和品牌保护等提升品牌意识和法制意识，发挥协会的信息服务功能，培养协会成员企业的诚信意识，保护品牌的知识产权。

### （三）加快智能化数字化在品牌建设中的应用

加强农产品品牌建设要突出品牌的数字化、智能化特点（王万周，2017）。数字化品

牌是将传统品牌在规范生产、品质特征、质量安全、追溯体系等要素进行数字化的体现，能够更加准确地表达品牌的内涵，使品牌在传播方面能更准确地表达品牌特征（叶敏，2013）。企业将自身优势与数字化技术紧密结合，能够带动农业生产向数字化水平较高的工业化方向转型。

**1. 品牌生产数字化** 高质高效生产是农业品牌优质发展的基础。随着信息技术的不断提升，大数据、物联网、云计算引领传统农业向着现代化、智慧化和生态化方向发展。可应用数字智能技术与苹果生产、流通、加工紧密结合，破除地域限制，加强生产者、经营者、消费者和专家之间的协作沟通空间，让消费者能更好更全面地了解产品信息。利用智能设备实时感知和掌控生产的各个环节；利用地理定位、数据传输、传感器和摄像头等智能技术对农作物的生长情况和生活环境进行监测，实时将信息传输至智慧云平台，云平台借助云计算、物联网、大数据分析等技术进行对比分析、智能化决策、自动化操控管理，从而实现自然灾害实时预警、耕地质量评估、监测施肥、施药等；专家通过智慧云平台的检测数据对产品病害等问题能及时提出意见和解决方案；农产品销售信息通过智慧云平台实时更新，根据市场形势控制产品的运输流通和加工销售，实现利益的最大化。

**2. 品牌文化数字化** 文化内涵是打造农业品牌特色的必然要求。我国的山东、陕西、甘肃、河南等多个苹果优势产区，都蕴含了黄河流域文化内涵，品牌的塑造可在质量基础上挖掘农业品牌的人文、历史等文化资源，融入更多品牌文化价值理念，构筑起农业品牌的文化内核。可通过创新互联网传播手段，让苹果品牌文化资源实现更广泛的网络传播和更具深度的网络展现，使消费者在购买苹果及制品时，除享受其物质服务和便捷外，也得到品牌文化属性带来的精神享受。通过网站、微信、微博、抖音等新媒体平台，宣传苹果优势产区自然风貌、风土人情等文化资源，使消费者感受到产品理念、情感和文化等浓厚的品牌文化价值，实现对品牌精神体验和物质体验的完整认知，塑造原生态的农产品品牌形象，助力品牌的成功推广。

**3. 品牌人才数字化** 人才是农业品牌长足发展的动力。农业品牌数字化生产和运营既需要熟悉信息技术的人才，也需要熟悉科学管理的人才。人才需求的"复合性"和农村人才匮乏的现状造成了农业品牌数字化人才的短缺。由于缺乏品牌专业人才的引领，我国乡村农业生产活动仍然以分散的小农经营为主，还没有形成农业品牌化管理的经营模式。农业产业结构分布不均衡、农户品牌意识淡薄、农业品牌缺乏营销与设计等问题亟须解决。为此，需要加大对苹果行业信息技术人才、农业专业技能型人才、品牌创新型人才、品牌管理型人才的培养，并制定切实有效的政策措施，健全农业品牌数字化人才培育体系。可推动高校与企业联合建设高标准农业示范区、高科技农业产业园、农业品牌研究中心、项目孵化基地等创新平台；加强对农户的教育培训，普及农业品牌建设的重要性，提升农民对数字农业品牌的市场化认知，成为懂技术、懂品牌的高素质农民。

# 第三节 苹果文化

中国苹果，古称柰、林檎、频婆等，从有文字记载起，至少已有 2 200 多年的栽培历史。关于柰的记载，最早见于西汉司马相如的《上林赋》（前 125—前 118 年）中："楟柰厚朴"，其中"柰"就是后来的绵苹果。到了公元 3 世纪 70 年代，西晋郭义恭的《广志》

对柰有了较多的记载："柰有白、青、赤三种。张掖有白柰，酒泉有赤柰，家家收切曝干为脯，数十百斛以为蓄积，谓之频婆粮。"苹果的名字是梵语"频婆"逐步演化而来，起初写作"频婆"，也有过"平波""平坡"等同音异写。苹果在嫁接、改良中创新发展，在人工驯化中发育成长。明朝万历年间，王象晋的《群芳谱·果谱》中曾这样记载："苹果，出北地，燕赵者尤佳。接用林檎体，树身耸青，叶青，似林檎而大，果如梨而圆滑，生青，熟则半红半白，或全红，光洁可玩，香闻数步，味甘松，未熟者如棉絮，过熟又沙烂不堪食，惟八、九分熟最佳。"

## 一、新疆野苹果——现代栽培苹果的祖先种

新疆野苹果（*Malus sieversii*），别名为塞威氏苹果、天山野苹果等，是现代栽培苹果的祖先种，是世界苹果基因库的重要组成部分。该物种主要分布于天山山脉，在我国分布于新疆伊犁地区的新源县、伊宁县、霍城县、巩留县，以及塔城地区的额敏县和托里县，哈萨克斯坦的阿拉木图州、塔尔迪库尔干州，吉尔吉斯斯坦的伊塞克湖州等中亚地区也有分布（苏志豪等，2019）。它被我国列为Ⅱ级濒危重点保护植物，并被国际自然保护联盟（IUCN）评为"易危"种。新疆野苹果作为天山野果林的优势种，自然分布区包括哈萨克斯坦、吉尔吉斯斯坦等中亚国家，在我国仅分布在新疆的伊犁河谷和塔城地区，其种群遗传多样性丰富，对区域生态系统稳定、水土保持和生物多样性的维持均具有重要作用，并在长期的进化过程中形成了耐寒、耐旱、抗病等优良特征。

关于新疆野苹果的起源和演化主要有两种观点：最早的一种观点认为，新疆野苹果起源于第三纪，经历了地质变迁的磨炼，并在第四纪几次冰期活动的"选择"和"淘汰"下退缩到具有优良地方气候的"避难所"，因而形成今日大小不等片状分布的野苹果群落；第二种观点认为，随着第四纪冰川的进退，新疆野苹果曾在广阔的中亚平原，包括中国和哈萨克斯坦两国天山山区在内的范围内发生多次往返迁移，至末次冰期消失后，迁移方向再由西向东，逐渐演变至今日现状（米尔卡米力·麦麦提等，2021）。

## 二、烟台苹果——中国现代苹果的引领品牌

烟台苹果的栽培历史可追溯至400年以前，有文字记载，明朝万历四十六年（1618年）的《福山县志》卷一"地理土产果类"中记载福山境内栽培有"花红"等，属于中国苹果的一种。清朝顺治十七年（1660年）的《登州府志》记载"黄县名产频婆、花红、楸子"。这些记载说明烟台境内在1618年前就有苹果栽培。1861年烟台开埠后，美国传教士倪维斯（1829—1893年）夫妇来到中国，发现烟台地区的气候条件、地理环境与他的家乡美国纽约州非常相似，可栽培果树品种与品质不如他的家乡好。倪维斯出身于农场主家庭，年轻时就学习过果树栽培技术，1864年利用回国治病之机，在美国及欧洲等地多处搜寻优良水果新品种。1871年，倪维斯夫妇回到烟台，带回了一批西洋苹果、西洋梨、美洲葡萄、大樱桃、欧洲李子等果树苗木，在烟台毓璜顶东南山麓购得土地十余亩，建起了"广兴果园"。几年后，这些苹果品种结出了与当地不同的果实，个儿大、皮儿薄、汁儿多、肉脆，酸甜可口，并且耐储存。

1899年，福山绍瑞口村果农唐殿功从"广兴果园"引进系列苹果接穗，嫁接到当地的福山沙果上，3年后选育出青香蕉苹果；福山紫埠村李锡伍嫁接培育出红香蕉苹果。从

此，青香蕉、红香蕉逐渐成为当时的主栽品种，烟台也成为我国现代苹果的发源地。

经过百年发展，烟台苹果形成了自身独特的品质特征。青香蕉和红香蕉产生后，极大地带动了芝罘、福山、牟平等地苹果产业发展。据 1932 年 12 月《胶济铁路调查报告》记载，烟台苹果总产量已达 104 300 担；到抗日战争前夕的 1936 年，仅烟台、福山、牟平的苹果栽培面积就发展到 28 512 亩，160 余万株，总产 2 486.5 万 kg，形成了烟台西洋苹果栽培的第一个鼎盛时期。1938 年，日本帝国主义侵占了烟台至解放战争时期，苹果种植遭到极大的破坏。1948 年，烟台二次解放，苹果产业出现井喷式的大发展，主要品种有青香蕉、红香蕉、国光、金帅、小叶子、秋花皮等十多个品种。

到 20 世纪 80 年代，农业部将富士品种引入我国，在烟台试种成功，开启了烟台苹果由青香蕉、红香蕉到富士苹果的转变。但凭借着"春迟、夏凉、秋爽、冬不寒"得天独厚的气候优势以及良好的栽培技术，虽然种植品种历经几代更选，但变更的是品种，不变的是品质，生产的苹果果实单果重、可滴定酸含量、维生素 C 含量、总多酚含量等指标明显高于其他产区，具有果面光洁、色泽鲜艳、汁多爽口、肉质松脆等独特的地域特征（孔维府等，2021）。

2008 年，烟台市苹果协会在国家工商总局商标局将烟台苹果注册地理标志证明商标，至此，烟台苹果得到知识产权的法律保护，其身价大幅提升，在 2009 年中国农产品区域公用品牌价值评估中，烟台苹果品牌评估为 80.97 亿元，2010 年评估为 91.37 亿元，2011 年评估为 92 亿元，成为引领中国果类产品的第一品牌。2011 年，"烟台苹果"又上升为中国驰名商标，不仅仅是地域标志，而且是质量标志、信誉标志，还是一座城市的标志，烟台苹果驰名商标不仅是烟台的、中国的，更是世界的（赵培策，2014）。

烟台苹果稳步发展恰逢其时，要沿着历史变迁的足迹，顺应时代前行的鼓点，把握产业发展的脉络，总结新经验，提出新观点，拓宽新视野，开辟新路径，让烟台苹果文化的历史画卷不断向前延伸舒展。

## 三、陕西苹果——脱贫攻坚的致富果

苹果约在 20 世纪 30 年代首次引入陕西，并开始少量栽植。1934 年，三原斗口农场、扶风聚粮寺农场及西北农林专科学校（原西北农学院前身）先后从山东青岛、烟台及日本等地引入苗木，建立了较大果园，到 1949 年，全省苹果产量达到 0.41 万 t。

陕西苹果首次规模发展始于 50 年代中期。1955 年在苏联专家考察指导下，1956—1957 年开展调查并提出规划，1957 年后半年开始在秦岭北麓建立苹果林带，面积达到 21 300 hm²。1973 年，国家外贸部、农林部、商业部和全国供销总社联合确定在陕西淳化、洛川、铜川、凤县建立红星、红冠、红元帅苹果外销出口基地。1974 年"三部一社"全国外销基地鉴评会上陕西洛川红星苹果在四项指标中有三项得分和总分均超过了美国蛇果，全省为之振奋。到 1985 年，全省苹果总面积为 5.013 2 万 hm²，产量为 14.091 9 万 t。

20 世纪 80 年代初，中国果树研究所对全国苹果主要产区的生态条件在全面调查分析后，认为陕西渭北黄土高原是唯一符合 7 项气象指标的苹果优生区。1986 年开始在渭北 18 个县区建立"百万亩优质苹果基地"，到 1990 年，苹果迅速发展到 19.83 万 hm²，产量也达到 34.93 万 t，同年，"渭北优质苹果基地建设"获省政府科技进步一等奖成果。

渭北优质苹果基地经过"七五"打基础、"八五"大发展、"九五"大调整、"十五"大提高,其规模效应、经济效益明显提高。到2005年已形成了渭北黄土高原苹果集中产区,包括延安、铜川、渭南、咸阳、宝鸡5市27个县市区,成为中国乃至世界集中连片面积最大的优质苹果生产基地,全省苹果总面积达到了42.627万 $hm^2$,产量达到560.12万 t,居全国第二位。以苹果为主的果业是改革开放以来陕西农村经济发展最快,效益最好的产业之一,更是农民增收的支柱产业和出口创汇的拳头产业,也是省委、省政府确定的全省优势特色产业。果业的迅速崛起和长足发展,带来了农业结构调整,促进了产业化经营,推动了农村二、三产业发展,在全面建成小康社会中发挥着越来越重要的作用。

近几年,按照循环经济发展理念,苹果主产区大力建设"五配套"生态果园,实现果畜良性互动,促进果业可持续发展。在此基础上,努力执行无公害、绿色苹果相关标准,全面推行果园标准化管理,建立机防队,实施病虫害统防统治,积极开展有机苹果基地建设试点,为全面提升苹果生产水平、提高果品质量安全水平、确保陕西苹果产业健康持续发展、增加市场竞争力打下坚实基础。

延安是举世闻名的中国革命圣地,不仅有红色的革命文化,而且有红色的优质苹果。延安的苹果产业有面积大、品质高的优势,并以此闻名于世。特别是以洛川为中心的南部塬区,是我国优势农产品区域布局规划苹果种植区和苹果原产地域产品保护区,其土质疏松深厚,同时昼夜温差大和光照充足的气候条件得天独厚,符合世界优质苹果生产的七项气象指标,作为世界最佳苹果优生区的核心地带,受到了国内外专家一致认可。而延安北部各县除吴起县气温稍微低一点外,其他县区也同样处于世界最佳苹果优生区。2011年农业部正式认定延安市为国家现代农业示范区,并将延安市命名为"陕西省延安市国家现代农业示范区"。

洛川苹果,是延安红色苹果的代表。洛川县古属雍州之域,夏商系西河之地。后秦姚苌建制,迄今1 600年,历史悠久。洛川地处中国黄土高原的南端且相对完整地位于洛川塬上,有着"苹果之乡"的美誉。

1947年,洛川农民将200株苹果树苗从灵宝引进洛川,建立了高原上第一个苹果园(当时只有六七亩)。引进洛川,仅用了70余年,苹果便深深地扎根于洛川,洛川也以独特的山水和土地养育着苹果。苹果种植面积从0.43 $hm^2$ 扩展到现3.33 $hm^2$,年产量从几百斤到80余万 t,收益达16余亿元,苹果收益占农民纯收入的95%以上,苹果产值占农业产值的85%以上,一跃成为先进县域经济发展的代表,被列为陕西和全国苹果生产基地。同时,苹果的发展极大地促进了洛川各个领域的发展,也深入地影响着洛川百姓的生活。洛川的生态面貌、生产条件和人民的生活水平发生了翻天覆地的变化。洛川县是典型的以苹果为主导产业的农业县,属国家确定的全国优势农产品(苹果)产业化示范县、国家优质无公害苹果出口示范基地县、优质无公害苹果标准化生产示范基地县、优质无公害苹果生产技术集成及产业化建设示范县、国家食品安全(苹果)项目示范县。

## 四、静宁苹果——品牌建设的标杆

在黄土高原的丘陵沟壑区,六盘山以西,华家岭以东的腹地上,坐落着这样一座美丽的县域,它不仅是红色革命圣地,也是红富士苹果的优质产区,这里红富士苹果现已成为家喻户晓的西北风味,它就是静宁县。

静宁作为中国苹果产业的后起之秀，自 20 世纪 80 年代中期进行苹果规模化生产以来，经持续不断的努力，通过扩规模、强基础、务精品、拓市场、创品牌，将苹果产业建设得红红火火，已成为全国苹果著名产区。目前全县苹果种植面积超过 6.67 万 hm²，历年来静宁苹果的产地销售价在全国苹果销售中起着风向标的作用，已连续 28 年保持了全国苹果出园售价最高纪录，2018 年最高出园价达 14.60 元/kg，自 2014 年以来，每年平均每 667 m² 产值超过 6 万元的高效典型，2019 年全县苹果总产量 82 万 t，产值 43 亿元，农民人均果品收入 6 000 元，苹果产业为农业的发展、农村的繁荣、农民的致富起到了很好的支撑作用。

静宁苹果产业在取得良好经济效益的同时，区域品牌建设成就也得到了政府、业界和社会的高度认同和肯定：2001 年 8 月，静宁县被国家林业局命名为"中国苹果之乡"，2001 年 9 月静宁县被国家林业局命名为"全国经济林建设先进县（市）"，2006 年 11 月，静宁县被命名为"中国苹果无公害十强县（区）"，2012 年 12 月静宁苹果被国家工商总局命名为"中国驰名商标"，2016 年 11 月静宁苹果荣获"全国互联网地标产品（果品）50强"，2016 年 8 月静宁苹果荣获"2016 年中国果品区域公用品牌价值十强"称号，2016年 9 月静宁县荣获"全国现代苹果产业 10 强县（市）"，2016 年 12 月静宁苹果荣获"2016 年全国果菜产业百强地标品牌"称号，2016 年 12 月静宁苹果荣获"2016 年全国果菜产业最具影响力地标品牌"称号。2016 年静宁苹果品牌价值 131.15 亿元；2017 年，静宁苹果在中国工商报"商标富农和运用地理标志精准扶贫十大典型案例"评选活动中荣获第 3 名，2017 年 11 月静宁苹果荣获"2017 年中国果品区域公用品牌价值英雄"，2017年 11 月静宁县荣获"2017 年中国果业扶贫突出贡献奖"，2018 年 11 月静宁苹果荣登"2018度中国最受欢迎区域公用品牌"榜。最新静宁苹果品牌估值达 140.25 亿元，居全国果品区域公用品牌价值榜第 7 位，2020 年 5 月 12 日中国品牌日颁布的农产品地理标志产品中静宁苹果排第 23 位。2020 年 9 月 9 日从祖国的南端羊城传来喜讯，"静宁苹果"亮相2020 年第六届中国果业品牌大会及亚洲（广州）果业产业大会，在下午举行的 2020 果品品牌颁奖盛典仪式上，静宁荣获 8 个大奖，成为本届大会获奖最多的县。2020 年 10 月 25日，在陕西杨凌示范区举办的"2020 年农高会·阿里巴巴·中国品牌建设促进会超 10 亿地域品牌价值发布·数字化合作启动仪式"上，由中国品牌建设促进会副秘书长张超对中国农产品地域品牌"超 10 亿品牌"上市结果进行了公布，"静宁苹果"2020 年品牌价值发布为 158.95 亿元，并授予"2020 年标杆品牌"荣誉（王田利，2022）。

## 五、灵宝苹果——天赐高山好果

河南省灵宝市位于豫秦晋三省交界处，南依秦岭，北濒黄河，地处全国南北气候分界线，气候宜人、土壤深厚，是河南省发展优质林果业的主阵地，也是黄土高原优质苹果产业带的东缘。

灵宝苹果文化厚重，特色突出。自 1921 年引进栽植，已有百年历史。1985 年 10 月24 日，时任中共中央总书记胡耀邦来灵宝视察，题词"发展苹果和大枣，家家富裕生活好"。1996 年 11 月，时任全国人大常委会副委员长费孝通品尝灵宝苹果后，对灵宝苹果给予了高度评价，挥笔赞誉"灵宝苹果甲天下"。2011 年，园艺部门编撰完成《灵宝苹果志》，成为全国首部苹果专业志书，谱写了《灵宝苹果之歌》；2013 年 9 月，建成了河南省首个苹果博览馆。2019 年 1 月，灵宝苹果获得国家农产品地理标志登记产品；4 月，被纳入第一批"全国名特优新农产品"名录；获得河南省"我最喜爱的名特优新农产品"评选投票第一名，被授予河南省科技文化遗产项目。2020 年，灵宝被授予富硒苹果之乡。2021 年 5 月，灵宝苹果品牌价值 196.52 亿元，连年稳居全国县级第一位。正是这一项项荣誉和一批批园艺工作者的前赴后继，造就了灵宝苹果辉煌的发展历程，铸成了"艰苦奋斗、坚韧图成"灵宝苹果精神。

2021 年，全市苹果种植面积 6 万 hm²，产量 14 亿 kg。在全国 19 个省市建有 350 家直销窗口，远销俄罗斯、阿联酋、泰国、越南、马来西亚等国家和地区（高江涛等，2017）。同时积极发展生态循环农业模式，积极利用苹果树枝加工菌袋，建设有机肥生产厂，大力推行"畜—沼—果"和"果—菌—肥"两大循环产业模式。并带动旅游、交通、包装、食用菌等关联产业发展，果品产业化集群年综合效益达到 207 亿元。苹果产业已成为灵宝农业发展最具特色、农村经济最有潜力、农民增收最稳定的特色支柱产业和乡村振兴的主导产业。

站在百年新征程，灵宝市紧紧围绕"种好优质苹果、保存好加工好灵宝苹果、发展'苹果＋'产业、讲好苹果故事、卖好灵宝苹果"，以建设国家级灵宝苹果现代农业产业园为抓手，以苹果绿色生产为主题，突出抓好矮砧苹果发展、项目建设、服务体系提升、品牌营销宣传、三产融合发展等重点工作，全面推进灵宝苹果产业高质量发展，助力乡村振兴。

## 六、昭通苹果——中国高原苹果的翘楚

品天下苹果，还看今"昭"。

望帝故里、朱提古郡，农耕文明生生不息，丝绸古道灿烂辉煌。金沙水拍、乌蒙磅礴，昭通——中国高原苹果之城，书写着中国南方苹果的传奇。

昭通市，位于滇黔川渝通衢之地，低纬度、高海拔、强光照，昼夜温差大、雨水充沛、土壤肥沃，无工业污染，在中国果树种植区划中被列为苹果最适宜种植区，具备优质苹果生长的 7 项主要气候指标。这里是中国最典型的低纬度高海拔立体气候区，长江中下游重要的绿色生态保护屏障。得天独厚的气候条件、丰富的自然资源禀赋，造就了昭通苹果"早、甜、香、脆、艳"的品质特点。

1926 年，苹果首次进入昭通。1938 年，陇体芳引种于昭通彝良县拖菇海。1940 年，昭阳区洒渔乡绅李仲举委托留美博士吴镜漪从成都华西引进 158 株苹果，种植于洒渔镇白鹤村李氏农庄，开启昭通苹果生产种植。新中国成立后，昭通苹果生产经历了四个发展阶段：1955—1982 年，集体化生产；1982—1995 年，家庭联产承包；1993—2012 年，规模扩张、质量提升；2013 至今，产业化发展。

历经 80 余载发展，如今的昭通苹果已成为中国南方冷凉高地优质苹果生产基地，成为昭通市委、市政府确定脱贫攻坚及接续乡村振兴期间重点打造的高原特色农业产业，也是云南省"云果"产品的重要代表，先后被农业部、云南省列为优质苹果生产基地，四次入选云南省"十大名果"，多次荣获省部级名优农产品奖、中国最有影响力的十大苹果区域公用品牌、中国百强农产品区域公用品牌、中国苹果产业榜样品牌、全国"名特优新"农产品等殊荣，是中国农产品地理标志产品。

岁月如歌，80 余载春华秋实，苹果于昭通，不再仅是一种作物、一个产业，更深深融入昭通人的乡愁情愫与城市发展血脉，与昭通结下了跨越世纪的情缘，成为昭通城市的一张靓丽名片和品牌。2020 年，4 万棵苹果树引入城市，"城在园中、园在城中、半城苹果满城香"的产城融合美好画卷与"果业兴、果农富、果乡美"的生活场景相互交融、合力共生，成为昭通一道靓丽的城市风景，向世界传递着"秋韵昭通，苹果之城"的独特魅力。

向阳而生、佳果天成。未来，昭通苹果产业向着国内一流苹果产业目标，追赶跨越、一步登顶，实现"此苹果非彼苹果"的华丽蝶变。

## 七、锦州苹果——一笔宝贵的廉政文化资源

早在 1923 年，浙江宁波籍爱国实业家李善祥先生在锦州市的南山创办了"生生果园"，开创了锦州和辽西地区苹果栽培的历史先河。"生生果园"后来不断发展壮大，曾被称为亚洲最大的苹果园。李善祥先生也被人们誉为"锦州苹果之父"。"生生果园"的发展历程凝聚了李善祥先生一片赤诚的爱国之心。他还开办耕余学院，倡导平民教育；以民族博爱情怀赈灾济贫、广施善举；他积极参加抗日活动，为锦州解放做了大量工作。锦州解放后，他将"生生果园"等大批财产全部无偿捐献给国家。李善祥先生不畏艰难困苦的创业精神、艰苦朴素的高尚品格、悲天悯人的博爱情怀、刻骨铭心的爱国热情、无私无畏的民族大义，给我们后人留下了一笔不可多得的精神财富，也成为"锦州苹果"这一宝贵文化资源深刻内涵的有机组成部分。

1948 年 10 月，在辽沈战役锦州攻坚战期间，正值苹果成熟的季节。锦州市周边及辽西地区有大片大片的苹果园。人民解放军战士严守军纪、秋毫无犯，面对着香甜鲜艳的苹果的诱惑，忍受住行军作战带来的饥渴，一个老百姓的苹果都不去拿，这成为广为流传的战场佳话。

毛泽东多次提及辽沈战役期间解放军战士忍饥挨饿也不吃老百姓的苹果的感人事迹，用来强调保持和发扬艰苦奋斗精神的重要性。几十年来，毛泽东"锦州那个地方出苹果"的名言传遍全国，"锦州苹果"已远远超出一种地域水果的本来含义，成为一笔宝贵的历史文化资源。"锦州苹果"文化是个大概念，它包括李善祥老先生的筚路蓝缕的艰苦创业精神、爱国主义精神、民族精神和无私奉献精神，包括解放军战士不吃老百姓的苹果的军民鱼水情深和"兵民是胜利之本"的内涵，包括人民军队要严守军纪等内涵。但是，"锦州苹果"文化最重要的、最直接的价值是其廉政教育价值，其最核心、也是最主要的内涵是其中的廉政文化内涵（迟克举，2013）。

## ■ 参考文献

陈静，宋烨，周大森，等，2022. 我国苹果产业地方标准统计分析［J］. 北方园艺（5）：140-145.

陈静，周大森，张鑫，等，2022. 我国果品产业标准化现状及发展对策［J］. 中国果菜，42（4）：68-71，79.

迟克举，2013. 充分利用地方文化资源打造特色廉政文化品牌——以创建"锦州苹果"廉政文化品牌为例［J］. 廉政文化研究，4（1）：44-50.

高辉，陆建飞，张洪程，2004. 加强农业标准化教育，促进创新人才培养［J］. 高等农业教育（8）：21-22.

高志奇，刘改革，2010. 对洛川苹果产业化建设的思考［J］. 山西果树（6）：44-46.

高江涛，朱坤林，2017. 灵宝苹果产业化发展现状及对策研究［J］. 南方农业，11（26）：56-57.

胡德计，张波，林雅琴，等，2018. 互联网＋农业背景下生鲜果品安全追溯系统的研究与设计 [J]. 现代商业，494 (13)：20-22.

贺亚丽，仇宏昌，刘钟鸣，等，2016. 河南三门峡苹果产业发展现状与对策 [J]. 果树实用技术与信息 (5)：42-45.

孔维府，郭菲，李军，等，2021. 烟台苹果历史发展及其百年古树的文化遗产特征分析 [J]. 果树资源学报，2 (4)：79-83.

卢海燕，刘贤金，2016. 种植业生产过程标准体系发展现状与对策建议 [J]. 农产品质量与安全 (4)：18-22.

梁自胜，2021. 当前农产品品牌建设存在的问题与对策 [J]. 山西农经 (13)：167-168.

李志霞，聂继云，闫震，等，2016. 我国苹果质量全程管控标准体系研究 [J]. 农产品质量与安全 (5)：38-42.

李耀东，2021. 农产品区域品牌助推乡村振兴的作用机理和实施路径研究 [J]. 经济问题 (9)：97-103.

米尔卡米力·麦麦提，刘忠权，马晓东，等，2021. 新疆野苹果的生存现状、问题及保护策略 [J]. 广西植物，41 (12)：2100-2109.

钱永忠，王芳，孙立城，等，2006. 农业标准化人才培养策略研究 [J]. 中国标准化 (1)：59-61.

祁坤，2019. 当前农产品品牌培育的难点思考及对策分析 [J]. 农村经济与科技，30 (24)：231-232.

石晓爽，姚三秋，2018. 标准化服务乡村振兴战略的现实需求与技术对策 [J]. 中国标准化，531 (19)：88-91.

苏志豪，李文军，曹秋梅，等，2019. 新疆野苹果的种群年龄结构与数量动态 [J]. 干旱区研究，36 (5)：1153-1160.

王文龙，2021. 中国地理标志农产品品牌竞争力提升路径研究 [J]. 青海社会科学 (5)：110-116.

王斌，2021. 昭通市昭阳区苹果产业发展的意见和建议 [J]. 基层农技推广 (3)：55-56.

王万周，2017. 实施品牌战略促进果品产业提质增效的措施分析 [J]. 乡村科技 (23)：23-24.

王田利，2022. 静宁县苹果区域品牌建设成就及主要做法 [J]. 中国果业信息，39 (2)：20-21.

徐晶，宋振洲，2017. 河北省果品质量安全追溯系统的设计与实现 [J]. 河北林业科技，215 (4)：61-64.

肖艳，张利群，2017. 区域品牌经济发展机制探究 [J]. 社会科学战线 (9)：251-255.

许吉婷，2021. 烟台苹果产业现存问题及发展方向研究 [J]. 商场现代化 (20)：35-37.

叶敏，2013. 农产品品牌建设中的问题及对策 [J]. 中国经贸导刊 (1)：42-43.

姚春玲，2013. 农业产业集群与农产品区域品牌竞争力提升策略 [J]. 农业现代化研究，34 (3)：318-321，327.

张晓云，修文彦，常亮，等，2014. 对农业标准化生产和产业化经营结合发展的思考 [J]. 农业标准化 (4)：41-43.

支树平，2016. 发挥"标准化＋"效应 服务供给侧结构性改革 在全国标准化工作会议上的讲话（摘要）[J]. 中国标准化 (2)：10-12.

张建新，葛武鹏，杜双奎，等，2017. 农业标准化（苹果）实施与综合效益评价初探 [J]. 农产品加工，443 (21)：70-74，78.

张振军，宋卫，张洁，等，2021. 新疆阿克苏苹果产业的优势、存在的问题及其对策 [J]. 果树实用技术与信息 (10)：39-42.

邹治鑫，罗达，汪润之，等，2021. 数字经济背景下农业区域公共品牌建设——基于构建区块链农产品溯源体系的视角 [J]. 现代商业 (29)：3-5.

赵培策，2014. 烟台苹果文化寻根 [J]. 中国果菜，34 (4)：69-73.

# 第九章　苹果及浓缩苹果汁市场与贸易

## 第一节　苹果鲜果市场与贸易

### 一、国内市场

#### （一）国内苹果市场基本情况

我国是全球最大的苹果生产国和消费国。2021 年我国的苹果种植面积超 208.852 万 hm$^2$，总产量 4 406.61 万 t，我国苹果产量占全世界苹果产量的 50% 以上，并且我国近十年来苹果的产量和种植面积稳步增长。我国苹果种植广泛分布于 25 个省份，其中黄土高原地区和环渤海湾地区是传统的苹果优势产区，还有西南冷凉高地苹果产区、黄河故道苹果产区、新疆苹果产区等。我国苹果市场已经扩展为以苹果种植为基础，开展苗木繁殖、技术服务、储藏、加工、销售、文化旅游等系列生产、市场服务活动，其中最重要的部分是苹果销售。我国苹果营销市场格局为以鲜苹果为主，鲜苹果销售占到苹果产量的 66%，其中出口占到苹果产量的 3%；加工果占到苹果产量的 16%，各环节损耗占到苹果产量 15%。2008 年以来，我国苹果鲜食消费量持续增加，未来一定时期内，鲜苹果消费依然是我国苹果消费的主要形式。

我国苹果消费量整体呈增长态势，2012 年我国苹果表观消费量为 3 489.92 万 t，到 2020 年增长至 4 308.36 万 t，年复合增长率为 2.67%。2012 年以来，中国苹果批发价格基本稳定在 6~10 元/kg 这一价格区间。受 2018 年苹果减产因素影响，2019 年上半年苹果批发价格大幅上涨，最高价达到 13.71 元/kg，随着下半年苹果产量恢复增长，苹果批发价格呈下降态势。2020 年由于疫情影响，上半年苹果销售不佳，进入 9 月以后主流的富士苹果开始上市才使得苹果销售情况有所好转，但国内苹果的库存压力依然较大。2020 年是苹果销售最艰难的一年，年初的疫情给苹果销售带来巨大冲击，后期果商果农对形势的错误判断、捂盘惜售使苹果销售雪上加霜。

如何将巨大产量的苹果鲜果销售出去？分布在全国各地的水果批发市场为我国苹果鲜果的销售做出突出贡献，据不完全统计，全国具有一定规模的主要水果批发市场近 1 000 个，这是我国苹果等水果销售的主战场。规模比较大的水果批发市场有济南堤口果品批发市场（1986 年创办）、北京新发地市场（1988 年创办）、浙江金华农产品批发市场（1990 年创办）、浙江嘉兴水果市场（1992 年创办）、广州江南水果批发市场（1994 年创办）、湖南长沙红星大市场（1997 年创办）、上海农产品中心批发市场（1998 年创办）、浙江杭州果品集团有限公司（2001 年创办）、海口南北水果批发市场（2001 年创办）、陕西雨润农产品西安果品市场（2009 年创办）等。陕西、山东等苹果产区依托产业优势形成多个规模较大的果品批发及交易市场，如洛川县国家级苹果产业园区、雨润农产品批发市场、栖霞蛇窝泊果品批发市场、招远坤发农产品批发市场、烟台黄务果品批发市场等。此外，天水市瀛池果蔬批发交易市场、运城市果蔬批发市场、金鲁红农产品批发市场、昭通洒渔苹果交易市场等在我国其他主产省的果品流通中发挥了重要作用。

　　我国苹果营销方式主要包括农贸市场、超市及水果连锁超市、个体商贩及电商、微商等方式。随着科学技术的进步，苹果在内的果品经营模式正在发生重要变化，在产业前端，果农大户直存、直销；在产业末端，大型超市、水果连锁店纷纷到产地直采；电商、微店、直播带货等线上销售更是实现了从村口到门口，苹果一票直达。这些新的销售渠道，均绕过了产销两地的果品批发市场，减少了中间环节，减少了物流成本。在电子商务大趋势下，中国生鲜电商特别是水果电商处于高速发展期，受资本追捧，生鲜电商不断完善产业链条的各个环节，市场表现强劲。行业内有"农产品电商决胜于生鲜电商，生鲜电商决胜于水果电商"之说。尤其是 2020 年新冠疫情发生后，随着冷链物流技术的进步，互联网工具的加入，水果品牌因素的展现、传播变得容易，消费者可以便捷、系统地了解水果的产地、品质、知识，随时随地可以通过手机购买所需要的苹果等水果。电商、微店、直播带货越来越能显现鲜苹果等水果销售的优势和地位，这也将成为苹果等水果行业的一个重要发展方向。2020 年全国水果电商在整个水果销售渠道中的占比将超过 10%，成为主渠道之一，而且增速是传统渠道的好几倍。水果电商发展快，新模式新业态功不可没，特别是正在兴起的直播电商。在 2020 年的抗疫助农中，多位明星、大量主播和县长走进直播间，叫卖水果。农民通过直播销售水果的比例在不断增加，而不是传统的淘宝、京东等电商平台。对果农而言，如果上传统电商平台，从一开始的装修店铺、美工摄影、文案创作到后台客服、数据分析、电子接单等程序，复杂难学，但直播简单有效。社区团购叮咚买菜、兴盛优选、美团优选、淘菜菜、多多买菜等也在参与水果网上销售。

　　针对我国目前苹果产量供大于求的现状，一是做好苹果产业发展顶层规划，稳面积，促单产，提品质；二是注重苹果品牌建设，诚信经营，做出百年老店；三是广泛宣传，进一步扩大消费群体，增加消费量；四是延长产业链条，提升苹果附加值。

　　**（二）国内期货交易情况**

　　2017 年 12 月 22 日，郑州商品交易所（简称郑商所）挂牌上市了苹果期货。经过 4 年多的运营，苹果期货成为行业有效的远期价格参考和风险管理工具，加快了行业标准化进程，优化了行业资源配置。苹果期货立足脱贫攻坚和乡村振兴，在对中国苹果产业分布及贸易流向系统分析基础上，服务产业实际和实体经济，取得了较为显著的成效。

　　**1. 苹果期货交易量与交割量**　截至 2021 年 12 月，苹果期货日均成交量达到 31.4 万手，日均持仓 23 万手，市场运行质量稳步提升，进一步夯实了服务农产品实体经济的基础（图 9-1，图 9-2）。利用苹果期货管理现货风险的产业客户超过千家，参与深度明显提升，进一步改善了投资者的结构。苹果期货累计交割 3.1 万 t，其中 2110 合约交割 4 250 t，创下生鲜品期货单合约交割量历史纪录而且苹果期货交割日益顺畅，服务苹果产业的能力进一步提升（图 9-3）。

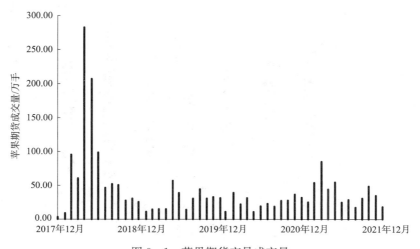

图 9-1 苹果期货交易成交量

注：2021 年 10 月前 20 t/手，2021 年 10 月后 10t/手。

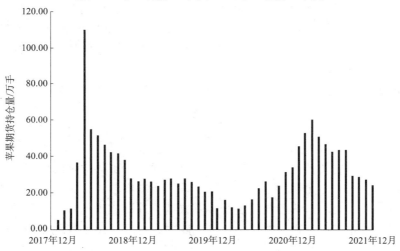

图 9-2 苹果期货交易持仓量

注：2021 年 10 月前 20 t/手，2021 年 10 月后 10t/手。

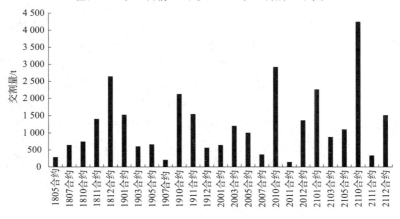

图 9-3 苹果期货交易交割量

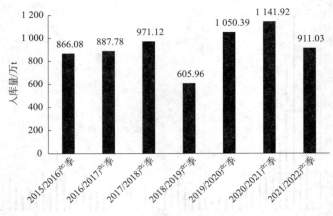

图 9-4　各产季苹果入库量

苹果期货自上市以来，交易量与持仓量的峰值出现在 2018 年 4—6 月，由于 2018/2019 产季倒春寒等多方面减产因素的影响，苹果期货、现货价格持续走高，投资者参与度高，交易量与持仓量均达到顶峰（图 9-4）。因为 2019/2020 产季苹果产量同比增长近 40%，1910 合约至 1912 合约中苹果大量交割出货、去库存，使得苹果成交量与持仓量在 2020 年 1 月份达到最低值。

从交割量统计中可以看出，各年度交割量的峰值均出现在 10 合约与 12 合约，一方面是因为 10 月苹果大量上市，早期货集中出货；另一方面也与元旦、圣诞、春节等节日苹果集中去库存有关。

**2. 期货价格变化与市场预期**　苹果期货通过提供"不问产地，只问标准"的定价机制以及覆盖整个产季的公开透明的远期价格信息，优化了现货价格的生成、发布、传导机制，便于所有产业主体参照期货价格，依标定价，指导经营。

随着市场规模扩大与产业参与度提升，苹果期货逐渐成为现货定价的参考，一些龙头企业已开始通过基差定价进行现货交易，例如陕西、甘肃、山东等地也通过电子屏幕播放期货价格。陕西省延长县政府通过当地电视台在收购季持续播报苹果期货价格，帮助果农了解市场价格，提高议价能力。现阶段大多数的苹果销售现货贸易商和加工企业都参考苹果期货价格来进行出售和回收。与此同时，苹果期货大大提高了市场信息和价格的透明度，让果农、买家和交易商在买卖苹果时可以获得价格和质量的参考，使果农、苹果种植合作社、买家、贸易商等在购买和销售苹果时有价格和质量的参考标准。

2017—2021 年，苹果期货价格与现货市场价格变化基本一致。近 5 年来价格的峰值出现在 2018/2019 产季，主要原因是清明期间大范围严重霜冻增加了减产风险，另外多头资金的入场炒作也拉高了行情（图 9-5）。2018 年 4 月 6—8 日，清明期间，倒春寒天气席卷全国，尤其是西部苹果主产区受影响更为严重，预期产量大幅下降，苹果期货发挥其价格发现功能，2018/2019 产季合约大幅上涨，以冻害发生后的第一个交易日即 4 月 9 日开盘价与 1810 和 1901 合约最高价计算，1810 和 1901 合约涨幅达 86.46% 和 78.23%。伴随着减产程度的矛盾、早晚熟苹果价格、仓单成本和交割博弈等方面影响，苹果期货价格波动剧烈。

近 5 年来的最低值出现在 2020/2021 产季，该产季较 2019/2020 产季有明显减产，苹

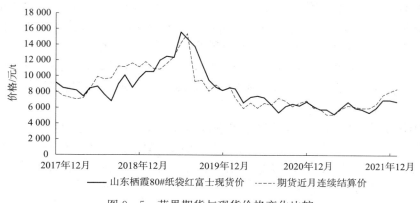

图 9-5 苹果期货与现货价格变化比较

果收购价格高开高走，之后入库量超预期、替代水果丰产价低、疫情持续、消费不足等因素造成价格下跌。2021/2022 产季初期持续阴雨天气导致优果率下降、入库量同比下降、推动现货收购价格上涨等情况，在期货市场有所反映，苹果期货价格发现功能作用明显。

苹果作为大众消费中的中低端生鲜水果，因其全年供应，市场需求较多，使得能够替代苹果的生鲜产品少之又少。在苹果的去库存销售区间内，真正对苹果起到替代作用的水果仅仅有冬季水果柑橘类的砂糖橘、沃柑、夏季水果西瓜等，尤其是苹果消费旺季的冬春季节，柑橘类水果对苹果冲击较大，有较强的替代性。

**（三）中国鲜苹果进出口情况**

**1. 中国鲜苹果出口情况** 据中国海关统计数据，2020 年我国苹果出口总量为 105.80 万 t，较 2019 年的 97.10 万 t 增长 9.00%，虽然较 2019 年有所增长，但相比过去 5 年苹果出口平均数量 110.80 万 t，减少了 5 万 t。2019 年出口数量属于较少的年份，主要是由 2018/2019 年季西部产区苹果遭受霜冻造成的减产导致。

2020 年出口数量低于平均数量的主要原因有四点：一是受新冠肺炎疫情影响，前期国内限工限产，造成供应不足，后期因国外疫情逐步严重而需求减弱；二是 2020 年人民币持续升值，苹果出口价格升高；三是第四季度海运费暴涨、舱位不足影响了出口数量；四是一些主要进口中国苹果的国家停止进口、比如印度、巴基斯坦、俄罗斯、朝鲜等。

2020 年中国苹果出口到 62 个国家和地区，其中超过 1 万 t 的国家和地区依次为孟加拉国（17.91 万 t）、菲律宾（16.84 万 t）、越南（16.02 万 t）、泰国（13.69 万 t）、印度尼西亚（13.37 万 t）、缅甸（5.30 万 t）、尼泊尔（4.38 万 t）、马来西亚（3.85 万 t）、中国香港（3.05 万 t）和新加坡（1.27 万 t）。由此可见，中国苹果的出口市场主要以东南亚一些发展中国家和欠发达国家为主，主要原因包括：一是因为这些国家不适宜种植苹果；二是因为近洋或边贸运输成本较低，有价格优势。2020 年 8 月至 2021 年 4 月我国苹果出口 91.05 万 t，较上个年季同期增长 3.80%，其中 2021 年 1 月至 4 月累计出口 31.60 万 t，同比增长 7.51%，这与我国今年成功控制新冠疫情有很大关系。早在 2020 年我国苹果出口额为 14.50 亿美元，同比增长 16.30%，平均单价为 1.37 美元/kg，单价同比增长 6.80%。

我国苹果出口贸易企业有 600 多家，出口量较大的企业主要集中在山东省，目前出口企业存在多而小的状况，企业之间规模差距比较大。在产品质量方面也是参差不齐，大多数企业品牌不突出,主要靠价格竞争为主,出口企业利润微薄且不稳定,每年都有新增企业和退出企业。苹果出口离岸港口海运以山东黄岛港为主,陆运以昆明为主。中国国家税务总局对于苹果出口企业虽然给予 9% 的退税补贴,苹果出口企业也积极推进,但因为一些主要进口国对我国苹果进口的叫停,出口数量一直停滞不前,甚至还有下滑的趋势。苹果出口数量在我国苹果总产量和销售量中的贡献很小,解决苹果销售难问题的关键是做好内销,促进内循环。

**2. 中国鲜苹果进口情况** 我国鲜苹果进口的数量非常少,年进口量在 6 万 t 左右,主要进口来源国为新西兰、智利、美国、南非和法国。据中国海关统计数据,2020 年我国苹果进口总量为 7.57 万 t,2019 年进口 12.52 万 t,2019 年进口数量较多,与我国 2018/2019 年季苹果大幅减产也有一定的关系。

## 二、国际市场

2020/2021 年全球苹果总产量减少 330 万 t,降至 7 610 万 t,这主要是受中国西北各省份春季严重霜冻的影响。尽管供应量减少,但随着欧盟(尤其是波兰)从 2021 年一系列恶劣天气中反弹,预计全球出口量仍将保持在 580 万 t 的水平。

美国华盛顿州、纽约州和密歇根州是美国三大苹果产区。苹果的收获工作通常于 8 月从北部开始,并从 9 月开始东西部的收获。由于华盛顿的果园受到暴风雨影响,而密歇根州遭遇严重冰冻,2020 年美国苹果总产量减少 15 万 t,降至 470 万 t。美国农业部国家农业统计局(NASS)对苹果产业进行了调查,并在 2020 年 8 月的农作物产量报告中发布了美国对苹果产量的预测。随着供应量的减少和需求的增加,加拿大供应商对美国的出货量也随之增加,可能会使美国苹果出口量减少到 81.5 万 t,同时进口量增加至 12 万 t。

欧盟 2020/2021 年因气候条件较好,波兰苹果产量增长幅度约 27%,带动欧盟苹果的总产量增长 10%,达 1 250 万 t(与 5 年平均值相比增加 8%)。波兰苹果产量高,价格相对便宜,苹果加工量增加(2020—2021 年为 29%,2021—2022 年为 34%)。欧盟有约 780 万 t 苹果用于新鲜水果消费(同比增长 2%),410 万 t 苹果用于加工。由于苹果价格较低和消费者越来越注重健康饮食,欧盟人均每年新鲜苹果消费量将保持在一个相对较高的水平(15.3 kg)。

俄罗斯由于春季霜冻和冰雹影响商业果园的产量,以及 2019 年丰收后非商业果园停产,俄罗斯苹果总产量下降近 24 万 t,至 150 万 t。随着新果园种植面积的扩大,俄罗斯的商业产业继续发展壮大。与此同时,老果园不断被更新替代,然而新植园的产量还没有达到预期的水平。预计国内供应量的减少,将促进南半球供应商出货量的增加,使俄罗斯进口量增加近 6 万 t,达到 81 万 t。

2020/2021 年智利苹果总产量轻微减产约 1.9 万 t,达到 110 万 t,因受到负面天气及劳动力不足等问题,导致苹果种植面积连续 6 年下降。同时,受到来自南半球其他种植者的竞争加剧,导致苹果的收益较低,一些种植者转向利润更高的水果和坚果作物,如樱桃和核桃。苹果出口量下降至 65 万 t。

2020/2021 年墨西哥由于恶劣天气影响了产量最高的奇瓦瓦州苹果的生长,墨西哥苹果总产量下降 8 万 t,至 68 万 t。尽管遭遇挫折,但种植面积仍在不断扩大和改善,目前高密度种植面积占奇瓦瓦州种植总面积的 30%。尽管产量下降,消费需求疲软,但预计上季的供应将使进口量保持不变，为 25 万 t。

新西兰受新冠肺炎疫情的影响，劳动力无法保障，2020/2021 年新西兰苹果总产量几乎与去年持平，为 58.3 万 t。尽管扩大了种植面积和具有良好的生长条件，但劳动力不足可能会影响修剪、间伐和收成。假设供应量减少，预计出口量将小幅萎缩至 39 万 t。

土耳其尽管安纳托利亚中部遭遇冰雹，包括最大的主产区伊斯帕塔，但由于新植园的投产和整体良好的生长条件，2020/2021 年土耳其的苹果总产量将跃升 68 万 t，达到创纪录的 430 万 t。老品种继续被吸引出口市场的新品种取代。由于产量的增加，出口量激增 4 万 t，达到 25 万 t。预计供应量的增加也将促进国内消费，包括新投资的果汁行业。

# 第二节　苹果浓缩汁市场与贸易

## 一、国内市场

### （一）苹果汁市场情况

受饮食习惯、收入水平等影响，我国果汁饮料市场起步较晚、发展程度低，我国人均果汁年消费量仅有 1.10 kg，而发达国家人均果汁年消费量已超过 40.00 kg，世界人均果汁年消费量也达到约 10.00 kg。虽然国内果汁市场并不成熟，但需求快速增长趋势表明，中国饮料市场已经处于结构转型阶段，果汁市场快速成长势态已经显现。近年来，在浓缩苹果汁企业注重产品创新、下游果汁饮料行业迅速发展的推动下，国内苹果汁市场快速成长，市场需求不断扩大。

苹果浓缩汁是苹果加工业主导产品，主要生产国有中国、波兰、阿根廷、德国、美国等。近年来，随着中国苹果汁产业持续发展，已经成为世界最大的苹果浓缩汁生产国。目前国内浓缩苹果汁生产线已超过 70 条，总的苹果加工能力超过 2 500 t/h，每年可加工苹果 800 万 t，主要省份为陕西、山西、山东、河南、辽宁、甘肃等。其中，陕西有恒通、海升、安德利等浓缩苹果汁生产企业 17 家，加工厂 21 家，年生产能力达 60 万 t 以上，成为全国最大的浓缩果汁生产基地。

### （二）中国浓缩苹果汁出口情况

浓缩苹果汁是我国最重要的苹果加工产品，我国苹果浓缩汁绝大部分用于出口，远销全球 60 多个国家和地区，是最大的浓缩苹果汁出口国。年使用鲜苹果 350 万～500 万 t。国内有许多知名的大型浓缩苹果汁加工企业，主要集中在陕西、山西、甘肃等苹果主产区。其中，陕西省所占比例最大，也是我国最大的浓缩苹果汁生产基地，生产加工能力强，2019/2020 产季陕西省浓缩苹果汁产量 35.8 万 t，较上一产季翻了一番，整体产量达到了全球的 1/3。我国浓缩苹果汁主要依靠海外市场，受消费习惯及消费水平的影响，目前我国浓缩苹果汁的消费的量较小，每年消费量在 10 万 t 左右。

据中国海关统计数据显示，2020 年我国浓缩苹果汁出口总量为 42.04 万 t，同比增长 9.30%，出口总金额为 4.32 亿美元，同比增长 1.62%，平均出口单价为 1.03 美元/kg，单价同比降低 6.36%。2020 年我国浓缩苹果汁出口到 72 个国家和地区，主要出口目的地是美国、日本、俄罗斯、南非、加拿大等国，消费浓缩果汁较多的国家以发达国家为主，美国是进口我国浓缩苹果汁数量最多的国家，年进口量超过 10 万 t。我国浓缩苹果汁出口数量在 2017 年达到顶峰后，2018 年及 2019 年加速下降。2018 年及 2019 年苹果汁出口量分别为 56 万 t 及 38.56 万 t，分别下滑 15.15% 及 31%。2021 年中国苹果汁出口量为 42 万 t，与 2020 年出口量基本持平。由于海运费从 2020 年第四季度至今一直处于高位运行，显著增加了出口企业的运输成本，为应对国际市场竞争，浓缩苹果汁的出口价格并没有相应提高，致使浓缩果汁出口企业的经营面临着很大的挑战。

### （三）中国浓缩苹果汁进口情况

我国进口苹果浓缩汁的数量非常少。据中国海关统计数据，2021 年我国进口苹果浓缩汁共 254 t，同比微幅增长 1.78%，进口金额 33.36 万美元，同比减少 17.83%，平均进口单价 1.31 美元/kg，同比降低 19%，主要进口国为希腊、波兰、以色列、土耳其及德国。

## 二、国际市场

浓缩苹果汁的主要出口国是中国、波兰、德国、意大利、阿根廷、智利、匈牙利等，主要进口国是德国、美国、日本、意大利、奥地利、澳大利亚等。最大的进口市场是美国、日本及欧洲。这三个市场的年需求量约为 70 万 t，其中美国为 28 万～30 万 t，欧洲约为 36 万 t，日本为 7 万～7.5 万 t。在美国、日本和德国等一些国家，随着生产成本的不断增加，国内浓缩苹果汁的生产规模不断缩小，目前需要依靠进口来满足市场需求。

### （一）美国浓缩苹果汁主产国的产销情况

美国是全球第一大浓缩苹果汁进口国，但浓缩苹果汁生产量逐渐缩小。美国浓缩苹果汁需求量大而且稳定。2019/2020 年美国苹果产量约 470 万 t，其中加工用量约占 40%。美国年产浓缩苹果汁 13 万～15 万 t，每年需要进口 28 万～30 万 t 浓缩苹果汁，除少量供出口外，大部分供美国本地消费。美国是浓缩苹果汁的纯进口国。因此，美国是中国及其他浓缩苹果汁生产国的必争市场。阿根廷、智利、德国是美国市场的传统供应国。进入 21 世纪以来，随着中国浓缩苹果汁加工业的崛起，中国与阿根廷、智利和德国成为向美国出口浓缩苹果汁的主要国家。由于进口浓缩苹果汁的价格较美国国内生产的便宜，近几年来，廉价的进口浓缩苹果汁影响了美国本土的浓缩苹果汁生产。

### （二）欧洲浓缩苹果汁主产国的产销情况

欧洲是世界上的苹果主产区，是浓缩苹果汁的主要的和传统的生产地、消费地和贸易地。欧洲浓缩苹果汁的产量大约为 40 万 t，主要生产国是波兰、德国、意大利、匈牙利、土耳其和西班牙。同时欧洲市场对浓缩苹果汁的贸易量也很大，欧洲进口浓缩苹果汁每年约 30 万 t，出口约 40 万 t 浓缩苹果汁。一方面欧洲内部的贸易量大，另一方面，欧洲每年从中国进口大量浓缩苹果汁，或自行消费，或转口出口到美国等其他国家。

波兰是传统的浓缩苹果汁生产国，也是世界著名的浓缩苹果汁出口商，曾是全球浓缩苹果汁出口第一大国。尽管中国已取代波兰成为世界上最大的浓缩苹果汁出口国，但是波兰在国际浓缩苹果汁市场上仍有很大的影响力，影响着世界浓缩苹果汁的价格。原因在于波兰具有先进的加工设备，低价、适合的苹果加工原料，以及国际市场上享有可靠的声誉。随着苹果汁在世界市场上消费量的扩大，对波兰产品的需求相对较多。波兰气候、人口、经济、环境等条件优越，苹果栽培历史悠久。1986—1987 年，波兰受到强大寒流的影响，大约 60% 的苹果树被冻死；通过恢复苹果产业，带来了苹果产业现代化的历史机遇。波兰的鲜苹果市场已经低迷了很长一段时间。近年来，其鲜果产量和出口量呈下降趋势。在波兰的苹果总产量中，用作加工的苹果所占比例非常高，这在世界上所有国家都是罕见的。1995 年，苹果作为加工原料的比例达到历史最高水平为 86.2%。2019/2020 年，波兰的苹果产量约为 300 万 t，其中约 26% 用于新鲜消费，约 64% 用于加工。浓缩苹果汁的产量约为 20 万 t，其中 97% 为出口产品，波兰生产的浓缩苹果汁主要出口到德国、奥地利、荷兰和美国。

**（三）南半球浓缩苹果汁主产国的产销情况**

南半球浓缩苹果汁的主产国是阿根廷、智利、新西兰、南非和巴西等。这些国家的苹果产量占世界苹果总产量的 11%。

阿根廷是世界第六大浓缩苹果汁生产国，出口量位列世界第五位。阿根廷 50% 以上的苹果用于加工，75% 的加工原料用于生产浓缩苹果汁。近 5 年来，阿根廷浓缩苹果汁产量相对稳定，平均年产量 6.7 万 t，其中 96% 出口到北美市场。与此同时，通过北美对中国和日本的出口量也在增加，而其国内销售额仅占 4%。

智利加工用苹果只占其总产量的 30%~40%。大量鲜苹果出口到巴西和其他南美国家。智利加工苹果的市场相对较小，加工苹果所用的原料 90% 用于生产浓缩苹果汁。2020 年智利苹果总产量约 160 万 t，果汁加工原料消耗量约占苹果总产量的 35%。智利苹果浓缩的 85% 出口到美国，11% 出口到日本。对日本出口减少的原因是中国浓缩苹果汁的产销量增加，取代了智利生产的浓缩苹果汁。

## 三、国际市场浓缩苹果汁需求

美国、日本、俄罗斯及欧盟市场是中国苹果汁最重要的出口市场，对中国苹果汁而言，这些市场的苹果汁需求特征和变化趋势对中国苹果汁出口企业制定出口战略调整产品结构以及价格策略具有重要的影响。对美国、日本、俄罗斯及欧盟市场苹果汁需求特征和规律的分析发现，各个市场的苹果汁需求特征和规律之间存在共性，也有各自的特性。

美国、日本、俄罗斯及欧盟市场的苹果汁本国产量小，且呈下降趋势，其本身产量无法满足消费市场需求。另外，随着苹果汁用于制酒、苹果醋、保健品等非果汁用途的增加，苹果汁消费需求将不断扩大，市场需求前景乐观。虽然受金融危机的影响，国际苹果汁贸易量和贸易金额出现锐减趋势，但随着全球经济的回暖，以及各大饮料生产商需紧急补充库存，美国和俄罗斯市场苹果汁进口支出出现上升趋势，全球苹果汁贸易量和贸易金额出现缓慢上升趋势。从苹果汁贸易的变化趋势可以判断，未来几年，全球苹果汁进口需求将会增加，而随着美国、日本、俄罗斯及欧盟市场苹果汁本国产量的不断下降，美国、日本、俄罗斯及欧盟市场的苹果汁消费依赖进口的趋势将更为明显。

对中国苹果汁产品而言，美国市场苹果汁需求潜力巨大，但明显受到国际市场价格和收入波动的影响，以及橙汁和菠萝汁的替代和来自巴西、阿根廷和加拿大的苹果汁的激烈竞争。因此，美国市场是一个高风险、高波动性的市场。日本市场较成熟，虽然苹果汁进口需求对价格波动不敏感，其他国家的苹果汁对中国苹果汁没有替代作用，但受到日本政府设置的高进口壁垒和日本经济低迷的影响，预计未来几年中国苹果汁扩大对日出口难度非常大。俄罗斯果汁市场需求潜力巨大，苹果汁进口需求增长较快，但是进口需求对价格波动极为敏感，价格是影响俄罗斯果汁进口结构和进口需求的主要因素。中国苹果汁在俄罗斯市场中竞争优势不明显，且受到乌克兰和波兰苹果汁的激烈竞争。欧盟苹果汁市场非常成熟，市场需求受收入影响不明显，增长空间较小，中国苹果汁在欧盟市场中竞争优势不明显，欧盟市场更偏好于土耳其和乌克兰苹果汁，再者，受欧盟共同农业市场政策的影响，中国苹果汁扩大对欧盟市场出口比较困难。

## 四、国内外浓缩苹果汁市场贸易对比分析

国际市场和国内市场需求给中国苹果汁产业发展带来了机遇和挑战。中国苹果汁出口集中于美国、日本、俄罗斯及欧盟市场，这种高度集中的出口市场结构和对出口市场的严重依赖，给中国苹果汁产业发展带来极大的风险，另外，苹果汁属于非主食农产品，国际市场对苹果汁的进口需求受苹果汁价格波动，进口政策变化、汇率、贸易壁垒等因素的影响，需求具有很强的波动性，出口市场高度集中且市场需求不稳定，严重制约着中国苹果汁产业发展。从我国苹果汁产业的发展现状来看，我国苹果汁产业发展高度依赖出口市场的现状在短期内较难改变。然而与国际市场需求特征和趋势相比，国内市场在需求方面具有比较优势，主要体现在国内果汁消费市场快速成长，如 NFC 鲜榨果汁、复合果汁、餐饮茶饮、果醋、果酒、健康食品等对苹果汁需求巨大。另外，国内苹果汁市场需求不受汇率、贸易政策、贸易壁垒等因素的影响，同时可以有效降低交易成本和运输成本，控制市场价格。因此，积极拓展国内市场，转变中国苹果汁高度依赖出口市场的发展模式，转移出口市场风险，是中国苹果汁产业发展的必然趋势。从中长期的发展来看，国内市场将成为中国苹果汁最重要的目标市场。

## 五、我国苹果及苹果汁产业发展策略

我国是世界苹果生产大国，种植面值、产量均居世界第一，苹果及浓缩苹果汁是我国极具优势的产业。经过几十余年的努力，质量得到世界公认。产量跃居全球第一，占世界产量 50% 以上，但我国苹果产业和市场总体还很年轻，抗风险能力较弱。针对本产业的弱点提出以下建议：

（1）建立苹果出口产供销一体化的营销体系，强化"公司＋基地＋农户"的产业化模式，克服分散经营与市场的矛盾，做到统一生产、统一加工、统一销售，树立品牌。积极培育各种中介组织，在信息、资金、渠道等方面提供全方位的服务。调整品种结构适当扩大一些中早熟苹果的种植面积，实现早中、晚熟品种合理搭配，错开上市时间，拉开销售空档。通过苹果的多样化种植，满足消费者的差异化消费需求，从而提高果农的收益。除此之外，根据我国国情，开发出适合国内苹果生产的新栽培技术，提高果园机械装备能力和机械化作业水平，从而减少人工用量，提高生产效率，降低生产成本，提升竞争力。

（2）多路出击，开拓市场，减少汇兑损失。我国苹果浓缩汁加工企业在销售上要克服对美国市场过度依赖的弊端。积极开拓欧洲、中东、中亚、东南亚、北美等市场，实现出口的多极化，实现外汇结算的多样化，减少汇兑损失。除此之外，开发出类型丰富、风味独特的苹果加工品，满足多元化的市场需求，如生产加工苹果原汁、苹果 NFC 果汁等，实现多元化经营。同时，提高果汁生产厂的生产效能，兼顾产能与低碳生产。

（3）制定和出台相关政策，鼓励企业创新浓缩果汁的下游产品。拓展浓缩果汁增值空间，培育浓缩果汁的下游产业，延长和完善产业链；开发并鼓励苹果多元化产品（果酒、

果醋、果干、浑浊汁、果粉等）生产，丰富加工产品种类；鼓励加工生食兼用苹果品种的培育；重视开发国内市场，降低浓缩果汁的国际市场依存度和过度依赖国际市场可能的风险；组织果汁企业行业统一生产，实现公平竞争，提升竞争力，避免恶性竞争。通过这些措施为我国苹果产业结构转换和产业升级创造条件，做大做强我国的苹果产业。

（4）积极开拓国内市场，扩大果汁消费量。随着国人生活水平的提高，果汁在国内的消费量必将大增，我国是一个潜在的巨大市场。目前中国人年均消费纯果汁不到 1 kg，而亚洲消费量达 16 kg。欧美消费量达 40～50 kg 的水平，因而努力培育国内市场、扩大内需是我国苹果产业稳定发展的基石。

（5）提质增效，树帜立标，强基固本。中国果汁加工企业要立足长远，着眼目前，要走提高质量、增加效益的道路。通过提高产品质量在国际市场上树立中国果汁的旗帜。提高竞争能力，为中国果汁的持续发展奠定坚实的基础。

# ■ 参考文献

成喜玲，2005. 我国浓缩苹果汁国际市场竞争力问题的研究 [D]. 西安：西安建筑科技大学.

邓代君，李文胜，2020. 我国苹果生产、加工现状与发展对策 [J]. 现代食品（21）：5-7.

葛邦国，吴茂玉，和法涛，等，2009. 我国浓缩苹果汁加工产业和技术发展 [J]. 中国果菜（1）：44-45.

贺蕾，2011. 中国苹果汁市场需求研究 [D]. 杨凌：西北农林科技大学.

霍学喜，刘天军，刘军弟，等，2022. 2020 年度中国苹果产业发展报告（精简版）[J]. 中国果菜，42（2）：1-6.

刘婧，2009. 中国苹果产业国际竞争力研究 [D]. 杨凌：西北农林科技大学.

刘军弟，王静，刘天军，等，2012. 中国苹果加工产业发展趋势分析 [J]. 林业经济问题，32（2）：185-188.

刘梦琪，赵俊晔，2018. 中国苹果产品出口现状、竞争力分析及提升对策 [J]. 中国食物与营养，226（6）：47-51.

刘爽，牛鹏飞，苏肖洁，2011. 我国苹果及浓缩苹果汁生产贸易变化分析及应对策略 [J]. 陕西农业科学，57（1）：206-209.

苏珊珊，霍学喜，2020. 全球苹果贸易网络结构特征及中国地位变迁分析 [J]. 农业经济问题（6）：99-109.

张放，2019. 2019 年我国进出口苹果与梨鲜果统计分析 [J]. 中国果业信息，37（6）：21-31.

支援，任万颖，2021. 我国苹果期货价格对现货价格的影响研究 [J]. 中国物价（9）：80-82.

# 附　录

## 附录 A　《食品安全国家标准　食品中农药最大残留限量》（GB 2763—2021）中涉及苹果的农药残留项目及限量等要求

| 序号 | 农药中文名称 | 农药英文名称 | 分类 | 最大残留限量/mg/kg | 每日允许摄入量 ADI/mg/kg, bw | 推荐检测方法 |
|---|---|---|---|---|---|---|
| 1 | 2甲4氯（钠） | MCPA（sodium） | 除草剂 | 0.05 | 0.1 | 参照 SN/T 2228 |
| 2 | 阿维菌素 | abamectin | 杀虫剂 | 0.02 | 0.001 | 按照 GB 23200.19、GB 23200.20、NY/T 1379 |
| 3 | 百草枯 | paraquat | 除草剂 | 0.05* | 0.005 | / |
| 4 | 百菌清 | chlorothalonil | 杀菌剂 | 1 | 0.02 | 按照 GB 23200.113、GB/T 5009.105、NY/T 761、SN/T 2320 |
| 5 | 保棉磷 | azinphos-methyl | 杀虫剂 | 2 | 0.03 | 按照 NY/T 761 |
| 6 | 苯丁锡 | fenbutatin oxide | 杀螨剂 | 5 | 0.03 | 参照 SN 0592 |
| 7 | 苯氟磺胺 | dichlofluanid | 杀菌剂 | 5 | 0.3 | 参照 SN/T 2320 |
| 8 | 苯菌灵 | benomyl | 杀菌剂 | 5 | 0.1 | 参照 SN/T 0162 |
| 9 | 苯醚甲环唑 | difenoconazole | 杀菌剂 | 0.5 | 0.01 | 按照 GB 23200.8、GB 23200.49、GB 23200.113、GB/T 5009.218、GB/T 20769 |
| 10 | 吡草醚 | pyraflufen-ethyl | 除草剂 | 0.03 | 0.2 | 按照 GB 23200.8、NY/T 1379 |
| 11 | 吡虫啉 | imidacloprid | 杀虫剂 | 0.5 | 0.06 | 按照 GB/T 20769、GB/T 23379 |
| 12 | 吡唑醚菌酯 | pyraclostrobin | 杀菌剂 | 0.5 | 0.03 | 按照 GB 23200.8、GB/T 20769 |
| 13 | 丙环唑 | propiconazole | 杀菌剂 | 0.1 | 0.07 | 按照 GB 23200.8、GB 23200.113、GB/T 20769 |
| 14 | 丙森锌 | propineb | 杀菌剂 | 5 | 0.007 | 参照 SN 0139、SN 0157、SN/T 1541 |
| 15 | 丙溴磷 | profenofos | 杀虫剂 | 0.05 | 0.03 | 按照 GB 23200.8、GB 23200.113、GB 23200.116、NY/T 761、SN/T 2234 |
| 16 | 草甘膦 | glyphosate | 除草剂 | 0.5 | 1 | 按照 GB/T 23750、NY/T 1096、SN/T 1923 |
| 17 | 虫螨腈 | chlorfenapyr | 杀虫剂 | 1 | 0.03 | 按照 GB 23200.8、NY/T 1379、SN/T 1986 |
| 18 | 虫酰肼 | tebufenozide | 杀虫剂 | 3 | 0.02 | 按照 GB/T 20769 |
| 19 | 除虫脲 | diflubenzuron | 杀虫剂 | 5 | 0.02 | 按照 GB 23200.45、GB/T 5009.147、NY/T 1720 |
| 20 | 哒螨灵 | pyridaben | 杀螨剂 | 2 | 0.01 | 按照 GB 23200.8、GB 23200.113、GB/T 20769 |

| 序号 | 农药中文名称 | 农药英文名称 | 分类 | 最大残留限量/mg/kg | 每日允许摄入量 ADI/mg/kg,bw | 推荐检测方法 |
|---|---|---|---|---|---|---|
| 21 | 代森铵 | amobam | 杀菌剂 | 5 | 0.03 | 按照 SN 0157 |
| 22 | 代森联 | metiram | 杀菌剂 | 5 | 0.03 | 按照 SN 0157 |
| 23 | 代森锰锌 | mancozeb | 杀菌剂 | 5 | 0.03 | 按照 SN 0157 |
| 24 | 代森锌 | zineb | 杀菌剂 | 5 | 0.03 | 按照 SN 0157 |
| 25 | 单甲脒和单甲脒盐酸盐 | semiamitraz and semiamitraz chloride | 杀虫剂 | 0.5 | 0.004 | 按照 GB/T 5009.160 |
| 26 | 敌草快 | diquat | 除草剂 | 0.1 | 0.006 | 按照 SN/T 0293 |
| 27 | 敌敌畏 | dichlorvos | 杀虫剂 | 0.1 | 0.004 | 按照 GB 23200.8、GB 23200.113、GB/T 5009.20、NY/T 761 |
| 28 | 敌螨普 | dinocap | 杀菌剂 | 0.2* | 0.008 | / |
| 29 | 丁醚脲 | diafenthiuron | 杀虫剂/杀螨剂 | 0.2 | 0.003 | 参照 GB 23200.13 |
| 30 | 丁香菌酯 | coumoxystrobin | 杀菌剂 | 0.2* | 0.045 | / |
| 31 | 啶虫脒 | acetamiprid | 杀虫剂 | 0.8 | 0.07 | 按照 GB/T 20769、GB/T 23584， |
| 32 | 啶酰菌胺 | boscalid | 杀菌剂 | 2 | 0.04 | 按照 GB 23200.68、GB/T 20769 |
| 33 | 毒死蜱 | chlorpyrifos | 杀虫剂 | 1 | 0.01 | 按照 GB 23200.8、GB 23200.113、GB 23200.116、NY/T 761、SN/T 2158 |
| 34 | 多菌灵 | carbendazim | 杀菌剂 | 5 | 0.03 | 按照 GB/T 20769、NY/T 1453 |
| 35 | 多抗霉素 | polyoxins | 杀菌剂 | 0.5* | 10 | / |
| 36 | 多杀霉素 | spinosad | 杀虫剂 | 0.1* | 0.02 | / |
| 37 | 多效唑 | paclobutrazol | 植物生长调节剂 | 0.5 | 0.1 | 按照 GB 23200.8、GB 23200.113、GB/T 20769、GB/T 20770 |
| 38 | 噁唑菌酮 | famoxadone | 杀菌剂 | 0.2 | 0.006 | 按照 GB/T 20769 |
| 39 | 二苯胺 | diphenylamine | 杀菌剂 | 5 | 0.08 | 按照 GB 23200.8、GB 23200.113 |
| 40 | 二氰蒽醌 | dithianon | 杀菌剂 | 5* | 0.01 | / |
| 41 | 呋虫胺 | dinotefuran | 杀虫剂 | 1 | 0.2 | 按照 GB 23200.37、GB/T 20769 |
| 42 | 氟虫脲 | flufenoxuron | 杀虫剂 | 1 | 0.04 | 按照 GB/T 20769 |
| 43 | 氟啶胺 | fluazinam | 杀菌剂 | 2 | 0.01 | 按照 SN/T 4591 |
| 44 | 氟啶虫胺腈 | sulfoxaflor | 杀虫剂 | 0.5* | 0.05 | / |
| 45 | 氟啶虫酰胺 | flonicamid | 杀虫剂 | 1 | 0.07 | 按照 GB 23200.75 |
| 46 | 氟硅唑 | flusilazole | 杀菌剂 | 0.2 | 0.007 | 按照 GB 23200.8、GB 23200.53、GB 23200.113、GB/T 20769 |
| 47 | 氟环唑 | epoxiconazole | 杀菌剂 | 0.5 | 0.02 | 按照 GB 23200.8、GB 23200.113、GB/T 20769 |

（续）

| 序号 | 农药中文名称 | 农药英文名称 | 分类 | 最大残留限量/mg/kg | 每日允许摄入量 ADI/mg/kg, bw | 推荐检测方法 |
|---|---|---|---|---|---|---|
| 48 | 氟氯氰菊酯和高效氟氯氰菊酯 | cyfluthrin and beta-cyfluthrin | 杀虫剂 | 0.5 | 0.04 | 按照 GB 23200.8、GB 23200.113、GB/T 5009.146、NY/T 761 |
| 49 | 氟氰戊菊酯 | flucythrinate | 杀虫剂 | 0.5 | 0.02 | 按照 GB 23200.113、NY/T 761 |
| 50 | 福美双 | thiram | 杀菌剂 | 5 | 0.01 | 按照 SN 0157 |
| 51 | 福美锌 | ziram | 杀菌剂 | 5 | 0.003 | 参照 SN 0157、SN/T 1541 |
| 52 | 活化酯 | acibenzolar-S-methyl | 杀菌剂 | 0.3 | 0.08 | 参照 GB 23200.13 |
| 53 | 己唑醇 | hexaconazole | 杀菌剂 | 0.5 | 0.005 | 按照 GB 23200.8、GB 23200.113 |
| 54 | 甲氨基阿维菌素苯甲酸盐 | emamectin benzoate | 杀虫剂 | 0.02 | 0.0005 | 按照 GB/T 20769 |
| 55 | 甲基硫菌灵 | thiophanate-methyl | 杀菌剂 | 5 | 0.09 | 按照 GB/T 20769、NY/T 1680、SN/T 0162 |
| 56 | 甲氰菊酯 | fenpropathrin | 杀虫剂 | 5 | 0.03 | 按照 GB 23200.8、GB 23200.113、NY/T 761、SN/T 2233 |
| 57 | 甲氧虫酰肼 | methoxyfenozide | 杀虫剂 | 3 | 0.1 | 按照 GB/T 20769 |
| 58 | 腈菌唑 | myclobutanil | 杀菌剂 | 0.5 | 0.03 | 按照 GB 23200.8、GB 23200.113、GB/T 20769、NY/T 1455 |
| 59 | 井冈霉素 | jiangangmycin | 杀菌剂 | 1 | 0.1 | 按照 GB 23200.74 |
| 60 | 克菌丹 | captan | 杀菌剂 | 15 | 0.1 | 按照 GB 23200.8、SN/T 0654 |
| 61 | 喹啉铜 | oxine-copper | 杀菌剂 | 2 | 0.02 | 按照 GB 23200.117 |
| 62 | 喹螨醚 | fenazaquin | 杀螨剂 | 0.3 | 0.05 | 按照 GB 23200.8、GB/T 20769 |
| 63 | 联苯肼酯 | bifenazate | 杀螨剂 | 0.2 | 0.01 | 按照 GB 23200.8、GB/T 20769 |
| 64 | 联苯菊酯 | bifenthrin | 杀虫/杀螨剂 | 0.5 | 0.01 | 按照 GB 23200.8、GB 23200.113、GB/T 5009.146、NY/T 761、SN/T 1969 |
| 65 | 螺虫乙酯 | spirotetramat | 杀虫剂 | 1* | 0.05 | / |
| 66 | 螺螨酯 | spirodiclofen | 杀螨剂 | 0.5 | 0.01 | 按照 GB 23200.8、GB/T 20769 |
| 67 | 氯苯嘧啶醇 | fenarimol | 杀菌剂 | 0.3 | 0.01 | 按照 GB 23200.8、GB 23200.113、GB/T 20769 |
| 68 | 氯虫苯甲酰胺 | chlorantraniliprole | 杀虫剂 | 2* | 2 | / |
| 69 | 氯氟氰菊酯和高效氯氟氰菊酯 | cyhalothrin and lambda-cyhalothrin | 杀虫剂 | 0.2 | 0.02 | 按照 GB 23200.8、GB 23200.113、GB/T 5009.146、NY/T 761 |
| 70 | 氯氰菊酯和高效氯氰菊酯 | cypermethrin and beta-cypermethrin | 杀虫剂 | 2 | 0.02 | 按照 GB/T 5009.146、GB 23200.8、GB 23200.113、NY/T 761 |
| 71 | 马拉硫磷 | malathion | 杀虫剂 | 2 | 0.3 | 按照 GB 23200.8、GB 23200.113、GB/T 20769、NY/T 761 |
| 72 | 咪鲜胺和咪鲜胺锰盐 | prochloraz and prochloraz-manganese chloride complex | 杀菌剂 | 2 | 0.01 | 按照 NY/T 1456 |

| 序号 | 农药中文名称 | 农药英文名称 | 分类 | 最大残留限量/mg/kg | 每日允许摄入量 ADI/mg/kg, bw | 推荐检测方法 |
|---|---|---|---|---|---|---|
| 73 | 醚菊酯 | etofenprox | 杀虫剂 | 0.6 | 0.03 | 按照 GB 23200.8 |
| 74 | 醚菌酯 | kresoxim-methyl | 杀菌剂 | 0.2 | 0.4 | 按照 GB 23200.8、GB 23200.113、GB/T 20769 |
| 75 | 嘧菌环胺 | cyprodinil | 杀菌剂 | 2 | 0.03 | 按照 GB 23200.8、GB 23200.113、GB/T 20769、NY/T 1379 |
| 76 | 嘧菌酯 | azoxystrobin | 杀菌剂 | 0.5 | 0.2 | 按照 GB 23200.46、GB 23200.54、NY/T 1453、SN/T 1976 |
| 77 | 灭菌丹 | folpet | 杀菌剂 | 10 | 0.1 | 按照 GB/T 20769、SN/T 2320 |
| 78 | 灭幼脲 | chlorbenzuron | 杀虫剂 | 2 | 1.25 | 按照 GB/T 5009.135、GB/T 20769 |
| 79 | 萘乙酸和萘乙酸钠 | 1-naphthylacetic acid and sodium 1-naphthalacitic acid | 植物生长调节剂 | 0.1 | 0.15 | 参照 SN/T 2228 |
| 80 | 宁南霉素 | ningnanmycin | 杀菌剂 | 1* | 0.24 | / |
| 81 | 嗪氨灵 | triforine | 杀菌剂 | 2* | 0.03 | / |
| 82 | 氰戊菊酯和S-氰戊菊酯 | fenvalerate and esfenvalerate | 杀虫剂 | 1 | 0.02 | 按照 GB 23200.8、GB 23200.113、NY/T 761 |
| 83 | 炔螨特 | propargite | 杀螨剂 | 5 | 0.01 | 按照 GB 23200.8、GB 23200.10、NY/T 1652 |
| 84 | 噻苯隆 | thidiazuron | 植物生长调节剂 | 0.05 | 0.04 | 按照 SN/T 4586 |
| 85 | 噻虫嗪 | thiamethoxam | 杀虫剂 | 0.3 | 0.08 | 按照 GB 23200.8、GB 23200.39、GB/T 20769 |
| 86 | 噻螨酮 | hexythiazox | 杀螨剂 | 0.5 | 0.03 | 按照 GB 23200.8、GB/T 20769 |
| 87 | 噻霉酮 | benziothiazolinone | 杀菌剂 | 0.05* | 0.017 | / |
| 88 | 噻嗪酮 | buprofezin | 杀虫剂 | 3 | 0.009 | 按照 GB 23200.8、GB/T 20769 |
| 89 | 三氯杀螨砜 | tetradifon | 杀螨剂 | 2 | 0.02 | 按照 GB 23200.113、NY/T 1379 |
| 90 | 三乙膦酸铝 | fosetyl-aluminium | 杀菌剂 | 30* | 1 | / |
| 91 | 三唑醇 | triadimenol | 杀菌剂 | 1 | 0.03 | 按照 GB 23200.8、GB 23200.113 |
| 92 | 三唑磷 | triazophos | 杀虫剂 | 0.2 | 0.001 | 按照 GB 23200.113、GB 23200.116、NY/T 761 |
| 93 | 三唑酮 | triadimefon | 杀菌剂 | 1 | 0.03 | 按照 GB 23200.8、GB 23200.113、GB/T 20769 |
| 94 | 三唑锡 | azocyclotin | 杀螨剂 | 0.5 | 0.003 | 按照 SN/T 4558 |
| 95 | 杀虫单 | thiosultap-monosodium | 杀虫剂 | 1* | 0.01 | / |
| 96 | 杀虫双 | thiosultap-disodium | 杀虫剂 | 1 | 0.01 | 参照 GB/T 5009.114 |
| 97 | 杀铃脲 | triflumuron | 杀虫剂 | 0.1 | 0.014 | 按照 GB/T 20769、NY/T 1720 |
| 98 | 虱螨脲 | lufenuron | 杀虫剂 | 1 | 0.02 | 按照 GB/T 20769 |

（续）

| 序号 | 农药中文名称 | 农药英文名称 | 分类 | 最大残留限量/mg/kg | 每日允许摄入量 ADI/mg/kg,bw | 推荐检测方法 |
|---|---|---|---|---|---|---|
| 99 | 双胍三辛烷基苯磺酸盐 | iminoctadinetris (albesilate) | 杀菌剂 | 2* | 0.009 | / |
| 100 | 双甲脒 | amitraz | 杀螨剂 | 0.5 | 0.01 | 按照 GB/T 5009.143 |
| 101 | 四螨嗪 | clofentezine | 杀螨剂 | 0.5 | 0.02 | 按照 GB 23200.47、GB/T 20769 |
| 102 | 四霉素 | tetramycin | 杀菌剂 | 0.5* | 0.39 | / |
| 103 | 肟菌酯 | trifloxystrobin | 杀菌剂 | 0.7 | 0.04 | 按照 GB 23200.8、GB 23200.113、GB/T 20769 |
| 104 | 戊唑醇 | tebuconazole | 杀菌剂 | 2 | 0.03 | 按照 GB 23200.8、GB 23200.113、GB/T 20769 |
| 105 | 西玛津 | simazine | 除草剂 | 0.2 | 0.018 | 按照 GB 23200.8、GB 23200.113 |
| 106 | 烯肟菌酯 | enestroburin | 杀菌剂 | 1 | 0.024 | 按照 SN/T 3726 |
| 107 | 烯唑醇 | diniconazole | 杀菌剂 | 0.2 | 0.005 | 按照 GB 23200.113、GB/T 5009.201、GB/T 20769 |
| 108 | 辛菌胺 | xinjunan | 杀菌剂 | 0.1* | 0.028 | / |
| 109 | 辛菌胺醋酸盐 | xinjunanacetate | 杀菌剂 | 0.1* | 暂无 | / |
| 110 | 辛硫磷 | phoxim | 杀虫剂 | 0.3 | 0.004 | 按照 GB/T 5009.102、GB/T 20769 |
| 111 | 溴菌腈 | bromothalonil | 杀菌剂 | 0.2* | 0.001 | / |
| 112 | 溴螨酯 | bromopropylate | 杀螨剂 | 2 | 0.03 | 按照 GB 23200.8、GB 23200.113、SN/T 0192、NY/T 1379 |
| 113 | 溴氰菊酯 | deltamethrin | 杀虫剂 | 0.1 | 0.01 | 按照 GB 23200.8、GB 23200.113、NY/T 761、SN/T 0217 |
| 114 | 蚜灭磷 | vamidothion | 杀虫剂 | 1 | 0.008 | 按照 GB/T 20769 |
| 115 | 亚胺唑 | imibenconazole | 杀菌剂 | 1* | 0.0098 | / |
| 116 | 乙螨唑 | etoxazole | 杀螨剂 | 0.1 | 0.05 | 按照 GB 23200.8、GB 23200.113 |
| 117 | 乙嘧酚 | ethirimol | 杀菌剂 | 0.1 | 0.035 | 按照 GB/T 20769 |
| 118 | 乙蒜素 | ethylicin | 杀菌剂 | 0.2* | 0.001 | / |
| 119 | 乙烯利 | ethephon | 植物生长调节剂 | 5 | 0.05 | 按照 GB 23200.16 |
| 120 | 乙氧氟草醚 | oxyfluorfen | 除草剂 | 0.05 | 0.03 | 按照 GB 23200.8、GB 23200.113、GB/T 20769 |
| 121 | 乙唑螨腈 | cyetpyrafen | 杀螨剂 | 1* | 0.1 | / |
| 122 | 异菌脲 | iprodione | 杀菌剂 | 5 | 0.06 | 按照 GB 23200.8、GB 23200.113、NY/T 761、NY/T 1277 |
| 123 | 抑霉唑 | imazalil | 杀菌剂 | 5 | 0.03 | 按照 GB 23200.8、GB 23200.113、GB/T 20769 |
| 124 | 茚虫威 | indoxacarb | 杀虫剂 | 0.5 | 0.01 | 按照 GB/T 20769 |

| 序号 | 农药中文名称 | 农药英文名称 | 分类 | 最大残留限量/mg/kg | 每日允许摄入量 ADI/mg/kg, bw | 推荐检测方法 |
|---|---|---|---|---|---|---|
| 125 | 莠去津 | atrazine | 除草剂 | 0.05 | 0.02 | 按照 GB 23200.8、GB 23200.113、GB/T 5009.132、GB/T 20769、NY/T 761 |
| 126 | 唑螨酯 | fenpyroximate | 杀螨剂 | 0.3 | 0.01 | 按照 GB 23200.8、GB 23200.29、GB/T 20769 |
| 127 | 2,4-滴和 2,4-滴钠盐 | 2,4-D and 2,4-D Na | 除草剂 | 0.01 | 0.01 | 按照 GB/T 5009.175 |
| 128 | 胺苯磺隆 | ethametsulfuron | 除草剂 | 0.01 | 0.2 | 参照 SN/T 2325 |
| 129 | 巴毒磷 | crotoxyphos | 杀虫剂 | 0.02* | 暂无 | 按照 GB 23200.116 |
| 130 | 倍硫磷 | fenthion | 杀虫剂 | 0.05 | 0.007 | 按照 GB 23200.8、GB 23200.113、GB/T 20769 |
| 131 | 苯并烯氟菌唑 | benzovindiflupyr | 杀菌剂 | 0.2* | 0.05 | / |
| 132 | 苯菌酮 | metrafenone | 杀菌剂 | 1* | 0.3 | / |
| 133 | 苯嘧磺草胺 | saflufenacil | 除草剂 | 0.01* | 0.05 | / |
| 134 | 苯线磷 | fenamiphos | 杀虫剂 | 0.02 | 0.0008 | 按照 GB 23200.8 |
| 135 | 吡氟禾草灵和精吡氟禾草灵 | fluazifop and fluazifop-P-butyl | 除草剂 | 0.01 | 0.004 | 按照 GB 23200.113、GB/T 5009.142 |
| 136 | 吡噻菌胺 | penthiopyrad | 杀菌剂 | 0.4* | 0.1 | / |
| 137 | 丙炔氟草胺 | flumioxazin | 除草剂 | 0.02 | 0.02 | 按照 GB 23200.8、GB 23200.31 |
| 138 | 丙酯杀螨醇 | chloropropylate | 杀螨剂 | 0.02* | 暂无 | 按照 GB 23200.8 |
| 139 | 草铵膦 | glufosinate-ammonium | 除草剂 | 0.1 | 0.01 | 按照 GB 23200.108 |
| 140 | 草枯醚 | chlornitrofen | 除草剂 | 0.01* | 暂无 | / |
| 141 | 草芽畏 | 2,3,6-TBA | 除草剂 | 0.01* | 暂无 | / |
| 142 | 敌百虫 | trichlorfon | 杀虫剂 | 0.2 | 0.002 | 按照 GB/T 20769、NY/T 761 |
| 143 | 地虫硫磷 | fonofos | 杀虫剂 | 0.01 | 0.002 | 按照 GB 23200.8、GB 23200.113 |
| 144 | 丁氟螨酯 | cyflumetofen | 杀螨剂 | 0.4 | 0.1 | 按照 SN/T 3539 |
| 145 | 丁硫克百威 | carbosulfan | 杀虫剂 | 0.01 | 0.01 | 按照 GB 23200.13 |
| 146 | 毒虫畏 | chlorfenvinphos | 杀虫剂 | 0.01 | 0.0005 | 参照 SN/T 2324 |
| 147 | 毒菌酚 | hexachlorophene | 杀菌剂 | 0.01* | 0.0003 | / |
| 148 | 对硫磷 | parathion | 杀虫剂 | 0.01 | 0.004 | 按照 GB 23200.113、GB/T 5009.145 |
| 149 | 多果定 | dodine | 杀菌剂 | 5* | 0.1 | / |
| 150 | 二嗪磷 | diazinon | 杀虫剂 | 0.3 | 0.005 | 按照 GB 23200.8、GB 23200.113、GB/T 20769、GB/T 5009.107、NY/T 761 |
| 151 | 二溴磷 | naled | 杀虫剂 | 0.01* | 0.002 | / |
| 152 | 粉唑醇 | flutriafol | 杀菌剂 | 0.3 | 0.01 | 按照 GB/T 20769 |
| 153 | 伏杀硫磷 | phosalone | 杀虫剂 | 2 | 0.02 | 按照 GB 23200.8、GB 23200.113、NY/T 761 |

（续）

| 序号 | 农药中文名称 | 农药英文名称 | 分类 | 最大残留限量/mg/kg | 每日允许摄入量 ADI/mg/kg, bw | 推荐检测方法 |
|---|---|---|---|---|---|---|
| 154 | 氟苯虫酰胺 | flubendiamide | 杀虫剂 | 0.8* | 0.02 | / |
| 155 | 氟苯脲 | teflubenzuron | 杀虫剂 | 1 | 0.005 | 按照 NY/T 1453、SN/T 4591 |
| 156 | 氟吡呋喃酮 | flupyradifurone | 杀虫剂 | 0.9* | 0.08 | / |
| 157 | 氟吡甲禾灵和高效氟吡甲禾灵 | haloxyfop-methyl and haloxyfop-P-methyl | 除草剂 | 0.02* | 0.0007 | / |
| 158 | 氟吡菌酰胺 | fluopyram | 杀菌剂 | 0.5* | 0.01 | / |
| 159 | 氟虫腈 | fipronil | 杀虫剂 | 0.02 | 0.0002 | 按照 SN/T 1982 |
| 160 | 氟除草醚 | fluoronitrofen | 除草剂 | 0.01* | 暂无 | / |
| 161 | 氟酰脲 | Novaluron | 杀虫剂 | 3 | 0.01 | 参照 GB 23200.34 |
| 162 | 氟唑菌酰胺 | fluxapyroxad | 杀菌剂 | 0.9* | 0.02 | / |
| 163 | 咯菌腈 | fludioxonil | 杀菌剂 | 5 | 0.4 | 按照 GB 23200.8、GB 23200.113、GB/T 20769 |
| 164 | 格螨酯 | 2,4-dichlorophenyl benzenesulfonate | 杀螨剂 | 0.01* | 暂无 | / |
| 165 | 庚烯磷 | heptenophos | 杀虫剂 | 0.01* | 0.003（临时） | 按照 GB/T 20769 |
| 166 | 环螨酯 | cycloprate | 杀螨剂 | 0.01* | 暂无 | / |
| 167 | 甲胺磷 | methamidophos | 杀虫剂 | 0.05 | 0.004 | 按照 GB 23200.113、GB/T 5009.103、NY/T 761 |
| 168 | 甲拌磷 | phorate | 杀虫剂 | 0.01 | 0.0007 | 按照 GB 23200.113、GB 23200.116 |
| 169 | 甲苯氟磺胺 | tolylfluanid | 杀菌剂 | 5 | 0.08 | 按照 GB 23200.8 |
| 170 | 甲磺隆 | metsulfuron-methyl | 除草剂 | 0.01 | 0.25 | 参照 SN/T 2325 |
| 171 | 甲基对硫磷 | parathion-methyl | 杀虫剂 | 0.01 | 0.003 | 按照 GB 23200.113、NY/T 761 |
| 172 | 甲基硫环磷 | phosfolan-methyl | 杀虫剂 | 0.03* | 暂无 | 按照 NY/T 761 |
| 173 | 甲基异柳磷 | isofenphos-methyl | 杀虫剂 | 0.01* | 0.003 | 按照 GB 23200.113、GB 23200.116、GB/T 5009.144 |
| 174 | 甲霜灵和精甲霜灵 | metalaxyl and metalaxyl-M | 杀菌剂 | 1 | 0.08 | 按照 GB 23200.8、GB 23200.113、GB/T 20769 |
| 175 | 甲氧滴滴涕 | methoxychlor | 杀虫剂 | 0.01 | 0.005 | 按照 GB 23200.113 |
| 176 | 腈苯唑 | fenbuconazole | 杀菌剂 | 0.1 | 0.03 | 按照 GB 23200.8、GB 23200.113、GB/T 20769 |
| 177 | 久效磷 | monocrotophos | 杀虫剂 | 0.03 | 0.0006 | 按照 GB 23200.113、NY/T 761 |
| 178 | 抗蚜威 | pirimicarb | 杀虫剂 | 1 | 0.02 | 按照 GB 23200.8、GB 23200.113、GB/T 20769、NY/T 1379、SN/T 0134 |
| 179 | 克百威 | carbofuran | 杀虫剂 | 0.02 | 0.001 | 按照 GB 23200.112、NY/T 761 |
| 180 | 乐果 | dimethoate | 杀虫剂 | 0.01 | 0.002 | 按照 GB 23200.113、GB 23200.116、GB/T 5009.145、GB/T 20769、NY/T 761 |

| 序号 | 农药中文名称 | 农药英文名称 | 分类 | 最大残留限量/mg/kg | 每日允许摄入量 ADI/mg/kg,bw | 推荐检测方法 |
|---|---|---|---|---|---|---|
| 181 | 乐杀螨 | binapacryl | 杀螨剂、杀菌剂 | 0.05* | 暂无 | 按照 SN 0523 |
| 182 | 联苯三唑醇 | bitertanol | 杀菌剂 | 2 | 0.01 | 按照 GB 23200.8、GB/T 20769 |
| 183 | 磷胺 | phosphamidon | 杀虫剂 | 0.05 | 0.0005 | 按照 GB 23200.113、NY/T 761 |
| 184 | 硫丹 | endosulfan | 杀虫剂 | 0.05 | 0.006 | 按照 GB/T 5009.19 |
| 185 | 硫环磷 | phosfolan | 杀虫剂 | 0.03 | 0.005 | 按照 GB 23200.113、NY/T 761 |
| 186 | 硫线磷 | cadusafos | 杀虫剂 | 0.02 | 0.0005 | 按照 GB/T 20769 |
| 187 | 氯苯甲醚 | chloroneb | 杀菌剂 | 0.01 | 0.013 | 按照 GB 23200.113 |
| 188 | 氯磺隆 | chlorsulfuron | 除草剂 | 0.01 | 0.2 | 按照 GB/T 20769 |
| 189 | 氯菊酯 | permethrin | 杀虫剂 | 2 | 0.05 | 按照 GB 23200.8、GB 23200.113、NY/T 761 |
| 190 | 氯酞酸 | chlorthal | 除草剂 | 0.01* | 0.01 | / |
| 191 | 氯酞酸甲酯 | chlorthal-dimethyl | 除草剂 | 0.01 | 0.01 | 按照 SN/T 4138 |
| 192 | 氯唑磷 | isazofos | 杀虫剂 | 0.01 | 0.00005 | 按照 GB 23200.113、GB/T 20769 |
| 193 | 茅草枯 | dalapon | 除草剂 | 0.01* | 0.03 | / |
| 194 | 嘧霉胺 | pyrimethanil | 杀菌剂 | 7 | 0.2 | 按照 GB 23200.8、GB 23200.113、GB/T 20769 |
| 195 | 灭草环 | tridiphane | 除草剂 | 0.05* | 0.003（临时） | 按照 GB 23200.8 |
| 196 | 灭多威 | methomyl | 杀虫剂 | 0.2 | 0.02 | 按照 GB 23200.112、NY/T 761 |
| 197 | 灭螨醌 | acequincyl | 杀螨剂 | 0.01 | 0.023 | 按照 SN/T 4066 |
| 198 | 灭线磷 | ethoprophos | 杀线虫剂 | 0.02 | 0.0004 | 按照 GB 23200.113、NY/T 761 |
| 199 | 内吸磷 | demeton | 杀虫/杀螨剂 | 0.02 | 0.00004 | 按照 GB/T 20769 |
| 200 | 噻草酮 | cycloxydim | 除草剂 | 0.09* | 0.07 | / |
| 201 | 噻虫胺 | clothianidin | 杀虫剂 | 0.4 | 0.1 | 按照 GB 23200.39、GB/T 20769 |
| 202 | 噻虫啉 | thiacloprid | 杀虫剂 | 0.7 | 0.01 | 按照 GB/T 20769 |
| 203 | 噻菌灵 | thiabendazole | 杀菌剂 | 3 | 0.1 | 按照 GB/T 20769、NY/T 1453、NY/T 1680 |
| 204 | 三氟硝草醚 | fluorodifen | 除草剂 | 0.01* | 暂无 | 按照 GB 23200.113 |
| 205 | 三氯杀螨醇 | dicofol | 杀螨剂 | 0.01 | 0.002 | 按照 GB 23200.113、NY/T 761 |
| 206 | 杀草强 | amitrole | 除草剂 | 0.05 | 0.002 | 按照 GB 23200.6 |
| 207 | 杀虫脒 | chlordimeform | 杀虫剂 | 0.01 | 0.001 | 按照 GB/T 20769 |
| 208 | 杀虫畏 | tetrachlorvinphos | 杀虫剂 | 0.01 | 0.0028 | 按照 GB 23200.113 |
| 209 | 杀螟硫磷 | fenitrothion | 杀虫剂 | 0.5 | 0.006 | 按照 GB 23200.113、GB/T 14553、GB/T 20769、NY/T 761 |
| 210 | 杀扑磷 | methidathion | 杀虫剂 | 0.05 | 0.001 | 按照 GB 23200.113、GB 23200.116、GB/T 14553、GB 23200.8、NY/T 761 |

（续）

| 序号 | 农药中文名称 | 农药英文名称 | 分类 | 最大残留限量/mg/kg | 每日允许摄入量 ADI/mg/kg, bw | 推荐检测方法 |
|---|---|---|---|---|---|---|
| 211 | 水胺硫磷 | isocarbophos | 杀虫剂 | 0.01 | 0.003 | 按照 GB 23200.113、GB/T 5009.20、NY/T 761 |
| 212 | 速灭磷 | mevinphos | 杀虫剂、杀螨剂 | 0.01 | 0.0008 | 按照 GB 23200.113、GB 23200.116 |
| 213 | 特丁硫磷 | terbufos | 杀虫剂 | 0.01* | 0.0006 | / |
| 214 | 特乐酚 | dinoterb | 除草剂 | 0.01* | 暂无 | 按照 SN/T 4591 |
| 215 | 涕灭威 | aldicarb | 杀虫剂 | 0.02 | 0.003 | 按照 GB 23200.112、NY/T 761 |
| 216 | 戊菌唑 | penconazole | 杀菌剂 | 0.2 | 0.03 | 按照 GB 23200.8、GB 23200.113、GB/T 20769 |
| 217 | 戊硝酚 | dinosam | 杀虫剂、除草剂 | 0.01* | 暂无 | / |
| 218 | 烯虫炔酯 | kinoprene | 杀虫剂 | 0.01* | 暂无 | / |
| 219 | 烯虫乙酯 | hydroprene | 杀虫剂 | 0.01* | 0.1 | / |
| 220 | 消螨酚 | dinex | 杀螨剂、杀虫剂 | 0.01* | 0.002 | / |
| 221 | 溴甲烷 | methyl bromide | 熏蒸剂 | 0.02* | 1 | / |
| 222 | 溴氰虫酰胺 | cyantraniliprole | 杀虫剂 | 0.8* | 0.03 | / |
| 223 | 亚胺硫磷 | phosmet | 杀虫剂 | 3 | 0.01 | 按照 GB 23200.8、GB 23200.113、GB 23200.116、GB/T 5009.131、GB/T 20769、NY/T 761 |
| 224 | 氧乐果 | omethoate | 杀虫剂 | 0.02 | 0.0003 | 按照 GB 23200.113、NY/T 761、NY/T 1379 |
| 225 | 乙基多杀菌素 | spinetoram | 杀虫剂 | 0.05* | 0.05 | / |
| 226 | 乙酰甲胺磷 | acephate | 杀虫剂 | 0.02 | 0.03 | 按照 GB 23200.113、GB 23200.116、GB/T 5009.103、GB/T 5009.145、NY/T 761 |
| 227 | 乙酯杀螨醇 | chlorobenzilate | 杀螨剂 | 0.01 | 0.02 | 按照 GB 23200.113 |
| 228 | 抑草蓬 | erbon | 除草剂 | 0.05* | 暂无 | 按照 GB 23200.8 |
| 229 | 茚草酮 | indanofan | 除草剂 | 0.01* | 0.0035 | 参照 SN/T 2915 |
| 230 | 蝇毒磷 | coumaphos | 杀虫剂 | 0.05 | 0.0003 | 按照 GB 23200.8、GB 23200.113 |
| 231 | 治螟磷 | sulfotep | 杀虫剂 | 0.01 | 0.001 | 按照 GB 23200.8、GB 23200.113、NY/T 761 |
| 232 | 艾氏剂 | aldrin | 杀虫剂 | 0.05 | 0.0001 | 按照 GB 23200.113、GB/T 5009.19、NY/T 761 |
| 233 | 滴滴涕 | DDT | 杀虫剂 | 0.05 | 0.01 | 按照 GB 23200.113、GB/T 5009.19、NY/T 761 |
| 234 | 狄氏剂 | dieldrin | 杀虫剂 | 0.02 | 0.0001 | 按照 GB 23200.113、GB/T 5009.19、NY/T 761 |

| 序号 | 农药中文名称 | 农药英文名称 | 分类 | 最大残留限量/mg/kg | 每日允许摄入量 ADI/mg/kg, bw | 推荐检测方法 |
|---|---|---|---|---|---|---|
| 235 | 毒杀芬 | camphechlor | 杀虫剂 | 0.05 * | 0.00025 | 参照 YC/T 180 |
| 236 | 六六六 | HCH | 杀虫剂 | 0.05 | 0.005 | 按照 GB 23200.113、GB/T 5009.19、NY/T 761 |
| 237 | 氯丹 | chlordane | 杀虫剂 | 0.02 | 0.0005 | 按照 GB/T 5009.19 |
| 238 | 灭蚁灵 | mirex | 杀虫剂 | 0.01 | 0.0002 | 按照 GB/T 5009.19 |
| 239 | 七氯 | heptachlor | 杀虫剂 | 0.01 | 0.0001 | 按照 GB/T 5009.19 |
| 240 | 异狄氏剂 | endrin | 杀虫剂 | 0.05 | 0.0002 | 按照 GB/T 5009.19 |

注："＊"表示该限量为临时限量。"/"表示标准中没有规定。

# 附录 B  2020 年度中国苹果产业发展报告（精简版）

霍学喜[1]，刘天军[1]，刘军弟[1]，魏延安[2]，姚心省[3]，马晓燕[4]，卢　斐[4]

(1. 西北农林科技大学，陕西 杨凌 712100；
2. 陕西省果业中心，陕西 西安 710021；
3. 山东佳农诚信果业有限公司，山东 菏泽 274900；
4. 中国苹果产业协会，山东 济南 250014)

中国是世界上最大的苹果生产和消费国，苹果种植面积和产量均超过世界总量的50%。在陕西、山东、山西、甘肃、河南、河北、新疆等苹果生产优势地区，苹果产业作为经济发展的支柱产业，为当地农业增效、农民增收做出了巨大贡献，对推进我国农业供给侧改革、助力乡村振兴战略、实现产业扶贫和精准脱贫具有重要意义。

随着我国农业生产能力不断提高，苹果生产布局趋向稳定，苹果新品种、新技术、新产品和新装备创新加快。同时，受到消费者健康观念的转变和对生活品质追求的影响，优质苹果、品牌苹果及其加工品的消费需求旺盛，对苹果生产供给带来新的挑战，为苹果产业转型和价值提升带来机遇。在新的历史阶段，总结我国苹果产业发展现状和未来发展趋势对我国苹果产业发展具有十分重要的意义。为深入剖析我国当前苹果产业发展现状、趋势和挑战，总结各地取得的主要成就、经验和做法，展望未来苹果产业的发展趋势，完善产业相关数据及资料体系，引导苹果产业高质量发展，促进国内苹果产业转型升级，2021年在农业农村部种植业司的指导下，我国苹果产业协会组织国内苹果领域著名专家、知名人士开展《2020年度中国苹果产业发展报告》（以下简称报告）编写工作。通过召开会议、实地调研、案例调查、查阅文献和深入访谈等形式掌握第一手材料，报告数据来源于农业农村部、国家现代苹果产业技术体系、国家苹果工程技术研究中心、国家统计局、各地果业主管部门、美国农业部经济研究服务局（USDAERS）等单位，数据真实有效且在业界具有权威性。报告对国内外苹果发展和生产状况、苹果产业结构及布局、苹果产业科技做出了详细的分析，从生产、加工到内外贸易等几个方面进行梳理和分析，并对《2020年中央一号文件》和农业农村部发布的《苹果优势区域布局规划》中的相关情况进行了论述，为政府部门政策创设和实施、企业投资和决策、果农种植及行业分析研究提供参考。

## 一、苹果产业发展概况

### （一）世界苹果生产概况

2019/2020产季，世界苹果产量为7 583.40万t，与2018/2019产季的产量（7 097.80万t）相比，增长了6.84%（图1）。

根据国别和地区分析，2019/2020产季苹果年产量超过100万t的国家和地区依次为中国、欧盟、美国、土耳其、印度、伊朗、俄罗斯、巴西、智利和乌克兰，这些国家和地

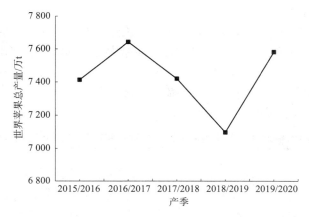

图 1　2015/2016—2019/2020 产季世界苹果产量变化趋势

数据来源：根据美国农业部（USDA-Foreign Agricultural Service）2020 年发布数据整理。

区的苹果产量合计 7 000.00 万 t，占世界苹果产量的 92.31%，表明全球苹果生产集中程度非常高。其中，我国苹果产量居全球第一，占世界苹果产量的 54.07%。2018/2019 产季我国部分主产区经历了霜冻、暴雨和冰雹等自然灾害，与正常年景相比产量偏低，2019/2020 产季我国苹果产量较上年增产 24.00%，产量基本恢复到正常水平。

2019/2020 产季，世界苹果产量比 2018/2019 产季增加 485.60 万 t（表 1），其中欧洲、智利苹果产量均有不同程度减少，减幅分别为 23.64% 和 5.45%；中国、美国和俄罗斯苹果产量均有所增加，增幅分别为 24.24%、7.47% 和 6.39%；土耳其、印度、伊朗、巴西和乌克兰 2019/2020 产季苹果产量和 2018/2019 产季基本持平。

表 1　主产国和主产区苹果分布情况

| 国家/地区 | 2018/2019 产季 | | 2019/2020 产季 | | 增产量/万 t | 增产率/% |
|---|---|---|---|---|---|---|
| | 产量/万 t | 占比/% | 产量/万 t | 占比/% | | |
| 中国 | 3 300.00 | 46.49 | 4 100.00 | 54.07 | 800.00 | 24.24 |
| 欧盟 | 1 503.00 | 21.18 | 1 147.70 | 15.13 | −355.30 | −23.64 |
| 美国 | 448.60 | 6.32 | 482.10 | 6.36 | 33.50 | 7.47 |
| 土耳其 | 300.00 | 4.23 | 300.00 | 3.96 | 0 | 0 |
| 印度 | 237.10 | 3.34 | 237.00 | 3.13 | −0.10 | −0.04 |
| 伊朗 | 209.70 | 2.95 | 209.70 | 2.77 | 0 | 0 |
| 俄罗斯 | 161.10 | 2.27 | 171.40 | 2.26 | 10.30 | 6.39 |
| 巴西 | 130.10 | 1.83 | 130.10 | 1.72 | 0 | 0 |
| 智利 | 121.00 | 1.70 | 114.40 | 1.51 | −6.60 | −5.45 |
| 乌克兰 | 107.60 | 1.52 | 107.60 | 1.42 | 0 | 0 |
| 合计 | 6 518.20 | 91.83 | 7 000.00 | 92.31 | 481.80 | 7.39 |
| 世界总量 | 7 097.80 | 100.00 | 7 583.40 | 100.00 | 485.60 | 6.84 |

注：根据美国农业部（USDA-Foreign Agricultural Service）2020 年发布数据整理。占比是指占世界总量的比值。

### （二）中国苹果生产概况

**1. 苹果种植面积**  据国家苹果产业技术体系统计（表2），2020年全国苹果种植面积为208.85 hm²，比2019年增长0.13%。其中黄土高原优势区（陕西、河南、山西与甘肃）面积增长幅度为1.40%；环渤海湾地区（山东、河北与辽宁）苹果种植面积减少幅度为3.05%。2020年甘肃苹果种植面积有较大幅度增长，达到4.04%；山东、辽宁苹果种植面积有较大幅度减少，分别减少4.24%和3.70%。

**表2  2018—2020年全国主要产区苹果种植面积及2020年面积变化情况**

| 区域 | 2018年 面积/万 hm² | 2019年 面积/万 hm² | 2019年 占比/% | 2020年 面积/万 hm² | 2020年 占比/% | 2020年面积 同比增减率/% |
|---|---|---|---|---|---|---|
| 全国 | 202.23 | 208.58 | 100 | 208.85 | 100 | 0.13 |
| 陕西 | 60.88 | 63.77 | 30.58 | 64.58 | 30.92 | 1.27 |
| 山东 | 27.56 | 27.85 | 13.35 | 26.67 | 12.77 | −4.24 |
| 河南 | 15.31 | 15.51 | 7.43 | 14.93 | 7.15 | −3.72 |
| 河北 | 12.67 | 13.12 | 6.29 | 13.14 | 6.29 | 0.1 |
| 山西 | 15.79 | 15.91 | 7.63 | 16.35 | 7.83 | 2.77 |
| 辽宁 | 14.54 | 14.83 | 7.11 | 14.29 | 6.84 | −3.7 |
| 甘肃 | 23.92 | 25.36 | 12.16 | 26.38 | 12.6 | 4.04 |
| 新疆 | 7.39 | 7.60 | 3.64 | 7.80 | 3.73 | 2.63 |
| 四川 | 3.80 | 3.93 | 1.89 | 3.97 | 1.9 | 0.88 |
| 宁夏 | 2.94 | 3.03 | 1.45 | 3.03 | 1.45 | 0.09 |
| 云南 | 7.34 | 7.56 | 3.63 | 7.58 | 3.63 | 0.26 |
| 黑龙江 | 0.87 | 0.93 | 0.45 | 0.99 | 0.47 | 6.38 |
| 其他地区 | 9.20 | 9.18 | 4.4 | 9.15 | 4.38 | −0.3 |

数据来源：根据苹果产业体系综合试验站调研数据整理获得。2020年为预测数据。

**2. 苹果产量**  根据国家统计局公布数据显示（表3），2020年全国苹果总产量为4 406.61万t，比2019年增长3.87%。其中，黄土高原优势区产量为2 415.39万t，比2019年增产4.71%；环渤海湾产区产量为1 460.70万t，比2019年增产2.82%；其他地区苹果产量为530.52万t，比2019年增产2.97%。

## 二、苹果产业组织发展状况

### （一）苹果种植户发展状况

根据抽样调查数据分析，2020年全国从事苹果生产的各类主体共614.27万户，其中苹果598.06万户，苹果面积超过20亩的种植大户15.01万户，苹果家庭农场1.03万户，以涉果企业为主的其他苹果主体0.27万户，表明中国苹果生产的主体是小规模苹果种植户。

### （二）苹果合作社发展状况

根据抽样调查数据分析，2020年全国共有13.15万个苹果合作社，其中国家、省市区、市州盟三级苹果合作社示范社9 731家。苹果合作社吸纳、带动苹果户129.75万户（其中三级示范社吸纳、带动苹果户50.60万户；其他合作社吸纳、带动苹果户79.15万户），占到苹果种植户总数的21.70%。

表3　2018—2020年全国各省苹果产量情况及2020年产量变化情况

| 区域 | 2018年 | 2019年 | | 2020年 | | 2020年产量 |
| | 产量/万t | 产量/万t | 占比/% | 产量/万t | 占比/% | 同比增减/% |
| --- | --- | --- | --- | --- | --- | --- |
| 全国 | 3 923.30 | 4 242.54 | 100.00 | 4 406.61 | 100.00 | 3.87 |
| 陕西 | 1 008.69 | 1 135.58 | 26.77 | 1 185.21 | 26.90 | 4.37 |
| 山东 | 952.17 | 950.23 | 22.40 | 953.63 | 21.64 | 0.36 |
| 山西 | 376.50 | 421.88 | 9.94 | 436.63 | 9.91 | 3.50 |
| 河南 | 402.74 | 408.79 | 9.64 | 407.57 | 9.25 | −0.30 |
| 甘肃 | 291.53 | 340.47 | 8.03 | 385.98 | 8.76 | 13.37 |
| 辽宁 | 237.04 | 248.76 | 5.86 | 267.32 | 6.07 | 7.46 |
| 河北 | 220.09 | 221.63 | 5.22 | 239.75 | 5.44 | 8.18 |
| 新疆 | 163.26 | 170.67 | 4.02 | 184.02 | 4.18 | 7.82 |
| 四川 | 72.55 | 76.51 | 1.80 | 80.75 | 1.83 | 5.54 |
| 云南 | 51.94 | 54.96 | 1.30 | 60.58 | 1.38 | 10.23 |
| 江苏 | 40.48 | 53.97 | 1.27 | 56.60 | 1.28 | 4.87 |
| 安徽 | 36.42 | 37.45 | 0.88 | 37.62 | 0.85 | 0.45 |
| 贵州 | 9.11 | 20.30 | 0.48 | 34.46 | 0.78 | 69.75 |
| 内蒙古 | 13.63 | 21.13 | 0.50 | 25.76 | 0.58 | 21.91 |
| 宁夏 | 18.22 | 50.17 | 1.18 | 21.10 | 0.48 | −57.94 |
| 其他地区 | 28.93 | 30.04 | 0.71 | 29.63 | 0.67 | −1.36 |

### （三）苹果企业发展状况

根据企查查数据显示，截至2020年底我国共有2.72万家苹果种植相关企业（在业/存续）。从地域分布来看，陕西省以7 300家（26.91%）企业位居第一，甘肃（13.61%）、山东（13.35%）分别位居第二、第三位（图2）。

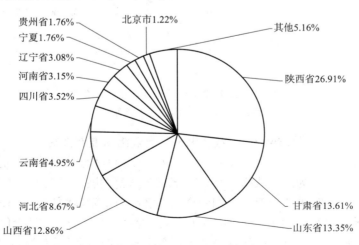

图2　各省（直辖市、自治区）苹果种植企业地域分布

注：仅限统计关键词为"苹果种植"的在业/存续企业。

2020 年新注册苹果种植企业 3 239 家，同比下降 39.40%（图 3）。其中一季度 446 家、二季度 967 家、三季度 756 家、四季度 1 070 家。2020 年新注册苹果种植企业中，九成的苹果种植相关企业注册资本在 500 万元以内，其中注册资本在 100 万元以内的占 75.46%。而注册资本超过 1 000 万元的则占总量的 2.28%（图 4）。

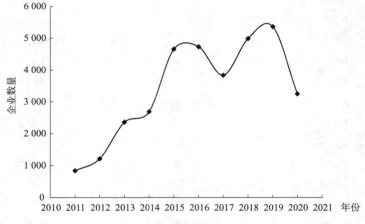

图 3　苹果种植企业近 10 年注册情况

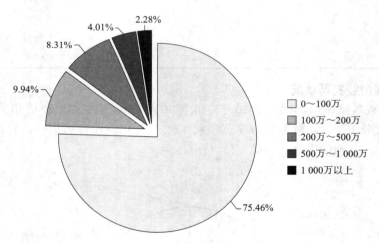

图 4　2020 年苹果种植企业注册资金分布
注：仅限统计关键词为"苹果种植"。

### （四）"信息化+""互联网+""数字化+"产业组织发展情况

现阶段，人类社会正在经历信息革命。进入互联网时代，大数据成为信息化发展的新阶段，数字化转型已成为国家战略。我国数字经济蓬勃发展，以人工智能为代表的新一代数字化技术，将成为我国"十四五"期间推动经济高质量发展的重要技术保障和核心驱动力。在经历充满变化和不确定性的 2020 年之后，各行业数字化、智能化进程不断提速，人工智能、物联网、云计算、区块链等新一代数字技术向行业纵深发展，驱动着行业数字化转型和智能化升级变档提速，为农村经济社会发展带来历史机遇。但相对民生、金融、商业、制造等领域，农业却是数字化应用场景中最复杂、最艰难的领域。由于数字化和数据采集成本太高，我国农业的数字化还处于相对早期的阶段，大量的硬件投入实际上还不能解决农业的根本问题。经过多年发展，我国农业农村数字化正处在由能力建设向应用主导转变的关键阶段。阿里巴巴、京东、神州数码、中国移动、中国电信等一大批互联网高科技公司正在积极涉足农（果）业领域，先行进行数字化试验示范。

## 三、国际贸易情况

### （一）中国鲜苹果进出口情况

**1. 中国鲜苹果出口情况**　据中国海关统计数据，2020 年我国苹果出口总量为 105.80 万 t，较 2019 年的 97.10 万 t 增长约为 9%，相比过去 5 年苹果出口平均数量（110.80 万 t）减少了 5 万 t。2019 年苹果出口量较少，主要原因是 2018/2019 年季苹果因西部产区遭受霜冻造成减产。

2020 年出口数量低于平均数量的主要原因有四点：一是受新冠肺炎疫情影响，前期国内限工限产造成供应不足，后期因国外疫情严重导致需求减弱；二是 2020 年人民币持续升值，出口价格升高；三是第四季度海运费暴涨、舱位不足，影响了出口数量；四是一些主要进口中国苹果的国家，如印度、巴基斯坦、俄罗斯、朝鲜等停止进口。

2020 年我国苹果出口目的地为 62 个国家和地区，其中超过 1 万 t 出口量的依次为孟加拉国（17.91 万 t）、菲律宾（16.84 万 t）、越南（16.02 万 t）、泰国（13.69 万 t）、印度尼西亚（13.37 万 t）、缅甸（5.30 万 t）、尼泊尔（4.38 万 t）、马来西亚（3.85 万 t）、中国香港（3.05 万 t）和新加坡（1.27 万 t）。由此可见，我国苹果的出口市场主要以东南亚和南亚一些发展中和欠发达国家为主，主要原因如下：一是因为这些国家不适宜种植苹果；二是因为近洋或边贸运输成本较低，有价格优势。以当年 9 月到次年 8 月出口数量为一个年季计算，2020 年 8 月至 2021 年 4 月我国苹果出口 91.05 万 t，较上个年季同期增长 3.80%，其中 2021 年 1 月至 4 月累计出口 31.60 万 t，同比增长 7.51%，这与我国今年成功控制新冠疫情有很大关系。2020 年我国苹果出口额为 14.50 亿美元，同比增长 16.30%，平均单价为 1.37 美元/kg，单价同比增长 6.80%。

我国苹果出口贸易企业有 600 多家，出口量较大的企业主要集中在山东省，目前出口企业存在多而小的状况，企业之间规模差距比较大。在产品质量方面也是参差不齐，大多数企业品牌不突出，主要靠价格竞争为主，出口企业利润微薄且不稳定，每年都有新增和退出的企业。苹果出口离岸港口海运以山东黄岛港为主，陆运以昆明为主。中国国家税务总局对于苹果出口企业虽然给予 9% 的退税补贴，苹果出口企业也积极推进，但因为一些主要进口国对我国苹果的叫停，出口数量一直停滞不前，还有下滑的趋势。苹果出口数量在我国苹果总产量和销售量中的贡献很小，解决苹果销售难问题的关键是做好内销，促进内循环。

**2. 中国鲜苹果进口情况**　我国鲜苹果进口量较少，过去几年的年进口量在 6 万 t 左右，主要进口来源为新西兰、智利、美国、南非和法国等。据中国海关统计数据，2020 年我国苹果进口总量为 7.57 万 t，2019 年进口 12.52 万 t，2019 年进口较多是因为我国 2018/2019 年季苹果大幅减产导致。

### （二）国内苹果市场结构及流通情况

**1. 2020 年苹果市场基本情况**　我国苹果市场已经扩展为以苹果种植为基础，开展苗

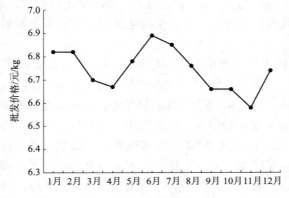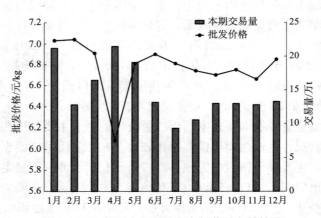

木繁育、技术服务、储藏、加工、销售、文化旅游等系列生产、市场服务活动，其中最重要的部分是苹果销售。2008 年以来，我国苹果鲜食消费量持续增加，未来一定时期内，鲜苹果消费仍将是我国苹果消费的主要形式。

**2. 2020 年苹果市场价格回顾** 2020 年由于疫情影响，上半年苹果销售不佳，进入 9 月以后主流的富士苹果开始上市才使得苹果销售情况有所好转，但国内苹果的库存压力依然较大。

（1）1—4 月苹果价格下降幅度较大。如图 5、图 6 所示，富士苹果及国内主要批发市场苹果价格几乎同步下跌。

图 5　2020 年苹果（富士）批发价格波动情况

图 6　2020 年国内主要批发市场苹果交易情况

具体来说，苹果价格东部降、西部升。但这一阶段苹果价格处于动态平衡中，低档小果涨价较快，且西部个别地区小果销售已经过半，但东部大部分地区销售未到 30%。受疫情影响，社区服务型水果销售大行其道，这种销售模式方便社区居民且有利可图，在疫情期间很受欢迎，且一直延续至今。

全国库存总量依然很大，销售尚未过半。加之疫情对出口的不利影响，导致 3 月苹果出口基本停摆。春节前出口有订单没货，此时有货没有订单。苹果市场行情受经济大趋势影响，比较疲软。

（2）进入 4 月下旬，库存消化开始加快，全国库存剩余 40% 左右。但由于樱桃等水果即将上市，对苹果产生较大影响，因此苹果价格难以提振，传统的清明销售期间销量并不好。

（3）5—6月，前期严重的霜冻使期货价格猛涨，也提升了苹果批发价格（图5、图6），使很多人错误地认为后期库存苹果价格会上涨，去库存产生极大阻力，此时至少还有35％以上库存苹果尚未销售。在消费能力未完全恢复的情况下，果农果商惜售，也为未来的苹果价格埋下伏笔。尤其进入6月，疫情反复，其他时令水果的上市也对苹果价格造成冲击，使销售更加缓慢。

（4）7月之后，苹果批发量、批发价同时开始下滑，果商依旧捂货惜售，寄希望于库存品相较好的苹果，在国庆期间能够大卖。但直到8月底，销量略有增长，价格依旧不温不火。

（5）此种情况一直持续到10月，此时苹果行情趋于稳定。东部产区总产量与西部相差不多，但东部的地理位置决定其受灾最轻。但在疫情之后，西部产区销售行动较快，东部产区较慢，受到一定影响。此时东部产区开始采收，苹果上货增加，价格有所下降。

（6）11—12月底，赣南脐橙等大量柑橘类水果低价上市，对苹果销售造成巨大冲击。有个别品牌苹果甚至停止加工，情况严重。不止苹果，其他各种水果也是供大于求，水果整体销售不尽如人意。与历史同期比较，此时存量几乎最高，销售基本最慢。超市与集市价格下跌（图7、图8），有些大型超市苹果营业额甚至下降50％。苹果去库存很慢，即出货基本停滞。市场上也多是地面货，价格便宜；冷库货贵，因而果商不想出货，期望行情上扬。

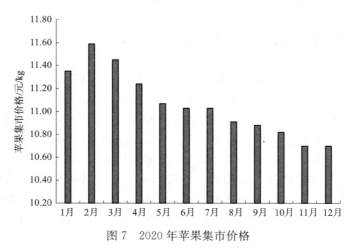

图7　2020年苹果集市价格

2020年是苹果销售最艰难的一年。年初的疫情给苹果销售带来巨大冲击，后期果商果农对形势的错误判断、捂盘惜售使苹果销售雪上加霜。

### （三）全国水果电商发展情况

在电子商务大趋势下，中国生鲜电商特别是水果电商处于高速发展期，受资本追捧，生鲜电商不断完善产业链条的各个环节，市场表现强劲。行业内有"农产品电商决胜于生鲜电商，生鲜电商决胜于水果电商"之说。2020年全国水果电商在整个水果销售渠道中的占比将超过10％，成为主渠道之一，而且增速是传统渠道的几倍。

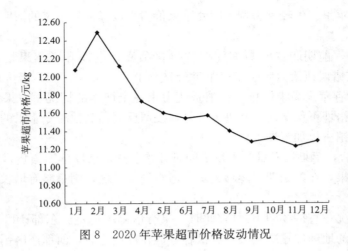

图 8　2020 年苹果超市价格波动情况

## 四、苹果产业发展对策

2020 年中央农村工作会议和中央一号文件都对果业高质量发展作出重要部署，是引领苹果产业持续健康发展的标杆。农业农村部在发布《苹果优势区域布局规划》（以下简称《规划》）基础上，出台配套支持政策，引导苹果生产优化布局和转型升级。中央及苹果主产省、市政府依托苹果优势区、苹果产业链，组织实施了 4 类 93 个项目工程，支持苹果产业领域的应用基础研究和创新研究、基础性公共服务平台建设、公益性技术推广、农村人才队伍建设及农民培养，总体成效显著。

### （一）出台系列政策措施，强化科技支撑

根据 2019 年中央农村工作会议和 2020 年中央一号文件，农业农村部及苹果主产区地方政府出台了六类配套政策，支持苹果产业转型升级：一是启动《规划》驱动苹果产业优化布局，支持以渤海湾、黄土高原优势区为主体，特色产区为补充的苹果产业布局体系；二是实施"农地三权"改革方略，激活农地流转市场，支持发展适度规模经营的苹果户，构建现代苹果产业体系和供给体系；三是完善产业组织政策，支持"涉果合作社＋适度规模苹果户"的苹果产业组织体系，构建现代苹果经营体系；四是实施质量标准化政策，以国家地理标志产品及绿色产品、有机产品标准为标志，支持构建苹果标准化生产管理体系；五是强化风险治理，完善果园基础设施和防灾减灾设施建设，支持构建"期货＋保险"的风险管理机制；六是强化苹果储存保鲜、分级包装、市场营销基础设施建设，支持现代苹果物流体系发展。

### （二）设立工程技术项目，开展科技攻关和技术推广

据不完全统计，2020 年中央部门、苹果主产省级人民政府设立四类苹果产业工程技术项目 97 项：一是科技研发类项目，包括砧木及种质资源收集与开发，苗木脱毒及病毒检测技术，生物育种杂交育种技术创新与品种选育、病虫草害发生规律与综合防控技术，轻简化栽培制度变革及高效生产技术，以及质量标准及安全控制等项目。二是平台建设类，包括国家苹果育种、国家苹果工程技术、国家果品加工技术、农业农村部区域性果品及苗木质量安全监督检验等中心，以及国家苹果栽培科学数据平台、苹果种质资源圃、农业农村部园艺作物种质资源利用重点实验室、国家苹果育种创新科研基地等平台。三是技

术推广类，包括农业农村部农技推广与体系建设，引种及综合配套技术，苹果优质高效生产关键技术集成与产业化示范，苹果矮化砧木新品种示范推广，苹果树节本省工高效生产关键技术示范与转化，产地低成本高效贮藏设施和保鲜技术，西部扶贫保鲜果蜡技术示范推广，商品化处理技术引进与开发，以及出口苹果采后商品化处理技术集成示范与推广等项目。四是人才培训类，包括返乡人才创新创业，果业科技培训，国家电子商务进农村、农村电商培训项目，以及职业农民培训项目。四类项目实现苹果产业链全覆盖、苹果优势区和特色产区（三州三区）全覆盖，构建了助推苹果产业转型升级、果农增收致富的稳定项目支撑体系。

# 附录 C　Code of Practice for the Prevention and Reduction of Patulin Contamination in Apple Juice and Apple Juice Ingredients in Other Beverages

CAC/RCP 50-2003

## Introduction

1. Patulin is a secondary metabolite produced by a number of fungal species in the genera *Penicillium*, *Aspergillus* and *Byssochlamys* of which *Penicillium expansum* is probably the most commonly encountered species. Patulin has been found as a contaminant in many mouldy fruits, vegetables, cereals and other foods, however, the major sources of contamination are apples and apple products.

2. Alcoholic fermentation of fruit juices destroys patulin and, therefore, fermented products such as cider and perry will not contain patulin. However, patulin has been observed in apple cider where apple juice was added after fermentation. Ascorbic acid has been reported to cause the disappearance of patulin from apple juice, although the optimal conditions for inactivation have not been fully established. Patulin is relatively temperature stable, particularly at acid pH. High temperature (150 ℃) short-term treatments have been reported to result in approximately 20% reduction in patulin concentrations. However, thermal processing alone is not sufficient to ensure a product free of patulin.

3. There is no clear evidence that patulin is carcinogenic, however, it has been shown to cause immunotoxic effects and is neurotoxic in animals. The IARC concluded that no evaluation could be made of the carcinogenicity of patulin to humans and that there was inadequate evidence in experimental animals. Patulin was evaluated by the JECFA in 1990 and reevaluated in 1995. The latter evaluation took into account the fact that most of the patulin ingested by rats is eliminated within 48 hours and 98% within 7 days. A study on the combined effects of patulin on reproduction, long-term toxicity and carcinogenicity pointed to a harmless intake of 43 g/kg body weight per day. On the basis of this work and using a safety factor of 100, the JECFA set a provisional maximum tolerable daily intake of 0.4 g/kg body weight.

4. Patulin occurs mainly in mould-damaged fruits although the presence of mould does not necessarily mean that patulin will be present in a fruit but indicates that it may be present.

In some instances, internal growth of moulds may result from insect or other invasions of otherwise healthy tissue, resulting in occurrence of patulin in fruit which externally appears undamaged. However, it can also occur in bruised fruit after controlled atmosphere storage and exposure to ambient conditions both with and without core rot being present. Washing of fruit, or removal of mouldy tissue, immediately prior to pressing will not necessarily remove all the patulin present in the fruit since some may have diffused into apparently healthy tissue. Washing apples with ozone solution is reported to contribute substantially to the control of patulin during processing.

5. Although the spores of many of the moulds capable of producing patulin will be present on fruit whilst it is still on the tree, they will generally not grow on fruit until after harvest. However, mould growth and patulin production can occur in fruit pre-harvest if the fruit becomes affected by disease or damaged by insects or where fallen fruit is gathered for processing. The condition of the fruit at harvest, the way in which the fruit is handled subsequently (especially during storage) and the extent to which storage conditions are inhibitory to the growth of moulds, will all affect the likelihood of patulin contamination of juice and other products prepared from fresh and stored fruit.

6. The recommendations for reducing patulin contamination in apple juice in this document are divided into two parts:

Recommended practices based on Good Agricultural Practice (GAP).

Recommended practices based on Good Manufacturing Practices (GMP).

# Ⅰ　Recommended Practices Based on GAP

## Preharvest

7. During the dormant season cut off, remove and destroy all diseased wood and mummified fruits.

8. Prune trees in line with good commercial practice producing a tree shape which will allow good air movement through the tree and light penetration into the tree. This will also enable good spray cover to be achieved.

9. Measures should be taken to control pests and diseases which directly cause fruit rots or allow entry sites for patulin-producing moulds. These include canker, eye rot (*Botrytis* spp. and *Nectria* spp.), codling moth, fruitlet mining tortrix moth, winter moth, fruit tree tortrix, blastobasis, sawfly and dock sawfly.

10. Wet weather around the time of petal fall and of harvesting is likely to increase the risk of rot and appropriate measures, such as application of fungicide to prevent.

11. Apples of poor mineral composition are more likely to suffer physiological disorders in store and hence are more susceptible to particular types of rot especially by *Gloeosporium* spp. and secondary rots such as *Penicillium*. Consignments of apples for the fresh fruit

market which do not meet the recommended mineral compositional standards, as determined by fruit analysis, should therefore be excluded from long-term storage i. e. storage for longer than 3-4 months.

12. Where levels of minerals in the fruit for the fresh fruit market are outside optimum ranges, improving calcium and phosphorus levels in the fruit, particularly increasing the calcium/potassium ratio by controlled fertiliser usage, will improve cell structure, which will then reduce susceptibility to rotting.

13. Records of rot levels should be kept each year for individual orchards since historical data is the best guide, at present, to potential rot levels, which will indicate the need for fungicide application and the storage potential of the fruit from that orchard.

## Harvesting and transportation of fruit

14. Apples for processing are from two different origins:

a) Mechanically harvested fruit.

15. Mechanically harvested fruit is obtained by shaking the tree and collecting the fruit from the ground with appropriate mechanical machinery.

16. All fruit should be handled as gently as possible and every effort made to minimize physical damage at all stages of the harvesting and transportation procedures.

17. Before shaking the trees, deteriorated fallen fruit (rotten, fleshed etc.) should be removed from the ground in order to make sure that only fresh and/or sound fruit is collected.

18. Mechanically harvested fruit has to be transported to processing plants within 3 days after harvest.

19. All containers used to transport harvested fruit should be clean, dry and free of any debris.

b) Fruit for the fresh fruit market.

20. Fruit from orchards with a history of high levels of rot should be harvested separately and not considered for storage.

21. Ideally all fruit should be picked in dry weather conditions, when the fruit is mature, and placed in clean bins or other containers (e. g. boxes) suitable for transportation directly to store. Bins or boxes should be cleaned, ideally by hosing with clean water or preferably by scrubbing with soap and water, and fruit and leaf debris should be removed. Cleaned bins and boxes should be dried prior to use. Avoid exposure of fruit to rain.

22. Adequate training and supervision should be provided to ensure good damage-free picking practice.

23. All fruit in which the skin is damaged, or with the flesh exposed, as well as all diseased fruit, should be rejected in the orchard at the time of picking and fruit bruising should be minimised as far as possible.

24. All soil-contaminated fruit, i. e. rain splashed fruit or fruit on the ground, should be rejected for storage purposes.

25. Care must be taken to avoid the inclusion of leaves, twigs etc. in the picked fruit.

26. Fruit should be placed in cold storage within 18 hours of harvest and cooled to the recommended temperatures (see Table 1) within 3-4 days of picking.

27. During transport and storage, measures should be taken to avoid soil contamination.

28. Care must be taken during handling and transport of the bins or boxes in the orchard, and between the orchard and store, to avoid soil contamination of the container and the fruit and to minimize physical damage e. g. bruising of the fruit.

29. Harvested fruit should not be left in the orchard overnight but moved to a hard standing area, preferably under cover.

## Post-harvest handling and storage practices of fruit for the fresh fruit market

30. All fruit, whether for the fresh market or for later processing, should be handled as gently as possible and every effort made to minimise physical damage e. g. bruising at all stages of post-harvest handling prior to pressing.

31. Apple growers, and other producers of juice who do not have controlled storage facilities, need to ensure that fruits for juicing are pressed as soon as possible after picking.

32. For controlled atmosphere storage ensure that stores are checked for gas tightness, where appropriate, and that all monitoring equipment is tested before harvesting commences. Pre-cool stores thoroughly before use.

33. Where appropriate post harvest fungicide treatments may be applied in accordance with authorized conditions of use.

34. Stored apples should be examined regularly, at least once a month, for rot levels; a record of the levels should be maintained from year to year. The sampling procedure used should minimize the risk of atmospheric changes occurring in the store (see para. 37).

35. Random samples of fruit should be placed in suitable containers (e. g. net bags) situated close to the inspection hatches to permit monitoring of fruit condition during the storage period (see para. 36). Samples should be examined for rots, general fruit condition and shelf life at least every month. Shorter intervals may be recommended in stores where the fruit storage conditions are less than optimum and/or the fruit has a predicted storage life of less than 3 months, because of adverse growth and/or harvesting conditions.

36. Where samples indicate problems with fruit condition appropriate action should be taken to remove the fruit for use before extensive damage occurs.

37. Mould growth normally occurs in a warm environment. Rapid cooling and maintenance of store atmosphere conditions will improve fruit condition. Ideally fruit should be loaded and cooled to less than 5 ℃ in 3-4 days and to optimum temperatures within a further 2 days. Controlled atmosphere conditions should be achieved within 7-10 days from the start of

loading, and ultra-low oxygen regimes (i. e. less than $1.8\%$ oxygen) should be established within a further 7 days.

## Post-storage grading of fruit for the fresh market or juice manufacture

38. All rotten fruits, even those with only small areas of rot, should be eliminated as far as possible and wholesome fruit should be kept in a clean bulk container.

39. When containers are removed from storage to select fruit for retail distribution, the containers of fruit remaining for juicing should be specifically marked and returned to cold store within 12 hours of sorting. The time the fruit is at ambient temperatures should be kept to a minimum. Ideally fruit for juicing should be kept at $< 5$ ℃ between withdrawal from store and juicing and should be utilized as soon as possible.

40. Fruit which is to be sent for juicing should be utilized as soon as possible and within the normal shelf life which would be recommended for fruit from the same store. Any bruising will encourage patulin formation hence bruising should be kept to a minimum, especially if fruit is to be stored for longer than 24 hours at ambient temperature before juicing.

## II    Recommended Practices Based on GMP

Transportation, checking, and pressing of fruit
Mechanically harvested fruit and fruit for the fresh market.

a)Fruit for the fresh market

41. Stored fruit should be transported from the cold store to the processor in the shortest time possible (ideally $<24$ hours to pressing unless cold stored).

42. Varieties with an open calyx are particularly susceptible to core rots. These varieties should be examined for internal rots by regular checks immediately prior to pressing. An appropriate random sample of apples should be preferably taken from each separate batch of fruit. Each apple is then cut across its equator and examined for signs of mycelial growth. If the frequency of core rots exceeds an agreed level the consignment should not be used for juicing. The processor should specify the maximum proportion of supplied fruit which can have any sign of rotting, taking into account the capacity of the processor to remove the rotting fruit during pre-process inspection. If this proportion is exceeded the whole consignment of fruit should be rejected.

43. On arrival at the factory the fruit should be checked for quality, particularly for evidence of both external and internal mould damage (see para. 44).

b)Mechanically harvested fruit and fruit for the fresh market

44. During processing and prior to pressing, the fruit should be sorted carefully to remove any visually mouldy fruit (check randomly and routinely for internal mould by cutting some fruit as indicated in para. 42) and washed thoroughly, using potable or suitably treated water.

45. Juice presses and other manufacturing equipment should be cleaned and sanitised in accordance with industry "best practices". Juice presses and other equipment will generally be washed down with pressured water hoses and sanitised by application of a suitable sanitiser, followed by a further rinse with potable cold water. In some plants, which operate almost continuously, this should preferably be a once per shift or once per day cleaning operation.

46. After pressing samples of juice should be taken for analysis. A representative bulk production sample should analysed for patulin by an appropriate method in a laboratory which is accredited to carry out such analyses.

47. The juice should preferably be chilled to $<5$ ℃ and maintained chilled until it is concentrated, packaged or pasteurised.

48. Juice should only be sent for packing on a positive release basis after patulin analysis has been confirmed as being below the maximum agreed limit. Specifications for the purchase of apple juice should include an appropriate limit for patulin subject to confirmation by the recipient.

## Packaging and final processing of juice

49. Moulds which are capable of producing patulin may occur, together with other moulds and yeasts, particularly in NFC juice. It is essential to prevent the development of such organisms during transport and storage to prevent spoilage of the product and by the same means prevent the production of patulin.

50. If juice is to be held for a period prior to use the temperature should preferably be reduced to 5 ℃ or less, in order to reduce microbial development.

51. Most juice will be heat processed to ensure destruction of enzymes and spoilage organisms. It must be recognized that whilst such processes will generally destroy fungal spores and vegetative mycelium the process conditions will not destroy any patulin which is already present.

## Quality assessment of juice

52. Specifications for the purchase of apple juice or apple juice concentrates should include a maximum limit for patulin based on an appropriate method of analysis.

53. A sampling plan should be developed for random sampling of product to assure that the finished product is within the maximum limit for patulin.

54. The packer must satisfy himself that the juice supplier is able to control properly his own operations to ensure that the recommendations given above are carried out.

55. Assessment of the quality of apple juice by the packer will include °Brix, acidity, flavour, colour, turbidity, etc. The microbiological quality should be carefully monitored since this indicates not only the risk level of potential organisms for the production of patulin but also the hygienic aspects of the previous stages in the production cycle.

現代苹果工业

56. Further checks should be carried out on the packaged product to ensure that no deterioration has taken place during the packaging stage.

Table 1: Recommended temperatures for storage of apples in air

| Variety | Temperature | | Variety | Temperature | |
| --- | --- | --- | --- | --- | --- |
| | ℃ | ℉ | | ℃ | ℉ |
| Bramley | 3.0 - 4.0 | 37 - 39 | Idared | 3.0 - 4.0 | 38 - 39 |
| Cox's orange pippin | 3.0 - 3.5 | 37 - 38 | Jonagold | 0.0 - 0.5 | 32 - 33 |
| Discovery | 1.5 - 2.0 | 35 - 36 | Red delicious | 0.0 - 1.0 | 32 - 34 |
| Egremont | 3.0 - 3.5 | 37 - 38 | Spartan | 0.0 - 0.5 | 32 - 33 |
| Golden delicious | 1.5 - 2.0 | 35 - 36 | Worcester | 0.0 - 1.0 | 32 - 34 |
| Crispin | 1.5 - 2.0 | 35 - 36 | | | |

ICS 67. 080. 10
X 10

# GB

# 中华人民共和国国家标准

GB/T 23585—2009

预防和降低苹果汁及其他饮料的苹果汁
配料中展青霉素污染的操作规范

Code of practice for the prevention and reduction of patulin contamination
in apple juice and apple juice ingredients in other beverages

2009-04-14 发布　　　　　　　　　　　　　2009-08-01 实施

中华人民共和国国家质量监督检验检疫总局
中国国家标准化管理委员会　　　发 布

# 前　言

本标准修改采用 CAC/RCP 50—2003《预防和降低苹果汁和其他饮料的苹果汁配料中展青霉素污染的操作规范》（英文版）。

本标准根据 GB/T 20000.2—2001 重新起草。在附录 A 中列出了本标准章条编号与 CAC/RCP 50—2003 章条编号的对照一览表。

本标准根据 GB/T 1.1—2000 增加了范围。

为便于使用，本标准还做了下列编辑性修改：

a）"本文件"一词改为"本标准"；

b）删除了华氏温度"℉"，保留了摄氏温度"℃"；

c）根据 GB/T 1.1—2000 修改了章节编号；

d）根据 GB/T 1.1—2000 重新安排表 1 在标准中位置。

本标准的附录 A 为资料性附录。

本标准由中国标准化研究院提出。

本标准由全国食品安全管理技术标准化技术委员会（SAC/TC 313）归口。

本标准主要起草单位：国家质量监督检验检疫总局国际检验检疫标准与技术法规研究中心、中国标准化研究院、中华人民共和国广东出入境检验检疫局、山东万德大地有机食品有限公司、北京安普生化科技有限公司。

本标准主要起草人：蒲民、杨丽、高东微、黄培德、刘中勇、郝建光、李志勇、党光清、邹志飞、张喆、刘津、易敏英、谢力。

# 引　言

**0.1**　展青霉素是青霉属、曲霉属和丝衣霉属多种真菌产生的一种次生代谢物，其中扩展青霉是最常见产生展青霉素的种类。在许多发霉的水果、蔬菜、谷物和其他食品中可以发现作为污染物存在的展青霉素，不过污染的主要来源是苹果和苹果产品。

**0.2**　果汁酒精发酵可以破坏展青霉素，因此，发酵产物如苹果酒和梨子酒就不含有展青霉素。不过，发酵后添加苹果汁的苹果酒中曾经发现过展青霉素。曾经有报道抗坏血酸可以使苹果汁中的展青霉素消失，但是最佳失活条件尚未完全确定。相对而言，展青霉素对温度稳定，且在酸性 pH 下尤甚。曾经有报道短时高温（150℃）处理可导致展青霉素浓度降低约 20%。不过，单纯的热处理并不能确保产品中完全消除展青霉素。

**0.3**　没有明确证据表明展青霉素具有致癌性，但是有证据显示其会产生免疫毒性效应，并且对动物具有神经毒性。国际癌症研究机构（IARC）决定不能就展青霉素对人类的致癌性进行评估，在动物实验方面也缺乏充足的证据。食品添加剂联合专家委员会（JECFA）于 1990 年对展青霉素进行了评估，并于 1995 年再次进行评估。第二次评估考虑到老鼠摄取的大部分展青霉素在 48 h 内被分解、98% 在 7 d 内被分解的实际情况。一项就展青霉素在生殖、长期毒性和致癌性方面综合作用的研究指出，每天 43 $\mu$g/kg 体重的摄入量对人体无害。根据这项研究成果，并引入安全因子 100，JECFA 对展青霉素规定了 0.4 $\mu$g/kg 体重的临时最大允许日摄入量。

**0.4**　展青霉素主要出现在霉坏的水果中，尽管水果发霉并不一定意味着展青霉素的存在，但预示着它可能存在。有时，水果其他健康组织遭受昆虫或其他侵害会导致果实内部霉菌的生长，结果发生外表看起来无损伤的水果其中却存在展青霉素的情况。气调贮藏后暴露在周围环境中的瘀伤水果，无论果核是否腐烂，也有可能存在展青霉素。榨汁前清洗果实或除去发霉组织并不能完全将果实中存在的展青霉素消除，因为部分展青霉素可能已经扩散进入外观上健康的组织中。据报道，加工过程中用臭氧溶液清洗苹果对控制展青霉素非常有用。

**0.5**　尽管许多可以产生展青霉素的霉菌，其孢子在水果仍然生长在果树上时就存在于水果上，但是通常情况下只有果实采收后孢子才会在果实上生长。然而，如果果实染病或被昆虫侵害，以及集中处理跌落果实的地点，均有可能在果实采收前发生霉菌生长和展青霉素产生。果实采收条件、采后果实的处理方式（尤其是贮藏期间）以及贮藏条件对霉菌生长的抑制程度，均会影响果汁和其他以新鲜或贮藏果实为原料生产的产品中展青霉素污染的可能性。

**0.6**　本标准对降低苹果汁中展青霉素污染的推荐分为两个部分：
　　——以良好农业规范（GAP）为基础的推荐操作要点；
　　——以良好生产规范（GMP）为基础的推荐操作要点。

# 预防和降低苹果汁及其他饮料的苹果汁配料中展青霉素污染的操作规范

## 1 范围

本标准规定了预防和降低苹果汁和其他饮料的苹果汁配料中展青霉素污染的操作规范。

本标准适用于苹果的农业生产中种植、采收、运输、采后处理、贮藏、贮藏后分选等操作过程，以及苹果在果汁加工中运输、检查、榨汁、果汁包装、包装后处理、果汁质量评估等操作过程。

## 2 以良好农业规范为基础的推荐操作要点

### 2.1 采收前

**2.1.1** 在休眠季节剪去、移走并销毁所有患病枝条和干瘪的果实。

**2.1.2** 按照良好商业规范修剪果树树形，以利于果树间良好的通风透光。修剪果树还可以使喷施有效覆盖树冠。

**2.1.3** 应采取措施控制会导致果实腐烂或导致产生展青霉素的霉菌在整个区域发生的害虫和病害。

**2.1.4** 花瓣凋落和采收时期如果天气潮湿，会增加发生腐烂病害的风险，因此应当采取适当措施，例如考虑使用杀真菌剂防止孢子萌发和真菌的生长。

**2.1.5** 矿质成分不良的苹果在贮藏的过程中更易发生生理紊乱，因此更易感染某些种类的腐烂病害，尤其是由盘长孢属引起的腐病和青霉菌属引起的继发腐烂病害。发往新鲜水果市场的苹果，如果检测结果表明其未能达到推荐的矿质成分标准，则不应作长期贮藏，例如贮藏期超过 3 个月至 4 个月。

**2.1.6** 发往新鲜水果市场的苹果，如果矿质水平超过适宜的范围，应提高苹果中钙和磷的含量，特别是通过控制肥料的使用来提高钙/钾比例，这样可以强化细胞结构，从而降低对腐烂病害的易感性。

**2.1.7** 每个果园应妥善保管每年腐烂病害情况的记录，因为历史资料目前是对可能发生的腐烂病害情况的最好指南。这些记录可提示需要使用的杀真菌剂和该果园出产苹果耐贮藏的潜力。

### 2.2 采收和运输

#### 2.2.1 机械采收的苹果

**2.2.1.1** 机械采收方式为摇动果树并利用适宜的机械装置收集落在地面的苹果。

**2.2.1.2** 在采收和运输全程中均应尽可能轻柔处理果实，使对果实的物理损伤降到最低。

**2.2.1.3** 在摇动果树前，应将落在地面的坏果（腐烂果实、破皮果实等）清理干净，以确保采收的全部是新鲜并合格的苹果。

**2.2.1.4** 机械采收方式采收的苹果，在采收后 3 d 内应运往加工工厂。

**2.2.1.5** 所有用于运输采收苹果的容器均应洁净、干燥和无积屑。

**2.2.2　发往生鲜水果市场的苹果**

**2.2.2.1** 来自有高发腐病历史的果园的苹果应单独采收，且不宜贮藏。

**2.2.2.2** 理想状况下，应在干燥天气下采摘成熟的苹果，采摘后盛放在洁净的箱柜或其他容器（例如盒子）中。用于盛放苹果的容器应适合直接运往贮藏设施。理想状况下，这些容器应用洁净的水冲洗，如能用肥皂和水刷洗更佳。容器中不应残留水果和树叶的残屑，在盛放苹果前应保持干燥。避免苹果暴露在雨水中。

**2.2.2.3** 对操作人员应进行充足的培训和监督，以确保达到零损伤采摘。

**2.2.2.4** 所有外皮破损的苹果，连同所有染病的苹果，在采摘时均应从果园中清除。同时，应当尽可能降低果实的瘀伤。

**2.2.2.5** 所有被泥土污染的苹果，例如雨水溅湿或落在地上的苹果，不应贮藏。

**2.2.2.6** 注意不要在采摘的苹果中混杂树叶和树枝。

**2.2.2.7** 采摘的苹果在采收后 18 h 内应置于冷藏环境，并在采摘后 3 d～4 d 内冷却至推荐温度（见表 1）。

表 1　有氧条件下贮藏苹果的推荐温度

| 品　种 | 温度/℃ | 品　种 | 温度/℃ |
|---|---|---|---|
| 绿苹果（BRAMLEY） | 3.0～4.0 | 爱达红（IDARED） | 3.5～4.0 |
| 桶苹（COX'S ORANGE PIPPIN） | 3.0～3.5 | 乔纳金（JONAGOLD） | 0.0～0.5 |
| 发现（DISCOVERY） | 1.5～2.0 | 红元帅（RED DELICIOUS） | 0.0～1.0 |
| EGREMONT | 3.0～3.5 | 斯巴丹（SPARTAN） | 0.0～0.5 |
| 金冠（GOLDEN DELICIOUS） | 1.5～2.0 | WORCESTER | 0.0～1.0 |
| 陆奥（CRISPIN） | 1.5～2.0 | | |

**2.2.2.8** 运输和贮藏过程中应采取措施防止泥土污染。

**2.2.2.9** 在果园以及从果园到贮藏设施的过程中，处理、搬运箱柜和盒子应注意避免泥土对容器和苹果的污染，并尽可能降低对苹果的物理损伤（如瘀伤）。

**2.2.2.10** 采收的苹果不应留在果园中过夜，而应当转移至固定的硬地区域，有顶覆盖更佳。

**2.3　发往生鲜水果市场的苹果采后处理和贮藏操作要点**

**2.3.1** 无论是发往生鲜水果市场还是要进行后续加工的苹果，均应尽可能轻柔处理，以尽量降低物理损伤，例如榨汁前的所有采后处理阶段均应当尽量降低苹果瘀伤。

**2.3.2** 苹果种植者和苹果汁生产者如果未能配备可控式贮藏设施，应在采摘后尽快进行苹果榨汁。

**2.3.3** 可控式气调贮藏设施的气密性能应事先经过检查并确认有效，在采收开始前应对所有的监测设备进行测试，使用前贮藏设施应进行充分预先冷却。

**2.3.4** 根据批准使用条件进行适宜的采后杀真菌剂处理。

**2.3.5** 贮藏的苹果应至少每月 1 次进行腐烂发生情况的定期检查，应建立并维护年度腐烂发生情况记录。检查时，抽样操作应尽可能减少贮藏设施的空气变化。

**2.3.6** 苹果的随机样品应放置在靠近检查窗口的合适的容器中（如网袋），以便于在贮藏期间监测苹果的状况。样品应每月至少进行腐烂程度、整体情况和货架期的检查。如果由于采收条件不佳或有害生物的生长造成苹果贮藏环境不良或者预期贮藏寿命少于 3 个月，建议缩短贮藏设施中苹果的检查时间间隔。

**2.3.7** 一旦样品检查结果表明苹果贮藏环境发生问题，应采取相应措施，在大范围损失发生前转移并用掉苹果。

**2.3.8** 霉菌生长通常发生在温暖环境中。快速冷却和贮藏环境的空气条件保持稳定有利于苹果的贮藏。理想状况下，苹果应在 3 d～4 d 内堆装并冷却至 5 ℃以下并在接下来的 2 d 内调节温度至最佳。自堆装开始后 7 d～10 d 内应当达到预期的空气条件，并在接下来的 7 d 内使贮藏设施内达到超低氧状态（如氧气含量低于 1.8%）。

**2.4 发往生鲜水果市场或用于果汁生产的苹果的贮藏后分选**

**2.4.1** 应尽可能清除全部腐烂的苹果，即使腐烂微小也应当清除。全部苹果均应放置在洁净的散装容器内。

**2.4.2** 将容器从贮藏设施中取出并为零售配销挑选苹果时，盛放用于榨汁的苹果容器应专门标记并在分选后 12 h 内放回冷藏式贮藏设施中。苹果放置在室温的时间应尽量缩短。理想状况下，用于榨汁的苹果从贮藏设施中取出到榨汁处理之间的阶段应保存在 5 ℃以下，并应尽快进行处理。

**2.4.3** 送去榨汁的苹果应尽快处理，且处理时未超过同一贮藏设施中同批苹果推荐的正常货架期。任何瘀伤均会促进展青霉素的形成，因此应尽量降低瘀伤，尤其是苹果在榨汁前会在室温贮藏超过 24 h。

# 3 以良好生产规范为基础的推荐操作要点

## 3.1 运输、检查和榨汁

### 3.1.1 发往生鲜水果市场的苹果

**3.1.1.1** 贮藏的苹果从冷藏式贮藏设施取出到加工处理之间的时间应尽可能短（理想状况下如果取出后不是冷藏式存放，到榨汁处理前的时间应少于 24 h）。

**3.1.1.2** 果萼部位张开的品种特别容易发生果核腐烂。这些品种的苹果应在榨汁前立即进行果内腐烂情况的常规检查。对每一批次的苹果均要抽取适量的随机样品。抽样的苹果，每个均应从果体中间横切，然后检查是否存在菌丝体生长的迹象。如果发现果核腐烂的频率超过允许水平，该批苹果就不得用于制造果汁。果汁生产者应充分考虑在预检查中清除腐烂苹果的能力，然后明确允许存在腐烂迹象苹果的最大比率。如果检查结果超过这一比率，整批苹果就不得使用。

**3.1.1.3** 苹果一旦抵达工厂应进行质量方面的检查，尤其是是否存在霉菌造成果实外部和内部的损伤迹象。

### 3.1.2 机械采收和发往生鲜水果市场的苹果

**3.1.2.1** 榨汁前的加工处理过程中，应对苹果进行仔细分选，清除所有肉眼可见发霉的苹果（采取 3.1.1.2 描述的方式对苹果进行常规随机抽样，并切开果实检查果内霉菌生长情况），然后用饮用级水或其他合适的、处理过的水进行彻底清洗。

**3.1.2.2** 根据工厂良好生产规范对榨汁和其他生产设备进行清洁和消毒。榨汁和其他生产设备应使用高压水彻底清洗，并使用适宜的消毒剂进行消毒，然后以饮用级的凉水冲洗。在一些工厂里，生产连续进行，这种情况下每次轮班或每天进行 1 次清洁工作更宜。

**3.1.2.3** 榨汁后对果汁的样品进行检测分析。批量产品的代表性样品应送到资质合格的实验室用适宜的方法进行展青霉素检测。

**3.1.2.4** 榨出的果汁最好冷却至 5 ℃以下，并在浓缩、包装或巴氏杀菌处理前保持这种状态。

**3.1.2.5** 展青霉素检测结果证实低于最大允许限量时才可将果汁送去包装处理。购买苹果汁时，货物说明书中应包含展青霉素相应的限量，并以货物收据的形式确定。

**3.2　包装和果汁的最后处理**

**3.2.1** 产生展青霉素的霉菌可与其他霉菌和酵母一起发生，尤其在非浓缩还原果汁中。因此，有必要在果汁运输和贮藏的过程中采取措施阻止这类微生物的生长，从而防止产品的败坏和展青霉素的产生。

**3.2.2** 果汁在使用前如果会保存一段时间，建议将果汁的温度降至 5℃或以下，以减少微生物的活动。

**3.2.3** 大多数果汁会进行热处理以确保酶失活和杀灭腐败微生物。但是应明确，这些处理工艺只能破坏真菌的孢子和菌丝体，而不能破坏已经产生的展青霉素。

**3.3　果汁的质量评估**

**3.3.1** 购买苹果汁或浓缩苹果汁，货物的说明书上应包括以适宜方法检测分析展青霉素的最大允许限量。

**3.3.2** 应制定并实施抽样计划，对产品进行随机抽样检测，以确保最终的产品中展青霉素水平低于最大允许限量。

**3.3.3** 包装者应确认果汁供应者有能力正确开展果汁生产活动，确保上述抽样检查有效执行。

**3.3.4** 包装者对苹果汁的质量评估内容包括：糖度、酸度、香味、色泽、浊度等。由于微生物指标不但提示了可能产生展青霉素的微生物的风险水平，而且反映出之前的生产阶段的卫生状况，因此应认真监测。

**3.3.5** 应进一步对包装产品进行检查，以确保包装阶段未发生污染。

# 附 录 A
## （资料性附录）
## 本标准章条编号与 CAC/RCP 50—2003 章条编号对照

表 A.1 给出了本标准章条编号与 CAC/RCP 50—2003 章条编号对照一览表。

表 A.1 本标准章条编号与 CAC/RCP 50—2003 章条编号对照

| 本标准章条编号 | 对应的国际标准章条编号 |
| --- | --- |
| 0.1 | 1 |
| 0.2 | 2 |
| 0.3 | 3 |
| 0.4 | 4 |
| 0.5 | 5 |
| 0.6 | 6 |
| 1 | — |
| 2 | 1 |
| 2.1 | — |
| 2.1.1 | 7 |
| 2.1.2 | 8 |
| 2.1.3 | 9 |
| 2.1.4 | 10 |
| 2.1.5 | 11 |
| 2.1.6 | 12 |
| 2.1.7 | 13 |
| 2.2 | — |
| 2.2.1 | a) |
| 2.2.1.1 | 15 |
| 2.2.1.2 | 16 |
| 2.2.1.3 | 17 |
| 2.2.1.4 | 18 |
| 2.2.1.5 | 19 |
| 2.2.2 | b) |
| 2.2.2.1 | 20 |
| 2.2.2.2 | 21 |
| 2.2.2.3 | 22 |
| 2.2.2.4 | 23 |

| 本标准章条编号 | 对应的国际标准章条编号 |
|---|---|
| 2.2.2.5 | 24 |
| 2.2.2.6 | 25 |
| 2.2.2.7 | 26 |
| 2.2.2.8 | 27 |
| 2.2.2.9 | 28 |
| 2.2.2.10 | 29 |
| 2.3 | — |
| 2.3.1 | 30 |
| 2.3.2 | 31 |
| 2.3.3 | 32 |
| 2.3.4 | 33 |
| 2.3.5 | 34 |
| 2.3.6 | 35 |
| 2.3.7 | 36 |
| 2.3.8 | 37 |
| 2.4 | — |
| 2.4.1 | 38 |
| 2.4.2 | 39 |
| 2.4.3 | 40 |
| 3 | Ⅱ |
| 3.1 | — |
| 3.1.1 | （a） |
| 3.1.1.1 | 41 |
| 3.1.1.2 | 42 |
| 3.1.1.3 | 43 |
| 3.1.2 | （b） |
| 3.1.2.1 | 44 |
| 3.1.2.2 | 45 |
| 3.1.2.3 | 46 |
| 3.1.2.4 | 47 |
| 3.1.2.5 | 48 |
| 3.2 | — |
| 3.2.1 | 49 |
| 3.2.2 | 50 |
| 3.2.3 | 51 |
| 3.3 | — |

（续）

| 本标准章条编号 | 对应的国际标准章条编号 |
|---|---|
| 3.3.1 | 52 |
| 3.3.2 | 53 |
| 3.3.3 | 54 |
| 3.3.4 | 55 |
| 3.3.5 | 56 |

注：表中本标准章条编号 1 为增加的内容，无对应 CAC/RCP 50—2003 章条；其他无对应 CAC/RCP 50—2003 章条编号的本标准章条编号，对应 CAC/RCP 50—2003 中位置相同且内容对应的无编号标题。

# 附录 D　UNECE STANDARD FFV-50

concerning the marketing and
commercial quality control of

## APPLES

2020 EDITION

UNITED NATIONS

New York and Geneva，2020

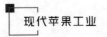

现代苹果工业

# NOTE

## Working Party on Agricultural Quality Standards

The commercial quality standards developed by the Working Party on Agricultural Quality Standards of the United Nations Economic Commission for Europe (UNECE) help facilitate international trade, encourage high-quality production, improve profitability and protect consumer interests. UNECE standards are used by governments, producers, traders, importers and exporters, and other international organizations. They cover a wide range of agricultural products, including fresh fruit and vegetables, dry and dried produce, seed potatoes, meat, cut flowers, eggs and egg products.

Any member of the United Nations can participate, on an equal footing, in the activities of the Working Party. For more information on agricultural standards, please visit our website <www. unece. org/trade/agr>.

The present Standard for Apples is based on document ECE/CTCS/WP. 7/2017/21 reviewed and adopted by the Working Party at its seventy-third session and editorial changes adopted during an inter-sessional approval procedure in February 2018, and document ECE/CTCS/WP. 7/2020/8, reviewed and adopted by the Working Party in 2020 (inter-sessional approval procedure).

Aligned with the Standard Layout (2017)

# UNECE Standard FFV-50 concerning the marketing and commercial quality control of Apples

## Ⅰ. Definition of produce

This standard applies to apples of varieties (cultivars) grown from *Malus domestica* Borkh. to be supplied fresh to the consumer, apples for industrial processing being excluded.

## Ⅱ. Provisions concerning quality

The purpose of the standard is to define the quality requirements for apples after preparation and packaging.

However, if applied at stages following export, products may show in relation to the requirements of the standard:
- a slight lack of freshness and turgidity;
- for products graded in classes other than the "Extra" Class, a slight deterioration due to their development and their tendency to perish.

The holder/seller of products may not display such products or offer them for sale, or deliver or market them in any manner other than in conformity with this standard. The holder/seller shall be responsible for observing such conformity.

### A. Minimum requirements

In all classes, subject to the special provisions for each class and the tolerances allowed, the apples must be:
- intact;
- sound; produce affected by rotting or deterioration such as to make it unfit for consumption is excluded;
- clean, practically free of any visible foreign matter;
- practically free from pests;
- free from damage caused by pests affecting the flesh;
- free from serious watercore [1];
- free of abnormal external moisture;
- free of any foreign smell and/or taste.

The development and condition of the apples must be such as to enable them:
- to withstand transportation and handling;
- to arrive in satisfactory condition at the place of destination.

---

1 Varieties marked with "V" in the annex are exempt from the provisions on serious watercore.

## B. Maturity requirements

The development and state of maturity of the apples must be such as to enable them to continue their ripening process and to reach a satisfactory degree of ripeness.

In order to verify the minimum maturity requirements, several parameters can be considered (e. g. morphological aspect, taste, firmness and refractometric index).

## C. Classification

Apples are classified in three classes, as defined below:

(i) "Extra" Class

Apples in this class must be of superior quality. They must be characteristic of the variety[2] and the stalk must be intact.

Apples must express the following minimum surface colour characteristic of the variety[3]:

- 3/4 of total surface red coloured in case of colour group A;
- 1/2 of total surface mixed red coloured in case of colour group B;
- 1/3 of total surface slightly red coloured, blushed or striped in case of colour group C;
- no minimum colour requirement in case of colour group D.

The flesh must be perfectly sound.

They must be free from defects, with the exception of very slight superficial defects, provided these do not affect the general appearance of the produce, the quality, the keeping quality and presentation in the package:

- very slight skin defects;
- very slight russeting[4], such as:
  - brown patches that may not go outside the stem cavity and may not be rough and/or,
  - slight isolated traces of russeting.

(ii) Class Ⅰ

Apples in this class must be of good quality. They must be characteristic of the variety[1]. Apples must express the following minimum surface colour characteristic of the variety[2]:

- 1/2 of total surface red coloured in case of colour group A;
- 1/3 of total surface mixed red coloured in case of colour group B;
- 1/10 of total surface slightly red coloured, blushed or striped in case of colour group C;
- no minimum colour requirement in case of colour group D.

---

2    A non-exhaustive list of varieties providing a classification on colouring and russeting is set out in the annex to this standard.

3    Reservation by the United States: For "Extra" Class and Class I, due to differences in its national legislation that allow different colour requirements.

4    Varieties marked with "R" in the annex are exempt from the provisions on russeting.

The flesh must be perfectly sound.

The following slight defects, however, may be allowed, provided these do not affect the general appearance of the produce, the quality, the keeping quality and presentation in the package:

- a slight defect in shape;
- a slight defect in development;
- slight defects in colouring;
- slight bruising not exceeding 1 cm$^2$ in area and not discoloured;
- slight skin defects, which must not extend over more than:
  - 2 cm in length for defects of elongated shape,
  - 1 cm$^2$ of the total surface area for other defects, with the exception of scab (*Venturia inaequalis*), which must not extend over more than 0. 25 cm$^2$, cumulative, in area.
- slight russeting[3], such as:
  - brown patches that may go slightly beyond the stem or pistil cavities but may not be rough and/or;
  - thin net-like russeting not exceeding 1/5 of the total fruit surface and not contrasting strongly with the general colouring of the fruit and/or;
  - dense russeting not exceeding 1/20 of the total fruit surface, while;
  - thin net-like russeting and dense russeting taken together may not exceed a maximum of 1/5 of the total surface of the fruit.

The stalk may be missing, provided the break is clean and the adjacent skin is not damaged.

(iii) Class Ⅱ

This class includes apples that do not qualify for inclusion in the higher classes, but satisfy the minimum requirements specified above.

The flesh must be free from major defects.

The following defects may be allowed, provided the apples retain their essential characteristics as regards the quality, the keeping quality and presentation:

- defects in shape;
- defects in development;
- defects in colouring;
- slight bruising not exceeding 1. 5 cm$^2$ in area which may be slightly discoloured;
- skin defects, which must not extend over more than:
  - 4 cm in length for defects of elongated shape,
  - 2. 5 cm$^2$ total surface area for other defects, with the exception of scab (*Venturia inaequalis*), which must not extend over more than 1 cm$^2$, cumulative, in area.
- slight russeting[3], such as:

- brown patches that may go beyond the stem or pistil cavities and may be slightly rough and/or;
- thin net-like russeting not exceeding 1/2 of the total fruit surface and not contrasting strongly with the general colouring of the fruit and/or;
- dense russeting not exceeding 1/3 of the total fruit surface, while;
- thin net-like russeting and dense russeting taken together may not exceed a maximum of 1/2 of the total surface of the fruit.

# III. Provisions concerning sizing

Size is determined either by the maximum diameter of the equatorial section or by weight. The minimum size shall be 60 mm, if measured by diameter, or 90 g, if measured by weight. Fruit of smaller sizes may be accepted if the Brix level of the produce is equal to or greater than 10.5° Brix and the size is not smaller than 50 mm or 70 g.

To ensure uniformity in size, the range in size between produce in the same package shall not exceed [5]:

(a) For fruit sized by diameter:
- 5 mm for "Extra" Class fruit and for Classes I and II fruit packed in rows and layers [6];
- 10 mm for Class I fruit packed in sales packages or loose in the package. [7]

(b) For fruit sized by weight:
- For "Extra" Class and Class I and II fruit packed in rows and layers:

| Range (g) | Weight difference (g) |
| --- | --- |
| 70-90 | 15 |
| 91-135 | 20 |
| 136-200 | 30 |
| 201-300 | 40 |
| > 300 | 50 |

- For Class I fruit packed in sales packages or loose in the package:

| Range (g) | Weight difference (g) |
| --- | --- |
| 70-135 | 35 |
| 136-300 | 70 |
| > 300 | 100 |

---

5 Reservation by the United States: Due to differences in the national legislation that allows the uniformity by diameter up to 12.5 mm for all apples irrespective of their size and/or class.

6 However, for apples of the varieties Bramley's Seedling (Bramley, Triomphe de Kiel) and Horneburger, the difference in diameter may amount to 10 mm.

7 However, for apples of the varieties Bramley's Seedling (Bramley, Triomphe de Kiel) and Horneburger, the difference in diameter may amount to 20 mm.

There is no sizing uniformity requirement for Class Ⅱ fruit packed in sales packages or loose in the package.

Varieties of miniature apples, marked with an "M" in the Annex to this standard, are exempted from the sizing provisions. These miniature varieties must have a minimum Brix level of 12°.

## Ⅳ. Provisions concerning tolerances

At all marketing stages, tolerances in respect of quality and size shall be allowed in each lot for produce not satisfying the requirements of the class indicated.

### A. Quality tolerances

(i) "Extra" Class

A total tolerance of 5 per cent, by number or weight, of apples not satisfying the requirements of the class but meeting those of Class Ⅰ is allowed. Within this tolerance not more than 0. 5 per cent in total may consist of produce satisfying the requirements of Class Ⅱ quality.

(ii) Class Ⅰ

A total tolerance of 10 per cent, by number or weight, of apples not satisfying the requirements of the class but meeting those of Class Ⅱ is allowed. Within this tolerance not more than 1 per cent in total may consist of produce satisfying neither the requirements of Class Ⅱ quality nor the minimum requirements, or of produce affected by decay.

(iii) Class Ⅱ

A total tolerance of 10 per cent, by number or weight, of apples satisfying neither the requirements of the class nor the minimum requirements is allowed. Within this tolerance not more than 2 per cent in total may consist of produce affected by decay.

### B. Size tolerances

For all classes: a total tolerance of 10 per cent, by number or weight, of apples not satisfying the requirements as regards sizing is allowed. This tolerance may not be extended to include produce with a size:

- 5 mm or more below the minimum diameter;
- 10 g or more below the minimum weight.

## Ⅴ. Provisions concerning presentation

### A. Uniformity

The contents of each package must be uniform and contain only apples of the same origin, variety, quality, and size (if sized) and the same degree of ripeness.

In the case of the "Extra" Class, uniformity also applies to colouring.

However, a mixture of apples of distinctly different varieties may be packed together in a sales package, provided they are uniform in quality and, for each variety concerned, in origin. However, in case of those mixtures uniformity in size is not required.

The visible part of the contents of the package must be representative of the entire contents.

## B. Packaging

The apples must be packed in such a way as to protect the produce properly. In particular, sales packages of a net weight exceeding 3 kg shall be sufficiently rigid to ensure proper protection of the produce.

The materials used inside the package must be clean and of a quality such as to avoid causing any external or internal damage to the produce. The use of materials, particularly of paper or stamps bearing trade specifications, is allowed, provided the printing or labelling has been done with non-toxic ink or glue.

Stickers individually affixed to the produce shall be such that, when removed, they neither leave visible traces of glue, nor lead to skin defects. Information lasered on single fruit should not lead to flesh or skin defects.

Packages must be free of all foreign matter.

## Ⅵ. Provisions concerning marking

Each package[8] must bear the following particulars, in letters grouped on the same side, legibly and indelibly marked, and visible from the outside.

### A. Identification

Packer and/or dispatcher/exporter:

Name and physical address (e. g. street/city/region/postal code and, if different from the country of origin, the country) or a code mark officially recognized by the national authority[9] if the country applying such a system is listed in the UNECE database.

### B. Nature of produce

- "Apples" if the contents are not visible from the outside.
- Name of the variety. In the case of a mixture of apples of distinctly different varieties, names of the different varieties.

The name of the variety can be replaced by a synonym. A trade name[10] can only be given in addition to the variety or the synonym.

- In the case of mutants with varietal protection, this variety name can replace the basic variety name. In case of mutants without varietal protection, this mutant

---

8　These marking provisions do not apply to sales packages presented in packages. However, they do apply to sales packages (pre-packages) presented individually.

9　The national legislation of a number of countries requires the explicit declaration of the name and address. However, in the case where a code mark is used, the reference "packer and/or dispatcher (or equivalent abbreviations)" has to be indicated in close connection with the code mark, and the code mark should be preceded by the ISO 3166 (alpha) country/area code of the recognizing country, if not the country of origin.

10　A trade name can be a trademark for which protection has been sought or obtained or any other commercial denomination.

414

name can only be indicated in addition to the basic variety name.

- "Miniature variety", where appropriate.

## C. Origin of produce

- Country of origin[11] and, optionally, district where grown, or national, regional or local place name.
- In the case of a mixture of distinctly different varieties of apples of different origins, the indication of each country of origin shall appear next to the name of the variety concerned.

## D. Commercial specifications

- Class
- Size, or for fruit packed in rows and layers, number of units. If identification is by the size, this should be expressed:

(a) for produce subject to the uniformity rules, as minimum and maximum diameters or minimum and maximum weight;

(b) optionally, for produce not subject to the uniformity rules, as the diameter or weight of the smallest fruit in the package followed by "and over" or equivalent denomination or, if appropriate, the diameter or weight of the largest fruit in the package.

## E. Official control mark (optional)

Adopted 1960

Last revised 2020

Aligned with the Standard Layout 2017


The OECD Scheme for the Application of International Standards for Fruit and Vegetables has published an explanatory illustrated brochure on the application of this standard. The publication may be obtained from the OECD bookshop at: www. oecdbookshop. org.

---

[11]　The full or a commonly used name should be indicated.

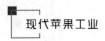

## Annex   Non-exhaustive list of apple varieties
## providing a classification on colouring and russeting[12]

Some of the varieties listed in the following may be marketed under names for which trademark protection has been sought or obtained in one or more countries. Names believed by the United Nations to be varietal names are listed in the first column. Other names by which the United Nations believes the variety may be known are listed in the second and third columns. None of these three columns is intended to include trademarks. References to known trademarks have been included in the fourth column for information only. The presence of any trademarks in the fourth column does not constitute any licence or permission to use that trademark-such licence must come directly from the trademark owner. In addition, the absence of a trademark in the fourth column does not constitute any indication that there is no registered/pending trademark for such a variety. For labelling requirements please refer to section VI of the standard. [13]

Legend:

M = miniature variety

R = russet variety

V = watercore

\* = mutant without varietal protection but linked to a registered/protected trademark; mutants not marked with the asterisk are protected varieties.

---

[12]   Fruits of varieties that are not part of the list must be graded according to their varietal characteristics. Coloured varieties as well as those showing a characteristic russeting should be included in the list to provide information about the varietal characteristics. The update of the list may be requested through the Specialized Section for the Standardization of Fresh Fruit and Vegetables.

[13]   Some of the varietal names listed in the first column may indicate varieties for which patent protection has been obtained in one or more countries. Such proprietary varieties may only be produced or traded by those authorized by the patent holder to do so under an appropriate licence. The United Nations takes no position as to the validity of any such patent or the rights of any such patent-holder or its licensee regarding the production or trading of any such variety.

The United Nations endeavoured to ensure that no trademark names are listed in columns 1, 2 and 3 of the table. However, it is the responsibility of any trademark owner to notify the United Nations promptly if a trademark name has been included in the table and to provide the United Nations (see address below) with an appropriate varietal, or generic name for the variety, as well as adequate evidence ownership of any applicable patent or trademark regarding such variety so that the list can be amended. Provided that no further information is needed from the trademark holder, the Working Party on Agricultural Quality Standards will change the list accordingly at the session following receipt of the information. The United Nations takes no position as to the validity of any such trademarks or the rights of any such trademark owners or their licensees.

Agricultural Standards Unit

Economic Cooperation and Trade Division

United Nations Economic Commission for Europe

Palais des Nations, CH-1211 Geneva 10, Switzerland

E-mail: agristandards@unece. org

| Variety | Mutant | Synonyms | Trademarks | Colour Group | Additional specifications |
|---|---|---|---|---|---|
| Variété | Mutant | Synonymes | Marque commerciale | Groupe de coloration | Autres caractéristiques |
| Разновидность | Мутант | Синонимы | Торговые знаки | Группа окраски | Дополнительные спецификации |
| African Red | | | African Carmine™ | B | |
| Akane | | Tohoku 3, Primerouge | | B | |
| Alkmene | | Early Windsor | | C | |
| Alwa | | | | B | |
| Amasya | | | | B | |
| Ambrosia | | | Ambrosia® | B | |
| Annurca | | | | B | |
| Ariane | | | Les Naturianes® | B | |
| Arlet | | Swiss Gourmet | | B | R |
| AW 106 | | | Sapora® | C | |
| Belgica | | | | B | |
| Belle de Boskoop | | Schone van Boskoop, Goudreinette | | D | R |
| | Boskoop rouge | Red Boskoop, Roter Boskoop, Rode Boskoop | | B | R |
| | Boskoop Valastrid | | | B | R |
| Berlepsch | | Freiherr von Berlepsch | | C | |
| | Berlepsch rouge | Red Berlepsch, Roter Berlepsch | | B | |
| Bonita | | | | A | |
| Braeburn | | | | B | |
| | Hidala | | Hillwell® | A | |
| | Joburn | | Aurora™, Red Braeburn™, Southern Rose™ | A | |
| | Lochbuie Red Braeburn | | | A | |
| | Mahana Red Braeburn | | Redfield® | A | |
| | Mariri Red | | Eve™, Aporo® | A | |
| | Royal Braeburn | | | A | |
| Bramley's Seedling | | Bramley, Triomphe de Kiel | | D | |
| Cardinal | | | | B | |
| Caudle | | | Cameo®, Camela® | B | |

（续）

| Variety / Variété / Разновидность | Mutant / Mutant / Мутант | Synonyms / Synonymes / Синонимы | Trademarks / Marque commerciale / Торговые знаки | Colour Group / Groupe de coloration / Группа окраски | Additional specifications / Autres caractéristiques / Дополнительные спецификации |
|---|---|---|---|---|---|
| | Cauflight | | Cameo®, Camela® | A | |
| CIV323 | | | Isaaq® | B | |
| CIVG198 | | | Modi® | A | |
| Civni | | | Rubens® | B | |
| Collina | | | | C | |
| Coop 38 | | | Goldrush®, Delisdor® | D | R |
| Coop 39 | | | Crimson Crisp® | A | |
| Coop 43 | | | Juliet® | B | |
| Coromandel Red | | Corodel | | A | |
| Cortland | | | | B | |
| Cox's Orange Pippin | | Cox Orange, Cox's O. P. | | C | R |
| Cripps Pink | | | Pink Lady®, Flavor Rose® | C | |
| | Lady in Red | | Pink Lady © | B | |
| | Rosy Glow | | Pink Lady® | B | |
| | Ruby Pink | | | B | |
| Cripps Red | | | Sundowner™, Joya® | B | |
| Dalinbel | | | Antares® | B | R |
| Dalitron | | | Altess® | D | |
| Delblush | | | Tentation® | D | |
| Delcorf | | | Delbarestivale® | C | |
| | Celeste | | | B | |
| | Bruggers Festivale | | Sissired® | A | |
| | Dalili | | Ambassy® | A | |
| | Wonik* | | Appache® | A | |
| Delcoros | | | Autento® | A | |
| Delgollune | | | Delbard Jubilé® | B | |
| Delicious ordinaire | | Ordinary Delicious | | B | |
| Discovery | | | | C | |
| Dykmanns Zoet | | | | C | |

（续）

| Variety<br>Variété<br>Разновидность | Mutant<br>Mutant<br>Мутант | Synonyms<br>Synonymes<br>Синонимы | Trademarks<br>Marque<br>commerciale<br>Торговые знаки | Colour<br>Group<br>Groupe de<br>coloration<br>Группа<br>окраски | Additional<br>specifications<br>Autres<br>caractéristiques<br>Дополнительные<br>спецификации |
|---|---|---|---|---|---|
| Egremont Russet | | | | D | R |
| Elise | | De Roblos，Red Delight | | A | |
| Elstar | | | | C | |
| | Bel-El | | Red Elswout® | C | |
| | Daliest | | Elista® | C | |
| | Daliter | | Elton™ | C | |
| | Elshof | | | C | |
| | Elstar Boerekamp | | Excellent Star® | C | |
| | Elstar Palm | | Elstar PCP® | C | |
| | Goedhof | | Elnica® | C | |
| | Red Elstar | | | C | |
| | RNA9842 | | Red Flame® | C | |
| | Valstar | | | C | |
| | Vermuel | | Elrosa® | C | |
| Empire | | | | A | |
| Fengapi | | | Tessa® | B | |
| Fiesta | | Red Pippin | | C | |
| Fresco | | | Wellant® | B | R |
| Fuji | | | | B | V |
| | Aztec | | Fuji Zhen® | A | V |
| | Brak | | Fuji Kiku® 8 | B | V |
| | FUCIV51 | | SAN-CIV® | A | V |
| | Fuji Fubrax | | Fuji Kiku® Fubrax | B | V |
| | Fuji Supreme | | | A | V |
| | Fuji VW | | King Fuji® | A | V |
| | Heisei Fuji | | Beni Shogun® | A | V |
| | Raku-Raku | | | B | V |
| Gala | | | | C | |
| | Alvina | | | A | |
| | ANABP 01 | | Bravo™ | A | |
| | Baigent | | Brookfield® | A | |
| | Bigigalaprim | | Early Red Gala® | A | |

（续）

| Variety / Variété / Разновидность | Mutant / Mutant / Мутант | Synonyms / Synonymes / Синонимы | Trademarks / Marque commerciale / Торговые знаки | Colour Group / Groupe de coloration / Группа окраски | Additional specifications / Autres caractéristiques / Дополнительные спецификации |
|---|---|---|---|---|---|
| | Devil Gala | | | A | |
| | Fengal | | Gala Venus | A | |
| | Gala Schnico | | Schniga® | A | |
| | Gala Schnico Red | | Schniga® | A | |
| | Galafresh | | Breeze® | A | |
| | Galaval | | | A | |
| | Galaxy | | Selekta® | B | |
| | Gilmac | | Neon® | A | |
| | Imperial Gala | | | B | |
| | Jugala | | | B | |
| | Mitchgla | | Mondial Gala® | B | |
| | Natali Gala | | | B | |
| | Regal Prince | | Gala Must® | B | |
| | Royal Beaut | | | A | |
| | Simmons | | Buckeye® Gala | A | |
| | Tenroy | | Royal Gala® | B | |
| | ZoukG1 | | Gala One© | A | |
| Galmac | | | Camelot® | B | |
| Gloster | | | | B | |
| Golden 972 | | | | D | |
| Golden Delicious | | Golden | | D | |
| | CG10 Yellow Delicious | | Smothee® | D | |
| | Golden Delicious Reinders | | Reinders® | D | |
| | Golden Parsi | | Da Rosa® | D | |
| | Leratess | | Pink Gold® | D | |
| | Quemoni | | Rosagold® | D | |
| Goldstar | | | Rezista Gold Granny® | D | |
| Gradigold | | | Golden Supreme™, Golden Extreme™ | D | |

（续）

| Variety<br>Variété<br>Разновидность | Mutant<br>Mutant<br>Мутант | Synonyms<br>Synonymes<br>Синонимы | Trademarks<br>Marque<br>commerciale<br>Торговые знаки | Colour<br>Group<br>Groupe de<br>coloration<br>Группа<br>окраски | Additional<br>specifications<br>Autres<br>caractéristiques<br>Дополнительные<br>спецификации |
|---|---|---|---|---|---|
| Gradiyel | | | Goldkiss® | D | |
| Granny Smith | | | | D | |
| | Dalivair | | Challenger® | D | |
| Gravensteiner | | Gravenstein | | D | |
| GS 66 | | | Fräulein® | B | |
| HC2-1 | | | Easy pep's!<br>Zingy® | A | |
| Hokuto | | | | C | |
| Holsteiner Cox | | Holstein | | C | R |
| Honeycrisp | | | Honeycrunch® | C | |
| Horneburger | | | | D | |
| Idared | | | | B | |
| | Idaredest | | | B | |
| | Najdared | | | B | |
| Ingrid Marie | | | | B | R |
| Inored | | | Story®，LoliPop® | A | |
| James Grieve | | | | D | |
| Jonagold | | | | C | |
| | Early Jonagold | | Milenga® | C | |
| | Dalyrian | | | C | |
| | Decosta | | | C | |
| | Jonagold Boerekamp | | Early Queen® | C | |
| | Jonagold Novajo | Veulemanns | | C | |
| | Jonagored | | Morren's<br>Jonagored® | C | |
| | Jonagored Supra | | Morren's<br>Jonagored®<br>Supra® | C | |
| | Red Jonaprince | | Wilton's®，<br>Red Prince® | C | |
| | Rubinstar | | | C | |
| | Schneica | Jonica | | C | |
| | Vivista | | | C | |

（续）

| Variety / Variété / Разновидность | Mutant / Mutant / Мутант | Synonyms / Synonymes / Синонимы | Trademarks / Marque commerciale / Торговые знаки | Colour Group / Groupe de coloration / Группа окраски | Additional specifications / Autres caractéristiques / Дополнительные спецификации |
|---|---|---|---|---|---|
| Jonathan | | | | B | |
| Karmijn de Sonnaville | | | | C | R |
| Kizuri | | | Morgana® | B | |
| Ladina | | | | B | |
| La Flamboyante | | | Mairac® | B | |
| Laxton's Superb | | | | C | R |
| Ligol | | | | B | |
| Lobo | | | | B | |
| Lurefresh | | | Red Love® Era® | A | |
| Lureprec | | | Red Love® Circe® | A | |
| Luregust | | | Redlove® Calypso® | A | |
| Luresweet | | | Redlove® Odysso® | A | |
| Maigold | | | | B | |
| Maribelle | | | Lola® | B | |
| MC38 | | | Crimson Snow® | A | |
| McIntosh | | | | B | |
| Melrose | | | | C | |
| Milwa | | | Diwa®，Junami® | B | |
| Minneiska | | | SweeTango® | B | |
| Moonglo | | | | C | |
| Morgenduft | Imperatore | | | B | |
| Mountain Cove | | | Ginger Gold™ | D | |
| Mored | | | Joly Red® | A | |
| Mutsu | Crispin | | | D | |
| Newton | | | | C | |
| Nicogreen | | | Greenstar® | D | |
| Nicoter | | | Kanzi® | B | |
| Northern Spy | | | | C | |
| Ohrin | Orin | | | D | |

| Variety | Mutant | Synonyms | Trademarks | Colour Group | Additional specifications |
|---|---|---|---|---|---|
| Variété | Mutant | Synonymes | Marque commerciale | Groupe de coloration | Autres caractéristiques |
| Разновидность | Мутант | Синонимы | Торговые знаки | Группа окраски | Дополнительные спецификации |
| Paula Red | | | | B | |
| Pinova | | | Corail® | C | |
| | RoHo 3615 | | Evelina® | B | |
| Piros | | | | C | |
| Plumac | | | Koru® | B | |
| Prem A153 | | | Lemonade®, Honeymoon® | C | |
| Prem A17 | | | Smitten® | C | |
| Prem A280 | | | Sweetie™ | B | |
| Prem A 96 | | | Rockit ™ | B | M |
| R201 | | | Kissabel® Rouge | A | |
| Rafzubin | | | Rubinette® | C | |
| | Frubaur | | Rubinette® Rossina | A | |
| | Rafzubex | | Rubinette® Rosso | A | |
| Rajka | | | Rezista Romelike® | B | |
| Regalyou | | | Candine® | A | |
| Red Delicious | | Rouge Américaine | | A | |
| | Camspur | | Red Chief® | A | |
| | Erovan | | Early Red One® | A | |
| | Evasni | | Scarlet Spur® | A | |
| | Stark Delicious | | | A | |
| | Starking | | | C | |
| | Starkrimson | | | A | |
| | Starkspur | | | A | |
| | Topred | | | A | |
| | Trumdor | | Oregon Spur Delicious® | A | |
| Reine des Reinettes | | Gold Parmoné, Goldparmäne | | C | V |
| Reinette Grise du Canada | | Graue Kanadarenette, Renetta Canada | | D | R |
| RM1 | | | Red Moon® | A | |

（续）

| Variety<br>Variété<br>Разновидность | Mutant<br>Mutant<br>Мутант | Synonyms<br>Synonymes<br>Синонимы | Trademarks<br>Marque<br>commerciale<br>Торговые знаки | Colour<br>Group<br>Groupe de<br>coloration<br>Группа<br>окраски | Additional<br>specifications<br>Autres<br>caractéristiques<br>Дополнительные<br>спецификации |
|---|---|---|---|---|---|
| Rome Beauty | | Belle de Rome，<br>Rome，Rome Sport | | B | |
| RS1 | | | Red Moon® | A | |
| Rubelit | | | | A | |
| Rubin | | | | C | |
| Rubinola | | | | B | |
| Šampion | | Shampion，Champion，<br>Szampion | | B | |
| | Reno 2 | | | A | |
| | Šampion Arno | Szampion Arno | | A | |
| Santana | | | | B | |
| Sciearly | | | Pacific Beauty™<br>NZ Beauty | A | |
| Scifresh | | | Jazz™ | B | |
| Sciglo | | | Southern Snap™ | A | |
| Scilate | | | Envy® | B | |
| Sciray | | GS48 | | A | |
| Scired | | | NZ Queen | A | R |
| Sciros | | | Pacific Rose™<br>NZ Rose | A | |
| Senshu | | | | C | |
| Shinano Gold | | | Yello® | D | |
| Spartan | | | | A | |
| SQ 159 | | | Natyra®，<br>Magic Star® | A | |
| Stayman | | | | B | |
| Summerred | | | | B | |
| Sunrise | | | | A | |
| Sunset | | | | D | R |
| Suntan | | | | D | R |
| Sweet Caroline | | | | C | |
| TCL3 | | | Posy® | A | |
| Topaz | | | | B | |

| Variety | Mutant | Synonyms | Trademarks | Colour Group | Additional specifications |
|---|---|---|---|---|---|
| Variété | Mutant | Synonymes | Marque commerciale | Groupe de coloration | Autres caractéristiques |
| Разновидность | Мутант | Синонимы | Торговые знаки | Группа окраски | Дополнительные спецификации |
| Tydeman's Early Worcester | | Tydeman's Early | | B | |
| Tsugaru | | | | C | |
| UEB32642 | | | Opal® | D | |
| WA 2 | | | Sunrise Magic™ | A | |
| WA 38 | | | Cosmic Crisp™ | A | |
| Worchester Pearmain | | | | B | |
| Xeleven | | | Swing® natural more | A | |
| York | | | | B | |
| Zari | | | | B | |
| Zouk 16 | | | Flanders Pink®, Mariposa® | B | |
| Zouk 31 | | | Rubisgold® | D | |
| Zouk 32 | | | Coryphée® | A | |

# 联合国欧洲经济委员会标准 FFV-50

## 关于营销和商业质量控制

## 苹果

2020 版

联合国

纽约·日内瓦，2020

# 注　释

## 农业质量标准工作组

联合国欧洲经济委员会（欧洲经委会）农业质量标准工作组制定的商业质量标准有助于促进国际贸易、鼓励高质量生产、提高盈利能力以及保护消费者利益。联合国欧洲经委会的标准被各国政府、生产商、贸易商、进出口商和其他国际组织采用。这些标准涵盖了广泛的农产品，包括新鲜水果和蔬菜、干货和脱水产品、种薯、肉类、切花、鸡蛋和蛋制品。

联合国的所有成员都可以在平等的基础上参与工作组。更多农业标准信息，请访问我们的网站：www.unece.org/trade/agr。

目前的苹果标准是基于 2017 年 7 月 21 号的 ECE/CTCS/WP.7/2017/21 文件，该文件由工作组第七十三届会议审查和通过，并在 2018 年 2 月的闭会期间批准程序中通过了编辑修改。并且，工作组于 2020 年审议并通过 2020 年 7 月 8 号 ECE/CTCS/WP. 文件（闭会期间批准程序）。

与标准布局一致（2017 年）

采用的名称和展示的材料在这个出版物并不意味着代表联合国秘书处，对于任何国家的法律地位、领地、城市或地区或其当局，或关于其边界的划定界限任何意见的表达。公司名称或商业产品的提及并不意味着得到联合国的认可。

所有资料可自由引用或转载，但须注明。

如有任何意见或查询，请联络以下地址：

农业标准单元

经济合作与贸易司

联合国欧洲经济委员会

万国宫

CH-1211 瑞士日内瓦 10 号

电子邮件：agristandards@unece.org

# 联合国欧洲经委会标准 FFV-50 有关苹果的
# 市场营销和商业质量控制

## 一、产品定义

本标准适用于由苹果（栽培苹果）培育的品种（栽培品种）。为了新鲜供应给消费者，用于工业加工的苹果被排除在外。

## 二、关于质量的规定

该标准的目的是确定苹果制备和包装后的质量要求。

但是，如果在出口后的阶段应用，产品可能显示与标准的要求有关：

- 轻微缺乏新鲜度和饱满度；
- 对于非特级的产品，由于其发育和消亡的趋势而轻微变质。

产品持有人/销售者不得以不符合本标准的任何方式展示、出售、交付或营销该产品。持有人/销售者应负责遵守该等合规性。

**A、最低要求**

在所有级别中，根据每种级别的特殊规定和允许的容许度，苹果必须：

- 完整；
- 完好；不包括因腐烂或变质而不适于消费的产品；
- 洁净，基本没有任何可见的异物；
- 基本无虫害；
- 没有害虫造成的损害影响肉质；
- 无严重水心病[1]；
- 无不正常的外来水分；
- 无任何异味和/或味道。

苹果的发育和状态必须是这样的：

- 能够承受运输和搬运；
- 情况良好地到达目的地。

**B、成熟要求**

苹果的发育和成熟状态必须使它们能够延续其成熟过程，并达到令人满意的成熟度。

为了验证最低成熟度要求，可以考虑几个参数（例如形态、口感、硬度和折射指数）。

**C、类别**

苹果分为三类，定义如下：

（Ⅰ）"特"级

这一类的苹果质量一定是上乘的。它们必须具有品种的特征[2]并且茎秆必须完好无损。

---

[1] 附件中标有"V"的品种不受有关严重水心病的规定。
[2] 一份提供着色和赤褐色分类的非详尽品种清单载于本标准的附件。

苹果必须有品种以下的最低表面果色特征[①]：
- A 级果色为表面 3/4 呈红色；
- B 级果色为表面 1/2 呈混合红色；
- C 级果色为，1/3 的表面呈微红色、泛红或条纹；
- 对于 D 级果色，没有最低颜色要求。

果肉必须完全完好。

除了非常轻微的表面缺陷外，它们必须没有缺陷。只要这些缺陷不影响产品的总体外观、质量、保质和包装的外观：
- 非常轻微的果皮缺陷；
- 非常轻微的果锈[②]。如
  - 褐色斑块可能不会出现在茎腔，可能不粗糙和/或；
  - 轻微零星的果锈痕迹。

（Ⅱ）Ⅰ级

这一类的苹果必须是品质优良的。它们必须具备一些品种特征[①]：

苹果必须有品种以下的最低表面果色特征：
- 果色 A 级为表面 1/2 呈红色；
- B 级果色为表面 1/3 呈混合红色；
- C 级果色为，1/10 的表面呈微红色、泛红或条纹；
- 对于 D 级果色，没有最低颜色要求；

果肉必须完全完好。

除了非常轻微的表面缺陷外，它们必须没有缺陷。只要这些缺陷不影响产品的总体外观、质量、保质和包装的外观：
- 形状上的轻微缺陷；
- 发育上轻微缺陷；
- 轻微着色缺陷；
- 轻微淤伤，面积不超过 1 $cm^2$ 且未变色；
- 轻微的果皮缺陷，不能超过：
  - 细长形状 2 cm 长的缺陷；
  - 其他缺陷为，总面积的 1 $cm^2$，除疤（苹果黑星病），其累计面积不得超过 0.25 $cm^2$。
- 轻微果锈[①]，如：
  - 棕色斑块，可以稍微表现在茎或雌蕊空腔，但可能不粗糙和/或；
  - 薄的网状果锈，不超过果实表面的 1/5，与果实的整体颜色没有强烈的对比；
  - 密集的果锈不超过果实表面的 1/20，且；
  - 薄网状果锈和密集果锈一共最多不能超过果实表面的 1/5。

如果折断处干净且临近的皮没有受损，则茎可能缺失。

---

① 美国保留：对于特级和Ⅰ类，由于其国家立法允许不同的颜色要求的差异。
② 在附件中标有 "R" 的品种不受果锈规定的约束。

（Ⅲ）Ⅱ级

这个类别包括那些不符合更高类别条件，但满足上述最低要求的苹果。

果肉必须没有重大缺陷。

如果苹果在质量、保质和外观方面保持其基本特征，以下缺陷是允许的：

- 形状缺陷；
- 发育缺陷；
- 着色缺陷；
- 轻微淤伤，面积不超过 1.5 cm²，可能轻微变色；
- 果皮缺陷，不能超过：
  - 4 cm 长的细长形状缺陷；
  - 其他缺陷为总面积 2.5 cm² 的，除疤（苹果黑星病），累积面积延伸不得超过 1 cm²。
- 轻微果锈，如：
  - 棕色斑块，可能出现在茎或雌蕊腔且略粗糙；和/或；
  - 稀疏果锈，不超过整个果实表面的 1/2，与果实的整体颜色没有强烈的反差；和/或；
  - 密集果锈；不超过果实总表面的 1/3，但；
  - 稀疏网状果锈和密集果锈合计面积不得超过果实总表面的 1/2。

## 三、有关尺寸的规定

尺寸由果实横径的最大直径或重量决定。

如果以直径衡量，最小尺寸应为 60 mm；如果以重量衡量，最小重量应为 90 g。如果产品的糖度等于或大于 10.5°，且重量不小于 70 g 或直径不小于 50 mm，则可接受规格略低于前述最小直径或最小重量的水果。

为了确保大小一致，同一包装内的产品之间的大小范围不得超过[①]：

（a）按直径大小计算的果实：

- 直径相差 5 毫米特级水果和Ⅰ级和Ⅱ级水果分行分层包装[②]；
- 10 mm 的Ⅰ级果实包装在销售包装或松散的包装[③]。

（b）按重量大小计算的果实：

- 对于"特"级和Ⅰ级Ⅱ级水果，一排排分层包装：

| 品种/g | 重量差异/g |
| --- | --- |
| 70～90 | 15 |
| 91～135 | 20 |
| 136～200 | 30 |
| 201～300 | 40 |
| ＞300 | 50 |

---

① 美国的保留：由于国家立法的差异，允许所有苹果的直径一致不超过 12.5 mm，无论其大小和/或类别。
② 然而，对于品种布拉姆利的幼苗苹果（布拉姆利，凯旋门德基尔）和霍恩伯格，直径的差异可能达到 10 mm。
③ 然而，对于品种霍恩伯格幼苗（霍恩伯格，凯旋门德基尔）和霍恩伯格的苹果，直径的差异可能达到 20 mm。

• 对于Ⅰ类水果，以销售包装包装或散装包装：

| 品种/g | 重量差异/g |
|---|---|
| 70～135 | 35 |
| 136～300 | 70 |
| ＞300 | 100 |

Ⅱ类水果在销售包装或松散包装中没有大小均匀性要求。

在本标准附件中标有"M"的小苹果品种不受尺寸规定的限制。这些小型品种必须有最低12°的糖度水平。

## 四、关于容许度的规定

所有营销阶段，对于不满足等级要求的产品，每批应允许质量和尺寸方面的容许度。

**A、质量容许度**

（Ⅰ）"特"级

对于数量或重量，对不符合类别要求但符合类别Ⅰ要求的苹果的总容许度为5％。在这个容许度范围内，不超过0.5％的产品可以是符合Ⅱ类质量要求的产品。

（Ⅱ）Ⅰ级

对于数量或重量，对不满足类别要求但满足Ⅱ类要求的苹果的总容许度为10％。在这个容许度范围内，少于1％的产品可能既不符合第Ⅱ类质量要求，也不符合最低要求，或受腐烂影响的产品。

（Ⅲ）Ⅱ级

对于数量或重量，苹果的总容许度为10％，既不符合等级要求，也不符合最低要求。在这个容许度范围内，受腐烂影响的农产品的总量不超过2％。

**B、尺寸容许度**

对于所有等级的苹果：按数量或重量计算，不满足尺寸要求的苹果的总容许度为10％。此容许度不得包括以下尺寸的产品：

• 比最小直径小5 mm或5 mm以上；

• 比最小重量轻10 g或10 g以上。

## 五、关于外形的规定

**A、均匀性**

每个包装的内容物必须是统一的，并且只包含相同产地、品种、质量、大小（如果按大小分类）和相同成熟度的苹果。

在"特"级的情况下，均匀性也适用于着色。

然而，只要不同品种的混合苹果在质量上是统一的，而且每个品种的产地也是统一的，它们可以在销售包装中包装在一起。然而，对于这些混合物，不要求大小均匀。

包装内容物的可见部分必须代表整个内容物。

**B、包装**

必须以适当的方式包装苹果以保护产品。特别是，净重超过3 kg的销售包装应足够坚硬，以确保产品得到适当保护。

包装内使用的材料必须洁净，且有质量保证，避免对产品造成任何外部或内部损坏。只要印刷或标签使用无毒油墨或胶水，便可使用一些材料，特别是印有行业规范的纸张或邮票。

单独贴在产品上的贴纸应保证，在移除时不会留下明显的胶水痕迹，也不会导致果皮缺陷。单个果实上的激光信息不应导致果肉或果皮缺陷。

包装必须没有任何异物。

## 六、关于营销的规定

每一包装①必须写有下列细节，在同一侧分组，有清晰和不褪色的标记，并且从外面可以看到。

**A、鉴别**

包装工人和/或调度员/出口国：

如果应用这一系统的国家被列入联合国欧洲经委会的数据库，名称和实际地址（例如街道/城市/地区/邮政编码，如果与原产国不同，则为国家）或国家当局②正式承认的代码标志。

**B、产品本质**

• 如果从外面看不见里面的东西，则为"苹果"。

• 品种名称。如果是由明显不同品种的苹果混合而成，请列出不同品种的名称。

品种的名称可以用别名代替。商品名称③只能给予另外的变体或别名。

• 在具有品种保护的突变体情况下，该品种名可以替代基本品种名。对于没有品种保护的突变体，只能在基本品种名称的基础上加上该突变体名称。

• 在适当的情况下，则为"微型品种"。

**C、产品来源**

• 原产国④以及（可选的）种植地区或国家、地区或地方名称。

• 如果混合了不同产地的不同品种的苹果，则应在有关品种的名称旁边标明每个国家的原产国。

**D、商品规范**

• 级别。

• 大小，或为果实成排、分层包装的单位数。

• 如果以大小来标识，则应表示为：

（a）符合均匀性规则的产品，如最小和最大直径或最小和最大重量；

（b）对于不受均匀性规则约束的产品，可选择包装内最小的水果的直径或重量后面加上"和超过"或相等的名称，或包装内最大的水果的直径或重量（如适用）。

---

① 这些营销规定不适用于包装中的销售包装。但是，它们确实适用于单独呈现的销售包装（预包装）。

② 必须用与代码标记相关的方式标明。如果不是原产国，代码标记应出自 ISO 3166（α）之前承认的国家/地区代码。

③ 商品名称可以是已寻求或已获得保护的商标或任何其他商业名称。

④ 应注明全名或常用名称。

**E、官方控制标记**（可选择）

1960 年采用；

2020 年最后修订；

与 2017 年标准布局一致。

经济合作与发展组织应用水果和蔬菜国际标准计划出版了一份关于应用这一标准的解释性说明手册。该出版物可从经济合作与发展组织书店获取：www.oecdbookshop.org。

# 附录　提供着色和果锈①分类的苹果品种的非详尽的清单

下列所列的一些品种可以在一个或多个国家寻求或获得商标保护的名称下营销。被联合国认为是品种名的名字列在第一栏。联合国认为该品种可能为人所知的其他名称列在第二和第三栏。这三栏都不包括商标。第四栏中提到的已知商标仅供参考。出现在第四栏的任何商标并不构成使用该商标的任何许可或许可——这种许可必须直接来自商标所有人。此外，第四栏没有商标并不表示该品种没有注册/待注册商标。关于标签要求，请参阅该标准第六节②。

文字说明：

M＝微型品种

R＝赤褐色品种

V＝水心病

　＊＝没有品种保护但与注册/受保护商标相关的突变体；没有标记星号的突变体是受保护的品种。

| 品种 | 突变体 | 别名 | 商标 | 色组 | 其他 |
|---|---|---|---|---|---|
| 非洲红 | | | 非洲卡迈恩™ | B | |
| 茜苹果 | | 日本东北茜苹果，东京玫瑰 | | B | |
| 阿尔克梅内苹果 | | 早期温莎苹果 | | C | |
| 阿尔瓦苹果 | | | | B | |
| 阿马西亚苹果 | | | | B | |
| 安布诺希亚苹果 | | | Ambrosia ® | B | |
| 阿努尔卡苹果 | | | | B | |
| 阿里亚纳苹果 | | | Les Naturianes ® | B | |

---

①　不属于清单的品种的果实必须根据其品种特征进行分级。应包括有颜色的品种以及具有锈果特征的品种，以提供有关品种特征的信息。可通过新鲜水果和蔬菜标准化专门要求更新清单。

②　列在第一栏的一些品种名称可能表明已在一个或多个国家获得专利保护的品种。这种专利品种只能由专利持有人在适当许可下授权的人生产或交易。联合国对任何这类专利的有效性或任何这类专利持有人或其被许可人对任何这类品种的生产或交易的权利不采取任何立场。

联合国努力确保表第1、2和3栏中不列有商标名称。但是，任何商标所有人有责任在某一商标名称已列入表内时，立即通知联合国，并向联合国（见下文地址）提供该品种的适当品种名称或通用名称，以及有关此类品种的任何适用专利或商标所有权的充分证据，以便修订清单。如果不需要商标持有人提供进一步的信息，农业质量标准工作组将在收到信息后的会议上相应地更改清单。联合国对任何这类商标的效力或任何这类商标所有人或其被许可人的权利不采取任何立场。

农业标准单元

经济合作与贸易司

联合国欧洲经济委员会

万国宫，CH-1211 日内瓦 10，瑞士

电子邮件：agristandards@unece.org

| 品种 | 突变体 | 别名 | 商标 | 色组 | 其他 |
|---|---|---|---|---|---|
| 阿莱特苹果 | | 瑞士美食 | | B | R |
| AW 106 | | | Sapora ® | C | |
| 比利时苹果 | | | | B | |
| 博斯科普苹果 | | 博斯科普纯种苹果，黄金苹果 | | D | R |
| | 博斯科普红苹果 | 博斯科普红苹果，博斯科普大李子 | | B | R |
| | 博斯科普·瓦拉斯特里德苹果 | | | B | R |
| 贝尔普施 | | 贝尔普施男爵 | | C | |
| | 贝尔普施胭脂红苹果 | 贝尔普施胭脂红苹果，贝尔普施大李子 | | B | |
| 博尼塔 | | | | A | |
| 布瑞本苹果 | | | | B | |
| | 希达拉苹果 | | Hillwell ® | A | |
| | 乔本苹果树 | | Aurora™，Red Braeburn™，Southern Rose™ | A | |
| | 洛赫比伊红布瑞本苹果 | | | A | |
| | 玛哈娜红布瑞本苹果 | | Redfield ® | A | |
| | 马里里红苹果 | | Eve™，Aporo ® | A | |
| | 皇家布瑞本苹果 | | | A | |
| 布拉姆利幼苗苹果 | | 布拉姆利，基尔凯旋苹果 | | D | |
| 红衣大苹果 | | | | B | |
| 考德尔苹果 | | | Cameo ®，Camela ® | B | |
| | 考夫莱特苹果 | | Cameo ®，Camela ® | A | |
| CIV323 | | | Isaaq ® | B | |
| CIVG198 | | | Modi ® | A | |
| 西弗尼苹果 | | | Rubens ® | B | |
| 克里纳苹果 | | | | C | |
| Coop 38 | | | Goldrush ®，Delisdor ® | D | R |
| Coop 39 | | | Crimson Crisp ® | A | |
| Coop 43 | | | Juliet ® | B | |
| 科罗曼德红苹果 | | 科罗德尔苹果 | | A | |
| 科特兰苹果 | | | | B | |
| 橘子苹果 | | Cox Orange，Cox's O.P. | | C | R |
| 克里普斯粉苹果 | | | Pink Lady ®，Flavor Rose ® | C | |

（续）

| 品种 | 突变体 | 别名 | 商标 | 色组 | 其他 |
|---|---|---|---|---|---|
| | 粉皮苹果 | | Pink Lady® | B | |
| | 玫瑰皮苹果 | | Pink Lady ® | B | |
| | 粉宝石苹果 | | | B | |
| 克里普斯红苹果 | | | Sundowner™, Joya® | B | |
| 达林贝尔苹果 | | | Antares ® | B | R |
| 达利特龙苹果 | | | Altess ® | D | |
| 德尔布鲁什星光苹果 | | | Tentation ® | D | |
| 德尔科夫苹果 | | | Delbarestivale ® | C | |
| | 塞莱斯特苹果 | | | B | |
| | 布鲁格斯节苹果 | | Sissired ® | A | |
| | 达利利苹果 | | Ambassy ® | A | |
| | 沃尼克苹果* | | Appache ® | A | |
| 德尔科罗斯苹果 | | | Autento ® | A | |
| 德尔戈伦苹果 | | | Delbard Jubilé ® | B | |
| Delicious ordinaire | | Ordinary Delicious | | B | |
| Discovery | | | | C | |
| 迪克曼斯甜苹果 | | | | C | |
| 埃格雷蒙特黄褐色苹果 | | | | D | R |
| 伊莉斯苹果 | | 洛布罗斯苹果，Red Delight | | A | |
| 埃尔斯塔苹果 | | | | C | |
| | Bel-El | | Red Elswout ® | C | |
| | 达利斯特苹果 | | Elista ® | C | |
| | 达利特苹果 | | Elton™ | C | |
| | 埃尔肖夫苹果 | | | C | |
| | 埃尔斯塔博埃里坎普苹果 | | Excellent Star ® | C | |
| | 埃尔斯塔掌心苹果 | | Elstar PCP ® | C | |
| | 戈德霍夫苹果 | | Elnica ® | C | |
| | 埃尔斯塔红苹果 | | | C | |
| | RNA9842 | | Red Flame ® | C | |
| | 维塔尔斯塔苹果 | | | C | |
| | 维尔梅尔苹果 | | Elrosa ® | C | |
| 帝国苹果 | | | | A | |
| 丰嘎皮苹果 | | | Tessa ® | B | |
| 假日苹果 | | 红种苹果 | | C | |

（续）

| 品种 | 突变体 | 别名 | 商标 | 色组 | 其他 |
|---|---|---|---|---|---|
| 弗雷斯科苹果 | | | Wellant ® | B | R |
| 富士苹果 | | | | B | V |
| | 阿兹特克苹果 | | Fuji Zhen ® | A | V |
| | 布拉克苹果 | | Fuji Kiku ® 8 | B | V |
| | FUCIV51 | | SAN-CIV ® | A | V |
| | 富布拉克富士苹果 | | Fuji Kiku ® Fubrax | B | V |
| | 至高富士苹果 | | | A | V |
| | VW 富士苹果 | | King Fuji ® | A | V |
| | 平成富士苹果 | | Beni Shogun ® | A | V |
| | 拉库苹果 | | | B | V |
| 嘎拉苹果 | | | | C | |
| | 阿尔维纳苹果 | | | A | |
| | ANABP 01 | | Bravo™ | A | |
| | 贝金特苹果 | | Brookfield ® | A | |
| | 比吉加拉普里姆苹果 | | Early Red Gala ® | A | |
| | 魔鬼嘎拉苹果 | | | A | |
| | 丰嘎苹果 | | Gala Venus | A | |
| | 施娜克嘎拉苹果 | | Schniga ® | A | |
| | 施娜克嘎拉红苹果 | | Schniga ® | A | |
| | 新嘎拉苹果 | | Breeze ® | A | |
| | 嘎拉瓦尔 | | | A | |
| | 嘎拉可茜苹果 | | Selekta ® | B | |
| | 吉尔马克苹果 | | Neon ® | A | |
| | 因皮里尔嘎拉苹果 | | | B | |
| | Jugala | | | B | |
| | 米奇格拉苹果 | | Mondial Gala ® | B | |
| | 纳塔利嘎拉 | | | B | |
| | 皇子苹果 | | Gala Must ® | B | |
| | 皇室红苹果 | | | A | |
| | 西蒙斯苹果 | | Buckeye ® Gala | A | |
| | 特伦罗伊苹果 | | Royal Gala ® | B | |
| | ZoukG1 | | Gala One® | A | |
| 加尔马克苹果 | | | Camelot ® | B | |
| 格洛斯特苹果 | | | | B | |
| 黄金 972 | | | | D | |
| 金冠苹果 | | 金蛇果 | | D | |

（续）

| 品种 | 突变体 | 别名 | 商标 | 色组 | 其他 |
|---|---|---|---|---|---|
| | CG10 黄蛇果 | | Smothee ® | D | |
| | 瑞德尔金蛇果 | | Reinders ® | D | |
| | 金帕西苹果 | | Da Rosa ® | D | |
| | 勒拉特斯苹果 | | Pink Gold ® | D | |
| | 奎莫尼苹果 | | Rosagold ® | D | |
| 金星苹果 | | | Rezista Gold Granny ® | D | |
| 格拉迪金苹果 | | | Golden Supreme™, Golden Extreme™ | D | |
| 格拉迪耶苹果 | | | Goldkiss ® | D | |
| 史密斯奶奶苹果 | | | | D | |
| | 达利维尔苹果 | | Challenger ® | D | |
| 格拉文施坦纳苹果 | | 格拉文施泰因苹果 | | D | |
| GS 66 | | | Fräulein ® | B | |
| HC2-1 | | | Easy pep's! Zingy ® | A | |
| 霍库托苹果 | | | | C | |
| 霍尔施泰纳橘苹 | | 荷尔斯坦因苹果 | | C | R |
| 蜜脆苹果 | | | Honeycrunch ® | C | |
| 霍恩伯格苹果 | | | | D | |
| 伊达尔苹果 | | | | B | |
| | 伊得儿达斯特苹果 | | | B | |
| | 纳吉达雷德苹果 | | | B | |
| 英格里德玛丽苹果 | | | | B | R |
| 伊诺雷德苹果 | | | Story ®，LoliPop ® | A | |
| James Grieve | | | | D | |
| 乔纳金苹果 | | | | C | |
| | 早期乔纳金苹果 | | Milenga ® | C | |
| | 达利里安苹果 | | | C | |
| | 德科斯塔苹果 | | | C | |
| | 乔纳金博埃里坎普苹果 | | Early Queen ® | C | |
| | 乔纳金诺瓦霍苹果 | 维勒曼斯苹果 | | C | |
| | 乔纳加德苹果 | | Morren's Jonagored ® | C | |
| | 乔纳加德苏普拉苹果 | | Morren's Jonagored ® Supra ® | C | |

| 品种 | 突变体 | 别名 | 商标 | 色组 | 其他 |
|---|---|---|---|---|---|
| | 乔纳普林斯红苹果 | | Wilton's ®,<br>Red Prince ® | C | |
| | 红宝石之星苹果 | | | C | |
| | 施耐卡苹果 | 乔尼卡 | | C | |
| | 维威斯塔苹果 | | | C | |
| 乔纳森苹果 | | | | B | |
| Karmijn de Sonnaville | | | | C | R |
| Kizuri | | | Morgana ® | B | |
| Ladina | | | | B | |
| La Flamboyante | | | Mairac ® | B | |
| Laxton's Superb | | | | C | R |
| Ligol | | | | B | |
| Lobo | | | | B | |
| Lurefresh | | | Red Love ®<br>Era ® | A | |
| Lureprec | | | Red Love ®<br>Circe ® | A | |
| Luregust | | | Redlove ®<br>Calypso ® | A | |
| Luresweet | | | Redlove ®<br>Odysso ® | A | |
| Maigold | | | | B | |
| 马贝拉苹果 | | | Lola ® | B | |
| MC38 | | | Crimson Snow ® | A | |
| 麦金托什红苹果 | | | | B | |
| 梅尔罗斯苹果 | | | | C | |
| 意大利米克苹果 | | | Diwa ®,<br>Junami ® | B | |
| 明尼伊斯卡苹果 | | | SweeTango ® | B | |
| 月光苹果 | | | | C | |
| Morgenduft | | Imperatore | | B | |
| 山海湾苹果 | | | Ginger Gold™ | D | |
| Mored | | | Joly Red ® | A | |
| 陆奥苹果 | | 克里斯宾苹果 | | D | |
| 牛顿苹果 | | | | C | |
| Nicogreen | | | Greenstar ® | D | |
| Nicoter | | | Kanzi ® | B | |
| 冬熟苹果 | | | | C | |

（续）

| 品种 | 突变体 | 别名 | 商标 | 色组 | 其他 |
|---|---|---|---|---|---|
| Ohrin | | 欧林苹果 | | D | |
| 宝拉红苹果 | | | | B | |
| 皮诺娃苹果 | | | Corail ® | C | |
| | RoHo3615 | | Evelina ® | B | |
| Piros | | | | C | |
| Plumac | | | Koru ® | B | |
| Prem A153 | | | Lemonade ®, Honeymoon ® | C | |
| Prem A17 | | | Smitten ® | C | |
| Prem A280 | | | Sweetie™ | B | |
| Prem A96 | | | Rockit™ | B | M |
| R201 | | | Kissabel ® Rouge | A | |
| Rafzubin | | | Rubinette ® | C | |
| | Frubaur | | Rubinette ® Rossina | A | |
| | | 拉祖贝克斯苹果 | Rubinette ® Rosso | A | |
| 劳伊考苹果 | | | Rezista Romelike ® | B | |
| Regalyou | | | Candine ® | A | |
| 蛇果 | | 美国红苹果 | | A | |
| | 卡姆斯普尔苹果 | | Red Chief ® | A | |
| | 埃罗万苹果 | | Early Red One ® | A | |
| | 伊瓦斯尼苹果 | | Scarlet Spur ® | A | |
| | 史塔克美味苹果 | | | A | |
| | 斯塔克金苹果 | | | C | |
| | 斯塔克里姆苹果 | | | A | |
| | 斯塔克斯布尔苹果 | | | A | |
| | 托普红苹果 | | | A | |
| | Trumdor | | Oregon Spur Delicious ® | A | |
| 莱内特女王苹果 | | Gold Parmoné, Gold parmä ne | | C | V |
| Reinette Grise du Canada | | Graue Kanadarenette, Renetta Canada | | D | R |
| RM1 | | | Red Moon ® | A | |
| 罗马苹果 | | Belle de Rome, Rome, Rome Sport | | B | |
| RS1 | | | Red Moon ® | A | |
| Rubelit | | | | A | |

| 品种 | 突变体 | 别名 | 商标 | 色组 | 其他 |
|---|---|---|---|---|---|
| 鲁宾苹果 | | | | C | |
| Rubinola | | | | B | |
| Šampion | | Shampion，Champion，Szampion | | B | |
| | Reno 2 | | | A | |
| | Šampion Arno | Szampion Arno | | A | |
| 桑塔纳苹果 | | | | B | |
| Sciearly | | | Pacific Beauty™，NZ Beauty | A | |
| Scifresh | | | Jazz™ | B | |
| Sciglo | | | Southern Snap™ | A | |
| Scilate | | | Envy ® | B | |
| Sciray | | GS48 | | A | |
| Scired | | | NZ Queen | A | R |
| 司奇洛斯苹果 | | | Pacific Rose™，NZ Rose | A | |
| 千秋苹果 | | | | C | |
| 信浓金苹果 | | | Yello ® | D | |
| 斯巴达苹果 | | | | A | |
| SQ 159 | | | Natyra ®，Magic Star ® | A | |
| 史蒂曼苹果 | | | | B | |
| Summerred | | | | B | |
| Sunrise | | | | A | |
| Sunset | | | | D | R |
| Suntan | | | | D | R |
| 卡罗琳甜苹果 | | | | C | |
| TCL3 | | | Posy® | A | |
| 黄水晶苹果 | | | | B | |
| 泰德曼早期伍斯特苹果 | | Tydeman's Early | | B | |
| 津轻苹果 | | | | C | |
| UEB32642 | | | Opal® | D | |
| WA 2 | | | Sunrise Magic™ | A | |
| WA 38 | | | Cosmic Crisp™ | A | |
| 得红苹果 | | | | B | |
| X-11 | | | Swing ® natural more | A | |
| 约克苹果 | | | | B | |
| 扎里苹果 | | | | B | |

（续）

| 品种 | 突变体 | 别名 | 商标 | 色组 | 其他 |
|---|---|---|---|---|---|
| 祖克 16 | | | Flanders Pink ®, Mariposa ® | B | |
| 祖克 31 | | | Rubisgold ® | D | |
| 祖克 32 | | | Coryphée ® | A | |

彩图 2-1　鲁加 1 号苹果结果树

彩图 2-2　鲁加 4 号苹果结果树

彩图 2-3　鲁加 5 号苹果结果树

彩图 2-4　赛金苹果结果状

彩图 2-5　红肉苹果黛红

彩图 2-6　红肉苹果红月

彩图 2-7　红肉苹果美红

彩图 2-8　桃小食心虫危害

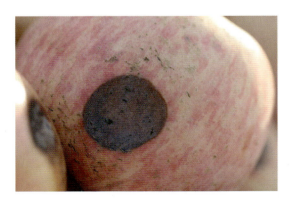

彩图 2-9　苹果枝干轮纹病　　　　　　　彩图 2-10　苹果炭疽病

彩图 2-11　苹果褐斑病

褐腐病

霉心病

炭疽病

轮纹病

青霉病、绿霉病

**彩图 3-1　苹果采后常见侵染性病害**

苦痘病

虎皮病

果肉褐变

水心病

二氧化碳伤害

冷害、冻害

**图 3-2　苹果采后常见生理性病害**

机械秤型

电子秤式

**彩图 3-3　质量分选装置**

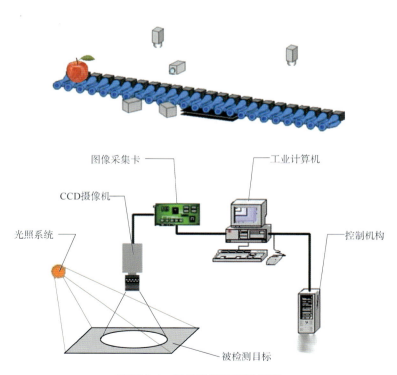

**彩图 3-4　图像检测装置及原理**

注：形状分选和颜色分选采用的装置是相同的，业内称为 CCD 图像识别。

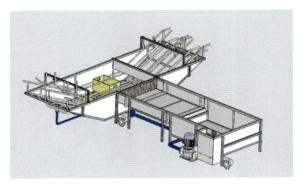

水槽式水果清洗机

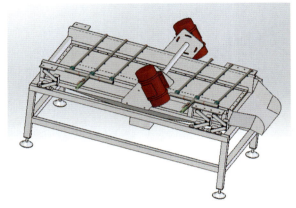

振动喷雾清洗机

滚动式喷洗机

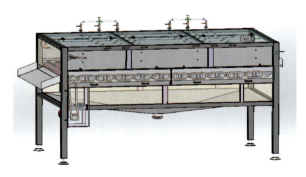

刷喷式水果清洗机

彩图 3-5　苹果清洗装备

包果纸

衬垫物（塑料薄膜）

蒲包

牛皮纸

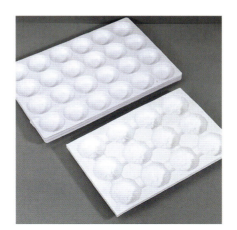
包装托盘

**彩图 3-6　苹果常用包装材料**

**彩图 4-1　通风库**

**彩图 5-1　锤式破碎机**

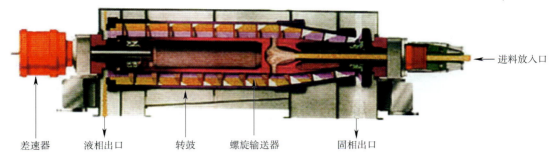

差速器　　液相出口　　转鼓　　螺旋输送器　　固相出口　　　←进料放入口

**彩图 5-2　卧式离心机工作原理图**

**彩图 7-1　威海地区不同品种苹果的香气属性**

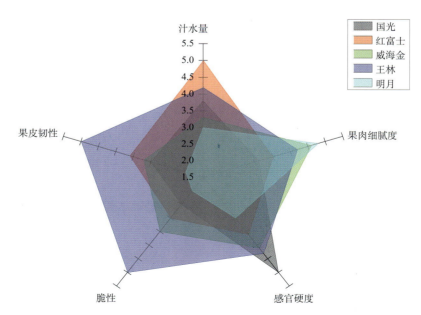

**彩图 7-2　威海地区不同品种苹果质构特性-感官评分雷达图**